Instrumentos de Recuperação de Empresas Pré-insolventes

PRINCÍPIOS ORIENTADORES, RERE E PER

Instrumentos de Recuperação de Empresas Pré-insolventes

PRINCÍPIOS ORIENTADORES, RERE E PER

2023

José Gonçalves Machado
Professor Universitário, Investigador e Advogado

ALMEDINA

INSTRUMENTOS DE RECUPERAÇÃO
DE EMPRESAS PRÉ-INSOLVENTES
PRINCÍPIOS ORIENTADORES, RERE E PER

AUTOR
José Gonçalves Machado

EDITOR
EDIÇÕES ALMEDINA, S.A.
Avenida Emídio Navarro, 81, 3D
3000-151 Coimbra
Tel.: 239 851 904 · Fax: 239 851 901
www.almedina.net · editora@almedina.net

DESIGN DE CAPA
FBA.
CAPA: EDIÇÕES ALMEDINA, S.A.

PRÉ-IMPRESSÃO
EDIÇÕES ALMEDINA, S.A.
IMPRESSÃO E ACABAMENTO

Fevereiro, 2023
DEPÓSITO LEGAL
......

ALMEDINA | GRUPOALMEDINA

BIBLIOTECA NACIONAL DE PORTUGAL — CATALOGAÇÃO NA PUBLICAÇÃO

MACHADO, José Gonçalves

Instrumentos de recuperação de empresas pré-insolventes : princípios orientadores, rere e per. - (Manuais profissionais)
ISBN 978-989-40-1028-9

CDU 347

SIGLAS E ABREVIATURAS

AAFDL	Associação Académica da Faculdade de Direito de Lisboa
ABI	American Bankruptcy Institute
Ac.(s)	Acórdão(s)
AJP	Administrador Judicial Provisório
AktG	Aktiengesetz
al.(s).	Alínea(s)
Art.(s.)	Artigo(s)
Beschl. v.	Beschluss von
BGB	Bürgerliches Gesetzbuch
BGH	Bundesgerichtshof
CC	Código Civil
CEE	Comunidade Económica Europeia
CCII	Codice della crisi d'impresa e dell'insolvenza
CIRE	Código de Insolvência e Recuperação de Empresas
Cfr.	Confrontar
CCFE	Chambre Commerciale, Financière et Économique
cit.	Citado
COVID-19	Corona virus disease 2019
CP	Código Penal
CPC	Código de Processo Civil
CPEREF	Código de Processos Especiais de Recuperação de Empresas
CPPT	Código de Procedimento e Processo Tributário
CRP	Constituição da República Portuguesa
CSC	Código das Sociedades Comerciais
CT	Código do Trabalho
CVA	Company Voluntary Arrangement
EBRD	European Bank for Reconstruction and Development
Ed.	Edição

ECGI	European Corporate Governance Institute
EGEA	European Geography Association
ESUG	Gesetz zur weiteren Erleichterung der Sanierung von Unternehmen
etc.	et cetera
EU	União Europeia
EWHC	England and Wales High Court
FMStG	Finanzmarktstabilisierungsgesetz
GmbHG	Gesetz betreffend die Gesellschaften mit beschränkter Haftung
HCA	High Court of Australia
IAPMEI	Instituto de Apoio às Pequenas e Médias Empresas e à Inovação
IDET	Instituto de Direito das Empresas e do Trabalho
ICGN	International Corporate Governance Network
IMF	International Monetary Fund
INE	Instituto Nacional de Estatística
InsO	Insolvenzordnung
LGT	Lei Geral Tributária
LGDJ	Librairie Générale de Droit et de Jurisprudence
MAP	Mecanismo de Alerta Precoce
Nr./n.	Número
OCRI	Organismi di Composizione della Crisi d'Impresa
p.	página(s)
PER	Processo Especial de Revitalização
PEVE	Processo Extraordinário de Viabilização de Empresas
PME	Pequenas e médias empresas
Proc.(s.)	Processo(s)
RERE	Regime Extrajudicial de Recuperação de Empresas
RGIT	Regime Geral das Infrações Tributárias
s.	seguinte(s)
SanInsFoG	Sanierungs- und Insolvenzrechtsfortentwicklungsgesetz
Sec.	Section
SIREVE	Sistema de Recuperação de Empresas por Via Extra-judicial
StaRUG	Unternehmensstabilisierungs- und -Restrukturierungsgeset
STA	Supremo Tribunal Administrativo
STJ	Supremo Tribunal de Justiça
TC	Tribunal Constituciional
TDM	Transnational Dispute Management
TRC	Tribunal da Relação de Coimbra

TRE	Tribunal da Relação de Évora
TRG	Tribunal da Relação de Guimarães
TRL	Tribunal da Relação de Lisboa
TRP	Tribunal da Relação do Porto
UE	União Europeia
TUB	Testo Unico Bancario
UKSC	United Kingdom Supreme Court
UNCITRAL	United Nations Commission on International Trade Law
UNIDROIT	International Institute for the Unification of Private Law
Urt. v.	Urteil von
USBC	United States Bankruptcy Code
v.	Versus
Vol.	Volume

NOTA PRÉVIA

As sucessivas crises têm revelado que as empresas assumem, em geral, um papel decisivo no desenvolvimento económico e social. O encerramento das empresas constitui um prejuízo sério para os vários intervenientes, em particular para as próprias empresas, para os sócios, para os trabalhadores, para os credores e, em última análise, para a economia e para a sociedade em geral.

Os instrumentos de recuperação de empresas pré-insolventes visam evitar a liquidação desnecessária de empresas viáveis por via da celebração de um acordo que satisfaça de forma mais eficiente e eficaz todos os interesses envolvidos. Tal negociação ocorrerá ao abrigo dos regimes jurídicos da recuperação de empresas pré-insolventes: os Princípios Orientadores, o RERE e o PER[1]. Estes regimes, assentando numa estrutura básica comum, enriquecida com elementos adicionais distintivos, pretendem, de diferentes formas, promover a cooperação entre as partes envolvidas no processo negocial. Sendo assim, é mister compreender a *ratio* daqueles regimes à luz do direito europeu sobre a reestruturação preventiva de empresas para uma adequada interpretação e aplicação ao caso concreto.

[1] Poderíamos ainda incluir o Processo Extraordinário de Viabilização de Empresas (PEVE), criado com o objetivo de apoiar as empresas afetadas pela crise económica provocada pela pandemia de COVID-19, cuja vigência termina a 30 de junho de 2023. Por força do seu carácter temporário e da sua semelhança com o PER, o seu regime não será objeto de análise. Não obstante, sempre que for oportuno faremos referência a alguns aspetos que, do nosso ponto de vista, merecem destaque.

Em virtude da relevância teórico-prática desta temática, houve necessidade de autonomizar o presente estudo sobre os instrumentos negociais de recuperação de empresas pré-insolventes da obra *O Dever de Promover a Negociação e a Responsabilidade Civil dos Gestores no âmbito dos Instrumentos Pré-insolvenciais de Recuperação de Empresas* publicada em 2022 em edição de autor. Mantendo o essencial da análise aí refletida, sobretudo nas Parte I e II, excluímos alguns incursos sobre soluções de direito comparado e sobre questões de interesse iminentemente académico e teórico ou conexionados fundamentalmente com a conduta devida dos gestores na pré-insolvência. Assim, para um estudo mais aprofundado sobre o tema remetemos para a referida obra.

INTRODUÇÃO

O direito da insolvência é normalmente associado à transferência do controlo sobre o património do devedor para as mãos dos credores através de um processo concursal em que estes procuram, em condições de igualdade e de acordo com uma hierarquia legalmente definida, satisfazer os seus créditos seja por via da liquidação ou de uma possível recuperação[2].[3]

[2] Sob o ponto de vista económico, gera-se então um *"common pool problem"* porque existe um devedor comum a vários credores que não dispõe de ativo suficiente para cobrir as suas responsabilidades perante aqueles. Esse problema é resolvido com o processo da insolvência através do qual os credores, em conjunto, procuram maximizar o valor a repartir por todos. O foco está na melhor satisfação dos credores, pouco importando o modo como tal é obtido, seja com recurso à liquidação da empresa no seu todo ou em partes, ou através de um plano de recuperação que preveja, por exemplo, a conversão de crédito em capital. Assim deve ser porque sem uma atuação coordenada, seria praticamente impossível alcançar o melhor resultado possível uma vez que a atuação individual de cada credor potencia o desmembramento e perda de valor da empresa devedora. A atuação individual poderia, à partida, trazer mais benefício para um ou outro credor, isoladamente considerados, mas não se traduziria num ganho maior para os credores como um todo, até porque a sua ação individual poderia ter como efeito a diminuição do valor agregado da empresa devedora, o que se justifica pela falta de coordenação e cooperação entre as partes envolvidas. Não havendo comunicação entre os credores é impossível haver coordenação e cooperação, pois cada num nem sequer sabe ou consegue antecipar o modo como cada credor atuará individualmente. A este respeito ver, por exemplo, Stephan Madaus, «Leaving the Shadows of US Bankruptcy Law: A Proposal to divide the Realms of Insolvency and Restructuring Law», *European Business Organization Law Review*, Vol. 19, Nr. 3, 2018, p. 619-640.

[3] Cfr. José Gonçalves Machado, *O dever de promover a negociação e a responsabilidade civil dos gestores no âmbito dos instrumentos pré-insolvenciais de recuperação de empresas*, M.L. Books, Fátima, 2022, p. 234 s.

Assim se cumpriria ou defenderia o interesse público no bom funcionamento do mercado e da economia [4]. O campo de ação do direito da insolvência estende-se agora ao domínio da pré-insolvência e, como tal, os instrumentos de recuperação pré-insolvencial seriam mais uma ferramenta ao serviço dos credores e uma mera alternativa à liquidação[5]. Na prática, o mercado e a economia funcionariam adequadamente numa ou noutra situação (reestruturação ou liquidação), dependendo do que fosse decidido no caso concreto pela empresa devedora em conjunto com os credores.

[4] Na sua origem o direito da insolvência está ligado à tutela de interesses privados: a satisfação dos interesses dos credores à custa do património do devedor. Mas cedo se percebeu que o processo de insolvência cumpriria um objetivo comum dos credores, o de preservar o máximo valor possível a repartir entre si da forma mais eficiente possível. Por isso, o processo de insolvência deveria assegurar, por um lado, que o devedor não continuaria a administrar ou dispor livremente do seu património (em desfavor dos credores como um todo) quando fosse incapaz de cumprir com a generalidades das obrigações vencidas e, por outro lado, que o seu património não seria repartido pelos credores, meramente, com base na regra da ordem de chegada *(first come, first served)*, mas, igual e proporcionalmente, de acordo com a natureza e garantias dos credores. O fim subjacente a estas duas linhas orientadoras não se restringiria à mera satisfação de interesses privados (satisfação dos direitos dos credores pela forma mais eficiente possível), mas estender-se-ia ainda ao bom funcionamento do mercado e da economia. Nessa senda, o direito da insolvência não se limita a tutelar interesses privados, mas também interesses públicos: bom funcionamento do mercado e da economia. Para mais desenvolvimentos sobre as finalidades do direito da insolvência no seu percurso histórico-legislativo, Catarina Serra, *A Falência no Quadro da Tutela Jurisdicional dos Direitos de Crédito: o Problema da Natureza do Processo de Liquidação Aplicável à Insolvência no Direito Português*, Coimbra Editora, Coimbra, 2009, p. 190-226.

[5] Ainda que se deva reconhecer como meritória a manutenção das empresas em atividade, dos respetivos postos de trabalho e a estabilidade económica e social em geral, também não se pode negar a vantagem em promover a rápida satisfação dos credores por via da liquidação. Na verdade, muitos desses credores são (ou podem ser) empresas também elas em dificuldades e a necessitar de liquidez para se manterem em atividade e, assim, poderem assegurar os respetivos postos de trabalho e contribuir para a estabilidade económica e social. Nessa medida, há quem considere que não haveria qualquer razão de natureza pública para se manifestar preferência pela recuperação, mesmo quando fosse provável, a ponto de se impor aos gestores das empresas devedoras e credoras um dever de (re)negociar um plano de reestruturação preventiva, deixando para segundo plano – só se a reestruturação não fosse possível – a via da liquidação ou insolvência mesmo em caso de esta ser apenas iminente. Neste sentido, Nicolaes Tollenaar (*Pre-Insolvency Proceedings: A Normative Foundation and Framework*, cit., p. 249.

Porém, os tempos de crise têm colocado, ao longo da história, novos e renovados desafios ao direito da insolvência, acentuando a importância de manter em atividade e/ou recuperar as empresas viáveis, bem como adotar estratégias para o funcionamento da economia e do bem-estar social em geral[6]. Esta perspetiva recuperatória resulta de um movimento legislativo e cultural que ganhou mais força na crise vivida após as Guerras Mundiais, que defende a salvaguarda das empresas viáveis e, assim, dos postos de trabalho e da estabilidade económico-social em geral.[7]

Esse objetivo começou por ser alcançado com a intervenção direta do Estado nas empresas pelas mais variadas formas e, paulatinamente, foi sendo transferido para os particulares através de instrumentos criados com o objetivo de promover a recuperação por via da negociação de um plano de reestruturação, preferencialmente em momento prévio à insolvência, por se acreditar que as hipóteses de recuperação seriam maiores[8].

[6] Horst Eidenmüller, num breve apontamento sobre a evolução da *"corporate insolvency law"* na Europa («The Rise and Fall of Regulatory Competition in Corporate Insolvency Law in the European Union», *European Business Organization Law Review*, Vol. 20, Nr. 2, 2019, p. 550-551) realça que o direito e prática da insolvência empresarial na Europa mudaram significativamente nas últimas duas décadas. A primeira mudança está relacionada com a preponderância das reestruturações empresariais em comparação com a sua liquidação. Um bom exemplo é a Alemanha, onde a reestruturação passou a ser possível com a entrada em vigor da *InsO* em 1998. A segunda mudança diz respeito ao tipo de reestruturação. Há duas décadas, as reestruturações ocorriam sobretudo com o supervisionamento dos tribunais e no âmbito do processo da insolvência. No entanto, as empresas cedo tentaram vias alternativas para economizar em custos diretos e indiretos relacionados com a insolvência. Em consequência, muitas jurisdições europeias desenvolveram processos de reestruturação prévios à declaração de insolvência com pouca ou nenhuma interferência dos tribunais e/ou administradores de insolvência nomeados pelo tribunal. Além de evitar os custos direitos e indiretos da insolvência, as empresas procuravam potenciar as chances de recuperação, assegurando o controlo sobre a empresa e as operações comerciais durante o processo negocial. Ver ainda, Paulo Omar, «Corporate rescue through the ages», *Research Handbook on Corporate Restructuring*, Edward Elgar, Cheltenham, 2021, p. 1-15.

[7] Catarina Serra, *A Falência no Quadro da Tutela Jurisdicional dos Direitos de Crédito...*, cit., p. 190-226; José Gonçalves Machado, *O dever de renegociar no âmbito pré-insolvencial*, Edições Almedina, 2017, Coimbra, p. 34 s.; e Luís Menezes Leitão, *Direito da Insolvência*, 8ª Ed., Edições Almedina, Coimbra, p. 36 s. e 39 s.

[8] Catarina Serra, *A Falência no Quadro da Tutela Jurisdicional dos Direitos de Crédito...*, cit., p. 190-226; «A contratualização da insolvência: hybrid procedures e pre-packs (a insolvência entre a lei e a autonomia privada), *II Congresso de Direito das Sociedades em revista*, Edições Almedina, Coimbra, 2012, p. 286-287; Horst Eidenmüller, «The Rise and Fall of Regula-

Dessa forma, os instrumentos negociais de recuperação pré-insolvencial têm vindo a ganhar protagonismo na superação das crises e a (re)conquistar espaços outrora vazios ou quase vazios[9]. Boa parte desse protagonismo deve-se ao sucesso que a *Reorganization*[10] teve e continua a

tory Competition in Corporate Insolvency Law in the European Union», cit., p. 550-551; e STEPHAN MADAUS, «Leaving the Shadows of US Bankruptcy Law...», cit., p. 630-642.

[9] Neste sentido, por exemplo, CATARINA SERRA, «A contratualização da insolvência: hybrid procedures e pre-packs...», cit., p. 267.

[10] As origens da *Reorganization* remontam ao final do Século XIX quando os Tribunais norte-americanos tiveram de responder à crise financeira nas ferrovias. A insolvência das ferrovias implicaria graves problemas económicos e sociais. As ferrovias possuíam numerosos ativos, designadamente comboios e milhares de quilômetros de caminhos-de-ferro, bem como direitos de passagem sobre terrenos, e empregavam milhares de trabalhadores. Além disso, as ferrovias prestavam serviços vitais ao comércio entre os vários Estados e às comunidades locais. Portanto, havia um reconhecido interesse público em recuperar ou manter em atividade a empresa que detinha as ferrovias. Como não havia um regime jurídico que regulamentasse a recuperação das empresas, a solução passou pela adoção de um plano de reestruturação *ad hoc*, orquestrado por uma comissão de recuperação, composta por vários grupos de credores, que foi constituída para o efeito, com o apoio do Tribunal. Esse plano, em síntese, previa a criação de uma nova entidade, dirigida pela comissão de recuperação, para a qual seriam transferidos os ativos, adquiridos com recurso a um empréstimo, e previa também que os credores receberiam um valor proporcional ao montante dos seus créditos, determinado pelo Tribunal e uma participação societária na nova entidade. Essa experiência motivou o legislador norte-americano a dar o primeiro passo no processo legislativo que viria a resultar na *Reorganization*. Primeiramente, com o *Bankruptcy Act* of *1898* reconhecia-se expressamente que a consagração de um instrumento de recuperação de empresas correspondia a uma aceitação geral de que o interesse público legitimava a *bankruptcy law* como instrumento de recuperação das empresas em nome do interesse nacional. Seguiu-se o *Chandler Act of 1938* que reforçou a ideia de que *a bankruptcy law* deveria servir o interesse público na recuperação das empresas. Assim, no Capítulo X do *Chandler Act* regulava-se a reestruturação das grandes empresas, num processo mais complexo e dispendioso, e no Capítulo XI definia-se o regime das recuperações mais simples, aparentemente destinadas às empresas de menor dimensão. Além disso, ao abrigo do Capítulo XI as empresas devedoras mantinham o controlo da empresa durante a recuperação, enquanto o Capitulo X transferia esse poder para um administrador judicial. Ademais, o Capítulo XI concedia às empresas devedoras, *maxime* aos seus gestores, o poder exclusivo de propor o plano de recuperação, o qual poderia afetar os direitos dos credores não garantidos, mas não poderia afetar os direitos dos credores garantidos ou dos acionistas. Como seria de esperar, o Capítulo XI tornou-se gradualmente o instrumento de recuperação mais utilizado não só pelos gestores das pequenas empresas, mas também pelos gestores das grandes empresas de capital aberto. O sucesso do Capítulo XI do *Chandler Act of 1938* fez com que o legislador norte-americano optasse por reunir o Capítulo X e XI num só, o que veio a culminar, mais tarde e depois de algumas revisões, no atual regime consagrado nos Capítulo XI do *Bankruptcy*

ter nos Estados Unidos da América e ao impacto que tem tido um pouco por toda a parte, em particular na Europa[11]. Paralelamente a *London Approach*[12] e os vários instrumentos recuperatórios ingleses, em especial

Code. Sobre o tema em geral, EDWARD ADAMS, «Governance in Chapter 11 Reorganizations: Reducing Costs, Improving Results», Boston University Law Review, Vol. 73, Nr. 4, 1993, p. 584-587. Sobre o sucesso da *Reorganization* e as suas caracteristicas fundamentais para esse sucesso ver, por exemplo, ELIZABETH WARREN / JAY LAWRENCE WESTBROOK, «The Success of Chapter 11: a Challenge to the Critics», *Michigan Law Review*, Vol. 107, 2009, p. 603- 641; e OSCAR COUWENBERG / STEPHEN LUBBEN, «Essential Corporate Bankruptcy Law», *European Business Organization Law Review*, Vol. 16, Nr. 1, 2015, p. 39-61.

11 AA. VV., *Principles of European Insolvency Law*, Vol. 4, Law of Business and Finance, Kluwer Legal Publishers, Deventer, 2003; *A Global View of Business Insolvency Systems*, cit.; *Substantive harmonisation and the convergence of laws in Europe: papers from the INSOL Europe Academic Forum Annual Insolvency Conference, Venice, 21-22 September 2011*. INSOL Europe, Nottingham, 2012; *Harmonisation of European Insolvency Law*, INSOL Europe, Nottingham, 2017; *The Anatomy of Corporate Law: A Comparative and Functional Approach*, 3ª Ed., Oxford University Press, Oxford, 2017; «The European Union Preventive Restructuring Framework: A hole in one?», *International Insolvency Review*, Vol. 28, Nr. 2, 2019, p. 184-209; *Reforms in selected EU Member States in light of the Directive on preventive restructuring frameworks*, INSOL International, Special Report, London, 2020.

12 A *London Approach* surgiu no seio da crise económica e financeira vivida no Reino Unido na década de setenta, como resposta à gravidade da situação financeira e à necessidade de uma resposta rápida e eficaz. Em face disso, o *Bank of England* definiu e monitorizou uma estratégia alternativa aos tradicionais sistemas insolvenciais de recuperação, que se traduziu na instituição de um conjunto de princípios orientadores de adesão voluntária, que permitiriam aos bancos firmar um acordo com as empresas devedores em dificuldades, de forma célere, eficaz e com custos reduzidos. A *London Approach* assenta num conjunto de princípios de uma atuação coordenada, cooperante e informada entre a empresa devedora e os vários credores, de forma a evitar que cada credor procure, isoladamente, obter o pagamento do seu crédito, inviabilizando qualquer tentativa de recuperação. Agindo em conjunto, num ambiente confidencial e extrajudicial, e dando ao devedor um período de tempo para apresentar um plano de recuperação, sem ter que interromper a sua atividade, maximizam-se as hipóteses de recuperação da empresa, de manutenção dos postos de trabalho e de satisfação eficaz de todos os credores. Desde então esses princípios de atuação foram sendo livremente adotados e consolidados pelas instituições financeiras, mas também por credores não financeiros. Por conseguinte, este mecanismo de recuperação foi-se "privatizando" e a intervenção do *Bank of England* foi sendo cada vez menor, sendo nalguns casos até dispensada. Com a crise financeira dos anos noventa, o *Bank of England* reviu a sua estratégia de intervenção e reduziu a sua intervenção às tarefas de acompanhamento e persuasão, relegando o ónus de conduzir diretamente as negociações para as principais instituições financeiras. A partir desta experiência e com a contribuição de diversos especialistas da *INSOL*, foi elaborado o documento *Statement of Principies for a global approach to Multi-Creditar workouts* apoiado pelo Banco Mundial, pelo Banco de Inglaterra e pela Associação de Bancos Ingleses. Sobre a

a *Administration* e o *Schemes of Arrangement*, foram conquistando também o seu protagonismo no panorama europeu[13].

Com efeito, foram vários os organismos internacionais e europeus que deram voz a esses sucessos[14], propondo a adoção de uma cultura de recuperação por via de instrumentos negociais reforçados, isto é, que permitem forçar a recuperação mesmo contra a vontade de alguns,

origem e o impacto da *London Approach* na recuperação de empresas ver, por exemplo, David Clementi, «Debt Workouts For Corporates, Banks And Countries: Some Common Themes», *Financial Stability Review*, Nr. 11, 2001, 203-210; John Armour / Simon Deakin, «Norms in Private Insolvency: The ‹London Approach› to the Resolution of Financial Distress», *Journal of Corporate Law Studies*, Vol. 1, Nr. 1, 2001, p. 21-51; Michael Smith, «The London Approach and trading in distressed debt», *Bank of England Quarterly Bulletin*, 1993, p. 222-225; e Pen Kent, «The London Approach», *Bank of England Quarterly Bulletin*, 1996, p. 110-115.

13 Gerard McCormack, «Corporate restructuring law – a second chance for europe?», *European Law Review*, Vol. 42, Nr. 4, 2017, p. 532-561; Jennifer Payne, «Debt Restructuring in the UK», *European Company and Financial Law Review*, Vol. 15, Nr. 3, 2018, p. 449-471; «Cross-Border Schemes of Arrangement and Forum Shopping», *Oxford Legal Studies Research Paper No. 68/2013;* «The Continuing Importance of the Scheme of Arrangement as a Debt Restructuring Tool», *European Company and Financial Law Review*, Vol. 15, Nr. 3, 2018, p. 445-448; Sarah Paterson, «Reflections on English Law Schemes of Arrangement in Distress and Proposals for Reform», *European Company and Financial Law Review*, Vol. 15, Nr. 3, 2018, p. 472-502; Vasile Rotaru, «The Restructuring Directive: A Functional Law and Economics Analysis from a French Law Perspective», *SSRN – Eletronic Journal*, 2019.

14 O Fundo Monetário Internacional, porventura pela vocação e missão que tem de auxiliar os países em situação de crise, foi o primeiro organismo a promover a cultura de recuperação preventiva com o documento intitulado *"Orderly & Effective Insolvency Procedures: Key Issues"*, onde refere que o objetivo geral dos instrumentos de recuperação é permitir que uma empresa com dificuldades financeiras se torne num agente competitivo e produtivo da economia, beneficiando, assim, não apenas as partes interessadas da empresa (proprietários, credores e funcionários), mas também a economia em geral. Para o efeito, os instrumentos de recuperação devem criar incentivos para que todas as partes interessadas participem do processo ou – quando necessário – impedir que algumas partes interessadas o obstruam ou minem. Também a *INSOL International*, em 2000, através do *Statement of Principles for a Global Approach to Multi – Creditor Workouts*, atualizado em abril de 2017, adere à filosofia de recuperação tipicamente norte-americana e inglesa, estabelecendo um conjunto de princípios orientadores da recuperação de empresas que, em 2011, foram transpostos para o ordenamento jurídico português com a Resolução do Conselho de Ministros 43/2011, de 25 de outubro. A mesma orientação foi proposta, em 2004, pelo *European Bank for Reconstruction and Development*, com o *Core Principles for an Insolvency Law Regime* e em 2005 pelas Nações Unidas, com o *UNCITRAL Legislative Guide on Insolvency Law*, em especial nas Recomendações 139 a 159.

e/ou por via de instrumentos negociais informais e extrajudiciais que permitem uma recuperação mais célere e com menores custos. Foram realizados vários estudos[15] que auxiliaram e sustentaram uma progressiva incorporação desse paradigma por vários Estados-Membros da União Europeia e pelo próprio legislador europeu como resposta aos desafios do mercado único e, em especial, como reação à grave crise vivida após 2007 e aos seus desastrosos efeitos.

Primeiramente em 2011, o Parlamento Europeu, com objetivo a responder à crise, salvando as empresas e os postos de trabalho, adotou uma Resolução sobre os processos de insolvência no âmbito do direito das sociedades, em que propunha, entre outros aspetos, a harmonização de matérias respeitantes à adoção, efeitos e conteúdo dos planos de reestruturação de empresas como alternativa à sua liquidação.

Em resposta, em 2012, na Comunicação da Comissão ao Parlamento Europeu, ao Conselho e ao Comité Económico e Social Europeu, dá-se conta de que a Europa enfrentava uma grave crise económica e social, assumindo que era preciso tomar medidas para promover a recuperação económica, dinamizar o investimento e proteger o emprego, designadamente com a criação de um sistema eficiente de recuperação das empresas, de modo que estas pudessem sobreviver às crises financeiras.

Em 2014, a Comissão Europeia dá um novo impulso com a Recomendação de 12 de março. O objetivo da Recomendação foi o de promover a recuperação precoce das empresas viáveis com dificuldades financeiras de forma a evitar a sua insolvência, e, assim, maximizar o valor total para os credores, trabalhadores, proprietários e a economia em geral. Nessa Recomendação, a Comissão Europeia destaca a importância de promover a reestruturação preventiva das empresas através de um instrumento de negociação que contempla várias ferramentas que visam facilitar a recuperação, entre as quais se destacam, a manutenção da gestão da atividade pelo devedor *(debtor-in-possession)*, a suspensão de ações para cobrança de dívida contra o devedor *(automatic stay)*, a

[15] Nomeadamente, Aa. Vv., *Report of the High Level Group of Company Law Experts on a Modern Regulatory Framework for Company Law in Europe*, Brussels, 2002; Carsten Gerner-Beuerle /Philipp Paech / Edmund-Philipp Schuster, *Study on director's duties and liability*, LSE Enterprise Limited, London, 2013; Aa. Vv., *Study on a new approach to business failure and insolvency: comparative legal analysis of the Member States' relevant provisions and practices*, Tender No. JUST/2014/JCOO/PR/CIVI/0075, European Union, Luxembourg, 2016.

"garantia" de que nenhum credor ficará pior com o acordo *(no creditor worse off)*, a proteção reforçada dos credores que contribuam financeiramente para a recuperação da empresa devedora *(protection of new finance)*, a homologação judicial do acordo de recuperação *(court confirmatiom of the restructuing plan)*. Estas ferramentas visam defender e facilitar as negociações entre as partes envolvidas, por um lado, e salvaguardar os interesses/direitos das partes afetadas, por outro.

Essa Recomendação veio a traduzir-se em 2016 na Proposta de Diretiva COM(2016) 723 final. A Proposta tinha como objetivo "ajudar a aumentar o investimento e as oportunidades de emprego no mercado único, reduzir as liquidações desnecessárias de empresas viáveis, evitar perdas de postos de trabalho desnecessárias, impedir a criação de crédito malparado, facilitar as reestruturações transfronteiriças, reduzir os custos e dar aos empresários honestos mais oportunidades para um novo começo".

Finalmente, na Diretiva (UE) 2019/1023 sobre os regimes de reestruturação preventiva, diz-se que os instrumentos de recuperação preventiva "deverão, acima de tudo, permitir que os devedores se reestruturem efetivamente numa fase precoce e evitem a insolvência, limitando assim a liquidação desnecessária de empresas viáveis", evitando "a perda de postos de trabalho e a perda de conhecimentos especializados e competências, e maximizando "o valor total em benefício dos credores, (...) bem como dos proprietários e da economia no seu conjunto"[16-17-18].

[16] Considerando (2) da Diretiva (UE) 2019/1023.

[17] Sobre a evolução e movimento legislativo que precedeu a Diretiva (UE) 2019/1023 ver, por exemplo, Gert-Jan Boon / Stephan Madaus, «Toward a European Business Rescue Culture», *Turnaround Management and Bankruptcy: A Research Companion, Routledge Advances in Management and Business Studies*, Routledge, New York, 2017, p. 238-258. Com referência ao direito português, Catarina Serra, «Direito da Insolvência em movimento: a reestruturação de empresas entre as coordenadas da legislação nacional e as perspetivas do direito europeu», *Revista de Direito Comercial*, 2017, p. 99-135.

[18] Sobre a finalidade da Diretiva (UE) 2019/1023 ver, entre outros, Aa.Vv., «The European Union preventive restructuring framework: A hole in one?», *International Insolvency Review*, Vol. 28, Nr. 2, 2019, p. 184-209; Aurelio Gurrea-Martínez, «The future of reorganization procedures in the era of pre-insolvency law», *European Business Organization Law Review*, Vol. 21, Nr. 4, 2020, p. 829-854; Catarina Serra, «Direito da insolvência em movimento: a reestruturação de empresas entre as coordenadas da legislação nacional e as perspetivas do Direito europeu», *Revista de Direito Comercial*, 2017, p. 99-135; *Lições de Direito da Insolvência*, 2ª Ed., Edições Almedina, Coimbra, 2021, p. 554-603; Christoph Paulus, «Introduction»,

Para o efeito, a Diretiva (UE) 2019/1023 determina que os instrumentos de recuperação preventiva de empresas devem contemplar um conjunto mínimo de incentivos favoráveis à negociação e à implementação de acordos de recuperação de empresas pré-insolventes e viáveis[19]. Merecem especial destaque os seguintes: o sistema de alerta precoce de uma previsível (ou iminente) situação de insolvência; o acesso limitado e controlado a um período de moratória ou suspensão; a manutenção limitada e controlada da gestão pela empresa devedora; a proteção reforçada de novos financiamentos, de financiamentos intercalares e de outras transações relacionadas com a reestruturação; a votação e aprovação de um acordo ou plano de recuperação por categoria de credores; a recuperação forçada contra categorias de credores discordantes; e o controlo e fiscalização prévia e ou sucessiva por uma entidade judicial ou administrativa.

Naturalmente que se as empresas forem inviáveis, é inevitável ou até desejável que as mesmas sejam liquidadas da forma mais célere e eficiente possível, uma vez que o prolongamento artificial da sua atividade pode acarretar mais perdas para todos os intervenientes e para a economia no seu todo[20]. Sem negarmos tal evidência, é mister reconhecer

European Preventive Restructu-ring, Directive (EU) 2019/1023, Article-by-Article Commentary, C. H. Beck, München, 2021, p. 4-6; Juana Pulgar Ezquerra, «Marcos de reestructuración preventiva y segunda oportunidad en la Directiva UE 2019/1023», *Diario La Ley,* Nr. 9474, 2019; Nicolaes Tollenaar, «The European Commission's Proposal for a Directive on preventive restructuring proceedings», *Insolvency Intelligence,* Vol. 30, Nr. 5, 2017, p. 65-81; Sérgio Coimbra Henriques, «Fiduciary duties of company directors where there is a likelihood of insolvency – The 2019 European Directive on restructuring and insolvency», *21st Century Commercial Law Forum: 19th International Symposium "The Up-to-date Development of the Fiduciary Duty,* Tsinghua Commercial Law Research Center, 2019, p. 358-366; Stephan Madaus / Bob Wessels, «Restructuring reform with pre-insolvency proceedings – where is the EU heading to?», *Harmonisation of European Insolvency Law,* INSOL Europe, Nottingham, 2017, p. 201-218; «Business rescue in insolvency law in Europe: Introducing the ELI Business Rescue Report», *International Insolvency Review,* Vol. 27, Nr. 2, 2018, p. 255-280.

[19] Neste sentido, Jennifer Payne, «The Role of the Court in Debt Restructuring», *Cambridge Law Journal,* Vol 77, Nr. 1, 2018, p. 127-133.

[20] Esta perspetiva é assumida pelo legislador europeu no Considerando 3 da Diretiva (UE) 2019/1023, recentemente reforçada na "Proposal for a Directive of the European Parliament and of the Council harmonising certain aspects of insolvency law" (COM(2022) 702 final, Brussels, 7.12.2022". Para mais desenvolvimentos, José Gonçalves Machado, «A (nova) Proposta de Diretiva Europeia para harmonizar certos aspetos do Direito da Insolvência» (em curso de publicação).

também que se as empresas forem viáveis, em princípio, é mais vantajoso para todos manter a empresa devedora em atividade. Além do valor económico que a empresa em atividade representa, e de todos os ganhos e proveitos que daí resultam para si e para os respetivos detentores de participações sociais, haverá um acréscimo de valor que se reflete na esfera patrimonial dos trabalhadores, dos fornecedores, dos financiadores e da comunidade em geral.

Portanto, se a viabilidade das empresas pré-insolventes não puder, de forma evidente, ser afastada, será prematuro considerá-las irrecuperáveis e retirar-lhes a vida. Ao invés, dever-se-á promover a sua recuperação e a sua manutenção em atividade. Haverá vantagem em atuar prontamente perante os primeiros sinais de crise, uma vez que a atuação preventiva e atempada tende a aumentar as hipóteses de se salvar mais empresas e, consequentemente, acautelar os interesses de todos aqueles que com elas se relacionam direta ou indiretamente.

Ao nível nacional, o novo paradigma[21], voltado para a recuperação pré-insolvencial, começou a desenhar-se com o Memorando de Enten-

[21] Em Portugal, o direito pregresso mostrou ser desadequado às necessidades económico-sociais abrindo, assim, caminho ao surgimento de medidas favoráveis à continuação e conservação das empresas. De uma forma geral, assumiu-se a vontade de conservar a atividade das empresas, nalguns casos estabelecendo-se uma preferência absoluta da recuperação sobre a liquidação, noutros casos, reservando a prioridade da recuperação apenas para as empresas viáveis. Em concreto, a preocupação com a recuperação surge em Portugal com o Código de Processo Civil de 1961, que instituiu meios preventivos da falência (a concordata e o acordo de credores), e continua com o Decreto-Lei nº 660/74, de 25 de novembro, que introduziu uma ferramenta nova no processo de recuperação das empresas viáveis, prevendo que o Estado pudesse intervir diretamente nas empresas privadas quando estas não contribuíssem "normalmente para o desenvolvimento económico do País e para a satisfação dos interesses superiores da coletividade nacional", nomeadamente devido à ameaça de despedimento, ao abandono de instalações, à descapitalização ou ao desinvestimento significativos, à mora ou ao incumprimento das obrigações da empresa, ao desvio de fundos da catividade corrente da empresa, à redução dos volumes de produção, entre outros indícios. Outra forma de promover a recuperação surgiu através do designado contrato de viabilização, celebrado entre a empresa devedora e as instituições de crédito, através do qual as empresas se obrigavam a atingir determinados objetivos em termos de equilíbrio financeiro, produtividade e rentabilidade, em contrapartida de apoio financeiro e de certos benefícios fiscais. Com a superação da situação crise que Portugal viveu no pós-guerra e pós-revolução, essa perspetiva de recuperação foi sendo paulatinamente abandonada. De uma situação em que a prioridade da recuperação era (quase) absoluta e se admitia a intervenção direta do Estado em empresas economicamente inviáveis, passou-se para uma situação em que a

dimento de 17 de maio de 2011, celebrado entre o Estado Português, o Banco Central Europeu, a Comissão Europeia e o Fundo Monetário Internacional no quadro do programa de auxílio financeiro a Portugal. Ao nível da recuperação de empresas ficou estabelecido, designadamente, que "[a] fim de melhor facilitar a recuperação efetiva de empresas viáveis, o Código de Insolvência será alterado (...) para, entre outras, introduzir uma maior rapidez nos procedimentos judiciais de aprovação de planos de reestruturação"[22]; "[Serão definidos os] Princípios gerais de restruturação voluntária extrajudicial em conformidade com boas práticas internacionais"[23].

Em resultado desses compromissos, o legislador português começou por introduzir, logo em 2011, um conjunto de onze Princípios Orientadores da Recuperação Extrajudicial de Devedores[24], transpondo para o ordenamento jurídico português em larga medida, o *Statement of Principles for a Global Approach to Multi-Creditor Workouts*, publicado pela *INSOL International* em 2000[25].

recuperação fica à mercê dos credores, sem intervenção direta do Estado, e fica (pelo menos teoricamente) dependente ainda da viabilidade económica e da suscetibilidade de recuperação financeira, conforme previsto no CPEREF, introduzido pelo Decreto-Lei nº 132/93, de 23 de abril, e que vigorou até à introdução do CIRE em 2004. Com o CIRE, a liquidação passou a estar claramente na linha da frente e a recuperação em segundo plano. Mesmo assim, os interesses públicos não foram completamente desvalorizados. Reconhecia-se ainda o "interesse público da preservação do bom funcionamento do mercado", cuja realização ficava dependente dos interesses privados dominantes. Em 2011, com a intervenção da Troika em Portugal (afetado pela crise financeira vivida à escala global), foram dados passos importantes no sentido de priorizar a reestruturação preventiva das empresas viáveis, designadamente com a adoção do Programa Revitalizar, dos Princípios Orientadores de Recuperação Extrajudicial de Devedores, do PER, do SIREVE e do RERE (o qual veio substituir o anterior SIREVE). Para mais desenvolvimentos, Antonio Menezes Cordeiro, «Perspetivas evolutivas do direito da insolvência», cit., p. 551-591; Catarina Serra, *Falências derivadas e âmbito objectivo da falência*, cit., p. 17-65 e 279-281; *A Falência no Quadro da Tutela Jurisdicional dos Direitos de Crédito...*, cit., p. 192-197; Luís Carvalho Fernandes, «Sentido geral do novo regime da insolvência no direito português», *Coleção de Estudos sobre a Insolvência, Quid Juris*, Lisboa, 2011, p. 83-101; e Pereira das Neves, «Crise, Incumprimento e Insolvência», *A Crise e o Direito*, Edições Almedina, 2013, p. 225-238.

[22] Ponto 2.17. do Memorando de Entendimento de 17 de maio de 2011.

[23] Ponto 2.18. do Memorando de Entendimento de 17 de maio de 2011.

[24] Doravante, abreviadamente designados por "Princípios Orientadores".

[25] Doravante, abreviadamente designados por "*Statement of Principles*".

Em 2012, foram introduzidos o PER[26] e o SIREVE[27], tidos como instrumentos destinados a facilitar a recuperação de empresas[28]. O SIREVE acabaria por ser substituído em 2018 pelo RERE[29]. Mais recentemente, no dia 11 de janeiro de 2022, entrou em vigor a Lei nº 9/2022 que, fundamentalmente, procura transpor a Diretiva (UE) 2019/1023, do Parlamento Europeu e do Conselho, de 20 de junho de 2019, sobre os regimes de reestruturação preventiva, o perdão de dívidas e as inibições, e sobre as medidas destinadas a aumentar a eficiência dos processos relativos à reestruturação, à insolvência e ao perdão de dívidas, e que altera a Diretiva 2017/1132[30].

Com a implementação destes instrumentos legislativos, em especial do PER e do RERE, o campo de ação do direito da insolvência estendeu-se expressivamente ao domínio da pré-insolvência, sem com isso ter diminuído desmedidamente o papel de outras disciplinas, em particular do direito societário[31]. Basta ver, por exemplo, que, ao contrário do que sucede nos processos de insolvência, os instrumentos pré-insolvenciais advogam que o poder de administração se mantenha na esfera da empresa devedora, a quem compete, em primeira instância, desenvolver todos os esforços no sentido de evitar a sua insolvência[32].

[26] Lei nº 16/2012, de 20 de abril, posteriormente alterada pelo Decreto-Lei nº 79/2017, de 30 de junho.

[27] Decreto-Lei nº 178/2012, de 3 de agosto.

[28] Para uma análise sobre estes instrumentos ver, por exemplo, Catarina Serra, «Revitalização – A designação e o misterioso objeto designado. O processo homónimo (PER) e as suas ligações com a insolvência (situação e processo) e com o SIREVE», *I Congresso de Direito da Insolvência*, Almedina, Coimbra, 2013, p. 85-106.

[29] Lei nº 8/2018, 2 de março.

[30] Doravante designada, abreviadamente, por Diretiva (UE) 2019/1023.

[31] Karsten Schmidt («Conflictos de interés entre socios, acreedores y administradores en la proximidad de la insolvencia», cit., p. 44) observa que o direito da insolvência se libertou das cadeias do pensamento executório, voltado para a liquidação, e deixou de estar centrado no binómio credor-devedor, para se tornar num instrumento de recuperação e assumir tarefas mais abrangentes de financiamento e reestruturação das empresas.

[32] Stephan Madaus («Leaving the Shadows of US Bankruptcy Law...», cit., p. 619-640) defende que estes instrumentos têm por finalidade evitar o problema da *"common pool"* que normalmente é associado à insolvência. Através da insolvência, os credores pretendem obter um ganho que não seria possível obter se atuassem de forma isolada e descoordenada, uma vez que, nestes casos, a situação de insolvência tende a agravar-se e o ativo a desaparecer ou diminuir, pelo que as possibilidades de satisfação dos créditos são cada vez menores (ao que se designa *common pool problem*). Em resposta a este problema, e na impossibilidade prática

De facto, os instrumentos de recuperação pré-insolvencial evidenciam, em vários aspetos, que o Estado não se afastou da composição de interesses privados, *maxime* das negociações de um acordo de reestruturação de uma empresa pré-insolvente, como até se preocupou em apoiar tais negociações. Isso manifesta-se, por exemplo, nos requisitos materiais de acesso, no efeito suspensivo temporário das ações de natureza executiva e/ou insolvência (ainda não decretada), no prazo máximo das negociações, da possível nomeação de um mediador ou administrador provisório (que coordena e supervisiona as negociações), na impossibilidade de credores (ou determinados credores) não poderem invocar cláusulas *ipso facto* alusivas à negociação de um plano de reestruturação, à suspensão ou a qualquer evento semelhante relacionado com a reestruturação, assim como nas regras de votação e aprovação do acordo de reestruturação e das regras de controlo judicial do conteúdo desse acordo (em obediência a princípios de igualdade e justiça entre credores e outras partes afetadas, designadamente os trabalhadores e o próprio Estado)[33].

das partes chegarem a um acordo *ad hoc*, o processo de insolvência impõe uma atuação conjunta e coordenada para que os credores possam distribuir entre si o ativo ainda disponível pela forma mais eficiente e lucrativa possível, o que deverá acontecer necessariamente através de um processo de liquidação, quer por via da uma venda fragmentada do ativo *("piecemeal sale")*, quer por via da venda do ativo como um todo, mantendo em atividade a empresa devedora *("going concern sale")*, ou de uma combinação entre ambas (vendendo uma parte da empresa que se manterá em atividade, e liquidando separadamente os elementos do ativo remanescente). Esta seria a razão e vocação específica dos processos de insolvência. Isso justificaria a restrição do direito de execução individual, do direito de o devedor continuar a gerir a sua atividade e dispor dos seus bens, bem como a aplicação das demais regras (o dever de apresentação à insolvência, direito de requerer a insolvência, abertura de um processo judicial, a perda de controlo sobre gestão pela empresa devedora; a reclamação de créditos coordenada e supervisionada por um administrador judicial; a suspensão de negócios em curso; a suspensão de ações judiciais; e intervenção e controlo judicial) e princípios do direito da insolvência (igualdade de credores e graduação de créditos em função do tipo de crédito). Se a empresa devedora estiver pré-insolvente não existe um *common pool problem* e, neste caso, os processos de recuperação pré-insolvencial podem evitar que tal possa vir a acontecer. Em princípio, todos os envolvidos têm interesse numa intervenção atempada para evitar a insolvência e preservar o máximo de valor uma vez que nenhum dos afetados deve ficar em pior situação do que estaria se não houvesse uma recuperação preventiva. Isso ajudaria a justificar a restrição do direito de execução individual na pré-insolvência.

[33] Estes aspetos resultam e/ou estão intimamente relacionados não só com os interesses particulares ou privados, mas também com a tutela dos interesses públicos subjacentes e,

Desse modo, o Estado procura dar aos particulares os meios necessários e adequados à composição dos interesses particulares, naquilo que aproveita a cada parte diretamente envolvida e afetada, mas também procura promover a defesa do interesse público através da introdução de regras ou mecanismos que limitem a autonomia das partes e ajudem a promover ou facilitar a reestruturação preventiva das empresas viáveis.

Não afastando a autonomia das partes envolvidas, a institucionalização dos processos de negociação de acordos de reestruturação preventiva contém importantes desvios à autonomia das partes que apenas se podem justificar se se reconhecer uma certa primazia do interesse público subjacente[34]. Partindo dessa premissa, diríamos que os instrumentos de recuperação pré-insolvencial pressupõem, por assim dizer, que a empresa não é *"merely a pool of assets"*, mas também *"a moral, political and social actor"*[35].

O interesse público na conjugação de esforços entre todos os envolvidos visa salvaguardar não tanto o funcionamento do mercado e da economia, no sentido de se delegar nos credores o papel exclusivo de decidirem o rumo a seguir, mas acima de tudo a defesa do interesse público na preservação da estabilidade e crescimento económico-financeiro e na proteção do emprego e do bem-estar social em geral.

Sob esta perspetiva, a razão de ser das empresas não se restringe à distribuição de lucro pelos sócios enquanto a empresa está solvente e à satisfação possível dos interesses dos credores quando a empresa está insolvente. Numa situação de pré-insolvência ter-se-ia que procurar encontrar um ponto de equilíbrio de modo a acautelar devidamente não só os interesses dos sócios ou acionistas, mas também, dos trabalhadores, dos fornecedores, dos clientes, e da comunidade em geral[36].

concomitantemente, com a perspetiva social, coletiva e publicista das empresas, *maxime* do impacto que as empresas provocam ou podem provocar na economia e na sociedade em geral.

[34] Catarina Serra, *A Falência no Quadro da Tutela Jurisdicional dos Direitos de Crédito...*, cit., p. 201-202.

[35] Donald Korobkin, «Rehabilitating Values: A Jurisprudence of Bankruptcy», *Columbia Law Review*, Vol. 91, Nr. 4, 1991, p. 745; e Alberto Tedoldi, *Crisi Insolvenza Sovraindebitamento*, Pacini Giuridica, 2022, p. 40-43.

[36] O ponto de partida para a defesa dos interesses públicos no desenvolvimento económico, estabilidade financeira e paz social através da restruturação preventiva reside numa perspetiva social, coletiva e publicista das empresas. Assim, a crise ou pré-insolvência das empresas não é sinónimo apenas de uma crise económico-financeira, mas também de uma

Com efeito, a crise da empresa coloca em causa não só a satisfação dos direitos dos credores, mas também a manutenção dos postos de trabalho, a aquisição ou fornecimento de bens ou serviços, e o desenvolvimento económico e paz social em geral[37]. Isso acontece de forma evidente com a crise de uma grande empresa[38] ou de uma empresa

crise que ameaça outros valores, dos quais alguns são de natureza económico-financeira, e outros relacionam-se com a pessoa humana, que é o primeiro e último beneficiário da atividade empresarial. É inegável que as empresas são o meio de realização e satisfação de interesses privados e públicos, de natureza pessoal e/ou coletiva. Uma sociedade justa e alicerçada num estado de direito democrático não pode ser prisioneira de uma visão economicista das empresas como se estas fossem entidades desligadas dos valores humanos e sociais. Por exemplo, os credores totalmente garantidos podem facilmente cair na tentação de procurar obter a liquidação imediata do ativo da empresa para satisfazer o seu crédito, enquanto os credores parcialmente garantidos ou não garantidos podem estar mais dispostos a continuar com as operações, na esperança de aumentar o grau de satisfação dos seus créditos. Enquanto isso, os sócios, sendo credores economicamente residuais, podem estar ainda mais dispostos a apostar na continuidade da empresa através de estratégias excessivamente arriscadas que colocam em causa a sobrevivência da empresa. Estas condutas parecem ser claramente contrárias ao interesse público na recuperação das empresas viáveis. E este, como vimos, não se restringe a uma questão financeira, mas mexe ou pode mexer com razões de índole moral, política, pessoal e social que visam, em última análise, a realização da Pessoa Humana, na sua componente individual e coletiva. Portanto, a recuperação das empresas não tem reflexos apenas na saúde financeira das empresas, mas também na saúde económica e social da comunidade onde se inserem. Por isso, a manutenção das empresas corresponderá a um imperativo ético, ao qual as empresas devedoras, os credores e os gestores não podem fugir. Neste sentido ver, designadamente, AA. VV., «Foundations of Corporate Law», *ECGI Working Paper*, Nr. 336, 2017; CATARINA SERRA, *A Falência no Quadro da Tutela Jurisdicional dos Direitos de Crédito...*, cit., p. 190 e s.; e JOHN ARMOUR / MICHAEL WHINCOP, «The Proprietary Foundations of Corporate Law», *Oxford Journal of Legal Studies*, Vol. 27, Nr. 3, 2007, p. 429-465.

[37] Neste sentido, por exemplo, ANDREW KEAY, «Ultimate Objective of the Company and the Enforcement of the Entity Maximisation and Sustainability Model», *Journal of Corporate Law Studies*, Vo. 10, Nr. 1, 2010, p. 35-71; DAVID WISHART, «A RECONFIGURATION OF COMPANY AND/OR CORPORATE LAW THEORY», *Journal of Corporate Law Studies*, Vo. 10, Nr. 1, 2010, p. 151-178; DONALD KOROBKIN, «Rehabilitating Values: A Jurisprudence of Bankruptcy», cit., p. 760-774; e ROBERT RASMUSSEN, «An essay on optimal bankruptcy rules and social justice», *University of Illinois Law Review*, Vol. 1994, Nr. 1, p. 27-31.

[38] Quanto maior for a empresa mais impactantes serão os efeitos de uma eventual insolvência. Neste caso, muitos serão os trabalhadores com os empregos em risco, os fornecedores em vias de perder um importante cliente e os consumidores com forte possibilidade de deixarem de ter acesso aos respetivos bens ou serviços, o que, naturalmente, é suscetível de afetar a economia em geral e o bem-estar social. Como tal, a manutenção das empresas em atividade é, por si só, um objetivo com uma dimensão económico-financeira, mas também

pertencente a um setor estratégico e relevante para a economia e bem-estar social de uma determinada comunidade.

É manifesto que a ameaça de desaparecimento dessa empresa coloca em perigo não só os vários interesses particulares, mas também o interesse público nas suas mais variadas facetas. Ao impacto negativo na vida daqueles que têm uma conexão direta com a empresa (sócios, trabalhadores, entidades financeiras, fornecedores e clientes), junta-se o efeito negativo na vida daqueles que beneficiam reflexamente da sua atividade.

A doutrina[39] e jurisprudência[40] têm sido unânimes em considerar que as alterações introduzias no CIRE a partir de 2012 apontam para uma alteração da filosofia e do paradigma do CIRE, sobretudo devido à introdução dos mecanismos pré-insolvenciais de recuperação de empresas. É agora claro que a reestruturação preventiva passou a ocupar um lugar de destaque, o que é confirmado pela circunstância de as

com uma dimensão social. O valor ético-jurídico subjacente aos instrumentos de recuperação pré-insolvencial traduz-se, portanto, numa tutela de interesses públicos e privados, não só de quem é ou pode ser diretamente afetado nos seus direitos de crédito, mas também daqueles que, indireta e reflexamente, podem sofrer as consequências do encerramento de uma empresa.

[39] Alexandre de Soveral Martins, *Um Curso de Direito da Insolvência*, cit., p. 38-40; Ana Prata, Jorge Morais Carvalho e Rui Simões, *Código da insolvência e da recuperação das empresas anotado*, cit., p. 7-8; Luís Menezes Leitão, *A Recuperação Económica dos Devedores*, cit., p. 7; Luís Carvalho Fernandes / João Labareda, *Código da Insolvência e Recuperação de Empresas Anotado*, cit., p. 68-69; Catarina Serra, «Entre o princípio e os princípios da recuperação...», cit., p. 79; *O regime português da insolvência*, cit., p. 25-27; *Regime Extrajudicial de Recuperação de Empresas – Análise (e) Crítica*, cit., p. 19-21; Madalena Perestrelo Oliveira, *Limites da Autonomia dos Credores na Recuperação da Empresa Insolvente*, Edições Almedina, Coimbra, 2013, p. 19 e s.; Rui Pinto Duarte, «A Administração da Empresa Insolvente: Rutura ou Continuidade», *I Congresso de Direito da Insolvência*, Edições Almedina, Coimbra, 2013, p. 161.

[40] No Ac. do TRL, de 09.05.2013, Proc. 1008/12.9TYLSB.L1-8 (Isoleta Almeida Costa) pode ler-se; "[d]ever-se-á ainda atender à necessidade de promover a recuperação de empresas, que consubstancia o interesse público e este interesse é fundamental na interpretação e aplicação da recente Lei nº 16/2012, de 20 de abril, que procedeu à sexta alteração do Código da Insolvência e da Recuperação de Empresas (aprovado pelo Decreto-Lei nº 53/2004, de 18/03 e alterado pelos Decretos-Leis nº 200/2004, de 18/09, nº 76-A/2006, de 29 de março, 282/2007, de 7 de agosto, 116/2008, de 4 de julho e 185/2009, de 12 de agosto), e que reorientou este código para a promoção da recuperação". No mesmo sentido, Ac. do TRC, de 16.10.2012, Proc. 421/12.6TBTND.C1 (Carlos Moreira).

empresas terem ao seu dispor mecanismos facilitadores da recuperação, como é o caso do PER e do RERE.[41]

Ao permitir que uma empresa pré-insolvente e suscetível de ser recuperada, possa, sem necessidade de ser declarada insolvente, iniciar um processo negocial com vista à sua recuperação, o legislador rompe com o sistema da falência-liquidação e propõe uma solução de equilíbrio que acautele os vários interesses em jogo.

Catarina Serra[42] fala a este respeito de um princípio da recuperação ou primado da recuperação, no sentido em que esta é a solução que mais favorece a salvaguarda dos interesses de todos os sujeitos envolvidos.

Os interesses merecedores de tutela que estão inerentes à manutenção das empresas em atividade[43] são, essencialmente, os mesmos

[41] Esta perspetiva coloca, naturalmente, em causa a visão puramente económico-financeira dos instrumentos de recuperação pré-insolvencial e destaca a necessidade de adotar uma visão global e integrativa dos vários interesses potencialmente em conflito, pois essa terá sido a vontade expressa do legislador quando manda atender aos interesses de longo prazo da empresa, bem como aos interesses dos sócios, dos trabalhadores, de outros stakeholders e da comunidade em geral. Naturalmente que as empresas não estão destinadas a ser eternas, nem os motivos de natureza moral, política, pessoal e social podem sobrepor-se em toda a linha às razões económico-financeiras. O que se quer dizer é que deve ser feito um balanço e uma ponderação em função das circunstâncias concretas de cada caso. A dimensão da empresa, a sua natureza estratégica para o funcionamento do mercado e da economia e o seu impacto social são aspetos que não podem ser desconsiderados. Aliás, a recente crise gerada pelo COVID-19 veio colocar em evidência o interesse público em salvaguardar as empresas, inclusivamente as empresas insolventes, como resultou da suspensão da obrigação de apresentação à insolvência (Lei nº 4-A/2020, de 6 de Abril de 2020), da introdução do PEVE que permite a recuperação de empresas insolventes fora do processo da insolvência e do alargamento temporário do RERE a empresas insolventes (Lei nº 75/2020, de 27 de novembro).

[42] Catarina Serra, «Entre o princípio e os princípios da recuperação...», cit., p. 76-100.

[43] Catarina Serra (*A Falência no Quadro da Tutela Jurisdicional dos Direitos de Crédito...*, cit., p. 191-192) destaca que "o interesse na continuação da empresa e, por consequência, na conservação dos meios de produção é público, não só porque é distinto do interesse do devedor e do interesse dos credores com o mesmo objecto, mas principalmente porque, referindo-se a categorias ou grupos sociais mais amplos, é um interesse de toda a colectividade ou que, de alguma forma, ela privilegia. A colectividade mostrou sensibilidade a este interesse, primeiro, por razões sociais (a perda dos postos de trabalho e o desemprego põem em risco a paz social) e económicas (a cessação da actividade da empresa pode provocar efeitos prejudiciais sobre o mercado, tais como a escassez de bens e serviços necessários e a perda do valor objectivo dos estabelecimentos comerciais e industriais) e, numa fase posterior, também por razões associadas ao perigo de danos (económicos e sociais) em sectores determinados

que eram preconizados no Pós-Guerra, o que mudou foram os meios e mecanismos definidos para tutelar tais interesses. Reconhece-se agora que o Estado deve ter uma intervenção supletiva, auxiliadora e conformadora da vontade das partes especialmente envolvidas. À luz do novo paradigma, cabe ao Estado definir os objetivos, dar aos particulares os instrumentos adequados a prosseguir esses objetivos, e intervir em tais processos em condições próximas à dos particulares.

A privatização ou desjudicialização dos processos de recuperação não significa um afastamento, mas antes um voto de confiança na atuação dos particulares, cujos interesses, à luz deste modelo, passariam a estar iluminados e orientados pelo interesse público na reestruturação de empresas viáveis[44].

Se não houvesse esse interesse público, já mais o Estado teria colocado ao dispor das empresas pré-insolventes instrumentos facilitadores da recuperação e limitadores da autonomia dos credores numa fase em que, em bom rigor, ainda não se justificaria tal limitação, uma vez que a empresa ainda não está insolvente. Porém, a necessidade de defender esse interesse público justifica uma certa limitação dos interesses particulares, contando que tal aconteça de uma forma justa e equilibrada.

O reconhecimento da preponderância da manifestação de vontade dos credores na negociação e aprovação do acordo de recuperação não diminui a importância do interesse público subjacente. Pelo contrário, quer significar que se lhes atribuiu (aos credores) uma responsabilidade social acrescida no uso da sua autonomia privada[45].

da economia (das pequenas empresas, dos pequenos aforristas e das instituições de crédito, sobre quem, em última análise, se repercute sempre a insolvência das empresas devedoras, de forma tanto mais intensa quanto maior for o seu endividamento junto daquelas)."

[44] Cfr. Laura González Pachón, *La desprivatización y desjudicialización del Derecho de insolvencia: especial referencia a los acuerdos de refinanciación*, Marcial Pons, Madrid, 2021.

[45] Donald Korobkin («Rehabilitating Values: A Jurisprudence of Bankruptcy», cit., p. 771, 727-782) vê no direito da insolvência um instrumento jurídico que visa congregar interesses particulares e concorrentes, conferindo-lhes uma visão renovada da empresa como ator moral, político, social e económico de interesse geral. Nenhum outro sistema jurídico responde à crise dos valores humanos que surgem com as dificuldades financeiras das empresas, ou consagra uma filosofia e regime voltados para reabilitar esses valores numa visão integrada da empresa, como entidade em relação não só com os credores, sócios, e trabalhadores, mas também com a economia e sociedade em geral. Nesse sentido, o direito da insolvência democratiza o processo de tomada de decisão quando a empresa enfrenta sérias dificuldades e é suscetível de afetar vários interessados.

O Estado, ao criar tais mecanismos de reestruturação preventiva (com limites e incentivos à recuperação) e ao definir os objetivos subjacentes, como que delega nos intervenientes a tarefa de ponderar e acautelar os interesses públicos e particulares em causa, dando-lhes as ferramentas necessárias e adequadas à reestruturação preventiva das empresas pré-insolventes e, por essa via, à melhor satisfação dos credores, à proteção e manutenção dos postos de trabalho, à sustentabilidade e ao desenvolvimento económico e à paz social em geral.

Aos credores é-lhes pedida cooperação com as empresas devedoras que sejam suscetíveis de recuperação, em nome dos ideais de estabilidade económico-financeira e da paz social, com o objetivo de se evitar a liquidação desnecessária daquelas que sejam (deem provas de ser) viáveis e a perda desnecessária de postos de trabalho. Às empresas pré-insolventes exige-se, pelas mesmas razões, que reajam atempadamente, adotando medidas que previnam a insolvência e tenham em devida conta os interesses das partes afetadas.

Com isto, além dos interesses dos credores (a satisfação dos seus créditos), consegue-se, simultaneamente, tutelar outros interesses de natureza pública, a manutenção das empresas viáveis, a preservação dos postos de trabalho, a criação de riqueza, a estabilidade da económico-financeira, e a paz social.

Daqui emerge a ideia de que a recuperação é a melhor solução para os interesses de todos os sujeitos envolvidos por permitir alcançar uma melhor satisfação dos seus interesses[46]. Com a recuperação pré-insolvencial de empresas viáveis evitar-se-ia uma degradação (mais severa) da sua situação patrimonial e assegurar-se-ia a manutenção da sua atividade, o que possibilitaria que tais empresas continuassem a gerar valor.

Em consequência, os sócios poderiam, eventualmente, manter os seus direitos intactos e os credores poderiam receber não só o valor que arrecadariam no caso de liquidação, mas também um valor adicional graças à manutenção da atividade e aos proveitos futuros.

Assim, tais sujeitos teriam um incentivo forte para cooperar entre si, pois só dessa forma poderiam alcançar a maior satisfação possível dos interesses de todos.

[46] Catarina Serra, «Entre o princípio e os princípios da recuperação...», cit., p. 76-77.

Temos também por certo que a recente crise (gerada pela *COVID-19*, caracterizada por uma paragem ou uma suspensão forçada de várias atividades económicas, pela consequente quebra ao nível das vendas e pelos despedimentos em massa, agravada pelos efeitos negativos da guerra na Ucrânia) veio, em boa medida, ajudar a distinguir aquilo que realmente importa daquilo que é acessório e, consequentemente, clarificar o carácter basilar e primordial do objetivo (ou interesse público) prosseguido com os instrumentos de recuperação de empresas.

No domínio da insolvência, é paradigmática a suspensão (ainda que temporária) do dever de apresentação à insolvência[47] após decretamento

[47] É certo que a suspensão (ainda que temporária) do dever de apresentação à insolvência, tal como previsto no art. 6º-A, n. 6, al. a) da Lei nº 1-A/2020, de 19 de março, peca por escassa. Como prontamente observou Catarina Serra («COVID-19 (IV) – O regime provisório de recuperação de empresas...», cit.) "teria sido adequado paralisar, durante este período, o poder de ação de todos os sujeitos legitimados"; e "[t]eria sido adequado reforçar a função recuperatória do direito da insolvência, conferindo aos gestores a proteção necessária, designadamente, "criando presunções (relativas) de que os atos necessários à continuação e à recuperação da empresa" seriam insuscetíveis de resolução em benefício da massa em eventual processo de insolvência. No mesmo sentido, Alexandre de Soveral Martins (*Administração de sociedades anónimas e responsabilidade dos administradores*, cit., p. 352), realçando que, dessa forma, "[t]eríamos uma espécie de cristalização da situação do devedor à data do início da situação excecional. Ou poderia ter sido exigido que o credor demonstrasse que a situação de insolvência já existia antes do início da situação excecional". Maria de Fátima Ribeiro («Direito da Insolvência em Tempos de Pandemia», *Boletim da Ordem dos Advogados*, Especial COVID-19, Nr. 30, 2020), por seu turno, propõe uma flexibilização dos requisitos de acessos aos mecanismos pré-insolvenciais de modo que também as empresas devedoras insolventes, pudessem, excecionalmente, neste contexto de pandemia, promover a sua recuperação. Na Alemanha, Stephen Madaus («CovInsAG II – Zeit für einen Corona--Schutzschirm», cit.), realça que se o Estado decide adotar medidas restritivas do normal desenvolvimento da atividade comercial, deve também oferecer um apoio adequado a corrigir ou suportar perdas sofridas em decorrência dessas medidas. O autor sustenta que seria necessário criar um "escudo protetor" *("Corona-Schutzschirm")*, com requisitos de acesso semelhantes ao regime previsto no § 270b InsO, para ajudar as empresas e gestores das empresas que sofrem com as restrições constantes no combate à pandemia, dando-lhes a oportunidade de sobreviver à pandemia sob proteção judicial e de retornar ao ciclo económico no médio prazo. Esta proposta faz eco de um dos princípios promovidos pelo *European Law Institut* no seu documento intitulado *"ELI Principles for the Covid-19 Crisis"*, mais concretamente do *Principle 12, (1)*, onde se diz que os Estados devem adotar medidas especiais de suspensão temporária dos processos de cobrança de dívida e insolvência de forma a evitar a degradação financeira das empresas. Mais adiante declara-se que os Estados devem assegurar que, à luz do princípio da boa-fé, as partes devem entrar em negociações – *Principle 12, (2)*. Dando eco a estes princípios, Catarina Serra («A função (alternativa) do RERE como programa

do estado de emergência[48] e anúncio de uma profunda crise financeira, económica e social provocada pela pandemia associada à *COVID-19.* O propósito primordial terá sido o de proteger as empresas insolventes, os postos de trabalho, a economia e o bem-estar em geral. Essa ideia é reforçada com o pacote de medidas de apoio à sustentabilidade das empresas[49] e à proteção dos postos de trabalho[50].

Os gestores das empresas saíram igualmente protegidos porque deixaram (temporariamente[51]) de estar vinculados àquele dever de apresentação à insolvência e, assim, tiveram a oportunidade de desenvolver todos os esforços para manter a empresa em atividade[52]. Muitas empresas

extraordinário para o apoio e reanimação de empresas», *Revista de Direito Comercial,* 2020-04-28, 2020, p. 957-988) propõe uma versão mitigada do RERE de modo que, aproveitando os efeitos suspensivos como oportunidade para renegociar, as empresas possam, sem recorrer aos Tribunais, negociar um acordo de forma voluntária (com eficácia relativa) relativamente a alguns (principais) credores.

[48] Decreto do Presidente da República 14-A/2020, de 18 de março de 2020, Decreto do Presidente da República 17-A/2020, de 2 de abril e Decreto do Presidente da República 20-A/2020, de 17 de abril.

[49] Ver, por exemplo, Despacho 5503-B/2020, do Gabinete do Secretário de Estado Adjunto e das Finanças (sobre a concessão de uma garantia pessoal do Estado ao Fundo de Contragarantia Mútuo, no âmbito do apoio às empresas nacionais decorrentes da pandemia da doença COVID-19); Decreto-Lei nº 20-G/2020, de 14 de maio (que consagra um pacote de incentivos à segurança nas micro, pequenas e médias empresas, no contexto da doença COVID-19; Decreto-Lei nº 46-A/2020, de 30 de julho (que cria o apoio extraordinário à retoma progressiva de atividade em empresas em situação de crise empresarial com redução temporária do período normal de trabalho); Lei nº 29/2020, de 31 de julho (que estabelece medidas fiscais de apoio às micro, pequenas e médias empresas no quadro da resposta ao novo coronavírus SARS-CoV-2 e à doença COVID-19.

[50] Decreto-Lei nº 10-G/2020, de 26 de março.

[51] Catarina Serra («COVID-19 (IV) – O regime provisório de recuperação de empresas depois do artigo 6º-A da Lei nº 1-A/2020», *Observatório Almedina,* 1 de junho, 2020) critica a solução dizendo que "em vez de a suspensão ter uma duração correspondente ao período excepcional e transitório teria sido aconselhável a definição de um prazo razoável (por exemplo, até ao final de 2020) e flexível (i.e. susceptível de prorrogação)". Na Alemanha, o legislador adotou uma solução idêntica à proposta pela autora (até 31 de dezembro 2020) no caso de a empresa estar numa situação de sobre-endividamento *("Überschuldung").* Caso a empresa enfrente uma incapacidade de cumprimento das obrigações vencidas *("Zahlungsunfähigkeit"),* o prazo retoma a 1 de outubro de 2020. Para mais desenvolvimentos sobre a solução alemã, Stephen Madaus, «CovInsAG II – Zeit für einen Corona-Schutzschirm», cit..

[52] A propósito do anúncio da suspensão da Sec. 214 da *Companies Act 2006 (wrongful trading),* Robert-Jan Temmink / Stephanie Barrett («The Position of UK Directors during the COVID-19 Pandemic», *International Corporate Rescue,* Vol. 17, Nr. 3, 2020, p. 184-185),

viram-se obrigadas a investir e desenvolver novas áreas de negócio, em especial no domínio da saúde e do comércio eletrónico ou à distância. Outras, como por exemplo, do setor dos transportes, reforçaram a sua resposta para satisfazer necessidades prementes devido ao confinamento geral.

Sobre as consequências da crise já se profetizou que "irá deixar uma marca profunda na governação das sociedades"[53] uma vez que, "ao forçar reestruturações empresariais e ao implicar um programa massivo de investimentos europeus, esta crise criou simultaneamente uma oportunidade de recomeço, uma chance para repensar e aperfeiçoar o propósito de cada sociedade e para proceder a uma reavaliação importante do modelo de atividade e governação societária"[54].

Esta crise, como todas as outras crises já vividas, ensina-nos que uma empresa não é só uma empresa, num sentido puramente economicista. Uma empresa é um agregado de valor que não existe e se realiza por si só, mas que está direcionado para a satisfação dos interesses daqueles que investem na sua atividade e crescimento pelas mais variadas formas: com capital, com trabalho, com bens, com serviços e com solidariedade

observam que a suspensão temporária da responsabilidade pessoal dos gestores por continuarem a atividade em período de insolvência daria um espaço para respirar *(keep calm and carry on)* e para evitar uma onda de encerramento de empresas insolventes, já que os gestores normalmente optam pela liquidação em vez de enfrentar uma potencial responsabilidade pessoal decorrente da manutenção da empresa em atividade em situação de insolvência. Não obstante, os autores criticam esta solução e a falta de critérios objetivos quanto à sua aplicação uma vez que a suspensão por três meses não afasta a incerteza quanto ao momento temporal em que se aplica a disciplina do *wrongfull trading*, o que reduz o mérito da referida medida. Além disso, os Autores realçam que os gestores podem ser responsabilizados pela quebra de outros deveres, designadamente os deveres de tomar em devida consideração os interesses dos credores. Por isso, os Autores recomendam que os gestores procurem aconselhamento especializado, considerem devidamente os interesses dos credores, mantendo contacto regular com os principais credores (como bancos e fornecedores) e tomem decisões razoáveis, devidamente informadas e documentadas. Na mesma linha, John Whiteoak / Kevin Pullen / Andrew Cooke («Director's Duties in a COVID-19 World», *International Corporate Rescue*, Vol. 17, Nr. 3, 2020, p. 159-164) consideram que aquela suspensão vem colocar mais ênfase nos deveres dos gestores em tempos de crise. Estes autores defendem que os gestores não serão responsabilizados se fizerem o que razoável e honestamente for melhor para proteger os interesses dos sócios e dos credores.

[53] Paulo Câmara, «COVID-19, Administração e Governação de Sociedades», cit., p. 31.

[54] *Ibidem*, p. 28.

fiscal e contributiva. Nenhum destes fatores se basta a si mesmo e se pode regozijar de ser mais importante do que os demais.

Se há lição que podemos retirar da recente crise, é que a superação (possível e mais eficiente) das dificuldades sentidas pelas empresas não é uma mera alternativa ao seu encerramento. Por força da inegável conexão e tensão entre a continuidade das empresas e os vários interesses em jogo, ameaçados pelo possível encerramento daquelas, previsivelmente com maior prejuízo para todos, a perceção de que a manutenção das empresas em atividade deve ser realizada com primazia face à liquidação, parece ter-se tornado numa evidência. De tal forma assim é que aquilo que se espera ou pode esperar numa situação de crise é uma conjugação de esforços e uma repartição equilibrada de sacrifícios para se alcançar o melhor resultado possível e, inversamente, evitar um resultado globalmente mais desastroso para todos.

Sendo uma prioridade, como entendemos que é, e como corrobora o primado da recuperação afirmado muito antes do surgimento da *COVID-19*, o direito societário é hoje (ainda mais) desafiado a entrar em diálogo com o direito da insolvência no seu renovado paradigma[55]. Diálogo esse que se torna mais profícuo quando iluminado pelo art. 19º da Diretiva (UE) 2019/2013[56], no sentido em que uma parte importante e insubstituível da tarefa de recuperação das empresas é (ou deve ser) desempenhada pelos gestores[57].

[55] Reinhard Dammann, «Article 1 – Subject matter and scope», cit., p. 37.

[56] Stephan Madaus / Javier Arias, «Emergency COVID-19 Legislation in the Area of Insolvency and Restructuring Law», cit., p. 318-352.

[57] Cfr. José Gonçalves Machado, *O dever de promover a negociação...*, cit., p. 33 s.

CAPÍTULO I
A SITUAÇÃO DE PRÉ-INSOLVÊNCIA

1. A pré-insolvência à luz da Diretiva (UE) 2019/1023[58]

O termo "pré-insolvência" deriva do conceito originário de insolvência[59] e é frequentemente utilizado para caracterizar o *status* existente num

[58] Cfr. José Gonçalves Machado, *O dever de promover a negociação...*, cit., p. 52 s.

[59] A situação de insolvência traduz, substancialmente, uma impossibilidade de cumprir (ou solver) as obrigações vencidas. Tal não se confunde com a noção civilista de impossibilidade de cumprimento das obrigações. A impossibilidade de cumprir refere-se à situação global em que a empresa devedora se encontra, independentemente de haver ou não casos de impossibilidade de cumprimento no sentido civilista do termo. Além disso, a quantidade de situações de incumprimento não é, sequer, decisiva. Pese embora a situação de insolvência se manifeste geralmente num incumprimento generalizado das obrigações, por carência de meios, pode haver insolvência quando há um número reduzido de situações de incumprimento das obrigações, quando há apenas uma situação de incumprimento, ou até quando não existe qualquer incumprimento definitivo, mas somente uma situação de mora. Haverá uma situação de insolvência se a empresa não possuir as condições e os meios necessários para satisfazer as obrigações que, pelo seu significado no conjunto do seu passivo, ou pelas próprias circunstâncias do incumprimento, evidenciam uma impossibilidade, para a empresa devedora, de continuar a satisfazer a generalidade dos seus compromissos. Sobre o tema, António Menezes Cordeiro, «Introdução ao Direito da Insolvência», *O Direito*, Ano 137º, Vol. III, 2005, p. 465-506; «Perspetivas evolutivas do direito da insolvência», *Direito das Sociedades em Revista*, Ano IV, Nr. 3, 2012, p. 551-591; Catarina Serra, *Lições de Direito da Insolvência*, 2ª Ed., cit., pp. 54-55; *A Falência no Quadro da Tutela Jurisdicional dos Direitos de Crédito: o Problema da Natureza do Processo de Liquidação Aplicável à Insolvência no Direito Português*, Coimbra Editora, Coimbra, 2009, p. 233-250; *Falências derivadas e âmbito subjetivo da falência,*

momento prévio e próximo à situação material e formal de insolvência atual[60]. No quadro da Diretiva (UE) 2019/1023, a pré-insolvência expressa-se pelo conceito de probabilidade de insolvência que equivale, na versão inglesa, à *likelihood of insolvency* e, na versão alemã, à *wahrscheinliche Insolvenz.* Porém, em nenhum lugar da Diretiva se apresenta uma definição ou concretização clara deste conceito[61]. O legislador europeu absteve-se de harmonizar este aspeto, dizendo expressamente que caberá aos Estados-Membros defini-lo[62]. Não obstante, ao percorrer a Diretiva e as iniciativas legislativas que a antecederam, em particular a Recomendação 2014/135, de 12 de março de 2014, e a Proposta de Diretiva de 22 de novembro de 2016, é possível traçar as linhas gerais da noção que o legislador europeu teria em mente[63].

Começando pela Recomendação da Comissão 2014/135[64], cumpre sublinhar que aí se faz referência a "empresas viáveis" com "dificuldades

Boletim da Faculdade de Direito, Studia Juridica 37, Coimbra Editora, Coimbra, 1999, p. 42-46; Luís Carvalho Fernandes / João Labareda Código da Insolvência e da Recuperação de Empresas Anotado, cit., p. 85; e Pedo Sousa Macedo, *Manual de Direito das Falências,* Vol. I, Edições Almedina, Coimbra, 1961, p. 199 e s.

[60] Em termos formais, a situação de insolvência coincide com o momento em que o tribunal competente profere e publicita a sentença de declaração de insolvência nos termos legalmente previstos.

[61] Esta posição tem suscitado alguma crítica por contrariar o objetivo de harmonização. Neste sentido, por exemplo, Bob Wessels / Stephan Madaus, *Rescue of Business in Insolvency Law,* European Law Institute, Vienna, 2017, p. 166; Gaia Balp, «Early Warning Tools at the Crossroads of Insolvency Law and Company Law», *Bocconi Legal Studies,* Research Paper Nr. 3010300, 2018, p. 31; Horst Eidenmüller, «Contracting for a European Insolvency Regime», *European Business Organization Law Review,* Vol. 18, Nr. 2, 2017, p. 279; Nicolaes Tollenaar, «The European Commission's Proposal for a Directive on Preventive Restructuring Proceedings», cit., p. 71; Robert Freitag, «Grundfragen der Richtlinie über präventive Restrukturierungsrahmen und ihrer Umsetzung in das deutsche Recht», *Zeitschrift für Wirtschftsrecht,* Nr. 12, 2019, p. 542-543; e Robbert Goosens, «The European Initiative on the Harmonisation of Directors' Duties in the Vicinity of Insolvency», *Nottingham Insolvency and Business Law e-Journal,* Vol. 5, Nr. 4, 2017.

[62] Art. 2º, n. 2, al. b) da Diretiva (UE) 2019/1023. Note-se ainda que no art. 1º, n. 2, § 2, do Regulamento (UE) 2015/848, relativo aos processos de insolvência, faz-se também uma referência à "probabilidade de insolvência", mas nenhuma definição é apresentada.

[63] Neste sentido, Francisco Garcimartin, «Article 4 – Availability of preventive restructuring frameworks», *European Preventive Restructuring, Directive (EU) 2019/1023, Article-by-Article Commentary,* C. H. Beck, München, 2021, p. 85-96.

[64] Note-se que, por via da *Legge Delega 155/2017 del 19 ottobre,* o legislador italiano impunha que se tivesse em conta a legislação europeia e, em particular a Recomendação da Comissão

2014/135/EU, de 12 de março (art. 1º, n. 2), e que se introduzisse uma definição do *stato di crisi* (art. 2º, n. 1, al. c)), entendida como a probabilidade de futura insolvência, levando também em consideração os cálculos da ciência empresarial. Em consequência, com o *Decreto Legge n. 14/2009 del 12 gennaio*, passou a estabelecer-se que no art. 2º, n. 1, al. a) do *CCII* passaria a estar consagrada uma definição legal de crise, entendida como estado de dificuldade económico-financeira que torne provável a insolvência do devedor e que para as empresas se manifeste em fluxos de caixa (futuros) inadequados para o cumprimento regular das obrigações previstas (tradução livre de *"stato di difficolta' economico-finanziaria che rende probabile l'insolvenza del debitore, e che per le imprese si manifesta come inadeguatezza dei flussi di cassa prospettici a far fronte regolarmente alle obbligazioni pianificate"*). Com o *Decreto legislativo n. 147/2020 del 26 ottobre*, através do qual foram introduzidas disposições suplementares e retificativas designadamente do *Decreto Legge n. 14/2009 del 12 gennaio*, substitui-se a expressão *"difficoltà" ("economico-finanziaria")* por *"squilibrio" ("economico-finanziario")* por se considerar que este termo é, segundo os parâmetros das ciências empresariais, mais adequado, e altera-se ainda o art. 13º relativo aos indicadores da *crisi*, passando a constar que a mesma deverá ser detetada por meio de indícios específicos – tendo por base os fluxos de caixa que a empresa consegue gerar, a insuficiência de recursos para fazer face às obrigações existentes e/ou os atrasos reiterados e significativos nos pagamentos – que evidenciem a insustentabilidade das dívidas por um período de, pelo menos, seis meses e a ausência de perspetivas de continuidade de negócios para o ano em curso ou, quando este for inferior a seis meses, nos seis meses seguintes. Para mais desenvolvimentos sobre o impacto da legislação europeia em matéria de reestruturação preventiva no ordenamento jurídico italiano, ALESSANDRO NIGRO, «La proposta di direttiva comunitaria in materia di disciplina della crisi delle imprese», *Rivista del diritto commerciale e del diritto generale delle obbligazioni*, Vol. 115, Nr. 2, 2017, p. 201 ss; ANDRÉA ZORZI, «Concordato con continuità e concordato liquidatorio: oltre le etichette», *Il Diritto Fallimentare e delle Società Commerciali*, Vol. 95, Nr. 1, 2020, p. 58-83; FILIPPO LAMANNA, «La corretta definizione di "crisi" e di "indici della crisi" secondo il primo Correttivo al Codice della crisi e dell'insolvenza», *Il Fallimentarista*, 2020; FRANCESCO D'ANGELO, «Il concordato preventivo con continuità aziendale nel nuovo codice della crisi e dell'insolvenza», *Il Diritto Fallimentare e delle Società Commerciali*, Vol. 95, Nr. 1, 2020, p. 27-57; LORENZO STANGHELLINI, «La Proposta di Direttiva EU in materia di Insolvenza», *Il Fallimento*, Vol. 39, Nr. 8-9, 2017, p. 873-879; LUCIANO PANZANI, «La proposta di Direttiva della Commissione UE: early warning, ristrutturazione e seconda chance», *Fallimento, Soluzioni Negoziate della Crisi e Disciplina Bancaria: dopo le Riforme del 2015 e del 2016*, Zanichelli Editore, Bologna, 2017, p. 1087 s.; «Il preventive restructuring framework nella Direttiva 2019/1023 del 20 giugno 2019 ed il codice della crisi. Assonanze e dissonanze», *Approfondimenti*, 14/10/2019, p. 1-29; «La riforma delle procedure concorsuali: arriva il decreto correttivo», *Approfondimenti*, 22/10/2019, p. 1-7; MARIA CECILIA CARDARELLI, «Insolvenza e stato di crisi tra scienza giuridica e aziendalistica», *Il Diritto Fallimentare e delle Società Commerciali*, Vol. 94, Nr. 1, 2019, p. 11-31; MASSIMO BIANCA, «I nuovi doveri dell'organo di controllo tra Codice della crisi e Codice civile», *Il Diritto Fallimentare e delle Società Commerciali*, Vol. 94, Nr. 6, 2019, p. 1339-1363; RENATO SANTAGATA, «Concordato preventivo 'meramente dilatorio' e nuovo 'Codice della crisi e dell'insolvenza'», *Il Diritto Fallimentare e delle Società Commer-*

financeiras" ou com uma "situação financeira difícil", acrescendo-se que tais dificuldades devem respeitar a uma "fase precoce com vista a evitar a sua insolvência", mas "devem ser de tal nível que seja provável a sua insolvência"[65].

Entre a situação em que existem "dificuldades financeiras" e a situação em que existe uma "situação financeira difícil" parece haver uma diferença substancial. As dificuldades financeiras *tout court* podem existir sempre, independentemente de haver ou não uma situação próxima da insolvência. A situação financeira difícil parece evidenciar um estado de dificuldade acrescida e significativa. As dificuldades financeiras *stricto sensu* aparentam situar-se numa fase precoce e a situação financeira difícil mais próxima de um tal nível de dificuldade em que a insolvência é provável.[66]

ciali, Vol. 94, Nr. 2, 2019, p. 333-363; Paolo Costanzo / Alberto Canclini / Francesco Carnevali, *Rischio d'impresa e early warning. Legge 155/2017: nuova e vecchia normativa a confronto*, EGEA, Milano, 2019; Patrizia de Cesari / Galeazzo Montella, *Il nuovo diritto europeo della crisi d'impresa: Il regolamento UE n. 2015/848 relativo alla procedura di insolvenza*, Giappichelli Editore, Torino 2017; Sabrina Masturzi, «Le misure di prevenzione della crisi e i controlli nel sistema dell'allerta», *Il Diritto Fallimentare e delle Società Commerciali*, Vol. 95, Nr. 5, 2020, p. 1067-1101; Sante Casonato, «Allerta interna, allerta esterna e tecnocrazia della crisi d'impresa», *Il Diritto Fallimentare e delle Società Commerciali*, Vol. 94, Nr. 6, 2019, p. 1390-1418; Stefania Pacchi, «La ristrutturazione dell'impresa come strumento per la continuità nella direttiva del parlamento europeo e del consiglio 2019/1023», *Il Diritto Fallimentare e delle Società Commerciali*, Vol. 94, Nr. 6, 2019, p. 1259-1294; Stefano Ambrosini / Cesare Trapuzzano, *Codice del fallimento e delle procedure concorsuali. Annotato con dottrina, giurisprudenza e formule*, Neldiritto Editore, Molfetta, 2019.

65 Considerandos (1) e (16) e Pontos 1., 5. a) e 6. a) da Recomendação da Comissão 2014/135/EU, de 12 de março de 2014. Para mais desenvolvimentos, Gerard McCormack / Andrew Keay / Sarah Brown, *European Insolvency Law Reform and Harmonization*, Edward Elgar Publishing, Cheltenham 2017, p. 225-362.

66 Francisco Garcimartin («Article 4 – Availability of preventive restructuring frameworks», cit., p. 91) refere que entre a distância mínima e máxima à situação de insolvência efetiva, o legislador europeu confere grande flexibilidade aos Estados-Membros. Porém, estes não podem perder de vista que a ideia de que a aplicação de princípios próprios de um processo de insolvência só se justificam quando a insolvência é inevitável, a menos que algo seja feito. Por conseguinte, o autor sugere que deve existir uma probabilidade forte de a insolvência se verificar (*ibidem*, p. 91). Para o efeito, Reinhard Dammann («Article 1 – Subject matter and scope», *European Preventive Restructuring*, cit., p. 38) sugere que deve haver uma "medium-term liquidity situation", que não seja uma mera hipótese, mas uma probabilidade séria.

Esta aparente dualidade de situações parece ter sido mantida na Proposta de Diretiva, mas com outros termos. Nuno Pinto Oliveira[67], partindo do Considerando (36) da Proposta de Diretiva apresenta duas situações distintas: uma em que existe (apenas) "dificuldades financeiras" e outra (mais gravosa) em que (já) existe "uma situação de insolvência iminente"[68]. Não é claro se, para o Nuno Pinto Oliveira, as meras "dificuldades financeiras", a que se reporta o legislador europeu, correspondem à noção legal de situação económica difícil tal como definida no art. 17º-B do CIRE.

Certo é que as meras "dificuldades financeiras" representariam uma situação menos gravosa do que "uma situação de insolvência iminente". Havendo apenas "dificuldades financeiras", teríamos uma probabilidade simples de a insolvência vir a ocorrer; havendo "uma situação de insolvência iminente", já teríamos uma probabilidade qualificada de a insolvência vir a acontecer. Para a probabilidade simples bastaria que a insolvência fosse previsível a médio ou longo prazo. Para que a probabilidade de insolvência fosse qualificada não bastaria que a insolvência fosse previsível a médio ou longo prazo, era preciso que ela fosse previsível a curto ou a curtíssimo prazo[69].

[67] «Responsabilidade civil dos administradores pela violação do dever de apresentação à insolvência», cit., p. 612-613.

[68] Esta distinção resulta com clareza do Considerando (36) quando se começa por dizer que "[s]e uma empresa enfrentar dificuldades financeiras, os administradores devem tomar medidas no sentido de procurar aconselhamento profissional (...)" e, em seguida, se acrescenta que "[c]aso o devedor esteja numa situação de insolvência iminente, importa também proteger os interesses legítimos dos credores (...)". A natureza e conteúdo das medidas associadas a cada uma das situações vem corroborar que, de facto, a segunda situação é mais gravosa do que a primeira. Deve ainda notar-se que a mesma ideia perpassa na versão alemã e inglesa, só para citar dois exemplos: no primeiro caso as expressões são "[w]enn ein Unternehmen in finanzielle Schwierigkeiten gerät (...)" e "[w]enn dem Schuldner die Insolvenz droht (...)"; no segundo as expressões são "[w]here the enterprise experiences financial difficulties (...)" e [w]here the debtor is in the vicinity of insolvency (...)".

[69] Nuno Pinto Oliveira («Responsabilidade civil dos administradores pela violação do dever de apresentação à insolvência», cit., p. 611) considera que, no primeiro caso (probabilidade simples), os gestores estariam vinculados a um dever genérico de tomar medidas imediatas para minimizar as perdas de todas as partes interessadas. No segundo caso (probabilidade qualificada), os gestores estariam vinculados a um dever específico de adotar medidas, imediatas e não imediatas, tendo em consideração acrescida ou reforçada os interesses legítimos dos credores.

Partindo desta leitura, Catarina Serra[70] admite que a Diretiva (UE) 2019/1023 consagraria uma probabilidade simples de insolvência, previsível a médio e longo prazo. Nessa conformidade, o conceito (europeu) de insolvência provável estaria mais próximo do conceito de situação económica difícil consagrado no art. 17º-B do CIRE.

A verdade é que os Considerandos (70) e (71) continuam a distinguir entre "dificuldades financeiras" e "insolvência iminente", como que sugerindo que os gestores devem adotar medidas distintas em função da gravidade da situação, designadamente quando exista uma probabilidade (de insolvência) simples ou qualificada.

Pese embora o legislador europeu manifeste uma preferência pela atuação precoce, o que aponta para uma probabilidade simples de insolvência (quando a situação da empresa é menos gravosa), não parece adequado reconduzir o âmbito da Diretiva apenas aos casos de probabilidade simples de insolvência, já que o principal objetivo é a recuperação das empresas pré-insolventes, estejam elas com "dificuldades financeiras" ou numa situação de "insolvência iminente".[71]

[70] «O dever de prevenção da insolvência na perspectiva dos deveres fundamentais dos administradores (a crescente encruzilhada do Direito das Sociedades e do Direito da Insolvência)», cit., p. 173, nota 15; *Lições de Direito da Insolvência*, 2ª Ed., cit., p. 569, nota 1070.

[71] Juana Pulgar Ezquerra («Gobierno corporativo y reestructuración preventiva: la Directiva UE 2019/1023», *Reestructuración y Gobierno Corporativo en la proximidad de la insolvencia*, La Ley, Wolters Kluwer, 2020, p. 74-79) considera que o objetivo da reestruturação preventiva, proclamado pela Diretiva (EU) 2019/1023, é compatível não só com situações anteriores à insolvência (de risco, probabilidade ou iminência), mas também com situações de insolvência atual, caso em que os instrumentos de reestruturação tinham por finalidade evitar a insolvência através de um plano de reestruturação que seria preventivo da declaração de insolvência. A Autora considera que tal entendimento decorre, nomeadamente, do Considerando (28) e do art. 17º, n. 3, a que poderíamos acrescentar o Considerando (32) e o art. 18º, n. 3, todos da referida Diretiva. No Considerando (32) diz-se expressamente que entre os motivos para recusar o acesso a medidas de suspensão das medidas de execução poderá estar ("se o direito nacional assim o previr") "a incapacidade efetiva do devedor de pagar as suas dívidas na data de vencimento". Quer isto dizer que, em bom rigor, também se admite a hipótese contrária, isto é, não considerar a situação de insolvência (ainda não declarada) como motivo de recusa. Assim, haveria uma coincidência nos pressupostos de abertura dos instrumentos preventivos de reestruturação e nos processos de insolvência judicial, tal como sucede, por exemplo no ordenamento jurídico espanhol e norte-americano. A Autora reforça este entendimento, observando que, na prática, em Espanha, os devedores têm recorrido aos *acuerdos preconcursales de refinanciación* com mais frequência em situações de insolvência atual e não iminente. Este entendimento, mas sendo possível e, eventualmente, desejável

A pré-insolvência inclui os casos em que existe uma probabilidade simples e os casos em que há uma probabilidade qualificada. Apenas se exclui deste âmbito as empresas insolventes e as empresas solventes. Por isso, devemos admitir, concordando com Jorge Coutinho de Abreu[72],

(como demonstra a longa tradição da *Reorganization* norte-americana), parece, noutras passagens, chocar com a letra e com o espírito da lei. Por exemplo, no Considerando (28) não se diz que os regimes de reestruturação preventiva, tal como previstos pela Diretiva, podem ser alargados às situações em que os devedores estão em situação de insolvência iminente ou atual. O que se diz é que o âmbito dos regimes de reestruturação preventiva pode ser alargado às "situações em que os devedores enfrentem dificuldades não financeiras, desde que tais dificuldades dêm origem a uma ameaça real e grave à capacidade atual ou futura dos devedores para pagar as suas dívidas na data de vencimento". Salta à vista que só a situação de insolvência iminente e não a situação de insolvência atual pode ser definida como uma "ameaça real e grave à capacidade atual ou futura dos devedores para pagar as suas dívidas na data de vencimento". Se estamos a falar de "ameaça" não estamos a falar de uma situação atual, mas sim de uma perspetiva sobre um evento futuro. A situação de "ameaça" de insolvência traduz, exatamente, o carácter de proximidade ou iminência. A situação de insolvência atual não é uma ameaça, mas um evento danoso já verificado. Obviamente que as situações de insolvência iminente não são lineares, podendo existir situações mais ou menos graves, mais ou menos próximas da insolvência, num futuro mais próximo ou mais distante. O importante é que seja uma ameaça "real e grave" para que não tenhamos uma situação de mera especulação ou de receio excessivo e irrazoável. Por outro lado, seria estranho que o Considerando (28), a propósito de alargar o âmbito a situações em que os devedores enfrentam dificuldades não financeiras, quisesse abranger situações de insolvência atual, quando o conceito de dificuldades financeiras se traduz, em última análise, na falta de liquidez financeira para pagar as dívidas na data de vencimento *(cash flow test* e *balance shet test)*. A situação de insolvência não se confunde com a situação de inviabilidade económica. Uma empresa poderá ter capacidade para liquidar as suas dívidas e não ser viável. O que parece estar em causa é outra coisa. O legislador europeu quer, por um lado, assegurar que só podem aceder aos instrumentos de reestruturação as empresas que apresentem dificuldades, económico-financeiras reais e sérias, suscetíveis de conduzir, provavelmente, a uma situação de insolvência. E, por outro lado, pretende que o regime de reestruturação preventiva esteja disponível antes de o devedor estar insolvente e, eventualmente, sujeito ao dever de apresentação à insolvência (se for o caso). Estes objetivos estão claros, quanto a nós, nos Considerandos (22) e (24) da Diretiva. Por razões de maior eficiência, diz-se, por um lado, que "[q]uanto mais cedo um devedor puder detetar as suas dificuldades financeiras e tomar medidas adequadas, mais elevada será a probabilidade de evitar uma insolvência iminente ou, no caso de uma empresa cuja viabilidade esteja comprometida de forma permanente, mais ordenado e eficiente será o processo de liquidação" (Considerando (22)), "A fim de evitar o recurso abusivo aos regimes de reestruturação, as dificuldades financeiras do devedor deverão indicar uma probabilidade de insolvência e o plano de reestruturação deverá ser capaz de impedir a insolvência do devedor e de assegurar a viabilidade da empresa" (Considerando (24)).

[72] «Administradores e (novo?) dever geral de prevenção da insolvência», cit., p. 229.

que a "probabilidade de insolvência" referida na Diretiva acolhe tanto o conceito de situação económica difícil, como o conceito de insolvência iminente. Ricardo Costa[73] partilhará do mesmo entendimento quando defende que o conceito operativo é o de insolvência provável e não de mera possibilidade e inclui no conceito operativo tanto a situação económica difícil como a insolvência iminente.

Perante a insusceptibilidade (sobretudo prática) de distinção entre a insolvência iminente e a situação económica difícil, Catarina Serra[74], embora seja sensível à distinção avançada por Nuno Pinto Oliveira[75], acaba por concordar com Jorge Coutinho de Abreu[76] e Ricardo Costa[77] no sentido de admitir que a probabilidade de insolvência abrange tanto a situação económica difícil como o estado de insolvência iminente.

Para a doutrina alemã a questão também não é totalmente pacífica. Para quem a *drohende Zahlungsunfähigkeit* se traduz numa crise de liquidez iminente, muito próxima da insolvência, o uso da mesma terminologia para a reestruturação preventiva proposta pelo legislador europeu poderá causar estranheza[78]. Para quem a *drohende Zahlung-sunfähigkeit* se reporta a uma fase inicial, em princípio, não terá qualquer reserva em aplicar tal conceito ao âmbito da reestruturação preventiva[79]. Considera-

[73] «Gestão das Sociedades em Contexto de "Crise da Empresa"», cit., p. 178.

[74] «O dever de prevenção da insolvência na perspectiva dos deveres fundamentais dos administradores (a crescente encruzilhada do Direito das Sociedades e do Direito da Insolvência)», cit., p. 171-175.

[75] «Responsabilidade civil dos administradores pela violação do dever de apresentação à insolvência», cit., p. 612-613.

[76] «Administradores e (novo?) dever geral de prevenção da insolvência», cit., p. 229.

[77] «Gestão das Sociedades em Contexto de "Crise da Empresa"», cit., p. 178.

[78] Jürgen Neuberger («Überschuldung abschaffen? Überschuldung stärken! Warum und wie der Überschuldungstatbestand beibehalten werden sollte», *Zeitschrift für Wirtschaftsrecht*, Nr. 33, 2019, p. 1549 s.) propõe a abolição do conceito de insolvência iminente *(drohende Zahlungsunfahigkeit)* e defende uma redefinição da Überschuldung, deixando de ser fundamento do dever de apresentação à insolvência, de modo a dar preferência, efetiva, à restruturação preventiva. Christoph Alexander Jacobi («Das Präventive Restrukturierungsverfahren», cit., p. 5-6) não vai tão longe, mas considera que o conceito de *drohende Zahlungsunfahigkeit* é demasiado próximo da situação de insolvência e isso contraria o objetivo de recuperação preventiva.

[79] Olaf Spiekermann, «Die Implementierung des EU-Restrukturierungsverfahrens...», cit., p. 431; e Robert Freitag, «Grundfragen der Richtlinie über präventive Restrukturierungsrahmen...», cit., p. 545-546 e 550-552.

-se, neste caso, que a forma lata com que tem sido definida e concretizada a *drohende Zahlungsunfähigkeit* permite que esta possa abarcar o conceito de *"drohende Insolvenz"* (insolvência provável) tal como é apresentado na Diretiva (UE) 2019/1023[80].

No direito inglês, o conceito de *likelihood of Insolvency ("probabilidade de insolvência")* surge normalmente associado a uma perspetiva razoável de vir a ocorrer insolvência num prazo curto, de modo que seja possível prever a situação de insolvência[81]. Este conceito, quando comparado com a insolvência iminente, de origem tipicamente alemã, é normalmente conotado por ter uma maior elasticidade ou flexibilidade e representar uma situação menos gravosa[82]. Por essa razão, o *Company Law Review Steering Group*[83], responsável pela revisão da legislação societária no Reino Unido, terá, em 2001, rejeitado a introdução de um conceito de *"substantial probability of an insolvent liquidation"*, reforçando a sua posição com o argumento de que a sua eventual consagração seria contrária à *"rescue culture"* pois poderia potenciar um tipo de gestão mais temerária que resultaria em liquidações e insolvências prematuras e desnecessárias.

Este entendimento foi, de alguma forma, acolhido recentemente pela Sec. 901A (2), da *Companies Act 1986,* quando estabelece que a *"company has encountered, or is likely to encounter, financial difficulties that are affecting, or will or may affect, its ability to carry on business as a going*

[80] AA.VV., *Insolvenzordnung, Heidelberger Kommentar*, cit., p. 220-221.

[81] Este tem sido o entendimento maioritário da jurisprudência inglesa, de que são exemplo os casos *Re Purpoint Ltd [1991] B.C.C. 121* e *Re Rod Gunner Organisation [2004] B.C.L.C. 110*, apontados por ROBBERT GOOSENS, «The European Initiative on the Harmonisation of Directors' Duties in the Vicinity of Insolvency», cit., nota 44.

[82] AA.VV., «Business judgement and director accountability: a study of case-law over time», *Journal of Corporate Law Studies,* Vol. 20, Nr. 2, 2019, p.p. 359-387; AA.VV., «The European Union preventive restructuring framework: A hole in one?», cit., p. 199-203; ROBBERT GOOSENS, «The European Initiative on the Harmonisation of Directors' Duties in the Vicinity of Insolvency», cit.; e TETYANA BERSHEDA, «Insolvency Act 1986, Section 214: A Model for the European Intiative on Wrongful Trading?, Cambridge Student Law Review, Vol. 1, 2005, p. 63-73.

[83] *Modern Company Law for a Competitive Economy – Final Report,* Vol. I, Department of Trade and Industry, London, 2001, p. 44-45. Para mais desenvolvimentos, EILÍS FERRAN, «Company Law Reform in the United Kingdom: A Progress Report», Rabels Zeitschrift für ausländisches und internationales Privatrecht, Vol. 69, Nr. 4, 2005, p. 629-657; e TETYANA BERSHEDA, «Insolvency Act 1986, Section 214...», cit., p. 63-73.

concern". Sob esta perspetiva, poder-se-á dizer que o conceito de *likelihood of Insolvency* estaria em perfeita sintonia com a flexibilidade que uma perspetiva razoável de insolvência encerra, já que se coaduna melhor com o objetivo da recuperação atempada das empresas[84].[85]

No caso português, estão em causa os conceitos de situação económica difícil e insolvência iminente. Apesar das divergências quanto ao sentido e alcance destes conceitos, como melhor veremos a seguir, todos parecem estar de acordo quanto à desnecessidade de introduzir no ordenamento jurídico português um novo conceito ou um conceito reformulado que explicite o que deve ser entendido por probabilidade de insolvência.

2. A pré-insolvência à luz do direito português[86]

Dentro do âmbito pré-insolvencial podemos incluir, à luz do direito português, os conceitos de situação económica difícil e de insolvência meramente iminente[87].

[84] Neste sentido, por exemplo, Robbert Goosens, «The European Initiative on the Harmonisation of Directors' Duties in the Vicinity of Insolvency», cit.. Aliás, tem sido reconhecido que a solução europeia inspirou-se no modelo inglês (cfr. Casten Gerner-Beuerle / Philip Paech / Edmund Philip Schuster, *Study on directors' duties and liability*, cit., p. 208 e s.; *Report of the Group on a Modern Regulatory Framework for Company Law in Europe*, Brussels, 4 November, 2002, p. 92, *Modernising Company Law and Enhancing Corporate Governance in the European Union – A Plan to Move Forward' COM(2003) 284 final 23*; Robbert Goosens, «The European Initiative on the Harmonisation of Directors' Duties in the Vicinity of Insolvency», cit.; e Thomas Bachner, «Wrongful Trading – A New European Model for Creditor Protection», *European Business Organization Law Review*, Vol. 5, 2004, p. 293-319).

[85] Andrew Keay («The shifting of directors' duties in the vicinity of insolvency», cit., p. 153) realça que o carácter aberto e relativamente impreciso da pré-insolvência não é necessariamente negativo. A lei pode, propositadamente, não ser prescritiva e conferir maior espaço para se adaptar às circunstâncias.

[86] Cfr. José Gonçalves Machado, *O dever de promover a negociação...*, cit., p. 35 s.

[87] Ana Perestrelo de Oliveira, *Manual de Corporate Finance*, Edições Almedina, Coimbra, 2015, p. 310-311; Catarina Serra, *Lições de Direito da Insolvência*, cit., p. 309-310; *Regime Extrajudicial de Recuperação de Empresas – Análise (e) Crítica*, Edições Almedina, Coimbra, 2018, p. 40-41; Luís Menezes Leitão, *A Recuperação Económica dos Devedores*, Edições Almedina, Coimbra, 2019, p. 12; e Ricardo Costa, «Insolvência "provável" e deveres dos administradores de sociedades na reestruturação empresarial: o art. 18º da Proposta de Diretiva», *Colóquio As PME perante o (novo) direito da insolvência*, Instituto de Direito das Empresas e

A situação económica difícil surgiu pela primeira vez no nosso ordenamento jurídico na fase do sistema falência-saneamento, concretamente por via do art. 2º do Decreto-Lei nº 353-H/77, de 29 de agosto, e do art. 3º, nº 2 do CPEREF, na redação dada pelo Decreto-Lei nº 315/98, de 20 outubro. De acordo com a primeira norma, "[c]onstituem, nomeadamente, indícios de situação económica difícil: a) A existência de responsabilidades da empresa por financiamentos concedidos por instituições de crédito nacionais, cujo montante global atinja, pelo menos, 60% do seu ativo líquido de amortizações; b) O recurso a avales e subsídios do Estado não atribuíveis a compensação de custos sociais ou imposições de serviço público ou de interesse nacional de forma reiterada ou em montante elevado, destinados, no todo ou em parte, à cobertura de saldos negativos de exploração e não reembolsados; c) O incumprimento, sobretudo quando reiterado, de obrigações para com o Estado, a Previdência Social ou o sistema bancário". À luz da segunda norma, considera-se "em situação económica difícil a empresa que, não devendo considerar-se em situação de insolvência, indicie dificuldades económicas e financeiras, designadamente por incumprimento das suas obrigações". O ponto comum às duas definições do direito pregresso respeita à ideia chave de dificuldade no cumprimento das obrigações.

Atualmente a situação económica difícil encontra-se definida no art. 17º-B do CIRE como um estado em que a empresa apresenta "dificuldade séria para cumprir pontualmente as suas obrigações, designadamente por ter falta de liquidez ou por não conseguir obter crédito". A situação de insolvência iminente não é definida pelo legislador[88].

Quanto à situação económica difícil, a doutrina[89] e a jurisprudência[86] têm reconhecido que a noção legal não é particularmente feliz por

do Trabalho, Coimbra, 2018, p. 86-87; «Gestão das Sociedades em Contexto de "Crise da Empresa"», cit., p. 178.

[88] A circunstância de o legislador apresentar uma noção de situação económica difícil e não fazer o mesmo com a insolvência iminente, veio adensar as dúvidas e dificuldades na compreensão e distinção dos conceitos.

[89] Por exemplo, Alexandre de Soveral Martins, *Um Curso de Direito da Insolvência*, cit., p. 48; Ana Prata / Jorge Morais Carvalho / Rui Simões, *Código da Insolvência e Recuperação de Empresas Anotado*, cit., p. 55; Catarina Serra, «Revitalização – a designação e o misterioso objeto designado: p processo homónimo (PER) e as suas ligações com a insolvência (situação e processo) e com o SIREVE», *I Congresso de Direito da Insolvência*, Edições Almedina, 2013, p. 85-106; *Lições de Direito da Insolvência*, cit., p. 310-312; Luís Carvalho

incluir termos vagos e indeterminados, como sucede com a expressão "uma dificuldade séria", e por integrar o objeto definido ("situação económica difícil") na definição. Acresce que a situação económica difícil é caracterizada com recurso a duas situações exemplificativas que dizem respeito a dificuldades financeiras, como são a "falta de liquidez" ou o facto de a empresa "não conseguir obter crédito". Este aspeto pode gerar alguma confusão no intérprete.

As dificuldades económicas referem-se aos problemas que a empresa enfrenta no mercado onde se insere e que poderão traduzir-se, por exemplo, na escassez de procura e/ou na dificuldade de escoamento dos produtos, bem como na impossibilidade de fabricar os produtos com melhor qualidade ou a um preço reduzido[91]. As dificuldades financeiras, por seu lado, dizem respeito à falta de liquidez para pagar as dívidas, seja pela incapacidade de gerar receita pelos seus próprios meios, seja pela dificuldade ou impossibilidade de obter crédito[92]. Naturalmente que os problemas de natureza económica e os problemas de natureza financeira estão interligados e podem contribuir para o surgimento de uma situação de pré-insolvência.

Conforme sugere o advérbio "designadamente", o art. 17º-B do CIRE apresenta duas situações exemplificativas de dificuldade financeira, mas não exclui outras possibilidades, sejam de natureza financeira, sejam de natureza económica[93]. São, portanto, admissíveis, outras causas para a existência de dificuldades económico-financeiras, tais como: a falta de matéria-prima, o aumento significativo do seu custo, a quebra de receitas por perda de um cliente importante, a perturbação na estrutura ou processo de produção por algum evento externo ou por inadequação, a perda de competitividade face à entrada de novas empresas e a suspensão temporária da atividade. Importa é que estejam em causa circuns-

Fernandes /João Labareda, *Código da Insolvência e Recuperação de Empresas Anotado*, 2ª Ed., Quid Juris, 2013, p. 145; e Miguel Pestana Vasconcelos, *Recuperação de empresas: processo especial de revitalização*, Edições Almedina, Coimbra 2017, p. 40-46.

[90] Por exemplo, Ac. do STJ de 27.10.2016, Proc. 741/16.0T8LRA-A.C1.S1, (José Rainho).

[91] Douglas Baird, «Bankruptcy's uncontested axioms», cit., p. 580- 581.

[92] *Ibidem.*

[93] Neste sentido, por exemplo, Catarina Serra, *Lições de Direito da Insolvência*, cit., p. 64; Luís Carvalho Fernandes / João Labareda, *Código da Insolvência e Recuperação de Empresas Anotado*, cit., p. 146.

tâncias que se traduzam em dificuldades sérias que coloquem a empresa numa situação próxima da insolvência.[94]

Quanto à situação de insolvência iminente, Catarina Serra[95] considera que a mesma existe quando "é possível prever ou antever que o devedor ficará impossibilitado de cumprir as suas obrigações num futuro próximo, designadamente quando se vencerem estas (ou algumas destas) obrigações". Também Jorge Coutinho de Abreu[96] defende que "existe essa situação quando se antevê como provável que o devedor não terá meios para cumprir a generalidade das suas obrigações (já existentes) no momento em que se vençam".

Em sentido idêntico, Alexandre Soveral Martins[97] refere que existe insolvência iminente se houver a "probabilidade de o devedor não pagar as obrigações vencidas e as obrigações atuais não vencidas no momento em que se vencerem". Este autor, tal como Maria do Rosário Epifânio, apoiados no direito e na doutrina alemã, sublinham que a probabilidade seria resultado de um juízo de prognose, feito com base em circunstâncias objetivas, que permitisse concluir que a verificação da situação de insolvência seria mais provável do que a hipótese de a evitar[98].

Segundo Luís Carvalho Fernandes e João Labareda[99], na formulação desse juízo, "haverá, pois, que levar em conta a expectativa de homem médio face à evolução normal da situação do devedor", no sentido de aferir se existem circunstâncias que, não tendo ainda conduzido à situação de insolvência atual, vão, a curto prazo e com toda a probabilidade, conduzir a esta situação, em virtude da insuficiência do ativo líquido e disponível para satisfazer o passível exigível.

[94] Note-se que na vigência do CPEREF era "considerada em situação económica difícil a empresa que, não devendo considerar-se em situação de insolvência, indicie dificuldades económicas e financeiras, designadamente por incumprimento das suas obrigações" (art. 3º, n. 2 do CPEREF).

[95] *Lições de Direito da Insolvência*, cit., p. 63-64 e 310.

[96] *Curso de Direito Comercial*, Vol. I, 12ª Ed., cit., p. 135.

[97] *Um Curso de Direito da Insolvência*, cit., p. 55-56.

[98] Alexandre de Soveral Martins, *Um Curso de Direito da Insolvência*, cit., p. 56. Maria do Rosário Epifânio, *Manual de Direito da Insolvência*, 7ª Ed., Edições Almedina, Coimbra, 2019, p. 24-25. No mesmo sentido, Miguel Pestana Vasconcelos, *Recuperação de empresas: processo especial de revitalização*, cit., p. 12-38.

[99] Luís Carvalho Fernandes / João Labareda, *Código da Insolvência e Recuperação de Empresas Anotado*, cit., p. 86.

Estando em causa uma empresa, essa probabilidade afere-se (pode aferir-se) também em função da manifesta superioridade do passivo, *maxime* da ameaça (ou iminência) de uma manifesta superioridade do passivo[100], ponderadas as regras especiais referidas no artigo 3º, n. 3 do CIRE, e ainda a circunstância de haver ou não dívidas cuja responsabilidade possa ou deva ser imputada a pessoa singular (artigo 3º, n. 2, do CIRE). Por isso, ao perspetivar-se a ameaça (ou probabilidade de ocorrência) de uma situação de insolvência por via da manifesta superioridade do passivo, devem ser considerados tais critérios[101].

Alguma doutrina[102] considera que a situação económica difícil e a insolvência meramente iminente são situações materialmente distintas. A situação económica difícil corresponderia a uma situação menos gravosa do que a situação de insolvência meramente iminente[103].

Miguel Pestana Vasconcelos[104] sugere que, no primeiro caso, a empresa devedora teria dificuldade séria para cumprir, e não seria ainda previsível que viesse a incumprir; no segundo caso, seria já previsível

[100] Ana Prata / Jorge Morais Carvalho / Rui Simões, *Código da Insolvência e Recuperação de Empresas Anotado*, cit., p. 24; e Luís Menezes Leitão, *A Recuperação Económica dos Devedores*, cit., p. 12. Catarina Serra, *Lições de Direito da Insolvência*, cit., p. 60; e Luís Carvalho Fernandes / João Labareda, *Código da Insolvência e Recuperação de Empresas Anotado*, cit., p. 88.

[101] Para outros desenvolvimentos sobre o sentido e alcance da manifesta superioridade do passivo, Alexandre de Soveral Martins, *Um Curso de Direito da Insolvência*, cit., p. 50-54; Catarina Serra, *Lições de Direito da Insolvência*, cit., p. 58-63; Luís Carvalho Fernandes / João Labareda, *Código da Insolvência e Recuperação de Empresas Anotado*, cit., p. 88.

[102] Neste sentido, por exemplo, Alexandre de Soveral Martins, *Um Curso de Direito da Insolvência*, cit., p. 54-60, 511-512; Catarina Serra, *Lições de Direito da Insolvência*, cit., p. 310-312; e Miguel Pestana Vasconcelos, *Recuperação de empresas: processo especial de revitalização*, cit., p. 42-43.

[103] Em conformidade com isso, a doutrina tende a aproximar a insolvência meramente iminente da situação de insolvência atual e a afastar a situação económica difícil para um nível de gravidade inferior à insolvência iminente. Este entendimento parece resultar, por um lado, da equiparação expressamente feita pelo legislador entre as situações de insolvência atual e insolvência iminente, no caso de apresentação pelo devedor à insolvência (artigo 3º, n. 4, do CIRE). Por outro lado, ao reservar a situação económica difícil aos mecanismos pré-insolvenciais de recuperação das empresas, o legislador passa a ideia de que este conceito se afasta ligeiramente da insolvência iminente e ainda mais da insolvência atual. Assim, a insolvência iminente seria um ponto de passagem, uma zona cinzenta, entre uma situação económica difícil e uma situação de insolvência atual.

[104] *Recuperação de empresas: processo especial de revitalização*, cit., p. 43.

que viesse a incumprir. Entendimento que é sufragado igualmente por Alexandre de Soveral Martins[105], para quem, na insolvência iminente, a probabilidade de ocorrer a situação (atual) de insolvência é maior do que a de não se verificar, ao passo que numa situação económica difícil a probabilidade de a insolvência ocorrer é menor.

Mas também há quem questione se existe alguma vantagem ou utilidade em fragmentar conceitos e defenda que os mesmos são praticamente coincidentes ou mesmo sobrepostos. Luís Menezes Leitão, em particular, refere que são conceitos "bastante próximos entre si" e "[é] difícil, por isso, efetuar uma delimitação precisa entre os dois conceitos, parecendo que as duas situações podem facilmente ser agregadas num único conceito de 'pré-insolvência', em que a empresa manifestamente se encontra em vias de atingir a situação de insolvência efetiva se não forem atempadamente tomadas providências de recuperação"[106].

Luís Carvalho Fernandes e João Labareda[107] sustentam, por sua vez, que o legislador, por não apresentar qualquer noção legal de insolvência iminente e por não explicitar o sentido e alcance do conceito de situação económica difícil, "acaba por fazer convergir de tal modo a situação económica difícil com a insolvência iminente que resultam praticamente coincidentes realidades". Os autores assumem ainda que a situação económica difícil, tendo sido apresentada pelo legislador em termos amplos e imprecisos, consome (ou pode consumir) a situação de insolvência iminente, entendida, em termos teóricos, como situação económica difícil agravada[108].

Também Catarina Serra[109] admite que não é fácil distinguir os conceitos porque, na prática, correspondem (ou tendem a corresponder) materialmente à mesma situação. António Menezes Cordeiro parece partilhar do mesmo entendimento quando refere que "está em situação

[105] *Um Curso de Direito da Insolvência*, cit., p. 54-60, 511-512; *Administração de sociedades anónimas e responsabilidade dos administradores*, cit., p. 344-345.

[106] *A Recuperação Económica dos Devedores*, cit., p. 12. O autor acrescenta, noutra passagem, que "parece que todos os casos em que o devedor inicia um processo de revitalização poderiam constituir igualmente casos de apresentação do devedor à insolvência" («A responsabilidade pela abertura indevida do processo especial de revitalização», *II Congresso de Direito da Insolvência*, Edições Almedina, Coimbra, 2014, p. 145-146).

[107] *Código da Insolvência e Recuperação de Empresas Anotado*, cit., p. 146.

[108] *Ibidem*, p. 147.

[109] «Revitalização – a designação e o misterioso objeto designado..., cit., p. 89-90.

económica difícil a pessoa ou entidade que, de acordo com as regras comuns da experiência, se vá defrontar brevemente com a situação de não poder cumprir as suas obrigações"[110]. Como se pode constatar, o autor recorre à noção de situação de insolvência iminente para caracterizar a situação económica difícil.

Na verdade, a expressão "enfrentar dificuldade séria" que encontramos na noção legal de situação económica difícil parece ser equivalente à ideia de "ameaça" que encontramos na situação de insolvência iminente. Tanto se pode dizer que o devedor enfrenta dificuldades sérias em cumprir as suas obrigações, como se pode dizer que o devedor vive sob a ameaça de não cumprir as suas obrigações[111].

Dito de outra forma: um devedor que, por falta de liquidez, por não conseguir obter crédito e/ou por outras razões, enfrente sérias dificuldades para cumprir pontualmente as suas obrigações, terá receio de, num curto prazo, por essas mesmas razões, ficar impossibilitado de cumprir as suas obrigações[112].

Por seu turno, o conceito insolvência meramente iminente também é suficientemente amplo para abranger as situações enquadráveis no conceito de situação económica difícil, designadamente todas aquelas que se traduzem em dificuldades sérias em cumprir as obrigações, designadamente por falta de liquidez ou por não conseguir obter crédito. Aliás, devemos ter como admissíveis, tanto no plano teórico, como no plano prático, hipóteses em que a ameaça de insolvência está presente

[110] «O princípio da boa-fé e o dever de renegociação em contextos de "situação económica difícil"», *II Congresso de Direito da Insolvência*, Edições Almedina, Coimbra, 2014, p. 65.

[111] Repare-se que a ideia de "cumprir pontualmente as suas obrigações" é inerente à ideia de "cumprir as suas obrigações vencidas", uma vez que o cumprimento das obrigações vencidas pressupõe que a sua satisfação ocorra no tempo devido. Segundo Luís Carvalho Fernandes / João Labareda (*Código da Insolvência e Recuperação de Empresas Anotado*, cit., p. 83-84) "não interessa somente que (ainda) se possa cumprir num momento futuro qualquer; importa igualmente que a prestação ocorra no tempo adequado e, por isso, pontualmente". Nesse sentido, a referência à "impossibilidade de cumprir obrigações vencidas – e, logo, exigíveis – é suficiente para justificar a necessidade da pontualidade na atuação do devedor". Como tal, a referência à pontualidade seria não só desnecessária como também redundante.

[112] Neste sentido, Luís Carvalho Fernandes / João Labareda, *Código da Insolvência e Recuperação de Empresas Anotado*, cit., p. 146-147; Luís Menezes Leitão, *A Recuperação Económica dos Devedores*, cit., p. 12; e António Menezes Cordeiro, «O princípio da boa-fé e o dever de renegociação em contextos de "situação económica difícil"», cit., p. 65.

de uma forma menos gravosa do que supõe a noção de "dificuldade séria para cumprir pontualmente as suas obrigações, designadamente por ter falta de liquidez ou por não conseguir obter crédito" [113]. Assim, parece-nos que a noção legal de situação económica difícil consome a situação de insolvência iminente e esta não deixa de abranger os casos daquela[114], havendo uma sobreposição e coincidência ao nível do seu conteúdo e do seu alcance.

Esta ideia de unidade de conceitos joga a favor de uma maior certeza e segurança do comércio jurídico[115]. Podendo concorrer diversas causas para uma futura situação de insolvência, com diferentes pesos e todas elas incertas e com interligações inseparáveis, de pouco ou nada

[113] Pensemos, por exemplo, na hipótese de haver um conjunto de obrigações que se vencem no prazo de dois ou três anos e que, pela sua grandeza, permite já antever, à distância de dois, três ou quatro anos, que a empresa poderá ficar insolvente se nada for feito para reverter o rumo das coisas. Esta situação é (poderá ser) certamente menos gravosa do que uma hipótese em que a empresa enfrenta (no presente) dificuldades sérias para cumprir pontualmente as suas obrigações, designadamente por falta de liquidez ou não obtenção de crédito. Em boa verdade, a não obtenção de crédito é (poderá ser) um indício muito forte de que a empresa estará à beira da insolvência, uma vez que a concessão de crédito é, normalmente, precedida de uma análise cuidada da informação contabilística e da capacidade de liquidez. Portanto, se uma empresa não consegue obter financiamento podem e devem "soar os alarmes" pois a empresa não estará muito longe da insolvência.

[114] Luís Carvalho Fernandes / João Labareda, *Código da Insolvência e Recuperação de Empresas Anotado*, cit., p. 147.

[115] João Baptista Machado (*Introdução ao direito e ao discurso legitimador*, Edições Almedina, Coimbra, 2007, p. 55-59) ensina que a certeza e a segurança jurídicas são dois imperativos contidos na própria ideia de direito e que a segurança jurídica nos aparece sob a forma de certeza jurídica, entendida "como conhecimento prévio daquilo com que cada um pode contar para, com base em expectativas firmes, governar a sua vida e orientar a conduta". De facto, quem estiver colocado na posição de ter que acompanhar e avaliar a situação financeira da empresa, por um lado, e de desenvolver os esforços necessários a evitar a insolvência, por outro, não ficará assombrado e inquieto com as quezílias inerentes à incerteza e indefinição de uma eventual precedência da situação económica difícil em relação à situação de insolvência iminente. Para essa pessoa (que normalmente será o gestor) é mais seguro e claro saber que a situação económica difícil e a insolvência eminente são uma e a mesma coisa e que se traduzem numa tarefa muito precisa: saber, com a antecedência possível, se existem razões ou ameaças sérias e objetivas que, a curto prazo, coloquem em causa a continuidade da empresa se nada for feito. O papel de quem é (ou pode ser) chamado a apreciar a sua conduta (designadamente, os sócios, os credores e até os tribunais) fica também mais clarificado. Trata-se de aferir se a empresa, de facto, apresenta sinais sérios de degradação económico-financeira que justifiquem uma rápida recuperação de forma a evitar a insolvência.

serviria ao legislador apresentar dois conceitos distintos. Fragmentar uma realidade que é, por natureza, ampla, incerta e semelhante, seria inócuo e inconsequente sob o ponto de vista prático. Também não existe, segundo nos parece, qualquer vantagem teórica em tentar separar aquilo que, por definição está próximo ou é mesmo coincidente e pertence a um mesmo estado, a pré-insolvência. A utilização de conceitos que expressam realidades materialmente sobrepostas ou de muito difícil diferenciação reforça o significado conjunto e coincidente, na medida em que, por termos e elementos distintos, mas equivalentes, aponta para a mesma realidade. O contrário tenderia a resultar em maior insegurança e incerteza, sem que haja qualquer razão para a sua separação.

3. O juízo de prognose sobre a pré-insolvência[116]

A deteção da situação de pré-insolvência realiza-se por meio de um juízo de prognose, isto é, através de uma operação de ponderação e estimativa.

Para o efeito devem ser consideradas, pelo menos, três variáveis: o valor percentual a partir do qual se pode considerar que existe uma probabilidade (de insolvência) relevante, o tipo de teste a aplicar no apuramento da futura situação de insolvência, e o período de previsão em que se projeta a estimativa ou prognose.

Estas variáveis têm sido discutidas com especial enfâse na Alemanha[117]. Relativamente à primeira variável, é consensualmente aceite que o valor percentual deve ser superior a 50%[118]. Quanto à segunda variável,

[116] Cfr. José Gonçalves Machado, *O dever de promover a negociação...*, cit., p. 62 s.

[117] Ver, designadamente, Harald Busshardt, «§ 17 Zahlungsunfähigkeit», «§ 18 Drohende Zahlungsunfähigkeit» e «§ 19 Überschuldung», *Insolvenzordenung (InsO)*, 8ª Ed., C. H. Beck, München, 2020, p. 158-189; Karsten Schmidt, *Insolvenzordnung*, 19ª Ed., C.H. Beck, München, 2016, p. 153-237; Karsten Schmidt, «Über-schuldung», *Die GmbH in Krise, Sanierung und Insolvenz*, 5ª Ed., Ottoschmidt, Köln, 2016, p. 464-491; Moritz Brinkmann, «Zahlungsunfähigkeit», «Drohende Zahlungs-unfähigkeit», *Die GmbH in Krise, Sanierung und Insolvenz*, 5ª Ed., Ottoschmidt, Köln, 2016, p. 441-464.

[118] Na Alemnha, Hans-Friedrich Müller («§ 64», *Münchener Kommentar zum Gesetz betreffend die Gesellschaften mit beschränkter Haftung: GmbHG*, 3ª Ed., Vol. 3, C. H. Beck, München, 2018, p. 692; Karsten Schmidt, «Interaction of Corporate Law and Insolvency Law: German Experience and International Background», cit., p. 131-133; Robert Freitag, «Grundfragen der Richtlinie über präventive Restrukturierungs-rahmen...», cit., p. 546; Ulrich Wackerbarth, «Überschuldung und Fortführungs-prognose», *Neue Zeitschrift für* Insolvenz- *und Sanierungsrecht*, Nr. 3, 2009, p. 145. Em Portugal, por exemplo, Alexandre de Soveral Martins, *Um Curso de Direito da Insolvência*, cit., p. 56; Manuel Requicha

existe uma clara tendência para considerar o teste da liquidez ou *cash-flow* (fluxos de caixa)[119]. Sobre a terceira variável, podemos dizer que o entendimento prevalecente é que o período de previsão pode variar entre 6 meses e 2 anos[120].

3.1. O grau de probabilidade

Ao considerar a percentagem de 50%, estamos a dizer que existe uma probabilidade de insolvência quando há mais hipóteses (pelos menos superior a 50%) de a insolvência vir a ocorrer do que não vir a ocorrer (inferior a 50%). Portanto, haverá uma probabilidade de insolvência sempre que a balança pender mais, por pouco que seja, no sentido da sua verificação.

Num quadro legal onde só a insolvência atual obrigue os gestores a reagir no sentido de atender aos interesses dos credores e outros *stakeholders*, e onde se penalize igualmente uma apresentação precoce, haverá um forte incentivo para atuar tardiamente e uma tendência para eleger como provável uma percentagem significativamente superior a 50%. Num quadro legal onde a insolvência potencial ou iminente já obrigue os gestores a tomar em devida conta os interesses dos credores e onde se penalize a não adoção de medidas preventivas, haverá uma tendência para eleger como provável uma percentagem muito próxima a 50%. No primeiro caso, porque a estimativa sobre a insolvência futura é, por natureza, incerta e relativamente indeterminada, seria arriscado tomar como provável os casos muito próximos de 50%. Em consequência, existe uma tendência para tomar como provável os casos em que a insolvência é quase certa (próxima dos 100%). No segundo caso, por razões idênticas, seria arriscado tomar como provável os casos em que a insolvência é quase certa porque aqui a insolvência tende a ser praticamente inevitável.

Ferreira, «Estado de Insolvência», *Direito da Insolvência, Estudos*, Coimbra Editora, Coimbra, 2011, p. 303-303; e Miguel Pestana Vasconcelos, *Recuperação de empresas: processo especial de revitalização*, cit., p. 42-43.

[119] Essa foi, como vimos, a opção expressa pelo legislador alemão (§ 18 (2) InsO).

[120] Na Alemanha, Hans-Friedrich Müller («§ 64», *Münchener Kommentar zum Gesetz betreffend die Gesellschaften mit beschränkter Haftung: GmbHG*, cit., 2018, p. 692) considera que o período de previsão não pode exceder dois anos, uma vez que uma previsão prospetiva dificilmente pode ser confiável.

No primeiro caso, não teríamos qualquer reserva em considerar como provável a insolvência cuja probabilidade de verificação seja superior a 50% porque o essencial não é apurar com exatidão o valor percentual, mas acima de tudo chegar à conclusão de que há mais hipóteses (ou hipóteses seguras) de a insolvência vir a ocorrer do que o seu contrário. No segundo caso, tal grau de probabilidade já nos oferece algumas dúvidas porque a tendência deve ser a de agir (no sentido de evitar a insolvência) o mais cedo possível.

Como bem observa Robbert Goosens[121], a definição da probabilidade de insolvência, tal como está estabelecida na Diretiva (UE) 2019/1023 não impõe um dever de os gestores liquidarem a empresa ou apresentarem a empresa à insolvência, mas precisamente o contrário. O objetivo do legislador é precisamente o de evitar a insolvência através da adoção de medidas preventivas da insolvência que, preferencialmente, assegurem a manutenção da empresa em atividade e minimizem os prejuízos para os credores.

Ora, se o objetivo passa por auxiliar o gestor na adoção de medidas preventivas da insolvência, diríamos que os gestores devem agir logo que o grau de probabilidade ultrapasse os 50%. Não devem esperar que a percentagem chegue a valores mais próximos de um grau de certeza, sob pena de se colocar em causa os objetivos de promover a viabilidade das empresas (pré-insolventes) e de alcançar uma recuperação eficiente. Isto porque, "quanto mais cedo um devedor puder detetar as suas dificuldades financeiras e tomar medidas adequadas, mais elevada será a probabilidade de evitar uma insolvência iminente"[122].

Mas será possível apurar, com relativa segurança, um grau de probabilidade imediatamente superior a 50%? Mais do que isso: haverá motivo razoável para excluir os casos em que a probabilidade é ligeiramente inferior a 50% e penalizar os gestores e as respetivas empresas por terem agido com alguma antecedência? Se o objetivo é o de promover a prevenção da insolvência não deveríamos, na dúvida, considerar a insolvência como provável?

Estas interrogações assumem, do nosso ponto de vista, uma importância significativa no domínio da pré-insolvência. A previsão da situação

[121] «The European Initiative on the Harmonisation of Directors' Duties in the Vicinity of Insolvency», cit.

[122] Considerando (22) da Diretiva (UE) 2019/1023.

de pré-insolvência, por mais concreta e objetiva que deva ser, pressupõe, naturalmente, uma certa incerteza e subjetividade que é própria de um juízo de prognose e, ainda mais, de um juízo de prognose realizado no âmbito da atividade empresarial, inexoravelmente associada a diversos fatores de risco[123] e incerteza[124] que podem levar à insolvência. Efetivamente, a multiplicidade de causas de insolvência e o seu impacto relativamente indeterminado e imprevisível na situação patrimonial, *maxime* na possibilidade de cumprir as obrigações existentes e/ou no aumento significativo do passivo, fazem com que o juízo de prognose seja, por natureza, relativamente incerto.

Depois, o legislador europeu expressa uma dupla preocupação relativamente ao momento adequado para se recorrer aos instrumentos de reestruturação preventiva. Por um lado, o seu início deverá, idealmente, ocorrer numa fase precoce de forma a aumentar a probabilidade de evitar uma insolvência iminente e evitar a perda de uma chance séria de recuperação de empresas viáveis. Por outro lado, há uma cautela com o recurso abusivo aos regimes de reestruturação. Por isso, a probabilidade de insolvência deve traduzir-se numa "ameaça real e grave"[125] à capacidade de pagar as dívidas na data de vencimento.

Ora, com a aplicação do fator "superior a 50%" temos uma resposta do tipo "sim ou não", não havendo qualquer margem que responda adequadamente aos casos de fonteira, o que, como dissemos, poderá jogar contra o objetivo de prevenir a insolvência. O ideal seria que os gestores

[123] Ver, desenvolvidamente, VANESSA FINCH, *Corporate Insolvency Law, Perspectives and Principles*, cit., p. 151-177.

[124] Sobre o subjetivismo inerente ao juízo de prognose na deteção da insolvência ver, entre nós, por exemplo, JOSE LEBRE DE FREITAS, «Pressupostos objetivos e subjetivos da insolvência», *Themis*, Edição Especial - Novo Direito da Insolvência, 2005, p. 11-23; e PEDRO DE SOUSA MACEDO, *Manual de Direito das Falência*, cit., p. 230-231. Na doutrina alemã, HANS-FRIEDRICH MÜLLER («§ 64», *Münchener Kommentar zum Gesetz betreffend die Gesellschaften mit beschränkter Haftung: GmbHG*, cit., p. 694) sublinha que o prognóstico favorável de sobrevivência pressupõe subjetivamente a vontade do devedor em manter a atividade. Porém, isso por si só, não é suficiente. Além disso, o autor defende que deve ser demonstrada objetivamente a capacidade de sobrevivência da empresa. Note-se que o Tribunal Federal de Justiça alemão tem dito, de forma clara, que o prognóstico de continuação pressupõe tanto a vontade de continuar como a viabilidade objetiva da empresa (BGH, Urt. v. 6.6.1994 - ZR 292/91).

[125] Considerando (28) da Diretiva (UE) 2019/1023.

tomassem medidas preventivas logo que o grau de probabilidade fosse de 51% (ou o mais possível próximo deste valor), pois quanto mais cedo se reagir à ameaça de insolvência, menos gravosa é a situação patrimonial e, consequentemente, mais hipóteses existem de se evitar a insolvência. Porém, é pouco ou nada realista supor que se possa, com segurança, apurar um grau de probabilidade de 51% ou ligeiramente acima[126]. Do mesmo modo, também nos parece pouco adequado que os gestores apenas tomem medidas quando a probabilidade for praticamente uma certeza ou muito próxima disso.

Temos como adequado que os gestores atuem, tendencialmente, de forma precoce ou preventiva e adotem diferentes tipos de medidas consoante a gravidade da situação. Isso parece ir de encontro, aliás, ao disposto nos considerandos (70) e (71) da Diretiva (UE) 2019/1023, em conjugação com o seu art. 19º. A título meramente exemplificativo diríamos que, em casos de baixa probabilidade, os gestores podem, desde logo, procurar apoio especializado para encontrar medidas internas que ajudem a ultrapassar as dificuldades. Caso exista uma probabilidade moderada, os gestores poderão pensar já em adotar medidas de reestruturação de dívidas e/ou de obtenção de financiamento. Não pode ser afastada também a possibilidade de se lançar mão de um instrumento de recuperação preventiva destinado a negociar apenas com os credores mais relevantes, por exemplo, caso se revele necessário para prevenir a insolvência e a assegurar a manutenção da atividade. Caso a empresa se depare com uma probabilidade alta ou muita alta e seja ainda suscetível

[126] A respeito da previsão da situação de insolvência Karsten Schmidt («Interaction of Corporate Law and Insolvency Law: German Experience and International Background», cit., p. 131-133; *Insolvenzordnung*, cit., p. 236-237; «Überschuldung und Insolvenz-antragspflicht nach dem Finanzmarktstabilisierungsgesetz», *Der Betrieb*, 2008, Nr. 45, p. 2467-2471), por exemplo, recusa a ideia de que uma definição clara e perfeitamente delimitada da situação de insolvência, considerando-a meramente ilusória e irrealista. Para o autor, a experiência demonstra que a análise da situação financeira e a previsão de continuidade devem inserir-se no quadro de uma certa discricionariedade e autonomia de decisão dos gestores. Esse poder discricionário concedido aos gestores deve incluir uma certa amplitude ou margem de decisão relativamente indefinida que serve para colmatar a falta de exatidão de qualquer previsão e para evitar que os gestores possam ser responsabilizados nos casos de incumprimento meramente negligente do dever de apresentação à insolvência, designadamente quando, no seu entender, havia fortes probabilidades (condições objetivas) de a empresa se manter em atividade.

de recuperação, os gestores poderão (ou deverão) recorrer ao PER ou RERE. Caso a empresa seja inviável, poderão (ou deverão) apresentar a empresa à insolvência ou proceder à sua (rápida e eficiente) liquidação.

Naturalmente que não existe uma hierarquia pré-determinada de medidas a adotar em cada um dos cenários ou diferentes graus de probabilidade. Tudo dependerá das circunstâncias do caso concreto e da ponderação que se faça ou se deva fazer de modo a responder devidamente aos sinais de crise. Segundo nos parece, diante de uma probabilidade moderada, por exemplo, os gestores não têm que (ou não devem) esperar que a situação económico-financeira da empresa devedora se agrave e a probabilidade (de insolvência) aumente para que sejam tomadas medidas preventivas. Também é bom sublinhar que não é todo e qualquer grau de probabilidade que pode justificar o recurso a instrumentos de recuperação pré-insolvencial que afetem ou possam afetar os direitos dos sócios e concedam, assim, um apoio reforçado aos direitos dos credores. Terá de haver, pelo menos, uma probabilidade moderada para não esvaziar o âmbito material de aplicação e afastar utilizações abusivas[127] e anticoncorrenciais[128].

[127] Robert Freitag («Grundfragen der Richtlinie über präventive Restrukturierungs-rahmen...», cit., p. 546) alerta que, pese embora o legislador europeu indique os gestores devem adotar sistemas de deteção precoce da insolvência e que os Estados-Membros devem disponibilizar instrumentos de recuperação precoce, se não houver pelo menos um risco sério de a insolvência ocorrer, não haveria justificação para quaisquer restrições ao direito de propriedade dos sócios e à proteção reforçada dos direitos dos credores no contexto de moratória ou da adoção de planos com recurso, por exemplo, ao mecanismo *class-cross cram-down*. Em sentido oposto, Christoph Alexander Jacobi («Das Präventive Restrukturierungsverfahren», cit., p. 6) argumenta que nenhum empresário honesto e racional submeteria a empresa a um processo de reestruturação preventiva se não tivesse motivos para tal. O autor acrescenta que um empresário honesto e racional tem consciência dos riscos, dificuldades e incertezas associadas ao processo de reestruturação preventiva. Por isso, poderíamos supor que se foi iniciado o processo de reestruturação preventiva é porque existem dificuldades económicas reais que justificam assumir tais riscos, dificuldades e incertezas.

[128] Como sublinha Juana Pulgar Ezquerra («Gobierno corporativo y reestructuración preventiva...», cit., p. 74-78), o recurso a instrumentos de reestruturação pré-insolvências (em especial os que limitam o exercício dos direitos dos credores, nomeadamente, o direito de execução individual ou coletiva, ou que concedem certos benefícios ou proteções às partes envolvidas em virtude do fim específico subjacente a tais instrumentos) por parte de empresas que nem sequer estão pré-insolventes poderia, nestes casos, permitir àquelas empresas (solventes) obter vantagens (de forma indevida e abusiva) face a outros concorrentes que não tivessem recorrido a esses instrumentos (ao permitir-lhes, por exemplo, contornar

3.2. Testes de cálculo

O segundo elemento que concorre para a operação de aferição da probabilidade de ocorrer uma situação de insolvência é o tipo de teste a aplicar. No apuramento da situação de insolvência normalmente são considerados os testes (ou critérios) do fluxo de caixa *(cash flow test)* e do balanço *(balance sheet test)*[129]. O primeiro, como já referimos, avalia a possibilidade ou impossibilidade de cumprir as obrigações de pagamento existentes e está expressamente previsto no art. 3º, n. 1 do CIRE. O segundo avalia a manifesta superioridade do passivo face ao ativo e está expressamente previsto no art. 3º, n. 2 e 3 do CIRE.

À luz do primeiro critério, avalia-se, em geral, a disponibilidade financeira para continuar a desenvolver a atividade pagando às entidades bancárias, aos trabalhadores, aos fornecedores, à Segurança Social, à Autoridade Tributária e a outros credores, nos respetivos prazos de vencimento. Quando se perspetiva que a atividade, a partir de determinada altura, não gerará as receitas suficientes para cobrir as obrigações existentes, fica claro que a empresa enfrenta dificuldades e que, se nada for feito, poderá entrar numa situação de insolvência devido à impossibilidade (atual e efetiva) de cumprir com as obrigações existentes.

É pacificamente aceite que a impossibilidade de cumprimento não tem de dizer respeito a todas as obrigações[130]. Tal como resulta do

certas regras e obrigações legais que as empresas solventes devem cumprir em processos de reestruturação ou semelhantes).

[129] Entre nós, e sobre o direito português, ver, por exemplo, Catarina Serra, *Lições de Direito da Insolvência*, cit., p. 49-64; *A Falência no Quadro da Tutela Jurisdicional dos Direitos de Crédito...*, cit., p. 227-250; e Luís Menezes Leitão, *Direito da Insolvência*, cit., p. 81-84. Com particular incidência sobre o direito inglês, Roy Goode / Kristin van Zwieten, *Principles of Corporate Insolvency Law*, 5, p. 85 s.; e Vanessa Finch, *Corporate Insolvency Law, Perspectives and Principles*, cit., p. 144-151. No direito alemão, Karsten Schmidt, «Überschuldung», ci.t, p. 464-491; Moritz Brinkmann, «Zahlungsunfähigkeit», «Drohende Zahlungsunfähigkeit», cit., p. 441--464. Em geral, Bob Wessels / Stephan Madaus, *Rescue of Business in Insolvency Law*, cit., p. 166.

[130] Neste sentido, por exemplo, Alexandre de Soveral Martins, *Um Curso de Direito da Insolvência*, cit., p. 48-49; Catarina Serra, *Lições de Direito da Insolvência*, cit., p. 56-57; *A Falência no Quadro da Tutela Jurisdicional dos Direitos de Crédito...*, cit., p. 227-229; Luís Carvalho Fernandes / João Labareda, *Código da Insolvência e Recuperação de Empresas Anotado*, cit., p. 85-86; Mária do Rosário Epifânio, *Manual de Direito da Insolvência*, cit., p. 27. O mesmo se passa na Alemanha. Ver, designadamente, Hans-Friedrich Müller, «§ 64», *Münchener Kommentar zum Gesetz betreffend die Gesellschaften mit beschränkter Haftung: GmbHG*, cit., p. 690.

art. 20º, n. 1, al. b) do CIRE, o que releva para a insolvência é a insusceptibilidade de satisfazer obrigações que, pelo seu significado no conjunto do passivo do devedor, ou pelas próprias circunstâncias do incumprimento, evidenciam já a impossibilidade de o devedor satisfazer a generalidade das suas obrigações[131].

Entre essas obrigações com especial relevo para efeitos da insolvência, podemos ter, por exemplo, as obrigações tributárias, as contribuições para a Segurança Social, os créditos laborais, as rendas de qualquer tipo de contrato de locação do imóvel onde é exercida a atividade, e as obrigações assumidas no âmbito de um acordo de recuperação[132]. Sem embargo, a suscetibilidade de incumprimento da generalidade das obrigações será, porventura, a demonstração mais clara da existência de uma situação de insolvência.

Sobre o tipo de obrigações a ter em conta, Jorge Coutinho de Abreu[133] considera que só devem ser incluídas as obrigações existentes. Alexandre

[131] Hans-Friedrich Müller («§ 64», *Münchener Kommentar zum Gesetz betreffend die Gesellschaften mit beschränkter Haftung: GmbHG*, cit., p. 689) dá-nos conta que na Alemanha a jurisprudência tem assumido que existe uma situação de insolvência por falta de liquidez se esta for superior a 10% do total do passivo, a menos que se possa, com elevado grau de esperar, que a falta de liquidez será completamente ou quase completamente resolvida num curto prazo. Nesse sentido, BGH Urt. v. 24.5.2005 - IX ZR 123/04; Beschl. v. 27.7.2006 - IX ZB 204/04; Urt. v. 8.12.2005 - IX ZR 182/01; Beschl. v. 19.7.2007 - IX ZB 36/07; Beschl. v. 13.6.2006 - IX ZB 238/05; Urt. v. 12.10.2006 - IX ZR 228/03; Urt. v. 27.3.2012 - II ZR 171/10; Urt. v. 6.12.2012 - IX ZR 3/12; Urt. v. 26.1.2016- II ZR 394/13; Urt. v. 17.11.2016 - IX ZR 65/15.

[132] Art. 20º, n. 1 do CIRE. Aqui apresentam-se algumas situações que, à luz das regras da experiência comum, evidenciam a insusceptibilidade de o devedor cumprir as suas obrigações, o que serve tanto para o preenchimento do conceito de insolvência iminente, como de insolvência atual. Para mais desenvolvimentos sobre cada um dos indícios, Alexandre de Soveral Martins, *Um Curso de Direito da Insolvência*, cit., p. 91-97; Catarina Serra, *Lições de Direito da Insolvência*, cit., p. 111-121; Luís Carvalho Fernandes / João Labareda, *Código da Insolvência e Recuperação de Empresas Anotado*, cit., p. 200-213; Mária do Rosário Epifânio, *Manual de Direito da Insolvência*, cit., p. 32-36. Hans-Friedrich Müller («§ 64», *Münchener Kommentar zum Gesetz betreffend die Gesellschaften mit beschränkter Haftung: GmbHG*, cit., p. 690-691) apresenta outros indícios que têm sido suscitados nos tribunais alemães como: o atraso no pagamento de salários; um modo de pagamento permanentemente lento; protestos de cheques devolvidos; cessação de operações comerciais; tentativas fracassadas de execução, entre outros.

[133] *Curso de Direito Comercial*, Vol. I, cit., p. 135.

de Soveral Martins[134], por seu turno, considera que também devem ser tidas em conta as obrigações ainda não constituídas, mas que muito provavelmente serão contraídas e se vencerão durante o período de tempo a considerar[135]. Sob esta perspetiva, a que aderimos, as obrigações presentes e futuras, necessárias à continuidade dos negócios, como a compra de mercadorias e o fornecimento de bens e serviços essenciais (água, energia, comunicações) devem ser consideradas nas obrigações de pagamento previsivelmente existentes, tendo em conta o período de previsão em referência.

À luz do teste do balanço, as empresas, por cujas dívidas nenhuma outra pessoa singular responda pessoal e ilimitadamente, são consideradas insolventes se o passivo for manifestamente superior ao ativo, avaliados segundo as normas contabilísticas aplicáveis. Considerando que, em determinadas situações, a aplicação das normas contabilísticas[136] pode conduzir a resultados indesejados, o art. 3º, n. 3 do CIRE consagra três regras especiais que incidem sobre a (re)avaliação do passivo e do ativo: primeira, ainda que não constem no balanço[137], o ativo e passivo

[134] *Um Curso de Direito da Insolvência*, cit., p. 56-57.

[135] Tal corresponde ao entendimento partilhado por parte significativa da doutrina alemã, de que é exemplo, Moritz Brinkmann, «Zahlungsunfähigkeit», cit., p. 460-461. No mesmo sentido, Jochen Drukarczyk, «§ 18», *Münchener Kommentar zur Insolvenzordnung: InsO*, 4ª Ed., Vol. 1, 2019, p. 339-365; Hans-Friedrich Müller, «§ 64», *Münchener Kommentar zum Gesetz betreffend die Gesellschaften mit beschränkter Haftung: GmbHG*, cit., p. 692; e Patrick Ehret, «§ 18», *Insolvenzordnung (InsO)*, 7ª Ed., C. H. Beck, München, 2017, p. 164-169.

[136] O reconhecimento de que o recurso aos critérios contabilísticos, por si só, não é suficiente, sendo necessário aplicar, em muitas situações, regras especiais como aquelas que estão previstas no art. 3º, n. 2 e 3 do CIRE, tem levado a doutrina, nacional e estrangeira, a falar de um *teste especial, special balance scheet test* ou *Sonderbilanz*. Entre nós, por exemplo, ver Alexandre de Soveral Martins (*Um Curso de Direito da Insolvência*, cit., p. 53), referindo-se a "regras especiais de reavaliação"). Na doutrina alemã, Karsten Schmidt, «§ 18 InsO», *Insolvenzorddnung*, 19ª Ed., C.H. Beck, München, 2016, p. 229-230; Ulrich Wackerbarth, «Überschuldung und Fortführungsprognose», cit., p. 145; e, desenvolvidamente, Norbert Winkeljohann / Gerhart Förschle / Michael Deubert, *Sonderbilanzen*, 6ª Ed., Verlag C. H. Beck, München, 2020.

[137] Jorge Coutinho de Abreu (*Curso de Direito Comercial*, Vol. I, cit., p. 137) considera, a este respeito, que o objetivo do legislador foi o de incluir "não só os elementos identificados no balanço mas também os identificáveis, designadamente intangíveis como o direito de arrendamento, marca, patente, alvará que por qualquer razão não foram atendidos no balanço, e os elementos que passaram a integrar o património depois da data a que se reporta o balanço". Segundo alguma jurisprudência, o Art. 3º, n. 3, al. a) do CIRE permite também

devem ser considerados pelo seu justo valor[138]; segunda, a avaliação do ativo deve ser feita numa perspetiva de continuidade ou de liquidação consoante o que for mais provável[139]; terceira, do passivo devem excluir-se as dívidas cujo pagamento só poderá ser realizado depois de satisfeitos ou acautelados os direitos dos demais credores, de que são exemplo, o reembolso de capital e as prestações suplementares ou acessórias devidas aos sócios ou acionistas.

A superioridade manifesta do passivo sobre o ativo, devendo ser significativa, traduz-se normalmente numa situação de falta de liquidez[140].

uma correção da avaliação do ativo quando determinados bens foram indevidamente excluídos. Assim aconteceria, por exemplo, se não fossem contabilizados ativos não identificados no balanço, mas que já eram identificáveis em resultado de decisão judicial que declarou a nulidade de uma escritura de compra e venda de vários imóveis. A este propósito ver Ac. do TRC de 16.03.2016, Proc. 953/14.1T8ACB.C1 (Maria João Areias), onde se concluiu que "[s]e prevê uma alteração substancial do património do devedor, mediante o ingresso de valores cujo total é superior ao ativo reconhecido e reclamado nos autos, e que só não ocorreu ainda porque a requerente da insolvência recorreu para o STJ do acórdão da Relação que confirmou a declaração de nulidade, por simulação, de uma escritura de compra e venda relativamente a tais imóveis, não é de considerar tal devedor em situação de insolvência".

138 Jorge Coutinho de Abreu (*Curso de Direito Comercial*, Vol. I, cit., p. 137-138) observa que "'justo valor' dos elementos corresponderá ao valor de troca ou de mercado, ao preço que resultaria da sua negociação em comércio livre", o qual, normalmente, é superior ao valor registado no balanço, por exemplo, para bens do ativo imobilizado corpóreo, designadamente imóveis e equipamentos.

139 Ver, por exemplo, Alexandre de Soveral Martins, *Um Curso de Direito da Insolvência*, cit., p. 53; e Jorge Coutinho de Abreu, *Curso de Direito Comercial*, Vol. I, cit., p. 139.

140 A doutrina e a jurisprudência têm reconhecido que advérbio "manifestamente" referido no art. 3º, n. 2 do CIRE deve ser interpretado como elemento de intensidade, isto é, como superioridade evidente, substancial, clamorosa e não como uma excedência ou superioridade meramente contabilística. Assim, estaria em causa uma superioridade substancial, tendencialmente grave e duradoura, que, previsivelmente, levará a uma situação de iliquidez. Neste sentido, Alexandre de Soveral Martins, *Um Curso de Direito da Insolvência*, cit., p. 52-53; Catarina Serra, *Lições de Direito da Insolvência*, cit., p. 60; Filipe Cassiano dos Santos / Hugo Duarte Fonseca, «Pressupostos da declaração de insolvência no Código da Insolvência e da Recuperação de Empresa», *Cadernos de Direito Privado*, Nr. 29, 2010, p. 24; Luís Carvalho Fernandes / João Labareda, *Código da Insolvência e Recuperação de Empresas Anotado*, cit., p. 88; Manuel Requicha Ferreira, «Estado de Insolvência», cit., p. 286; Maria de Fátima Ribeiro, «A responsabilidade de gerentes e administradores pela atuação na proximidade da insolvência da sociedade», *O Direito*, Ano 142, N. 1, 2010, p. 81-83freit; e Miguel Pestana Vasconcelos, *Recuperação de empresas: processo especial de revitalização*, cit., p. 51. Na jurisprudência ver, nomeadamente, Ac. do TRE de 07.03.2013, Proc. 785/12.1T2STC.E1 (Maria Alexandra Santos) sustenta-se que "a relação entre o activo e o passivo

De facto, não havendo responsáveis solidários que respondam pessoal e ilimitadamente, o elevado endividamento e a escassez de ativos, faz com que a empresa devedora não consiga obter financiamento (ou não disponha de recursos ou meios) para continuar a cumprir as suas obrigações.

A aplicação do teste do balanço, ao avaliar a relação entre o passivo e o ativo, terá de avaliar se a manifesta superioridade do passivo conduzirá ou não a uma situação de incapacidade económico-financeira, nomeadamente devido à falta de recursos financeiros, para satisfazer as obrigações existentes[141].

A superioridade do passivo face ao ativo, ainda que manifesta (ou significativa), não pode constituir fundamento autónomo de uma situação de insolvência, a não ser que dela possa resultar, com probabilidade, a impossibilidade de cumprimento das suas obrigações vencidas.

Por isso, tem sido admitido que a manifesta superioridade do passivo aumenta consideravelmente o risco de insolvência[142].

não se basta com qualquer défice do activo. Exige-se uma desconformidade significativa, traduzida na superioridade manifesta, expressiva, do passivo sobre o activo". Do mesmo Tribunal, Ac. de 03.07.2008, Proc. 928/08-3 (Tavares de Paiva) onde diz-se que o "estado de falência [existe] quando é patente ser o activo insuficiente para liquidar o passivo". No Ac. do TRC de 16.03.2016, Proc. 953/14.1T8ACB.C1 (Maria João Areias) refere-se ainda que "o estado de 'impossibilidade de cumprimento das suas obrigações vencidas', em que se concretiza a situação de insolvência do devedor, não prescinde da análise da relação entre o ativo e o passivo do devedor".

[141] Na Alemanha, Hans-Friedrich Müller («§ 64», *Münchener Kommentar zum Gesetz betreffend die Gesellschaften mit beschränkter Haftung: GmbHG*, cit., p. 696-697) dá-nos conta de que, de acordo com a definição apresentada no § 19 (2) InsO, na versão dada pela *FMStG, 17. Oktober 2008*, o *status* de sobre-endividamento é sempre definido levando em conta o teste da liquidez (ou fluxo de caixa). Se o resultado for favorável à continuidade da empresa, nenhum pedido de insolvência pode/deve ser apresentado, pois os interesses dos credores não estão (ainda) em perigo. Se, por outro lado, houver uma previsão negativa de continuação, então deve a superioridade do passivo ser considerada.

[142] Alexandre de Soveral Martins (*Um Curso de Direito da Insolvência*, cit., p. 52) destaca que "esses devedores cujo passivo é manifestamente superior ao ativo constituem um perigo para o tráfico e para os que, em geral, com eles lidam. Tanto mais que, muitas vezes, as decisões de administração (em sentido lato) são tomadas por quem não investiu na entidade em causa. A lei confere, assim, uma maior importância aos dados contabilísticos e obriga a dar-lhes atenção. Como é evidente, se o passivo é superior ao ativo aumenta o risco de o devedor em causa não pagar. E se o passivo é manifestamente superior ao ativo, o risco aumenta manifestamente. Mas esse risco aumenta se o passivo é manifestamente superior ao ativo". Jorge Coutinho de Abreu (*Curso de Direito Comercial*, Vol. I, cit., p. 140), por exemplo, parece concordar quando afirma que a "situação de património líquido negativo será

Nessa conformidade, seria expectável que ambos os testes (da liquidez ou do fluxo de caixa e do balanço) pudessem contribuir, cada um à sua medida, para o apuramento da probabilidade de insolvência. Porém, a doutrina e jurisprudência portuguesas, por influência, principalmente, do regime alemão, mas também de outros[143], têm considerado apenas o primeiro, afirmando que está em causa um juízo de prognose sobre a possibilidade ou impossibilidade de cumprir as obrigações de pagamento existentes[144].

A verdade é que a situação patrimonial líquida negativa também é suscetível de ameaçar a sobrevivência da empresa pois, quando atingir uma diferença elevada face ao ativo, conduzirá, muito provavelmente, a uma impossibilidade de cumprimento das obrigações[145].

Ademais, importa reter que a avaliação da relação entre o ativo e o passivo exige que se considere a perspetiva de continuidade ou de liquidação, consoante o que seja mais provável; ou seja, pressupõe-se (segundo o teste do balanço) que se faça uma análise da capacidade para continuar a cumprir as obrigações existentes segundo o critério do fluxo

normalmente a antecâmara da situação de impossibilidade de cumprimento das obrigações". No mesmo sentido, Catarina Serra (*Lições de Direito da Insolvência*, cit., p. 59), sustentando que "não existindo (...) possibilidade de recurso ao 'crédito pessoal', a superioridade manifesta do passivo sobre o ativo coincide com – ou conduz inevitavelmente – à impossibilidade de cumprir as obrigações".

143 No § 18, (2) da *InsO* diz-se que existe uma ameaça de insolvência (ou uma insolvência iminente) se o devedor provavelmente não conseguir cumprir as obrigações de pagamento existentes na data de vencimento. Idêntica definição podemos encontrar no art. 2.2. da *Ley Concursal* (como previsão de que o devedor não poderá cumprir regular e pontualmente as suas obrigações) e no art. 2º, n. 1, al. a) do *CCII* (como probabilidade de os fluxos de caixa (futuros) serem inadequados para o cumprimento regular das obrigações previstas).

144 Disto dão conta, por exemplo, Alexandre de Soveral Martins, *Um Curso de Direito da Insolvência*, cit., p. 63; Catarina Serra, *Lições de Direito da Insolvência*, cit., p. 63-64; e Mária do Rosário Epifânio, *Manual de Direito da Insolvência*, cit., p. 31.

145 Neste sentido, Alexandre de Soveral Martins, *Um Curso de Direito da Insolvência*, cit., p. 52; Catarina Serra, *A Falência no Quadro da Tutela Jurisdicional dos Direitos de Crédito...*, cit., p. 239-240; Filipe Cassiano dos Santos / Hugo Duarte Fonseca, «Pressupostos da declaração de insolvência...», cit., p. 24; Jorge Coutinho de Abreu, *Curso de Direito Comercial*, Vol. I, cit., p. 140; Luís Carvalho Fernandes / João Labareda, *Código da Insolvência e Recuperação de Empresas Anotado*, cit., p. 88; Manuel Requicha Ferreira, «Estado de Insolvência», cit., p. 286; e Miguel Pestana Vasconcelos, *Recuperação de empresas: processo especial de revitalização*, cit., p. 51.

de caixa pois, só assim, é possível saber se existem ou não condições de manter a empresa em atividade[146].

Nessa análise, normalmente considera-se a capacidade de a empresa se manter em atividade a médio e longo prazo e não a curto prazo[147]. Por isso, só devemos considerar como insolvente, segundo o critério do balanço, a empresa cujo passivo seja manifestamente superior ao ativo e não apresente uma perspetiva razoável de se manter em atividade (segundo o critério da liquidez ou do fluxo de caixa) a médio e longo prazo[148]. Por outras palavras, devem ser consideradas insolventes as empresas cujo passivo seja manifestamente superior ao ativo e a liquidação se afigure como o cenário mais provável ou não haja perspetiva razoável de se manter em atividade a médio[149] e longo prazo[150].

[146] Na Alemanha, MICHAEL BREMEN («§ 19 Überschuldung», *InsO, Kommentar zur Insolvenzordenung*, 4ª Ed., RWS Verlag, Berlin, 2014, p. 150), defendendo que a previsão de continuação tem subjacente (sobretudo) a proteção dos credores. Desse modo, o autor defende que a previsão de continuação tem que ver com a capacidade de pagamento *(Zahlungsfähigkeit)* e não com a previsão de lucro ou rentabilidade da empresa *(Ertragsfähigkeitsprognose)*. Esta funciona como mais um indício a ter em conta na previsão (positiva) de solvência. No mesmo sentido, KARSTEN SCHMIDT («Über-schuldung und Unternehmensfortführung oder: per aspera ad astra», *Zeitschrift für Wirtschaftsrecht*, Vol. 34, Nr. 11, 2013, p. 490-491) sublinhando que a avaliação deve corresponder a um exame constante sobre a viabilidade da empresa, a qual assenta não apenas na lucratividade do negócio (que nas instituições sociais ou culturais não existe) mas também numa previsão de liquidez, tendo em conta designadamente a expetativa de vir a obter determinadas garantias, investimentos ou outros benefícios.

[147] HANS-FRIEDRICH MÜLLER («§ 64», *Münchener Kommentar zum Gesetz betreffend die Gesellschaften mit beschränkter Haftung: GmbHG*, cit., p. 694) considera que a previsão de continuação da empresa deve, na grande maioria dos casos, ser suficiente num médio prazo.

[148] A este respeito ALEXANDRE DE SOVERAL MARTINS (*Um Curso de Direito da Insolvência*, cit., p. 54) observa que "[s]e o passivo excede manifestamente o ativo, a lei considera que o risco para os credores de o devedor continuar a exercer normalmente a sua atividade é demasiado elevado. Daí o art. 3º, 2 [do CIRE]. Mas não se pode, por isso, concluir que só é manifesta a superioridade do passivo em relação ao ativo quando revelar uma qualquer probabilidade de não cumprir pontualmente no futuro as suas obrigações. Este será, certamente, um aspeto a considerar para se ver se a superioridade é ou não manifesta".

[149] Neste sentido, entre nós, nomeadamente, JORGE COUTINHO DE ABREU, *Curso de Direito Comercial*, Vol. I, cit., p. 138.

[150] Considerando um médio e longo prazo, ver, na doutrina alemã, KARSTEN SCHMIDT, «Überschuldung und Insolvenzantragspflicht nach dem Finanzmarkt-stabilisierungsgesetz», cit., p. 2467-2471.

Assim, quando se coloca em perspetiva a probabilidade de insolvência, entendemos que não se pode deixar de considerar os dois testes, do fluxo de caixa e do balanço[151]. Este é, em nossa opinião, o entendimento que melhor se coaduna com a perspetiva de detetar e reagir precoce e preventivamente aos sinais de pré-insolvência.

Na verdade, a aplicação do teste do balanço permitirá aferir, para efeitos de avaliação do ativo, se existe uma perspetiva razoável de a empresa se manter em atividade a médio e longo prazo. Se a resposta for negativa, não há dúvida de que haverá uma probabilidade de insolvência ainda que a empresa demonstre ter capacidade de cumprir as suas obrigações num curto prazo. Ou seja, sempre que o passivo for manifestamente superior ao ativo os gestores não podem deixar de considerar este sinal como uma ameaça à insolvência, devendo, em consequência, adotar as medidas corretivas necessárias.

3.3. Período temporal

A última variável a considerar na aferição da probabilidade de insolvência é o período temporal de prognose. Esse período temporal pode definir-se simplesmente com base nas circunstâncias do caso concreto, e da perceção de quem o realiza, sem qualquer pré-orientação, ou, pelo contrário, poderá assentar numa orientação objetiva e pré-determinada pelo legislador[152].

No primeiro caso, não podemos dizer *a priori* qual é (ou deve) ser o período temporal em que se projeta (ou deve projetar) o juízo de prognose. No segundo caso, a perceção (e subjetivismo) do sujeito que o realiza (*maxime* dos gestores) encontra-se balizada por um período temporal pré-determinado e, eventualmente, por outras circunstâncias que objetivamente ajudam a delimitar esse período, ou seja, a perceber quando se inicia e por quanto tempo se prolonga ou projeta.

[151] Entendimento que parece ser partilhado por Jorge Coutinho de Abreu («Administradores e (novo?) dever geral de prevenção da insolvência», cit., p. 229-230) quando admite que haverá probabilidade de insolvência quando uma empresa estiver numa situação de crise que torne previsível a entrada em situação de insolvência a curto ou médio prazo segundo os critérios estabelecidos no art. 3º, n. 1 a 3 do CIRE.

[152] Ricardo Costa, «Gestão das Sociedades em Contexto de "Crise da Empresa"», cit., p. 180.

Entre nós[153] tem sido, maioritariamente, defendia a aplicação de um critério "afinado no caso concreto"[154] por se considerar que não é possível determinar com rigor o período temporal[155]. Essa tem sido também a posição da doutrina alemã. Hans-Friedrich Müller, por exemplo, assumindo que o prazo não pode ser definido *a priori* e em abstrato, refere que o período temporal deve ter em conta características específicas do setor e da empresa, bem como as obrigações existentes e os fluxos de caixa necessários para cumprir essas obrigações. Sem se afastar deste entendimento, Michael Frege, Ulrich Keller e Ernst Riedel[156] dão-nos conta que a doutrina e jurisprudência alemãs maioritariamente consideram que o período de previsão deve ser de um a dois anos, de forma a contemplar o exercício fiscal do ano em curso e do seguinte. Igual posição foi defendida pela comissão de especialistas *"Recht des IDW – Das Institut der Wirtschaftsprüfer in Deutschland"*, considerando que em períodos mais curtos não haverá base suficiente para formular uma previsão e que em períodos mais longos a previsão sobre a provável situação de insolvência da empresa perde a objetividade e segurança exigíveis[157] e, consequentemente, dificilmente pode ser tida como fiável[158].

Moritz Brinkmann[159], por sua vez, parece afastar-se desta perspetiva mais restritiva e admite que, em determinados casos, poderá ser possível estabelecer um juízo de prognose sobre a insolvência eminente num

[153] Nomeadamente, Alexandre de Soveral Martins, *Um Curso de Direito da Insolvência*, cit., p. 57, nota 39; Ana Filipa Conceição, «A noção de insolvência iminente – Breve análise da sua aplicação à insolvência de consumidores em Espanha e Portugal», *Revista de Ciências Empresariais e Jurídicas*, Nr. 23, 2013, p. 34; Maria do Rosário Epifânio, *Manual de Direito da Insolvência*, cit., p. 31; e Pedro de Albuquerque, «Declaração da situação de Insolvência», *O Direito*, Ano 137º, Vol. III, 2005, p. 513, nota 22.

[154] Expressão utilizada por Ricardo Costa, «Gestão das Sociedades em Contexto de "Crise da Empresa"», cit., p. 180.

[155] «§ 64», *Münchener Kommentar zum Gesetz betreffend die Gesellschaften mit beschränkter Haftung: GmbHG*, cit., p. 694.

[156] *Insolvenzrecht*, 8ª Ed., C. H. Beck-Verlag, München, 2015, p. 181, 189-191.

[157] Robert Freitag, «Grundfragen der Richtlinie über präventive Restrukturierungsrahmen...», cit., p. 546.

[158] Neste sentido, Hans-Friedrich Müller («§ 64», *Münchener Kommentar zum Gesetz betreffend die Gesellschaften mit beschränkter Haftung: GmbHG*, cit., p. 692.

[159] «Drohende Zahlungsunfähigkeit», cit., p. 463.

período de cinco anos, se, por exemplo[160], existir uma obrigação de elevado montante a ser reembolsada dentro desse prazo e que permite, assim, antecipar a futura insolvência, caso nada seja feito (de significativo) para alterar o curso das coisas. Por isso, o autor considera que não há razão para se postular um limite absoluto de um, dois ou no máximo três anos quando a lei não o prevê[161].

No direito alemão[162], com a alteração recentemente promovida pela *SanInsFoG*, passou a estar consagrado um período de previsão de 24 meses para efeitos de determinação da situação de insolvência iminente. Porém, tem-se entendido que tal regra não é absoluta. As circunstâncias do caso poderão justificar um período diferente, entre três semanas, no mínimo, e outro período que, em face das circunstâncias, possa ser objetiva e fundamentadamente considerado como um período razoável [163].

No ordenamento jurídico português (ainda) não se define o período de prognose. Daí que a maioria da doutrina se incline, como vimos, para aquele que tem sido o caminho trilhado pela (maioria da) doutrina e jurisprudência alemãs. Não totalmente convencido com o entendimento predominante, Ricardo Costa[164] propõe uma solução baseada num critério objetivo e (tendencialmente) indiferente ao caso concreto por considerar que a aplicação de um critério pensado e construído em função do caso concreto é demasiado inseguro e de escrutínio incerto no que concerne à responsabilidade dos gestores.

A alternativa proposta pelo autor consistiria em ter como período de prognose o prazo de 3 anos apresentado no art. 186º, n. 1 do CIRE. Este preceito estabelece reconhecidamente uma cláusula geral que visa, no essencial, a prevenção da insolvência, sancionando-se os gestores que, no período de três anos anteriores ao início do processo de insolvência

[160] Esta posição é apoiada por importantes estudos desenvolvidos no domínio das ciências económico-financeiras, como é o caso do trabalho realizado por WILLIAM BEAVER, «Financial Ratios as Predictors of Failure», *Journal of Accounting Research*, Vol. 4, 1966, p. 71-111, em que se conclui que a situação de insolvência, nalguns casos, pode ser prevista com a antecedência de cinco anos.

[161] Em sentido idêntico, entre nós, por exemplo, LUÍS MENEZES LEITÃO, *Direito da Insolvência*, cit., p. 84.

[162] JOSÉ GONÇALVES MACHADO, *O dever de promover a negociação...*, cit., p. 46 ss.

[163] Neste sentido, MORITZ BRINKMANN, «Drohende Zahlungsunfähigkeit», cit., p. 463.

[164] «Gestão das Sociedades em Contexto de "Crise da Empresa"», cit., p. 180.

tenham, com a sua conduta, criado ou agravado a situação patrimonial da empresa[165]. Assim, consideramos ser aceitável que os gestores, ao realizar o juízo de prognose, e na falta de melhor critério, devam projetar a situação patrimonial da empresa no horizonte temporal de 3 anos[166].

[165] Neste sentido, designadamente, Manuel Carneiro da Frada, «A responsabilidade dos administradores perante os credores: entre o Direito das Sociedades e o Direito da Insolvência», cit., p. 190-191; Nuno Pinto Oliveira, *Responsabilidade civil dos administradores: entre Direito Civil, Direito das Sociedades e Direito da Insolvência*, Coimbra Editora, Coimbra, 2014, p. 208-211; e Ricardo Costa, «Gestão das Sociedades em Contexto de "Crise da Empresa"», cit., p. 191-194.

[166] Sem embargo, devemos salientar que, à partida, nenhuma daquelas abordagens tem preferência sobre a outra. Essa preferência só poderá ser devidamente aferida *a posterior* em função do resultado obtido. Aquela que obtiver o melhor resultado será certamente a melhor abordagem. Mas até neste ponto – do melhor resultado – poderá não haver consenso. Isto porque, os defensores de uma gestão empresarial tendencialmente mais arriscada e com resultados potencialmente mais vantajosos, sob a perspetiva puramente empresarial, inclinar-se-ão de forma natural para a abordagem do segundo tipo, uma vez que lhe confere maior autonomia. Os que advoguem uma gestão empresarial tendencialmente mais controlada e cautelosa, normalmente colocados na perspetiva do direito da insolvência, terão uma preferência natural pela abordagem do primeiro tipo, porque lhes confere mais certeza e segurança. Douglas Baird («Bankruptcy's uncontested axioms», cit., p. 578) sugere-nos que quem se inclinar para a abordagem do primeiro tipo tenderá, em princípio, a opor-se à forma como o direito da insolvência, com regras concretas e pré-definidas, pode condicionar *ex ante* o comportamento dos vários intervenientes que se relacionam no mercado, podendo traduzir-se num desincentivo (antecipado) ao investimento, ao crescimento económico e à procura de oportunidades mais arriscadas e, financeiramente, mais vantajosas. Quem, pelo contrário, partir de uma abordagem do segundo tipo inclinar-se-á mais no sentido de reconhecer que o direito da insolvência é chamado a desempenhar um importante papel na pré-insolvência.

CAPÍTULO II
A DETEÇÃO DA SITUAÇÃO DE PRÉ-INSOLVÊNCIA[167]

1. Enquadramento

A deteção atempada da situação de pré-insolvência constitui uma condição prévia e indispensável ao cumprimento do dever geral de prevenção de insolvência[168]. Só poderá haver prevenção adequada se a situação de ameaça à insolvência for detetada em tempo útil. Caso contrário, o mais certo é que os cuidados preventivos sejam substituídos por uma espécie de cuidados paliativos com morte anunciada. E quanto mais cedo for detetada esta situação e adotadas as medidas adequadas, mais hipóteses haverá de se evitar uma insolvência provável ou, no caso de uma empresa cuja viabilidade esteja comprometida de forma permanente, mais eficiente será o processo de liquidação[169].

Idealmente, o primeiro sinal da existência de dificuldades deve surgir antes de a empresa se tornar pré-insolvente[170]. Tal sinal pode ainda não fazer soar os alarmes, isto é, pode ainda não configurar um alerta suficientemente forte para que exija a adoção de contramedidas. Não obs-

[167] Cfr. José Gonçalves Machado, *O dever de promover a negociação...*, cit., p. 164 s.

[168] Para mais desenvolvimentos, José Gonçalves Machado, *O dever de promover a negociação...*, cit., p. 151 s.

[169] Considerando (22) da Diretiva (UE) 2019/1023.

[170] Neste sentido, Gaia Balp, «Early Warning Tools at the Crossroads of Insolvency Law and Company Law», cit., p. 31.

tante, os sinais menores, quando minimamente concretizados, podem ser motivo para se iniciar a preparação e antecipação de possíveis cenários e respostas.

Com efeito, o dever de vigilância e de prevenção da insolvência não existem apenas no cenário de pré-insolvência[171]. É o dever de constante autoexame ou vigilância da empresa, decorrente da obrigação de evitar a insolvência, que permite reconhecer esta situação antecipadamente e, se possível, ultrapassá-la sem ter que requer-se a abertura de um processo de insolvência. A deteção precoce de circunstâncias suscetíveis de dar origem a uma probabilidade de insolvência permite responder rápida e adequadamente às dificuldades existentes e previsíveis[172].

A ideia de que uma tempestade surge inesperadamente ou de uma forma repentina pode acontecer em situações excecionais. Mas, normalmente, é possível detetar certos sinais que permitem, com razoabilidade, antecipar uma tempestade num determinado período, com determinada intensidade, e com certas consequências. Por esse motivo, o dever de vigiar a atividade da empresa não surge do nada como um relâmpago, mas advém de um dever geral e contínuo de prevenção de uma situação de crise que ameace a continuidade da empresa.

Nessa conformidade, os gestores devem implementar sistemas, estratégias e procedimentos de alerta precoce e/ou utilizar ou adaptar à sua realidade e dimensão os mecanismos de monitorização e alerta já disponibilizados às empresas por entidades públicas ou privadas.

Sucede que muitas empresas não dispõem de recursos que lhes permitam adotar instrumentos de monitorização e alerta. Faltam-lhes, muitas vezes, os recursos financeiros, mas também os recursos humanos especializados e capazes de auxiliar os gestores na monitorização contínua da atividade da empresa e de todos os fatores que podem compro-

[171] Karsten Schmidt, «Conflictos de interés entre socios, acreedores y administradores en la proximidad de la insolvencia», cit., p. 53.

[172] Este desiderato corresponderá, como refere, por exemplo, Ricardo Costa («Deveres gerais dos administradores e 'gestor criterioso e ordenado'», cit., p. 166-168; «Gestão das Sociedades em Contexto de "Crise da Empresa"», cit., p. 181-185) a uma concretização do dever geral de cuidado, que se expressa nos subdeveres de controlar e vigiar a evolução económico-financeira da empresa, de obter informação suficiente e razoável e de agir adequadamente, tomando decisões substancialmente razoáveis, de acordo com o interesse social.

meter seriamente a sua continuidade. Tal sucede normalmente com as pequenas empresas[173].

Por isso, é importante oferecer mecanismos de alerta antecipado a esses devedores sem condições financeiras que permitam facilmente a contratação de analistas financeiros, além de não contarem com assessoria jurídica especializada, como sucede com as grandes empresas, para avisá-los da necessidade de agir com urgência.

Com efeito, a informação sobre o início das dificuldades económico-financeiras das empresas pode constituir um elemento essencial na prevenção da insolvência e na proteção dos credores, na medida em que pode constituir um elemento de acompanhamento da gestão das empresas e de auxílio na superação de situações de crise.

Diga-se, por fim, que o trabalho de deteção da situação de pré-insolvência e respetivo juízo de prognose sobre a provável insolvência deverá, necessariamente, ter por base os melhores conhecimentos e critérios em uso no domínio das ciências económico-financeiras. Pois, tal como salienta Vanessa Finch[174], ao remeter para as normas de contabilidade, adiantando poucos detalhes sobre os critérios jurídicos a aplicar, o legislador exige que a apreciação jurídica da situação de insolvência ou de pré-insolvência fique altamente dependente dos peritos das ciências económico-financeiras, onde podemos incluir os contabilistas e os economistas.

O que faz com que a deteção da situação de insolvência ou de pré-insolvência seja objeto de intenso debate em torno das fórmulas de cálculo desenvolvidas e aplicadas pelos profissionais do domínio das

[173] Tal como é referido no estudo *The Impact on SMEs of the Proposal of Preventive Restructuring, Second Chance and Improvement Measures* (elaborado pelo European Parliament's Policy Department for Citizens' Rights and Constitutional Affairs, e pedido do *JURI Committee*, disponível para consulta em <https://www.europarl.europa.eu>, consultado pela última vez em 15.12.2021), os mecanismos de alerta precoce são particularmente relevantes para micro, pequenas e médias empresas que têm recurso financeiros limitados e/ou que não possuem a experiência e conhecimentos necessários para avaliar adequadamente a evolução da sua atividade e os sinais de alerta. Acresce que os bancos e as autoridades públicas (por exemplo, Fisco e Segurança Social) podem emitir certos avisos, mas pode ser tarde demais para promover uma reestruturação pré-insolvencial. Em contraste, uma média ou grande empresa geralmente tem recursos suficientes para instalar departamentos de contabilidade e sistemas de monitorização.

[174] «The Recasting of Insolvency Law», *The Modern Law Review*, Vol. 68, Nr. 5, 2005, p. 150.

ciências económico-financeiras, tal como evidenciam vários estudos que têm sido realizados sobre a matéria[175].

Em consequência, as empresas devedoras quase não podem recorrer aos instrumentos de recuperação pré-insolvencial sem obter um parecer técnico sobre a situação de insolvência[176]. Por seu turno, os advogados, magistrados e outros profissionais envolvidos também são "forçados" a ter em devida consideração o contributo imprescindível e decisivo das ciências económico-financeiras e dos profissionais destas áreas, em particular economistas e contabilistas[177].[178]

[175] Entre nós, CARMEM PEREIRA LEAL / CARLOS MACHADO-SANTOS («Insolvency Prediction in the Portuguese Textile Industry», *European Journal of Finance and Banking Research*; Vol. 1, Nr. 1, 2007, p. 16-27), por exemplo, desenvolveram um estudo sobre o fenómeno da insolvência, em especial no setor têxtil, aplicando vários instrumentos estatísticos de análise de cálculo de probabilidade e concluíram que as dificuldades financeiras podem ser antecipadas com uma precisão de 97%, 85% e 76,5%, um, dois e três anos antes da insolvência, respetivamente. Sobre a questão da previsão da insolvência num país fortemente afetado pela última crise mundial, como é o caso da Grécia, ver EVANGELOS CHARALAMBAKIS / IAN GARRETT, «On corporate financial distress pre-diction: What can we learn from private firms in a developing economy? Evidence from Greece», *Review of Quantitative Finance and Accounting*, Vol. 52, 2019, p. 467-491.

[176] Neste sentido, VANESSA FINCH, «The Recasting of Insolvency Law», cit., p. 150-151.

[177] De destacar os contributos de EDWARD ALTMAN, «Financial ratios, discriminant analysis and the prediction of corporate bankruptcy», *The Journal of Finance*, Vol. 23, Nr.4, 1968, p. 589–609, e WILLIAM BEAVER, «Financial Ratios as Predictors of Failure», cit., p. 71-111.

[178] Uma questão prática adicional que pode ser colocada é a de saber se faz sentido desenvolver e intensificar a responsabilidade dos gestores em função da gravidade da crise pré-insolvencial, *maxime* do grau de probabilidade da insolvência. Isto é, se os gestores devem atuar de uma determinada forma quando a probabilidade de insolvência é baixa e de outra quando a probabilidade de insolvência é moderada, alta ou muito alta. Uma visão segmentada parece ser contrária aos princípios básicos de um sistema aberto e flexível pois ignora, *a priori*, as circunstâncias particulares do caso concreto. Podemos ter um caso em que a probabilidade de insolvência é baixa simplesmente porque o problema da empresa não está tanto na falta de liquidez, mas sim na inviabilidade económica. Neste caso, pode ser mais adequado optar pelo encerramento da empresa para evitar o agravamento da situação financeira. Noutro exemplo, poderemos ter o inverso, isto é, a probabilidade de insolvência é muito elevada, em virtude dos graves problemas financeiros, mas a empresa em causa, pelo valor económico que possui e pelo seu potencial de crescimento, consegue atrair o investimento necessário para se manter em atividade. Estes dois exemplos demonstram que não é possível impor, *a priori*, um certo tipo de conduta ou de intensidade. Não obstante, é inegável que quanto mais próxima estiver a insolvência (mais elevada for a probabilidade), menos tempo haverá para o processo de decisão. Sem dúvida que esta circunstância é, por si só, fator de pressão. Mas o que verdadeiramente resulta daqui é a necessidade de antecipar

2. Origem e evolução dos sistemas de monitorização e alerta

Os sistemas de monitorização e alerta, mais conhecidos por *early warning tools* ou *early warning systems* [179], são desde longa data discutidos no contexto das crises económico-financeiras globais que afetam determinado país ou conjunto de países[180] e no contexto das crises que afetam as empresas ou grupos de empresas[181], especialmente aquelas com capital aberto ao investimento público e do setor financeiro[178].

o processo de decisão para aliviar essa pressão. Pela natureza das coisas, esse crescendo de pressão incentiva a que os gestores, em condições normais, isto é, sem interferências externas, procurem antecipar, tanto quanto possível, o processo de decisão. Sobre a problemática ver, desenvolvidamente, Jessica Mohaupt, *Geschäftsleiterpflichten in der Unternehmenskrise, Entwicklung eines Drei-Phasen-Modells zur Berücksichtigung von Gesellschafter- und Gläubigerinteressen*, Schriften zum Gesellschafts-, Bank- und Kapitalmarktrecht, Vol. 64, Nomos, Broschiert, 2017.

179 Na Proposta de Diretiva COM(2016) 723 final fala-se em "instrumentos de alerta rápido". Na Diretiva (UE) 2019/1023 aqueles são referidos como "instrumentos de alerta precoce". No Decreto-Lei nº 47/2019, de 11 de abril, os mesmos são denominados como mecanismos de alerta precoce. Tudo indica que tais expressões procuram traduzir a designação inglesa *early warning tools* ou *early warning systems*. A qualificação de tais instrumentos como "alerta precoce" ou "alerta rápido" quer indicar que a deteção dos sinais de crise deve acontecer o mais cedo possível, de forma a permitir uma reação atempada. Porém, nem sempre isso acontece já que tais instrumentos ou mecanismos tendem a utilizar informação tendencialmente desatualizada face ao momento em que o alerta é emitido. E nesta altura pode já ser tarde para se reagir a uma situação de crise. O que significa que tais instrumentos serão ferramentas de auxílio à gestão, mas não esgotam a tarefa de monitorizar a atividade das empresas e detetar sinais de crise. Algo mais terá que ser feito por quem gere as empresas para suprir eventuais deficiências daquele tipo de instrumentos. Nesse sentido, e de forma a evitar qualquer equívoco quanto à finalidade e utilidade de tais instrumentos, parece-nos que seria mais adequado designá-los como instrumentos complementares de alerta ou instrumentos complementares de diagnóstico.

180 No documento *Anticipating Balance of Payment Crises, The Role of Early Warning Systems*, de 1999, o Fundo Monetário Internacional realça que existem diferentes modelos e que as problemáticas teórico-práticas mais importantes dizem respeito à definição de crise, à metodologia a ser aplicada, e à escolha de variáveis que funcionam como fatores de diagnóstico. Documento disponível para consulta em <https://www.elibrary.imf.org>, consultado pela última vez em 15.12.2021.

181 Na Diretiva 2013/34 /UE do Parlamento Europeu e do Conselho, de 26 de junho de 2013, relativa às demonstrações financeiras anuais, às demonstrações financeiras consolidadas e aos relatórios conexos de certas formas de empresas, que altera a Diretiva 2006/43/CE do Parlamento Europeu e do Conselho e revoga as Diretivas 78/660/CEE e 83/349/CEE do Conselho, diz-se que o relatório de gestão deve conter uma "exposição fidedigna do desenvolvimento e da situação da empresa, de uma forma que corresponda à dimensão

Estão em causa instrumentos ou sistemas que têm por objeto identificar com a maior antecedência possível o início de uma crise através de um método de análise que assenta num conjunto de variáveis, normalmente pré-determinadas e parametrizadas num programa informático que gera um alerta quando deteta o provável surgimento de uma situação de crise[183]. Podemos ter mecanismos de alerta interno, ou seja, para o próprio devedor e de alerta externo para os credores.

França foi pioneira na introdução de um sistema de alertas, internos e externos, introduzidos em 1984 por via da *Loi n. 84-148 du 1 mars 1984 relative à la prévention et au règlement amiable des difficultés des entreprises.* Desde então multiplicaram-se as vias de diagnóstico de empresas em dificuldades, com o objetivo de remediá-las o mais rapidamente possível[184].

Em 1995 foi criado o *Centre d'Information sur la Prévention des difficultés des entreprises.* Trata-se de uma instituição de âmbito nacional com cerca de 60 centros espalhados por todo o território que permite aos gestores

e complexidade da sua empresa. As informações não deverão circunscrever-se aos aspetos financeiros da atividade da empresa, devendo incluir uma análise dos aspetos ambientais e sociais da atividade da empresa necessários para se compreender o desenvolvimento, o desempenho ou a situação da empresa" (Considerando (26)). Daí poderemos razoavelmente concluir que a obrigação de divulgar os principais riscos e incertezas nos relatórios anuais (e intercalares) obriga as empresas a instalarem pelo menos um sistema de identificação de riscos. Porém, de acordo com o artigo 19, para. 3, os Estados-Membros podem isentar as pequenas (e micro) empresas da obrigação de elaborar relatórios de gestão, considerando seus recursos limitados. Note-se que tal Diretiva foi transposta para o ordenamento jurídico português por via do Decreto-Lei nº 98/2015, de 2 de junho, que é omisso quanto à adoção de instrumentos de alerta.

[182] Ver a este respeito, Aa. Vv., «A new approach to Early Warning Systems for small European banks», *European Central Bank, Working Paper Series,* Nr. 2349, 2019, disponível para consulta em <https://www.ecb.europa.eu>, consultado pela última vez em 15.12.2021).

[183] Igor Klopotan / Jovana Zoroja / Maja Mesko («Early warning system in business, finance, and economics: Bibliometric and topic analysis», *International Journal of Engineering Business Management,* Vol. 10, 2018, p. 1-12) realçam que os sistemas de alerta precoce permitem que as organizações minimizem as perdas e são de grande importância e devem ser considerados como sistemas de apoio à gestão de riscos, e não simplesmente instrumentos de previsão. O recurso à tecnologia possibilita ações mais eficientes e reduz custos. Por isso, a utilização de sistemas de alerta adequados é essencial para que a empresa se possa manter competitiva no mercado.

[184] Para mais desenvolvimentos, André Jacquemont / Régis Vabres / Thomas Mastrullo, *Droit des entreprises en difficulté,* 10ª Ed., Lexis Nexis, 2017, p. 46-61; Françoise Pérochon, *Entreprises en difficulté,* 10ª Ed., LGDJ, 2014, p. 43-61.

das empresas obter ajuda de forma confidencial e gratuita com a intervenção, se assim desejarem, de um revisor oficial de contas ou auditor, de um advogado e de ex-juíz do tribunal do comércio que prestam serviço de forma voluntária.

Em 2014 foram introduzidos os *Groupements de Prévention Agréés*[185] que têm por objetivo fornecer aos seus associados, de forma sigilosa, uma análise da informação contabilística e financeira por eles regularmente transmitida[186] e alertar os gestores das empresas sobre os pontos que representam um problema ou podem causar dificuldades[187]. As empresas podem ainda recorrer a instrumentos de autodiagnóstico que elas próprias adotem ou que sejam disponibilizados por determinadas instituições ou associações de empresas[188], de forma a avaliar objetivamente a sua situação patrimonial.

Paralelamente, são várias as pessoas e entidades que devem alertar os gestores para a existência de indícios que podem comprometer a continuidade da empresa, em particular, os auditores financeiros[189], o Comitê

185 Por via da *Ordonnance nº 2013-544 du 27 juin 2013 relative aux établissements de crédit et aux sociétés de financement.*

186 Os documentos e informações a serem fornecidos variam de acordo com os *Groupements de Prévention Agréés* e com o tipo e dimensão das empresas, mas podem ser os seguintes documentos: contas anuais, planos e acordos de financiamento, previsões operacionais e de fluxo de caixa, relatório dos auditores, etc.

187 *Article L611-1 du Code de Commerce.* O *Groupement de Prévention Agréé* pode, se necessário, oferecer ao associado a intervenção de um perito e pode também celebrar acordos, em particular com instituições de crédito, sociedades financeiras e seguradoras, em benefício dos seus membros *(Article D611-5 du Code de Commerce).* Além disso, *Groupement de Prévention Agréé* pode solicitar às instituições públicas (nomeadamente ao Fisco, à Segurança Social e ao Banco de França) informação sobre as empresas associadas, que deve permanecer confidencial *(Article D611-9 du Code de Commerce).*

188 Por exemplo, o *Centre d'Information sur la Prévention des difficultés des entreprises* disponibiliza uma ferramenta de autodiagnóstico no *website* <https://www.cip-national.fr/diagnostique-entreprise-en-difficulte>.

189 De acordo com o *Article L234-1 du Code de Commerce,* nas sociedades anónimas, sempre que o auditor (contabilista ou revisor de contas) no exercício das suas funções, identifique factos suscetíveis de comprometer a continuidade da empresa, deve informar o presidente do conselho de administração ou da respetiva comissão executiva. Na ausência de resposta no prazo de quinze dias ou se a continuidade não estiver assegurada, o auditor convida, por escrito, enviando cópia ao Presidente do Tribunal do Comércio territorialmente competente, o presidente do conselho de administração ou o conselho de administração para que este ou o conselho fiscal delibere sobre os fatos observados. A deliberação do conselho de admi-

Econômico e Social[190], e Presidente do Tribunal do Comércio territorialmente competente[191].

Naturalmente que os detentores de participações sociais, os credores e os trabalhadores podem e devem alertar os gestores para a existência de dificuldades suscetíveis de comprometer a continuidade da empresa. Sobre o conselho de administração ou os gerentes das empresas com maior dimensão[192] recai a obrigação de analisar e avaliar continuamente a situação do ativo e do passivo, elaborando periodicamente uma

nistração ou do conselho fiscal deve ser comunicada ao presidente do tribunal comercial e à comissão de empresa ou, na sua falta, aos representantes dos trabalhadores. Se o auditor considerar que, apesar das decisões tomadas, a continuidade da empresa permanece comprometida, deve elaborar um relatório a ser discutido em assembleia geral. Se mesmo assim, o auditor verificar que as decisões tomadas não garantem a continuidade da empresa, deve comunicar os resultados ao Presidente do Tribunal do Comércio territorialmente competente. De acordo com o *Article L234-2 du Code de Commerce,* nas sociedades que não sejam anónimas, o auditor solicita ao gestor explicações sobre os factos que indiciam a existência de dificuldades. O gestor deve responder no prazo de duas semanas, dando conhecimento à comissão representativa dos trabalhadores e, se houver, ao conselho fiscal. Recebida a resposta ou na falta de resposta, o auditor informa o Presidente do Tribunal do Comércio territorialmente competente.

190 De acordo com o *Article L. 2312-63* do *Code du Travail,* sempre que o Comitê Econômico e Social tomar conhecimento de factos suscetíveis de afetar de forma preocupante a situação económica da empresa, pode solicitar esclarecimentos à empresa. Se a referida Comissão não obtiver resposta suficiente da empresa ou se confirmar o carácter preocupante da situação, elabora um relatório a título de alerta, que deve ser enviado à empresa e ao auditor.

191 *Article R611-10 s.* e *Article L611-2 ss du Code de Commerce.* Se o devedor concordar, o Tribunal pode nomear um *mandataire ad hoc* e se estiver em situação de dificuldade jurídica, económica ou financeira, comprovada ou previsível, e que não estejam em *cessation des paiements* há mais de quarenta e cinco dias, poderá recorrer a um *procédure de conciliation,* propondo, se entender, a nomeação de um *conciliateur,* cuja missão é promover a conclusão entre o devedor e os seus principais credores de um acordo amigável destinado a pôr fim às dificuldades da empresa. Se não for possível chegar a um acordo, o *conciliateur* apresenta imediatamente um relatório ao Tribunal.

192 Com pelo menos trezentos funcionários ou uma faturação líquida igual ou superior a € 18.000.000. São contabilizados os trabalhadores que, por contrato de trabalho por tempo indeterminado, estejam vinculados à empresa ou a sociedade que esta detenha, direta ou indiretamente, mais da metade do capital, por referência à média aritmética no final de cada trimestre do ano civil ou do exercício contabilístico quando este não coincidir com o ano civil. O valor líquido do volume de negócios é igual ao valor das vendas de produtos e serviços relacionados com a atividade corrente deduzida das reduções nas vendas, imposto sobre o valor acrescentado e impostos semelhantes. As empresas deixam de estar sujeitas àquela obrigação quando não cumprem nenhuma destas condições por dois exercícios sucessivos.

demonstração de resultados provisória, um plano de financiamento provisório e um balanço anual[193].

No entanto, os diversos mecanismos de alerta franceses não impõem uma obrigação específica de reação aos gestores das empresas. Estes continuam a ter margem de discricionariedade para decidir as medidas a adotar[194], salvo se a empresa estiver uma situação de *cessation des paiements*, caso em que devem requerer a abertura de um *procédure de redressement judiciaire* no prazo máximo de 45 dias se não tiver, dentro desse prazo, requerido a abertura de um *procédure de conciliation*[195].

Este modelo francês tem gerado algum debate devido à tensão entre a publicidade que confere eficácia a estes alertas externos e a confidencialidade exigida pelo artigo L 611-15 do Código Comercial francês. A publicidade tende a gerar desconfiança e precipitar uma crise. A confidencialidade impede que os credores se previnam de um potencial risco de incumprimento. A resolução deste dualismo parece insolúvel. Não obstante, este modelo parece ter sido seguido, não sem problemas interpretativos, na reforma do Direito italiano operada pelo *Codice della crisi d'impresa e dell'insolvenza* 12 de janeiro de 2019.[196]

Acima de tudo, o legislador italiano, por meio das novas disposições introduzidas no Código, tentou, de facto, reagir à incapacidade crônica das empresas italianas de promover processos de reestruturação antecipada[197]. Para o efeito, foram implementados os *strumenti di allerta*. Estão em causa obrigações de reporte impostas a alguns sujeitos qualificados,

193 *Article L322 du Code de Commerce.*

194 Neste sentido, Alessandra Zanardo, «Impact of the Italian Business Crisis and Insolvency Code on Organizational Structures in MSMEs Organizational Structures in MSMEs», *University of Miami International and Comparative Law Review*, Vol. 27, Nr. 2, 2020, p. 321.

195 *Article L631-4 du Code de Commerce.*

196 Francesco Pacileo, «Gli "strumenti d'allerta" tra early warning tools e preventive restructuring frameworks», *Revista del Diritto Commerciale*, Nr. 1, 2020, p. 157 s.; Giulia Garesio, «Gli strumenti di allerta previsti dal Codice della crisi: un cantiere ancora aperto», *Diritto ed Economia dell'Impresa*, Nr. 4, 2020, p. 570 s.; e Juana Pulgar Ezquerra. «Gobierno corporativo y reestructuración preventiva...», cit., p. 69.

197 Isso está bastante claro nos documentos preparatórios da reforma de 2019 e é confirmado pela experiência. É reconhecido que um número muito limitado de empresários na Itália adota sistemas de monitorização e alerta e estabelece planos de negócios para responder atempadamente a situações de crise. Além disso, as pequenas e médias empresas geralmente têm um sistema de relatórios inadequado que não permite a deteção precoce de dificuldades financeiras. Cfr. Alessandra Zanardo, «Impact of the Italian Business Crisis and

onde se incluem os bancos e outros intermediários financeiros[198], bem como os órgãos de controlo e os auditores de contas[199] que, juntamente com a empresa[200], contribuem para a prossecução do objetivo de deteção precoce da crise da empresa, tendo em vista a adoção atempada das medidas adequadas a evitá-la ou superá-la. As ferramentas de alerta têm a dupla finalidade de detetar prontamente os indícios de crises da empresa[201] e de instar a adoção das medidas mais adequadas para resolver

Insolvency Code on Organizational Structures in MSMEs Organizational Structures in MSMEs», cit., p. 316-317.

[198] Tal como definido no art. 106º da *TUB* (Lei Consolidada da Banca e Crédito, adotada pelo Decreto Legislativo nº 385 de 1 de setembro de 1993, atualizado para a Lei nº 238 de 23 de dezembro de 2021).

[199] De acordo com Art. 14º do *CCII*, cada um destes sujeitos, no âmbito das respetivas funções, é obrigado a verificar se o órgão de gestão cumpre adequadamente as suas funções, vigiando a situação da empresa e adotando as respostas necessárias e adequadas, se a estrutura organizacional da empresa é adequada, se existe equilíbrio económico-financeiro e qual a tendência previsível, devendo comunicar imediatamente e de forma fundamentada a existência de indícios de crise.

[200] As ferramentas de alerta são aplicadas, do ponto de vista subjetivo, aos devedores que exercem atividades empresariais, destinando-se, portanto, tanto a empresários individuais como a sociedades comerciais. Estão excluídas as grandes empresas, grupos de grandes empresas e empresas com ações cotadas em mercados regulamentados, por estarem sujeitas a regulamentação especial. São "grandes empresas" aquelas que, nos termos do art. 3, par. 4º, da Diretiva (EU)2013/34, à data de fecho das demonstrações financeiras ultrapassem os limites de pelo menos dois dos três critérios seguintes: a) balanço total: vinte milhões de euros; b) receitas líquidas de vendas e serviços: quarenta milhões de euros; c) número médio de trabalhadores no ano: 250. São "grandes grupos empresariais" aqueles que são constituídos por uma entidade mãe e subsidiárias a serem incluídas nas demonstrações financeiras consolidadas, que atendam aos limites numéricos estabelecidos no art. 3, par. 6 e 7, da Diretiva (UE) 2013/34. De acordo com o referido art. 12º também estão excluídas do âmbito subjetivo bancos, instituições de crédito, sociedades financeiras, intermediários financeiros, sociedades gestoras de ativos, sociedades gestoras de fundos, fundos de pensões, sociedades seguradoras, entre outras.

[201] De acordo com o art. 13º, n. 1 do *CCII*, os *"indicatori di crisi"* são desequilíbrios a nível de fluxos (rendimentos) e da situação patrimonial ou financeira, relacionados com as características específicas da empresa e da sua atividade, tendo em conta a data de constituição e início da atividade, detetáveis através de índices específicos que ajudem a evidenciar a capacidade de continuar a pagar as dívidas existentes por um período de, pelo menos, seis meses e de manter a empresa em atividade no exercício financeiro em curso ou, quando a duração do exercício financeiro em curso for inferior a seis meses, nos seis meses seguintes ao momento da avaliação. Para este efeito, são considerados índices significativos aqueles que permitem medir a sustentabilidade do passivo, bem como os fluxos de caixa que a empresa

a crise da empresa, nomeadamente através do *procedimento di composizione assistita della crisi*[202], que decorre de forma confidencial perante o *OCRI*.[203]

Com a comunicação ao órgão de gestão abre-se a chamada fase de alerta interno que obriga os gestores a dar uma resposta, no sentido de informar os autores da comunicação, em prazo não superior a 30 dias, sobre as medidas a adotar. Em caso de omissão ou inadequação da resposta, ou de não adoção das medidas consideradas necessárias para superar o estado de crise no período de 60 dias, abre-se a chamada fase de alerta externo. Aqueles sujeitos informarão imediatamente o *OCRI*, prestando todas as informações úteis e necessárias, ainda que cobertas por sigilo[204]. Relativamente aos credores públicos (*"Agenzia delle Entrate"*, *"Istituto Nazionale della Previdenza Sociale"* e *"Agente della Riscossione"*), o legislador italiano estabelece que estes devem avisar a empresa devedora sempre que a dívida atinja um montante significativo, nos termos legalmente definidos[205].

Ainda no âmbito dos sistemas de alerta, importa realçar que em 2016, a Comissão Europeia promoveu um projeto piloto de alerta precoce (*Early Warning Europe*) em conformidade com que haveria de ser fixado mais tarde na Diretiva (UE) 2019/1023, baseado no sistema dina-

consegue gerar e a adequação dos capitais próprios face a terceiros. Os atrasos reiterados e significativos nos pagamentos também constituem indicadores de crise.

[202] Note-se que a adoção de mecanismos de alerta e o recurso a este procedimento não constituem fundamento para resolução antecipada de quaisquer contratos em curso, sendo nulas quaisquer disposições em contrário (art. 12º, n. 4 do *CCII*).

[203] De acordo com o disposto no art. 2086 do Código Civil Italiano no texto complementado pela reforma, os empresários têm, de fato, o dever de estabelecer *"un assetto organizzativo, amministrativo e contabile adeguato alla natura e alle dimensioni dell'impresa"*, assente também na deteção atempada da crise da empresa e da perda de continuidade do negócio, e o dever de agir sem demora para a adoção e implementação de uma das ferramentas previstas na lei para a superação da crise e manutenção do negócio em atividade. Tal dever é reforçado pelo art. 3º do *CCII*.

[204] Note-se que a comunicação atempada ao órgão de gestão constitui uma causa de exclusão de responsabilidade solidária pelas consequências danosas resultantes das ações ou omissões posteriormente implementadas pelo referido órgão, que não sejam uma consequência direta das decisões tomadas antes da notificação, desde que, quando aplicável, seja também prestada a informação necessária ao *OCRI* (art. 14º, n. 3 do *CCII*.

[205] Art. 15º, n. 2 do *CCII*.

marquês com uma elevada taxa de sucesso e em vigor desde 2007[206]. O programa *Early Warning Europe* tem sido aplicado com sucesso e tem avançado não só na Dinamarca, mas também em diferentes países da União Europeia, com base em diferentes modelos baseados em estruturas privadas, públicas ou mistas, como sucede em Espanha[207].

2.1.1. *Caracterização dos sistemas de monitorização e alerta à luz da Diretiva (UE) 2019/1023*

Tendo em conta os recursos limitados de que dispõem sobretudo as pequenas empresas[208], a Diretiva 2019/1023/UE[209] determina que os Estados-Membros deverão que assegurar o acesso a instrumentos de alerta precoce que "permitam avisar os devedores da necessidade de agir sem demora"[210-211].

Resulta do art. 3º da referida Diretiva, em conjugação com o Considerando (22) que os instrumentos de alerta devem ser claros, transpa-

[206] Foi desenvolvido um *software* foi pela Autoridade Empresarial Dinamarquesa com o objetivo de explorar o potencial dos *big data* e inteligência artificial na identificação de sinais de crise nas contas anuais arquivadas digitalmente pelas empresas. Usando um determinado modelo, os consultores seniores de alerta precoce foram capazes de detetar sinais de crise com relativa precisão e notificar as empresas que, em muitas situações, não estavam cientes da extensão dos seus problemas. Ver Morten Møller / Piya Mukherjee, «Early warning systems in Denmark and Europe», *Eurofenix*, Summer 2019, p. 20-21.

[207] Juana Pulgar Ezquerra. «Gobierno corporativo y reestructuración preven-tiva...», cit., 70-72.

[208] Considerando (17) da Diretiva (UE) 2019/1023.

[209] Note-se que estão excluídas do seu âmbito de aplicação os devedores que sejam empresas de seguros e de resseguros, instituições de crédito, empresas de investimento e organismos de investimento coletivo, contrapartes centrais, centrais de valores mobiliários, e outras instituições financeiras e entidades enumeradas no artigo 1º, n. 1, primeiro parágrafo, da Diretiva 2014/59/UE do Parlamento Europeu e do Conselho. Estes devedores deverão estar sujeitos a um regime especial, dispondo as autoridades nacionais de supervisão e resolução de extensos poderes de intervenção em relação a esses devedores.

[210] Art. 3º, n. 1 da Diretiva (UE) 2019/1023.

[211] Isto porque, "quanto mais cedo um devedor puder detetar as suas dificuldades financeiras e tomar medidas adequadas, mais elevada será a probabilidade de evitar uma insolvência iminente ou, no caso de uma empresa cuja viabilidade esteja comprometida de forma permanente, mais ordenado e eficiente será o processo de liquidação" (Considerando (22) da Diretiva 2019/1023/EU).

rentes, de fácil acesso (através de uma página *Web*, por exemplo), e ajustáveis à dimensão e especificidades da empresa[212].

Quanto aos critérios de diagnóstico, o legislador europeu apresenta como exemplo de possíveis razões para alerta a não realização de certo tipo de pagamentos, designadamente impostos e contribuições[213]. Adicionalmente, os Estados-Membros dispõem de liberdade para poderem incluir serviços de aconselhamento prestados por organizações públicas ou privadas, bem como incentivos para que terceiros que tenham informações pertinentes sobre o devedor, como os contabilistas e as autoridades fiscais ou de segurança social, sinalizem uma evolução negativa ao devedor[214].

O acesso dos devedores e dos representantes dos trabalhadores a informações pertinentes e atualizadas sobre a disponibilidade de instrumentos de alerta precoce e de procedimentos e medidas relativos à reestruturação e ao perdão de dívidas; e apoio aos representantes dos trabalhadores para a avaliação da situação económica do devedor[215].

[212] Ressalve-se que "[e]sses instrumentos poderão ser elaborados pelos Estados-Membros ou por entidades privadas, desde que o objetivo seja atingido" (Considerando (22) da Diretiva (UE) 2019/1023).

[213] Art. 3º e Considerando (22) da Diretiva (UE) 2019/1023.

[214] Ver a este respeito, Ulrik Rammeskow Bang-Pedersen, «Article 3 – Early warning and access to information», cit., p. 78-84. O autor destaca que o funcionamento dos instrumentos de alerta normalmente envolve (deve envolver) a cooperação de autoridades públicas responsáveis pela cobrança de impostos e contribuições, mas também tribunais e outras entidades privadas relevantes, designadamente contabilistas, bancos (com recurso a sistema de inteligência artificial) (*ibidem*, p. 80-81). Bob Wessels / Stephan Madaus (*Rescue of Business in Insolvency Law*, cit., p. 182), em análise à Proposta de Diretiva COM(2016) 723 final, referiam que a adoção de sistema de monitorização e instrumentos alerta fazia parte do âmbito das funções e responsabilidade dos gestores, mas também propunham que os terceiros com informações relevantes (contabilistas, consultores fiscais, ou credores financeiras) fossem incentivados ou mesmo obrigados a cooperar com os gestores no sentido de sinalizar qualquer desenvolvimento negativo relevante dos negócios da empresa. Porém, como advertem Aa. Vv. (*Best practices in European restructuring. Contractualised distress resolution in the shadow of the law*, Wolters Kluwer, Milano, 2018, p. 10) o envolvimento de terceiros (onde podem estar empresas concorrentes ou funcionários e credores descontentes) e a consequente partilha de informação com estes poderia colocar ainda mais em perigo a empresa devedora, tanto a nível reputacional, como a nível comercial e financeiro, e dar origem a uma série de conflitos que, de outro modo (se não fosse do conhecimento desses terceiros), poderiam ser evitados.

[215] Art. 3º, n. 2 a 5 da Diretiva (UE) 2019/1023.

A responsabilidade última pela deteção da situação de insolvência provável e da reação atempada e adequada cabe aos gestores das empresas. Resulta do art. 19º da referida 2019/1023/UE, em conjugação com o Considerando (70), que os gestores deverão adotar as medidas necessárias e adequadas para minimizar as perdas e evitar a insolvência, onde se inclui, nomeadamente, o recurso aos instrumentos de alerta precoce. Daí não parece resultar a obrigação específica de os gestores terem que seguir um determinado modelo de monitorização e diagnóstico de situações de insolvência provável.

O legislador europeu parece sugerir que os gestores dispõem de discricionariedade para escolher os meios mais adequados que, para certos casos, podem ser os instrumentos de alerta criados ou promovidos pelo Estado-Membro em causa. Porém, noutras situações, tais instrumentos públicos podem não ser adequados à dimensão da empresa e às suas especificidades (designadamente o setor de atividade e mercado onde atua) e/ou, paralelamente, poderá justificar-se a intervenção de um profissional ou técnico especializado.

Assim sendo, salta à vista que o dever de cuidado a que os gestores das empresas estão vinculados desempenha um papel importante e decisivo na deteção precoce dos sinais de crise e na reação atempada a esses sinais, o que, à luz do disposto no art. 19º da Diretiva (UE) 2019/1023, se justifica tanto pela "necessidade de tomar medidas para evitar a insolvência", como pela "necessidade de evitar uma conduta dolosa ou com negligência grosseira que ameace a viabilidade da empresa", tendo sempre em devida conta "os interesses dos credores, dos detentores de participações e das outras partes interessadas".

A não observância desse dever poderá conduzir à responsabilidade pessoal dos gestores[216]. A Diretiva não é totalmente clara quanto enquadramento dogmático da responsabilidade dos gestores, mas não deixa de referir que "os Estados-Membros deverão poder transpor as disposições correspondentes da presente diretiva assegurando que as autoridades judiciais ou administrativas, ao avaliarem se um administrador deve ser considerado responsável por violações do dever de diligência,

[216] Neste sentido, ver as recomendações da *United Nations Commission on International Trade Law*, no documento *Legislative Guide on Insolvency Law, Part four: Directors' obligations in the period approaching insolvency (including in enterprise groups)*, 2nd Ed., Vienna, 2020, disponível para consulta em <https://uncitral.un.org>, consultado pela última vez em 15.12.2021.

tenham em conta as regras relativas às obrigações dos administradores prevista na presente diretiva"[217].

2.1.2. *Sistemas de monitorização e alerta em Portugal*

Desde 2015 que o IAPMEI, I. P., disponibiliza uma ferramenta de autodiagnóstico financeiro para as empresas, através da qual, de forma voluntária, e tendo por base os respetivos balanços e demonstração de resultados, aquelas podem ter acesso a um conjunto de indicadores sobre a sua situação financeira. Porém, constatou-se que tal ferramenta tinha uma utilização muito reduzida[218].[219]

Com o Decreto-Lei nº 47/2019, de 11 de abril, foi criado o Mecanismo de Alerta Precoce (MAP), alterado pela Lei nº 9/2022, de 11 de janeiro. Trata-se de um mecanismo de apoio à decisão e gestão empresarial, destinado aos membros dos órgãos de administração de sociedades não financeiras com sede em Portugal, sujeitas à apresentação do Anexo A no âmbito da Informação Empresarial Simplificada (IES), e que sejam micro, pequenas e médias empresas ou empresas de pequena-média capitalização, com exclusão das sociedades abertas, entidades do sector público e outras entidades mencionadas no art. 2º, n. 2 do referido Decreto-Lei.

Através desse mecanismo, as empresas recebem anualmente um relatório com uma análise quantitativa e tendencial, com recurso ao cálculo de sete indicadores económico-financeiros. A referida análise tem por base a informação da IES de cada empresa, bem como a informação disponível na Central de Responsabilidades de Crédito e outros indicadores económico-financeiros disponibilizados, tanto pelo Banco de Portugal [220] como pelo Instituto Nacional de Estatística, relativamente a empresas do mesmo setor e com dimensão semelhante[221].

Assim, constata-se que o legislador português consagrou um puro instrumento ou ferramenta de alerta, que conta com a colaboração

[217] Considerando (71) da Diretiva (UE) 2019/1023.

[218] Preâmbulo do Decreto-Lei nº 47/2019, de 11 de abril.

[219] Para uma perspetiva jurídico-económico, MANUEL ARSÉNIO, «Mecanismo de alerta precoce/early warning – uma importante ferramenta de gestão na vida das empresas, *A Diretiva sobre Reestruturação e Insolvência*, Edições Almedina, 2021, p. 45-68.

[220] Arts. 3º e 5º, n. 1, al. f) do Decreto-Lei nº 204/2008, de 14 de outubro.

[221] Arts. 3º, 4º e 6º do Decreto-Lei nº 47/2019, de 11 de abril.

direta de entidades pública, como o Banco de Portugal e a Autoridade Tributária, e com a colaboração indireta das entidades bancárias. Porém, o legislador português deixou de fora, por exemplo, a disponibilização de serviços de aconselhamento e acompanhamento e a cooperação direta, designadamente por parte das entidades bancárias e dos credores públicos, no sentido de alertar as empresas para a necessidade de adotar medidas[222].

Catarina Serra[223] critica a opção do legislador, considerando que poderia ter ido mais longe no sentido de disponibilizar um sistema de

[222] Esta foi a opção seguida, por exemplo, pelo legislador italiano. Nos arts. 12º a 23º do *CCII* estabelecem-se os *"strumenti di alerta"* e o *"procedimento di composizione assistita della crisi"*, como forma de promover a cooperação entre a empresa devedora e os credores, com o auxílio do *Organismi di Composizione della Crisi d'Impresa (OCRI)*, tanto na deteção dos sinais de crise, como na procura de uma solução, quer seja para recuperar, quer seja para liquidar a empresa. Diz-se expressamente no art. 4º do referido diploma que as partes devem agir de boa-fé, de forma transparente e leal. A empresa devedora deve, em particular, disponibilizar aos credores todas as informações necessárias e adequadas à solução a seguir, tomar atempadamente as iniciativas adequadas à rápida definição do procedimento, também de forma a não prejudicar os direitos dos credores; e gerir o património ou a sociedade em procedimento de liquidação de crise ou insolvência no interesse prioritário dos credores (art. 4º, nº 2). Os credores, por seu turno, têm o dever, designadamente, de cooperar lealmente com a empresa devedora e com o *OCRI* e respeitar a obrigação de sigilo sobre a situação do devedor, sobre as iniciativas por ele tomadas e sobre as informações adquiridas (art. 4º, nº 2). O *OCRI* tem por missão receber notificações de alerta e prestar assistência na fase de alerta e na fase de resolução da crise. Para mais desenvolvimentos, Andréa Zorzi, «Concordato con continuità e concordato liquidatorio: oltre le etichette», cit., p. 58-83; Antonio Caratta, «La composizione assistita della crisi e le misure di protezione 'anticipate' nel codice della crisi e dell'insolvenza», *Il Diritto Fallimentare e delle Società Commerciali*, Vol. 95, Nr. 2, 2020, p. 267-286; Francesco D'Angelo, «Il concordato preventivo con continuità aziendale nel nuovo codice della crisi e dell'insolvenza», cit., p. 27-57; Massimo Bianca, «I nuovi doveri dell'organo di controllo tra Codice della crisi e Codice civile», cit., p. 1339-1363; Renato Santagata, «Concordato preventivo 'meramente dilatorio' e nuovo 'Codice della crisi e dell'insolvenza'», cit., p. 333-363; Sabrina Masturzi, «Le misure di prevenzione della crisi e i controlli nel sistema dell'allerta», cit., p. 1067-1101; Sante Casonato, «Allerta interna, allerta esterna e tecnocrazia della crisi d'impresa», cit., p. 1390-1418.

[223] «O dever de prevenção da insolvência na perspectiva dos deveres fundamentais dos administradores (a crescente encruzilhada do Direito das Sociedades e do Direito da Insolvência)», cit., p. 189. A autora (*Lições de Direito da Insolvência*, 2ª Ed., cit., p. 565-566) destaca que na Dinamarca funciona, desde 2007, o *Early Warning Denmark* que constitui um "genuíno sistema de assistência precoce", "disponibilizando assistência gratuita, imparcial e confidencial a empresas em situação de insolvência iminente", o que facilita o "recurso aos instrumentos de reestruturação extrajudicial, com redução de custos e de formalidades".

verdadeira assistência às empresas sinalizadas[224], que não se ficasse apenas pelo envio de um alerta[225]. Concordamos com essa observação, não só porque o tecido empresarial português é na sua esmagadora maioria constituído por pequenas empresas, sem recursos para recorrer a apoio especializado, mas também porque os alertas produzem informações tendencialmente desatualizadas, o que obriga a uma análise crítica dos alertas recebidos.

Com efeito, os alertas são gerados a partir de um sistema informatizado, de acordo com determinados critérios, previamente parametrizados, com base em informação prévia carregada para o sistema. Daqui resultará uma análise necessariamente relacionada com o passado e, portanto, tendencialmente desatualizada[226].

Para se obter uma análise completa e atual dos sinais de crise, quase "tudo" na empresa precisaria de ser medido e examinado continuamente. O que, poderá não ser viável ou exequível. Tanto mais que muitos fatores podem escapar às capacidades e funcionalidades dos sistemas informáticos e automáticos, e que têm que ver com as dinâmicas recentes no mercado, com as mudanças na legislação, com o comportamento dos fornecedores ou clientes, com a falência de uma instituição de crédito ou com outros eventos com impacto significativo na atividade da empresa em questão[227]. Por isso, a disponibilização de um sistema de verdadeira assistência às empresas sinalizadas parece ser um elemento útil e, em muitos casos, indispensável.

Tal significa que, na ausência de um sistema de verdadeira assistência, o alerta gerado e comunicado às empresas seja desnecessário. Pelo

[224] De acordo com o art. 3º, n. 2, al. b), da Diretiva (UE) 2019/1023, o apoio ou aconselhamento, que pode ser prestado por entidades públicas ou privadas, faria parte dos sistemas de monitorização e alerta, funcionando como uma espécie de complemento a tais alertas.

[225] Aa. Vv., *Best practices in European restructuring...*, cit., p. 10, em comentário à Proposta de Diretiva COM(2016) 723 final, recomendavam que se disponibilizasse às micro, pequenas e médias empresas, aconselhamento gratuito ou acessível (voluntário) para analisar e acompanhar a situação da empresa e/ou contratualizar, através de um seguro voluntário ou obrigatório, a assistência técnica especializada de forma a não sobrecarregar os cofres públicos.

[226] A visão histórica do balanço patrimonial pode ajudar a aprender com os erros ou a estabelecer uma tendência. Mas a visão prospetiva deve analisar com precisão os riscos comerciais futuros que não são sinalizados com as análises feitas a partir de eventos do passado. Neste sentido, Carolin Rosskothen, *Die Haftunf des GmbH Geschäftsführers...*, cit., p. 136.

[227] Carolin Rosskothen, *Die Haftunf des GmbH Geschäftsführers...*, cit., p. 132-137.

contrário, a informação sobre o início das dificuldades económicas das empresas pode constituir um elemento essencial para a preservação da própria empresa e para a proteção dos credores, na medida em os gestores são compelidos a reagir.

O objetivo parece ser claro: quanto mais cedo essas empresas forem alertadas, mais cedo poderão identificar as suas prováveis dificuldades, e maiores serão as chances de serem adotadas medidas preventivas e recuperatórias que impeçam a empresa devedora de não conseguir cumprir suas obrigações.

É, por isso, manifesto que estes instrumentos de monitorização e alerta não dispensam a observação e intervenção humana. Daí que a disponibilização de serviços de aconselhamento e acompanhamento pudesse constituir um apoio importante à gestão das empresas, sobretudo daquelas que não dispõem de recursos para contratar, de forma permanente, apoio técnico especializado.

De qualquer modo, sendo alertados por via do MAP, os gestores não poderão deixar de ter em devida conta a informação recebida e necessidade ou oportunidade de tomar medidas concretas para prevenir a insolvência[228]. Cataria Serra[229] adverte que "uma vez recebido o alerta, a sua liberdade fica consideravelmente diminuída" pois já não podem alegar desconhecimento da situação e, muito dificilmente, conseguirão explicar ou fundamentar a sua inércia.

Mas também é evidente que o MAP não dispensa os gestores de determinadas empresas, sobretudo de maior dimensão, de adotar sistemas e/ou procedimentos de fiscalização e autodiagnóstico destinados a controlar e vigiar a evolução económico-financeira da empresa, recolhendo informação suficiente, razoável e de forma célere, tendo em devida conta o contributo que os mecanismos ou sistemas de monitorização e alerta fornecidos por outras entidades possam disponibilizar, bem como as

[228] Como sublinham Aa. Vv. (*Best practices in European restructuring*..., cit., p. 7), muitas vezes, a contabilidade das empresas devedoras não está em ordem, não existem auditorias e os gestores, sobretudo das pequenas empresas, não têm os conhecimentos necessários para saber analisar devidamente a situação financeira e os sinais de crise. E mesmo os gestores que estão a par da situação financeira da empresa e têm perfeita consciência da crise, muitas vezes são excessivamente otimistas e não reagem prontamente.

[229] «O dever de prevenção da insolvência na perspectiva dos deveres fundamentais dos administradores (a crescente encruzilhada do Direito das Sociedades e do Direito da Insolvência)», cit., p. 190.

demais circunstâncias respeitantes à realidade concreta da empresa que possam e devam ser ponderadas[230].

Como observa Ricardo Costa[231], a situação poderá ser particularmente problemática nas empresas de fracos recursos. Nestes casos, ou a dimensão não exige a adoção desse sistema (mais ou menos formalizado) e a monitorização da atividade e sinais de alerta cumpre-se informalmente, ou a dimensão exige a implementação desse sistema e, neste caso, terão de ser alocados recursos para cumprimento do dever de monitorização e deteção atempada da pré-insolvência.

Convém não esquecer que os sistemas de monitorização e alerta precoce são um instrumento de auxílio à gestão e não um fim em si mesmos[232]. A adoção de sistemas de monitorização e alerta não pode, por isso, implicar um consumo de energias e recursos tecnológicos e humanos desproporcionais à dimensão da empresa em questão, o que, de alguma forma, contradiria a ideia de uma gestão eficiente e amiga da recuperação.

Impõe-se, assim, que os mecanismos de alerta precoce, mais ou menos institucionalizados, devam ser adequados à realidade e necessidades concretas das empresas[233].

2.2. O recurso a aconselhamento especializado

Outra medida a implementar pelos gestores, em simultâneo ou em complemento à adoção de sistemas de monitorização e alerta, é a contratação de apoio técnico de profissionais especializados, por exemplo, em análise económico-financeira, elaboração de planos de negócio ou de recuperação e/ou em matéria de reestruturação e insolvência[234].

[230] Mesmo para as grandes empresas, as auditorias de contas regulares e/ou a contratação de consultores com o objetivo específico de monitorizar e detetar atempadamente sinais de crise pode representar um custo demasiado elevado. Por isso, os sistemas de monitorização e alerta precoce devem ser baratos e de fácil aplicação. Neste sentido, AA. VV., *Best practices in European restructuring....*, cit., p. 8.

[231] «Gestão das Sociedades em Contexto de "Crise da Empresa"», cit., p. 183.

[232] Neste sentido, GAIA BALP, «Early Warning Tools at the Crossroads of Insolvency Law and Company Law», cit., p. 24-25 e 30.

[233] Neste sentido, BOB WESSELS / STEPHAN MADAUS, *Rescue of Business in Insolvency Law*, cit., p. 180.

[234] CAROLIN ROSSKOTHEN, *Die Haftunf des GmbH Geschäftsführers...*, cit., p. 141-143; CHRISTOPH SEIBT, «Pflichten der Geschäftsleitung bei Eingehung von Finanzierungsgeschäften...», cit., p. 1604-1607.

Para o efeito, os gestores podem solicitar a colaboração de consultores em negócios, contabilistas, revisores de contas, advogados, entre outros.

De acordo com o art. 3º, n. 2, al. b), da Diretiva (UE) 2019/1023, este apoio ou aconselhamento, que pode ser prestado por entidades públicas ou privadas, faria parte dos sistemas de monitorização e alerta, funcionando como uma espécie de complemento.

Não obstante, isso não é razão para considerar que são uma e a mesma medida. Bem pelo contrário: o facto de poderem ser complementares, pela especificidade e vantagens que cada uma pode oferecer, evidencia de que estão em causa medidas distintas.

Ademais, os sistemas ou instrumentos de monitorização e alerta tendem a ter um caráter permanente porque a obrigação de monitorização e autoanálise existe sempre. Enquanto o aconselhamento especializado tende a ser temporário e limitado a circunstâncias específicas, salvo nas empresas de grande dimensão e/ou em que existem especiais deveres de *compliance*[235].

O aconselhamento especializado, como ferramenta auxiliar que é, não substitui nem dispensa a devida ponderação, análise e tomada de decisão por parte dos gestores. Embora não tenham de ser especialistas em todas as matérias, os gestores haverão de saber identificar os sinais de crise mais evidentes, os aspetos essenciais das respostas a adotar e as vantagens e desvantagens das várias possibilidades de resposta. A obtenção de apoio técnico poderá nalguns casos ser indispensável à tomada de decisão e noutros casos poderá ser meramente instrumental ou secundária. Essa apreciação caberá, em princípio, aos gestores.

A necessidade de apoio especializado é particularmente evidente em situações complexas e particularmente delicadas para a vida das empresas, como é (ou pode ser) o caso da situação de pré-insolvência. Se não recorrem ao apoio especializado quando, manifestamente, se impõe, é evidente que os gestores violam o seu dever de cuidado. Por outro lado, se os gestores gastam recursos (e sobretudo recursos excessivos) em apoio especializado sem que haja uma justificação razoável, podem estar a violar não só o dever de cuidado, mas também

[235] Sobre o tema, André Alfar Rodrigues, *Manual Teórico-Prático de Compliance*, Edições Almedina, Coimbra, 2022.

o dever de lealdade, beneficiando, injustificadamente, terceiros à custa do património da empresa.

Caso decidam recorrer a aconselhamento profissional, os gestores devem estar cientes de que não podem esperar um bom aconselhamento sem que, para o efeito, tenham disponibilizado toda a informação relevante. A qualidade do apoio ou aconselhamento recebido (ou a receber) dependerá, assim, não só da qualidade e competência daqueles profissionais, mas também da partilha de toda a informação relevante com aqueles profissionais. Por outro lado, a intervenção dos profissionais especializados não dispensa, pelo menos no essencial, os gestores de acompanharem e monitorizarem a atividade da empresa, bem como de validarem o aconselhamento e informação recebidos.

Na Alemanha, Holger Fleischer[236] defende que os gestores não podem, legitimamente, esperar receber informação objetiva, atenta, zelosa e responsável por parte de terceiros especialistas, sem atender à sua credibilidade pessoal e competência técnica. Depois, os gestores estão obrigados a reportar e descrever os factos a serem apurados de forma precisa e completa à pessoa que prestará a informação, conselho ou opinião técnica. Por fim, os gestores devem examinar e analisar criticamente as informações que lhes são transmitidas.

A jurisprudência alemã tem corroborado este entendimento em várias decisões[237], sendo pacífica a posição segundo a qual os gestores não podem invocar o facto de terem recebido conselhos imprecisos quando não tiveram o cuidado devido na escolha dos profissionais, na prestação de informação completa a esses profissionais e no controlo da plausibilidade das informações ou conselhos recebidos[238].

[236] «Vertrauen von Geschaftsleitern und Aufsichtsratsmitgliedern auf Informationen Dritter», *Zeitschrift for Wirtschaftsrecht*, Nr. 30, 2009, p. 1397-1406.

[237] Ver, designadamente, BGH, 25.03.1991 - II ZR 188/89; BGH 20.09.2011, II ZR 234/09; FG Köln 1.3.2012 - 10 K 688/10; BGH 27.3.2012 - II ZR 171/10; FG Köln 14.5.2014 - 9 K 879/12; BGH 28.5.2013 - II ZR 83/12; BGH 15.1.2013 - II ZR 90/11; BGH 28.4.2015 - II ZR 63/14; BGH 21.7.2016 - IX ZR 252/15.

[238] Petra Buck-Heeb, «Die Plausibilitätsprüfung bei Vorliegen eines Rechtsrats- zur Enthaftung von Vorstand, Geschäftsführer und Aufsichtsrat», *Betriebs-Berater*, Nr. 23, 2016, p. 1347-1355.

Nos Estados-Unidos da América, onde a jurisprudência[239] e a doutrina[240] há muito discutem o tema, é pacífico o entendimento de que o recurso a aconselhamento não dispensa os gestores de desempenharem convenientemente as suas funções e só em circunstâncias muito específicas é que a sua responsabilidade poderá ser excluída por terem confiado na informação errada recebida daqueles profissionais.

Em Portugal, José Ferreira Gomes[241], partindo do percurso norte-americano, resume a hipótese de exclusão de responsabilidades aos seguintes requisitos: a razoável convicção por parte dos gestores de que o profissional que é contratado para prestar informações, conselhos ou opiniões é fiável e competente; a comunicação a esse profissional de todos os factos de que este necessita ou solicita para o efeito e aos quais não tem acesso direto; e a realização de controlo de plausibilidade pelos gestores.

Estes entendimentos fundamentam-se na boa-fé e na confiança que, legitimamente, pode existir nos gestores relativamente a quem presta informação ou conselhos. Pelo que dissemos, só poderá haver uma situação de confiança se os gestores tiverem observado os princípios básicos de uma tomada de decisão prudente e razoável, isto é, se tiverem agido de forma informada e esclarecida, com o devido cuidado e de boa-fé.

Não se pode escamotear que a procura de aconselhamento já indica, por si, um esforço razoável dos gestores para se informarem e adquirirem o conhecimento necessário relativamente a situações complexas

[239] Ver, designadamente, os *casos Stratton v. Anderson, 270 N.W. 764, 764 (Mich. 1936); Smith v. Van Gorkom, 488 A.2d 858, 881 (Del. 1985); Spirt v. Bechtel, 232 F.2d 241 (2d Cir.1956); Nanfi to v. Tek-seed Hybrid Co., 341 F. Sup. 240 (D.Neb.1972), Prince v. Bensinger, 244 A.2d 89 (Del. Ch.1968); McGlynn v. Schultz, 95 N.J.Super. 412, 231 A.2d 386 (1967); Gilbert v. Burnside, 13 Ap.Div.2d 982, 216 N.Y.S.2d 430 (1961).*

[240] Alexandros Rokas, «Reliance on Experts from a Corporate Law Perspective», *American University Business Law Review*, Vol. 2, Nr. 2, 2013, p. 323-351; Douglas Hawes / Thomas Sherrard, «Model Act Section 35 – New Vigor for the Defense of Reliance on Counsel», *The Business Lawyer*, Vol. 32, Nr. 1, 976, p. 119-146; Franklin Balotti / Megan Shaner, «Safe harbor for officer reliance: comparing the approaches of the model business corporation act and delaware's general corporation law», *Law and Contemporary Problems*, Vol. 74, 2011, p. 161-174; e Robert Hamilton, «Reliance and Liability Standards for Outside Directors», *Wake Forest Law Review*, Vol. 24, Nr. 1, 1989, p. 5-30.

[241] *«Reliance: exclusão da responsabilidade civil dos membros dos órgãos sociais com base na confiança depositada na informação recebida», Revista de Direito das Sociedades,* Ano VIII, Vol. 1, 2016, p. 53-58.

no processo de tomada de decisão. Porém, se essa procura significasse, por si só, que os gestores teriam agido com o cuidado devido, poderia funcionar como um refúgio ou escudo para os gestores relativamente à tomada de decisões sobre situações complexas, incentivando-os a delegar a decisão em terceiros ou, pior ainda, a tomar decisões sem estarem devidamente familiarizados com todas as implicações inerentes.

A boa-fé exige, assim, que os gestores só possam legitimamente confiar se tiverem cumprido devidamente a sua parte.

CAPÍTULO III
OS INSTRUMENTOS DE RECUPERAÇÃO DE EMPRESAS PRÉ-INSOLVENTES

1. Enquadramento

Entre as medidas adequadas a evitar a insolvência e a manter as empresas pré-insolventes em atividade merecem particular destaque os instrumentos de negociação de um acordo recuperação.

Podemos distinguir, por um lado, os instrumentos negociais que obedecem a um conjunto de princípios e regras substanciais e procedimentais pré-estabelecidas na lei e que, por isso, tendem a assumir um carácter mais rígido ou formal; e, por outro lado, aqueloutros que obedecem só a um conjunto de princípios gerais, abrindo mais espaço para a autonomia das partes, e que, por isso, tendem a ser caracterizados pelo sua flexibilidade e informalidade[242].

Tais instrumentos podem simultaneamente assumir uma natureza extrajudicial, judicial ou híbrida dependendo do grau de intervenção e controlo judicial ao longo do processo negocial: na fase prévia às negociações, durante as negociações, e aquando da conclusão das negociações.

[242] Catarina Serra, *Regime Extrajudicial de Recuperação de Empresas – Análise (e) Crítica*, cit., p. 23-26; Vanessa Finch, *Corporate Insolvency Law, Perspectives and Principles*, cit., 251 e s.

Na fase prévia às negociações, os tribunais podem ser chamados a efetuar um controlo prévio que autorize o início do processo negocial, o que sucede normalmente, quando o início determina algum tipo de limitação aos direitos individuais. Esse controlo prévio poderá incidir tanto sobre aspetos de natureza formal, como sobre aspetos de natureza material. Durante as negociações os tribunais podem ser chamados a desempenhar uma função de controlo de legalidade e de resolução de incidentes que possam surgir. Na fase final, caberá aos tribunais homologar ou não homologar o acordo de acordo com determinadas regras de procedimento e/ou de conteúdo. No essencial, a sua função é uma vez mais o controlo da legalidade.

Admitindo que o processo negocial pode decorrer sem qualquer intervenção judicial, estaremos perante um instrumento de natureza extrajudicial. Se os tribunais exercerem o seu poder em todas as fases das negociações, então estaremos perante um instrumento de natureza judicial. Finalmente, se a intervenção estiver circunscrita a uma parte do processo negocial, o instrumento em causa já assumirá uma natureza híbrida ou mista.

Dentro desta categorização, o PER, *maxime* o seu regime comum consagrado nos arts. 17º-A a 17º-H e 17º-J do CIRE, apresenta-se como um instrumento formal e judicial[243]. Como exemplo de um instrumento híbrido, temos o regime especial do PER consagrado no art. 17º-I do CIRE. O RERE, instituído pela Lei nº 8/2018, de 2 de março, caracteriza-se, por sua vez, como um processo formal e extrajudicial que poderá ser convertido num processo híbrido caso seja submetido a homologação judicial, tal como previsto no art. 29º do respetivo diploma. Por exclusão de partes, os instrumentos informais e extrajudiciais são todos aqueles que, não estando especificamente institucionalizados, são, ainda assim, norteados por conjunto mínimo de princípios e regras de conduta estabelecidos pelos Princípios Orientadores[244], tendo em conta as boas práticas

[243] A sua natureza judicial é expressamente declarada no art. 17º-A, n. 3 do CIRE que o qualifica como processo urgente, ao qual se aplicam supletivamente as regras previstas no CIRE (que não sejam incompatíveis com a sua natureza). De sublinhar que o regime comum do PER é fortemente inspirado na *Reorganization*, inserido no Capítulo 11 do código de insolvência norte-americano, cuja natureza judicial é reconhecida na doutrina estrangeira. Neste sentido, Nicolaes Tollenaar, *Pre-Insolvency Proceedings: A Normative Foundation and Framework*, Oxford University Press, Oxford, 2019, p. 115.

[244] Resolução do Conselho de Ministros 43/2011, de 25 de outubro.

e recomendações internacionais existentes nesta matéria, em especial no documento *Statement of Principles*, da *INSOL International*[245].

Os instrumentos informais de negociação, por comparação com os instrumentos formais, caracterizam-se por serem, tendencialmente, mais simples, mais céleres e mais baratos, permitindo resoluções mais eficientes dos processos de reestruturação, designadamente, pelas seguintes razões: por assegurarem, tendencialmente, uma menor exposição da situação de crise da empresa devedora; por não implicarem a interferência de terceiros sem interesses diretamente relacionados com a atividade da empresa (nomeadamente autoridades administrativas e judiciais); e por privilegiarem, acima de tudo, a autonomia privada, conferindo ao devedor e aos credores envolvidos um maior controlo do processo e das soluções a adotar[246].

Os instrumentos formais de negociação destacam-se por conciliarem alguns aspetos dos tradicionais processos de insolvência com aspetos normalmente associados aos instrumentos informais de reestruturação de empresas[247].

[245] Refira-se que as boas práticas internacionais em matéria de reestruturação de devedores começaram por ser reconhecidas e promovidas pelo Fundo Monetário Internacional em 1999, com o *Orderly & Effective Insolvency Procedures: Key Issues;* seguidamente, em 2000, pela *INSOL International* através *do Statement of Principles for a Global Approach to Multi - Creditor Workouts,* atualizado em abril de 2017; em 2004, pelo *European Bank for Reconstruction and Development,* com o *Core Principles for an Insolvency Law Regime*; em 2005 pelas Nações Unidas, com o *UNCITRAL Legislative Guide on Insolvency Law,* em especial as Recomendações 139 a 159. A Resolução do Conselho de Ministros 43/2011, de 25 de outubro, introduziu no ordenamento jurídico português um conjunto de onze princípios orientadores da recuperação extrajudicial de devedores. O diploma foi adotado em sequência dos compromissos assumidos por Portugal no âmbito do memorando de entendimento celebrado com o Banco Central Europeu, a Comissão Europeia e o Fundo Monetário Internacional no quadro do programa de auxílio financeiro a Portugal. Daí resultou o compromisso de definir «princípios gerais de reestruturação voluntária extrajudicial em conformidade com boas práticas internacionais» (compromisso 2.18).

[246] Neste sentido, por exemplo, Kristin van Zwieten, «Restructuring law: recommendations from the European Commission», *EBRD Law in transition online,* 2014, p. 2-3.

[247] Bruno Ferreira, «Recuperação extrajudicial de empresas viáveis em dificuldades: prevenção e preservação de valor», *Revista de Direito das Sociedades,* Ano III, Vol. 2, 2011, p. 395-402; «Mecanismos de alerta e prevenção da crise do devedor, em especial a recuperação extrajudicial», *II Congresso direito das sociedades em revista,* Edições Almedina, Coimbra, 2012, p. 248-249; Catarina Serra, «A contratualização da insolvência: hybrid procedures e pre-packs (a insolvência entre a lei e a autonomia privada), *II Congresso de Direito das Socie-*

À semelhança dos processos tradicionais de insolvência, o seu início pode implicar a suspensão ou proibição de ações executivas contra o devedor; o devedor pode estar parcialmente privado da gestão do seu património; é possível que nomear um administrador que controle e fiscalize a atividade do devedor; os credores são chamados a apreciar e votar um plano de recuperação em condições de igualdade; o plano de recuperação deve respeitar, em particular, o princípio da igualdade de credores e a natureza e hierarquia dos respetivos créditos; o plano pode estar sujeito a homologação judicial e vincular todos os credores ou credores que votaram contra o plano; e tende-se a proteger os negócios celebrados para promover a recuperação e financiamento da empresa devedora caso ocorra uma posterior insolvência.

Mas, ao contrário dos tradicionais processos de insolvência, os mecanismos de reestruturação preventiva têm lugar antes da insolvência; a regra é que os gestores da empresa devedora continuam à frente da empresa a gerir os seus destinos; a nomeação de um administrador é, em muitos casos, facultativa, assim como o é (ou pode ser) o envolvimento de todos ou de apenas alguns credores; a intervenção do Tribunal tende a ser mínima e supletiva; o plano de recuperação pode ser negociado entre alguns credores e produzir efeitos apenas entre as partes envolvidas.

Os instrumentos híbridos procuram conciliar as vantagens típicas dos mecanismos informais (maior flexibilidade e autonomia negocial, maior celeridade, maior ou total confidencialidade, menores custos), com as vantagens típicas dos mecanismos formais (maior segurança no processo negocial, maior proteção dos interesses das partes envolvidas e maior eficácia e alcance dos acordos negociados)[248].

dades em revista, Edições Almedina, Coimbra, 2012, p. 265-271; *Regime Extrajudicial de Recuperação de Empresas – Análise (e) Crítica*, cit., p. 19-72; e Miguel Pestana Vasconcelos, *Recuperação de empresas: processo especial de revitalização*, cit., p. 26-38.

[248] Os instrumentos formais (judiciais ou híbridos) caracterizam-se e diferenciam-se dos instrumentos informais por consagrarem normas procedimentais. Como salientam Nuno Salazar Casanova/e David Sequeira Dinis (*PER, 0 Processo Especial de Revitalização, Comentários aos artigos 17º-A a 17º-I do Código da Insolvência e da Recuperação de Empresas*, Coimbra Editora, Coimbra, 2014, p. 144) estão em causa normas que "regem a actuação a desenvolver no processo, que incluem os passos procedimentais que nele devem ser dados até que os credores decidam sobre as propostas que lhes foram apresentadas – incluindo, assim, as regras que disciplinam as negociações a encetar entre os credores e o devedor e as regras que regulam a aprovação e votação do plano – e, bem assim, as relativas ao modo como o

Em virtude disso, gerou-se a convicção de que os mecanismos híbridos, que combinem as vantagens dos mecanismos formais e dos mecanismos informais, quando disponibilizados numa fase precoce (antes da insolvência), são tendencialmente mais favoráveis à recuperação ou conferem mais hipóteses de sucesso do que aqueles que resultam exclusivamente da vontade das partes ou ocorram exclusivamente num ambiente formal e institucionalizado e num período tardio (como sucedia com os tradicionais planos de insolvência)[249].

De qualquer modo, qualquer que seja a natureza do instrumento em causa, todos pressupõem o seguinte: que a empresa devedora está pré-insolvente e é suscetível de recuperação; que a recuperação da empresa devedora exige a negociação de um acordo (baseado "num plano de negócios viável e credível, que evidencie a capacidade do devedor de gerar fluxos de caixa necessários ao plano de reestruturação, que demonstre que o mesmo não é apenas um expediente para atrasar o processo judicial de insolvência, e que contenha informação respeitante aos passos a percorrer pelo devedor de modo a ultrapassar os seus problemas financeiro")[250]; que durante a negociação do acordo as partes devem abster-se de praticar atos que os prejudiquem mutuamente e ameace a negociação e conclusão do acordo; que deve ser concedida uma proteção especial aos negócios destinados a alcançar a recuperação; e que o acordo deve ser apto a manter a empresa em atividade e não deve deixar os credores em pior situação do que estariam na ausência de acordo.

A decisão de iniciar um processo de recuperação pré-insolvencial insere-se no âmbito da discricionariedade empresarial. Essa resulta, de grosso modo, de um juízo de razoabilidade e adequação entre as necessidades ou interesses a acautelar e a solução ou resultado pretendidos, permitida e imposta pelo dever de cuidado; mas significa também que estamos perante uma decisão que envolve um certo risco ou incerteza,

plano deve ser elaborado e apresentado". A violação de tais normas terá de considerar-se não negligenciável quando "possa influir no exame ou na decisão da causa", sendo certo que "a decisão a tomar nesta matéria deverá ser sempre feita de forma casuística" (*Ibidem*, p. 143). Em idêntico sentido Luís Carvalho Fernandes / João Labareda, *Código da Insolvência e Recuperação de Empresas Anotado*, cit., p. 826.

[249] Catarina Serra, *Regime Extrajudicial de Recuperação de Empresas – Análise (e) Crítica*, cit., p. 19-40.

[250] Resolução do Conselho de Ministros nº 43/201 de 25 de outubro.

que é limitada pelo dever geral de evitar a insolvência, donde emana a obrigação de tomar medidas recuperatórias[251]. Se assim é, não parece que haja muita margem para que os gestores, por exemplo, possam apresentar à insolvência uma empresa que é suscetível de ser recuperada preventivamente[252].

Devemos ainda admitir que a decisão de desenvolver esforços no sentido de iniciar um processo de reestruturação preventiva e de, em determinadas circunstâncias, recorrer a um dos mecanismos legalmente instituídos, poderá ser mesmo excluída ou reduzida a um mínimo. Tal poderá acontecer, por exemplo, se os sócios ou acionistas deliberarem nesse sentido, ou se os estatutos tiverem alguma disposição que obrigue a dar início a um processo negocial de recuperação pré-insolvencial.

Além da força e do espírito da lei da reestruturação pré-insolvencial, os gestores teriam instruções para adotar medidas concretas dentro de determinados pressupostos e com determinado objetivo (recuperar a empresa e, assim, evitar a insolvência). Nesta hipótese, a discricionariedade estaria excluída ou, pelo menos, fortemente reduzida. Os gestores, em princípio, só poderiam recusar cumprir tal determinação se a considerassem ilegal, nomeadamente por não se verificarem os respetivos pressupostos.

A discricionariedade poderia ainda ser excluída ou fortemente limitada se a iniciativa partisse de um grupo de credores ou trabalhadores com representatividade suficiente para aprovar um plano de recuperação. Pese embora esta hipótese não esteja contemplada na lei atualmente vigente em Portugal, constata-se que a Diretiva (UE) 2019/1023 a prevê especificamente no seu art. 4º, n. 8, quando estabelece que "os Estados-Membros podem ainda prever que os regimes de reestruturação preventiva possam ser disponibilizados a pedido dos credores e dos representantes dos trabalhadores, mediante acordo do devedor.

[251] Jessica Mohaupt (*Geschäftsleiterpflichten in der Unternehmenskrise...*, cit., p. 193-236) observa que o leque de opiniões sobre os riscos que ameaçam a existência da empresa vão desde a proibição de assumir qualquer risco que põe em causa a existência até uma ampla discricionariedade a favor dos gestores. Por isso, a autora conclui que não é possível encontrar uma opinião uniforme sobre a matéria. A única matéria em que os vários autores parecem estar de acordo é que o que a margem de discricionariedade se restringe no contexto de crise da empresa.

[252] Neste sentido, Jorge Coutinho de Abreu, «Administradores e (novo?) dever geral de prevenção da insolvência», cit., p. 232.

Em tal caso, os gestores seriam confrontados com uma hipótese de iniciar um processo de reestruturação preventiva por iniciativa dos credores, o que naturalmente poderia chocar com a vontade dos gestores das empresas devedoras. Pergunta-se: nestas circunstâncias, haverá ou não margem para que os gestores das empresas devedoras possam recusar o recurso a um processo negocial de reestruturação preventiva? A resposta parece ser negativa, salvo se os gestores o considerarem ilegal e/ou injustificado, designadamente por não estarem preenchidos os pressupostos ou por se traduzir numa outra situação de abuso da lei.

Essa limitação geral ou específica da discricionariedade dos gestores não só reduz o poder de decidir em sentido diverso à recuperação (não apresentando precipitadamente a empresa à insolvência ou propondo a sua venda e liquidação antecipada), como, na maioria dos casos (com exceção das situações mais simples e de fácil e previsível resolução), impõe a obrigação de desenvolver esforços no sentido de se adotar medidas recuperatórias ou preventivas da insolvência que deem mais garantias de sucesso (recorrendo ao RERE e/ou ao PER), pois só assim poderão, eficazmente, cuidar devidamente dos interesse dos sócios e dos credores, tratando-os de forma igual e com respeito pela natureza e hierarquia dos seus créditos.

Com efeito, não nos parece que a opção por uma via recuperatória não institucionalizada possa concorrer sempre e em quaisquer circunstâncias ou oferecer as mesmas vantagens ou proteções que os processos legalmente instituídos. Mesmo para as situações menos complexas, em que possa ser dispensada a intervenção de todos os credores, os gestores têm ao seu dispor o RERE que, por um lado, oferece mais agilidade, confidencialidade e celeridade do que o PER, mas, por outro lado, não deixa de ter certas "garantias", "vantagens" ou "proteções" que os instrumentos negociais não institucionalizados (ou informais) manifestamente não oferecem, em particular no que respeita às condições de partilha de informação, à suspensão das ações executivas e outras de idêntica finalidade, à suspensão do prazo de apresentação à insolvência, aos efeitos sobre os contratos em curso considerados essenciais, aos benefícios fiscais e à proteção de novos financiamentos[253].

253 Recorde-se que a tarefa de iniciar um processo de reestruturação preventiva não será fácil. Normalmente, perante a ameaça de insolvência de uma empresa devedora, o principal

É certo que a necessidade de recolher um quórum mínimo para recorrer a um destes mecanismos poderá ser um entrave, mas também não se pode escamotear que qualquer outro processo informal ou não instituído não poderá ser iniciado sem um quórum mínimo, que, em princípio, coincidirá com o apoio mínimo necessário à recuperação e, portanto, pode até ser mais exigente do que o quórum mínimo exigido para se dar início a um dos mecanismos legalmente instituídos.

Assim, a margem para escolher uma via de recuperação é reduzida pela obrigação de escolher a opção que permita aos gestores, de forma mais segura e eficaz, acautelar o superior interesse na recuperação das empresas viáveis e os interesses particulares de sócios, credores, trabalhadores e outros *stakeholders*[254].

interesse dos credores é obter a maior e/ou mais célere satisfação possível dos seus créditos seja por via da recuperação ou por via da liquidação. Essa corrida (entre credores) ao património da empresa devedora poderá colocar em risco a continuidade da empresa ou contribuirá determinantemente para antecipar a situação de insolvência. Os sócios ou acionistas, por outro lado, como têm tudo (ou pouco) a perder e nada a ganhar com a insolvência (devido ao facto dos seus créditos serem graduados em último lugar), tendem a seguir uma estratégia de negócios mais arriscada para maximizar os seus lucros e/ou proveitos. Portanto, numa situação de proximidade da insolvência, é óbvio que eles tendem a agir com base no princípio de "tudo ou nada", aceitando perdas maiores devido a uma estratégia de negócios mais arriscada, o que, naturalmente, é suscetível de conduzir a um agravamento inusitado da situação financeira e precipitar a insolvência, causando, assim, um dano maior aos credores. Os trabalhadores e a comunidade em geral podem ter ou não um papel ativo na evolução da situação da empresa, dependendo essencialmente da existência de estruturas que os representem, mas o certo é que a sua perceção de risco admissível será mais favorável às opções mais conservadoras, mais aptas a salvaguardar os seus postos de trabalho. E, por não ser uma tarefa fácil, compreende-se que a discricionariedade dos gestores relativamente à decisão de iniciar um processo de reestruturação preventiva deva ser apoiada, orientada e limitada em função do (superior) interesse na recuperação preventiva das empresas viáveis, tendo em devida conta os interesses (de longo prazo) dos sócios, dos credores sociais, dos trabalhadores e de outros *stakeholders*.

[254] Neste sentido, Jorge Coutinho de Abreu, «Administradores e (novo?) dever geral de prevenção da insolvência», cit., p. 232.

Não obstante, sublinhe-se que alguma doutrina, nacional[255] e estrangeira[256], tem defendido que os processos de recuperação devem acontecer, idealmente, de forma silenciosa. O que se pretende dizer é que os instrumentos formais e institucionalizados contêm alguns elementos menos favoráveis à recuperação de empresas que derivam, fundamentalmente, da publicidade, maior rigidez e custos superiores, quando comparados com os instrumentos informais.

Obviamente que se a recuperação puder ser alcançada silenciosamente, sem aquelas desvantagens, melhor será para a empresa devedora e para os credores desta. Mas, se não puder ou não houver garantias razoáveis de que possa ser, é evidente que o recurso aos instrumentos formais de recuperação pré-insolvencial não pode deixar de ser ponderado. Esta ponderação terá de ser feita, como dissemos, caso a caso, e decisão deve ser devidamente justificada para que se possa perceber o percurso decisório e os fundamentos da opção seguida.

2. Princípios Orientadores da recuperação de empresas[257]

Os denominados Princípios Orientadores encontram-se na Resolução do Conselho de Ministros 43/2011, de 25 de outubro, em sequência dos compromissos assumidos em 2011 no Memorando de Entendimento celebrado entre Portugal, o Banco Central Europeu, a Comissão Europeia e o Fundo Monetário Internacional no quadro do programa de auxílio financeiro a Portugal. Referimo-nos ao compromisso de definir «princípios gerais de reestruturação voluntária extrajudicial em conformidade com boas práticas internacionais» (compromisso 2.18).

[255] Neste sentido, por exemplo, Catarina Serra, «A contratualização da insolvência: hybrid procedures e pre-packs...», cit., p. 275-277; e Rui Pinto Duarte, «A conversão em capital social de suprimentos e de outros créditos – Notas sobre o Dec. Lei 79/2017, de 30 de junho, e sobre um projeto legislativo relativo à conversão de créditos de terceiros em capital social», *IV Congresso de Direito da Insolvência*, Edições Almedina, 2017, p. 340.

[256] Neste sentido, por exemplo, Horst Eidenmüller, *Unternehmenssanierung zwischen Markt und Gesetz: Mechanismen der Untemehmensreorganisation und Kooperations-pflichten im Reorganisationsrecht*, Otto Schnnidt, Köln, 1999, p. 118-120; e Karsten Schmidt, *Möglichkeiten der Sanierung von Unternehmen...*, cit., p. 98; «El derecho societario y la intromisión del derecho concursal, el caso alemán», *Deconomi – Revista Eletrónica del Departamento de Derecho Econo-mico y Empresarial*, Año II, Nr. 2, 2019, p. 19.

[257] José Gonçalves Machado, *O dever de promover a negociação...*, cit., p. 199 s.

2.1. Apresentação

Os denominados Princípios Orientadores "têm como objetivo a promoção dos mecanismos de reestruturação extrajudicial de devedores, ou seja, de procedimentos que permitem que, antes de recorrerem ao processo judicial de insolvência, a empresa que se encontra numa situação financeira difícil e os respetivos credores possam optar por um acordo extrajudicial que visa a recuperação do devedor e que permita a este continuar a sua atividade económica"[258].

Assim é porque se lhes reconhece maior flexibilidade, celeridade e eficiência quando comparados com a recuperação judicial de empresas, mormente no contexto da insolvência. A flexibilidade, celeridade e eficiência, enquanto reflexo da extrajudicialidade, são apresentadas como vantagens que contribuem, designadamente, para: facilitar a conclusão das negociações com sucesso; promover a recuperação das empresas viáveis; aumentar o grau de recuperação de crédito; preservar as relações contratuais entre as empresas em dificuldades e os respetivos trabalhadores, clientes e fornecedores; descongestionar os tribunais com este tipo matérias que podem ser resolvidas entre as partes envolvidas[259].

Como objetivo de promover o acesso a tais vantagens, os Princípios Orientadores consagram um "conjunto de regras a serem seguidas pelas partes, se assim o entenderem, com o objetivo de potenciar o processo negocial iniciado tendo em vista a recuperação de uma empresa, contribuindo para o aumento do número de negociações concluídas com sucesso.

2.2. Regras de conduta

As ditas regras ou deveres de conduta podem ser arrumados segundo as várias fases do processo negocial: as que estabelecem as condições gerais de acesso (início das negociações); as que definem as condições gerais de negociação (respeitantes às negociações intermédias ou preparatórias); e as que versam sobre o conteúdo do possível acordo de recuperação (negociações propriamente ditas). Na primeira categoria, podemos incluir o Primeiro Princípio (regra); na segunda categoria, os Princípios Segundo (primeira parte) a Oitavo; e na terceira categoria os Princípios Segundo (segunda parte), Nono a Décimo Primeiro.

[258] Resolução do Conselho de Ministros 43/2011, de 25 de outubro.

[259] *Ibidem.*

Relativamente à primeira categoria (condições de acesso), destacamos o carácter voluntário ("corresponde a um compromisso assumido entre o devedor e os credores envolvidos, e não a um direito"), o âmbito pré-insolvencial (antes de se recorrer ao processo judicial de insolvência, as partes – ou seja, a empresa que se encontra numa situação financeira difícil") e a suscetibilidade de recuperação ("apenas deve ser iniciado quando os problemas financeiros do devedor possam ser ultrapassados e este possa, com forte probabilidade, manter-se em atividade após a conclusão do acordo"), segundo um plano de negócios viável e credível, que evidencie objetivamente a capacidade de a empresa devedora se manter em atividade e os os passos a seguir para esse fim, e não segundo uma perspetiva meramente subjetiva e intencional.

Quanto à segunda categoria (condições gerais de negociação), há que realçar a conduta de boa-fé (Segundo Princípio, primeira parte), donde derivam os deveres de informação, cooperação e lealdade entre os sujeitos envolvidos. Estes deveres manifestam-se ou devem manifestar-se na partilha de toda a informação relevante sobre a sua situação e no reconhecimento e tratamento dessa informação como confidencial, exceto se estiver publicamente disponível (Quarto e Sétimo Princípios); na elaboração e apresentação de propostas para resolver os problemas financeiros (Quarto Princípio); no compromisso, por parte dos credores, de suspensão das ações judiciais pendentes e não instauração de novas ações contra a empresa devedora (Quinto Princípio); no compromisso, por parte da empresa devedora, de não praticar qualquer ato que prejudique os direitos e as garantias dos credores (conjuntamente ou a título individual), ou que, de algum modo, afete negativamente as perspetivas dos credores de verem pagos os seus créditos em comparação com a sua situação no início do período de suspensão (Sexto Princípio); e na possibilidade de serem criadas comissões de credores e designados representantes ou consultores (Terceiro Princípio).

No que à terceira categoria diz respeito (conteúdo do possível acordo de recuperação), importa realçar que o acordo deve corresponder a uma solução construtiva que satisfaça todos os envolvidos (Segundo Princípio, segunda parte); deve refletir a lei vigente e a posição relativa de cada credor (Nono Princípio); deve conter um plano de negócios viável e credível, que evidencie a capacidade do devedor de gerar fluxos de caixa necessários ao plano de reestruturação (...) que contenha informação respeitante aos passos a percorrer pelo devedor de modo a ultrapassar os seus problemas financeiros (Décimo Princípio); deve ser considerado pelas partes como garantido o financiamento adicional que venha a ser concedido ao devedor durante o período de suspensão ou no âmbito da reestruturação da dívida (Décimo Primeiro Princípio).

Arrumando tais regras na perspetiva do tipo de sujeito (devedor ou credor) teríamos o seguinte.

Quanto à empresa devedora, é dito que o processo de reestruturação preventiva se aplica ou deve ser iniciado apenas quando houver uma forte probabilidade de superar os problemas financeiros (Primeiro Princípio); que (a empresa devedora) deve partilhar informação relevante (Quarto e Sétimo Princípios); que deve apresentar propostas de recuperação viáveis e credíveis (Nono e Décimo Princípios), e que não pode praticar qualquer ato que prejudique os direitos e as garantias dos credores ou que, de algum modo, afete negativamente as suas perspetivas de recuperação (Sexto Princípio).

Quanto aos credores, diz-se que os mesmos estão obrigados a cooperar entre si e com a empresa devedora de modo a conceder um período de suspensão para que esta possa partilhar informação e apresentar uma proposta de recuperação (Quarto Princípio); ainda dentro desse espírito de cooperação, os credores durante esse período, devem abster-se de intentar novas ações judiciais, devem suspender as que se encontrem pendentes (Quinto Princípio), devem buscar uma solução construtiva que satisfaça todos os envolvidos (Segundo Princípio), devem guardar confidencialidade relativamente a informações recebidas (Oitavo Princípio), e devem reconhecer como garantido o financiamento concedido durante a suspensão ou no âmbito da reestruturação da dívida (Décimo Primeiro Princípio).

2.3. Natureza dos "Princípios Orientadores"

Como facilmente se intui pelo que dissemos anteriormente, aquilo que o legislador designa por "princípios", e com exceção da referência apropriada ao princípio da boa-fé, não são princípios gerais de direito, mas antes deveres gerais de conduta[260].

[260] Aos princípios, normalmente, associamos um grau de indeterminação bastante maior que o grau de indeterminação das regras, ainda que se admita que entre eles possa haver

Ao adjetivá-los como princípios poder-se-ia ficar com a ideia de que estão em causa verdadeiros princípios gerais de direito. Mas ao classificá-los como "orientadores" e esclarecer que estão em causa "regras a serem observadas pelas partes"[261], o legislador não deixa margem para dúvidas: estamos perante deveres gerais de conduta, o que é confirmado pelo seu conteúdo. Efetivamente estamos perante comandos gerais e abstratos suficientemente concretizados que dizem, ainda que de forma genérica, o modo como a empresa devedora e os credores se devem comportar durante as negociações de um acordo de reestruturação.

casos de penumbra, em que a distinção não é clara. A indeterminação dos princípios aponta para comandos normativos abertos, que carecem ainda de determinação. As regras conformam um conjunto fechado (ou comandos normativos definitivos) relativamente a uma determinada matéria. Neste sentido, ROBERT ALEXY («Sistema jurídico, principios jurídicos y razón practica», *Doxa – Cuadernos de Filosofia del Derecho,* nº 5, 1998, p. 143-144) afirma que "o ponto decisivo para a distinção entre regras e princípios é que os princípios são normas que ordenam que se realize algo na maior medida possível, em relação às possibilidades jurídicas e fáticas". As regras, por seu lado, "são normas que exigem um cumprimento pleno e, nesta medida, podem sempre ser somente cumpridas ou descumpridas. Se uma regra é válida, então, é obrigatório fazer precisamente o que ela ordena, nem mais nem menos" (*Ibidem*). Nessa conformidade, além do grau de indeterminação, os princípios distinguem-se das regras pelo modo como os comandos normativos operam. Os princípios não só dependem das possibilidades fáticas, como também das possibilidades jurídicas que venham a ser conformadas pelo legislador, a um nível inferior. As regras, simplesmente, sendo válidas, o que determinam é obrigatório, nem mais nem menos. A este respeito, THOMAS BUSTAMANTE («Princípios, regras e conflitos normativos: um modelo para a justificação das decisões contra legem a partir da teoria jurídica de Robert Alexy», *Direito, Estado e Sociedade,* Nr. 37, 2010, p. 154-155) acrescenta que a operação básica dos princípios é a "ponderação", enquanto a operação básica para a aplicação das regras é a "subsunção" ao caso concreto. Sublinhamos, no entanto, que os conceitos indeterminados e o grau de abstração não afetam o caráter de regra, a não ser que alcancem um grau extremo que não permita que se fale de determinação de um modelo de conduta. Diante disto, facilmente concluiremos que os "Princípio Orientadores" devem ser entendidos como regras e não como princípios, uma vez que definem um conjunto completo de normas de conduta suscetíveis de serem imediatamente aplicáveis aos procedimentos extrajudiciais de recuperação. Para outros desenvolvimentos sobre a distinção entre princípios e regras ver, designadamente, MANUEL ATIENZA / JUAN MANERO, «Sobre princípios y reglas», *Doxa – Cuadernos de Filosofia del Derecho,* Nr. 10, 1991, p. 101-120; e ROBERT ALEXY, «Derechos, razonamiento jurídico y discurso racional», *Revista de Teoría y Filosofía del Derecho,* Nr. 1, 1994, p. 38-50; *Teoria da argumentação jurídica – A teoria do discurso racional como teoria da justificação jurídica,* Landy Editora, São Paulo, 2001.

[261] Resolução do Conselho de Ministros 43/2011, de 25 de outubro.

Por remissão expressa no art. 17º-D, n. 12 do CIRE e do art. 5º, n. 1 do RERE, tais Princípios Orientadores (*rectius*, regras de conduta) são igualmente aplicáveis às negociações decorridas no âmbito do PER e do RERE[262]. Por conseguinte, qualquer que seja o instrumento de recuperação pré-insolvencial escolhido, dir-se-á que durante as negociações os intervenientes devem sempre atuar de acordo com os tais Princípios Orientadores.

Discute-se, porém, se os mesmos são legalmente vinculativos ou meras indicações do tipo "quase-direito" ou *soft law*. Esta dúvida surge porque tais Princípios Orientadores foram introduzidos por via de uma Resolução do Conselho de Ministros, a qual não consta na lista de atos normativos típicos definidos no artigo 112º da CRP.

Nuno Pinto Oliveira[263] acrescenta que o problema é agravado "pela circunstância de o Primeiro Princípio dizer que '[o] procedimento extrajudicial corresponde a um compromisso assumido entre o devedor e os credores envolvidos, e não a um direito' (do devedor), e de o Quarto Princípio dizer que o 'período de suspensão', pressuposto pelo procedimento extrajudicial, 'é uma concessão dos credores envolvidos, e não um direito do devedor'".

Na doutrina, Bruno Ferreira[264] responde negativamente àquela questão, sustentando que, quando muito, tais regras podem servir de mera orientação para a conduta das partes nos instrumentos tipificados na lei e nada mais do que isso. Luís Carvalho Fernandes e João Labareda[265] parecem negar que tais princípios possam sequer ter essa utilidade de mera orientação, já que os mesmos não consagram nada de novo: boa parte deles tem expressão direta nos instrumentos de recuperação, e outros já resultam da lei geral, designadamente do art. 227º, n. 1 do CC. Outra parte da doutrina, de que são exemplo Ana Prata, Jorge Morais

[262] O RERE, introduzido pela Lei nº nº 8/2018, de 2 de março, veio substituir o anterior SIREVE, introduzido pelo Decreto-Lei nº 178/2012, de 3 de agosto. No art. 11º, n. 1 deste diploma dizia-se que "[d]urante as negociações, os participantes devem atuar de acordo com os princípios orientadores publicados em anexo à Resolução do Conselho de Ministros 43/2011, de 25 de outubro".

[263] «Entre código da insolvência e 'Princípios Orientadores': um dever de (re)negociação?», *Revista da Ordem dos Advogados*, Ano 71, Vol. II/III, 2012, p. 684-685.

[264] «Mecanismos de alerta e prevenção da crise do devedor, em especial a recuperação extrajudicial», cit., p. 248-249.

[265] *Código da Insolvência e Recuperação de Empresas Anotado*, cit., p. 162.

Carvalho, Rui Simões[266], e Catarina Serra[267] reconhece que a remissão expressa para os referidos princípios confere-lhes um carácter impositivo no contexto desses instrumentos de recuperação (*maxime* do PER e do RERE). Este tem sido o entendimento acolhido pela jurisprudência[268].

Destaca-se ainda a posição de Nuno Pinto Oliveira[269], que, sem colocar em causa este último entendimento, vai mais longe e, pelo que nos é dado a entender, sustenta que a obrigatoriedade dos Princípios Orientadores não pode ser afastada, pura e simplesmente, pelo facto de constarem num ato não normativo, uma vez que o conteúdo desses princípios orientadores (leia-se deveres de conduta) deriva do princípio geral da boa-fé, estando em causa, mais concretamente, especificações dos deveres de informação, cooperação e lealdade que dele decorrem[270]. O princípio da boa-fé, consagrado nomeadamente nos arts. 227º, n. 1, 437º, n. 1, 762º, n. 2 do CC, constando de um ato normativo sentido do art. 112º da CRP, não padecerá de falta de imperatividade.

Assim sendo, o autor sustenta que os argumentos em desfavor da "vinculatividade" dos Princípios Orientadores podem ser contrariados pela sua conexão sistemática e teleológica com princípio da boa-fé e

[266] *Código da insolvência e da recuperação das empresas anotado*, Edições Almedina, Coimbra, 2013, p. 61-63.

[267] *Lições de Direito da Insolvência*, cit., p. 327-329; *Regime Extrajudicial de Recuperação de Empresas – Análise (e) Crítica*, cit., p. 86.

[268] Por exemplo, no Ac. do TRL de 24.02.2015, Proc. 236/14.7YHLSB.L1-1 (Manuel Marques), sustenta-se que "os princípios elencados na Resolução do Conselho de Ministros nº 43/2011 de 25/10 foram recebidos pela própria lei (art. 17ºD/10 do CIRE), que assim os assimilou, passando a ter a força desta, devendo, durante as negociações, os intervenientes respeitar os princípios da cooperação e da boa-fé". No mesmo sentido, Ac. do STJ de 03.03.2015, Proc. 1480/13.0TYLS.L1.S (João Camilo); Ac. do TRP de 08.07.2015, Proc. 261/14.8TYVNG.P1 (Manuel Domingos Fernandes); Ac. do TRC de 27.06.2017, Proc. 8389/16.3T8CBR.C1 (Isaías Pádua); e Ac. do TRL de 20.02.2014, Proc. 1258/13.0TJLSB.L1-2 (Jorge Leal).

[269] «Responsabilidade pela perda de uma chance de revitalização», *II Congresso de Direito da Insolvência*, Edições Almedina, 2014, p. 157 e ss; «Entre código da insolvência e 'Princípios Orientadores': um dever de (re)negociação?», cit., p. 685-687.

[270] Sobre as concretizações do princípio da boa-fé vê, por exemplo, António Menezes Cordeiro, «O princípio da boa-fé e o dever de renegociação em contextos de "situação económica difícil"», cit., p. 33-68; Catarina Serra, *Lições de Direito da Insolvência*, cit., p. 327-329; e Nuno Pinto Oliveira, «Entre código da insolvência e 'Princípios Orientadores': um dever de (re)negociação?», cit., p. 680-686, «Responsabilidade pela perda de uma chance de revitalização», cit., p. 159-178; *Princípios de direito dos contratos*, cit., p. 161-194.

suas concretizações. Assim se entenderiam melhor (e adequadamente) as remissões do art. 17º-D, n. 12 do CIRE e do art. 5º, n. 1 do RERE para tais Princípios Orientadores.

Nessa conformidade, as "orientações" constantes na Resolução do Conselho de Ministros 43/2011, de 25 de outubro, seriam sempre exigíveis às partes envolvidas num processo negocial por força da boa-fé, independentemente de estarem escritas ou concretizadas num ato normativo ou num ato não normativo. Vejamos se assim é.

Primeiramente devemos começar por observar que não atuaria de boa-fé a empresa que recorresse a um processo de reestruturação, ainda que informal, se não procurasse verdadeiramente negociar um acordo de recuperação, no sentido de levar a cabo uma reestruturação que lhe permitisse manter-se em atividade, assegurar os postos de trabalho, pagar aos seus credores e produzir um retorno para os seus acionistas[271].

[271] É consabido que a *Reorganization* prevista no *Chapter 11* do *USBC*, não estabelece a pré-insolvência como requisito material de acesso. Em consequência, as empresas insolventes, pré-insolventes ou mesmo solventes poderiam recorrer a tal regime. Nalgumas situações os tribunais norte-americanos têm considerado a sua utilização abusiva e contrária à boa-fé. Conforme decisão recentemente proferida pelo *United States Bankruptcy Court* no âmbito do caso *Rent-A-Wreck of America, Inc., 580 B.R. 364 (Bankr. D. Del., 2018)*, o [...] *Chapter 11* apenas pode ser utilizado pelos devedores que a ele correm de boa-fé, isto é, com o intuito de levar a cabo uma reestruturação que é genuinamente necessária; entendendo-se que atua de má-fé o devedor que não está em dificuldades financeiras e que recorre ao *Chapter 11* para impor aos credores (ou a determinados credores) certos efeitos, como a suspensão ou resolução de contratos, que não poderiam ser alcançados fora desse instrumento. No mesmo sentido, no caso *SGL Carbon Corp., 200 F.3d 154, 158 (3d Cir. 1999)* conclui-se que o *Chapter 11* é iniciado de boa-fé se servir o objetivo para o qual foi criado, isto é, reestruturar financeiramente uma empresa para que esta possa continuar a operar, assegurando os postos de trabalho, pagando aos seus credores e produzindo um retorno para os seus acionistas. No mesmo sentido ver, por exemplo, os casos *C-TC 9th Ave. Partnership v. Norton Co. (In re C-TC 9th Ave. Partnership), 113 F.3d 1304 (2d Cir. 1997); Carolin Corp. v. Miller, 886 F.2d 693, 698 (4th Cir. 1989); e Connell v. Coastal Cable T.V., Inc. (In re Coastal Cable T.V., Inc.), 709 F.2d 762, 764 (1st Cir. 1983)*. Já no caso *Little Creek Development Co. v. Commonwealth Mortgage Corp. (In re: Little Creek), 779 F. 2d 1068, 1072 (5th Cir.1986)* salienta-se, por sua vez, que se não houver qualquer possibilidade de recuperação, por manifesta falta de viabilidade, então não está preenchido o critério geral da boa-fé exigido a quem pretende lançar mão do *Chapter 11*. No mesmo sentido ver também os casos *Hadley v.Victory Construction Co., (InreVictoryConstruction), 37 B.R. 222 (9Cir.BAP1984)*, e *Victoria Limited Partnership, 187 B.R. 54, 56 (Bankr. D. Mass. 1995)*. Sobre a apreciação do requisito da viabilidade, no caso *RCM Global Long Term Capital Appreciation Fund, Ltd., 200 B.R. 514, 521-522 (Bankr. S.D. N.Y. 1996)*, o tribunal considerou suficiente a demonstração da intenção de alcançar a recuperação. Já no caso *Springs Plaza,*

Pressupõe-se, por isso, que a empresa devedora enfrente dificuldades sérias e seja suscetível de recuperação, isto é, que a necessidade reestruturação seja real. Não seria legítimo solicitar a colaboração aos credores quando se sabia ou deveria saber à partida que o processo negocial, muito provavelmente, estaria destinado ao fracasso. Uma vez iniciado o processo negocial, por imposição da boa-fé, a empresa devedora deverá adotar uma conduta transparente, partilhando com os credores toda a informação relevante e prestando os esclarecimentos necessários. Além disso, deverá cooperar com os credores no sentido de encontrar um plano de recuperação viável e credível, respondendo às propostas apresentadas pelos credores e não adotando qualquer conduta que possa ameaçar os interesses dos credores.

Sob o ponto de vista dos credores dir-se-á que, quando confrontados com o pedido de negociação de um acordo de reestruturação por parte de uma empresa em dificuldades e suscetível de recuperação, os mesmos são impelidos, por imposição da boa-fé, a fornecer as informações que se revelem necessárias à negociação e conclusão do acordo, bem como a cooperar, criando as condições para que a negociação seja possível e profícua e contribuindo ativamente para uma solução construtiva que atenda aos interesses de todos os envolvidos.

Tal impede, por exemplo, que os credores, durante as negociações, coloquem em causa a hipótese de recuperação através da instauração ou persecução de ações judiciais contra a empresa devedora, sobretudo se estiverem em causa ações de natureza executiva ou outras que possam paralisar a sua atividade e/ou colocar em causa a hipótese de recuperação que lhes seria mais vantajosa.

O esforço e cooperação entre as partes determinará ainda, por imposição da boa-fé, que reconheçam que quem se dispõe a conceder um financiamento adicional à empresa devedora possa ser compensado com

188 B.R. 48,49 (Bankr. M.D. Fla.1995) acrescentaram-se os seguintes critérios: a viabilidade económica da empresa devedora, a necessidade real de recuperação e a possibilidade de o devedor alcançar a recuperação. Para mais desenvolvimentos ver, por exemplo, Carlos Cuevas, «Good faith and Chapter 11: standard that should be employed to dismiss bad fait Chapter 11 cases», *Tennessee Law Review*, Vol. 60, Nr. 3, 1993, p. 525-588; Henry Kaim / Nancy Ratchford, «Propriety of Liquidating Chapter 11 Plans», *Advanced Business Bankruptcy Law Course*, Dallas, 1998, p 1-3; e William Whitford, «What's Right About Chapter 11», *Washington University Law Review Washington University Law*, Vol. 72, Nr. 3, 1994, p. 1379-1406.

a constituição adequada de ("proteções") destinadas a prover a satisfação do respetivo crédito em caso de futura insolvência se tal financiamento for necessário e adequado a garantir a continuidade da empresa.

Em complemento aos deveres de informação e cooperação, a boa-fé exige também que empresa devedora seja leal para com os credores, no sentido de não adotar qualquer ato que, de alguma forma, coloque em causa a possibilidade de recuperação e/ou afete negativamente os interesses dos credores, colocando-os em pior situação do que estariam se o processo negocial não tivesse sido iniciado. Da mesma forma, a boa-fé impede que, por respeito a idêntico dever geral de lealdade daí resultante, um credor envolvido nas negociações possa revelar informação confidencial ou a utilizá-la para outros fins.

Face ao exposto, parece-nos que não é possível sustentar que as partes envolvidas num instrumento informal de negociação de um acordo de recuperação pré-insolvencial podem optar por não respeitar as regras de condutas estabelecidas no Anexo da Resolução do Conselho de Ministros 43/2011, de 25 de outubro, pelo facto de constarem num diploma que não integra o catálogo de atos normativos típicos definidos no artigo 112º da CRP.

Na verdade, as regras de conduta aí estabelecidas correspondem, grosso modo, a um imperativo da boa-fé, concretizado em deveres de informação, cooperação e lealdade que dela derivam, cuja imperatividade não se questiona. Nesse sentido, ao remeterem expressamente para os Princípios Orientadores, o PER e o RERE não lhes estão a conferir obrigatoriedade normativa, mas antes a reconhecer a sua imperatividade intrínseca, que resulta da boa-fé.

Uma solução contrária poderia levar a situações indesejáveis e incoerentes. Repare-se que tanto o RERE como o regime especial do PER previsto no art. 17º-I do CIRE preveem que as negociações decorram num ambiente extrajudicial em que predomina o carácter voluntário do processo negocial e dos seus efeitos. No primeiro caso, as partes estariam vinculadas aos Princípios Orientadores e no segundo caso não, uma vez que não existe qualquer remissão expressa do art. 17º-I do CIRE para os referidos princípios, nem tampouco para o art. 17º-D, n. 12 do CIRE, que manda aplicar os referidos princípios ao regime comum do PER. Não vemos nenhuma razão substancial para se considerar que as partes devem observar tais princípios no âmbito do RERE e não devem observá-los no âmbito do regime especial do PER.

Com efeito, se ao regime comum do PER se aplicam, por remissão expressa do art. 17º-D, n. 12, os Princípios Orientadores especificamente desenvolvidos para os instrumentos informais e extrajudiciais, não faria sentido que as mesmas regras gerais de conduta não se aplicassem relativamente ao regime especial. Apesar da ausência de uma remissão expressa deste regime especial para os referidos Princípios Orientadores, resulta do art. 17º-I do CIRE que o PER pode igualmente iniciar-se pela apresentação pela empresa de acordo extrajudicial de recuperação. Se assim é, não vemos qualquer razão substancial para não se aplicar os referidos Princípios Orientadores que, originariamente, foram pensados exatamente para a recuperação extrajudicial.

Além disso, a estreita conexão do princípio da boa-fé com a finalidade e conteúdo vertidos na Resolução do Conselho de Ministros 43/2011, de 25 de outubro, e nos regimes do PER e do RERE, impediria, por razões teleológicas e de coerência sistemática, que houvesse uma "desproteção" ou "desregulamentação" da conduta das partes precisamente onde a boa-fé mais necessita de ser concretizada devido à ausência de um procedimento formalmente instituído.

A sua finalidade, a recuperação de empresas pré-insolventes e suscetíveis de recuperação, é comum aos procedimentos não institucionalizados (informais e extrajudiciais), bem como ao PER e ao RERE. Existe um conteúdo mínimo de regras de conduta que é comum em todos eles, e que poderíamos resumir ao seguinte: durante a negociação do acordo, as partes devem abster-se de praticar atos que os prejudiquem mutuamente e ameace a negociação e conclusão do acordo; o acordo deve ser apto a manter a empresa em atividade e não deve deixar os credores em pior situação do que estariam na ausência de acordo; deve ser concedida uma proteção especial aos negócios destinados a alcançar a recuperação, caso a empresa venha a ser declarada insolvente.

Dessa forma, e apoiados na posição de Nuno Pinto Oliveira[272], consideramos que os elementos teleológico e sistemático militam a favor da aplicação e vinculatividade do conteúdo vertido nos Princípios Orientadores, enquanto concretização do princípio da boa-fé, também nos casos em que as negociações decorram fora do PER e do RERE, por via de procedimentos negociais *ad hoc*.

272 «Entre código da insolvência e 'Princípios Orientadores': um dever de (re)negociação?», cit., p. 680-686, «Responsabilidade pela perda de uma chance de revitalização», cit., p. 159-178; *Princípios de direito dos contratos*, cit., p. 161-194.

CAPÍTULO IV
REQUISITOS MATERIAIS DE ACESSO

1. A situação de pré-insolvência e a suscetibilidade de recuperação (remissão)

De acordo com art. 4º, n. 1 da Diretiva (UE) 2019/1023, "[o]s Estados-Membros asseguram que, caso exista uma probabilidade de insolvência, os devedores tenham acesso a um regime de reestruturação preventiva que lhes permita proceder a uma reestruturação, para evitar a insolvência e garantir a sua viabilidade, sem prejuízo de outras soluções destinadas a evitar a insolvência, protegendo desta forma os postos de trabalho e mantendo a atividade empresarial".

Fica assim claro que, à luz do direito europeu, para acederem a tais instrumentos ou regimes de reestruturação, as empresas devedoras não podem estar numa situação de insolvência atual, nem devem ser inviáveis (ou insuscetíveis de recuperação). Dito pela positiva, têm de estar numa situação de pré-insolvência (em que exista uma probabilidade de insolvência) e devem ser suscetíveis de recuperação (com perspetivas razoáveis de garantirem a sua viabilidade).[273]

Tais requisitos estão patentes no ordenamento jurídico português. O PER di-lo de uma forma expressa no art. 17º-A, nº 1 e no art. 17º-B,

[273] Sobre os requisitos (ou testes) da "insolvência provável" e da "viabilidade", FRANCISCO GARCIMARTIN, «Article 4 – Availability of preventive restructuring frameworks», cit., p. 89-91 e 92-93.

ambos do CIRE. O RERE di-lo de forma expressa no que respeita à situação de pré-insolvência, por via do art. 3º, nº 1, al. b) do respetivo regime legal, e, no que respeita à suscetibilidade de recuperação ou viabilidade económico-financeira, di-lo de uma forma indireta ou implícita. Atento o disposto no art. 2º (âmbito objetivo), e no art. 4º (natureza voluntária), no art. 9º, n. 2 (obrigações do devedor), todos do RERE, está claro que este instrumento negocial se destina a recuperar empresas não insolventes[274] que tenham condições para manter a sua atividade ou parte da sua atividade ou que, pelo menos, não seja manifesta a falta de condições para levar a cabo uma reestruturação bem-sucedida.[275]

Tais requisitos materiais são confirmados pela remissão expressa dos respetivos regimes, tanto do PER[276] como do RERE[277], para os Princípios Orientadores, onde se dispõe que o processo negocial deve ser iniciado quando os problemas financeiros do devedor possam ser ultrapassados e este possa, com forte probabilidade, manter-se em atividade, e, ainda, que o plano de reestruturação deve ser viável e credível, isto é, deve demonstrar que o mesmo não é apenas um expediente para atrasar o processo de insolvência.[278]

Quanto ao conteúdo do primeiro requisito, a situação de pré-insolvência, remetemos para a exposição que fizemos anteriormente no Capítulo I.

[274] Exceto na situação excecional e transitória prevista no art. 35º, n. 1 do RERE, onde se estipula que pelo prazo de 18 meses, a contar da sua entrada em vigor, podem recorrer ao RERE os devedores que estejam em situação de insolvência. Além disso, de acordo com o art. 13º do RERE, é possível recuperar-se uma empresa insolvente quando o estado de insolvência surja após o depósito do protocolo de negociação, caso em que a contagem do prazo de apresentação do devedor à insolvência apenas se inicia após o encerramento das negociações, não sendo nesse caso admissível prorrogação do prazo das negociações.

[275] Sobre os requisitos materiais ver, designadamente, Alexandre de Soveral Martins, *Um Curso de Direito da Insolvência,* cit., p. 511-514; *Estudos de Direito da Insolvência,* 2ª Ed., Edições Almedina, 2020, p. 24-25; Catarina Serra, *Lições de Direito da Insolvência*, cit., p. 309-312, 326; Luís Menezes Leitão, *A Recuperação Económica dos Devedores,* cit., p. 11 e 37-41; *Direito da Insolvência,* cit., p. 321-325 e 339-341; e Maria do Rosário Epifânio, *Manual de Direito da Insolvência,* cit., p. 415-417 e 512-513.

[276] Art. 17º-D, n. 12, do CIRE.

[277] Art. 5º, n. 1, da Lei nº 8/2018, de 2 de março.

[278] Podemos, assim, dizer que o legislador português acolhe o âmbito material constante na Diretiva (UE) 2019/1023, que versa sobre os instrumentos recuperatórios de empresas pré-insolventes e suscetíveis de recuperação. Ver Considerando (24), art. 1º, n. 1, al. a), e art. 8º, nº 1, al. h), primeira parte, da Diretiva (UE) 2019/1023.

Quanto ao conteúdo do segundo requisito importa realçar que não está em causa um "juízo totalmente subjetivo sobre a viabilidade ou inviabilidade da atividade do devedor" ou uma "mera disponibilização de liquidez ou crédito suficiente para satisfazer as suas obrigações"[279]. Também não se confunde com a "vontade" (aprovação por parte dos) credores[280]. A suscetibilidade de recuperação basea-se, como temos dito, em condições objetivas (concretas) que evidenciem razoavelmente a capacidade de a empresa devedora gerar os fluxos de caixa necessários à continuação da sua atividade (a curto, médio e longo prazo) e, logicamente, ao cumprimento do plano de reestruturação, o que não se reconduz (unicamente ou necessariamente) à obtenção de financiamento para pagamento das obrigações existentes ou à vontade dos credores (ou de todos os credores), mas antes tem que ver com toda a situação da empresa e com o seu plano de negócios e atividade, com impacto a diversos níveis (financeiro, económico, estratégico, gestão, recursos humanos, etc.) e que é essencial para obter o apoio dos credores. Mais adiante, no Ponto 5.1. do Capítulo IX faremos mais desenvolvimentos sobre este aspeto da viabilidade ou suscetibilidade de recuperação. Por agora, importa atender à dupla função dos requisitos em causa e ao seu controlo prévio (ou inicial).

2. A dupla função dos requisitos materiais de acesso

A exclusão das empresas insolventes do âmbito material só se compreende se nos ativermos aos fundamentos do primado da recuperação preventiva e ao interesse público subjacente. Em abstrato, não podemos afirmar com segurança que é mais vantajoso recuperar a "empresa A" pré-insolvente do que a "empresa B" insolvente. Só as circunstâncias do caso nos ajudariam a esclarecer e a tomar partido por uma ou outra situação. Seria também preciso clarificar que tipo de vantagem estaria em causa: uma vantagem para a empresa devedora ou para um determinado credor ou grupo de credores, ou uma vantagem geral para o conjunto das partes?

[279] Cfr. Luís Menezes Leitão, «A responsabilidade pela abertura indevida do processo especial de revitalização», cit., p. 146.

[280] Cfr. Catarina Serra, «Entre o princípio e os princípios da recuperação...», cit. p. 81-82.

Admitindo, por mera hipótese de raciocínio, que tais empresas não apresentavam diferenças significativas, com exceção da sua capacidade de cumprir as obrigações vencidas, e admitindo também que está em causa, como deve estar, uma vantagem que reflete uma preferência legal pela sustentabilidade da empresa a médio e longo prazo e pelo tratamento justo e equitativo entre todas as partes afetadas, em comparação com qualquer outro cenário alternativo, salta à vista que quanto mais cedo for iniciado o processo de recuperação, menos degradada está a situação da empresa devedora. Por essa razão, a recuperação da "empresa A" seria mais vantajosa porque a perspetiva de se obter um acordo de recuperação mais proveitoso para todos é, tendencialmente, mais segura no primeiro cenário. Nenhuma justificação lógica e razoável podemos encontrar para se sustentar que mais vale esperar que uma empresa fique insolvente para que se consiga alcançar a recuperação de forma mais eficiente e com maior sucesso.

Assim sendo, tudo leva a crer que a delimitação do âmbito material de acesso não é uma regra cega e desprovida de sentido. Pensamos que os requisitos materiais de acesso aos instrumentos de recuperação pré-insolvencial desempenham uma dupla função.

Em primeiro lugar, desempenham uma função de orientação, evidenciando que a recuperação preventiva da insolvência se destina apenas e só às empresas em situação económica difícil ou insolvência iminente que demonstrem ser viáveis ou suscetíveis de recuperação. Qualquer que seja a reestruturação desejada, deve ficar claro que o recurso aos instrumentos pré-insolvenciais não constitui um expediente meramente dilatório[281].

Em segundo lugar, os requisitos materiais de acesso atuam ainda como ferramenta de controlo, no sentido em que permitem ao tribunal ou outra autoridade administrativa (se estiver prevista a sua intervenção), ao administrador judicial provisório (se estiver prevista a sua intervenção) e aos próprios credores, cada um à sua medida e de acordo com as suas competências, aferir se os mesmos estão preenchidos ou não.

[281] O recurso indevido ao PER ou ao RERE poderá constituir fundamento para responsabilização pessoal dos gestores que, dessa forma, tenham contribuído para o agravamento ou criação da situação de insolvência. Neste sentido, Luís Menezes Leitão, «A responsabilidade pela abertura indevida do processo especial de revitalização», cit., p. 143-151.

3. O controlo dos requisitos materiais

A principal crítica que se pode apontar aos requisitos materiais de acesso aos instrumentos de recuperação de empresas pré-insolvente prende-se com a eventual ausência de um mecanismo fiável de controlo da situação financeira da empresa devedora[282] e, mais do que isso, da sua viabilidade e suscetibilidade de recuperação. Enquanto a situação de pré-insolvência poderá ser detetada, pelo menos, nos casos evidentes, em que a empresa está claramente solvente ou claramente insolvente, a suscetibilidade de recuperação não será tão fácil de aferir logo no início do processo negocial.

Tal como refere Francisco Garcimartin[283], o controlo sobre tais requisitos pode ser exercido *ex ante*, ou seja, como pré-condição para a abertura do processo de recuperação, ou *ex post*, ou seja, como condição para a confirmação (homologação) do acordo de recuperação. É também admissível uma combinação de ambas, dependendo do tipo de instrumento negocial em causa.

A Diretiva (UE) 2019/1023 é muito flexível quanto a isso e permite as diferentes opções. A vantagem de um controlo *ex ante* é evitar a utilização abusiva dos instrumentos de recuperação de empresa. A vantagem do controlo *ex post* é que não atrasa a abertura do processo negocial. A combinação entre as duas formas de controlo permitirá mitigar alguma delas e/ou reforçar a sua efetividade. Francisco Garcimartin[284] manifesta preferência pelo controlo na fase de homologação, pelo me-

[282] O problema tem sido discutido em França a propósito do conceito de *difficultés* que surge como critério de acesso ao *Procédure de Sauvegarde*. A jurisprudência tem adotado uma conceção ampla deste critério. Não tendo o legislador francês definido o conceito de *difficultés* que permitem recorrer a um *Procédure de Sauvegarde*, o *Cour de Cassation* (Arrêt n. 240 du 08.03.2011 (10-13.988 / 10-13.989 / 10-13.990)) considerou que não lhe cabia adoptar uma conceção restritiva. O tribunal reconhece que a lei (seconde phrase de l'alinéa 1er de l'article L. 620-1 du Code de Commerce) tem por objetivo facilitar a reestruturação das empresas de forma a permitir a continuação da sua atividade económica, mas esta é apenas a finalidade do procedimento. O legislador não fez disso (suscetibilidade de recuperação) uma condição para a sua abertura. E mesmo que o devedor pretenda prejudicar certos credores por meio de um *Procédure de Sauvegarde*, o benefício de poder aceder a tal procedimento não pode imediatamente ser recusado por se destinar a proteger o interesse dos sócios ou por haver uma dificuldade insuperável, salvo em caso de manifesto uso fraudulento.

[283] «Article 4 – Availability of preventive restructuring frame-works», cit., p. 91.

[284] «Article 4 – Availability of preventive restructuring frame-works», cit., p. 91.

nos como regra geral, por considerar que para alcançar, com sucesso, a sua recuperação, é necessário que a empresa devedora inicie o processo da forma mais rápida e fácil possível.

Entre nós, Luís Menezes Leitão[285] parece ter preferência por um controlo *ex post*, sempre que o plano tenha de ser submetido a um controlo judicial. O autor lembra que, em abstrato, toda e qualquer empresa, por mais grave que seja a sua situação económico-financeira, é recuperável se lhe forem dados os meios para tal. Pelo simples facto de a empresa estar apenas pré-insolvente e tal situação ser manifesta, não se pode, só com isso, concluir que a empresa é viável e, mais do que isso, que muito provavelmente será recuperada. É bem possível que uma empresa em situação mais gravosa possa ser recuperada e uma situação menos gravosa não. Assim, e em nome da celeridade que lhe é característica, a fase final do processo negocial, em que as partes afetadas são chamadas a votar o plano e o tribunal é chamado a aferir a sua legalidade, seria o momento mais indicado para o exercício desse controlo.

De qualquer modo, tentar reestruturar empresas que deveriam claramente ser liquidadas poderá ter um efeito indesejado: em vez de se proteger os credores e a economia em geral, liquidando, atempadamente e de forma mais eficiente, empresas não viáveis, poder-se-á agravar ainda mais, com o decurso do tempo, a situação das empresas inviáveis, bem como dos credores que gastam tempo e recursos com uma negociação que *ab initio* está condenada ao fracasso[286].

[285] «A responsabilidade pela abertura indevida do processo especial de revitalização», cit., p. 146.

[286] Não se pode negar aquilo que parece uma evidência: os instrumentos de recuperação preventiva são apelativos e "apetecíveis" para as empresas que se encontrem numa situação próxima de insolvência ou mesmo em insolvência atual e que pretendem evitar ou retardar a declaração formal de insolvência, especialmente quando tais instrumentos imponham a suspensão geral do exercício dos direitos de execução e cobrança de créditos por parte dos credores ou pedido de declaração de insolvência, como acontece com o PER. Como consequência, a expetativa de se aumentar as taxas de recuperação das empresas devedoras pode ser uma mera ilusão. O que tenderá a aumentar, segundo aquela perspetiva menos otimista, são as tentativas de recuperação, *máxime*, os pedidos de abertura de processos de reestruturação preventiva. Porém, na prática, os resultados podem ficar bastante aquém do que se poderia esperar. Consciente desta realidade, bem como da dimensão do tecido empresarial, dominado por pequenas e médias empresas, Horst Eidenmüller («Contracting for a European Insolvency Regime», cit., p. 287-288) refere que o gestor da empresa devedora poderá recorrer ao seu "irmão contabilista" que, acreditando firmemente

Além disso, Catarina Serra[287], apoiando-se nos ensinamentos de José Lebre de Freitas[288], lembra que a "celeridade não é um fim do processo, mas tão-só uma forma. Não deve, além disso, esquecer-se que a celeridade não é a única forma, mas só uma forma possível do ritmo processual devido. Se existem processos e momentos processuais em que a celeridade se justifica existem outros em que aquilo que é exigível é exatamente o inverso.".

De facto, todos ficam a perder com o prolongamento artificial de empresas, manifestamente, insuscetíveis de recuperação. Nesse sentido, promover a saída do mercado de empresas inviáveis e libertar os recursos e fatores de produção afetos a essas empresas para outras empresas ou atividades pode ser tão importante como promover a recuperação de empresas viáveis.

Em consequência, consideramos que deve haver um controlo mínimo que impeça as empresas manifestamente inviáveis de aceder aos instrumentos pré-insolvenciais de recuperação, sobretudo àqueles que contemplem um conjunto de efeitos restritivos automáticos sobre os direitos e interesses individuais das partes afetadas, como sucede com o regime comum do PER.

Esse controlo mínimo inicial é necessário para promover um ambiente de confiança, sem o qual a cooperação entre a empresa devedora e os seus credores, e entre os próprios credores, fica seriamente comprometida. Na verdade, nos casos em que a empresa pré-insolvente é manifestamente inviável, os credores não estão obrigados a estabelecer negociações com a empresa devedora porque falta a razão essencial que motiva o processo negocial: a suscetibilidade de recuperação das empresas pré-

que o negócio é, em princípio, viável, prepara um plano de reestruturação em conformidade. Isso evidencia bem que a questão da viabilidade poderá facilmente ser contornada. Obviamente que o plano pode não ser aprovado pelos credores ou pode não ser homologado pelo tribunal. Mas, pelo menos, valeu a pena tentar a reestruturação preventiva porque isso assegura (ainda que temporariamente) certas regalias à empresa devedora. Em particular, a gestão continua a ficar a cargo da empresa devedora ou, pelo menos, devem manter um controlo parcial dos seus ativos e do exercício corrente da sua atividade e as ações executivas (e outras de idêntica natureza) ou de insolvência não declarada são suspensas.

[287] *Lições de Direito da Insolvência*, 2ª Ed., cit., p. 354.

[288] *Introdução ao processo civil – Conceito e princípios gerais à luz do Código revisto*, Coimbra Editora, Coimbra, 1996, p. 113.

-insolventes[289]. Se a inviabilidade não for manifesta, os credores devem cooperar com a empresa devedora e, caso tenham dúvidas sobre a sua suscetibilidade de recuperação, podem e devem solicitar informações e/ou pedir esclarecimentos. Pelo menos, a cooperação não deve ser liminarmente afastada quando a inviabilidade não for manifesta.

Para aceder ao regime comum do PER, por exemplo, a empresa devedora deve declarar por escrito que reúne as condições necessárias para a sua recuperação e deve apresentar uma declaração subscrita, há não mais de 30 dias, por contabilista certificado ou por revisor oficial de contas, sempre que a revisão de contas seja legalmente exigida, atestando que não se encontra em situação de insolvência atual, à luz dos critérios previstos no artigo 3.º do CIRE[290] [291]. Atestar que uma empresa não se encontra em situação de insolvência atual implica fazer prova de um facto negativo, o que, naturalmente, pode levantar dúvidas sobre uma situação que, por natureza, não é de fácil análise[292]. Ao tribunal

[289] Neste sentido, HORST EIDENMÜLLER, *Unternehmenssanierung zwischen Markt und Gesetz...*, cit., p. 664.

[290] Art. 17.º-A, n. 2 do CIRE.

[291] Note-se que inicialmente o PER, introduzido pela Lei nº 16/2012, de 20 de abril, não contemplava qualquer tipo de certificação por técnico oficial de contas ou por revisor oficial de contas. Só com a entrada em vigor das alterações introduzidas pelo Decreto-Lei nº 79/2017, de 30 de junho, o legislador português passou a exigir declaração subscrita por contabilista certificado ou por revisor oficial de contas que ateste que a empresa devedora não se encontra em situação de insolvência atual há não mais de 30 dias. Contudo, esta alteração fica aquém do que constava no Anteprojeto do PER (onde se exigia uma declaração certificada por técnico ou revisor oficial de contas a atestar que a empresa devedora reunia as condições necessárias para a sua recuperação) e do que resulta do art. Art. 8º, nº 1, al. h) da Diretiva (UE) 2019/1023, onde se prevê que os Estados-Membros podem exigir que a situação de pré-insolvência e a viabilidade sejam validadas por um perito externo ou por profissional no domínio da reestruturação. O legislador português exige que a inexistência de uma situação de insolvência atual há não mais de 30 dias seja certificada por técnico ou revisor oficial de contas, mas relega a demonstração da viabilidade para a empresa devedora. Poder-se-á dizer, como se disse até à entrada em vigor das alterações introduzidas pelo Decreto-Lei nº 79/2017, de 30 de junho, que o legislador português, ao excluir a certificação da viabilidade, quer, de alguma forma, facilitar o recurso ao PER (nesse sentido, MADALENA PERESTRELO DE OLIVEIRA, «O Processo Especial de Revitalização: o novo CIRE», *Revista de Direito das Sociedades*, Ano IV, Vol. 3, 2012, p. 718). Porém, poder-se-á contra-argumentar dizendo que a certificação do requisito da viabilidade daria maior credibilidade ao plano de recuperação e, por conseguinte, propiciaria um maior apoio por parte dos sujeitos afetados.

[292] Criticando a efetividade dos mecanismos de controlo dos requisitos de acesso aos instrumentos de recuperação pré-insolvencial, em especial ao abrigo da *StaRUG*, DOMINIK

também não lhe é exigido que, *ex officio*, investigue a existência ou não de uma situação de insolvência atual. Logo, abre-se a porta para que, mais facilmente, possam existir situações de fraude à lei.

Além disso, a empresa pré-insolvente deve não só apresentar uma proposta de plano de recuperação acompanhada, pelo menos, da descrição da situação patrimonial, financeira e creditícia da empresa que ateste reunir as condições necessárias para a sua recuperação[293], como também, demonstrar que reúne o apoio expresso dos credores que representem pelo menos 10% de créditos não subordinados[294]. Estes elementos permitem ao tribunal efetuar, com razoabilidade, um controlo não só sobre os requisitos formais, mas também sobre os requisitos materiais de acesso, em especial, sobre a inexistência de uma situação de insolvência e, em certa medida, sobre o problema da (in)viabilidade ou (in) suscetibilidade de recuperação[295].

Skauradszun, «Challenges of the transposition of the Directive on preventive restructuring frameworks in German Law», *El Derecho Concursal y la transposición de la Directiva sobre Reestructuración Preventiva*, La Ley, Wolter Kluwer, 2022, p. 66 s.

293 Art. 17º-A, n. 2, primeira parte e art. 17º-C, n. 3, al. c) do CIRE.

294 De acordo com o art. 17º-C, n. 9, a requerimento fundamentado da empresa e de credor ou credores não subordinados que detenham, pelo menos, créditos no valor de 5% dos créditos relacionados, ou mediante requerimento fundamentado da empresa, o juiz pode reduzir o limite de 10%, levando em consideração na apreciação do pedido o montante absoluto dos créditos relacionados e a composição do universo de credores.

295 A doutrina e jurisprudência portuguesas têm discutido abundantemente se o tribunal tem um poder de controlo efetivo ou se, por outro lado, se limita (quase automaticamente, isto é, sem controlo efetivo) a nomear o administrador judicial provisório. Há ainda um entendimento intermédio que reconhece um poder de controlo apenas em situações quase excecionais de manifesto incumprimento dos requisitos de acesso. O entendimento de que o tribunal não tem qualquer poder de controlo prévio não possui base legal e o argumento da celeridade processual é insuficiente para afastar o rigor e exigência que a lei impõe a quem pretende recorrer ao regime comum do PER. O argumento de que o seu controlo é difícil também não merece acolhimento porque levar-nos-ia para terrenos de subjetividade e incerteza que mais soam a desculpas para não se aferir com critérios mínimos e objetivos a legalidade do pedido de acesso ao PER. Se é verdade que pode haver casos difíceis ou duvidosos e que, nestes casos, se pode dar o benefício da dúvida à empresa requerente, também não se pode ignorar que haverá casos em que a empresa requerente claramente não satisfaz minimamente os requisitos legais, sob pena de a empresa requerente poder estar a litigar de má-fé processual, designadamente por ter feito do processo um uso manifestamente reprovável, com o objetivo de protelar a insolvência ou por ter deduzido um pedido cuja falta de fundamento não poderia ignorar (art. 542º, nº 2 do CPC). E, nestes casos, não existe fundamento legal para se iniciar um PER. Ademais, pouco ou nada justificaria que um Juiz fosse

O RERE é, aparentemente, menos exigente no que diz respeito ao controlo dos requisitos de acesso. O protocolo de negociação, que é livremente estabelecido pelas partes[296], pode conter informação relevante sobre a situação financeira e atividade comercial que evidencie a viabilidade da empresa. Além disso, prevê-se que no decurso das negociações, o devedor, em articulação com o credor líder, os assessores financeiros e legais, se existirem, e o mediador de recuperação de empresas, se tiver sido nomeado, elaborem e apresentem de forma transparente aos credores participantes nas negociações o diagnóstico económico-financeiro do devedor que lhes permita conhecer os pressupostos do possível acordo de reestruturação[297].

chamado a intervir num processo apenas para nomear um administrador judicial, sobretudo se tal nomeação resultar da utilização de um sistema aleatório. Esse trabalho poderia ser feito por funcionário judicial ou automaticamente pelo sistema eletrónico. A doutrina e jurisprudência afastam claramente a perspetiva da ausência total de controlo judicial e apresentam-se vários exemplos em que o juiz deve recusar a abertura do PER, a saber: ilegitimidade ativa, a falta de documentos obrigatórios e essenciais; existência de vícios processuais insanáveis ou não sanados; a manifesta situação material de insolvência ou a declaração prévia de insolvência; o recurso a um novo PER passados dois anos do encerramento de um PER anteriormente homologado e não cumprido. Neste sentido, Catarina Serra, *Lições de Direito da Insolvência,* cit., p. 378-384; *O Processo Especial de Revitalização na Jurisprudência,* Edições Almedina, Coimbra, 2016, p. 43-48; *O Regime português da Insolvência,* cit., p. 179; «Enmiendas a la Ley concursal portuguesa: mucho ruido y pocas nueces», *Anuario de derecho concursal,* Nr. 28, 2013, p. 293-303; «Processo especial de revitalização – contributos para uma 'retificação'», – contributos para um retificação», *Revista da Ordem dos Advogados,* Ano 72, abril/setembro, 2012, p. 721; Elisabete Assunção, «O Despacho Liminar», *Insolvência e Processo Especial de Revitalização,* Coleção Formação Continua, Centro de Estudos Judiciários, 2017, p. 11-26; Fátima Reis Silva, *Processo Especial de Revitalização, Notas Práticas e Jurisprudência Recente,* Porto Editora, Porto, 2013, p. 20; Luís Carvalho Fernandes / João Labareda, *Código da Insolvência e Recuperação de Empresas Anotado,* cit., p. 149-150; Luís Menezes Leitão, *A Recuperação Económica dos Devedores,* cit., p. 41-43; Maria Rosário Epifânio, *Manual de Direito da Insolvência,* cit., p. 420-421; Nuno Salazar Casanova / David Sequeira Dinis, *PER, 0 Processo Especial de Revitalização...,* cit., p. 41; e, na jurisprudência, por exemplo, Ac. TRC de 14.06.2016, Proc. 4023/15.7T8LRA.C1 (Fonte Ramos), Ac. do TRP de 27.04.2017, Proc. 389/17.2T8STS.P1 (Vieira e Cunha), Ac. do TRL de 08.03.2016, Proc. 4962/15.5T8FNC.L1-7 (Maria da Conceição Saavedra), Ac. do TRG de 20.02.2014, Proc. 8/14.9TBGMR.G1 (Moisés Silva), e Ac. do TRE de 21.04.2016, Proc. 39/16.4T8EVR-A.E1 (Canelas Brás). Esta posição parece estar cada vez mais consolidada na doutrina e na jurisprudência o que, em nosso entendimento, credibiliza o PER e todas as situações que não são objeto de indeferimento liminar.

[296] Art. 7º do RERE.

[297] Art. 15º, n. 1 da Lei nº 8/2018, de 2 de março.

Como se percebe, aqui o controlo é feito, acima de tudo, pelos credores. Entende-se que assim possa (e deva) ser, uma vez que o RERE se caracteriza pela sua natureza voluntária e, consequentemente, pelo predomínio da autonomia das partes. Em princípio, nenhum credor é obrigado a participar nas negociações contra a sua vontade, nem poderá ser impedido de prosseguir com a execução do seu crédito ou de recusar o fornecimento de bens ou a prestação de serviços, salvo os prestadores de serviços essenciais[298].

Apesar de o legislador não exigir que as condições de viabilidade sejam comprovadas ou validadas por um perito externo ou por um profissional no domínio da reestruturação, aquando do início do processo negocial, é altamente recomendável que a empresa devedora obtenha uma declaração emitida por um perito externo ou por profissional no domínio da reestruturação, independentemente do tipo de instrumento que escolha para negociar o plano de recuperação[299]. Isso reforçará, certamente, a confiança dos credores na boa recuperação da empresa e, assim, constituirá um incentivo a que todos cooperem no sentido de alcançar o melhor resultado possível.

[298] Arts. 11º e 12º da Lei nº 8/2018, de 2 de março.

[299] Neste sentido, Horst Eidenmüller, *Unternehmenssanierung zwischen Markt und Gesetz...*, cit., p. 664.

CAPÍTULO V
PARTILHA DE INFORMAÇÃO E DEVER DE CONFIDENCIALIDADE[300]

1. Enquadramento

A partilha de informação e a confidencialidade são elementos fundamentais do processo de negociação de um acordo de recuperação preventiva. Pela natureza das coisas, não há negociação sem troca de informações e não há negociação de um plano de recuperação que não contemple ou possa contemplar informação que deve ser mantida ou tratada como confidencial.

Esta centralidade está patente no documento *Statement of Principles* da *INSOL International*. Nos primeiro, quinto e sétimo princípios anuncia-se a necessidade de se obter e partilhar toda a informação relevante (relativa aos seus ativos, passivos, negócios e perspetivas) de forma a permitir uma avaliação adequada da situação financeira do devedor (em dificuldades) e de quaisquer propostas a apresentar aos respetivos credores, a qual deverá ser considerada e tratada como confidencial (a menos que se trate de informação pública). O mesmo é dito nos quatro, sétimo e oitavo princípios firmados na Resolução do Conselho de Ministros 43/2011, de 25 de outubro, aplicáveis, por remissão expressa, ao PER e ao RERE.

[300] Cfr. José Gonçalves Machado, *O dever de promover a negociação...*, cit., p. 259 s.

Tendo uma importância primordial e decisiva, analisaremos, separadamente, a sua razão de ser e alcance e os regimes europeu e nacional em matéria de partilha de informação e a reserva de confidencialidade no contexto dos instrumentos pré-insolvenciais de recuperação de empresas.

2. Razão de ser e conteúdo

A partilha e o acesso à informação[301] constituem um aspeto central nos instrumentos de recuperação pré-insolvencial. Para se iniciar, promover e concluir com sucesso a negociação de um acordo de recuperação é necessário disponibilizar e aceder a toda a informação relevante e indispensável para a tomada de decisão, tanto para quem, em nome da empresa devedora, decide iniciar (ou tentar) a sua recuperação, como para quem intervém no processo negocial na qualidade de credor-financeiro, credor-fornecedor, credor-trabalhador[302], ou detentor de participações sociais[303] ou por parte de quem, de alguma forma, poderá influir no seu desfecho[304].

Saber o que é informação relevante não é uma tarefa fácil. Podemos enunciar algumas matérias que, em regra, são consideradas relevantes no contexto da recuperação preventiva de empresas, designadamente por imposição legal. Mas não podemos escamotear que cada plano de recuperação é singular e irrepetível, tendo, assim, exigências próprias que apenas são conhecidas no caso concreto.

[301] Referimo-nos a quaisquer dados suscetíveis de serem apreendidos, percebidos e partilhados através de qualquer suporte físico ou informatizado.

[302] A Diretiva (UE) 2019/1023 revela uma especial preocupação com a obrigação de informar os trabalhadores durante os processos de recuperação preventiva. Nos Considerandos (60) (61) destacam-se a obrigação de informar os trabalhadores sobre a decisão de recorrer a um regime de reestruturação preventiva e a obrigação de fornecer informações aos trabalhadores e aos seus representantes sobre o plano de reestruturação proposto, a fim de que possam avaliar de forma aprofundada os vários cenários.

[303] De acordo com o art. 21º, 1, c), do CSC, todo o sócio tem direito a obter informações sobre a vida da sociedade, nos termos da lei e do contrato social. Sobre o tema, Jorge Coutinho de Abreu, *Curso de Direito Comercial*, Vol. II, cit., p. 244 s.

[304] De que são exemplo, no caso do PER, o administrador judicial provisório e o juiz. O primeiro porque, além de poder influir no modo como decorrem as negociações, é responsável por elaborar a lista de credores e por emitir um parecer fundamentado sobre a situação da empresa devedora e sobre o plano de recuperação. O segundo porque, entre outros aspetos, é chamado a aferir a legalidade do plano.

Em geral, poderemos considerar como relevantes as informações sobre a empresa devedora, nomeadamente a respeitante à situação patrimonial (ativo e passivo), à situação financeira (resultados, capital próprio, fluxos de caixa), aos recursos humanos, à sua organização, e às perspetivas de atividade comercial, bem como sobre o próprio plano de recuperação, os negócios subjacentes e seus efeitos. Em sentido contrário, poderemos considerar como "não relevantes" nomeadamente as informações sobre medidas de segurança da empresa devedora, os códigos de acesso a determinadas bases de dados, os dados pessoais protegidos pelo Regulamento Geral sobre a Proteção de Dados da UE[305] e outras em informações sobre negócios e outros aspetos não relacionados diretamente com o acordo de recuperação ou com os seus efeitos sobre a empresa devedora e sobre as partes afetadas pelo mesmo.

A meio caminho poderemos ter informação cuja relevância apenas poderá ser aferida em função das circunstâncias e da sua indispensabilidade para a tomada de decisão informada e esclarecida sobre todos os aspetos impactantes do plano de recuperação. Será relevante divulgar informação sobre outros possíveis planos de recuperação ou alternativas ao plano apresentado?[306] Ignacio Tirado e Bob Wessels[307] questionam ainda se a empresa devedora está obrigada a partilhar todas as suas estratégias de negócios para que os seus credores avaliem a viabilidade do plano de reestruturação.

Sendo relevante, a informação a partilhar ou a aceder deve ser verdadeira, atual e adequada.

Para se assegurar que a informação é verdadeira é necessário que antes da sua divulgação ocorra uma pesquisa e análise cuidadosa e crítica sobre todos os dados e fontes disponíveis e acessíveis, se necessário com auxílio de técnicos especialistas. Não se exigirá uma análise exaustiva que implique custos excessivos e desnecessários, mas é conveniente que se

[305] Regulamento (UE) nº 679/2016, de 27 de abril. Para mais desenvolvimentos, Barreto Menezes Cordeiro, *Direito da Proteção de Dados à luz do RGPD e da Lei nº 58/2019*, Edições Almedina, 2020.

[306] Na Sec. 1125 (a), (1), do USBC excluem-se o conceito de informações adequadas à tomada de decisão sobre o plano de reestruturação, informações sobre qualquer outro plano possível ou proposto.

[307] *CERIL Report 2022-1 on Confidentiality, Secrecy and Privilege: The Position of the Insolvent Debtor*, Conference on European Restructuring and Insolvency Law, Leiden, 25 May 2022, p. 7.

empregue um esforço razoável no sentido de recolher e disponibilizar a informação essencial em face da situação atual da empresa e do plano de recuperação. Eventuais lapsos ou incorreções "não censuráveis", isto é, erros que resultem de uma mera desatenção ou de uma conduta não dolosa, não fazem com que a informação disponibilizada deva ser qualificada automaticamente como falsa, mas é indispensável que tais lapsos ou incorreções sejam, imediatamente (logo que possível), reportados e corrigidos[308].

O mesmo se diga relativamente ao carácter atual, com a nuance de que a partilha de informação não se dá num instante, mas tende a realizar-se nos diferentes momentos do processo negocial. Como referem Ignacio Tirado e Bob Wessels[309], o dever de divulgação inclui o dever de ativamente manter a informação atualizada durante todo o processo. Na verdade, a informação relevante existente no momento inicial, aquando da apresentação do pedido de recuperação, poderá não ser (exatamente) a mesma que está disponível no momento de aprovação e homologação. Daí a necessidade de, ativamente, atualizar a informação. Não se pode, sem mais, concluir que a informação prestada no momento inicial está incorreta ou desatualizada por comparação com o momento de aprovação, a menos que a divulgação de informação desatualizada ou a não atualização da informação tenha ocorrido intencionalmente ou se traduza numa recusa em prestar informação atualizada a pedido de algumas das partes interessadas, do administrador judicial, do mediador de recuperação, ou do tribunal (consoante esteja ou prevista a sua intervenção).

Este ponto leva-nos à terceira característica: a adequação. Socorrendo-nos da definição apresentada na Sec. 1125 (a), (1) do *USBC*, podemos dizer que estão em causa informações de um certo tipo e com detalhes suficientes, na medida do razoavelmente expectável e exigível à luz da natureza, dimensão e registos (contabilísticos, comerciais, financeiros e outros) da empresa devedora, bem como informações suficientes sobre o próprio plano de recuperação, incluindo uma análise sobre o seu

[308] Sublinhe-se que a falta ou incorreção das comunicações ou informações prestadas poderá, em última instância, levar à quebra das negociações e conduzir à responsabilidade pessoal dos gestores de direito ou de facto das empresas devedoras, tal como resulta do disposto no art. 17º-D, n. 13, do CIRE.

[309] *CERIL Report 2022-1 on Confidentiality, Secrecy and Privilege...*, cit., p. 8.

conteúdo e possíveis consequências para as partes afetadas, que lhes permita tomar uma decisão informada.

Naturalmente que a adequação se reflete de diferentes formas consoante a fase do processo negocial. Desde logo, o momento em que ocorre ou deve ocorrer a partilha de informação poderá determinar certo tipo de informação a divulgar. No momento inicial, estarão em causa, essencialmente, informações relativas à situação patrimonial e financeira da empresa devedora, enquanto no momento de aprovação a divulgação relevante incide fundamentalmente sobre o conteúdo do próprio plano e tudo o que está relacionado com a viabilidade da empresa.[310]

Só assim, perante a divulgação ou acesso a informação verdadeira, atual e adequada, os sujeitos envolvidos poderão confiar na informação recebida ou disponibilizada para consulta. Sem partilha de informação nesses termos, não se gera confiança, e sem esta não é possível alimentar e suportar um processo negocial que, em si mesmo, tende a ser complexo e pautado por assimetria de conhecimento quanto à situação patrimonial e financeira da empresa devedora, quanto ao plano de recuperação e quanto à posição e interesses das partes afetadas. Só a partilha de informação poderá gerar a confiança necessária à boa condução das negociações.

De facto, se a empresa devedora quiser (como deve) convencer os intervenientes da necessidade e oportunidade de negociar e concluir um acordo de recuperação preventiva terá certamente de fazer um esforço no sentido de lhes apresentar informação verdadeira, atual e suficientemente demonstrativa daquilo que pretende alcançar. O mesmo se diga relativamente a um credor que, por exemplo, pretenda financiar a recuperação na condição de obter uma proteção reforçada. A própria empresa devedora e os demais credores terão certamente interesse em ter conhecimento suficiente sobre o acordo de financiamento, sobre as garantias associadas e sobre as respetivas consequências em caso de incumprimento do acordo e/ou num cenário de uma futura insolvência.

[310] Importa destacar que na Sec. 1125 (a), (1), do USBC se determina que para aferir se a divulgação de informação é adequada ou não, o tribunal deve considerar a complexidade do caso, o benefício que as informações adicionais podem trazer para os credores e outras partes interessadas, e ainda os custos associados ao fornecimento de informações adicionais.

Sendo assim, devemos reconhecer que a obrigação de partilhar informação não recai apenas sobre a empresa devedora. Também os credores e outros *stakeholders* (por exemplo, aqueles terceiros interessados em financiar ou apoiar a recuperação) poderão ter que partilhar informação relevante com a empresa devedora e com os demais envolvidos sobre a sua atividade, sobre as condições de financiamento, sobre o conteúdo das propostas ou plano de reestruturação.[311]

Por analogia com a teoria da *uberrima fides*, aplicável, segundo a tradição jurisprudencial inglesa, aos contratos de seguro[312], no sentido (originário) de obrigar ambas as partes (e não só o segurado) a atuarem segundo um padrão máximo de boa-fé, divulgando todos os fatos objetivamente relevantes, diríamos que as partes envolvidas na negociação de um acordo de recuperação pré-insolvencial (e não apenas a empresa devedora), têm o dever de divulgar todas as informações (factos) relevantes com impacto no acordo objeto de negociação, para que todos possam tomar uma decisão informada e racional. Portanto, a razão para se impor tal dever de *uberrima fides* a todos é permitir que os mesmos possam tomar uma decisão racional sobre as vantagens e desvantagens do acordo de recuperação.[313]

[311] Ignacio Tirado / Bob Wessels (*CERIL Report 2022-1 on Confidentiality, Secrecy and Privilege...*, cit., p. 7) destacam que o *Central Netherlands District Court,* num caso recente (Proc. ECLI:NL:RBMNE:2021:5531, de 11.10.2021), decidiu não homologar o plano de recuperação, por considerar que as informações sobre novos financiamentos eram insuficientes, tal como decorre do disposto no art. 375º, n. 1 do Código de Insolvência holandês. Os credores oponentes à homologação do plano alegaram não ter recibo informação sobre o novo financiador, que concedeu um empréstimo no montante de 1 milhão de euros e prometeu outros 2 milhões de euros, mas não foi devidamente classificado e influenciou injustamente o resultado da votação dos credores.

[312] Sobre a tradição jurídica inglesa, desenvolvida a partir do Caso *Carter v. Boehm,* Francis Achampong, «Uberrima Fides in English and American Insurance Law: A Comparative Analysis», *The International and Comparative Law Quarterly,* Vol. 36, Nr. 2, 1987, p. 329-347; Lauren Wright («Utmost Good Faith and Fairness in Life Insurance: Restoring Consumer Confidence», *University of New South Wales Law Journal,* Student Series Nr. 17-03, 2017; Reuben Hasson, «Good Faith in Contract Law – Some Lessons from Insurance Law», *Canadian Business Law Journal* , Vol. 13, Nr.1, 1987, p. 93-120; Yeo Hwee Ying, «Of reciprocity and remedies: duty of disclosure in insurance contracts», *Legal Studies,* Vol. 11, Nr. 2, p. 131-154.

[313] Neste sentido, Ignacio Tirado / Bob Wessels, *CERIL Report 2022-1 on Confidentiality, Secrecy and Privilege...*, cit., p. 8.

Naturalmente que uma parte da informação relevante poderá estar publicamente disponível e outra não. Quanto à informação do primeiro tipo, é evidente que nenhuma obrigação de reserva ou confidencialidade poderá ser exigida aos recetores da mesma. Quanto à informação do segundo tipo, a mesma deverá, em regra, ser tratada pelos destinatários como reservada ou confidencial, não podendo usá-la para outros fins[314]. Nesse sentido, a partilha de informação (que não esteja publicamente disponível) tem como reverso o dever de tratar a informação recebida como confidencial. Os sacrifícios e limites impostos pela recuperação da empresa pré-insolvente, não podem, a qualquer custo, justificar a divulgação de toda e qualquer informação sobre a empresa devedora ou sobre os credores afetados. Trata-se de uma exigência da boa-fé[315] que se impõe a todos os envolvidos no processo negocial.[316]

Adicionalmente, em circunstâncias especiais, poderá justificar-se a não divulgação de certas informações de natureza sensível, seja do ponto de vista da sensibilidade pública, privada ou comercial[317]. É compreensível que determinados segredos comerciais tenham que ser protegidos e não divulgados. O mesmo se diga relativamente à carteira de clientes e aos direitos de propriedade intelectual. Ademais, como salientam Ignacio Tirado e Bob Wessels[318], com o desenvolvimento da tecnologia digital, os dados são um ativo cada vez mais importante e, por isso, importa saber se a recuperação justifica por si só o acesso a determinados dados ou se, por outro lado, até pode colocar em causa a própria sustentabilidade e viabilidade da empresa devedora. Por isso, os autores recomendam que se adote um sistema adequado para garantir

[314] Oitavo princípio do Anexo da Resolução do Conselho de Ministros 43/2011, de 25 de outubro.

[315] Sobre os deveres de informação *ex bona fide*, Miguel Brito Bastos, «Deveres acessórios de informação. Em especial, os deveres de informação do credor perante o fiador», *Revista de Direito das Sociedades*, Ano 5, Nr. 1- 2, 2013, p. 181-281.

[316] Neste sentido, Ignacio Tirado / Bob Wessels, *CERIL Report 2022-1 on Confidentiality, Secrecy and Privilege...*, cit., p. 8.

[317] De acordo com o disposto na Sec. 107(b) do USBC, por iniciativa de qualquer parte interessada ou do próprio tribunal, poderá este ordenar a não divulgação de segredos comerciais ou de informações confidenciais sobre pesquisa desenvolvimento ou comercial; e poderá ainda impedir a divulgação de matéria sensível ou difamatória.

[318] *CERIL Report 2022-1 on Confidentiality, Secrecy and Privilege...*, cit., p. 10.

que certas informações não sejam divulgadas e que outras, sendo divulgadas, permaneçam confidenciais[319].

A partilha ou disponibilização de informação é normalmente associada ao dilema do prisioneiro[320] para, assim, se evidenciar que o melhor resultado possível só poderá ser alcançado se houver comunicação e diálogo transparente entre as partes. Se estas não conseguirem comunicar entre si, cada uma tentará, individualmente, alcançar o melhor resultado, na incerteza, porém, do que poderá suceder em virtude do desconhecimento quanto à conduta que os demais levarão a cabo. A conduta desses, quando realizada de forma isolada e individual, tende a limitar

[319] *Ibidem*, p. 11.

[320] Neste dilema, dois suspeitos são presos pela polícia, a qual, não dispondo de provas suficientes para os condenar, decide separar os prisioneiros, de modo que não possam decidir conjuntamente se confessam ou se permanecem em silêncio. Cada prisioneiro tomará a sua decisão sem saber que decisão o outro vai tomar, e nenhum tem certeza da decisão do outro. A questão que se coloca é a de saber como decidirá cada um dos prisioneiros. Se um dos prisioneiros trair e testemunhar contra o outro e esse outro permanecer em silêncio, o que confessou fica livre enquanto o cúmplice que permaneceu em silêncio é condenado a 10 anos de prisão. Se ambos ficarem em silêncio, a polícia só pode condenar cada um a 6 meses de prisão. Nicolaes Tollenaar (*Pre-Insolvency Proceedings: A Normative Foundation and Framework*, cit., p. 10-11) observa que o dilema do prisioneiro é um exemplo clássico usado na teoria dos jogos para mostrar que os indivíduos que agem racionalmente não agirão de maneira que seja do seu interesse comum, se não conseguirem comunicar e coordenar suas ações. Para mais desenvolvimentos sobre o tema, Donald Korobkin, «Rehabilitating Values: A Jurisprudence of Bankruptcy», cit., p. 728; Douglas Baird / Thomas Jackson, «Corporate Reorganizations and the Treatment of Diverse Ownership Interests: A Comment on Adequate Protection of Secured Creditors in Bankruptcy», *The University of Chicago Law Review*, Vol. 51, Nr. 1, 1984, p. 97-130; Douglas Baird, «The Uneasy Case for Corporate Reorganizations», *The Journal of Legal Studies*, Vol. 15, Nr. 1, 1986, p. 127-147; Thomas Jackson, *Logic and the Limits of Bankruptcy Law*, Beard Books, Washington, 2001, p. 1-6. Se ambos traírem, cada um leva 5 anos de cadeia. Sobre a origem e desenvolvimentos do dilema, Fernando Araújo, *Teoria Económica do Contrato*, Edições Almedina, Coimbra, 2007, p. 47-51; Lambert Surhone / Miriam Timpledon /Susan Marseken, *Prisoner's Dilemma: Game Theory, Merrill M. Flood, Melvin Dresher, Albert W. Tucker, Framing Device, Experimental Economics*, Betascript Publishing, Beau-Bassin, 2010; Madalena Perestrelo Oliveira, «O Processo Especial de Revitalização: o novo CIRE», cit., p. 719; *Limites da Autonomia dos Credores na Recuperação da Empresa Insolvente*, cit., p. 48; Michael Taylor, *The Possibility of Cooperation*, Cambridge University Press, Cambridge, 1987; Robert Axelrod / William Hamilton, «The Evolution of Cooperation», *Science*, Vol. 221, 1981; Stephan Madaus, «Leaving the Shadows of US Bankruptcy Law...», cit., p. 635; e Thomas Jackson, *The Logic and Limits of Bankruptcy Law*, Berd Books, Maryland, 2001, p. 7-19.

o resultado que cada um isoladamente deseja e, assim, acredita-se que acaba por se traduzir num resultado pior do que aquele que poderia ser alcançado se as partes pudessem comunicar (de forma direta e transparente) entre si.

Ora, os instrumentos de recuperação pré-insolvencial visam, precisamente, dar resposta a um problema de comunicação que se coloca no cenário de pré-insolvência. Perante a ameaça de insolvência da empresa devedora e na impossibilidade prática de comunicarem entre si (ou porque não se conhecem e/ou porque não dispõem de condições ou incentivos adequados)[321], os credores sentem-se impelidos a apressar o esforço de tentar obter a satisfação dos seus créditos de forma isolada. Inicia-se, assim, uma corrida pelo património do devedor comum. Sucede que, ao atuarem isoladamente podem estar a comprometer um melhor resultado que poderia ser alcançado se houvesse comunicação e partilha de informação. Na impossibilidade prática de comunicarem entre si, torna-se necessário estabelecer um procedimento de negociação coletiva, mais ou menos formal, que facilite a comunicação e partilha de informação, para assim, se poder alcançar, por acordo, o melhor resultado possível.

Na verdade, é irrealista supor que, antes da declaração da insolvência e perante a ausência ou insuficiência de informação, os credores se reunirão para, de forma coordenada, negociar um acordo preventivo de uma insolvência futura se não tiverem informação credível sobre se e quando a insolvência pode ocorrer e em que condições. Tal só seria possível se a atuação conjunta fosse necessária para solucionar um problema de conjunto e conduzisse a um melhor resultado para os credores como um grupo, com menores custos e uma distribuição mais eficiente[322].

Os instrumentos de recuperação pré-insolvencial procuram assegurar a comunicação e a partilha de informação entre a empresa devedora e os credores de modo a poderem negociar um acordo de recuperação com a transparência e confiança necessárias. Porém, a possibilidade de comunicarem e partilharem informação não garante que haja uma efetiva cooperação entre os sujeitos. Por outro lado, mais e melhor

[321] Nicolaes Tollenaar, *Pre-Insolvency Proceedings: A Normative Foundation and Framework*, cit., p. 12.

[322] *Ibidem*, p. 13.

informação não significa que haja (automaticamente) mais cooperação ou maior disponibilidade para negociar. Não é certo que uma parte totalmente informada e esclarecida esteja disponível para negociar. Por exemplo: os credores garantidos podem não ter interesse em apoiar a recuperação, pois que, estando devidamente garantidos (designadamente, através de garantias reais), poderiam, num curto prazo, obter a satisfação integral ou quase integral do seu crédito[323]. Da mesma forma, um credor menos informado poderia, dentro de uma certa ignorância ou especulação desinformada, apoiar a recuperação sem medir devidamente todas as consequências ou implicações.

Daqui não se pode extrair a conclusão de que a partilha de informação não favorece ou não promove a cooperação entre as partes, como se fosse praticamente irrelevante para a formulação de um juízo de oportunidade sobre a utilização dos instrumentos de recuperação pré-insolvencial e sobre a perspetiva de as partes cooperarem entre si. A atuação irracional de uns não poderá nem deverá abalar a ideia de que mais e melhor informação gera e/ou fortalece a confiança entre as partes e que esta confiança assume um papel decisivo na disponibilidade, esforço e compromisso de as partes envolvidas cooperarem entre si. A atuação irracional de um determinado credor que, por exemplo, não queira participar nas negociações para tentar obter a cobrança do seu crédito de uma forma mais célere, colocando em causa a sobrevivência da empresa pré-insolvente, poderá, em função das circunstâncias, ser qualificada como ilícita[324].

3. Os regimes europeu e nacional

De acordo com Diretiva (UE) 2019/1023, há um conjunto mínimo de informações que devem ser divulgadas e partilhadas no âmbito da negociação e implementação de um plano de recuperação. O foco do legislador europeu recai principalmente sobre os planos que são objeto de confirmação (homologação) por uma autoridade administrativa ou

323 Nicolaes Tollenaar, *Pre-Insolvency Proceedings: A Normative Foundation and Framework*, cit., p. 12.

324 Nuno Pinto Oliveira, «Entre código da insolvência e 'Princípios Orientadores': um dever de (re)negociação?», cit., p. 687 s.; «Responsabilidade pela perda de uma chance de recuperação?», cit., p. 178 s.; Stephan Madaus, «Leaving the Shadows of US Bankruptcy Law...», cit., p. 621-622, 624-626.

judicial por implicarem mais limitações para os direitos e interesses individuais dos credores.

De acordo com o legislador europeu a informação mínima (relevante) a partilhar ou a divulgar pode estar relacionada com a deteção da situação de pré-insolvência, com os requisitos de acesso aos instrumentos de recuperação, com a identificação das partes e respetiva situação, e com o conteúdo do plano de recuperação.

Sobre a deteção da situação de pré-insolvência, dispõe o art. 3º, n. 1 da Diretiva (UE) 2019/1023 que as empresas devem ter acesso a dados, veiculados através de instrumentos de alerta precoce, claros e transparentes, que permitam detetar as circunstâncias suscetíveis de dar origem a uma probabilidade de insolvência. Tais dados podem respeitar, por exemplo, ao não pagamento de impostos ou contribuições, bem como à situação financeira da empresa em dificuldades[325].

Quanto aos requisitos de acesso aos instrumentos de recuperação, está em causa "uma exposição de motivos que explique as razões pelas quais há uma perspetiva razoável de o plano de reestruturação evitar a insolvência do devedor e garantir a viabilidade da empresa, incluindo as condições prévias necessárias para o êxito do plano". O direito nacional poderá "exigir que a exposição de motivos seja elaborada ou validada por um perito externo ou pelo profissional no domínio da reestruturação".[326]

Relativamente à identificação das partes e respetiva situação está em causa a seguinte informação: a identidade da empresa devedora e dos seus ativos e passivos existentes ao momento da apresentação do plano de reestruturação, incluindo, nomeadamente, o valor dos ativos, uma descrição da situação económica e da posição dos trabalhadores e uma descrição das causas e da extensão das dificuldades; a identificação das partes afetadas, designadas a título individual ou, se for caso disso, repartidas por categorias nos termos do direito nacional, bem como os respetivos créditos ou interesses abrangidos pelo plano e, se for esse o caso, os valores respetivos dos créditos e interesses de cada categoria; identificação das partes não afetadas pelo plano de reestruturação, juntamente com uma descrição das razões pelas quais o plano proposto não

[325] Considerando (22) da Diretiva (UE) 2019/1023.

[326] Art. 8º, n. 1, al. h) da Diretiva (UE) 2019/1023.

as afeta; a identidade do profissional no domínio da reestruturação, caso esteja prevista a sua intervenção.[327]

Quanto ao plano propriamente dito, estão em causa informações respeitantes às seguintes matérias: quaisquer medidas de reestruturação propostas, respetivo âmbito e duração; comunicação aos trabalhadores e seus representantes de decisões suscetíveis de alterar de forma substancial a organização do trabalho ou as relações contratuais; fluxos financeiros previstos; qualquer novo financiamento previsto e as razões pelas quais esse novo financiamento é necessário para executar o plano.[328]

No plano nacional, o tratamento da partilha de informação poderá assumir diferentes nuances consoante o instrumento utilizado, mas não se afasta muito da solução preconizada pelo legislador europeu, pelo menos nos seus traços essenciais.

Relativamente à partilha da informação necessária para a deteção da situação de pré-insolvência, não existe diferença em função do tipo de instrumento que se venha utilizar. Como ficou anteriormente dito, ao abrigo do MAP, todas as empresas com sede em Portugal, independentemente de estarem pré-insolventes ou noutra situação, receberão anualmente um relatório com informação económica e financeira[329].

Tal relatório é feito "através da elaboração de uma análise quantitativa e tendencial, com recurso ao cálculo de sete indicadores económico-financeiros com base na informação da IES referente a cada empresa, complementada com uma apreciação qualitativa da situação financeira e económica da empresa, decorrente de algoritmo operacionalizado pelo IAPMEI que posiciona os indicadores económico-financeiros de cada empresa no contexto de empresas do mesmo setor com dimensão semelhante"[330]. O relatório não pode "reproduzir a informação de base subjacente aos mesmos que tenha caráter reservado"[331].

Estão previstas medidas de segurança relativas à salvaguarda da informação disponibilizada e aos termos e conteúdo das comunicações a enviar às empresas destinatárias, as quais estão definidas em protocolo

[327] Art. 8º, n. 1, als. a) a f) da Diretiva (UE) 2019/1023.

[328] Art. 8º, n. 1, al. g) da Diretiva (UE) 2019/1023.l.

[329] Art. 1º, n. 1 do Decreto-Lei nº 47/2019, de 11 de abril (diploma que cria o mecanismo de alerta precoce quanto à situação económica e financeira das empresas).

[330] Art. 4º, n. 1 do Decreto-Lei nº 47/2019, de 11 de abril.

[331] Art. 4º, n. 3 do Decreto-Lei nº 47/2019, de 11 de abril.

celebrado entre as entidades públicas envolvidas (IAPMEI, Autoridade Tributária, Banco de Portugal e INE)[332]. No que concerne em especial à informação detida pelo Banco de Portugal a mesma é transmitida ao IAPMEI na estrita medida do necessário, em derrogação do dever legal de segredo, e vincula o IAPMEI a um dever de segredo, apenas podendo transmitir as informações recebidas às empresas às quais respeitem[333].

Relativamente à informação a partilhar a propósito do preenchimento dos requisitos materiais de acesso ao PER[334], o art. 17º-A, n. 2 do CIRE prevê que a empresa devedora declare por escrito que reúne as condições necessárias para a sua recuperação e que um contabilista certificado ou por um revisor oficial de contas, mediante declaração, ateste que aquela não se encontra em situação de insolvência atual[335]. Naturalmente estas declarações devem ser verdadeiras e razoavelmente fundamentadas, sob pena de perderem qualquer utilidade e se transformarem em meras declarações "proforma", sem qualquer validade substancial.

Adicionalmente, com o requerimento inicial, a empresa devedora junta cópia dos documentos elencados no nº 1 do artigo 24º do CIRE[336], entre os quais destacamos os seguintes: relação e identificação de todas as ações e execuções que contra si estejam pendentes; documento em que se explicita a atividade ou atividades a que se tenha dedicado nos últimos três anos e os estabelecimentos de que seja titular, bem como o que entenda serem as causas da situação em que se encontra; relação de bens que a empresa devedora detenha em regime de arrendamento, aluguer ou locação financeira ou venda com reserva de propriedade, e de todos os demais bens e direitos de que seja titular, com indicação da sua natureza, lugar em que se encontrem, dados de identificação registral, se for o caso, valor de aquisição e estimativa do seu valor atual; as contas anuais relativas aos três últimos exercícios, bem como os respetivos

[332] Art. 6º do Decreto-Lei nº 47/2019, de 11 de abril.

[333] Art. 7º do Decreto-Lei nº 47/2019, de 11 de abril.

[334] Referimo-nos ao regime comum previsto nos arts. 17º-C a 17º-H, sendo que parte do seu regime é replicado no regime especial do PER consagrado no art. 17º-I, não havendo diferenças significativas em matéria de informação.

[335] Como refere Maria do Rosário Epifânio (*Manual de Direito da Insolvência*, 8ª Ed., Edições Almedina, Coimbra, 2022, p. 447-448) está em causa uma declaração que apenas atesta que a empresa não se encontra insolvente. Não atesta que a empresa se encontra numa situação de Insolvência iminente ou numa situação económica difícil.

[336] Art. 17º-C, n. 3, al. b) do CIRE.

relatórios de gestão, de fiscalização e de auditoria, pareceres do órgão de fiscalização e documentos de certificação legal, se forem obrigatórios ou existirem, e informação sobre as alterações mais significativas do património ocorridas posteriormente à data a que se reportam as últimas contas e sobre as operações que, pela sua natureza, objeto ou dimensão extravasem da atividade corrente do devedor; e mapa de pessoal. Como se verifica, a documentação em causa incide sobre uma parte bastante significativa relevante da empresa, ao nível da sua situação patrimonial, financeira, comercial e organizativa.

Ao nível da informação a partilhar a propósito da identificação das partes e respetiva situação, está em causa desde logo a divulgação de documentos com indicação de todos os credores, dos respetivos domicílios, dos montantes dos seus créditos, datas de vencimento, natureza e garantias de que beneficiem, e da eventual existência de relações especiais[337]. Além disso, importa referir a obrigatoriedade (exceto se estiver em causa uma micro, pequena ou média empresa[338], caso em que é facultativo[339]) de apresentar uma proposta de classificação dos credores afetados pelo plano de recuperação em categorias distintas, de acordo com a natureza dos respetivos créditos segundo o critério previsto no art. 47º, n. 4 do CIRE (critério obrigatório ou mínimo) e, querendo, subdividir por categorias em função da existência de suficientes interesses comuns (critério facultativo ou adicional)[340]. Acresce ainda que os credores, ao reclamarem os seus créditos, têm que prestar informação e fazer prova quanto ao seguinte: proveniência, data de vencimento, montante de capital e de juros do crédito; condições a que estejam subordinados, tanto suspensivas como resolutivas; natureza

[337] Art. 24º, n. 1, al. a), *ex vi* 17º-C, n. 3, al. b), ambos do CIRE.

[338] Na aceção do art. 2º do Anexo do Decreto-Lei nº 372/2007, de 6 de novembro, onde se estipula o seguinte: "1 – A categoria das micro, pequenas e médias empresas (PME) é constituída por empresas que empregam menos de 250 pessoas e cujo volume de negócios anual não excede 50 milhões de euros ou cujo balanço total anual não excede 43 milhões de euros. 2 – Na categoria das PME, uma pequena empresa é definida como uma empresa que emprega menos de 50 pessoas e cujo volume de negócios anual ou balanço total anual não excede 10 milhões de euros. 3 – Na categoria das PME, uma microempresa é definida como uma empresa que emprega menos de 10 pessoas e cujo volume de negócios anual ou balanço total anual não excede 2 milhões de euros."

[339] Art. 17º-C, n. 4 do CIRE.

[340] Art. 17º-C, n. 3, al. d) do CIRE.

comum, subordinada, privilegiada ou garantida, e, neste último caso, os bens ou direitos objeto da garantia e respetivos dados de identificação registral, se aplicável; a existência de eventuais garantias pessoais, com identificação dos garantes[341]. Para efeitos de votação, o plano deverá conter idêntica informação[342].

Quanto ao conteúdo do plano propriamente dito, prevê-se a apresentação de uma "proposta de plano de recuperação acompanhada, pelo menos, da descrição da situação patrimonial, financeira e creditícia da empresa"[343]. O conteúdo de tal proposta poderá refletir a informação prestada no momento inicial, mas também a informação fornecida durante as negociações. Preocupado com o risco de a empresa devedora não divulgar informação relevante e atualizada, o legislador estabelece que a empresa devedora está obrigada, durante as negociações, a disponibilizar "toda a informação pertinente aos seus credores e ao administrador judicial provisório que haja sido nomeado para que as mesmas se possam realizar de forma transparente e equitativa, devendo manter sempre atualizada e completa a informação facultada ao administrador judicial provisório e aos credores". E diz ainda que caso os credores sofram prejuízos em virtude de falta ou incorreção das comunicações ou informações a estas prestadas, a empresa, bem como os seus administradores de direito ou de facto, podem ser solidária e civilmente responsabilizados[344].

Para efeitos de votação, o legislador nacional, seguindo de perto o regime da Diretiva (UE) 2019/1023, determina especificamente que o plano de recuperação deve conter, pelo menos as seguintes informações: as condições do plano de reestruturação, incluindo, em especial, as medidas de reestruturação propostas e a sua duração; as formas de informação e consulta dos representantes dos trabalhadores, a posição dos trabalhadores na empresa e, se for caso disso, as consequências gerais relativamente ao emprego, designadamente despedimentos, redução temporária dos períodos normais de trabalho ou suspensão dos contratos de trabalho; os fluxos financeiros da empresa previstos, incluindo designadamente plano de investimentos, conta de exploração previsional

[341] Art. 17º-D, n. 2, als. a) a d) do CIRE.

[342] Art. 17º-F, n. 1, als. a) a e) do CIRE.

[343] Art. 17º-C, n. 3, al. c) do CIRE.

[344] Art. 17º-D, n. 13 do CIRE.

e demonstração previsional de fluxos de caixa pelo período de ocorrência daqueles pagamentos, especificando, fundamentadamente, os principais pressupostos subjacentes a essas previsões e o balanço pró-forma, em que os elementos do ativo e do passivo, tal como resultantes da homologação do plano de recuperação, são inscritos pelos respetivos valores; qualquer novo financiamento previsto no âmbito do plano de recuperação e as razões pelas quais esse novo financiamento é necessário para executar o plano; e, finalmente, uma exposição de motivos que contenha a descrição das causas e da extensão das dificuldades da empresa e que explique as razões pelas quais há uma perspetiva razoável de o plano de recuperação evitar a insolvência da empresa e garantir a sua viabilidade, incluindo as condições prévias necessárias para o êxito do plano".[345]

Se o plano vier a ser aprovado e remetido ao tribunal para efeitos de homologação, terá que estar acompanhado da documentação que comprove a sua aprovação, atestada pelo administrador judicial provisório nomeado, e do seu parecer fundamentado sobre se o plano apresenta perspetivas razoáveis de evitar a insolvência da empresa ou de garantir a viabilidade da mesma[346].

Por fim, importa referir que o PER está sujeito a um regime de publicidade semelhante ao aplicável aos processos de insolvência. Estes caracterizam-se por serem processos judiciais, concursais e de execução coletiva, com a supervisão de um tribunal, cuja natureza exige publicidade para que os interessados possam participar em igualdade de circunstâncias, satisfazer os seus créditos à custa do património de um devedor comum. Os instrumentos pré-insolvenciais de reestruturação que decorram nos tribunais não podem ser (muito) diferentes, no sentido de que a sua judicialidade implica, necessariamente, (alguma) publicidade, a qual acarreta normalmente riscos reputacionais. Dir-se-á, por isso, que seria preferível manter um processo negocial de recuperação preventiva em segredo, pois deixaria as empresas devedoras mais descansadas, sem terem que anunciar publicamente que estão em crise, a fim de poderem evitar riscos reputacionais e outros destes decorrentes.

345 Art. 17º-F, n. 1, als. f) a j) do CIRE.

346 Art. 17º-F, n. 4 do CIRE.

No caso do regime comum do PER a publicação incide primeiramente sobre o despacho inicial de nomeação do administrador judicial provisório no portal Citius, de forma acessível ao público[347]. Aqui e dessa forma, é também publicada a lista provisória de créditos[348], o acordo de prorrogação do prazo de conclusão das negociações[349], a versão final do plano de recuperação[350], o anúncio advertindo da junção ou não junção de nova versão do plano[351], a comunicação de conclusão das negociações sem acordo[352]. Além disso, serão publicados portal Citius todos os despachos judiciais proferidos no âmbito do PER, nomeadamente o despacho de encerramento.

No caso do regime especial do PER, consagrado no art. 17º-I do CIRE, a publicidade é menor e os efeitos reputacionais tendem a ser insignificantes ou inexistentes uma vez que a primeira publicação (do despacho inicial, acompanhado da lista provisória de créditos[353]) ocorre quando, em princípio, já existe a boa notícia (ou a certeza) de que a empresa conseguiu concluir o acordo de recuperação, cumprindo todos os requisitos necessários, faltando apenas a sua homologação.

Nestes casos, o processo negocial decorre de uma forma extrajudicial e normalmente de uma forma privada ou secreta. Com a submissão do acordo a homologação pretende-se, fundamentalmente, alargar a sua eficácia, tornando-o vinculativo para certos credores que não participaram sequer nas negociações, ou mesmo tendo participado, votaram contra a sua implementação[354].

O RERE, por sua vez, caracteriza-se por ser de natureza extrajudicial, voluntária e significativamente confidencial[355]. Quer isto dizer, em síntese, o seguinte: que não está prevista a intervenção judicial; que há liberdade de adesão ao processo negocial e de definição do protocolo de

[347] Art. 17º-D, n. 2 do CIRE.

[348] Art. 17º-D, n. 4 do CIRE.

[349] Art. 17º-D, n. 7 do CIRE.

[350] Art. 17º-F, n. 1 do CIRE.

[351] Art. 17º-F, n. 3 do CIRE.

[352] Art. 17º-G, n. 1 do CIRE.

[353] Art. 17º-I, n. 2, al. b) do CIRE.

[354] Art. 17º-I, n. 4 do CIRE.

[355] Sobre as características do RERE ver, por exemplo, Catarina Serra, *Lições de Direito da Insolvência*, 2ª Ed., cit. p. 489-492; e Maria do Rosário Epifânio, *Manual de Direito da Insolvência*, 8ª Ed., cit., p. 562-564.

negociação e do conteúdo do plano de recuperação; que este produzirá efeitos apenas *inter partes*[356]; e que, em geral, não é divulgada informação perante terceiros (ou para o público em geral), nomeadamente quanto à existência do processo negocial, quanto às partes envolvidas, e quanto ao conteúdo do plano de recuperação. Estas características influenciam necessariamente a partilha de informação nas diferentes fases do processo negocial.

No momento inicial, as partes são livres para sujeitar as negociações ao regime do protocolo de negociação depositado na Conservatória do Registo Comercial[357], a fim de poderem beneficiar (caso efetuem o depósito) dos efeitos protetores legalmente previstos[358], havendo também espaço para que outros possam aderir durante o período em que decorrem as negociações (que não pode exceder o prazo de três meses, contados desde a data em que foi requerido o depósito)[359].

Caso as partes decidam sujeitar as negociações ao regime do protocolo de negociação, o protocolo deverá, fundamentalmente, conter a seguinte informação: identificação completa do devedor, dos credores participantes, dos representantes do devedor e dos representantes dos credores; prazo máximo acordado para as negociações, dentro do limite legal máximo; passivo total da empresa devedora; responsabilidade pelos custos inerentes ao processo negocial; acordo relativo à não instauração pelas partes, contra o devedor no decurso do prazo acordado para as negociações, de processos judiciais de natureza executiva, de processos judiciais que visem privar o devedor da livre disposição dos seus bens ou direitos, bem como de processo relativo à declaração da insolvência do devedor; certidão do registo comercial do devedor ou código de acesso à respetiva certidão eletrónica e estatutos, se aplicável; documentos de prestação de contas do devedor relativos aos três últimos exercícios.[360]

356 Art. 4º, 7º e 19º do RERE.

357 Art. 6º, n. 1 do RERE.

358 Arts. 9º ("obrigações do devedor", nomeadamente quanto à prática de atos de especial relevo), 10º ("obrigações dos credores", nomeadamente quanto à não desvinculação dos compromissos assumidos no protocolo de negociação), 11º ("suspensão de processos judiciais") e 12º (não interrupção da "prestação de serviços essenciais"), todos do RERE.

359 Art. 6º, n. 3 e 4 do RERE.

360 Art. 7º, n. 1 e 3 do RERE.

Adicionalmente, se as partes assim o desejarem, o protocolo de negociação pode ainda conter, designadamente, os seguintes elementos: lista dos fornecedores dos serviços essenciais e identificação completa dos respetivos contratos de prestação de serviços; e autorização dos credores participantes para que o devedor divulgue a existência e conteúdo do protocolo de negociação junto dos seus credores, na medida do que o devedor considere necessário à participação de outros credores no processo de negociação ou no acordo em negociação; termos e condições aplicáveis ao novo financiamento a conceder no decurso das negociações e respetivas garantias.[361]

Além das informações constantes no protocolo de negociação e (ou na ausência deste) que resultem da troca espontânea entre as partes, determina-se expressamente que durante as negociações, em obediência ao princípio da boa-fé e aos Princípios Orientadores[362], a empresa devedora está obrigada a fornecer às partes envolvidas informação atual, verdadeira e completa, que permita aferir com rigor a sua situação económico-financeira e que aquelas devem partilhar entre si, de forma transparente, a informação que possuam sobre a empresa devedora, sem prejuízo das limitações legais decorrentes de deveres de sigilo a que estejam vinculados[363].

Quanto ao conteúdo do acordo que vier a ser aprovado prevalece a regra de que o mesmo é estabelecido livremente pelas partes afetadas pela parte dispositiva do acordo, desde que se indique claramente as alterações dele decorrentes para as posições jurídicas destas[364], o que é válido para qualquer tipo de contrato. Dentro da liberdade que a lei reconhece, o acordo pode "compreender, designadamente, os termos da reestruturação da atividade económica do devedor, do seu passivo, da sua estrutura legal, dos novos financiamentos a conceder ao devedor e das novas garantias a prestar por este"[365]. Se o acordo for objeto de depósito, a fim de produzir os efeitos daí decorrentes[366], além dos aspe-

[361] Art. 7º, n. 2 do RERE.

[362] Constantes no Anexo da Resolução do Conselho de Ministros nº 43/2011, de 25 de outubro.

[363] Art. 19º, n. 1 do RERE.

[364] Art. 19º, n. 1 e 6 do RERE.

[365] Art. 5º do RERE.

[366] Arts. 27º ("efeitos fiscais") e 28º ("resolução de negócios em benefício da massa insolvente"), *ex vi* ar. 22º, n. 3, todos do RERE.

tos anteriormente referidos, o mesmo terá que ser acompanhado, pelo menos, da seguinte documentação: declaração emitida por um revisor oficial de contas a atestar que, na data da celebração do acordo, a empresa devedora não se encontra em situação de insolvência, e a certificar o seu passivo total; lista de todas as ações judiciais em curso contra a empresa devedora movidas por entidades que sejam parte no mesmo, na medida do necessário à produção dos efeitos sobre as mesmas.

O RERE, contendo dois regimes (o primeiro relativo ao protocolo de negociação, o segundo relativo ao depósito do acordo de reestruturação), consagra a regra da confidencialidade para ambos[367]. Porém, existem exceções, mas ainda assim, quando comparado com o PER, dizemos que é significativamente confidencial. Desde logo, a limitação da confidencialidade resulta de um ato voluntário: a decisão de proceder ao depósito do protocolo de negociação e/ou a decisão de proceder ao depósito do acordo de reestruturação[368]. As limitações à regra da confidencialidade decorrem fundamentalmente destas duas decisões e dos efeitos pretendidos pelas partes com o depósito do protocolo de negociação e/ou do acordo de reestruturação. Nessa medida, estamos perante uma "violação" consentida da confidencialidade na estrita medida do necessário, sopesadas as vantagens e desvantagens daí decorrentes[369].

Como é evidente, pretendendo-se obter a suspensão de processos judiciais durante o período em que decorrem as negociações, terá que ceder a confidencialidade relativamente à existência e ao conteúdo do protocolo de negociação na medida necessária à suspensão dos processos judiciais e à execução judicial da obrigação[370]. O mesmo se diga, com as necessárias adaptações, relativamente à não interrupção da prestação

[367] Art. 8º, n. 1 e 3 e art. 22º, n. 4, ambos do RERE.

[368] Não obstante, o legislador diz-nos que "o depósito do protocolo de negociação não prejudica a confidencialidade do seu conteúdo" e acrescenta que a Conservatória do Registo Comercial só poderá publicar anúncio relativo ao início das negociações se as partes envolvidas expressamente o autorizarem (Art. 8º, n. 4 do RERE).

[369] Não obstante, sublinhe-se que, por força da natureza dos respetivos créditos e da necessidade de especial proteção dos mesmos, sempre que a Segurança Social, a Autoridade Tributária e os trabalhadores forem titulares de créditos sobre a empresa devedora, aqueles, são, obrigatoriamente, informados do depósito do protocolo de negociação e do seu conteúdo (art. 8º, n. 4 do RERE).

[370] Art. 8º, n. 2 do RERE.

de serviços essenciais[371] e ao cumprimento das respetivas obrigações[372]. Neste último caso, bem se compreende que a confidencialidade não prejudica o direito de qualquer entidade que seja parte no acordo de reestruturação a obter cópia dos documentos arquivados na Conservatória do Registo Comercial[373].

Ademais, se existe um registo relativamente ao depósito do protocolo de negociação, é natural que deva existir um registo do encerramento do processo negocial. A exigência mínima é que se publicite o encerramento das negociações com a menção da respetiva causa, sempre que não tenham atribuído caráter público às negociações[374]. Mas se tiverem atribuído caráter público às negociações, "a Conservatória do Registo Comercial publica anúncio relativo ao termo das negociações e respetiva causa, com indicação sobre se foi ou não alcançado acordo de reestruturação entre as partes"[375].

As limitações à confidencialidade estendem-se ao acordo de reestruturação, sublinhe-se, por força de um ato voluntário de depósito do mesmo e de obtenção dos benefícios daí resultantes. Estando em causa o acesso aos benefícios fiscais previstos nos artigos 268º a 270º do CIRE, *ex vi* aet. 27º, n. 1 do RERE, é natural que, em derrogação da confidencialidade, se conceda à Autoridade Tributária o direito de acesso ao acordo para efeitos de verificação dos pressupostos necessários à produção dos efeitos pretendidos[376]. Estando em causa a proteção dos negócios jurídicos contemplados no acordo de recuperação (que se traduzam na disponibilização de novos créditos pecuniários) através do regime da insusceptibilidade de resolução em benefício da massa insolvente, não se pode manter a confidencialidade sobre os mesmos[377]. Estando em causa a extinção de processos judiciais por força do acordo alcançado, a confidencialidade do mesmo também terá que ceder[378].

[371] Art. 12º do RERE.

[372] Arts. 9º e 10º do RERE.

[373] Arts. 8º n. 5 do RERE.

[374] Art. 17º n. 1 e 2 do RERE.

[375] Art. 17º n. 2 do RERE.

[376] Art. 8º n. 5, art. 27º e art. 22º, n. 2, todos do RERE.

[377] Art. 28º e art. 22º, n. 2, ambos do RERE.

[378] Art. 21º n. 2 do RERE.

Aqui chegados, resta dizer que as diferenças em termos de confidencialidade e publicidade face ao PER podem ser esbatidas se o acordo alcançado no âmbito do RERE for submetido a homologação ao abrigo do regime previsto no art. 17º-I do CIRE, *ex vi* art. 29º do RERE. Fora esta situação, estamos perante um regime que favorece e protege a negociação de uma forma significativamente privada e confidencial. Tal não significa, como vimos, que as partes, e em especial a empresa devedora, possam ocultar intencionalmente informações relevantes ou indispensáveis à tomada de decisão. Embora o processo negocial decorra num ambiente extrajudicial e de forma privada, a partilha de informação terá necessariamente que ocorrer entre as partes envolvidas, cujos interesses serão afetados pelo plano de recuperação. A publicidade que é dada ao RERE resulta de um ato de vontade das partes envolvidas e restringe-se ao estritamente necessário para se obter os benefícios e proteções concedidas a quem recorre ao RERE.[379]

[379] Note-se que a natureza confidencial impede que os credores e os órgãos jurisdicionais situados noutros Estados-membros tenham conhecimento da abertura do RERE, o que inviabiliza (ao contrário do que sucede com o PER) qualquer tentativa de reconhecimento dos seus efeitos ao abrigo do Regulamento (UE) 2015/848, relativo aos processos de insolvência e de recuperação transfronteiriços.

CAPÍTULO VI
O PERÍODO DE NEGOCIAÇÃO[380]

1. Enquadramento

Os instrumentos de recuperação pré-insolvencial são, na sua essência, mecanismos ou procedimentos de especial cooperação entre a empresa devedora e os credores. Essa cooperação deve ocorrer pelo período de tempo necessário (suficiente, mas limitado). O objetivo é que, temporariamente, se suspendam as iniciativas individuais para que possa ter lugar uma atuação coordenada e conjunta. Tal período é designado por "período de suspensão" *(Standstill Period)* precisamente para evidenciar que a atuação individual deve dar lugar a uma atuação coletiva.[381]

Nessa conformidade, a empresa devedora obriga-se a não praticar qualquer ato que prejudique os direitos e as garantias dos credores e

[380] Cfr. José Gonçalves Machado, *O dever de promover a negociação...*, cit., p. 293 s.

[381] Este "princípio geral" é afirmado pela *INSOL International* no documento *"Statement of Principles..."*. No primeiro princípio enuncia-se que quando o devedor enfrentar *"financial dificulties"*, todos os *"relevant creditors"* devem estar preparados para cooperar entre si e conceder ao devedor um tempo suficiente (mas limitado), designado *"Standstill Period"*. O mesmo é dito no quarto princípio firmado na Resolução do Conselho de Ministros 43/2011, de 25 de outubro, aplicáveis, por remissão expressa, ao PER e ao RERE (que, no seu regime, concretizam os termos e condições em que pode ocorrer o período de suspensão). A Diretiva (UE) 2019/1023 vem, assim, reforçar a importância de haver um período de suspensão que seja necessário e útil à negociação de um acordo que previna a insolvência de empresas viáveis e, simultaneamente, deixe as partes afetadas em melhor situação do que estariam na ausência de acordo.

estes, por sua vez, não devem prosseguir com as ações judiciais pendentes, nem devem instaurar novas ações contra a empresa devedora que afetem negativamente a sua atividade e/ou seu património, a tal ponto que coloquem em causa a possibilidade de recuperação ou a tornem mais difícil ou improvável. O período de suspensão assume, assim, uma função de proteção temporária contra qualquer atuação individual e não cooperante e uma função de promoção ou favorecimento de uma atuação conjunta e cooperante.[382]

A concessão de um período de suspensão que funcione como escudo protetor não é uma questão pacífica.

Nicolaes Tollenaar[383] e Stephan Madaus[384] consideram que tal escudo protetor limita gravemente os direitos e interesses individuais dos credores que ficam impedidos, por exemplo, de cobrar o seu crédito através de um processo judicial de execução contra a empresa devedora, ou de invocar a exceção de não cumprimento ou resolver o contrato.

Assumindo que qualquer processo negocial deve assentar fundamentalmente na autonomia das partes, em princípio, deve ser respeitada a autonomia dos intervenientes, desde logo quanto à decisão de participar ou não no processo negocial e, assim, quanto aos efeitos que

[382] O ordenamento jurídico norte-americano, por via da *Reorganization*, prevista no *Chapter 11 USBC*, cedo permitiu que as empresas devedoras pudessem beneficiar de um *automatic stay* com o objetivo de negociar um acordo de recuperação, quer estivessem insolventes, quer não estivessem insolventes. No contexto europeu, mais precisamente no período que se seguiu à crise financeira internacional que eclodiu em 2008, foram vários os países que, na tentativa de salvar as empresas em dificuldades, adotaram ou aprimoraram instrumentos recuperatórios próximos à *Reorganization*. A perspetiva do *automatic stay* veio a traduzir-se em Portugal no período de suspensão, em Espanha nos *escudos protectores*, em França no *période d'observation*, e em Itália no *umbrella prottetivi*, e na Alemanha na *Schutzschirm* e, mais recentemente na *Stabilisierungsanordnung* (§ 49 e s da *StaRUG*). O traço comum é ideia ou o objetivo de proteção. Este parece ser o elemento-chave para se compreender a suspensão temporária dos direitos de execução individual (por via dos processos de execução ou injunção para cobrança coerciva de dívida) e/ou de execução coletiva (por via do processo de insolvência). E para se ser merecedor dessa proteção é preciso, como vimos, que estejam preenchidos os requisitos materiais de acesso. Christoph Paulus («Introduction», cit., p. 2) diz que se trata de um poder de salvaguardar as negociações *(power to safeguard tnegotiations)*. Neste sentido, Aa. Vv. *The Law of Debtors and Creditors: Text, Cases, and Problems*, 7ª Ed., Wolters Kluwer, New York, 2014, p. 359.

[383] *Pre-Insolvency Proceedings: A Normative Foundation and Framework*, cit., p. 255.

[384] «Leaving the Shadows of US Bankruptcy Law...», cit., p. 619-640.

esse processo negocial produz na esfera jurídica dos sujeitos envolvidos e dos sujeitos não envolvidos, o que fica comprometido se o legislador estabelecer um escudo protetor que pode ser acionado contra a vontade de alguns.

Com efeito, esse "poder de ação" e/ou "poder de reação" acaba por ser restringido ou mesmo excluído se os credores, em virtude de um "escudo protetor" que lhes é imposto, estiverem impedidos de prosseguir e/ou instaurar, temporária ou definitivamente, ações de natureza e finalidade executiva contra os respetivos devedores[385], e de invocar a exceção de não cumprimento ou resolver o contrato nos termos gerais da lei civil[386]. Estas limitações privam necessariamente os credores de atuar individualmente, seja para exercer o seu direito de liquidar e obter o pagamento do seu crédito à custa do património da empresa devedora, seja para invocar a exceção de não cumprimento ou resolver o contrato.

A questão que se coloca é saber se existe uma justificação razoável para tais limitações e qual o sentido dessa justificação.

Na insolvência parece haver uma justificação razoável. Como a empresa não é mais capaz de cumprir com as obrigações vencidas, a mesma

[385] Neste caso, poderá estar em causa a violação do direito de os credores obterem pagamento do seu crédito, isto é, o direito a uma tutela jurisdicional efetiva dos seus créditos. Para mais desenvolvimentos ver, por exemplo, Catarina Serra, *A Falência no Quadro da Tutela Jurisdicional dos Direitos de Crédito...*, cit., p. 21-55; e Nicolaes Tollenaar, *Pre-Insolvency Proceedings: A Normative Foundation and Framework*, cit., p. 255.

[386] Refira-se que, normalmente, o credor, ainda que esteja obrigado a cumprir em primeiro lugar, poderá recusar o cumprimento da sua prestação quando se verifiquem as circunstâncias que importam a perda de benefício do prazo, onde se incluem, designadamente, a insolvência do devedor, a diminuição das garantias ou a não prestação das garantias prometidas, ou o fundado receio de não cumprimento por causa da situação patrimonial grave do devedor, conforme parece admitir a maioria da doutrina e jurisprudência. Estão em causa situações em que o incumprimento ou cumprimento defeituoso de deveres principais ou não cumprimento de deveres acessórios imprescindíveis traduz uma gravidade preponderante, isto é, atinge gravemente o sinalagma contratual em termos que se pode legitimar ou considerar proporcional e adequada a exceção de não cumprimento. Como consequência da invocação da exceção de não cumprimento existe uma suspensão temporária do poder do devedor exigir o cumprimento ao credor enquanto o primeiro não cumprir a prestação a que está obrigado; estando suspenso o poder de o devedor exigir o cumprimento da prestação que é devida pelo credor, o não cumprimento temporário por parte deste é lícito. Para mais desenvolvimentos, Nuno Pinto Oliveira, *Princípios de direito dos contratos*, cit., p. 792-805.

deixa de ter condições para continuar em atividade e, por isso, na falta de um plano de insolvência recuperatório, a mesma acabará por ser liquidada. O processo de insolvência surge para contrariar a tendência natural de cada credor tentar obter, individualmente, a satisfação do seu crédito, impondo à empresa insolvente e aos respetivos credores uma atuação coordenada, em obediência a um conjunto de princípios, regras e procedimentos que visam uma repartição mais justa e equitativa do ativo da empresa insolvente[387].

Sucede que os instrumentos de recuperação pré-insolvencial não visam a execução coletiva do património do devedor comum, mas antes a (tentativa de) negociação de um acordo que permita ao devedor comum (no caso de ser uma empresa) manter-se em atividade[388]. O objetivo é facilitar e promover a conclusão de um acordo de recuperação[389] e não a execução e liquidação do património (sem que seja assegurada a continuidade da atividade da empresa)[390].

[387] Catarina Serra, *A Falência no Quadro da Tutela Jurisdicional dos Direitos de Crédito...*, cit., p. 21-55.

[388] Nesta fase de pré-insolvência, os direitos de execução coletiva da dívida ou concurso dos credores ainda não poderiam ser acionados porque, em princípio, ainda não existe uma situação de tal modo grave que afete os bens da empresa no seu conjunto. Isto é, apesar das dificuldades e da iminente insolvência, a empresa devedora ainda disporia de meios, próprios ou de terceiros, para superar a situação de crise e satisfazer a generalidade dos credores, sem necessidade de uma ação ou atuação conjunta entre a empresa devedora e os seus credores. Não se justificaria ainda o envolvimento de todos os credores num processo concursal porque não havia necessidade de afetação imediata do património da empresa devedora para satisfação da generalidade dos credores. Essa apenas surgiria com a situação de insolência atual, caracterizada, precisamente, pela incapacidade de cumprir com a generalidade das obrigações vencidas. Mas até lá, isto é, até que o concurso aparente ou potencial se tornasse efetivo ou atual com a situação de insolvência, o que haveria, verdadeiramente, era uma negociação pré-insolvencial que nada retiraria ou deveria retirar aos direitos de execução individual ou ao exercício da exceção de não cumprimento ou ao direito de resolução.

[389] Esse acordo, em regra, atinge os direitos dos credores e implica uma modificação das condições pré-definidas. Por exemplo: prazos de pagamento mais dilatados, prestações mais baixas, perdão total ou parcial de juros, perdão de parte de capital, conversão de dívida em capital e/ou novas formas de financiamento a que, normalmente, estão associadas novas garantias.

[390] O legislador europeu reconhece e assume que "caso um devedor com dificuldades financeiras não seja economicamente viável ou caso a sua viabilidade económica não possa ser rapidamente restabelecida, os esforços de reestruturação poderão conduzir à aceleração e acumulação de perdas em prejuízo dos credores, trabalhadores e outras partes interessadas, bem como da economia no seu conjunto" (Considerando (3) Diretiva (UE) 2019/1023).

Na pré-insolvência nem sequer existe um *common pool problem*, existe somente uma ameaça ou situação de probabilidade ou proximidade. Por isso, o tipo de resposta é necessariamente diferente. Não se visa responder ao *common pool problem* mas tão-somente preveni-lo[391]. Portanto, o que está em causa não é um processo de execução do património da empresa devedora para satisfação dos respetivos credores, mas antes um processo de negociação de um acordo que assegure a recuperação da empresa pré-insolvente e garanta aos credores uma melhor satisfação dos seus créditos, comparativamente com o que seria possível alcançar na falta de acordo.

Com efeito, a resposta típica dos instrumentos de recuperação pré-insolvencial não se fica pelo resultado que seria ou poderia ser alcançado com a execução coletiva do património da empresa devedora, mas projeta-se, acima de tudo, nos resultados e proveitos que a manutenção da atividade da empresa devedora poderá gerar a prazo (médio e longo), sendo de esperar que os credores ao longo do tempo recebam mais do que receberiam se a empresa devedora tivesse sido liquidada. Existe,

Por isso, sugere que "as empresas não viáveis sem qualquer perspetiva de sobrevivência deverão ser liquidadas da forma mais rápida possível" (Considerando (3) da Diretiva (UE) 2019/1023). Porém, não é proposta a criação de nenhum mecanismo expedito de liquidação pré-insolvencial de empresas. O legislador europeu, consciente dessa "lacuna", apresentou recentemente uma nova proposta de diretiva ("Proposal for a Directive of the European Parliament and of the Council harmonising certain aspects of insolvency law" (COM(2022) 702 final, Brussels, 7.12.2022)) que visa estabelecer regras comuns quantos aos seguintes aspetos: resolução em benefício da massa insolvente; identificação de bens pertencentes à massa insolvente; procedimentos "pre-pack"; dever dos administradores de requerer a insolvência; processos simplificados de liquidação de microempresas; comissões de credores; elaboração de ficha informativa sobre determinados elementos dos processos de insolvência. O direito português constituído, em particular no PER e no RERE, também não contempla a hipótese de liquidação da empresa de uma forma desintegrada, da qual resulte o encerramento total da atividade. E, por isso, parece não responder à sugestão, ainda que muito tímida, do legislador europeu. O legislador nacional admite apenas que, através dos instrumentos de reestruturação, a empresa devedora possa encerrar parcialmente a sua atividade, incluindo a venda de ativos ou de partes de atividade, com o objetivo de permitir que a mesma sobreviva na totalidade ou em parte. Isso mesmo resulta do art. 2º, n. 2 do RERE e não é excluído pelo PER.

[391] Nicolaes Tollenaar, *Pre-Insolvency Proceedings: A Normative Foundation and Framework*, cit., p. 255; e Stephan Madaus, «Leaving the Shadows of US Bankruptcy Law...», cit., p. 619-640.

assim, uma perspetiva de receber um valor adicional relativamente ao valor da liquidação que poderia ser gerado com a execução coletiva.

Acresce que as limitações à atuação individual estão circunscritas a um período temporal reduzido. Está em causa, em termos gerais, um período de tempo que deve ser suficiente para levar a cabo as negociações conducentes à recuperação, mas limitado, de modo que não constitua uma restrição desproporcional e injusta dos direitos individuais dos sujeitos envolvidos[392]. No regime comum do PER estabelece-se um período ordinário de suspensão de quatro meses que poderá, em determinadas circunstâncias, ser prorrogado por um mês (a que se chama periodo suplementar de suspensão)[393]. No regime abreviado do PER, destinado a homologar acordos extrajudiciais de recuperação, o período de suspensão será naturalmente mais reduzido já que o acordo, em princípio, está pronto a ser homologado[394]. No RERE diz-se que o prazo das negociações não pode exceder três meses[395], sendo as partes, em princípio, livres de sujeitar ao RERE os efeitos do acordo de reestruturação que alcancem, bem como os efeitos decorrentes das negociações.[396]

Naturalmente que a limitação temporal dos efeitos protetores sobre processos judiciais, sobre negócios e prazos em curso, e sobre a prática de atos de especial relevo reduz significativamente o grau de lesão dos direitos individuais das partes envolvidas[397]. De facto, uma coisa é impor um conjunto de efeitos que suspendem, proíbem ou restringem determinadas condutas por um tempo indeterminado ou por um tempo demasiadamente longo; coisa distinta é conceder tal proteção por um período de tempo razoavelmente limitado.

Os efeitos provocados pelo "período de suspensão" apenas se justificam pelo objetivo que os instrumentos de recuperação pré-insolvencial visam alcançar. Trata-se de acautelar não só os interesses da empresa devedora e dos seus sócios ou acionistas, mas também dos credores (finan-

[392] Quarto Princípio do Anexo à Resolução do Conselho de Ministros 43/2011, de 25 de outubro.

[393] Cfr. art. 17.º-E do CIRE.

[394] Art.17º-D, n. 1 e 2 do CIRE.

[395] Art. 6º, n. 5 RERE.

[396] Art. 4.º, n. 1 do RERE.

[397] Neste sentido, Catarina Serra, *Lições de Direito da Insolvência*, 2ª Ed., cit., p. 401.

ceiros, comerciais ou trabalhadores)[398]. O escudo protetor criado pelo "período de suspensão" foi pensado para fornecer não só ao devedor, mas também aos respetivos credores o tempo necessário para negociar um plano de recuperação, livres da ameaça de insolvência e/ou da ação hostil de um ou mais credores[399].

Com efeito, não se pode olvidar que a ameaça de insolvência ou a insolvência iminente poderá desencadear uma cascata descoordenada de ações de execução contra a empresa devedora, o que, muito provavelmente, conduziria a uma perda de valor para a empresa e para os credores no seu conjunto[400]. A proteção que é dada pelos efeitos protetores inerentes ao período de negociação visa, no fundo, permitir uma atuação coordenada entre os envolvidos de modo a evitar a perda de valor que, provavelmente, ocorreria se não houvesse uma atuação conjunta e coordenada. Essa proteção visa assegurar uma melhor defesa dos seus interesses já que defende o valor da empresa como um todo e impede um desmembramento precipitado.

Trata-se de salvaguardar não só a empresa devedora, mas também os interesses daqueles que, como os credores, podem beneficiar direta ou indiretamente com a sua recuperação. Esta seria praticamente impossível de alcançar se, diante de uma oportunidade séria de recuperação, cada um pudesse, isolada e individualmente, executar o património da empresa devedora ou interromper os fornecimentos de serviços essenciais, por exemplo. Se cada um puder, razoavelmente, ganhar com o acordo de recuperação, nenhuma razão (legítima) existe para que possa, pela sua atuação individual, colocar em causa essa oportunidade séria de recuperação.[401]

[398] Donald Korobkin, «Rehabilitating Values: A Jurisprudence of Bankruptcy», cit., p. 778.

[399] Neste sentido, Gerard McCormack, «Corporate restructuring law...», cit., p. 540-541.

[400] Nicolaes Tollenaar, «The European Commission's Proposal for a Directive on Preventive Restructuring Proceedings», cit., p. 70.

[401] Neste sentido, Ac. do TRE de 28.06.2017, Proc. 759/15.0T8BNV.E1 (Francisco Xavier), onde se sumariam as seguintes conclusões: "I. A instauração do Processo Especial de Revitalização pressupõe que o devedor se encontre numa situação económica difícil, que enfrente dificuldade séria para cumprir pontualmente as suas obrigações, designadamente por ter falta de liquidez ou por não conseguir obter crédito, ou mesmo numa situação de insolvência iminente, mas que ainda seja suscetível de recuperação. II. Durante o procedimento as partes ficam adstritas a atuar de boa-fé, na busca de uma solução construtiva que satisfaça todos os envolvidos, e os credores intervenientes devem cooperar entre si e com o devedor

A interferência nos direitos individuais assenta num consentimento *ex ante* ou numa espécie de contrato social[402] que deriva da garantia de que todos possam, com razoabilidade, alcançar um melhor resultado, já que a mesma assenta no diálogo, na troca de informação e na busca de uma solução construtiva[403]. A hipótese contrária, de competição, assenta na atuação isolada, desinformada e tendencialmente destrutiva. Uma atuação que destrua (ou seja apta a destruir) o valor que o esforço coletivo conseguiria alcançar pela negociação de um acordo de recuperação (que deve assegurar um melhor resultado para todos) será, por certo, abusiva[404].

de modo a concederem a este um período de tempo suficiente (mas limitado) para obter e partilhar toda a informação relevante e para elaborar e apresentar propostas para resolver os seus problemas financeiros, sendo que, durante esse período, designado de suspensão, os credores envolvidos não devem agir contra o devedor, comprometendo-se a abster-se de intentar novas ações judiciais e a suspender as que se encontrem pendentes. III. De facto, com o início das negociações é criado um regime de proteção perante os credores que é fundamental para garantir a eficácia de qualquer medida de recuperação, atenta a fragilidade em que se encontra um devedor em situação económica difícil ou em insolvência iminente, quando recorre ao Processo Especial de Revitalização. IV. E tal garantia, inviabiliza, não só que os credores atuem judicialmente contra os devedores como impede que os credores, em observância dos aludidos princípios da boa-fé e cooperação, e, bem assim, da igualdade, pratiquem actos com repercussões negativas relativamente à obtenção de consensos necessários à viabilização do devedor ou que dificultem a sua recuperação. V. Deste modo, na pendência das negociações, às quais aderiu expressamente, não é lícito ao credor proceder à imediata cobrança da prestação vencida nesse momento de um crédito englobado no plano de recuperação que veio a ser aprovado pelos credores e homologado por sentença, subtraindo esse pagamento aos termos prescritos no plano de recuperação".

402 Nicolaes Tollenaar, «The European Commission's Proposal for a Directive on Preventive Restructuring Proceedings», cit., p. 70.

403 Os instrumentos de recuperação procuram, na sua essência, identificar e distinguir negócios viáveis e inviáveis e facilitar a recuperação dos primeiros de modo a alcançar um maior benefício de todos os interessados, em comparação com a sua liquidação imediata.

404 Neste sentido, Ac. TRL, de 24.02.2015, Proc. 236/14.7YHLSB.L1-1 (Manuel Marques). No sumário poderá ler-se o seguinte: "1. Os princípios elencados na Resolução do Conselho de Ministros nº 43/2011 de 25/10 foram recebidos pela própria lei (art. 17ºD/10 do CIRE), que assim os assimilou, passando a ter a força desta, devendo, durante as negociações, os intervenientes respeitar os princípios da cooperação e da boa-fé. 2. Destinando-se o processo especial de revitalização a concluir um acordo do devedor com os credores, de modo a possibilitar a recuperação económica do primeiro, esta finalidade ficaria seriamente comprometida, se qualquer credor pudesse praticar actos que têm óbvias repercussões negativas relativamente à obtenção de consensos necessários à viabilização do devedor. 3. Não pode, por isso, na pendência do processo de revitalização, um credor resolver os contratos em exe-

Por isso, a cooperação entre as partes envolvidas, manifestada através da concessão de um período de suspensão especialmente protegido, traduz-se numa oportunidade de obtenção (ou de não desperdício) de um ganho ou de uma vantagem não só para a empresa pré-insolvente, mas também para os credores, trabalhadores e demais *stakeholders*[405]. O período de suspensão assume, assim, um papel construtivo em benefício de todos os interessados[406]. Graças a ele, as partes envolvidas dispõem de condições favoráveis ao diálogo e cooperação entre si, de modo a alcançar o melhor resultado possível[407].

2. Limites à atuação individual dos credores à luz da Diretiva (UE) 2019/1023

A Diretiva (UE) 2019/1023 é bastante flexível relativamente ao período de suspensão durante o qual decorrem as negociações, e aos efeitos

cução celebrados com o devedor com fundamento no incumprimento das obrigações contratuais deste, tanto mais que, como é evidente, o plano de recuperação implicará alterações no que respeita, nomeadamente, aos prazos de cumprimento das obrigações a que o devedor inicialmente estava vinculado. 4. Perdurando o incumprimento contratual do devedor desde 2010 e só tendo o credor resolvido os contratos em 2014, precisamente após a devedora ter instaurado processo especial de revitalização, visando a sua recuperação, numa altura em que as relações entre as partes se deviam pautar pela observância da boa-fé na busca de uma solução, permitir ao credor desvincular-se com base em incumprimento do devedor, ocorrido antes do início daquele processo, criaria um manifesto desequilíbrio entre as partes e violaria o interesse público subjacente ao processo de revitalização, na medida em que inviabilizaria uma possível recuperação da devedora. 5. A constatação de uma conduta contrária à boa-fé nas circunstâncias apuradas integra uma situação de abuso de direito (art. 334º do C.C.)."

[405] Douglas Baird, «Bankruptcy's uncontested axioms», cit., p. 582-583.

[406] Neste sentido, Donald Korobkin, «Rehabilitating Values: A Jurisprudence of Bankruptcy», cit., p. 778.

[407] Os instrumentos de recuperação preventiva não são incompatíveis com uma opção de "execução e liquidação", com a diferença da dimensão coletiva, pois não está descartada a hipótese de o plano de recuperação passar pela venda, no todo ou em parte, da empresa devedora *as a going concern*, sem o risco de a mesma poder ser parada com um processo de insolvência. Por conseguinte, a atuação coletiva e coordenada tende a ser mais favorável do que a atuação individual. Nesse sentido, a suspensão temporária, por um período de tempo reduzido, da atuação individual de cada credor não pode ser considerada gravosa, desequilibrada ou desadequada face aos fundamentos e objetivos que se visam alcançar com a proteção conferida pelos instrumentos de negociação de um acordo de recuperação preventiva.

protetores daí resultantes[408]. O legislador europeu entende que é necessário promover uma "suspensão temporária das medidas de execução" na estrita medida em que esta proteção for necessária para "apoiar as negociações de um plano de restruturação, a fim de continuar a exercer a sua atividade ou, pelo menos, preservar o valor do seu património, durante as negociações"[409]. Trata-se de uma "suspensão temporária, concedida por uma autoridade judicial ou administrativa ou aplicada por força da lei, do direito de um credor executar créditos reclamados junto de um devedor e, se o direito nacional assim o previr, junto de terceiros prestadores de garantias, no contexto de processos judiciais, administrativos ou outros, ou de suspender o direito de apreender ou liquidar por via extrajudicial os ativos ou a empresa do devedor"[410].

Considerando que o seu grande objetivo passa por evitar ou prevenir a insolvência, bem se compreende que o legislador europeu dê particular relevância à paralisação das ações judiciais (processos de insolvência) suscetíveis de terminar na liquidação do devedor[411], impedindo que a empresa devedora possa ser declarada insolvente no decurso das negociações a pedido de terceiros, e dispensado os gestores das empresas devedoras do dever de apresentar a empresa à insolvência, caso tal obrigação esteja prevista na lei nacional quando a empresa se encontre insolvente[412].

Adicionalmente, o legislador europeu preocupa-se de sobremaneira com a proteção da atividade da empresa devedora durante o período de suspensão, de tal forma que é perentório a dizer que "[o]s Estados-Membros devem estabelecer regras que impeçam os credores (...) de se recusarem a cumprir ou de resolverem, anteciparem ou, de qualquer outra forma, alterarem contratos executórios essenciais em prejuízo do devedor, relativamente a dívidas constituídas antes da suspensão, pelo único facto de o devedor não as ter pago"[413-414]. Como manifestação dessa especial preocupação, o legislador europeu teve o cuidado de definir

[408] Catarina Serra, *Lições de Direito da Insolvência*, 2ª Ed., cit., p. 576-578.

[409] Considerando (32) da Diretiva (UE) 2019/1023.

[410] Art. 2º, n. 1, 4) da Diretiva (UE) 2019/1023.

[411] Art. 7º, n. 1 a 3 da Diretiva (UE) 2019/1023.

[412] Art. 6º da Diretiva (UE) 2019/1023.

[413] Art. 7º, n. 5 e 6 da Diretiva (UE) 2019/1023.

[414] Diante desse amplo alcance, há quem considere que os Estados-Membros devem estabelecer salvaguardas para as partes afetadas pela suspensão contratual, como a adoção de medidas compensatórias e a possibilidade de ser o tribunal a decidir a questão (neste sentido,

"contratos executórios", explicando que estão em causa contratos celebrados entre a empresa devedora e um ou mais credores, "ao abrigo do qual as partes têm ainda obrigações a cumprir no momento em que é concedida ou aplicada a suspensão das medidas de execução"[415], e que sejam "necessários à continuação do exercício corrente da atividade da empresa, incluindo quaisquer contratos de fornecimento cuja suspensão levaria à paralisação das atividades do devedor"[416].

De modo a equilibrar o jogo de forças entre os interessados e os menos interessados na "suspensão temporária das medidas de execução", o legislador europeu apresenta várias estratégias de reequilibro e ajuste para que a proteção daí resultante não seja demasiado restritiva e desproporcional face aos objetivos almejados.

Desde logo, admite-se a possibilidade de as entidades públicas intervenientes (judiciais ou administrativas) recusarem a suspensão se esta não for necessária ou não satisfizer o objetivo de apoiar as negociações[417]. Entre os motivos para tal recusa podem estar, por exemplo, "a falta de apoio pelas maiorias de credores exigidas", "a incapacidade efetiva de o devedor pagar as suas dívidas na data de vencimento" , o "incumprimento substancial em relação aos trabalhadores ou a organismos fiscais ou de Segurança Social", a prática de um crime financeiro que permita supor que uma maioria de credores não apoiará o início das negociações[418]. O legislador nacional poderá ainda tipificar alguns comportamentos, sob a forma de presunções ilidíveis, de modo a facilitar e acelerar a sua valoração[419].

Além disso, a "suspensão temporária das medidas de execução" poderá ter um carácter limitado, isto é, ao invés de se aplicar a todos os credores, "poderá aplicar-se apenas a alguns credores individuais ou algumas categorias de credores", excluindo, por exemplo, "certos créditos ou categorias de créditos do âmbito de aplicação da suspensão", nomeadamente "os créditos que são garantidos por ativos cuja eliminação não

Aa. Vv., «Restructuring and Insolvency in Europe: Policy Options in the Implementation of the EU Directive», *IMF Working Papers*, WP/21/152, 2021, p. 16).

[415] Art. 2º, n. 1, 5) da Diretiva (UE) 2019/1023.

[416] Art. 7º, n. 4 da Diretiva (UE) 2019/1023.

[417] Considerando (32) e arts. 6º e 7º da Diretiva (UE) 2019/1023.

[418] Considerandos (32) e (33) e arts. 6º e 7º da Diretiva (UE) 2019/1023.

[419] Considerando (33) e arts. 6º e 7º da Diretiva (UE) 2019/1023.

comprometa a reestruturação da empresa ou os créditos de credores cuja suspensão causaria prejuízos injustos, por exemplo devido à falta de compensação por perdas sofridas ou à depreciação das garantias"[420].

Pela mesma razão, a procura de um justo equilíbrio entre os direitos e interesses em causa, o legislador europeu estabelece que o período de "suspensão" pode durar até quatro meses, eventualmente prorrogável, e pode ser extensível a todos ou apenas a alguns credores ou categorias de credores, relativamente às ações executivas em curso, outras com finalidade idêntica (ações para cumprimento de obrigações pecuniárias) e ações de insolvência a pedido dos credores (ainda não decretadas).[421]

Independentemente da duração prevista ou possível para "suspensão temporária das medidas de execução", o seu prolongamento artificial ou injustificado não é desejado, nem deve ser permitido, sob pena de se estar a lesar, sem razão, os direitos e interesses afetados. Por isso, se deixar de cumprir o seu objetivo, a "suspensão temporária das medidas de execução" deve ser levantada de uma forma geral ou limitada.[422]

O levantamento geral (relativamente a todos) poderá acontecer, por exemplo, "se se verificar que a maioria de credores exigida não apoia a continuação das negociações", "se os credores forem por ela injustamente prejudicados", se colocar em causa preservação do valor global do património em causa, se a empresa devedora agir de má-fé ou com dolo ou se, em termos gerais, agir contra as expectativas legítimas do conjunto dos credores.[423]

O levantamento limitado (relativamente a alguns) permite que se exclua da suspensão temporária um ou mais credores ou uma ou mais categorias de credores, relativamente aos quais a suspensão cause um prejuízo injusto, o que sucederá "se, por exemplo, os seus créditos sofressem uma redução mais substancial em resultado da suspensão do que se a suspensão não fosse aplicada, ou se fossem prejudicados face a outros credores numa situação semelhante.[424]

Adicionalmente, o legislador europeu, consciente de que a invocação de cláusulas *ipso facto*, acionadas pela simples razão de a empresa

[420] Considerando (34) e arts. 6º e 7º da Diretiva (UE) 2019/1023.
[421] Considerando (35) e arts. 6º e 7º da Diretiva (UE) 2019/1023.
[422] Considerandos (36) e (37) e arts. 6º e 7º da Diretiva (UE) 2019/1023.
[423] Considerando (36) e arts. 6º e 7º da Diretiva (UE) 2019/1023.
[424] Considerando (37) e arts. 6º e 7º da Diretiva (UE) 2019/1023.

devedora solicitar a aplicação de medidas de reestruturação preventiva, podem ter um "impacto negativo na empresa do devedor e no êxito da sua recuperação", considera que "é necessário prever que os credores não possam invocar essas cláusulas *ipso facto* alusivas à negociação de um plano de reestruturação, à suspensão ou a qualquer evento semelhante relacionado com esta última"[425].

Assim, no art. 7º, n. 5 da Diretiva determina-se que os Estados-Membros devem assegurar "que os credores não sejam autorizados a recusar a cumprir, nem de resolver, antecipar ou, de qualquer outra forma, alterar contratos executórios em prejuízo do devedor, através de uma cláusula contratual que preveja tais medidas, apenas por motivo de: a) Pedido de abertura de um processo de reestruturação preventiva; b) Pedido de suspensão das medidas de execução; c) Abertura de um processo de reestruturação preventiva; ou d) Concessão de uma suspensão das medidas de execução em si"[426].

3. Limites à atuação individual dos credores no regime português antes da entrada em vigor da Lei nº 9/2022, de 11 de janeiro

No âmbito do PER, na versão anterior à entrada em vigor da Lei nº 9/2022, de 11 de janeiro, para caracterizar o período de suspensão e os seus efeitos protetores, era comum distinguir-se entre efeitos processuais e substanciais[427]. O período de suspensão obstava à instauração de quaisquer ações para cobrança de dívidas contra a empresa e, durante todo o tempo em que perdurassem as negociações, suspendia, quanto à empresa devedora, as ações em curso com idêntica finalidade, extinguindo-se aquelas logo que fosse aprovado e homologado o plano de recuperação, salvo quando este previsse a sua continuação[428]. Ainda dentro dos efeitos processuais determinava-se a suspensão das ações de insolvência que ainda não tivessem sido decretadas[429].

[425] Considerando (40) da Diretiva (UE) 2019/1023.

[426] Sobre o tema, Tomáš Richter, «Article 7 – Consequences of the stay of individual enforcement actions», *European Preventive Restructuring, Directive (EU) 2019/1023, Article-by-Article Commentary*, C. H. Beck, München, 2021, p. 125-136.

[427] Neste sentido, Catarina Serra, *Lições de Direito da Insolvência*, cit., p. 385-400.

[428] Art. 17º-E, n. 1 do CIRE, na versão anterior à entrada em vigor da Lei nº 9/2022, de 11 de janeiro.

[429] Art. 17º-E, n. 6 do CIRE, na versão anterior à entrada em vigor da Lei nº 9/2022, de 11 de janeiro.

Já quanto aos efeitos substanciais, estava em causa a suspensão do direito de os prestadores de serviços públicos essenciais[430] (tais como os fornecedores de água, energia, comunicações eletrónicas, serviços postais, recolha de tratamento de resíduos e águas[431]), invocarem a ex-

[430] A razão de ser da solução legislativa adotada, que restringe o poder de recusar cumprir ou resolver os contratos, parece residir no facto de se assumir que a atividade da empresa devedora poderá manter-se desde que sejam assegurados os serviços públicos essenciais. Ou seja, admite-se que a empresa devedora possa temporariamente não ter capacidade para pagar os serviços públicos essenciais. Não se admite, pelo menos em termos que sejam claros e evidentes, que a empresa devedora possa temporariamente não ter capacidade para pagar os demais custos que não digam respeito a "serviços públicos essenciais". O carácter restritivo e relativamente excecional da norma, face àquele que é um regime geral, parece que deixa espaço para se concluir que os credores de serviços não considerados como "serviços públicos essenciais" podem recusar-se a cumprir ou podem resolver os contratos na pendência do PER. Para evitar que tal aconteça, a empresa devedora deverá cumprir com a sua prestação no prazo supletivo ou adicional que for concedido para afastar a situação de recusa de cumprimento ou de resolução do contrato. Assim sendo, e excluindo os credores de serviços públicos essenciais, devemos ter como plausível e justificada a hipótese de os demais credores da empresa devedora poderem invocar a exceção de não cumprimento ou resolverem o contrato na pendência de uma situação de pré-insolvência, designadamente, por fundado receio de não cumprimento por causa da situação patrimonial grave do devedor, a que normalmente está associada uma diminuição do património (a garantia geral das obrigações) e uma ameaça séria de incapacidade de cumprimento das obrigações. Admitir uma solução contrária, abriria portas a que o PER pudesse ser utilizado para, estrategicamente, se evitar a resolução dos contratos, o que seria, eventualmente, premiar o incumprimento contratual. Cabe sobretudo à empresa devedora promover a cooperação entre as partes para que os credores não atuem de forma individual e aceitem participar no esforço de recuperação.

[431] Com exceção dos serviços de transporte de passageiros, estão em causa os serviços regulados na Lei nº 23/96, de 23 de julho, que estabelece um regime de proteção do consumidor de serviços públicos essenciais. Para um desenvolvimento mais aprofundado sobre a questão da natureza e critério para se conhecer e, eventualmente, poder alargar o elenco de serviços públicos, ver, por exemplo, António Pinto Monteiro, «A protecção do consumidor de serviços públicos essenciais», *Estudos de Direito do Consumidor*, Nr. 2, 2000, p. 333-350; Mafalda Miranda Barbosa, «Acerca do Âmbito da Lei dos Serviços Públicos Essenciais: Taxatividade ou Carácter Exemplificativo do artigo 1º, nº 2 da Lei nº 23/96, de 26 de Julho?», *Estudos de Direito do Consumidor*, Nr. 6, 2004, p. 401-434; Pedro Falcão, «A tutela do prestador de serviços públicos essenciais no ordenamento jurídico português», *Estudos de Direito do Consumidor*, Nr. 12, 2017, p. 389-422; e Rodrigo Gouveia, *Os Serviços de Interesse Geral em Portugal*, Coimbra Editora, 2001. Observe-se, porém, que o PER e o RERE apresentam os serviços públicos essenciais com recurso a enunciação taxativa, não dando, assim, espaço de manobra para grandes voos interpretativos, ainda que se possa reconhecer e admitir que, para determinados setores ou tipo de atividades, pode haver serviços mais essenciais do que

ceção de não cumprimento ou resolverem os contratos nos termos do disposto nos arts. 428º e ss do CC e 795º, n. 1 e 801º, n. 2 do CC[432]. Tinha ainda lugar, em termos idênticos ao regime de insolvência[433], a suspensão de todos os prazos de prescrição e de caducidade oponíveis pela empresa[434].

4. Limites à atuação individual dos credores no regime português, após a entrada em vigor da Lei nº 9/2022, de 11 de janeiro

Por força da entrada em vigor da Lei nº 9/2022, de 11 de janeiro, foram introduzidas diversas alterações relativas ao período de suspensão no âmbito do PER e seus efeitos protetores ou limitativos, mas nem todas aproximam o regime português da Diretiva (UE) 2019/1023[435] que anteriormente expusemos.

outros e outros serviços igualmente essenciais, como são os serviços de pagamento por cartão, tal como previsto no Considerando (41). da Diretiva (UE) 2019/1023. Neste sentido, por exemplo, Catarina Serra, *Lições de Direito da Insolvência*, cit., p. 398-399; *Regime Extrajudicial de Recuperação de Empresas – Análise (e) Crítica*, cit., p. 99.

[432] Art. 17º-E, n. 8 do CIRE. Sobre a exceção de não cumprimento ou resolução dos contratos em geral ver, designadamente, Nuno Pinto Oliveira, *Princípios de Direito dos Contratos*, cit., p. 785-897.

[433] Art. 100º do CIRE.

[434] Art. 17º-E, n. 7 do CIRE.

[435] Criticando várias das opções adotadas pelo legislador português em transposição da Diretiva (UE) 2019/1023, com impacto no período de suspensão e seus efeitos protetores ou limitativos, David Sequeira Dinis, «Stand-still, cláusulas ipso facto e new money após a transposição da Diretiva», *Conferência 'O Plano de Recuperação e Resiliência para a Justiça Económica e a transposição da Diretiva 2019/1023, do Parlamento Europeu e do Conselho'*, Ministério da Justiça, 2022, p. 42-62; Higina Castelo, «Contratos executórios e cláusulas *ipso facto* no âmbito do PER», *Revista de Direito Comercial*, 2022-04-30, p. 831-860; Luís Menezes Leitão, *Código da Insolvência e Recuperação de Empresas Anotado*, 12ª Ed., Edições Almedina, Coimbra, 2022, p. 87-91; Maria do Rosário Epifânio, *Manual de Direito da Insolvência*, 8ª Ed., cit., p. 455-472. Sobre outros aspetos da lei de transposição, Catarina Serra, «Formação de categorias e aprovação do plano de recuperação no quadro do Processo Especial de Revitalização – Primeiras observações críticas à Lei nº 9/2022, de 11 de janeiro», *Conferência 'O Plano de Recuperação e Resiliência para a Justiça Económica e a transposição da Diretiva 2019/1023, do Parlamento Europeu e do Conselho'*, Ministério da Justiça, 2022, p. 14-31; «Nova reestruturação de empresas: perspetivas e coordenadas em tema de Micro e Pequenas Empresas (para depois da Lei nº 9/2022, de 11 de janeiro), *VI Congresso de Direito das Sociedades em Revista*, Edições Almedina, 2021, p. 85-112; «Satisfação dos interesses dos credores no âmbito do PER: são os credores todos iguais?», *Católica Law Review*, Vol. V, Nr. 2, p. 13-41; Fátima Reis Silva, «Proposta de Lei 115/XIV/3ª – na versão da proposta conjunta do GPPSD e GPPS – Lei

No que respeita aos efeitos sobre as ações judiciais, o novo texto determina que o despacho de nomeação do administrador judicial provisório obsta à instauração de quaisquer ações executivas contra a empresa para cobrança de créditos durante um período máximo de quatro meses, prorrogável por mais um mês[436], e suspende quanto à empresa, durante o mesmo período (ordinário ou suplementar), as ações em curso com idêntica finalidade[437], com exceção das ações executivas para cobrança de créditos emergentes de contrato de trabalho, ou da sua violação ou cessação[438]. Durante o mesmo período suspendem-se, igualmente os processos de insolvência em que anteriormente haja sido requerida a insolvência da empresa, desde que não tenha sido proferida sentença declaratória da insolvência, bem como os processos de insolvência em que seja requerida a insolvência da empresa[439]. O período suplementar de suspensão pode ser levantado por determinação do juiz quando a suspensão deixe de cumprir o objetivo de apoiar as negociações sobre o plano de recuperação, ou se o levantamento for requerido, fundamentadamente, pela empresa ou do administrador judicial provisório.[440]

Com o novo texto legal, fica claro, primeiramente, que o legislador português incluiu no escudo protetor ações de natureza executiva, com exceção das ações executivas para cobrança de créditos emergentes de contrato de trabalho, ou da sua violação ou cessação. Só não foi claro

nº 9/2022, de 11 de janeiro», *Conferência 'O Plano de Recuperação e Resiliência para a Justiça Económica e a transposição da Diretiva 2019/1023, do Parlamento Europeu e do Conselho'*, Ministério da Justiça, 2022, p. 32-41; Maria do Rosário Epifânio, *Manual de Direito da Insolvência*, 8ª Ed., cit., p. 439 s.; e Nuno Pinto Oliveira, «Responsabilidade pela concessão de crédito», *Revista de Direito Comercial*, 2022-05-27, p. 953-1164.

436 Nos termos o disposto no art. 17º-E, n. 2 do CIRE, "[a] requerimento fundamentado da empresa, de um credor ou do administrador judicial provisório, desde que deduzido no prazo de negociações, o juiz pode, de imediato, prorrogar o prazo de vigência da suspensão prevista no número anterior, por um mês, caso se verifique uma das seguintes situações: a) Tenham ocorrido progressos significativos nas negociações do plano de reestruturação; b) A prorrogação se revele imprescindível para garantir a recuperação da atividade da empresa; ou c) A continuação da suspensão das medidas de execução não prejudique injustamente os direitos ou interesses das partes afetadas."

437 Art. 17º-E, n. 1 e 2 do CIRE.

438 Cfr. art. 17.º-E, n. 4 do CIRE.

439 Art. 17º-E, n. 9, al. a) do CIRE.

440 Art. 17.º-E, n. 3 do CIRE.

quanto à espécie ou tipo de ações executivas consoante o seu fim[441]: pagamento de quantia certa, entrega de coisa certa ou prestação de um facto, quer positivo quer negativo[442].

Maria do Rosário Epifânio[443], partindo do conceito lato ou civilista de "crédito" (correspondente ao lado ativo de uma relação obrigacional, que se traduz no direito de exigir a realização de uma prestação de coisa, designadamente quantia em dinheiro, ou de facto, positivo ou negativo), entende que estão em causa quaisquer ações executivas para a cobrança de créditos instauradas ou a instaurar contra a empresa devedora por considerar que "o objetivo da paralisação de ações executivas (suspendo das ações em curso e proibição de propositura de novas) seria seriamente comprometido perante outra leitura".

David Sequeira Dinis[444], partindo de uma conceção restrita do termo "créditos", não comunga da mesma opinião, considerando que a solução adotada "abrange apenas as ações executivas para pagamento de quantia certa (e as demais execuções sempre e quando se verifique a conversão das mesmas nos termos previstos nos artigos 867º ou 869º do Código de Processo Civil)". Para o autor, o sentido da expressão "cobrança de créditos" aponta somente para as ações executivas para pagamento de quantia certa. Partilhamos da mesma opinião.

Desde logo, no uso corrente e imediato, a expressão de "cobrança de créditos" significa o mesmo que "cobrança de dívidas". São expressões de uso equivalente na prática jurídica, em especial no que respeita à cobrança de dívidas ou de créditos, consoante o foco incida sobre a posição do devedor ou do credor.

Essa equivalência é, aliás, reconhecida e confirmada pelo próprio legislador. Tanto no Preâmbulo, como no corpo do Decreto-Lei nº 218/99, de 15 de junho, as expressões "cobrança de créditos" e "cobrança de dívidas", provenientes da prestação de cuidados de saúde, são utilizadas como sinónimos. Também no Decreto-Lei nº 194/92, de 8 de setembro,

441 Quanto à espécie ou tipo de ação executiva, José Lebre de Freitas, *A Ação Executiva à luz do Código de Processo Civil de 2013*, 7ª Ed., Gestlegal, Coimbra. 2017, p. 16-18; Marco Carvalho Gonçalves, *Lições de Processo Civil Executivo*, 4ª Ed., Edições Almedina, Coimbra, 2022, p. 28-32.

442 Art. 10º, n. 6 do CPC.

443 *Manual de Direito da Insolvência*, 8ª Ed., cit., p. 456-457.

444 «Stand-still, cláusulas ipso facto e new money após a transposição da Diretiva», cit., p. 44-45.

tais expressões surgem com o mesmo significado. O mesmo se passa no Decreto-Lei nº 400/93 de 3 de dezembro, onde se fala em "cobrança coerciva de créditos" relativamente ao não pagamento das contribuições devidas à Segurança Social. É possível também retirar aquela equivalência do art. 31º da Lei nº 77/2013, de 21 de novembro, quando se diz que "à cobrança coerciva de taxas ou outras quantias devidas à CAAJ aplica-se o processo de cobrança coerciva dos créditos do Estado". Significado idêntico resulta do Decreto-Lei nº 433/99, de 26 de outubro, referente à cobrança de dívidas ou créditos tributários.

Depois, todo o contexto histórico-legislativo que precedeu a elaboração da Lei nº 9/2022, de 11 de janeiro, aponta para a ideia de cobrança de uma dívida pecuniária (ou quantia certa)[445]. Na Exposição de Motivos da Proposta de Lei nº 115/XIV/3ª diz-se expressamente que se pretendeu clarificar que estão em causa as ações executivas contra a empresa para cobrança de créditos durante as negociações, mas a verdade é que a clarificação cabal não é apresentada. A dada altura fala-se em "ações executivas para cobrança de créditos de trabalhadores". Neste caso, dúvidas não existem de que o legislador estaria a pensar em ações executivas para pagamento de quantia certa. Se a isto juntarmos toda a discussão doutrinária e jurisprudencial que precedeu o novo texto legal[446] em torno da expressão "quaisquer ações para cobrança de dívida", aqui se incluindo, para uma parte significativa da doutrina e jurisprudência, as ações declarativas de condenação e certas providências cautelares. Aquela expressão "quaisquer ações para cobrança de dívida" deu lugar à expressão "quaisquer ações executivas contra a empresa para cobrança de créditos".

Diante disto, fica patente que o legislador quis excluir do âmbito da "suspensão" outro tipo de ações. A letra e a razão de ser do atual art. 17º-E, n. 1 do CIRE não permitem ao intérprete colher outro significado. Estamos perante um caso em que devemos presumir que o legislador consagrou a solução mais acertadas[447]. Não podemos perder de vista que

[445] Neste sentido, David Sequeira Dinis, «Stand-still, cláusulas ipso facto e new money após a transposição da Diretiva», cit., p. 44-46.

[446] Ver, designadamente, Catarina Serra, *Lições de Direito da Insolvência,* 2ª Ed., cit., p. 397-399; e Luís Menezes Leitão, *Código da Insolvência e Recuperação de Empresas Anotado,* cit., p. 89-91.

[447] Art. 9º, n. 1 a 3 do CC.

o objetivo da recuperação não justifica uma paralisação total e absoluta. Como refere Catarina Serra[448], "as limitações aos poderes naturais ou habituais dos credores (...) só devem produzir-se na medida do necessário para a realização do fim da recuperação, não estando autorizadas medidas que importem mais sacrifícios do que aquilo que é necessário".

Quanto aos efeitos protetores sobre os processos de insolvência da empresa devedora, a nova redação não acarreta uma solução diferente da anterior. O objetivo do legislador continua a ser o de impedir a declaração de insolvência em ações iniciadas não pela empresa devedora (sobre a qual recai um dever de apresentação quando exista uma situação de insolvência atual[449]), mas por outros legitimados, nos termos do art. 20º do CIRE, onde se incluem qualquer credor e o Ministério Público (por quem a insolvência da empresa devedora pode ser requerida). Quer tenha sido requerida antes do início do período de suspensão (art. 17º-E, n. 9, al. a) do CIRE), quer tenha sido requerida durante o período de suspensão (art. 17º-E, n. 9, al. a) do CIRE), a empresa devedora não será declarada insolvente enquanto perdurarem os efeitos protetores, isto é, durante o período máximo de quatro meses[450].

No que respeita aos efeitos sobre contratos, o legislador português abandonou a solução introduzida pelo Decreto-Lei nº 79/2017, de 30 de junho, que obstava à suspensão da prestação de serviços públicos essenciais. Numa tentativa de importar a solução constante na Diretiva (UE) 2019/1023, diz-se agora no art. 17º-E, n. 10 do CIRE que durante o período de suspensão "os credores não podem recusar cumprir, resolver, antecipar ou alterar unilateralmente contratos executórios essenciais em prejuízo da empresa, relativamente a dívidas constituídas antes da suspensão, quando o único fundamento seja o não pagamento das mesmas"[451]. Acrescenta-se ainda no atual art. 17º-E, n. 13 do CIRE que "[é] nula a cláusula contratual que atribua ao pedido de abertura de um processo especial de revitalização, à abertura de um processo especial de revitalização, ao pedido de prorrogação da suspensão das medidas de execução ou à sua concessão o valor de uma condição resolutiva do

[448] *Lições de Direito da Insolvência*, 2ª Ed., cit., p. 401.

[449] Art. 18º do CIRE.

[450] Art. 17º-E, n. 1 e 2 do CIRE.

[451] Art. 17º-E, n. 10 do CIRE.

negócio ou confira, nesse caso, à parte contrária um direito de indemnização, de resolução ou de denúncia do contrato"[452-453].

As principais dúvidas colocam-se em torno do significado da expressão "contratos executórios essenciais", das proibições associadas, e do alcance das cláusulas contratuais feridas de nulidade *ipso facto.*

Respondendo à primeira questão, importa referir que o legislador português consagra no art. 17º-E, n. 11 do CIRE a definição constante no art. 7º, n. 4 da Diretiva (UE) 2019/1023, mas, fundamentalmente, substitui a expressão "... contratos executórios que sejam necessários...", pela expressão "...contratos de execução continuada necessários...". Alguma doutrina tem-se interrogado sobre o alcance desta alteração e todos são unânimes em reconhecer que o legislador se expressou mal[454]. O problema reside exatamente na definição que é apresentada, em particular na expressão "contratos de execução continuada".

É consabido que contratos de execução continuada, *rectius* as prestações de execução continuada são uma subespécie das obrigações duradouras que, quanto ao tempo da sua realização, se distinguem das instantâneas e das fracionadas[455]. As obrigações duradouras caracterizam-se pelo facto de a sua realização se projetar e protelar no tempo, "tendo a duração temporal da relação creditória influência decisiva na conformação global da prestação"[456]. Dentro desta modalidade existem as prestações de execução continuada e as prestações reiteradas, perió-

[452] Art. 17º-E, n. 10 do CIRE.

[453] Note-se que anteriormente o art. 119º do CIRE já dispunha sobre as cláusulas *ipso facto.* O legislador português tratou não só de estender este tipo de solução para o âmbito do PER, como também para reformular a solução que vigora para o processo de insolvência, fazendo agora constar nos n. 2 e 3 o seguinte: "2 – É, em particular, nula a cláusula que atribua à declaração de insolvência de uma das partes o valor de uma condição resolutiva do negócio ou confira, nesse caso, à parte contrária um direito de indemnização, de resolução ou de denúncia em termos diversos dos previstos no presente capítulo. 3 – É lícito às partes atribuírem a quaisquer situações anteriores à declaração de insolvência os efeitos previstos no número anterior.

[454] Neste sentido, David Sequeira Dinis, «Stand-still, cláusulas ipso facto e new money após a transposição da Diretiva», cit., p. 53-55; Higina Castelo, «Contratos executórios e cláusulas *ipso facto* no âmbito do PER», cit., p. 833-836; e Maria do Rosário Epifânio, *Manual de Direito da Insolvência,* 8ª Ed., cit., p. 467.

[455] João Antunes Varela, *Das Obrigações em Geral,* Vol. I, cit., p. 92.

[456] *Ibidem.*

dicas ou com trato sucessivo[457]. Constituem exemplos típicos de prestações de execução continuada, nomeadamente o fornecimento de água, energia elétrica, gás natural e gases de petróleo liquefeitos canalizados, e comunicações eletrónicas. Estão em causa prestações cuja realização ou cumprimento se prolonga continuamente no tempo, enquanto as outras prestações (reiteradas, periódicas ou com trato sucessivo) se renovam ou renascem, através de prestações singulares sucessivas, em períodos consecutivos[458].

Pergunta-se: será que o legislador português tinha em mente o conceito jurídico de obrigação ou prestação de execução continuada ou será que tinha em mente outro conceito?

Na Exposição de Motivos da Proposta de Lei nº 115/XIV/3ª diz-se expressamente o seguinte: "[a]larga-se o conceito de contratos executórios essenciais, abrangendo não só os serviços públicos essenciais, mas todos os contratos de execução continuada que sejam necessários à continuação do exercício corrente da atividade da empresa". Percebe-se que o legislador tem em mente, por um lado; qualquer categoria de contrato, desde que o mesmo esteja em curso ("em execução"), isto é, que as partes tenham ainda obrigações a cumprir[459]; e, por outro lado, que o contrato seja necessário à continuação do exercício corrente da atividade da empresa, ou dito pela negativa, cuja interrupção ou suspensão levaria à paralisação das atividades do devedor ou causaria problemas sérios. Portanto, excluem-se do conceito, os contratos já cumpridos e os contratos em execução que não sejam necessários continuação do exercício corrente da atividade da empresa.

Esta noção corresponde, como se disse, à definição apresentada pelo legislador europeu no art. 2º, n, 1, 5) e no art. 7º, n. 4 da Diretiva (UE) 2019/1023, e que tem na sua base o conceito inglês de *"executory contracts"*. Como explicam Bob Wessels e Stephan Madaus[460], no quadro da recuperação preventiva, só é necessário proteger ou cuidar da continuação dos contratos se as partes ainda não tiverem cumprido integralmente as suas obrigações quando o processo de recuperação

[457] *Idem*, p. 92-93.

[458] *Idem*, p. 93.

[459] Bob Wessels / Stephan Madaus, *Rescue of Business in Insolvency Law*, cit., p. 232.

[460] *Ibidem.*

for iniciado. Nessa conformidade, temos que concluir que as expressões "... contratos executórios que sejam necessários..." e "...contratos de execução continuada necessários..." têm um sentido e alcance equivalentes.

Quanto às proibições associadas à disciplina dos contratos executórios, limitam-se os poderes de os credores, durante o período de suspensão, incumprirem, resolverem, anteciparem ou alterarem unilateralmente os contratos em execução que sejam essenciais à continuação do exercício corrente da atividade da empresa relativamente a dívidas constituídas antes da suspensão, quando o único fundamento seja o não pagamento das mesmas[461]. A este respeito, socorremo-nos dos ensinamentos de Maria do Rosário Epifânio[462] para esclarecer que "estão vedadas aos credores as faculdades de tutela dos respetivos créditos, genericamente reconhecidas na lei", incluindo qualquer forma de extinção, incumprimento, alteração, exigibilidade antecipada das obrigações resultantes da relação contratual.[463]

Relativamente ao tipo de cláusulas contratuais abrangidas pelo n. 13 do art. 17º-E, denominadas cláusulas *ipso facto*, importa desde logo perceber que a expressão latina significa literalmente "pelo próprio fato" e no direito contratual significa que "por mero efeito de um ato ou fato" uma determinada cláusula produzirá certos efeitos ou confere à parte beneficiária a possibilidade de exercer determinados direitos. Este tipo de cláusula permite, normalmente, a uma parte (a que pretende beneficiar da sua previsão) resolver ou modificar o contrato, ou exigir o pagamento antecipado em caso de incumprimento da outra parte ou perante ocorrência de outros eventos especificados no contrato[464].

[461] Art. 17º-E, n. 10 e 11 do CIRE.

[462] *Manual de Direito da Insolvência,* 8ª Ed., cit., p. 465-466

[463] Neste sentido, HIGINA CASTELO («Contratos executórios e cláusulas *ipso facto* no âmbito do PER», cit., p. 831-860), defendendo que "[a] nova disciplina consiste, no essencial, em que durante o período de suspensão das medidas de execução, os credores não podem recusar cumprir, resolver, antecipar ou alterar unilateralmente contratos executórios [leia-se, 'contratos em curso de execução'] essenciais em prejuízo da empresa, relativamente a dívidas constituídas antes da suspensão, quando o único fundamento seja o não pagamento das mesmas."

[464] Neste sentido, JANIS SARRA / JENNIFER PAYNE / STEPHAN MADAUS, «The promise and perils of regulating ipso facto clause», *International Insolvency Review*, Vol. 31, Nr. 1, 2022, p. 46-47

Como facilmente se pode intuir, a principal problemática da inclusão deste tipo de cláusula no âmbito dos instrumentos pré-insolvenciais de recuperação de empresas prende-se com o facto de as partes potencialmente afetadas (normalmente, as empresas devedoras[465]) não disporem de qualquer poder para evitar a consequência prevista, tendo apenas por base no fato de terem solicitado o recurso a tais instrumentos[466]. Donde resulta que as partes afetadas ficam numa posição de sujeição, pouco ou nada podendo fazer para afastar as consequências previstas.

Comparando a solução europeia com a solução portuguesa são visíveis várias diferenças.

Começando pelo modo como se procura "paralisar ou inutilizar" os efeitos daquele tipo de cláusulas, o legislador nacional considera que é de todo inadmissível a inclusão da cláusula em causa por estar ferida de um vício intrínseco e, por isso, considera-a nula. Donde resulta que a mesma fica sem efeito, não produzindo, *ex tunc*, desde o início e para o futuro, os efeitos que produziria se fosse válida *(quod nullum est nullum producit effectum)*[467]. O legislador europeu parece dizer menos: basta que os credores não possam ou não sejam autorizados a invocar tal cláusula. Neste caso, poderíamos estar a falar apenas de ineficácia, que não conduz necessariamente à falta total de efeitos, mas exclui ou suspende, *ipso jure*, de forma parcial ou total, a produção de efeitos relativamente a certas situações jurídicas[468].

Depois, o legislador europeu refere-se expressamente às cláusulas *ipso facto* relativas a "contratos executórios" no sentido que já clarificamos. O legislador português não menciona qualquer tipo de contrato, pelo que tende a abranger qualquer tipo de contrato com cláusulas que se enquadram na proibição prevista no art. 17º-E, n. 13 do CIRE[469].

[465] Como vimos, é esta hipótese que o legislador tem em mente, como resulta do Considerando (40) e do art. 7º, n. 5 da Diretiva (UE) 2019/1023.

[466] Neste sentido, Tomáš Richter, «Article 7 – Consequences of the stay of individual enforcement actions», *European Preventive Restructuring, Directive (EU) 2019/1023, Article-by-Article Commentary*, C. H. Beck, München, 2021, p. 125-136.

[467] Carlos Ferreira de Almeida, «Invalidade, inexistência e ineficácia», *Católica Law Review*, Vol. I, Nr. 2, 2017, p. 19 s.

[468] *Idem*, p. 26-30.

[469] Neste sentido, David Sequeira Dinis, «Stand-still, cláusulas ipso facto e new money após a transposição da Diretiva», cit., p. 55; e Higina Castelo, «Contratos executórios e cláusulas *ipso facto* no âmbito do PER», cit., p. 852.

É notória ainda a diferença existente quanto ao tipo de "impedimentos" ou "proibições" que recaem sobre as cláusulas *ipso facto* em causa. Ao nível europeu determina-se que os credores não podem invocar tais cláusulas para "recusar a cumprir", "resolver, antecipar ou, de qualquer outra forma, alterar contratos executórios". Em Portugal utiliza-se uma formulação equívoca ("...cláusula contratual que atribua... valor de uma condição resolutiva do negócio ou confira, nesse caso, à parte contrária de um direito de indemnização, de resolução ou de denúncia do contrato") para se dizer que estão em causa quatro situações distintas: condições resolutivas[470], cláusulas indemnizatórias, resolução ou denúncia[471]. O legislador europeu não inclui condições resolutivas (em sentido próprio[472]), nem fala em cláusulas indemnizatórias. O legislador nacional, por sua vez, não faz qualquer menção à recusa de cumprimento, à antecipação, nem à alteração.

Salta ainda à vista que o legislador europeu dispõe apenas sobre a hipótese em que um credor está impedido de invocar uma cláusula *ipso facto* contra a empresa devedora[473]. No art. 17º-E, n. 13 do CIRE existe um silêncio absoluto quanto a este aspeto, o que nos obriga a questionar se um credor está impedido de invocar uma cláusula *ipso facto* de sentido equivalente, abstratamente violadora da referida norma, que esteja inserida num contrato celebrado com uma parte que não assume a posição

[470] A que aludem os art. 270º a 277º do CC.

[471] Neste sentido, Higina Castelo, «Contratos executórios e cláusulas *ipso facto* no âmbito do PER», cit., p. 852.

[472] Como refere Higina Castelo («Contratos executórios e cláusulas *ipso facto* no âmbito do PER», cit., p. 857), "diferente da «condição resolutiva» (que... estipula que a ocorrência de dado acontecimento futuro, incerto e externo à prestação implica, pela sua mera ocorrência, a resolução do contrato) é a «cláusula resolutiva». Esta é também uma estipulação ou cláusula contratual, mas que determina que o incumprimento (ou o incumprimento com certas características) de uma das partes confere à outra o direito potestativo de resolver o contrato. O que conduz à ativação de uma cláusula resolutiva é um efeito contratual indesejado, em regra o incumprimento da prestação. Como acima referido, o incumprimento contratual nunca pode ser o evento condicionante previsto numa condição resolutiva, sobretudo porque não é evento externo ao contrato. Quer as condições resolutivas, quer as cláusulas resolutivas (expressas) caem, em geral, na esfera da liberdade contratual das partes, exceto quando contrárias à norma imperativa, como é o caso daquela que nos ocupa e que a ambos os tipos de cláusula se reporta."

[473] Tal como resulta claramente do Considerando (40) e do art. 7º, n. 5 da Diretiva (UE) 2019/1023.

devedora no âmbito do PER, mas antes de parte credora relativamente ao devedor comum. Outra hipótese imaginável é a seguinte: pode a própria empresa devedora invocar uma cláusula *ipso facto* de sentido equivalente, abstratamente violadora da referida norma, com o objetivo de, no âmbito do PER, pedir uma indemnização ao credor ou resolver, por sua iniciativa, o contrato?

Parece-nos que estas hipóteses extravasam claramente a *ratio* da norma. A Exposição de Motivos da Proposta de Lei nº 115/XIV/3ª confirma-o quando diz expressamente que a finalidade passa por proteger a empresa, à semelhança do disposto no artigo 119º do CIRE. O silêncio da lei dá azo a que se possa incluir mais do que aquilo que o legislador pretendeu dizer. Como tal, impõe-se fazer uma interpretação restritiva no sentido de se incluir no âmbito do art. 17º-E, n. 13 do CIRE apenas a situação em que um credor está impedido de invocar uma cláusula *ipso facto* contra a empresa devedora. As demais hipóteses, podem ser cobertas, eventualmente, pelo instituto do abuso de direito, sempre que a invocação daquele tipo de cláusula exceda manifestamente os limites impostos pela boa-fé, pelos bons costumes ou pelo fim social e económico desse direito.

Por último, também se verifica que duas das quatro situações previstas no art. 17º-E, n. 13 do CIRE não são (totalmente) coincidentes com as hipóteses previstas no art. 7º, n. 5 da Diretiva. São coincidentes quanto ao pedido de abertura e à abertura de um processo de reestruturação preventiva, mas distanciam-se (aparentemente) quanto às outras duas hipóteses. Em vez da referência ao "pedido e à concessão de suspensão das medidas de execução", na norma nacional fala-se em "pedido de prorrogação da suspensão das medidas de execução ou à sua concessão". Bem se entende que assim seja, uma vez que a produção dos efeitos protetores (o início do período de suspensão) acontece de forma automática com a prolação do despacho de nomeação do administrador judicial provisório. Apenas a prorrogação carece de pedido fundamentado e objeto de apreciação judicial casuística.

Poder-se-á questionar se as quatro hipóteses previstas no art. 17º-E, n. 13 do CIRE correspondem a um elenco fechado ou se é possível alargar o âmbito da norma a outras situações ou eventos que ocorram ou possam ocorrer no âmbito do PER. David Sequeira Dinis[474] considera

[474] «Stand-still, cláusulas ipso facto e new money após a transposição da Diretiva», cit., p. 55.

"que estes e só estes eventos estão banidos pelo legislador", sendo válidas "cláusulas que permitam a resolução contratual com outros motivos". Temos dificuldade em acompanhar este entendimento porque o âmbito da norma está circunscrito ao PER. Estando circunscrito ao PER, bastaria que uma determinada cláusula contratual estabelecesse que o pedido de abertura do PER e a existência do período de suspensão seriam em si razões suficientes para produzir um resultado indesejado, para que estivesse ferida de nulidade.

Perante estas e outras discrepâncias apontadas, existe uma de duas vias interpretativas possíveis, consoante a Diretiva dê ou não margem aos Estados-Membros para dispor de modo diferente, ou para dizer menos do que é imposto na Diretiva. Salta à vista que o legislador europeu se manifesta de forma perentória e impositiva no art. 7º, n. 5 da Diretiva (UE) 2019/1023. Portanto, na procura do melhor significado, o intérprete deverá procurar o sentido conforme a Diretiva europeia[475]. Perante as imprecisões do legislador nacional, o art. 17º-E, n. 13 do CIRE terá que ser interpretado em sentido próximo do disposto no art. 7º, n. 5 da Diretiva (UE) 2019/1023, em conjugação com o Considerando (40).

Se a *ratio* da lei é, como parece ser (à luz de uma interpretação conforme a Diretiva), a de evitar que a resolução antecipada tenha impacto negativo na empresa devedora e no êxito da sua recuperação[476], devemos admitir que objetivo do legislador é o de impedir que certos credores (financeiros e fornecedores) fiquem habilitados a resolver os contratos (de crédito ou de fornecimento) unicamente com base na circunstância de a empresa devedora ter solicitado (ou iniciado) a aplicação de medidas de reestruturação preventiva para negociar um plano de recuperação preventiva e obter a suspensão das medidas de execução[477]. Temos por certo que "a resolução antecipada põe em perigo a capaci-

[475] Como sublinha Fausto de Quadros (*Direito da União Europeia*, 3ª Ed., Edições Almedina, Coimbra, 2015, p. 620-621) "o ato nacional de transposição da diretiva deve respeitar integralmente esse resultado e, quando transponha de modo errado ou insuficiente a diretiva, tem sempre de ser interpretado, pelos órgãos nacionais de interpretação e aplicação do Direito, em sentido conforme com a diretiva que se pretende transpor (...). Isto significa que o particular tem o direito de exigir, perante os órgãos estaduais competentes, a aplicação da diretiva, não no sentido que a esta for dado pelo ato de transposição, mas no sentido que, de facto, resulte da letra e do espírito da diretiva.

[476] Considerando (40) da Diretiva (UE) 2019/1023.

[477] Considerando (40) da Diretiva (UE) 2019/1023.

dade de uma empresa para continuar em atividade durante as negociações sobre a reestruturação, em especial estando em causa contratos de prestação de serviços essenciais como o abastecimento de gás, eletricidade ou água, telecomunicações e serviços de pagamento por cartão"[478].

No que respeita aos efeitos sobre os prazos, mantém-se a solução anterior[479], suspendendo-se todos os prazos de prescrição e de caducidade oponíveis pela empresa devedora que estejam em curso no momento em que se inicia o período de suspensão até ao término deste[480]. Após o término daquele período, tais prazos continuam a sua contagem a partir do exatamente em que estavam quando se iniciou o período de suspensão.

Nessa medida, a determinação do período inicial e do período final são relevantes para apurar o tempo durante o qual os prazos tiveram suspendidos e, assim, o momento a partir do qual continua a contar. Na versão anterior, o momento inicial coincidia com a decisão de nomeação do administrador judicial provisório e o momento final com a prolação dos despachos de homologação ou de não homologação[481]. Na versão atual, o momento inicial continua a coincidir com a decisão de nomeação do administrador judicial provisório, a partir do qual se inicia a contagem do período de suspensão de quatro ou cinco meses[482]. O momento final coincide exatamente com o fim do período ordinário de suspensão (quatro meses) ou do período suplementar de suspensão (mês adicional), salvo se quanto a este o juiz decidir levantar a suspensão antes do seu termo.[483] [484].

No RERE, por seu turno, estabelecem-se limitações, de alguma forma, semelhantes às previstos no PER, na versão anterior à entrada em vigor da Lei nº 9/2022, de 11 de janeiro, mas com um alcance, tendencialmente, mais limitado por força da sua natureza voluntária e extrajudicial[485].

[478] Considerando (41) da Diretiva (UE) 2019/1023.

[479] Art. 17º-E, n. 7 do CIRE, na versão anterior à entrada em vigor da Lei nº 9/2022, de 11 de janeiro.

[480] Art. 17º-E, n. 1, 2 e 9 do CIRE.

[481] Art. 17º-E, n. 7 do CIRE, na versão anterior à entrada em vigor da Lei nº 9/2022, de 11 de janeiro.

[482] Art. 17º-E, n. 9, al. c) do CIRE.

[483] Art. 17.º-E, n. 3 do CIRE.

[484] *Ibidem.*

[485] Ver, por exemplo, Catarina Serra, *Regime Extrajudicial de Recuperação de Empresas – Análise (e) Crítica*, cit., p. 94-103; e Luís Menezes Leitão, *A Recuperação Económica dos Devedores*, cit., p. 47-52.

Relativamente aos efeitos protetores sobre processos judiciais, importa referir, em primeiro lugar, que prevalece o princípio da autonomia quanto à definição dos efeitos sobre os processos judiciais em curso ou a instaurar, podendo as partes decidir quanto aos mesmos, designadamente se optam por efeitos de natureza suspensiva ou extintiva, conforme se pode extrair de uma leitura conjugada do disposto no art. 4º e no art. 11º, nº 1 e 2 do RERE. Assim, vale o princípio de que os efeitos acordados vinculam apenas os sujeitos que derem o seu consentimento. Porém, estabelece-se uma restrição: os participantes só não são livres de definir os efeitos processuais respeitantes aos processos de insolvência iniciados a pedido dos credores participantes. Nesta hipótese, a participação ou adesão do credor requerente no protocolo de negociação determina a imediata suspensão do processo de insolvência, caso esta não tenha sido ainda declarada[486].

Quanto aos chamados efeitos substantivos[487], determina-se que os prestadores de serviços essenciais, os mesmos que eram identificados no PER, na versão anterior à entrada em vigor da Lei nº 9/2022, de 11 de janeiro, fiquem impedidos de resolver os contratos em curso por dívidas relativas a serviços prestados em momento anterior ao depósito do protocolo de negociação[488]. Esta proibição conhece, porém, várias limitações, de ordem temporal e material. Temporalmente diz-se que os participantes podem alongar ou encurtar a duração de referência que é de três meses[489], assumindo, assim, uma maior flexibilidade comparativamente com a solução que constava no PER. Estipula-se ainda que tal proibição fica condicionada ao bom pagamento dos serviços que forem prestados durante as negociações, isto é, durante a suspensão[490].

Por fim, refira-se que no RERE não se estabelece qualquer suspensão automática de prazos de prescrição ou caducidade oponíveis pela empresa devedora. Não obstante, as partes dispõem ainda de alguma autonomia ou liberdade para modificar ou estabelecer determinadas regras relativas a prazos de prescrição ou caducidade, podendo, designada-

[486] Art- 17º-E, n. 1 do CIRE.

[487] Catarina Serra, *Regime Extrajudicial de Recuperação de Empresas – Análise (e) Crítica*, cit., p. 98-102.

[488] Art. 12º, nº 1 do RERE.

[489] Art. 12º, nº 3 do RERE.

[490] Art. 12º, nº 4 do RERE.

mente, renunciar à prescrição e convencionar casos especiais de caducidade, contando que não contrarie norma legal imperativa, tal como resulta do disposto nos arts. 300º e s. do CC.

5. Limites à prática de atos de especial relevo pela empresa devedora

Como contrapeso às limitações impostas aos credores, ou em troca do apoio que é pedido aos credores[491], procura-se "condicionar" e/ou "controlar" parcial e temporariamente, a atividade da empresa devedora[492]. Desse modo, enquanto durar o período de suspensão, a empresa devedora, por um lado, mantém o "controlo total ou pelo menos parcial

[491] Catarina Serra («Emendas à (lei da insolvência) portuguesa: primeiras impressões", *Direito das Sociedades em Revista,* Ano 4, Vol. 7, 2012, p. 130) adverte, no entanto, que a transferência do poder de decisão relativamente a atos de especial relevo para a esfera do administrador judicial poderá prejudicar, mais do que a facilitar, o bom curso e o êxito do processo de recuperação.

[492] Na vigência da anterior solução, Madalena Perestrelo de Oliveira (*«Regime de Proteção do "Dinheiro Novo" no PER», cit.*, p. 46-47), assumindo que a não aprovação ou recusa de homologação do acordo de recuperação faria com que o crédito relativo ao financiamento concedido durante as negociações fosse qualificado como crédito comum (ou, eventualmente, até subordinado, e não como privilegiado), considera que existe um risco considerável associado à concessão de financiamento intercalar, o que poderá desincentivar fortemente a sua concessão. Por isso, a autora defendia que seria preferível que o legislador esclarecesse qual seria o regime do financiamento intercalar, em particular se o seu caráter privilegiado estaria ou não dependente de aprovação e homologação do plano de revitalização. A autora proponha a consagração de um regime similar ao que existia no revogado CPEREF em que, caso existisse um parecer favorável da comissão de credores e o juiz considerasse que o financiamento era concedido no interesse simultâneo da empresa e dos credores, poderiam os créditos daí resultantes ser considerados privilegiados, mesmo que o plano não viesse a ser aprovado. Jorge Morais Carvalho / Maria Jerónimo («As garantias dos novos financiamentos», cit., p. 284.), apoiados no disposto no art. 2º, n. 11 e 12 da Proposta de Diretiva, propunham que os apoios concedidos antes da homologação judicial deveriam ser protegidos se fossem justificadas e imediatamente necessários para o funcionamento ou sobrevivência da empresa devedora, bem como para a preservação ou valorização da mesma. No art. 17º, nº 2, da Diretiva (UE) 2019/1023 prevê-se a possibilidade de o financiamento intercalar estar sujeito a um controlo *ex ante,* a realizar por um profissional no domínio da reestruturação, por uma comissão de credores ou por uma autoridade administrativa ou judicial (Considerando (68) da referida Diretiva). Catarina Serra («Enquadrar a recuperação das PME...», cit., p. 481-482) critica o legislador português por (continuar a) não definir um procedimento de controlo adequado a adotar no que respeita aos atos de especial relevo, salvaguardando aqueles que sejam razoáveis e imediatamente necessárias para a continuação da atividade da empresa, e afastando outros que sejam abusivos.

dos seus ativos e do exercício corrente da sua atividade"[493] e, por outro lado, fica impedida de praticar atos de especial relevo, salvo se obtiver autorização de uma entidade administrativa ou profissional no domínio da insolvência[494].

A proibição (relativa) de praticar atos de especial relevo não é nova no nosso ordenamento jurídico. O art. 161º do CIRE incide exatamente sobre a matéria, mas no contexto do processo de insolvência. Depois, desde a sua primeira versão[495] que o PER prevê expressamente que durante o período de suspensão a empresa devedora fica impedida de praticar atos de especial relevo, tal como definidos no referido artigo 161º, sem que previamente obtenha autorização para a realização da operação pretendida por parte do administrador judicial provisório, sob pena de serem declarados inválidos e ineficazes e/ou poderem ser resolvidos em benefício da massa em caso de posterior insolvência[496].

O regime consagrado no PER não sofreu alterações. A autorização para a prática de atos de especial relevo deve ser requerida por escrito pela empresa, dirigida ao administrador judicial provisório, que deverá conceder a autorização pela mesma forma no prazo de cinco dias, devendo, sempre que possível, recorrer-se a comunicações eletrónicas. A falta de resposta do administrador judicial provisório ao pedido formulado pela empresa corresponde à declaração de recusa de autorização para a realização do negócio pretendido.[497]

Também no RERE se regula esta matéria. Porém, não estando prevista a intervenção do administrador judicial ou de outra figura equivalente, isto é, não sendo possível solicitar a autorização a uma entidade independente, diz-se que o "devedor fica obrigado a manter o curso normal do seu negócio e a não praticar atos de especial relevo, tal como definidos nos nºs 2 e 3 do artigo 161º do CIRE, exceto se previstos no

[493] Considerando (30) e art. 5º, n. 1 da Diretiva (UE) 2019/1023.

[494] Art. 17º-E, n. 5 a 8 do CIRE.

[495] Introduzida pela Lei nº 16/2012, de 20 de Abril.

[496] Neste sentido, por exemplo, Luís Carvalho Fernandes / João Labareda, *Código da Insolvência e Recuperação de Empresas Anotado*, cit., p. 167; Maria do Rosário Epifânio, *Manual de Direito da Insolvência*, cit., p. 433; e Miguel Pestana de Vasconcelos, *Recuperação de empresas: o processo especial de revitalização*, cit., p. 101-102.

[497] Art. 17º-E, n. 6 a 8 do CIRE.

referido protocolo ou se previamente autorizados por todos os credores, diretamente ou através do comité de credores".

A sintonia entre regimes é reflexo do sexto Princípio Orientador[498], aplicável tanto ao PER como ao RERE, onde se estabelece que "[d]urante o período de suspensão, o devedor compromete-se a não praticar qualquer ato que prejudique os direitos e as garantias dos credores (conjuntamente ou a título individual), ou que, de algum modo, afete negativamente as perspetivas dos credores de verem pagos os seus créditos, em comparação com a sua situação no início do período de suspensão"[499].

O ponto central do regime prende-se com o entendimento sobre o que são atos de especial relevo. Para o efeito há que atender ao disposto nos n. 2 e 3 do art. 161º do CIRE[500].

Catarina Serra[501] observa, com razão, que "nem sempre será fácil saber se um ato é ou não de especial relevo". Para qualificação de um ato como de especial relevo, a cláusula geral do n. 2 tem por base dois parâmetros: os riscos envolvidos e as suas repercussões. No caso do PER as repercussões incidem especialmente sobre perspetivas de satisfação dos credores e à suscetibilidade de recuperação da empresa devedora. No n. 3 apresenta-se um elenco exemplificativo de atos de especial relevo, destacando-se os seguintes: a venda da empresa, de estabelecimentos ou da totalidade das existências; a alienação de bens necessários à continuação da exploração da empresa; a alienação de participações noutras sociedades destinadas a garantir o estabelecimento com estas de uma relação duradoura; a aquisição de imóveis; a celebração de novos

[498] Anexo à Resolução do Conselho de Ministros 43/2011, de 25 de outubro

[499] Esta disposição encontra apoio no *Third Principle* consagrado na "*Statement of Principles...*", onde se dispõe que durante o período de suspensão *(standstill period)*, o devedor não deve praticar nenhum ato que possa afetar negativamente a expectativa de satisfação dos credores relevantes em comparação com a posição na data de início de suspensão.

[500] De acordo com o disposto no art. 161º, n. 2 do CIRE, na qualificação de um ato como de especial relevo atende-se aos riscos envolvidos e às suas repercussões sobre a tramitação ulterior do processo, às perspetivas de satisfação dos credores da insolvência e à suscetibilidade de recuperação da empresa. No n. 3 do referido diploma exemplificam-se algumas situações, designadamente, a venda da totalidade ou parte da empresa, a alienação de bens necessários à continuação da exploração da empresa, a alienação de participações noutras sociedades destinadas a garantir o estabelecimento com estas de uma relação duradoura, a aquisição de imóveis e a celebração de novos contratos de execução duradoura.

[501] *Lições de Direito da Insolvência*, cit., p. 357.

contratos de execução duradoura; e a assunção de obrigações de terceiros e a constituição de garantias.

Podemos encontrar outro elenco exemplificativo no comentário ao terceiro princípio da *Statement of Principles* da *INSOL International*, onde se referem as seguintes situações: constituir garantias, pagar indemnizações e assumir encargos a favor dos credores (ou terceiros) não participantes; transferir ativos ou valores relevantes; vender ativos a terceiros a um preço subvalorizado ou a credores que, devido *à* existência do crédito, *não os paguem*; praticar qualquer ato que desvalorize o ativo ou reduza o valor da sua atividade de modo a diminuir as perspetivas de reembolso aos respetivos credores; contrair novos empréstimos; e recurso ao *factoring* ou *leasing* para obter novos financiamentos.

Resta saber o que acontece se forem praticados atos de especial relevo sem autorização do administrador judicial (no caso do PER) ou dos credores (no caso do RERE e de qualquer instrumento informal e extrajudicial de recuperação de empresas). Estando em causa a prática de um ato sem a autorização legalmente exigida, a consequência será a ineficácia, sendo excluída a produção de efeitos[502].

Maria do Rosário Epifânio[503], apoiando-se na solução consagrada no art. 155º, n. 2, do CPEREF[504], critica a ausência de um mecanismo de ratificação dos atos praticados pela empresa em violação da proibição legal, caso o administrador judicial entendesse existir interesse para a recuperação da mesma. Em todo o caso, como refere a autora, "nada parece obstar à ratificação dos atos praticados pela empresa no âmbito do PER, em violação da proibição legal". Considera, por um lado, que não se trata de uma proibição absoluta de prática de um ato, mas sim de prática desse ato sem a autorização prévia do administrador judicial provisório; e, por outro lado, entende que o prazo para a resposta do administrador judicial provisório ao pedido de autorização pela empresa é tão curto que pode, em certos casos, impedir aquele de, em tempo útil, autorizar a prática de um ato que pode ser indispensável à recuperação da empresa.

[502] Carlos Ferreira de Almeida, «Invalidade, inexistência e ineficácia», cit., p. 27; Maria do Rosário Epifânio, *Manual de Direito da Insolvência*, 8ª Ed., cit., p. 465.

[503] *Manual de Direito da Insolvência*, 8ª Ed., cit., p. 465

[504] Onde se determinava que "os negócios do falido posteriores à declaração de falência podem (...) ser confirmados pelo liquidatário judicial, quando nisso haja interesse para a massa falida".

6. A manutenção da gestão pela empresa devedora

A manutenção da gestão pelo devedor tem sido apontada como um forte incentivo à recuperação das empresas pré-insolventes[505]. Estas, sabendo de antemão que manterão o controlo e poder de gestão sobre a sua atividade, ainda que de forma limitada ou controlada, têm uma motivação extra para optar pela recuperação[506]. Como as hipóteses de recuperação normalmente aumentam na proporção inversa à gravidade da insolvência, isto é, quanto mais cedo for iniciado o processo de recuperação, maior é a probabilidade de vir a ser alcançada, a manutenção da gestão pelo devedor seria, assim, um motivo para que a via de recuperação fosse iniciada atempadamente e, consequentemente, de uma forma mais eficaz.

É esse o espírito e a razão de ser da Diretiva (UE) 2019/1023. No Considerando 30 diz-se que "[c]om o fito de evitar custos desnecessários, de refletir a natureza precoce da reestruturação preventiva e de incentivar os devedores a pedir a reestruturação preventiva numa fase precoce das suas dificuldades financeiras, os devedores deverão, em princípio,

[505] Neste sentido, por exemplo, Irit Mevorach / Adrian Walters, «The Characterization of Pre-insolvency Proceedings in Private International Law», *European Business Organization Law Review*, Vol. 21, 2020, p. 861; e Horst Eidenmüller, «Contracting for a European Insolvency Regime», cit., p. 274. Sobre a origem e desenvolvimentos do regime do *debtor in possession* no contexto do *Chapter 11* e o seu impacto na gestão das empresas em crise ver, por exemplo, Dennis Dunne, «The Revlon Duties and the Sale of Companies in Chapter 11», *The Business Lawyer*, Vol. 52, Nr. 4, 1997, p. 1333-1357; Harvey Miller, «Corporate Governance in Chapter 11: The Fiduciary Relationship Between Directors and Stockholders of Solvent and Insolvent Corporations», *Seton Hall Law Review*, Vol. 23, Nr. 1, 1993, p. 1467-1496; e Michael Veder, «Article 5 – Debtor in possession», *European Preventive Restructuring, European Preventive Restructuring, Directive (EU) 2019/1023, Article-by-Article Commentary*, C. H. Beck, München, 2021, p. 98-99.

[506] Note-se que na insolvência vigora a regra oposta, isto é, de que a empresa devedora fica privada do poder de gestão, salvo se, cumulativamente, requerer a sua manutenção, apresentar ou comprometer-se a apresentar um plano de insolvência que preveja a continuidade da exploração da empresa por si, não haja razões para recear atrasos na marcha do processo ou outras desvantagens para os credores e, nas situações em que a insolvência tenha sido requerida por terceiro, esse terceiro dê o seu acordo (arts. 81º, n. 1, 223º e 224º, n. 1 e 2 do CIRE). Se a gestão for confiada à empresa devedora, esta não deixa, ainda assim, de estar condicionada na sua atuação. Os gestores das empresas insolventes ficarão sujeitos à fiscalização por parte do Administrador Judicial, dos credores e do próprio Tribunal (art. 226º do CIRE), em termos semelhantes ao que sucede no PER (artº 17-D, n. 2 a 9 e Art. 17º-E, n. 2 a 5, do CIRE).

manter o controlo dos seus ativos e do exercício corrente da sua atividade". No seu art. 5º, n. 1 determina-se expressamente que os Estados-Membros devem assegurar que as empresas devedoras que aderiram a instrumentos de recuperação pré-insolvencial mantenham o controlo total ou pelo menos parcial dos seus ativos e do exercício corrente da sua atividade[507].

O objetivo traçado pelo legislador europeu encontra-se já refletido no ordenamento jurídico português, por via do PER e do RERE, conforme vimos no ponto anterior a respeito da proibição (relativa) da prática de atos de especial relevo. Porém, têm sido apontadas várias fragilidades a este tipo de solução.

Desde logo, a manutenção da gestão pela empresa devedora poderá suscitar um clima de desconfiança junto dos credores, por não acreditarem que quem trouxe a empresa até a uma situação de crise (por não terem adotado as melhores estratégias em termos de investimento financeiro, gestão de recursos humanos, planificação e capacidade produtiva, inovação, procura e resposta às necessidades do mercado) tenha a competência necessária para reverter a situação. Os credores temem que a empresa devedora volte a cometer os mesmos erros que colocaram em risco a continuação da sua atividade[508]. Este receio considera-se justificado se o plano de recuperação apresentado não for suficientemente convincente e não houver uma mudança significativa na estratégia até então seguida.

Porém, mais do que o conteúdo do plano, o problema ou o fator de desconfiança poderá estar relacionado com a(s) pessoa(s) que gere(m) a empresa devedora[509]. Uma nova gestão poderia ter o condão de gerar

[507] Assim, manteve-se o que constava no art. 5º, n. 1 da Proposta de Diretiva COM(2016) 723 final, e que tinha sido preconizado pela Comissão Europeia, em particular no Considerando (17) e no Ponto 6., al. b) da Recomendação da Comissão 2014/135/EU, de 12 de março de 2014.

[508] Madalena Perestrelo de Oliveira, *Limites da Autonomia dos Credores na Recuperação da Empresa Insolvente*, cit., p. 40-43; Manfred Obermüller, «Das ESUG und seine Auswirkung auf das Bankgeschäft», *Zeitschrift für das gesamte Insolvenzrecht*, Nr. 41, 2011, p. 1809-1821; Nils Derksen, *Die Unternehmenssanierung innerhalb und außerhalb der Insolvenz: Eine vergleichende Betrachtung der gesetzlichen Sanierungsinstrumente im deutschen und englischen Recht*, Schriften zum Insolvenzrecht, Vol. 59, Nomos, Köln, 2016, p. 43-48, 199-205, e 391-396.

[509] Steve Nickles («Behavioral Effect of New Bankruptcy Law on Management and Lawyers: Collage of Recent Statutes and Cases Discouraging Chapter 11 Bankruptcy»,

uma nova confiança na redefinição e seguimento de um novo rumo. Mas se o plano não for acompanhado de uma alteração ao nível dos responsáveis pela gestão, os credores podem pensar que as ideias e estratégias serão as mesmas de sempre e que o plano de reestruturação, quando muito, permitirá adiar o problema pois, a curto prazo, tudo ficará na mesma ou até ficará ainda pior. Nestas circunstâncias, é expectável que a empresa devedora seja objeto de um olhar de desconfiança por parte da generalidade dos credores e que, por conseguinte, nenhum deles ou quase nenhum se disponha a negociar o plano de recuperação.

Acresce que, não raras vezes, existem "laços afetivos" ou "ligações especiais" que prendem os gestores à empresa devedora. Pensamos, por exemplo, nas empresas de origem ou cariz familiar ou nas empresas em que os gestores são também os donos da empresa, como sucede com a grande maioria das sociedades por quotas em Portugal.

Nestes casos, os gestores têm frequentemente um interesse ou motivação pessoal em fazer tudo por tudo para manter o controlo da empresa, impedindo que a gestão possa ser confiada a terceiros ou que terceiros adquiram uma posição maioritária no capital. Por isso, não raras vezes, lutam para manter a empresa em atividade a qualquer preço, como se fosse uma questão de honra e orgulho pessoal.

Estas motivações passionais, ainda que possam ser legítimas sob o ponto de vista pessoal, podem não o ser sob o ponto de vista societário na medida em que constituirão um motivo para se adotar posições egoisticamente estratégicas, isto é, pode fazer com que a sua motivação pessoal passe a ser um fim em si mesmo. Quando assim acontece, qualquer tentativa de recuperação passa a estar, tendencialmente, enviesada

Arkansas Law Review, Vol. 59, Nr. 2, 2006, p. 329-436) analisa e conclui, à luz da *prospect theory*, que existem diversos fatores internos (conscientes e inconscientes), para além das razões técnicas e objetivas da atividade de gestão, que interferem e são, por vezes, decisivos na tomada de decisão. Em resultado dos potenciais riscos e prejuízos a nível pessoal, decorrentes da sua responsabilidade enquanto gestores e da sua qualidade de fiduciários, os gestores tendem a prever mais facilmente a situação de insolvência do que a admitir a possibilidade de recuperação. Evitar a insolvência pode ter os mesmos ou piores resultados do que a apresentação à insolvência, mas os gestores tendem a acreditar que a probabilidade de a insolvência se verificar é maior. A *prospect theory* estebelece que esse peso excessivo da perspetiva e sensibilidade pessoal aumentará a aversão a estratégias arriscadas e, concomitantemente, a preferência por soluções mais prudentes e cautelosas. O mesmo critério se poderá aplicar, inversamente, aos gestores das empresas credoras.

e, muito facilmente, os gestores das empresas devedoras, pelas suas condutas, acabam por transmitir um sinal de desconfiança aos credores. Se assim suceder, não se estranhe que os credores e/ou outros *stakeholders* possam desconfiar da bondade de um plano de recuperação ainda que este aparente ser viável.

Existem outras razões que podem concorrer e/ou confluir para o ambiente de desconfiança sobre a manutenção da gestão pela empresa devedora.

As debilidades do mecanismo de controlo dos requisitos materiais de acesso, a suspensão do poder de execução e de pedido de insolvência da empresa devedora, a escassez de informação, o não envolvimento do tribunal no processo negocial, o envolvimento limitado ou reduzido do administrador judicial no processo negocial (nos casos em que está prevista a sua participação), e o risco de poderem ficar em pior situação do que estariam se não tivesse sido iniciado o processo negocial (mesmo com todas as proteções que a lei prevê, em especial no PER e no RERE[510]).

Naturalmente que estas razões têm um impacto direto na atividade de gestão ou, pelo menos, no modo como os credores e outros *stakeholders* percecionam o poder de gestão durante o processo de recuperação. Ao invés de o limitar ou de o limitar em proporção com a restrição dos direitos dos credores e outros *stakeholders,* tais razões podem contribuir para, de alguma forma, reforçar o poder de gestão ou a perceção que se tem do poder de gestão pela empresa devedora, isto é, das possibilidades de se utilizar os mecanismos negociais para fins e interesses pessoais que respeitam ou beneficiam só a quem detém e/ou gere a empresa devedora.

[510] São vários os Autores que têm manifestado várias reservas quanto ao mérito das proteções que o legislador confere a quem, de alguma forma, é afetado pelo plano e não concorde com os seus termos, uma proteção suficientemente segura, ou porque, nalguns casos, a liquidação seria a via mais vantajosa (designadamente através da venda da empresa *as a going concern*) ou porque não é possível determinar com rigor o valor que os credores receberiam se a empresa fosse liquidada, tal é a indeterminação do critério de avaliação do ativo num cenário hipotético, ou de liquidação ou de continuidade. A este respeito ver, por exemplo, ALEXANDRE DE SOVERAL MARTINS, *Administração de sociedades anónimas e responsabilidade dos administradores,* cit., p. 339-349. No plano europeu ver, por exemplo, HORST EIDENMÜLLER, «Contracting for a European Insolvency Regime», cit., 2017, p. 287-297; NICOLAES TOLLENAAR, «The European Commission's Proposal for a Directive on Preventive Restructuring Proceedings», cit., p. 74-76; e STEPHAN MADAUS, «Leaving the Shadows of US Bankruptcy Law...», cit., p. 623-644.

Diante das fragilidades apontadas, poder-se-á argumentar que os instrumentos de recuperação de empresas pré-insolventes estarão à partida condenados ao fracasso e a serem estigmatizados por, na realidade, proporcionarem às empresas em sérias dificuldades as condições ideais para funcionarem como mecanismos meramente dilatórios ou de refúgio que afastam a aplicação das regras próprias do processo de insolvência e permitem que se encontrem formas ardilosas de se defender e salvaguardar os interesses dos detentores de participações sociais, dos gestores e até de certos credores, com prejuízos evidentes para os demais afetados.

Constatando ou tendo a clara perceção de que, na prática, boa parte ou mesmo a maioria das empresas em dificuldades que recorrem a tais mecanismos acaba por não cumprir com o objetivo de se manter a empresa em atividade (pelo menos, a médio e longo prazo[511]), os credores e demais *stakeholders* temem ficar, a curto ou médio prazo, em pior situação do que estariam na ausência de plano de recuperação[512].

Acresce que alguns credores, procurando reduzir ao máximo as consequências negativas da manutenção da gestão pela empresa devedora em tempos de crise e a limitação dos seus direitos individuais[513], decidem estabelecer desde cedo nos contratos que celebram, em especial nos contratos de financiamento, fornecimento ou prestação de serviços[514], especiais condições que lhes permitam ter certa vantagem ou salvaguarda adicional diante das vicissitudes que a incerteza dos tempos futuros acarreta[515].

[511] Horst Eidenmüller («Contracting for a European Insolvency Regime», cit., p. 288) realça que as empresas até podem manter-se em atividade por algum tempo mais após aprovação do plano, mas sem grandes perspetivas de viabilidade a longo prazo. Por isso, mais cedo do que tarde, acabam por ser liquidadas, sem que se tenha correspondido às expectativas de partida.

[512] Horst Eidenmüller («Contracting for a European Insolvency Regime», cit., p. 287--288) alerta para estas e outras fragilidades dos processos de reestruturação preventiva que sejam moldados à luz da Diretiva Europeia sobre Reestruturação preventiva, vaticinando, de forma impressiva, que tais processos irão atrair as empresas em dificuldades como a luz atrai os mosquitos.

[513] Nicolaes Tollenaar, *Pre-Insolvency Proceedings: A Normative Foundation and Framework*, cit., p. 159-160.

[514] No sentido de admitir a extensão de cláusulas de salvaguarda e controlo a outro tipo de contratos, para além dos contratos de financiamento, Ana Perestrelo de Oliveira, «Os credores e o governo societário...», cit., p. 131-132.

[515] As questões relacionadas com o controlo das empresas por parte de certos credores não tem merecido especial destaque na doutrina portuguesa, quando comparando com os

O resultado é que a atividade de gestão passa a estar condicionada pela defesa desses interesses antecipadamente acautelados pelos credores ditos controladores[516], fortes[517] ou dominantes.

desenvolvimentos existentes na doutrina norte-americana e germânica. Ainda assim, nota-se um interesse crescente pelo tema entre nós, designadamente, com os estudos de ANA PERESTRELO DE OLIVEIRA, «Os credores e o governo societário...», cit., p. 95-133; *Manual de Corporate Finance,* cit., p. 308-328; *Manual de Governo das Sociedades,* cit., p. 98-105; BARRETO MENEZES CORDEIRO, «Negative pledge: um estudo comparatístico», *O Direito,* Ano 142, Vol. III., 2010, p. 497-538; BRUNO FERREIRA, *Contratos de crédito bancário e exigibilidade antecipada,* Edições Almedina, Coimbra, 2011, p. 237-238; CARLOS FRANCISCO ALVES, *Os investidores institucionais e o governo das sociedades: disponibilidade, condicionantes e implicações,* Estudos Sobre o Mercado de Valores Mobiliários, Edições Almedina, Coimbra, 2005; JOANA PEREIRA DIAS, «Contributo para o estudo dos actuais paradigmas das cláusulas de garantia e/ou segurança: a pari e passu, a negative pledge e a cross default», *Estudos em Homenagem ao Professor Doutor Inocêncio Galvão Telles,* Vol. IV, Edições Almedina, 2003, p. 879-1029; GABRIELA FIGUEIREDO DIAS, «Financiamento e governo das sociedades (Debt Governance): o terceiro poder», *III Congresso de Direito das Sociedades em Revista,* Edições Almedina, Coimbra, 2014, p. 359-383; INÊS SERRANO DE MATOS, «Debt Governance – O papel do credor activista», *Direito das Sociedades em Revista,* Ano 7, Vol. 14, 2015, p. 161-198; MAFALDA DE SÁ, «Cláusulas de salvaguarda em contratos de financiamento: ingerência irrestrita do banco-credor na gestão da sociedade-devedora?», *Direito das Sociedades em Revista,* Ano 9, Vol. 17, 2017, p. 177-204; e SUSANA AZEVEDO DUARTE, «A Responsabilidade dos Credores Fortes na Proximidade da Insolvência da Empresa...», cit., p. 183-234; Na literatura estrangeira, CHARLES WHITEHEAD, «The Evolution of Debt: Covenants, the Credit Market, and Corporate Governance», *The Journal of Corporation Law,* Vol. 34, Nr. 3, 2009, p. 101-137; DENNIS HYNES, «Lender Liability: The Dilemma of the Controlling Creditor», *Tennessee Law Review,* Vol. 58, 1991, p. 635-668; DOUGLAS BAIRD / ROBERT RASMUSSEN, «Private Debt and the Missing Lever of Corporate Governance», *University of Pennsylvania Law Review,* Vol. 154, 2006, p. 1209-1251; FARHAD KHAKZAD, *Die Bedeutung von Financial Covenants in der internationalen Finanzkrise,* EUL Verlag, Köln, 2009, p. 19-24, 51-60; KLAUS SCHMIDT, «The Economics of Covenants as a Means of Efficient Creditor Protection», *The Law and Economics of Creditor Protection,* Asser Press, Haia, 2008, p. 87-92; MARGARET DOUGLAS-HAMILTON, «Creditor Liabilities Resulting from Improper Interference with the Management of a Financially Troubled Debtor», *The Business Lawyer,* Vol. 31, Nr. 1, 1975, p. 343-365; MICHELLE HARNER, «Trends in distressed debt investing. An empirical study of investor's objectives, *American Bankruptcy Institute Law Review,* Vol.16, Nr. 69, 2008, p. 69-100; e WOLFGANG SERVATIUS, *Gläubigereinfluss durch Covenants: Hybride Finanzierungsinstrumente im Spannungsfeld von Fremd- und Eigenfinanzierung,* Jus Privatum, Nr. 137, Mohr Siebeck, Tübingen, 2008.

[516] Expressão utilizada por ANA PERESTRELO DE OLIVEIRA, «Os credores e o governo societário...», cit., p. 95-133.

[517] Expressão utilizada por SUSANA AZEVEDO DUARTE, «A Responsabilidade dos Credores Fortes na Proximidade da Insolvência da Empresa...», cit., p. 183-234.

Daqui resulta (ou pode resultar) um prejuízo ou desvantagem para a própria empresa devedora e para os credores fracos ou não dominantes que, assim, tendem a perder interesse no processo negocial ou a não ter uma participação ativa por sentirem que não se dispõe de qualquer poder negocial ou por terem a perceção de que a sua voz não será ouvida ou será simplesmente ignorada.

O reforço da posição dos credores perante uma situação de crise ou perante a proximidade da insolvência tem-se disseminado de uma forma geral e com maior incidência nos contratos de financiamento[518], atendendo ao facto de haver grande dependência do financiamento bancário e um risco considerável de incumprimento[519].

Por via disso, os credores financeiros quase tomaram o controlo das empresas financiadas[520]. Como dissemos, o poder de controlo é estabelecido, em regra, aquando da concessão de crédito e fica consignado através dos próprios instrumentos financeiros (por exemplo, com a estipulação de opções de compra de ações e direitos de conversão) que conferem certos poderes ou vantagens sobre o capital ou ativos da empresa devedora e/ou através de acordos adicionais que imponham determinados deveres e proíbam determinadas condutas[521].

[518] Ana Perestrelo de Oliveira, «Os credores e o governo societário...», cit., p. 95-133; Charles Whitehead, «The Evolution of Debt: Covenants, the Credit Market, and Corporate Governance», cit., p. 101-137; Gabriela Figueiredo Dias, «Financiamento e governo das sociedades (Debt Governance)...», cit., p. 359-383; Inês Serrano De Matos, «Debt Governance – O papel do credor activista», cit., p. 161-198; Klaus Schmidt, «The Economics of Covenants as a Means of Efficient Creditor Protection», cit., p. 87-92; Mafalda de Sá, «Cláusulas de salvaguarda em contratos de financiamento...», cit., p. 177-204; Wolfgang Servatius, *Gläubigereinfluss durch Covenants...*, cit..

[519] Gabriela Figueiredo Dias, «Financiamento e governo das sociedades (Debt Governance)...», cit., p. 363-365; Tiago Bessa, «Crise, regulação e supervisão de hedge funds», *Revista de Direito das Sociedades*, Ano II, Vol. 3/4, 2010, p. 867-889.

[520] Gabriela Figueiredo Dias, «Financiamento e governo das sociedades (Debt Governance)...», cit., p. 359-383; Mafalda de Sá, «Cláusulas de salvaguarda em contratos de financiamento...», cit., p. 177-204; Wolfgang Servatius, *Gläubigereinfluss durch Covenants...*, cit..

[521] Para mais desenvolvimentos, Ana Perestrelo de Oliveira, «Os credores e o governo societário...», cit., p. 98-110; *Manual de Corporate Finance*, cit., p. 308-328; *Manual de Governo das Sociedades*, cit., p. 98-105.

Mas também pode suceder que o poder de controlo seja estabelecido já durante a crise[522]. Naturalmente que o financiamento em tempos de crise apresenta um elevado risco de incumprimento. Em contrapartida, as entidades financiadoras, além do aumento da taxa de juro, e na impossibilidade de obter garantias idóneas, podem optar, conforme sugere Ana Perestrelo de Oliveira[523] entre "estratégias de curto prazo (com horizontes de investimento inferiores a um ano), que implicam, em princípio, a revenda da dívida" e "estratégias de longo prazo, que podem obrigar o credor a aguardar o vencimento da dívida ou traduzir-se no exercício do poder de influência do credor para obter a aquisição de capital em troca de dívida *(debt-for-equity exchange)*, ocorrendo o *debt-equity swap* no âmbito de um processo de reestruturação da empresa".

O poder de controlo normalmente estabelece-se através dos chamados *covenants*[524]. Podem estar em causa obrigações (de conteúdo positivo)

[522] Neste sentido, David Sequeira Dinis, «Stand-still, cláusulas ipso facto e new money após a transposição da Diretiva», cit., p. 52.

[523] «Os credores e o governo societário...», cit., p. 99-100.

[524] Ana Perestrelo de Oliveira («Os credores e o governo societário...», cit., p. 103-104), seguindo de perto a sistematização apresentada por Eilís Ferran / Chan Ho Look, *Principles of Corporate Finance Law*, 2nd Ed., Oxford University Press, 2014, p. 329 s.) arruma os acordos ou cláusulas em sete categorias típicas: "(i) cláusulas relativas ao fornecimento de informação (reporting covenants), que exigem ao devedor a entrega de cópias dos documentos de prestação de contas e outros documentos relevantes para a monitorização da actividade da sociedade, bem como a comunicação de eventos relevantes (v.g. modificações na estrutura accionista; factos que possam pôr em risco a satisfação do crédito: *material adverse changeclause*); (ii) cláusulas tendentes a garantir a solvência da sociedade *(financial covenants)*, maxime assegurando que esta é capaz de pagar imediatamente a dívida *(cash-flow solvency)*, o que implica que os bens excedam, razoavelmente, as responsabilidades *(working capital covenant)* e que exista solvência também em sentido contabilístico *(tangible networth covenant)*; (iii) cláusulas proibindo a disposição de bens sociais *(disposal of assets covenant)*, incluindo reafectações intragrupo (v.g., transferência de bens da sociedade-mãe devedora para outras sociedades do grupo); (iv) cláusulas que visam preservar a identidade da sociedade devedora durante a vigência do empréstimo *(change of business covenant)*; (v) cláusulas que proíbem a alteração da estrutura de propriedade da empresa *(ownership clause)* e, bem assim, no caso de recuperação informal da empresa, cláusulas que determinam modificações ao nível do órgão de gestão; (vi) cláusulas que impedem a constituição de novas garantias *(negative pledge covenant)*; finalmente, (vii) cláusulas que implicam o vencimento da obrigação em caso de incumprimento *(events of default)*, incluindo este o não pagamento da dívida ou a violação de outra obrigação contratualmente estabelecida com o credor, valorando-se frequentemente também comportamentos das filiais, no caso da sociedade devedora ser uma *holding*; por vezes atribui-se relevância a situações de «incumprimento cruzado», sur-

de reporte de informação relevante e obrigações (de conteúdo negativo) de não alienação e/ou oneração de ativo, ou de não realização de determinadas operações que diminuam o ativo e/ou dificultem a boa cobrança e satisfação dos créditos/financiamentos, sem o consentimento ou aprovação dos respetivos credores/financiadores.

Pese embora os *covenants* apareçam sob a forma de cláusulas acessórias em contratos de financiamento, eles representam *ab initio* (isto é, mesmo antes de uma tomada de controlo mais substancial, efetiva e direta, que ocorre, em regra, com o surgimento da crise) uma interferência relevante na gestão das empresas devedoras (financiadas)[525].

O credor financeiro (ou outro) procura, dessa forma, exercer um poder de controlo e influência sobre a gestão da empresa, por via indireta e/ou direta, dependendo do tipo de apoio concedido à empresa devedora, das garantias existentes, bem como dos direitos estatutários e contratuais utilizados como *leverage* nas negociações com a empresa devedora.

Desta forma, tais credores passam a dominar as operações de gestão da empresa financiada ou, pelo menos, a exercer uma grande influência nas opções a tomar pelos gestores das empresas devedoras[526]. Esse poder de controlo e influência poderá, naturalmente, estender-se ao âmbito dos instrumentos de recuperação pré-insolvencial por ser um momento decisivo na vida das empresas em dificuldades.

Tirando partido da posição adquirida aquando da concessão do financiamento ou da sua renegociação e, em particular, dos conhecimentos privilegiados face aos demais credores, os grandes credores, ditos controladores, fortes ou dominantes, assumem inegavelmente um papel

gindo, assim, hipóteses em que o incumprimento de outras obrigações financeiras da sociedade (perante terceiros) permite considerar que houve incumprimento do *covenant (cross-default)*". Sobre a origem e evolução da *debt governance* nos Estados Unidos, onde o tema é bastante discutido e tem grande aplicação prática, sobretudo em tempos de crise, Charles Whitehead, «The Evolution of Debt: Covenants, the Credit Market, and Corporate Governance», cit., p. 101-137.

525 Gabriela Figueiredo Dias, «Financiamento e Governo das sociedades (Debt Governance): o terceiro poder» cit., p. 367 e s.; Nicolaes Tollenaar, *Pre-Insolvency Proceedings: A Normative Foundation and Framework*, cit., p. 159-160.

526 Gabriela Figueiredo Dias, «Financiamento e Governo das sociedades (Debt Governance): o terceiro poder», cit., p. 363; Francisco Pinto da Silva, «A influência dos credores bancários na administração das sociedades comerciais e a sua responsabilidade», *Direito das Sociedades em Revista*, Ano 6, Vol. 12, 2014, p.231-265.

decisivo na reestruturação. No final do dia, a decisão de reestruturação acaba por estar na mão destes credores[527], de tal maneira que a empresa devedora pode ser prematuramente liquidada ou ser recuperada sem qualquer perspetiva de continuidade a longo prazo, sem que a empresa devedora e os demais credores tenham tido oportunidade de se pronunciarem ou de darem o seu contributo[528].

Neste contexto, torna-se evidente que os instrumentos de recuperação pré-insolvencial podem estar fortemente condicionados e limitados pelos interesses e poderes dos credores que tiverem estabelecido contratualmente certas condições de governação da empresa em situação de crise, naturalmente favoráveis aos seus interesses individuais[529].

[527] Ana Perestrelo de Oliveira, «Os credores e o governo societário...», cit., p. 100.

[528] Não se pode escamotear que um processo de reestruturação, mais tarde ou mais cedo, acaba por ter sempre um impacto nos *stakeholders* que se relacionam com a empresa devedora ou que com ela estabelecem determinadas relações contratuais. Seja por via do aumento do passivo, através de uma nova concessão de crédito, da alienação ou oneração de ativo, da transferência da titularidade das participações sociais, da nomeação de uma nova gestão, os *stakeholders* não envolvidos nas negociações acabam por ser afetados. De forma a contornar a intromissão dos credores fracos ou não controlados, é grande a probabilidade ou tentação de se procurar uma reestruturação silenciosa com recurso a um mecanismo informal de negociação de forma a contornar as exigências e garantias conferidas pelos mecanismos formais à generalidade dos credores. Porém, uma solução que adotada nestes termos, ainda que, no curto prazo, possa parecer "salvífica", poderá, a médio e longo prazo, tornar-se "infernal" e comprometer, definitivamente, a continuidade da empresa devedora e a satisfação justa e equitativa dos demais credores. Até porque, não raras vezes, após o processo de reestruturação ou no âmbito do acordo de reestruturação, o(s) credor(es) dominador(es) fazem-se representar no órgão de gestão da empresa reestruturada com a nomeação de gestores do seu círculo de confiança. Dessa forma, os gestores das empresas reestruturadas tornam-se servidores fiéis dos credores que os nomearam, tornando difícil o cumprimento legal das suas funções, isto é, obstando a que a atividade de gestão possa ser exercida no interesse superior da empresa, atendendo aos interesses dos sócios e dos demais *stakeholders*. Sobre o tema ver, por exemplo, Ana Perestrelo de Oliveira, «Os credores e o governo societário...», cit., p. 102; Inês Serrano De Matos, «Debt Governance – O papel do credor activista», cit., p. 173; Nicolaes Tollenaar, *Pre-Insolvency Proceedings: A Normative Foundation and Framework*, cit., p. 159-160; e Raymond Nimmer / Richard Feinberg, «Chapter 11 Business Governance: Fiduciary Duties, Businesses, Business Judgement, Trustees and Exclusivity», *Bankruptcy Developments Journals*, Vol. 6, Nr. 1, 1989, p. 20-37 (1-72).

[529] A ingerência excessiva do credor dominante sobre a empresa devedora/financiada pode remeter-nos para o regime do acionista controlador ou do administrador de facto, bem como para o regime das relações de grupo e domínio entre sociedades comerciais ou a doutrina dos deveres fiduciários ou de lealdade. Mas a verdade é que não existem normas que

Dessa forma, gera-se uma assimetria entre os credores dominantes e os credores não dominantes e o desalinhamento de interesses a ponderar pelos gestores fica ainda mais acentuado[530], e a sua tarefa mais difícil de concretizar.

regulem clara e inequivocamente a situação que se gera com a ingerência dos credores dominantes na gestão da empresa devedora. Isto agrava o cenário de incerteza e desconfiança dos demais quanto à possibilidade do processo de negociação de um acordo de recuperação preventiva poder salvaguardar o respeito pela autonomia privada e pelos vários interesses em questão. Se os credores dominantes tiverem uma perspetiva mais conservadora e avessa ao risco, em princípio haverá uma maior propensão em apoiar estratégias de longo prazo, o que naturalmente, vai de encontro ao superior interesse da empresa devedora (a sua manutenção e lucratividade a médio e longo prazo). Mas não é certo que assim seja. Na verdade, as estratégias de longo prazo podem traduzir-se no exercício do poder de influência do credor para obter a aquisição de capital em troca de dívida *(debt-for-equity exchange)* no âmbito de um processo de reestruturação da empresa, o que, não raras vezes, confere um poder de influência determinante na gestão da empresa devedora mesmo antes de adquirirem esse controlo efetivo. Por outro lado, se os credores dominantes tiverem uma perspetiva de curto prazo, haverá, tendencialmente, uma pressão sobre a gestão da empresa devedora no sentido de se adotarem estratégias mais arriscadas que gerem rendimento quase imediato para o credor investidor, que normalmente são fundos de investimento e capital de risco, que possuem uma vocação de participação na atividade temporalmente limitada. Sem dúvida que a situação de desespero da empresa devedora é uma porta aberta para os investidores com estratégias de curto prazo e arriscadas. Nestes casos, os investidores procuram obter vantagens de curto prazo, negociando ou beneficiando de elevados descontos e/ou margens de rentabilidade, proporcionadas pela situação de necessidade e, assim, tentam rentabilizar os seus investimentos com operações altamente lucrativas de revenda de dívida ou de ativo. A consequência é que estas operações podem servir apenas os interesses imediatos de tais investidores, adiando uma situação de insolvência e/ou degradando ainda mais a situação financeira da empresa devedora por via do aumento do passivo ou da diminuição do ativo. Para mais desenvolvimentos, Ana Perestrelo de Oliveira, *Manual de Corporate Finance*, cit., p. 26-27 e 308-328; «Os credores e o governo societário...», cit., p. 108-110; *Manual de Governo das Sociedades*, Edições Almedina, Coimbra, 2017, p. 103-105; Inês Serrano de Matos, «Debt Governance – O papel do credor activista», cit., p. 173 e 194-198; Margaret Douglas-Hamilton, «Creditor Liabilities Resulting from Improper Interference with the Management of a Financially Troubled Debtor», cit., p. 343-365; Michelle Harner, «Trends in distressed debt investing: an empirical study of investors' objectives», cit., p. 69-110; «The Corporate Governance and Public Policy Implications of Activist Distressed Debt Investing», cit,, p. 703-773; Nicolaes Tollenaar, *Pre-Insolvency Proceedings: A Normative Foundation and Framework*, cit., p. 159; Raymond Nimmer / Richard Feinberg, «Chapter 11 Business Governance...», cit., p. 1-7; e Rui Pereira Dias, *Responsabilidade pelo Exercício de Influência sobre a Administração de Sociedades Anónimas: uma Análise de Direito Material e Direito de Conflitos*, Edições Almedina, Coimbra, 2007.

530 Ana Perestrelo de Oliveira, «Os credores e o governo societário...», cit., p. 95-96.

Apesar das debilidades comummente apontadas à manutenção da gestão pela empresa devedora e dos excessos que certos credores podem levar a cabo no sentido de colmatar aquelas debilidades, devemos também reconhecer que os instrumentos de recuperação pré-insolvenciais, sobretudo aqueles que são mais limitativos para os credores (como é o caso do PER), promovem uma certa partilha do poder de gestão ou controlo sobre a atividade da empresa com o administrador judicial e/ou com os credores.

A empresa devedora e os credores também sabem, de antemão, que necessitam de cooperar entre si para manter a empresa em atividade e alcançar o melhor resultado possível para todos. Todos sabem que, nalguns casos, há ou pode haver um controlo judicial sobre a situação da empresa e sobre o conteúdo do acordo de recuperação de forma a assegurar um tratamento justo dos credores envolvidos.

Tudo isto faz-nos pensar que a manutenção da gestão pela empresa devedora durante o período de negociações, com ou sem a interferência de credores controladores, está bastante condicionada, o que é visível especialmente no PER.[531]

De facto, no PER o controlo sobre a atividade e decisões da empresa devedora é ou pode ser exercido por diferentes agentes e de diversas formas.

À cabeça surge o administrador judicial provisório que, pela análise das reclamações de crédito, controla a qualidade e grau de influência dos potenciais intervenientes nas negociações. O administrador judicial provisório tem a faculdade de controlar a informação que é partilhada pela empresa devedora e pelos próprios credores reclamantes, podendo, sempre que se justifique, pedir novos elementos ou solicitar esclarecimentos. Adicionalmente, o administrador judicial provisório tem a faculdade de, supletivamente, definir os termos em que as negociações entre todos os intervenientes devem decorrer.

Quanto às negociações propriamente ditas cabe-lhe participar nas mesmas, orientando e fiscalizando o decurso dos trabalhos e a sua regularidade, bem como assegurar que as partes não adotam expedientes dilatórios, inúteis ou, em geral, prejudiciais à boa marcha daquelas.

[531] Sobre as limitações dos poderes de gestão das empresas devedoras no contexto europeu da recuperação preventiva, Bob Wessels / Stephan Madaus, *Rescue of Business in Insolvency Law*, cit., p. 153-154.

Por fim, mas não menos importante, o administrador judicial provisório tem o poder para conceder autorização à empresa devedora para praticar atos de especial relevo.

A par da atuação do administrador judicial provisório, temos a intervenção dos credores, sócios e trabalhadores, atuando individualmente ou por categorias, a quem é reconhecido o direito de acederem à informação relevante da empresa devedora, bem como o direito de impugnarem a lista de credores reconhecidos e não reconhecidos, apresentarem contrapropostas, votarem o acordo, e oporem-se à homologação do acordo e recorrerem da decisão homologatórias.

Ao tribunal, por sua vez, compete aferir a legalidade e conformidade do requerimento inicial, nomeadamente no que respeita aos pressupostos materiais de acesso e à eventual formação de categorias de credores, decidir sobre as impugnações das reclamações de créditos e outras questões que sejam suscitadas no decurso das negociações, bem como a importante decisão de homologar ou não homologar o acordo de recuperação.

No RERE não se prevê a intervenção de um administrador judicial provisório e nem sequer do tribunal. Por isso, os credores são chamados a ter um papel mais ativo ao nível do controlo sobre a atividade e decisões da empresa devedora.

Desde logo, a definição do conteúdo do protocolo negocial, isto é, do conjunto de regras procedimentais a observar no decurso das negociações, depende do seu acordo. Isso é relevante não só quanto à definição do prazo máximo das negociações, mas também quanto à prática de atos de especial relevo, relativamente aos quais se exige a autorização prévia de todos os credores.

Além disso, caso considerem oportuno, os credores podem designar um (ou mais) credor(es) líder(es), que será(ão) o(s) interlocutor(es) preferencial(ais) dos credores no contacto com a empresa devedora e podem nomear um comité de credores para acompanhar a atividade da empresa devedora no decurso das negociações e assessorar o(s) credor(es) líder(es) na interligação com a empresa devedora.

As partes podem ainda submeter o acordo a homologação judicial ao abrigo do disposto no art. 17º-I do CIRE. Neste caso, o acordo passará a estar submetido a um controlo de legalidade pelo tribunal competente.

Fora dos instrumentos formais, ou naqueles em que a fase de negociação acontece num ambiente informal e extrajudicial, as ferramentas de controlo da atividade da empresa devedora no período de negociação resultarão do acordo das partes previamente estabelecido ou definido no contexto das negociações.

Essa liberdade é ainda extensível aos instrumentos formais, mas de uma forma supletiva, isto é, pode ocupar os espaços livres desde que não contrarie norma imperativa. Em todo o caso, a empresa devedora que decide ou aceita iniciar um processo negocial com vista à sua recuperação sabe, de antemão, que terá de estabelecer negociações com as contrapartes com quem partilhará informação relevante e a quem apresentará um plano de recuperação, que se quer viável e credível. Consequentemente, não seria de esperar que os gestores das empresas devedoras tomassem decisões suscetíveis de afastar a viabilidade da empresa ou de criar uma situação de insolvência.

Excetuando os casos em que a pré-insolvência tiver sido provocada dolosamente pela empresa devedora para atingir ilicitamente uma certa vantagem, para si ou para terceiros, estamos em crer que a manutenção da gestão pelo devedor é uma solução lógica e desejável para o sucesso das negociações porque permite tirar partido da disponibilidade, experiência e conhecimentos existentes.

Ao manter-se a gestão pela empresa devedora, pelo menos a gestão ordinária da sua atividade, está-se a passar a mensagem de que esta é merecedora de um investimento de confiança por parte dos credores e outros *stakeholders*, o que pressupõe duas coisas: primeira, que os gestores das empresas devedoras são pessoas de boa-fé e que o agravamento da situação económico-financeira não se fica a dever a manifesta má-gestão ou gestão danosa; segunda, que aqueles estão em melhores condições para desempenhar as funções devido à disponibilidade, conhecimento e experiência que possuem para o exercício da atividade.

Portanto, se alguém, nessas condições, manifesta a vontade de recuperar a empresa através de um plano que preveja a sua continuidade, deve-se admitir, salvo manifesta evidência em contrário, que esse alguém é a pessoa mais indicada para continuar a gerir a empresa. Confiar a gestão a terceiros com menor disponibilidade, experiência e conhecimentos durante o período de negociações pode, de facto, ser contraproducente pois, em muitos casos, não haverá tempo para se fazer a adequada transição de poder, e muitos menos para se obter um conhecimento profundo da atividade e delinear e acompanhar adequadamente a negociação do plano de recuperação. Nalguns casos, a mudança de gestão pode até constituir um sinal de desconfiança para os credores, no sentido em que pode evidenciar que a empresa devedora não estava a ser gerida de forma adequada. Ainda assim, estaríamos perante uma hipótese de manutenção da gestão pela empresa pré-insolvente.

De realçar que o especial envolvimento ou poder de influência de determinado credor na gestão da empresa pré-insolvente não é necessariamente mau ou prejudicial para os interesses da empresa e dos demais credores e *stakeholders*.

Esse credor preponderante ou credor líder, pela natureza do seu crédito e/ou dos acordos previamente celebrados com a empresa devedora, pode gozar de especiais poderes de controlo sob a empresa devedora, mas isso é perfeitamente legítimo se for exercido nos mesmos moldes em que os gestores da empresa devedora o deveriam fazer, isto é, ter em consideração o superior interesse da empresa devedora, bem como os demais interesses que, em última análise, dependem da realização daquele.

Não se pode esquecer que o objetivo da recuperação é o de evitar o *common pool problem*, antecipando o tipo de solução coletiva que poderia ser alcançada no plano de insolvência, mas que, sendo antecipado para a pré-insolvência, abre mais perspetivas de sucesso. Por conseguinte, os credores não podem atuar isolada e egoisticamente no âmbito dos instrumentos de recuperação pré-insolvencial como se estivessem num processo individual para cobrança de dívida. Se o fizerem, estão a desvirtuar a sua finalidade e a utilizar abusivamente tais instrumentos de negociação coletiva.[532]

Sem embargo, a manutenção da gestão pela empresa devedora é, tal como vimos, suscetível de gerar desconforto e desconfiança junto dos credores ou contrainteressados que, para se defenderem, são tentados a adotar as mais diversas estratégias que lhes permitam ter algum controlo sobre a atividade da empresa devedora em tempos de crise.

De modo a combater essa desconfiança, os instrumentos de negociação de um acordo de recuperação preventiva podem contemplar fer-

[532] Howard Morris («Close, but no CIGA», *Recovery*, Autumn, 2020, p. 24) considera que a negociação de um acordo de recuperação pré-insolvencial pauta-se (deve pautar-se) sobretudo por uma atuação altruísta por, em certos casos, exigir um esforço e sacrifico de uns em benefício de outros.

ramentas de controlo e partilha de poder durante o período negocial. Esse controlo e partilha pode ser imposto por lei ou por vontade das partes ou pode ocorrer de forma indireta, por atuação e pressão exercida por um ou mais intervenientes. As várias formas de controlo e partilha podem coexistir nos instrumentos de negociação, com a diferença de que os instrumentos formais institucionalizam algumas ferramentas de controlo e partilha de poder[533].

A limitação e partilha do poder de gestão no período de negociação visa dar resposta a um potencial conflito de interesses entre a empresa devedora e os respetivos credores e entre estes e os titulares de participações sociais da empresa devedora.

Através das várias ferramentas de limitação e partilha de poder não se assegura a recuperação da empresa devedora, mas, pelo menos, assegura-se que a empresa devedora faz uma gestão equilibrada durante as negociações. Garante-se que a empresa devedora não pratica atos de especial relevo que agravem a situação da empresa e, assim, prejudiquem os credores. Os gestores das empresas devedoras devem guiar-se pelo superior interesse da empresa que administram, tirando partido da sua experiência e do seu conhecimento sobre os negócios em proveito da empresa, sem esquecer os interesses dos acionistas, mas também dos credores, trabalhadores e demais *stakeholders*[534]. A limitação e partilha do poder de gestão durante o processo negocial significa apenas que os gestores devem considerar os interesses daqueles sujeitos para que a recuperação possa ser alcançada com sucesso.

Por sua vez, os credores, os sócios e os trabalhadores são chamados a colocar-se numa posição equiparável à função de gestores da empresa devedora, no sentido em que, conjuntamente e dentro dos limites legais impostos, devem procurar uma solução construtiva que satisfaça todos

[533] Em sintonia com o direito português vigente, o art. 5º, n. 1 da Diretiva Europeia determina que os Estados-Membros assegurem que os devedores que adiram a instrumentos de recuperação preventiva mantenham o controlo total ou pelo menos parcial dos seus ativos e do exercício corrente da sua atividade, podendo, em determinados casos, ser facultativa ou obrigatória a nomeação de um "profissional no domínio da reestruturação" com a função de assistir, supervisionar e/ou controlar parcialmente os ativos e negócios da empresa devedora. O mesmo se dizia no Considerando (17) da Recomendação da Comissão 2014/135/EU, de 12 de março de 2014.

[534] Raymond Nimmer / Richard Feinberg, «Chapter 11 Business Governance...», cit., p. 20-37.

os envolvidos. Todos acabam por ser fiduciários ou destinatários do dever de resolver os potenciais conflitos de interesses de forma racional, equilibrada e honesta, em obediência aos ditames da boa-fé e aos deveres acessórios de conduta (de informação, lealdade e cooperação) que daí brotam.

7. Fiscalização, assistência e mediação

Na Diretiva (UE) 2019/1023 realça-se a necessidade de intervenção de um profissional do domínio da reestruturação para fiscalizar (ou supervisionar) a atividade da empresa devedora e prestar assistência às partes na negociação e elaboração de um plano de reestruturação.[535]

Fiscalizar e prestar assistência são atividades claramente distintas. Com a primeira visa-se, fundamentalmente, exercer um controlo sobre a gestão da empresa e as suas atividades, com objetivo de evitar a prática de atos que possam ser prejudiciais à própria empresa e aos credores. O que se pretende é, assim, impedir a prática de determinadas condutas lesivas. Diversamente, a assistência às partes consiste numa atividade de praticar certos atos que facilitem e promovam o diálogo entre as partes e a elaboração do acordo de recuperação. O que se pretende, neste caso, é prática de condutas positivas e favoráveis ao entendimento entre todos os envolvidos na construção de uma solução globalmente mais vantajosa, onde podemos incluir a mediação e o aconselhamento especializados.[536]

Estas duas vertentes, concretizadas em atividades distintas e complementares, resultam de uma exigência prática, vivida ao longo de décadas em países com grande tradição em soluções recuperatórias negociadas sem controlo judicial, como sucede com os *workouts (out-of-court restructuring plans)* e de soluções recuperatórias negociadas com algum tipo de controlo ou supervisão, como sucede com a *Reorganization* e com o *Scheme of Arrangement*[537].

Quando estão em causa instrumentos recuperatórios extrajudiciais, a atividade de supervisão, em princípio, é executada pelos credores envol-

[535] Considerandos (30) e (31), art. 2º, n. 1, 12), Art. 5º da referida Diretiva (UE) 2019/1023.

[536] Aa. Vv., «Restructuring and Insolvency in Europe: Policy Options in the Implementation of the EU Directive», *IMF Working Papers*, WP/21/152, 2021, p. 12-13; Michael Veder, «Article 5 – Debtor in possession», *European Preventive Restruc-turing*, cit., p. 100-103.

[537] Horst Eidenmüller, «Trading in times of crisis: formal insolvency proceedings, workouts and the incentives for shareholders/managers», cit., p. 239-258.

vidos. A atividade de assistência por profissionais ocorre se tal for da sua vontade e necessário para uma melhor coordenação entre as partes e conclusão do acordo. Esta solução encontra-se vertida no quarto princípio da *Statement of Principles* da *INSOL International,* onde se refere que, de modo a facilitar a coordenação entre as partes envolvidas, podem as mesmas nomear profissionais para as aconselhar e auxiliar[538]. Também no quarto princípio da Resolução do Conselho de Ministros nº 43/2011, de 25 de outubro, se diz que as partes envolvidas nas negociações podem designar consultores que as aconselhem e auxiliem nas negociações, em especial nos casos de maior complexidade[539].

Quando estão em causa instrumentos recuperatórios com intervenção judicial (total ou parcial), normalmente é nomeado (ou é nomeado se se verificarem determinados pressupostos[540]) um profissional que fica responsável pela atividade de supervisão. Para estes profissionais, o legislador europeu obriga os Estados-Membros assegurarem que os mesmos recebem formação adequada e possuem os conhecimentos especializados necessários às suas responsabilidades[541]. Diz-se também que os Estados-Membros devem estabelecer "mecanismos de supervisão e regulação adequados para assegurar que o trabalho dos profissionais seja objeto de supervisão efetiva, tendo em vista assegurar que os seus serviços sejam prestados de forma eficaz e competente e que, relativamente às partes envolvidas, sejam prestados de modo imparcial e independente"[542].

No que respeita à nomeação de um profissional para "dar assistência ao devedor e aos credores na negociação e elaboração do plano", o art. 5º, n. 3 Diretiva (UE) 2019/1023 torna obrigatória a sua nomeação nos

538 Note-se que tais princípios representam o culminar de quase cinco anos de investigação e trabalho sobre recuperação de empresas em dificuldades por parte do *INSOL Lenders Group,* que mereceram a aprovação por parte do Banco Mundial, do Banco da Inglaterra e a da Associação Britânica de Bancos.

539 No Preâmbulo da referida Resolução reconhece-se que o "IAPMEI exerce, através do procedimento extrajudicial de recuperação que já tem implementado, importantes funções, não só no âmbito da própria mediação, mas também na divulgação dos procedimentos extrajudiciais e das suas vantagens, constituindo-se como o interlocutor público privilegiado para todos os interessados nesses mecanismos".

540 Art. 5º, n. 2 e 3 da Diretiva (UE) 2019/1023.

541 Art. 26º, n. 1 da Diretiva (UE) 2019/1023.

542 Art. 27º, n. 1 da Diretiva (UE) 2019/1023.

seguintes casos: primeiro, sempre que for concedida uma suspensão geral das medidas de execução, e o tribunal ou a autoridade administrativa responsável decidir que a sua intervenção é necessária para salvaguardar os interesses das partes; segundo, sempre que o plano tiver de ser confirmado por uma autoridade judicial ou administrativa, mediante a reestruturação forçada da dívida contra categorias de credores; terceiro, se tal for solicitado pelo devedor ou por uma maioria de credores, desde que, neste último caso, o custo do profissional seja suportado pelos credores.

No que respeita à nomeação de um profissional para "supervisionar a atividade" da empresa, a mesma, em princípio, dever ser "efetuada caso a caso, em função das circunstâncias do processo ou das necessidades específicas do devedor"[543]. No entanto, os Estados-Membros dispõem de liberdade para tornar a sua nomeação obrigatória em certas circunstâncias, nomeadamente, quando: "o devedor beneficiar de uma suspensão geral das medidas de execução; o plano de reestruturação tiver de ser confirmado mediante a reestruturação forçada da dívida contra categorias de credores; o plano de reestruturação incluir medidas que afetem os direitos dos trabalhadores; ou o devedor ou os seus gestores tiverem atuado de forma criminosa, fraudulenta ou prejudicial em relações empresariais"[544].

Portanto, o legislador europeu confere liberdade aos Estados-Membros para tornar facultativa a nomeação de um profissional para supervisionar a atividade do devedor ("caso seja necessário, a nomeação por uma autoridade judicial ou administrativa de um profissional no domínio da reestruturação é determinada caso a caso, salvo em certas circunstâncias em que os Estados-Membros possam exigir..."[545]), mas impõe a nomeação de profissional para dar assistência ("os Estados-Membros preveem a nomeação de um profissional... para dar assistência..."[546]).

No ordenamento jurídico português prevê-se a intervenção obrigatória de um administrador judicial provisório no âmbito do PER e a intervenção facultativa de um mediador no âmbito do PER, do RERE ou de qualquer outro instrumento de recuperação informal[547].

[543] Considerando (30) da Diretiva (UE) 2019/1023.

[544] Considerando (30) da Diretiva (UE) 2019/1023.

[545] Art. 5º, n. 1 e 2 da Diretiva (UE) 2019/1023.

[546] Art. 5º, n. 3 da Diretiva (UE) 2019/1023.

[547] Como refere Catarina Serra (*Regime Extrajudicial de Recuperação de Empresas – Análise (e) Crítica*, cit., p. 107), o alcance da atividade do mediador de recuperação de empresas

O administrador judicial provisório é nomeado pelo juiz com base na lista oficial de administradores de insolvência, podendo ter em conta a proposta eventualmente feita no requerimento inicial, no caso dos processos em que seja previsível a existência de atos de gestão que requeiram especiais conhecimentos ou quando a empresa devedora esteja em relação de domínio ou de grupo com outras sociedades cuja insolvência haja sido requerida e se pretenda a nomeação do mesmo administrador nos diversos processos[548-549].

(insolventes ou pré-insolventes) abrange qualquer contexto ou processo (de natureza judicial, extrajudicial ou híbrida), mesmo por procedimentos informais, em que a empresa pretenda obter a sua recuperação.

[548] Art. 17º-C, n. 5 do CIRE.

[549] No âmbito do *Schutzschirmverfahren*, por exemplo, havendo fundamento para recusar o pedido de preparação de uma recuperação, o tribunal, via de regra, nomea o *vorläufig Sachwalter* que a empresa devedora tiver indicado, desde que não seja o mesmo que emitiu o certificado relativo aos pressupostos materiais de acesso (*"drohend Zahlungsunfähigkeit oder Überschuldung"*) e o tribunal não considere, fundamentadamente e por motivos óbvios, que a pessoa não é adequada para assumir o cargo (§ 270a (1) e § 270b (2) da InsO). Além da fiscalização ou supervisão da atividade da empresa devedora, o *vorläufig Sachwalter* pode ainda prestar assistência ou consultoria na elaboração do plano. Por sua vez, no ordenamento jurídico norte-americano, mais concretamente na *Reorganization* a presença de um terceiro neutro, *maxime* de um *Trustee* e/ou de um *Examiner* não é obrigatória. O *Trustee* pode ser nomeado pelo Tribunal (a pedido de qualquer parte) quando haja razões que demonstrem que existe uma má-gestão (dolosa ou com negligência grosseira), incompetência, ou algum tipo de conduta desonesta e prejudicial à empresa e aos credores que se traduza numa prática civil e criminalmente punível; ou se tal nomeação for do interesse dos credores e outros *stakeholders*. Os credores podem ainda, em assembleia, propor e aprovar a sua nomeação. Por sua vez, o *Examiner* pode ser nomeado pelo Tribunal se for do interesse dos credores e de outras partes interessadas ou se as dívidas não garantidas do devedor excederem 5 milhões de dólares. O *Trustee* terá basicamente as mesmas funções que os gestores da empresa devedora, incluindo a administração dos negócios e a apresentação de um plano de recuperação (§ 1106, (a), U.S. Insolvency Code). Quanto ao *Examiner* caberá ao Tribunal definir, casuisticamente, as suas funções, onde poderá incluir, a investigação e supervisão da atividade exercida pelos gestores da empresa devedora, e o apoio à atividade de gestão da empresa devedora (§ 1106, (b), U.S. Insolvency Code). Poder-se-ia, porventura, dizer que no regime norte-americano se parte do princípio de que os gestores das empresas devedoras são pessoas honestas, competentes e as mais bem posicionadas para continuar a gerir a atividade durante o processo de negociação; e que no regime português do PER (assim como no *Schutzschirmverfahren*) pressupõe-se uma certa desconfiança quanto à seriedade, competência e qualidades dos gestores das empresas devedoras. Isso justificaria que no sistema norte-americano as atividades de fiscalização, supervisão e transferência de controlo e poderes de gestão para um terceiro assumam uma natureza supletiva ou subsidiária; e que no PER (e no

Uma vez nomeado, o administrador judicial provisório desempenhará as seguintes funções: elaborar a lista de créditos[550]; concordar ou não com a empresa devedora quanto à eventual prorrogação do período de suspensão por uma só vez e por um mês[551]; definir regras e procedimentos de negociação, caso considere necessário e a empresa devedora e os credores nada convencionem ou nada convencionem em sentido oposto[552]; orientar e fiscalizar o decurso dos trabalhos e a sua regularidade, de modo a assegurar que as partes não adotam expedientes dilatórios, inúteis ou, em geral, prejudiciais à boa marcha das negociações[553]; autorizar a prática de atos de especial relevo[554]; solicitar a prorrogação do prazo de vigência da suspensão[555]; e emitir parecer fundamentado sobre se o plano apresenta perspetivas razoáveis de evitar a insolvência da empresa ou de garantir a viabilidade da mesma[556]; atestar a aprovação unânime do plano de recuperação[557]; e, caso não haja aprovação de plano, emitir parecer sobre a eventual situação de insolvência da empresa devedora e, em caso afirmativo, requerer a respetiva insolvência[558]. O administrador judicial pode, a todo o tempo, ser destituído e substituído por outro se o juiz considerar que existe justa causa[559].

Quanto à eventual intervenção de um mediador, prevê-se que a sua nomeação seja feita pelo IAPMEI, com base na lista oficial do Centro de Apoio Empresarial da área da sede da empresa que requeira a nomeação, por ordem sequencial da lista[560].

Se a empresa devedora for de grande dimensão, se estiver em relação de domínio ou de grupo com outras empresas que igualmente solicitem a nomeação de um mediador, se o processo de reestruturação envolver

Schutzschirmverfahren) se estabelece, *ab initio*, que um conjunto de atos relevantes devem ser realizados ou autorizados pelo administrador judicial provisório.

550 Art. 17º-D, n. 2 e 3, CIRE.

551 Art. 17º-D, n. 7, CIRE.

552 Art. 17º-D, n. 10, CIRE.

553 Art. 17º-D, n. 11, CIRE.

554 Art. 17º-E, n. 5, CIRE.

555 Art. 17º-E, n. 2, CIRE.

556 Art. 17º-F, n. 4 e 6, CIRE.

557 Art. 17º-F, n. 4, CIRE.

558 Art. 17º-G, 10, CIRE.

559 Art. 56º CIRE.

560 Art. 14º, n. 1 a 5 da Lei nº 6/2018, de 22 de fevereiro.

um número elevado de credores ou se a atividade ou estrutura do passivo for de especial complexidade, o IAPMEI pode designar um mediador que considere deter a experiência e meios adequados[561]. No caso do PER, permite-se ainda que, por indicação da empresa devedora, o mediador que haja participado na elaboração de uma proposta de plano de reestruturação possa assistir a empresa devedora durante as negociações[562].

O mediador tem por funções analisar a situação económico-financeira da empresa devedora, aferir conjuntamente com o devedor as suas perspetivas de recuperação, auxiliá-lo na elaboração de uma proposta de acordo de reestruturação[563] e nas negociações a estabelecer com os seus credores[564] e assegurar que todos os credores que participam na negociação têm acesso equitativo a todas as informações relevantes para o bom andamento do processo de negociação, nomeadamente as que permitam realizar o diagnóstico da situação económico-financeira do devedor e aferir as suas perspetivas de recuperação[565].

No exercício das suas funções o mediador deve garantir o equilíbrio e a transparência do processo negocial, agir de forma imparcial relativamente aos conflitos e interesses que possam existir entre a empresa devedora e os credores, e tratar os credores de forma equitativa[566].

561 Art. 14º, n. 6 da Lei nº 6/2018, de 22 de fevereiro.

562 Art. 15º da Lei nº 6/2018, de 22 de fevereiro. Esta solução remeto-nos, de certo modo, para o papel do *vorläufiger Sachwalter* que, além das funções de administrador provisório, poderá ainda atuar como consultor da empresa devedora no âmbito da elaboração do plano de insolvência (§ 284 InsO). Aliás, o *Schutz-schirmverfahren* veio trazer uma filosofia completamente nova relativamente à recuperação das empresas precisamente com o abandono da figura do tradicional *Insolvenzverwalter* e com a adoção de um interveniente renovado – o *Sachwalter* – que deve estar preparado e treinado para atuar mais como consultor do que administrador, já que as funções tradicionais foram amplamente restringidas e se introduziu uma nova função: a de consultor. Em última análise, isso significa, para a realidade alemã, que os administradores tradicionais devem estar preparados para avançar para o consultivo, sob pena de não serem nomeados ou serem excluídos do processo negocial. Neste sentido, Robert Buchalik, «Das Schutzschirmverfahren nach § 270b InsO (incl. Musteranträge)...», cit., p. 357.

563 Sobre o conceito de reestruturação delineado na Diretiva (UE) 2019/1023, Christoph Paulus, «Article 2 – Definitions», *European Preventive Restructuring*, cit., p. 61-63.

564 Art. 18º da Lei nº 6/2018, de 22 de fevereiro.

565 Art. 19º, n. 2 da Lei nº 6/2018, de 22 de fevereiro.

566 Art. 20º da Lei nº 6/2018, de 22 de fevereiro.

Por fim, refira-se que a empresa devedora poderá livremente, até ao início das negociações com os credores, fazer cessar a intervenção do mediador, mediante comunicação ao mediador e ao IAPMEI. Após o início das negociações, a cessação da intervenção do mediador depende, no caso do RERE, do consentimento dos credores que sejam parte no protocolo de negociação e que representem a maioria dos créditos[567]. Por igualdade de razão, entendemos que a mesma solução deverá ser aplicada ao PER.

Chegados aqui, percebe-se que a opção seguida pelo legislador português de tornar obrigatória a nomeação de um profissional com a responsabilidade de supervisionar a atividade da empresa devedora (como sucede no PER, com a nomeação do administrador judicial provisório), e de estabelecer como facultativa a nomeação de um profissional para prestar assistência, foi em sentido oposto ao que consta na Diretiva europeia[568], o que, em nossa opinião, revela alguma resistência em abandonar um modelo que se aproxima da recuperação no contexto da insolvência, centrada na proteção dos credores. Daí que o legislador português prescreva a sua obrigatoriedade nas situações em que os seus direitos e atividade individual são limitados durante o período de suspensão que decorre ao abrigo do PER.

Num regime de negociação pré-insolvencial, como o são o PER e o RERE, devem privilegiar-se as soluções que mais favoreçam a negociação de uma forma equilibrada. A assistência, nomeadamente através do aconselhamento especializado e/ou da mediação, visa acima de tudo facilitar e promover as negociações entre as partes envolvidas, *maxime*

[567] Art. 16º, n. 3 da Lei nº 6/2018, de 22 de fevereiro.

[568] Note-se que na proposta de Diretiva COM(2016) 723 final, a redação do art. 5º era distinta da versão que consta da Diretiva. No n. 2 dizia-se que "a nomeação por uma autoridade judicial ou administrativa de um profissional no domínio da reestruturação não é obrigatória em todos os casos". E no n. 3 acrescentava-se que os "Estados-Membros podem exigir a nomeação de um profissional no domínio da reestruturação nos seguintes casos: (a) se for concedida ao devedor uma suspensão das medidas de execução...; (b) se o plano de reestruturação carecer da confirmação de uma autoridade judicial ou administrativa, mediante a reestruturação forçada da dívida contra categorias de credores". A alteração operada no art. 5º da Diretiva, confirmada pelos Considerandos (30) e (31), aponta claramente para obrigatoriedade de se assegurar a nomeação de um profissional para dar assistência (num dos três casos referidos) e para possibilidade de se impor a nomeação de um profissional para supervisionar a atividade da empresa devedora nalgumas circunstâncias.

a harmonização de interesses. Lamentamos, por isso, que o legislador português não tenha seguido algo que, em nossa opinião, é uma clara imposição da Diretiva que está por cumprir.

Em todo o caso, o PER é apenas um dos instrumentos de recuperação disponíveis. Pelo que caberá à empresa devedora, *maxime* aos gestores desta, analisar, em função das circunstâncias, a necessidade e a conveniência da intervenção de um administrador judicial provisório, de modo a escolher o instrumento negocial mais apropriado ao caso[569]. Se a situação for complexa, designadamente devido à dimensão da empresa, ao número elevado de credores, à dificuldade técnica das operações de restruturação e da estrutura do passivo, a participação daqueles profissionais, ou de algum deles, poderá ser necessária, tanto para efeitos de supervisão e o controlo parcial da atividade da empresa devedora, como para efeitos de assistência técnica e mediação, dependendo das circunstâncias. Se a situação for manifestamente simples, a intervenção daqueles profissionais, ou de algum deles, além de desadequada pode ser inconveniente por acarretar custos desnecessários e/ou por atrasar ou dificultar o normal decurso das negociações[570].

O papel e intervenção do mediador, tal como configurado pelo legislador português, levanta, porém, alguma dificuldade de compreensão uma vez que grande parte das suas competências de assistência à empresa devedora, tanto na análise da situação económico-financeira e das perspetivas de recuperação, como na elaboração de uma proposta de acordo de reestruturação, assemelham-se mais às tarefas de um consultor de negócios, de um consultor financeiro, ou de outro profissional especialista em recuperação de empresas, do que às competências de um "mediador de conflitos" em sentido próprio[571].

[569] Por exemplo, tal como referem Horst Eidenmüeller / Kristin van Zwieten («Restructuring the European Business Enterprise...», cit., p. 659) a intervenção de um terceiro neutro pode ser necessária *"to prevent the par conditio creditorum from being undermined prior to the petition or during the process by dominant financial creditors"*.

[570] Bob Wessels / Stephan Madaus (*Rescue of Business in Insolvency Law*, cit., p. 134-13) sublinham que muitos planos podem ser negociados e aprovados sem a necessidade de supervisão ou controlo de um administrador ou supervisor nomeado pelo Tribunal ou pelo próprio tribunal, por um lado, e a que supervisão ou controlo são mais limitativas da autonomia das partes do que a simples mediação.

[571] De acordo com o art. 2º, al. b), da Lei nº 29/2013, de 19 de Abril, o «mediador de conflitos» é um terceiro, imparcial e independente, desprovido de poderes de imposição aos

A assistência pelo mediador à empresa devedora e aos credores na elaboração ou na negociação de um plano de reestruturação, tal como está configurada pelo legislador português, pressupõe duas coisas. Por um lado, exige que o profissional em causa possua conhecimentos técnicos adequados e próprios de consultor especializado em reestruturação de empresas. Por outro lado, implica que tal profissional atue com a neutralidade de um mediador de modo a salvaguardar, na justa medida, os interesses de todos.

Assim, para o legislador português, a assistência exigida ao mediador de recuperação de empresas é mais do que simplesmente mediar um processo negocial. Dar assistência implica também que tal profissional possa prestar ajuda técnica na elaboração do plano de reestruturação e/ou na elaboração ou revisão das propostas apresentadas pelas partes envolvidas. Portanto, não se trata apenas de facilitar e promover proactivamente o diálogo entre as partes, mas também de colaborar na busca e definição de uma solução que, tanto quanto possível, satisfaça a todos.

A solução escolhida não parece ser a melhor. Teria sido preferível distinguir os que prestam assistência a todos os envolvidos através da mediação, daqueles que prestam assistência à empresa devedora e eventualmente aos demais envolvidos através do aconselhamento técnico. É próprio do mediador, com independência e isenção[572], tratar os credores de forma equitativa, adotar uma conduta transparente e mediar uma solução justa e equilibrada que tem em devida consideração a posição manifestada por todos os envolvidos.

mediados, que os auxilia na tentativa de construção de um acordo final sobre o objeto do litígio. Nas palavras de CATARINA FRADE («A resolução alternativa de litígios e o acesso à justiça: a mediação do sobre-endividamento», *Revista Crítica de Ciências Sociais*, Nr. 65, 2003, p. 115) "a mediação é o modo de resolução de litígios baseado na intervenção de uma terceira parte neutral – o mediador –, que tem por missão ajudar as partes a estabelecer um acordo que ponha fim ao seu diferendo, podendo, para o efeito, apresentar-lhes propostas e sugestões de sua iniciativa tendo em vista obter o consenso". Para mais desenvolvimentos sobre o conceito e a sua aplicação prática, AA.VV., *Brown & Marriott ADR Principles and Practice*, 2nd Ed., Sweet & Maxwell, London, 1999; CHRISTIAN BUHRING-UHLE / LARS KIRCHHOFF / GABRIELE SCHERER, *Arbitration and Mediation in International Business*, 2ª Ed., Kluwer Law International, 2006, p. 5-68; HORST EIDENMÜLLER, *Unternehmenssanierung zwischen Markt und Gesetz...*, cit., p. 523-543; e MIRYANA NESIC / LAURENCE BOULLE, *Mediation: Principles, Process, Practice*, Gardners Books, London, 2001.

[572] Art. 13º, n 1 da Lei nº 6/2018, de 22 de fevereiro.

Mas já extravasa a natureza das suas funções, no sentido próprio (e único que devemos admitir), "analisar a situação económico-financeira do devedor, aferir conjuntamente com o devedor as suas perspetivas de recuperação, e auxiliar o devedor na elaboração de uma proposta de acordo de reestruturação"[573]. Estas são as funções de um técnico ou perito em reestruturação. Num mundo ideal, em que a isenção e independência são intocáveis, nenhum obstáculo se colocaria ao facto de os mediadores poderem também desempenhar tais funções. Num mundo real, onde é necessário fomentar condições que propiciem e fomentem a isenção e independência, não é desejável que lhe atribuem funções que, no final do dia, acabarão por contaminar e comprometer o seu papel do mediador ou, pelo menos, são suscetíveis de lhe retirar ou reduzir a credibilidade, o que é absolutamente fundamental para o bom desempenho das suas funções.

Pese embora o mediador possa e deva ouvir individualmente cada um dos envolvidos, espera-se que intervenha quando o processo negocial propriamente dito esteja em curso (ou tenha já iniciado). Não se espera que o mediador seja um conselheiro da empresa devedora, por isso não se deve admitir que assuma tal papel na fase prévia às negociações. Também não é aconselhável que assim suceda. O que é expectável e desejável é que nessa fase preparatória possa intervir um técnico, contratado pela empresa devedora ou disponibilizado por um sistema público de assistência às empresas em crise, que preste assistência e aconselhamento técnicos à empresa devedora. E é também expectável que o mediador intervenha ou possa intervir quando estiverem reunidas as condições mínimas para se iniciar o processo negocial.

Nessa fase prévia, a empresa devedora não precisa de um mediador que atue de forma imparcial e independente, porque simplesmente não existe um processo negocial que deva ser mediado. Ainda que quisesse, seria impossível exercer uma espécie de mediação antecipada de conflitos já que, não havendo processo negocial com a intervenção dos diferentes sujeitos, o mediador de recuperação de empresa não teria sequer oportunidade para tomar conhecimento da pretensão e interesses dos credores e outros *stakeholders* com quem a empresa devedora pretendesse negociar um acordo de recuperação.

[573] Art. 18º da Lei nº 6/2018, de 22 de fevereiro.

Ademais, não é sequer aconselhável que a mesma pessoa que presta assistência ou consultoria na fase prévia venha a desempenhar as funções de mediador na fase de negociações uma vez que, tendencialmente, procurará defender a proposta que ajudou a preparar (quando ainda nem sequer estavam reunidos os pressupostos para que a mediação pudesse acontecer). Quem prestar assistência à empresa devedora na análise da situação financeira e na preparação de uma proposta de recuperação previamente ao processo negocial, não gozará da confiança e credibilidade que, objetivamente, um mediador deve possuir para que mais facilmente possa desempenhar as suas funções [574].

Sabendo-se de antemão que a empresa devedora poderá livremente, até ao início das negociações com os credores, fazer cessar a intervenção do mediador, fica ainda mais evidente que, em muitos casos, o mediador é chamado a desempenhar o papel de um consultor (ou outro profissional com funções de assistência idênticas) e não propriamente de mediador, uma vez que, nessa fase, nem sequer existe um processo negocial a mediar.

Em linha com o exposto, e apoiados no pensamento de Barreto Menezes Cordeiro[575] e Catarina Serra[576], verifica-se que a solução legal atual vê o mediador de recuperação de empesas mais como um assistente ou consultor da empresa devedora, do que como um terceiro neu-

[574] Se o profissional nomeado pelo IAPMEI for um verdadeiro mediador poderá não representar convenientemente a sua missão de "analisar a situação económico-financeira do devedor, aferir conjuntamente com o devedor as suas perspetivas de recuperação, e auxiliar o devedor na elaboração de uma proposta de acordo de reestruturação. Se, por outro lado, estiver em causa alguém com propensão para ser um verdadeiro consultor e representante dos interesses da empresa devedora, a "independência", "isenção" e "imparcialidade" que interessaria à generalidade dos credores fica posta em causa. Em consequência, a empresa devedora poderá ter preferência por contratar um verdadeiro consultor ou assistente, que a represente e com quem sabe que poderá contar, do que sujeitar-se à nomeação de um "mediador" de recuperação de empresas" pelo IAPMEI. O que, no final do dia, só acabará por prejudicar os próprios "mediadores de recuperação de empresas", que podem não servir convenientemente as funções de assistência ou consultoria, nem as funções de um verdadeiro mediador.

[575] «Resposta à consulta pública relativa ao projeto de proposta de lei que estabelece o Estatuto do Mediador de Recuperação de Empresas», *Revista de Direito das Sociedades*, Ano IX, Vol. 1, 2017, p. 160-61.

[576] *Regime Extrajudicial de Recuperação de Empresas – Análise (e) Crítica*, cit., p. 110; *Lições de Direito da Insolvência*, cit., p. 511-512.

tro, independente e imparcial, no sentido próprio[577]. Logo, não é (não pode ser) tão independente e imparcial quanto um verdadeiro mediador de conflitos[578].

Seria preferível, do nosso ponto de vista, que o legislador tivesse separado as águas, reservando a intervenção do mediador à fase das negociações propriamente dita e a análise e aconselhamento prévios a outros profissionais especializados[579].

Um verdadeiro mediador de conflitos que preste assistência à empresa devedora e aos credores na negociação e elaboração do plano goza de uma certa vantagem comparativamente com a figura híbrida de consultor-mediador como é (ou parece ser) o "mediador de recuperação de empresas".

O mediador, ao atuar como fiduciário dos vários intervenientes[580], sem qualquer indício de estar ao serviço de uma das partes, tem normalmente mais aceitação entre as partes envolvidas, comparativamente com a figura híbrida de um consultor-mediador. Exigir que consultor-mediador cumpra o mesmo papel que um mediador em sentido estrito cumpriria, não parece ser o mais adequado ao ambiente de confiança que deve existir no processo negocial e na mediação de potenciais conflitos de interesses[581].

É evidente que o mediador não pode alterar a posição estratégica que cada interveniente assume ou pode assumir nas negociações, nem pode tomar decisões quanto ao conteúdo do possível acordo de recuperação, mas pode apresentar formas mais eficientes e construtivas de

[577] Sobre o papel do mediador no âmbito da recuperação de empresas, Horst Eidenmüller, *Unternehmenssanierung zwischen Markt und Gesetz...*, cit., p. 524-525.

[578] Neste sentido, Horst Eidenmüller, *Unternehmenssanierung zwischen Markt und Gesetz...*, cit., p. 324.

[579] Propondo que a função de mediação, em determinados casos, seja atribuída, por exemplo, aos Tribunais, Bengt Lindell, «Alternative Dispute Resolution and the Administration of Justice – Basic Principles», *Scandinavian Studies In Law*, Vol. 51, 2007, p. 312-343.

[580] Neste sentido, Horst Eidenmüller, *Unternehmenssanierung zwischen Markt und Gesetz...*, cit., p. 324.

[581] Não obstante, devemos reconhecer que existem ou podem existir consultores ou assistentes da empresa devedora com competências e qualidades reconhecidas por todos, capazes de desempenhar com imparcialidade e objetividade as suas funções em função de um melhor resultado possível para todos. Neste sentido, Horst Eidenmüller, *Unternehmenssanierung zwischen Markt und Gesetz...*, cit., p. 324-326.

diálogo entre as partes e, eventualmente, sugerir propostas alternativas de um possível acordo.

Poderá depender de si, da sua credibilidade e competência profissionais, a criação de uma atmosfera de confiança e cooperação entre as partes envolvidas na busca de uma solução construtiva e em benefício de todos. E quanto mais complexo e difícil for o processo negocial, devido à assimetria de informação, ao elevado número de participantes, às especificidades técnicas, ao afastamento acentuado dos interesses em confronto, e a outras dificuldades de ordem prática, mais evidente se torna a necessidade de propiciar um ambiente de confiança, para o qual o mediador poderá prestar um papel determinante[582].

582 O grau de complexidade resulta da conjugação de vários fatores. Uns de natureza mais operacional, outros de natureza mais substancial e técnica, e outros ainda de nível psicológico ou motivacional. No primeiro grupo podemos incluir o elevado número de participantes, a dificuldade prática de reunir e/ou comunicar com e entre os participantes, a elevada quantidade de documentos e operações a analisar e/ou a concretizar, o período de tempo limitado, entre outros; no segundo grupo podemos ter, por exemplo, a situação económico-financeira da empresa devedora, o volume e natureza das obrigações contratuais, o volume e dificuldade técnica das operações de reestruturação ou financiamento a (re)negociar, e o custo do processo de negociação para a empresa devedora e para os demais participantes, no terceiro grupo podemos incluir, designadamente, os interesses ou vontades particulares de cada participante, o histórico de incidentes com a empresa devedora ou entre credores, o grau de confiança reciproco, a pressão exercida por determinados participantes, o grau de envolvimento e comprometimento dos participantes, e o meio económico-social onde a empresa se insere. Para as situações mais complexas, ou sobretudo para estas, justificar-se-á a intervenção de um terceiro que possa promover mais eficazmente o processo negocial: reduzindo ou afastando obstáculos de vária ordem, designadamente ao nível operacional e técnico, propondo soluções e estratégias inovadoras, mais céleres e com menores custos; aproximando os participantes, designadamente através da formação de comissões, nomeação de representantes, e da realização de reuniões individuais e conjuntas; obtendo e transmitindo-lhes toda informação relevante; prestando-lhes os esclarecimentos necessários; prestando aconselhamento técnico especializado; propondo acompanhamento e/ou aconselhamento de especialistas, designadamente em matéria financeira e/ou jurídica; controlando e supervisionando as negociações. Esse terceiro poderá assumir todas ou apenas algumas destas funções e/ou poderá compartilhá-las com outros que o auxiliem na sua função. Tudo dependerá, naturalmente, da situação concreta.

CAPÍTULO VII
A "COMPOSIÇÃO DE INTERESSES" E O CONTEÚDO DO ACORDO DE RECUPERAÇÃO[583]

1. Enquadramento

O acordo de recuperação pré-insolvencial poderá ser enunciado, em termos gerais, como um encontro de vontades por parte dos vários sujeitos envolvidos no processo negocial[584], tendo em conta a sua situação concreta, particularmente a natureza dos seus créditos (garantidos, privilegiados, comuns e subordinados[585]), no caso de terem

[583] Cfr. José Gonçalves Machado, *O dever de promover a negociação...*, cit., p. 293 s.

[584] Neste sentido, por exemplo, Catarina Serra, «Back to Basics: The Role of the Core Principles of Law in the Clarification and Harmonisation of Preventive Restructuring Frameworks», *Harmonisation of European Insolvency Law*, INSOL Europe, Nottingham, 2017, p. 191-195; «Entre o princípio e os princípios da recuperação...», cit., p. 82-84.

[585] Sobre a categoria de credores prevista no art. 47º do CIRE, Alexandre de Soveral Martins, *Um Curso de Direito da Insolvência*, cit., p. 274-284; Ana Prata, /Jorge Morais Carvalho / Rui Simões, *Código da insolvência e da recuperação das empresas anotado*, cit., p. 156--160 e 483-491; Catarina Serra, *Lições de Direito da Insolvência*, cit., p. 291-295 e 460-474; Luís Carvalho Fernandes / João Labareda, *Código da Insolvência e Recuperação de Empresas Anotado*, cit., p. 305-318 e 679-693; Fátima Reis Silva, «A verificação de créditos no processo especial de revitalização», *II Congresso de Direito da Insolvência*, Edições Almedina, Coimbra, 2014, p. 265; Luis Menezes Leitão, *Direito da Insolvência*, cit., p. 101-115; e Maria do Rosário Epifânio, *Manual de Direito da Insolvência*, cit., p. 286-298.

relações pré-constituídas, e os seus interesses atuais, para antigos e novos credores.[586]

Quanto aos antigos credores (os pré-existentes ao tempo em que se inicia a negociação do acordo de recuperação), parte-se do princípio de que os direitos e garantias constituídos previamente à insolvência devem ser respeitados numa futura insolvência e que qualquer desvio apenas é possível com o acordo das partes afetadas ou se for justificado com base num interesse legítimo específico, claramente definido por lei e verificado no caso em concreto[587]. Mas também não se afasta a possibilidade de integração de novos credores que apoiem o acordo de recuperação, pelo que os interesses destes têm de ser harmonizados com os interesses daqueles.

Significa isto, por um lado, que os créditos da mesma natureza e hierarquia, constituídos previamente à negociação do referido acordo, devem ser tratados de forma igual e, por outro lado, que os créditos de natureza e hierarquia diferente, constituídos previamente à negociação do referido acordo, podem (e devem) ser tratados de forma diferenciada ou, pelo menos, considerar-se-á justificada a diferenciação que se materialize em função das referidas natureza e hierarquia de créditos. Adicionalmente, é comum protegerem-se os negócios celebrados no âmbito do acordo de recuperação pré-insolvencial e atribuir-se uma proteção adicional aos credores que financiem a recuperação da empresa pré-insolvente, obstando a que tais negócios possam ser desfeitos numa futura insolvência (ou nova recuperação[588]) e/ou concedendo-lhes uma determinada garantia ou privilégio creditório[589].

[586] Bob Wessels / Stephan Madaus, *Rescue of Business in Insolvency Law*, cit., p. 240-250.

[587] *Idem*, p. 247.

[588] Neste sentido, Catarina Serra («Satisfação dos interesses dos credores no âmbito do PER: são os credores todos iguais?», cit., p. 21, nota 22), sublinhando, a propósito do art. 17º-H, n. 1 do CIRE, que, "atendendo ao teor da norma, se as garantias convencionadas se mantêm mesmo quando há um processo de insolvência (ou seja, na pior das hipóteses), manter-se-ão, por maioria de razão, quando se inicia um novo processo de reestruturação ou quando não se inicia qualquer destes processos e se configure um cenário alternativo".

[589] Ver, por exemplo, Aa. Vv, *Best practices in European restructuring...*, cit., p. 60-62 e 121-123; Bob Wessels / Stephan Madaus, *Rescue of Business in Insolvency Law*, cit., p. 215-217; Jennifer Payne / Janis Sarra, «Tripping the Light Fantastic: A Comparative Analysis of the European Commission›s Proposals for New and Interim Financing of Insolvent Businesses», *International Insolvency Review*, Vol. 27, Nr. 2, 2018, p. 178-222; e Madalena

A proteção diferenciada de credores reflete a ideia de que o acordo de recuperação não tem de tratar os credores de forma igual[590]. São admitidas diferenciações em função da natureza e relevância dos seus créditos, constituídos anteriormente ou no âmbito da recuperação, das cedências e concessões que cada credor (ou categoria de credores) está disposto(a) a aceitar para viabilizar o acordo de recuperação, e da razoabilidade e justiça do próprio acordo[591].

2. Os credores financeiros

No quadro dos instrumentos pré-insolvenciais de recuperação de empresas, o financiamento das empresas é um aspeto crucial para o sucesso do plano de recuperação e, simultaneamente, crítico para quem presta assistência financeira (*maxime*, para os bancos) e, eventualmente para os demais afetados.

É crucial na estrita medida em que for necessário e adequado manter a empresa devedora em atividade durante e após o processo negocial com vista à sua recuperação. É crítico porque, como salienta Nuno Pinto

Perestrelo de Oliveira, «*Regime de Proteção do "Dinheiro Novo" no PER*», *Revista de Direito das Sociedades*, Ano IX, Vol. 1, 2017, p. 42-48; «Financiamento para reestruturação e financiamento intercalar», *V Congresso de Direito da Insolvência*, Edições Almedina, Coimbra, 2019, p. 271-279.

[590] Sobre o sentido e o alcance do princípio da igualdade de credores ver, designadamente, Bob Wessels / Stephan Madaus, *Rescue of Business in Insolvency Law*, cit., p. 64-65 e 240--250; Carolina Cunha, *A Par Conditio creditorum como Igualdade Formal dos Credores: expectativa vs. realidade: do cumprimento voluntário à insolvência liquidação*, Edições Almedina, Coimbra, 2021, p. 73 s.; Catarina Serra, *A Falência no Quadro da Tutela Jurisdicional dos Direitos de Crédito...*, cit., p. 152-156; Christoph Paulus, «The Wonderful World of Privileges – The Par Condicio Creditorum vs. Closeout-Netting», *European Company and Financial Law Review (ECFR)*, Vol. 11, Nr. 4, 2014, 532-553; Rizwaan Mokal, «At the Intersection of Property and Insolvency: The Insolvent Company's Encumbered Assets», *University College London Law Legal Studies*, Research Paper Nr. 09-01, 2008, p. 24-27; Roy Goode / Kristin van Zwieten, *Principles of Corporate Insolvency Law*, cit., p. 2-17, e Vanessa Finch, *Corporate Insolvency Law, Perspetives and Principles*, cit., p. 599-674.

[591] Neste sentido, Catarina Serra («Satisfação dos interesses dos credores no âmbito do PER: são os credores todos iguais?», cit., p. 17-41), sublinhando que a justiça do princípio da igualdade de credores reside no seu carácter relativo, admitindo que possam haver diferenciações em função da qualidade dos créditos, o que é facilitado quando o acordo de aprovação é negociado, aprovado e homologado (se for o caso) com base numa divisão dos interesses suficientemente comuns por categorias e não individualmente.

Oliveira[592], a concessão de crédito a uma empresa em situação próxima da insolvência não está isenta de dificuldades, nomeadamente no que respeita ao dever de avaliar a capacidade de recuperação e ao risco de puder haver casos de fraude ou má-fé.

Para compreendermos melhor o regime de financiamento no âmbito dos instrumentos pré-insolvenciais de recuperação de empresas, começaremos por analisar o disposto na Diretiva e, em seguida, no ordenamento jurídico português, numa tentativa de colher o melhor resultado interpretativo para uma melhor aplicação do direito.

Na Diretiva (UE) 2019/1023 consagra-se o princípio geral de que os financiamentos e outras transações relacionadas com a reestruturação devem ser devidamente protegidos em caso de insolvência posterior da empresa devedora[593].

Os financiamentos dividem-se em duas categorias: financiamentos intercalares e novos financiamentos.

De acordo com o art. 2º, n. 1, 8) da Diretiva (UE) 2019/1023 considera-se financiamento intercalar "qualquer nova assistência financeira, disponibilizada por um credor já existente ou por um novo credor, que abranja, no mínimo, a assistência financeira prestada durante a suspensão das medidas de execução, e que seja razoável e imediatamente necessária para a continuação do funcionamento da empresa do devedor, ou para a sua preservação ou valorização".

De acordo com o art. 2º, n. 1, 7) da Diretiva (UE) 2019/1023 considera-se novo financiamento "qualquer nova assistência financeira disponibilizada por um credor já existente ou por um novo credor para executar um plano de reestruturação e que esteja prevista nesse plano de reestruturação". No considerando (66) esclarece-se que a assistência financeira em causa (intercalar ou nova) "deverá ser entendida em sentido lato, abrangendo a disponibilização de fundos ou garantias de terceiros e o fornecimento de existências, mercadorias, matérias-primas e serviços essenciais, por exemplo através da concessão ao devedor de um prazo de reembolso mais longo".

592 «Responsabilidade pela concessão de crédito», cit., p. 953-1164.

593 Irene Lynch Fannon, «Article 17 – Protection for new financing and interim financing», «Article 18 – Protection for other restructuring related transactions», *European Preventive Restructuring*, cit., p. 220-237.

Atendendo às finalidades enunciadas, e de modo a não "comprometer a disponibilização do financiamento necessário para o êxito da negociação e execução de um plano de reestruturação"[594], é necessário assegurar que os financiamentos (intercalares e novos) e quem os concede sejam suficientemente protegidos[595].

Quanto aos financiamentos em causa, o legislador europeu confere-lhes uma proteção mínima obrigatória, mas limitada, e outra adicional e facultativa.

No mínimo, devem ser protegidos contra ações de impugnação pauliana que procurem declarar tais financiamentos nulos, anuláveis ou insuscetíveis de execução como atos prejudiciais para o conjunto dos credores no âmbito de processos de insolvência posteriores[596].

Tal proteção poderá ser limitada ou até excluída: relativamente ao novo financiamento, poderá ser restringida aos casos em que o acordo tem que ser confirmado (homologado) por uma entidade administrativa ou judicial[597]; relativamente ao financiamento intercalar, poderá ficar sujeita a um controlo *ex ante*[598] e pode mesmo ser excluída se o financiamento intercalar que for concedido depois de a empresa devedora ficar insolvente[599].

Acresce que a proteção não é absoluta: admite-se que possam existir (outros) fundamentos legítimos para se impugnar os negócios em causa, nomeadamente, "a fraude, a má-fé, um determinado tipo de relação entre as partes que possa ser associado a um conflito de interesses, como no caso de transações entre partes relacionadas ou entre os acionistas e a sociedade, ou de transações em que uma parte recebeu o valor ou a garantia sem ter direito a eles aquando da transação ou no modo como foi realizada"[600].

Adicionalmente, poder-se-á atribuir aos créditos dos prestadores do novo financiamento ou do financiamento intercalar uma certa preferência ou prioridade no pagamento, no âmbito de processos de insolvência

[594] Considerando (67) da Diretiva (UE) 2019/1023.

[595] Considerandos (66) e (67) da Diretiva (UE) 2019/1023.

[596] Considerando (66) e art. 17º, n. 1, al. a) da Diretiva (UE) 2019/1023.

[597] Art. 17º, n. 2, segunda parte, da Diretiva (UE) 2019/1023.

[598] Art. 17º, n. 2, primeira parte, da Diretiva (UE) 2019/1023.

[599] Art. 17º, n. 3 da Diretiva (UE) 2019/1023.

[600] Considerando (67) da Diretiva (UE) 2019/1023.

posteriores, em relação a outros credores que, de outro modo, teriam créditos iguais ou superiores[601].

Quanto aos prestadores de financiamento, o legislador europeu confere-lhes uma proteção mínima obrigatória, mas limitada: "os prestadores de tais financiamentos não podem incorrer em responsabilidade civil, administrativa ou penal, com o fundamento de que tais financiamentos são prejudiciais para o conjunto dos credores, exceto se existirem outros fundamentos previstos no direito nacional"[602].[603]

No que respeita a outras transações relacionadas com a reestruturação, o legislador europeu distingue as transações "razoáveis e imediatamente necessárias" para a negociação de um plano de reestruturação e as transações "razoáveis e imediatamente necessárias" para a execução de um plano de reestruturação[604].

Relativamente às primeiras (onde se incluem pelo menos, os honorários e custos da negociação, adoção ou confirmação de um plano de reestruturação; os honorários e custos do aconselhamento profissional estreitamente associado à reestruturação; e os salários dos trabalhadores por trabalho já executado[605]), seguindo a mesma lógica de proteção dos financiamentos, diz-se as transações devem ser razoáveis e imediatamente necessárias para a negociação de um plano de reestruturação, e não devem declaradas nulas, anuláveis ou insuscetíveis de execução com o fundamento de que são prejudiciais para o conjunto dos credores, exceto se existirem outros fundamentos previstos no direito nacional.[606].

Para o efeito, os "Estados-Membros deverão poder prever um momento, antes da abertura do processo de reestruturação preventiva e da concessão da suspensão das medidas de execução, a partir do qual os honorários e custos da negociação, adoção ou confirmação do plano

601 Art. 17º, n. 4 da Diretiva (UE) 2019/1023.

602 Art. 17º, n.1 al. b) da Diretiva (UE) 2019/1023.

603 A este respeito, Nuno Pinto Oliveira («Responsabilidade pela concessão de crédito», cit., p. 1055-1056), refere que a "Directiva 2019/1023/UE, ao falar de protecção do concedente ou do prestador de crédito contra as acções de responsabilidade pelos danos causados ao conjunto dos credores do devedor financiado, fala-nos (está a falar-nos) de uma regra e de uma excepção – da regra da irresponsabilidade e da excepção da responsabilidade pela causação negligente de danos ao conjunto dos credores do devedor financiado".

604 Art. 17º, n. 1 e 4 da Diretiva (UE) 2019/1023.

605 Art. 18º, n. 4 da Diretiva (UE) 2019/1023.

606 Art. 18º, n. 1 da Diretiva (UE) 2019/1023.

de reestruturação, ou da procura de aconselhamento profissional para o mesmo, começam a beneficiar de proteção contra ações de impugnação pauliana. No caso de outros pagamentos e desembolsos, e da proteção do pagamento dos salários dos trabalhadores, esse ponto de partida poderá ser também a concessão da suspensão ou a abertura do processo de reestruturação preventiva."[607]

Mas admite-se o seu afastamento se existirem fundamentos, nomeadamente a fraude e má-fé. Por outro lado, tal proteção poderá restringir-se aos "casos em que o plano seja confirmado por uma autoridade judicial ou administrativa, ou em que tais transações tenham sido submetidas a um controlo *ex ante*"[608]. A proteção pode mesmo ser excluída se as transações em causa tiverem sido efetuadas depois de a empresa devedora se ter tornado insolvente[609].

Relativamente às segundas transações (razoáveis e imediatamente necessárias para a execução de um plano de reestruturação), pretende-se salvaguardar que as mesmas não sejam declaradas nulas, anuláveis ou insuscetíveis de execução com o fundamento de que são prejudiciais para o conjunto dos credores. O legislador não apresenta um elenco exemplificativo do tipo de transações que podem estar em causa. Diríamos que estão em causa quaisquer transações que, não se traduzindo em qualquer tipo de assistência financeira (porque essas estão especificamente tratadas), sejam ainda assim consideradas razoáveis e imediatamente necessárias para a execução de um plano de reestruturação[610]. Em todo o caso, também aqui se admite que possam existir fundamentos para afastar tal proteção.[611]

Em face do exposto, fica patente que a proteção dos financiadores, dos financiamentos e de outras transações, estritamente necessárias à recuperação da empresa pré-insolventes, é um aspeto fundamental, mas não absoluto[612]. Razão pela qual se prevê a possibilidade de serem

607 Art. 18º, n. 1 da Diretiva (UE) 2019/1023.

608 Considerando (69) Diretiva (UE) 2019/1023.

609 Art. 18º, n. 3 da Diretiva (UE) 2019/1023.

610 Catarina Serra, «Satisfação dos interesses dos credores no âmbito do PER: são os credores todos iguais?», cit., p. 37.

611 Art. 18º, n. 5 da Diretiva (UE) 2019/1023.

612 Neste sentido, por exemplo, Aa. Vv, *Best practices in European restructuring...*, cit., p. 60-62 e 121-123; Bob Wessels / Stephan Madaus, *Rescue of Business in Insolvency Law*, cit., p. 215--221; Jennifer Payne /Janis Sarra, «Tripping the Light Fantastic...», cit., p. 178-222; e

implementados mecanismos de controlo e impugnação e, nalgumas situações, admite-se que a proteção possa ser restringida e excluída.

Descendo ao plano interno, podemos constatar que o tema é tratado em diferentes locais: nos Princípios Orientadores[613], no PER, no RERE e no processo de insolvência. A dispersão poderá traduzir-se num leque maior de soluções, adaptadas a diferentes contextos, mas também poderá criar dificuldades acrescidas ao intérprete, sobretudo se não houver coerência entre as soluções previstas.

Para uma melhor abordagem e compreensão do tema, seguiremos a ordem de exposição seguida no ponto anterior. Cuidaremos de analisar, primeiramente, a proteção da assistência financeira e não financeira, isto é, dos negócios e transações relacionadas com a recuperação preventiva de empresas. Trataremos em seguida de olhar para a proteção daqueles que prestem assistência financeira ou não financeira à empresa devedora.

No que respeita à proteção da assistência financeira e não financeira, o primeiro "local" a examinar é o décimo primeiro Princípio Orientador[614], onde se estabelece que "[s]e durante o período de suspensão ou no âmbito da reestruturação da dívida for concedido financiamento adicional ao devedor, o crédito resultante deve ser considerado pelas partes como garantido". Tendo em conta que o legislador português se inspirou na *Statement of Principles* da *INSOL International,* a comparação com o seu oitavo princípio[615] é inevitável e até recomendável, uma vez que é acompanhado de uma importante nota explicativa que poderá ajudar alcançar o melhor sentido interpretativo.

Madalena Perestrelo de Oliveira, «*Regime de Proteção do "Dinheiro Novo" no PER*», cit., p. 42-48; «Financiamento para reestruturação e financiamento intercalar», cit., p. 271-279.

613 Anexo da Resolução do Conselho de Ministros 43/2011, de 25 de outubro. Nos Princípios Orientadores enunciam, como temos repetido, as regras gerais, aplicáveis não só aos instrumentos *ad hoc,* extrajudiciais e informais, mas também, por remissão expressa, ao PER e ao RERE. Por consagrarem, diríamos, o essencial do sistema de recuperação de empresas, os Princípios Orientadores constituem uma importante fonte interpretativa.

614 Constante no Anexo da Resolução do Conselho de Ministros 43/2011, de 25 de outubro.

615 Aqui se estabelece que "[s]e for concedido um financiamento adicional durante o período de suspensão *("Standstill Period")* ou sob qualquer proposta de recuperação ou reestruturação *("rescue or restructuring proposals"),* ao reembolso de tal financiamento adicional deve, na medida do possível, ser concedido um *status de prioridade ("priority status")* em comparação com outras dívidas ou créditos de credores relevantes *("as compared to other indebtedness or claims of relevant creditors").*

A primeira ideia a reter é que o financiamento em causa está balizado temporalmente. Reporta-se ao período de suspensão *(standstill period)*, *maxime* ao período de tempo suficiente, mas limitado, durante o qual as partes devem cooperar entre si, apresentando propostas viáveis e credíveis, na busca de uma solução construtiva que permita a efetiva recuperação da empresa devedora e satisfaça a todos os envolvidos[616].

Depois, fica claro que o financiamento poderá ser necessário em duas situações distintas: durante o período de suspensão *("during the standstill period")* e/ou no âmbito do plano de reestruturação *("or under any rescue or restructuring proposals")*. O financiamento durante o período de negociação tende a ser um financiamento de curto prazo para suprir necessidade imediatas. O financiamento concedido no âmbito do plano de reestruturação tende a ser um financiamento de médio e longo prazo para auxiliar a empresa a manter-se em atividade, baseado "num plano de negócios viável e credível, que evidencie a capacidade do devedor de gerar fluxos de caixa necessários ao plano de reestruturação, que demonstre que o mesmo não é apenas um expediente para atrasar o processo judicial de insolvência"[617].

Em terceiro lugar, o crédito resultante do financiamento deve ser objeto de uma tutela reforçada. Diz-se que deve ser considerado pelas parte como garantido. A expressão não é muito feliz. Na *Statement of Principles* da *INSOL International* fala-se de um *"priority status"*, o que nos remete para a hierarquia estabelecida no art. 47º do CIRE. O que certamente se pretendeu dizer é que as partes devem cooperar entre si no sentido de se constituir ou atribuir uma garantia que acautele adequadamente o crédito resultante do financiamento, de forma a refletir a posição relativa de cada credor[618]. Facilmente se compreende que o objetivo passa por atenuar o risco de quem, em nome da recuperação e do melhor interesse das partes envolvidas, aceita apoiar uma empresa em situação difícil. Naturalmente que essa proteção acaba por funcionar

616 Como se extrai dos princípios primeiro, segundo, quarto e décimo do Anexo da Resolução do Conselho de Ministros 43/2011, de 25 de outubro.

617 Princípios décimo do Anexo da Resolução do Conselho de Ministros 43/2011, de 25 de outubro.

618 Como se extrai, nomeadamente, dos princípios segundo e nono do Anexo da Resolução do Conselho de Ministros 43/2011, de 25 de outubro.

também (positivamente) como um incentivo ao financiamento das empresas em dificuldades.

Podemos extrair do comentário ao oitavo princípio da *Statement of Principles* da *INSOL International* que tal *priority status* apenas deve ser conferido quando o financiamento é verdadeiramente necessário e adequado à recuperação da empresa devedora. Portanto, não é todo e qualquer crédito que deve ser protegido ou objeto de um *priority status*, mas somente o que for concedido com o propósito de auxiliar financeiramente a empresa devedora durante as negociações e para efeitos de manutenção da empresa em atividade por via da reestruturação. Para o efeito é necessário que a empresa devedora esteja em situação de pré-insolvência e haja uma perspetiva razoável de recuperação, caso contrário o financiamento poderia traduzir-se numa forma abusiva de beneficiar uns credores em detrimento de outros.

De difícil resposta é a questão de saber se o financiamento adicional em causa deve ser entendido em sentido estrito, como disponibilização de capital, ou se podem estar incluídas outras formas que contribuem para a saúde financeira da empresa devedora. O elemento literal parece dizer menos do que o elemento teleológico. A letra da lei aponta para uma conceção estrita. Mas se o objetivo fundamental é fomentar a recuperação de empresas, protegendo aqueles que contribuam de forma relevante para esse desiderato, salta à vista que tal poderá suceder, evidentemente, através do fornecimento de matérias-primas ou serviços públicos essenciais e necessários à manutenção da atividade. Nesta perspetiva, à luz do espírito e teleologia das disposições em causa, poder-se-iam admitir outras formas de assistência com repercussão relevante na saúde financeira da empresa.

No comentário ao oitavo princípio da *Statement of Principles* da *INSOL International* reconhece-se que o financiamento adicional, também conhecido como *"new money"* ou *"fresh money"*, é, muitas vezes, necessário à recuperação, mas não é o único. A venda de ativos, por exemplo, também poderá ajudar a melhorar as receitas. Tanto mais que a concessão de *"new money"* fica, por vezes, condicionada, à constituição de garantias que conferem um *priority status*, o que poderá constituir um grande obstáculo à obtenção de crédito por parte das empresas em dificuldades, por um lado, e ao envolvimento de outros credores relevantes (não garantidos), que ficam mais expostos num hipotético cenário de insolvência, por outro lado.

Por isso, são admissíveis formas alternativas de financiamento da atividade das empresas, nomeadamente as que permitam aos credores (tais como fornecedores e prestadores de serviços) transferir efetivamente parte ou todo o risco para um terceiro que, de alguma forma acautelará o risco de incumprimento (como sucede com os seguros de crédito). A renegociação dos créditos pré-existentes, nomeadamente através da concessão de um período de carência, da redução do valor das prestações, ou do deferimento de pagamento, também contribuirão para melhorar a saúde financeira da empresa devedora.[619]

No que respeita à proteção da assistência financeira e não financeira, o próximo "local" a examinar é o PER, mais propriamente o seu art. 17º-H, o qual sofreu uma evolução considerável com a entrada em vigor da Lei nº 9/2022, de 11 de janeiro. O n. 1 foi a única disposição que se manteve inalterada. A redação do n. 2 sofreu uma alteração significativa e, além disso, foram aditados os n. 3 a 7. Vamos por partes. O art. 17º, com a epígrafe "garantias", debruça-se, na verdade, não só sobre garantias propriamente ditas, mas também sobre os atos (negócios) de financiamento.

Numa apreciação global sobre as alterações operadas, acompanhamos Catarina Serra[620] quando elogia a medida de extensão do privilégio atribuído ao financiamento para a restruturação aos sócios e a (outras) pessoas especialmente relacionadas[621] e a medida de classificação de parte do crédito resultante do financiamento como crédito sobre a massa[622].

Em sentido negativo, constata-se que, face às diversas opções e imposições que constam na Diretiva, o legislador português poderia e deveria ter ido mais longe em matéria de proteção dos credores ou terceiros que apoiem a empresa devedora. Também pela negativa, a autora critica o facto de se fazer referência ao novo financiamento e ao financiamento intercalar apenas nos nºs 6 e 7 da referida norma, quando tal, para uma melhor leitura e compreensão do regime, deveria acontecer mais cedo, acompanhada de uma noção geral sobre cada um dos conceitos[623].

[619] Havendo um aumento do nível de endividamento, salienta-se a necessidade de obter a concordância dos demais credores envolvidos, para que esse risco possa ser distribuído de forma proporcional, e ainda a possibilidade de, nesses casos, ser necessário (ou apropriado) obter a aprovação de tribunal.

[620] «Enquadrar a recuperação das PME...», cit., p. 463.

[621] Art. 17º-H, n. 4 do CIRE.

[622] Art. 17º-H, n. 2 do CIRE.

[623] Catarina Serra, «Enquadrar a recuperação das PME...», cit., p. 463.

Pela nossa parte, acrescentamos ainda que teria sido conveniente que o legislador português tivesse resolvido a dúvida que existia na vigência da anterior versão e que continua a existir em torno do sentido e alcance do conceito de financiamento.

Num sentido restrito, o financiamento é entendido como disponibilização de capital, através de um empréstimo (ou financiamento), normalmente contraído junto de entidades bancárias e financeiras. Em sentido amplo, o financiamento da empresa devedora pode incluir outras formas de assistência financeira com repercussão relevante na melhoria da saúde financeira, de que são exemplo, o fornecimento de matérias-primas e serviços essenciais, eventualmente com algumas facilidades de pagamento, e a (re)negociação de formas e prazos de pagamento relativamente a créditos pré-existentes de fornecedores, de trabalhadores, e de prestadores de serviços. Ainda relacionado com este ponto, teria sido bastante útil, em nome da segurança jurídica, que se tivesse também clarificado se o financiamento (em sentido amplo ou restrito) tem que ser novo, ou pode igualmente respeitar à renegociação ou modificação de um crédito pré-existente.

Estas dúvidas em torno do conceito de "financiamento" tocam naquele que, quanto a nós, é o núcleo essencial (ou a pedra angular) do apoio às empresas em dificuldades. Havendo dúvidas, muitos daqueles que poderiam, eventualmente, apoiar a empresa devedora, não o fazem com receio de que o seu crédito não seja devidamente protegido. Sem a necessária proteção, os credores não estariam predispostos a conceder um financiamento, correndo o risco de não serem reembolsados devido à frágil situação financeira da empresa devedora (que se situa próxima da insolvência)[624]. A incerteza quanto a uma matéria desta importância não é aceitável. Por isso, procuraremos apreciar os argumentos das perspetivas em confronto para, com maior segurança, podermos tomar partido por uma ou por outra.

As expressões utilizadas pelo legislador no art. 17º-H ("meios financeiros", "financiem a atividade da empresa disponibilizando-lhe capital", "financiamento disponibilizado", "atos de financiamento", "novo finan-

[624] Madalena Perestrelo de Oliveira, «Suprimentos para revitalização societária: entre subordinação e o privilégio mobiliário creditório geral», *Revista de Direito das Sociedades*, Ano IX, Nr. 2, 2017, p. 378.

ciamento", e "financiamento intercalar") apontam para uma conceção restrita de financiamento. A letra da lei aponta também para uma proteção dirigida aos credores pré-existentes ("os seus credores", "os credores que...", "por credores"). Em momento algum se fala de terceiros que, não sendo credores, possam prestar apoio financeiro à empresa devedora, passando a assumir essa qualidade (de credor) após a conclusão do negócio[625].

Quanto ao primeiro aspeto, na vigência da anterior versão do art. 17º-H do CIRE, alguns autores, nomeadamente Alexandre Soveral Martins[626], Ana Ribeiro Costa[627], Fátima Reis Silva[628], Maria do Rosário Epifânio[629] e Miguel Pestana Vasconcelos[630], manifestaram-se a favor de uma conceção restrita, sustentando, em síntese, que o alargamento a outras formas de apoio à empresa devedora, para além do empréstimo em dinheiro, poderia levar a uma certa descaracterização da especial proteção que o legislador quis atribuir, como parece revelar a letra da lei, a um tipo específico de crédito e, consequentemente, a um tipo específico de credores, as entidades bancárias e financeiras[631].

[625] David Sequeira Dinis, «Stand-still, cláusulas ipso facto e new money após a transposição da Diretiva», cit., p. 57.

[626] *Estudos de Direito da Insolvência,* cit., p. 529.

[627] «Os Créditos Laborais no Processo Especial de Revitalização», *O Direito Lusófono – Atas do I Congresso Jurídico de Investigadores Lusófonos,* Instituto Iberoamericano de Estudos Jurídicos, 2017, p. 283-284.

[628] *Processo Especial de Revitalização: Notas Práticas e Jurisprudência Recente,* cit., p. 76. A autora defende que, estando em causa uma regra excecional em relação ao princípio da igualdade de tratamento dos credores, deve ser interpretada com a maior das cautelas.

[629] *Manual de Direito da Insolvência,* 7ª Ed., cit., p. 478- 479.

[630] *Recuperação de empresas: o processo especial de revitalização,* cit., p. 95-96.

[631] Por esta via, a clivagem entre os credores financeiros, aqueles que normalmente possuem ou estão em melhores condições para obter garantias especiais, e os demais credores, em especial os credores comuns (fornecedores de bens e matérias-primas e/ou prestadores de serviços) tende a acentuar-se ainda mais com a adoção de um plano de recuperação. O problema é que esta perspetiva de que os instrumentos negociais favorecem ou protegem especialmente os credores financeiros proporciona o afastamento ou não inclusão dos restantes credores afetados, ou pelo menos, há uma inclinação para não lhes serem proporcionadas as mesmas condições de negociação. Esta visão parece não ser compatível com a afirmação plena de um dever de renegociar e/ou estabelecer negociações com todos os afetados. A situação seria ainda mais evidente se os credores financeiros beneficiassem de garantias especiais que os equiparasse a credores da massa insolvente – como propôs Madalena Perestrelo de Oliveira («Regime de Proteção do "Dinheiro Novo" no PER», cit., p. 46) – ou a

Outra parte da doutrina, onde se incluem, nomeadamente, Catarina Serra[632], Luís Carvalho Fernandes e João Labareda[633], Jorge Morais Carvalho e Maria Jerónimo[634], e Madalena Perestrelo de Oliveira[635], considerava que uma interpretação literal levaria a uma solução injusta para os credores não financeiros (em sentido estrito) e para a própria empresa pré-insolvente, pois redundaria em resultados inócuos e ineficientes, contrários aos objetivos da recuperação. Em alternativa, propunham que se fizesse uma interpretação teleológica da norma, de modo a incluir outras formas de assistência financeira ou com impacto financeiro relevante e até mais eficiente.

Com a nova redação, a discussão e os argumentos de um e outro lado não se alteraram. Catarina Serra[636] continua a sublinhar que a proteção destes credores (não financeiros) é tão necessária como a proteção daqueles (financeiros) e a empresa não deve ser forçada (ou incentivada) a obter financiamento por parte de terceiros (junto da banca) para assegurar, por exemplo, que os seus trabalhadores se mantêm em funções ou que os seus fornecedores habituais continuam a disponibilizar matéria-prima. Pelo que o intérprete, por via de uma interpretação extensiva, atendendo à teleologia da norma, deverá optar pelo sentido amplo de "assistência financeira". Em sentido oposto, Maria do Rosário Epifânio[637], apoiada na letra da lei, continua a defender que uma conce-

credores graduados logo a seguir às dívidas da massa insolvente – como propôs a Associação Portuguesa de Bancos no seu Parecer sobre a Proposta de Lei nº 39/XII, disponível para consulta em <www.parlamento.pt>. Sem dúvida que estas soluções, ou outras idênticas, teriam a vantagem de motivar ainda mais as entidades financeiras a prestar auxílio às empresas em crise, mas também não deixariam de contribuir para um maior afastamento e desinteresse dos demais credores.

[632] *Lições de Direito da Insolvência*, cit., p. 462-468; «Para um novo entendimento dos créditos laborais na insolvência e na pré-insolvência da empresa – Um contributo feito de velhas e novas questões», *Questões Laborais*, Nr. 42, 2014, p. 202; «Processo especial de revitalização – contributos para uma "rectificação"», cit., p. 729-731; «Revitalização – A designação e o misterioso objecto designado...», cit., p. 104-105; e *Regime Extrajudicial de Recuperação de Empresas – Análise (e) Crítica*, cit., p. 143-145.

[633] *Código da Insolvência e Recuperação de Empresas Anotado*, cit., p. 184.

[634] «As garantias dos novos financiamentos», cit., p. 286-287.

[635] «Suprimentos para revitalização societária: entre subordinação e o privilégio mobiliário creditório geral», cit., p. 378-379.

[636] «Enquadrar a recuperação das PME...», cit., p. 478-479.

[637] *Manual de Direito da Insolvência*, 7ª Ed., cit., p. 478-479.

ção ampla levaria a um "esvaziamento" de conteúdo, no sentido em que, ao protegerem-se todos, ninguém seria realmente preferido ou especialmente protegido, pois passariam a concorrer em igual medida. O objetivo do legislador seria, assim, o de proteger unicamente o *"new money"*.

Portanto, o ponto de discórdia reside na perceção que se tem sobre o alargamento da proteção a credores não financeiros. Para uns, é uma questão de justiça e eficiência. Para outros, leva a um esvaziamento de um tipo de proteção especialmente pensada para os credores tipicamente financeiros.

Uma das críticas que pode ser feita à posição restritiva e que não pode ser feita à conceção ampla, é que a Diretiva (UE) 2019/1023 toma partido por esta. Neste aspeto, o legislador não poderia ser mais claro, pois afirma expressamente que a "assistência financeira deverá ser entendida em sentido lato". Disso nos dão conta, por exemplo, Catarina Serra[638], Irene Lynch Fannon[639] e Francisco Garcimartin[640]. Na Exposição de Motivos da Proposta de Lei nº 115/XIV/3ª também não se encontra qualquer justificação para a divergência face ao direito europeu. Acresce que os Princípios Orientadores, lidos em conformidade com a *Statment of Principles,* também apontam para uma ideia de assistência financeira mais abrangente do que a mera disponibilização de capital ou dinheiro. Assim, por apelo a uma interpretação consonante com a Diretiva e numa lógica de coerência sistemática (já que os Princípios Orientadores se aplicam ao PER), o resultado caminha para uma interpretação extensiva de modo a alargar o significado literal[641].

Outros argumentos se juntam. Salta à vista que uma visão restritiva contraria o espírito da norma e do conjunto de normas em que se insere que é, claramente, o de prover os meios necessários à recuperação em

[638] «Enquadrar a recuperação das PME...», cit., p. 478-479; «Satisfação dos interesses dos credores no âmbito do PER: são os credores todos iguais?», cit., p. 37.

[639] «VII. Lit. 7: New financing», *European Preventive Restructuring, Directive (EU) 2019/1023, Article-by-Article Commentary,* C. H. Beck, München, 2021, p. 70.

[640] «Article 10 – Confirmation of restructuring plans», *European Preventive Restructuring, Directive (EU) 2019/1023, Article-by-Article Commentary,* C. H. Beck, München, 2021, p. 174.

[641] Convém não perder de vista que "constituindo a letra da lei um elemento frágil que não dispensa o recurso aos elementos lógicos da interpretação na procura do espírito da lei, não devemos aceitar acriticamente o provérbio *ubi lex voluit dixit, ubi noluit tacuit* porque pode suceder que a lei tenha querido, mas não dito claramente" (António dos Santos Justo, *Introdução ao Estudo do Direito,* cit., p. 319-320).

proveito da própria empresa devedora e dos credores em geral. Este argumento, invocado por aqueles que são favoráveis a uma conceção ampla, pode ser facilmente questionado se for analisado isoladamente, pois a recuperação não é uma finalidade que deva ser alcançada a qualquer preço. Mesmo para quem considere, como Luís Menezes Leitão[642], que "não há nenhum devedor que seja insuscetível de recuperação se lhe derem a liquidez ou crédito suficiente para satisfazer as suas obrigações", é obvio que a recuperação deve ser alcançada de forma eficiente, de forma a obter o maior proveito alcançável com menores custos possíveis.

À luz de um critério de gestão eficiente, razoável e racional, é manifesto que entre os meios disponíveis para a recuperação se deve optar pelos que são menos onerosos e, naturalmente, mais adequados. Não poderá ser de outra forma, sob pena de se contrariar a razão de ser dos instrumentos de recuperação pré-insolvencial. Este não é um motivo menor porque o legislador não pode simultaneamente querer promover a viabilização das empresas pré-insolventes e defender soluções menos favoráveis a essa viabilização, sem que haja uma razão substancial a justificar a opção por proteger apenas o apoio financeiro em sentido estrito.

O argumento de que o alargamento levaria a um esvaziamento também não colhe porque se, num caso em concreto, se optar pela assistência financeira através do apoio dos fornecedores ou dos prestadores de serviços, pode nem sequer haver motivo para se tocar nos créditos financeiros ou para contrair novos financiamentos. Além disso, pode nem sequer ser necessário obter o apoio de todos os fornecedores. Basta que se obtenha o apoio dos mais relevantes para a continuação da atividade. Por último, não devemos afastar a hipótese de haver uma solução mista, resultante da assistência financeira e não financeira.

O que não podemos aceitar como razoável ou verosímil é que num cenário de pré-insolvência todos os credores e terceiros, financeiros e não financeiros, lutem entre si para prestar assistência à empresa devedora de modo a beneficiarem das proteções consagradas no art. 17º-H do CIRE. Só nesse cenário é que poderíamos ter um esvaziamento total. Como essa hipótese não é sequer verosímil[643], nunca haverá um esva-

[642] «A responsabilidade pela abertura indevida do processo especial de revitalização», cit., p. 146.

[643] David Sequeira Dinis, «Stand-still, cláusulas ipso facto e new money após a transposição da Diretiva», cit., p. 60.

ziamento total ainda que os credores apoiantes sejam significativos. Tanto mais que, como veremos a seguir, as proteções em causa têm um alcance bastante limitado, o que aliás, tem motivado críticas por parte da doutrina[644]. Logo, não podemos dizer, com rigor, que estaríamos perante uma generalização das proteções que levaria um esvaziamento do seu conteúdo.

Sublinhe-se ainda que a pré-insolvência pressupõe que a empresa devedora não está numa situação de total desespero, sem condições de pagar as obrigações vencidas. Sendo assim, temos que admitir que em muitos casos a empresa devedora conseguirá ultrapassar as suas dificuldades negociando com um número reduzido de credores ou terceiros que apoiem a recuperação. Não podemos olhar para o PER como se, pura e simplesmente, de um processo de insolvência se tratasse, nem para o plano de recuperação como um plano de insolvência. O plano de recuperação poderá afetar apenas um número reduzido de credores, a quem, em princípio, será conferido o direito de aprovar ou não aprovar o plano.

A conceção restritiva, ao deixar de fora outro tipo de assistência com impacto na melhoria da saúde financeira, poderá levar a resultados injustos, porque não os incentivaria devidamente, pelo menos em pé de igualdade com os credores financeiros, a apoiar a atividade da empresa através da disponibilização, por exemplo, de matérias-primas ou de força de trabalho[645], porventura, tanto ou mais importantes que a dispo-

644 Neste sentido, Catarina Serra «Enquadrar a recuperação das PME...», cit., p. 469-477.

645 No que aos trabalhadores diz respeito, Catarina Serra (*Lições de Direito da Insolvência*, cit., p. 464-465; *Lições de Direito da Insolvência*, 2ª Ed., cit., p. 586-588; **«Processo especial de revitalização e os trabalhadores – um grupo especial de sujeitos ou apenas mais uns credores?»**, *Julgar*, Nr. 31, 2017, p. 38-41) observa que a aparente duplicação de privilégios não seria inócua. O art. 17º-H, n. 2, do CIRE abrangeria apenas o pagamento de todos os créditos remuneratórios relativos às prestações de trabalho efetuadas durante o PER. O art. 333º, n. 1, al. a) e n. 2, al. a), do CT, por seu turno, incluiria os restantes créditos aí referidos. Poder-se-ia dizer que os créditos remuneratórios relativos às prestações de trabalho efetuadas durante o PER não deixariam de ser créditos emergentes do contrato de trabalho ou da sua violação e que, por isso, haveria uma duplicação de privilégios. Porém, devemos reconhecer que seria teoricamente mais vantajoso para os trabalhadores beneficiarem da ordem de graduação estabelecida no art. 17º-H, n. 2, do CIRE, já que neste caso, e pelo menos relativamente a uma parte dos seus créditos (créditos remuneratórios relativos às prestações de trabalho efetuadas durante o PER) ficariam em pé de igualdade com outros credores financiadores que beneficiassem desse privilégio, ao invés de ficarem graduados abaixo. Em termos práticos, não vemos que isso se possa traduzir num apoio efetivo ou útil, já que os

nibilização de dinheiro. Seria injusta relativamente à empresa devedora porque se, por exemplo, esta necessitar acima de tudo de apoio ao nível da obtenção de matéria-prima e aquisição de equipamentos, e puder contratualizar o seu fornecimento diretamente com os fornecedores ou vendedores, designadamente com a dilação de prazos de pagamento, teria dificuldade em concretizar estas operações ao menor custo possível porque tais fornecedores não teriam os mesmos incentivos e garantias que as entidades financeiras[646]. Em consequência, a empresa devedora seria quase forçada a contrair um empréstimo junto das entidades bancárias ou financeiras para obtenção e aquisição daqueles bens, suportando um acréscimo de custos com juros, comissões e encargos normalmente associados aos contratos de crédito bancário.

Posto isto, e apoiados na posição que tem sido assumida por uma parte relevante da doutrina[647], mas também da jurisprudência portuguesa[648], somos favoráveis à adoção de uma conceção ampla de assistên-

trabalhadores beneficiam igualmente de outros privilégios, em particular o imobiliário especial sobre o imóvel do empregador onde o trabalhador preste atividade. Aliás, o privilégio mobiliário geral é em si mesmo fraco não só para os trabalhadores, mas igualmente para os credores financiadores. Como bem refere Miguel Pestana Vasconcelos, (*Recuperação de empresas: o processo especial de revitalização*, cit., p. 95), a proteção dos "novos financiamentos", pelo menos daqueles que são significativos, não resulta da concessão deste privilégio, mas, de uma forma realista, unicamente pela prestação de garantias reais, ou outras proteções. Também não nos parece que o art. 17º-H, n. 2, do CIRE, na versão anterior, pudesse significar algum tipo de entusiasmo ou motivo para os trabalhadores aceitarem, por exemplo, o deferimento de pagamento de uma parte dos seus créditos. Em todo o caso, não deixaria de ser um sinal dado pelo legislador a quem apoiasse a recuperação da empresa.

646 Catarina Serra (*Lições de Direito da Insolvência*, 2ª Ed., cit., p. 587) sublinha que "na ótica do legislador europeu [Considerando (66) da Diretiva (UE) 2019/1023], a assistência financeira deve ser entendida em sentido lato, no sentido de que abrange tanto a disponibilização de fundos ou garantias de terceiros como o fornecimento de existências, mercadorias, matérias-primas e serviços essenciais, por exemplo através da concessão ao devedor de um prazo de reembolso mais longo".

647 Neste sentido, como dissemos, Catarina Serra, *Lições de Direito da Insolvência*, cit., p. 462-468; Luís Carvalho Fernandes / João Labareda, *Código da Insolvência e Recuperação de Empresas Anotado*, cit., p. 184; Jorge Morais Carvalho / Maria Jerónimo, «As garantias dos novos financiamentos», cit., p. 286-287; e Madalena Perestrelo de Oliveira, «Suprimentos para revitalização societária: entre subordinação e o privilégio mobiliário creditório geral», cit., p. 378.

648 Neste sentido, por exemplo, Ac. do TRP de 14.03.2017, Proc. 1767/16.0T8AVR.P1 (Rodrigues Pires); e Ac. do TRG de 24.10.2019, Proc. 5068/18.0T8GMR-F. G1 (José Alberto Moreira Dias).

cia financeira para efeitos do disposto no art. 17º-H do CIRE, em conformidade com a perspetiva adotada pelo legislador europeu.

Sucede que a problemática não se fica por aqui. Tem-se questionado se as proteções conferidas pelo art. 17º-H têm como destinatários apenas os credores pré-existente ou se podem (ou devem) também ser incluídos terceiros (não credores à data de início do PER). Como dissemos, a letra da lei aponta para uma proteção dirigida aos credores pré-existentes.

Na vigência da anterior versão do art. 17º-H do CIRE, Fátima Reis Silva[649], João Aveiro Pereira[650], Jorge Morais Carvalho e Maria Jerónimo[651], Luís Carvalho Fernandes e João Labareda[652] e Miguel Pestana de Vasconcelos[653], por exemplo, adotaram uma interpretação restritiva. Para estes, a letra apenas autorizava a proteger os credores pré-existentes.

Em sentido contrário posicionaram-se, por exemplo, Catarina Serra[654], Madalena Perestrelo de Oliveira[655], Nuno Salazar Casanova e David Sequeira Dinis[656], para quem a *ratio* da norma obrigava a incluir terceiros. Nenhuma razão existe para que a sua posição se altere face ao atual art. 17º-H do CIRE. O problema não foi resolvido pelo legislador. Catarina Serra[657] e David Sequeira Dinis[658] e Maria do Rosário Epifânio[659] confirmam que não existe razão para se excluírem os terceiros. São particularmente expressivas as palavras de David Sequeira Dinis[660] quando afirma que uma solução contrária seria "contraproducente e desarmoniosa com o objetivo legislativo", sustentando que "se o objetivo

[649] *Processo Especial de Revitalização: Notas Práticas e Jurisprudência Recente*, cit., p. 76.

[650] *Ibidem*, p. 76.

[651] «As garantias dos novos financiamentos», cit., p. 276.

[652] *Código da Insolvência e Recuperação de Empresas Anotado*, cit., p. 184. Os Autores referem que é necessária a verificação de novas entradas.

[653] *Recuperação de empresas: o processo especial de revitalização*, cit., p. 95-96.

[654] *Lições de Direito da Insolvência*, cit., p. 468-469.

[655] «Suprimentos para revitalização societária: entre subordinação e o privilégio mobiliário creditório geral», cit., p. 378-379.

[656] *PER, O Processo Especial de Revitalização...*, cit., p. 180-181.

[657] «Enquadrar a recuperação das PME...», cit., p. 478.

[658] «Stand-still, cláusulas ipso facto e new money após a transposição da Diretiva», cit., p. 57-58.

[659] *Manual de Direito da Insolvência*, 8ª Ed., cit., p. 522.

[660] «Stand-still, cláusulas ipso facto e new money após a transposição da Diretiva», cit., p. 58.

confesso da lei é facilitar o financiamento em situações de *distress*, então não faz qualquer sentido que se defenda que apenas os credores (diga-se, credores pré-existentes) poderão estar protegidos pelo novo texto legal. Se essa fosse a conclusão, estar-se-ia a dissuadir a intervenção e o financiamento por parte de bancos não credores, de fundos, etc. Estar-se-ia, na prática, a excluir do âmbito de potenciais financiadores uma panóplia de potenciais interessados e um sector importante do mercado, que se foca, precisamente, no financiamento a entidades em *distress*". Nessa conformidade, o autor, "por via de interpretação teleológica (ou, se necessário, por interpretação extensiva)", propõe que "a expressão "credores" seja interpretada de forma ampla, de modo a abranger tanto credores pré-existentes como credores futuros, cujos créditos nasçam" no âmbito do PER.

A ideia de facilitar ou de promover o financiamento de empresas pré-insolventes que está na base daquela conceção ampla depara-se com uma dificuldade prática. Por mais incentivos que se criem, não se pode escamotear que a concessão de crédito financeiro ou outro tipo de apoio *ex novo*, num contexto de pré-insolvência envolve, tendencialmente, mais risco do que em tempos de normalidade[661]. Acresce a isto que as contrapartidas dos apoios concedidos *ex novo*, em particular os apoios financeiros em sentido estrito, normalmente são mais exigentes e os juros e outros custos são também mais elevados. A situação de crise da empresa agrava as condições de obtenção de apoio *ex novo*.

Por conseguinte, não devemos estranhar que a recuperação, em muitos casos, poderá passar pela renegociação de créditos existentes, isto é, pela sua adaptação à situação de crise. Nem todos os credores estarão dispostos a isso, mas aqueles que se dispuserem e, desse modo, contribuírem para a recuperação da empresa pré-insolvente são, em nossa opinião, merecedores de uma tutela reforçada. Poder-se-á até dizer que existe uma certa preferência dos credores pré-existentes, no sentido em que existe uma relação prévia, da qual resulta que os mesmos podem estar na iminência de sofrer uma perda no âmbito do PER. Mas não é exatamente assim. Na ausência de um acordo de recuperação a sua perda pode ser ainda maior se a empresa ficar insolvente. É certo que os

[661] Sobre a concessão de crédito, nomeadamente em tempos se crise, Nuno Pinto Oliveira, «Responsabilidade pela concessão de crédito», cit., p. 953 s.

credores pré-existentes possuem, provavelmente, um melhor conhecimento da sua situação. Mas isso não significa, por si só, que estejam em melhor posição para apoiar a recuperação[662], ou que devam ter vantagem sobre novos credores. Na verdade, se a recuperação for alcançada com o apoio de novos credores, os credores pré-existentes tendem a sair beneficiados em virtude do esforço envidado pelos novos credores. O sucesso da recuperação será, em última análise, a melhor proteção para os credores pré-existentes (e igualmente para os novos).

De facto, não é o carácter "pré-existente" ou "novo" do apoio concedido que define a sua importância para a recuperação da empresa, mas o seu conteúdo concreto, em ligação com as necessidades particulares da empresa pré-insolvente e com a posição dos demais credores envolvidos. Portanto, só diante das circunstâncias de um caso concreto se pode medir o grau de esforço e de risco de cada credor que decida apoiar a empresa pré-insolvente e a sua relevância para a recuperação desta. Nada nos garante que a renegociação de um crédito pré-existente seja mais vantajosa do que a negociação de um novo apoio, e vice-versa. Não podemos partir do princípio de que, em abstrato, uma tem vantagem sobre a outra. Assim sendo, não podemos assumir que existem razões para se defender uma preferência pelos credores pré-existentes em detrimento dos novos credores.

Perante o exposto, fica claro que acompanhamos o entendimento daqueles que sustentam, com base na *ratio* da lei, que a expressão "credores" deve ser interpretada de forma ampla, de modo a abranger tanto credores pré-existentes como novos credores.

Uma vez definido o alcance dos conceitos de financiamento e de credor, é tempo de partir para a análise do tipo de proteções conferidas pelo art. 17º-H do CIRE[663], tendo sempre em mente os resultados interpretativos a que chegamos a propósito daqueles conceitos.

A primeira proteção, prevista no art. 17º-H, n.1 do CIRE, reporta-se à manutenção das garantias que forem convencionadas entre a empresa e os seus credores ou terceiros durante o PER. Nesse caso, findo o pro-

[662] Neste sentido, Cataria Serra, *Lições de Direito da Insolvência*, cit., p. 472-473; e Jorge Morais Carvalho / Maria Jerónimo, «As garantias dos novos financiamentos», cit., p. 288.

[663] Como veremos adiante, as garantias são objeto de uma proteção adicional por via do disposto no art. 120º, nº 6 do CIRE, sendo insuscetíveis de resolução em benefício da massa.

cesso, tais garantias não são afetadas mesmo que a empresa venha a ser declarada insolvente no prazo de dois anos. Mas não estão abrangidas todas as garantias. Estão (podem estar) apenas em causa as garantias associadas a negócios jurídicos de financiamento (em sentido amplo) acordados "durante o PER", o que, quanto a nós, significa o mesmo que "no âmbito" do PER[664], ou seja, com o objetivo de proporcionar à empresa devedora a assistência financeira necessária para o desenvolvimento da sua atividade durante o PER e/ou durante a execução do plano[665], quer tais negócios se traduzam em financiamento intercalar ou em novo financiamento.

Dessa forma, as garantias em causa ficam blindadas contra qualquer forma de extinção forçada, mesmo que a empresa venha a ser declarada insolvente no prazo de dois anos a contar do encerramento do PER. Quer isto dizer que a proteção não se restringe aos regimes previstos no processo de insolvência, nomeadamente, à sua extinção ao abrigo do art. 97º, n. 1, al. e) do CIRE, à resolução em benefício da massa (afastando a presunção absoluta de prejudicialidade consagrada no n. 3 do art. 120º do CIRE), e à resolução incondicional prevista nas als. c) e e) do n. 1 do art. 121º do CIRE[666]. A proteção em causa estende-se ainda, por exemplo, à aplicabilidade da impugnação pauliana e à hipótese de haver uma nova reestruturação[667].

Se o legislador não protegesse as garantias em causa nos termos referidos, as mesmas ficariam expostas à utilização de outros regimes extra insolvenciais[668], em particular à impugnação pauliana, já que o n. 6 do art. 120º é aplicável apenas no âmbito do processo de insolvência. Mas quanto à proteção contra qualquer outro meio de impugnação (para além da resolução em benefício da massa) no caso de a empresa

[664] Cfr. art. 11º, 1 do PEVE. Para mais desenvolvimentos sobre o PEVE ver, designadamente, Catarina Serra, «O Processo Extraordinário de Viabilização de Empresas (PEVE) e outras medidas...», cit., p. 2019-2103; e Miguel Pestana de Vasconcelos, «O novo processo extraordinário de viabilização de empresas...», cit., p. 2112-2136.

[665] Neste sentido, Cataria Serra, «Enquadrar a recuperação das PME...», cit., p. 465.

[666] Alexandre de Soveral Martins, *Um Curso de Direito da Insolvência*, 2ª Ed., cit., p. 528-529, Cataria Serra, *Lições de Direito da Insolvência*, 2ª Ed., cit., p. 460; e Maria do Rosário Epifânio, *Manual de Direito da Insolvência*, 8ª Ed., cit., p. 520.

[667] Cataria Serra, *Lições de Direito da Insolvência*, 2ª Ed., cit., p. 460.

[668] *Idem*, p. 461.

ser declarada insolvente, a proteção prevista no art. 17º-H, n.1 do CIRE só é válida pelo prazo de dois anos a contar do encerramento do PER[669].

Os nº 2 e 3 do art. 17º-H visam proteger os créditos resultantes do financiamento da atividade da empresa devedora no decurso do PER (financiamento intercalar) ou para efeitos de execução do respetivo plano de recuperação (novo financiamento)[670]. Por força da lei, tais créditos serão considerados como créditos sobre a massa insolvente, até um valor correspondente a 25% do passivo não subordinado da empresa, caso a declaração de insolvência ocorra no prazo de dois anos a contar do trânsito em julgado da decisão de homologação do plano de recuperação[671]. Na parte remanescente, os créditos em causa gozam de um privilégio creditório mobiliário geral, graduado antes do privilégio creditório mobiliário geral concedido aos trabalhadores[672-673].

Esta solução representa um *plus* face à solução anterior[674] e, pelo facto de uma parte da tutela conferida (o referido crédito sobre a massa insolvente) estar parcialmente limitada a um período de dois anos, poderá, em certa medida, pressionar a empresa devedora a cumprir escrupulosamente o plano para que os credores não se sintam motivados a requerer a insolvência de modo a gozar (ainda que parcialmente) de um crédito sobre a massa insolvente[675]. Quanto ao remanescente (que goza

669 *Ibidem.*

670 Cataria Serra, «Enquadrar a recuperação das PME...», cit., p. 466; e David Sequeira Dinis, «Stand-still, cláusulas ipso facto e new money após a transposição da Diretiva», cit., p. 59.

671 Art.17º-H, n. 2 do CIRE.

672 Art.17º-H, n. 3 do CIRE.

673 A doutrina tem considerado que este privilégio é relativamente fraco quando comparado com as garantias reais, com privilégios creditórios sobre imóveis ou com as dívidas da massa. Neste sentido, Catarina Serra, «Processo especial de revitalização – contributos para uma "rectificação"», cit., p. 736-737; Madalena Perestrelo de Oliveira, «Financiamento para reestruturação e financiamento intercalar», cit., p. 272-273; e Miguel Pestana Vasconcelos, *Recuperação de empresas: o processo especial de revitalização*, cit., p. 93.

674 Recorde-se que, na versão anterior (art. 17º-H, n. 2 do CIRE), dizia-se que "os credores que, no decurso do processo, financiem a atividade da empresa disponibilizando-lhe capital para a sua revitalização gozam de privilégio creditório mobiliário geral, graduado antes do privilégio creditório mobiliário geral concedido aos trabalhadores".

675 Note-se, por exemplo, que em Itália, este tipo de proteção *("prededucibili")* limitava-se originalmente às despesas e dívidas incorridas para a administração do processo de insolvência. No entanto, a necessidade crescente de favorecer a recuperação da empresa, por um lado, e de incentivar potenciais credores a disponibilizar esses recursos mesmo em

de um privilégio creditório mobiliário geral, nos termos referidos) não existe um limite temporal.

Porém, a solução não é tão generosa ou tentadora como à primeira vista poderá parecer. Desde logo, aquela que é a proteção mais forte (dívida sobre a massa insolvente) está limitada a um período de 2 anos, o que também poderá funcionar como incentivo a que os credores requeiram a insolvência da empresa devedora dentro desse prazo. Depois, importa salientar que no momento em que o plano de recuperação está a ser negociado apenas poderá existir uma estimativa, com base na informação contabilística disponível, sobre a situação existente no horizonte de 2 anos, que importa à parte em que o crédito será considerado como dívida sobre a massa insolvente. Não é possível apurar a situação real sobre um cenário hipotético e dependente de diferentes variáveis. Desse modo, os credores terão perfeita consciência de que a informação existente à data de negociação e homologação do PER tende a ser desadequada e desatualizada, gerando, por isso, bastante incerteza quanto ao grau de proteção no crédito no futuro.[676]

Nos n. 5 e 6 do art. 17º-H do CIRE, procuram-se proteger os negócios jurídicos de financiamento (novo ou intercalar[677]), aqueles que visem

situação de incerteza, por outro lado, têm levado o legislador a estender o reconhecimento do benefício da *"prededucibili"* a outros casos, designadamente às despesas, honorários de profissionais e créditos, em qualquer forma efetuados *("in qualsiasi forma effettuati")*, necessários à negociação e execução de um acordo de recuperação, *(cfr. art. 6º e 101º do Codice della crisi d'impresa e dell'insolvenza)*, ou mesmo de outro tipo de operações realizadas em cenário de liquidação desde que se demonstre que seja em benefício dos credores no seu conjunto *(cfr. art. 99º do Codice della crisi d'impresa e dell'insolvenza)*. Sobre o tema ver, por exemplo, Aa. Vv., «Le banche nel nuovo Codice della crisi d'impresa e dell'insolvenza», *Diritto della Banca e del Mercato Finanziario*, Vol. 33, Nr. 4, 2019, p. 717-810; Francesco Brizzi, «Le fattispecie dei crediti prededucibili da finanziamento nel concordato preventivo e negli accordi di ristrutturazione dei debiti», *Diritto fallimentare e delle società commerciali*, Vol. 88, Nr. 6, 2013, p. 803-866; Luciana Cipolla, «I crediti prededucibili nel concordato preventivo», La nuova crisi d'impresa su Iusletter, 15º pillola, 2019; e Nigro Alessandro / Vattermoli Daniele, *Diritto della crisi delle imprese: le procedureconcorsuali*, 2ª Ed., Il Mulino, Bologna, 2012; «Il diritto societario della crisi" nello schema di riforma delle procedure concorsuali: osservazioni critiche 'ad adiuvandum'», *Giustizia Civile*, Vol. 5, Nr. 2018.

676 Catarina Serra, «Enquadrar a recuperação das PME...», cit., p. 467-468; e David Sequeira Dinis, «Stand-still, cláusulas ipso facto e new money após a transposição da Diretiva», cit., p. 60.

677 Não devemos sobrevalorizar o facto de o n. 5 fazer referência a "atos de financiamento" e o n. 6 a "novo financiamento e financiamento intercalar". Ambos são atos de financiamento e ambos estão cobertos pelas hipóteses previstas nos n. 5 e 6 do art. 17º-H do CIRE.

assegurar o desenvolvimento da sua atividade durante o período de suspensão e durante o período de execução do plano de recuperação, da seguinte forma: por um lado, diz-se que os mesmos não podem ser objeto de impugnação pauliana[678]; por outro lado, diz-se que não podem ser declarados nulos, anuláveis ou "insuscetíveis de execução"[679]. Procuram-se, assim, proteger os negócios jurídicos subjacentes aos atos de financiamento não só contra as ações de impugnação pauliana, mas contra quaisquer outras, nomeadamente de declaração de invalidade, que visem, por alguma forma desfazer tais negócios. Dito por outras palavras, visa-se proteger os negócios jurídicos que se celebram, de boa-fé, com o objetivo de promover a recuperação de empresas pré-insolventes e suscetíveis de recuperação.

Como o plano de recuperação negociado no âmbito do PER é objeto de homologação judicial, existe um controlo judicial e os credores têm a possibilidade de se oporem à homologação e/ou de recorrer da sentença homologatória. Havendo uma sentença transitada em julgado a confirmar a legalidade do acordo de recuperação, pouco espaço sobra para que qualquer tipo de ação de judicial destinada a desfazer os negócios

[678] Como é sabido, ação de impugnação pauliana um meio de conservação da garantia patrimonial colocado à disposição dos credores que visa permitir-lhes reagir contra atos que ponham em perigo a garantia geral dos seus créditos, praticados pelo devedor, mediante a redução do ativo ou o aumento do passivo. Além da impugnação pauliana, temos ainda entre os meios de conservação da garantia patrimonial, a declaração de invalidade, o arresto e a ação-sub-rogatória. Qualquer um deles é suscetível de atingir negativamente o património da empresa devedora: a impugnação pauliana, por permitir reagir contra atos praticados pela empresa devedora que envolvam diminuição da garantia patrimonial; a declaração de nulidade, por desfazer os negócios em causa; o arresto, por permitir ao credor obter apreensão dos bens da empresa devedora; a ação sub-rogatória, por permitir ao credor substituir-se à empresa devedora no exercício de certos direitos de conteúdo patrimonial contra terceiro. Para mais desenvolvimentos sobre os meios de conservação da garantia patrimonial, ANTÓNIO MENEZES CORDEIRO, *Tratado de Direito Civil Português*, Vol. II, Edições Almedina, Coimbra, 2010, p. 509-532.

[679] A expressão "insuscetíveis de execução" *(unenforceable)*, prevista no art. 17º, nº 1, al. a) da Diretiva (UE) 2019/1023, significa que o negócio jurídico em causa, ainda que seja válido (ou não seja afetado pela nula ou anulabilidade) e continue a existir, não pode ser objeto de execução forçada por via judicial nem por qualquer outra forma. CATARINA SERRA («Enquadrar a recuperação das PME...», cit., p. 472) considera que melhor seria que a expressão "insuscetíveis de execução" tivesse sido traduzia por "ineficazes". Sobre o sentido destes três conceitos, IRENE LYNCH FANNON, «Article 17 – Protection for new financing and interim financing», cit., p. 225.

celebrados no âmbito do PER, excetuados os casos de fraude à lei e má-fé, eventualmente não detetados (ou detetáveis) aquando da confirmação do plano pelo tribunal. Assim, a "blindagem" (contra a impugnação pauliana) justifica-se não só porque tais negócios estão sujeitos a uma finalidade especial (apoiar a recuperação das empresas pré-insolventes) mas também porque estão sujeitos à apreciação e controlo judiciais.[680]

A razão de ser da proteção conferida pelo legislador é importante porque nos ajuda a compreender que a mesma não é absoluta. O legislador quer impedir que a celebração de negócios de financiamento no contexto do PER, possa servir de fundamento para, por qualquer via, se colocar em causa a sua validade e eficácia. Prossupõe-se que os negócios protegidos são celebrados de boa-fé, em estrito respeito pela finalidade que lhes está subjacente. O legislador não quis, obviamente, salvaguardar as situações de fraude à lei ou de má-fé[681].

Finalmente, no âmbito do PER, e em cumprimento da Diretiva (UE) 2019/1023[682], protegem-se ainda aqueles que concedam "novo financiamento e do financiamento intercalar", determinando-se no art. 17º-H, n. 7 do CIRE que os mesmos "não podem incorrer, em virtude desse financiamento, em responsabilidade civil, administrativa ou penal, com o fundamento de que tais financiamentos são prejudiciais para o conjunto dos credores salvo nos casos expressamente previstos na lei".[683]

Passando para o RERE, verifica-se que o grau de proteção dos credores, quando comparado com o PER, é menos expressivo. Os créditos decorrentes do fornecimento de serviços essenciais em resultado da proibição de interromper o fornecimento dos mesmos após o depósito do protocolo de negociação e até ao prazo máximo de três meses (exceto se os prestadores aí referidos forem parte do protocolo de negociação

680 Madalena Perestrelo de Oliveira («Suprimentos para revitalização societária: entre subordinação e o privilégio mobiliário creditório geral», cit., p. 381), a propósito da anterior solução, considerava que seria contrário à lógica da aprovação do plano de revitalização por unanimidade ou maioria e da sua homologação judicial, admitir-se que os negócios jurídicos pudessem ser paulianamente impugnado.

681 Catarina Serra, «Enquadrar a recuperação das PME...», cit., p. 475-476; Irene Lynch Fannon, «Article 17 – Protection for new financing and interim financing», cit., p. 225.

682 Art. 17º, n.1 al. b) da Diretiva (UE) 2019/1023.

683 Catarina Serra, «Enquadrar a recuperação das PME...», cit., p. 473-477; Irene Lynch Fannon, «Article 17 – Protection for new financing and interim financing», cit., p. 224-229.; e Nuno Pinto Oliveira, «Responsabilidade pela concessão de crédito», cit., p. 1055-1056.

e acordarem prazo mais longo[684]), que não tiverem sido pagos pela empresa devedora, constituirão dívida da massa insolvente caso o devedor seja declarado insolvente no prazo de dois anos após o depósito do protocolo de negociação[685]. Nos demais casos, nomeadamente nos casos em que a insolvência ocorra após aquele prazo, tais créditos beneficiarão de um privilégio creditório mobiliário geral, graduado antes do privilégio creditório mobiliário geral concedido aos trabalhadores[686].

Caso a empresa devedora venha a ser declarada insolvente após conclusão do acordo de reestruturação, art. 28º, n. 1 do RERE, em linha com o disposto no art. 120º, n. 6 do CIRE, diz que são insuscetíveis de resolução em benefício da massa insolvente os negócios jurídicos que hajam compreendido a efetiva disponibilização de novos créditos pecuniários, incluindo sob a forma de deferimento de pagamento, e a constituição, por este, de garantias respeitantes a tais créditos pecuniários.[687]

Para o efeito é necessário que os "negócios jurídicos hajam sido expressamente previstos no acordo de reestruturação, ou no protocolo de negociação que o preceder"[688]; que o acordo contenha uma "declaração emitida por revisor oficial de contas a certificar que o acordo de reestruturação compreende a reestruturação de créditos correspondentes a, pelo menos, 30% do total do passivo não subordinado do devedor e que, em virtude do acordo de reestruturação, a situação financeira da empresa fica mais equilibrada, por aumento da proporção do ativo sobre o passivo, e os capitais próprios do devedor são superiores ao capital social"[689]; e que o financiamento não seja utilizado "em benefício da respetiva entidade financiadora ou de entidade que com esta esteja especialmente relacionada"[690].

Como se viu, a proteção em causa refere-se, segundo a letra da lei, à disponibilização de "novos créditos pecuniários". Porém, à semelhança do que ficou dito acima a propósito do art. 17º-H do CIRE, não devemos fazer uma interpretação literal. Aliás, o exemplo apresentado

[684] Art. 12º, n. 3 do RERE.
[685] Art. 12º, n. 5 do RERE.
[686] *Ibidem.*
[687] Art. 28º, n. 1 do RERE.
[688] *Ibidem.*
[689] Art. 27º, n. 3 e art. 28º, n. 1, ambos do RERE.
[690] Art. 28º, n. 2 do RERE.

pelo próprio legislador (deferimento de pagamento) aponta para uma perspetiva mais ampla. Reproduzindo os argumentos ali expostos, dever-se-á, em termos semelhantes, tendo por base a sua teleologia, fazer uma extensão quanto ao alcance da norma de modo a incluir as diversas formas de assistência financeira e também as situações em que essa ajuda é prestada por credores pré-existentes e por novos credores.[691]

Não existe no RERE uma norma semelhante ao n. 5 do atual art. 17º-H do CIRE e, por isso, poder-se-á questionar, como se fez relativamente à anterior versão do PER, se estando vedada a resolução em benefício da massa insolvente, deve igualmente ser afastado o recurso à impugnação pauliana[692]. A favor do afastamento do recurso à impugnação pauliana invocava-se um argumento finalístico. Teria que ser negado o recurso à impugnação pauliana, sob pena de se contrariar a finalidade subjacente à proteção dos credores que apoiem a empresa devedora, que consiste em incentivá-los a conceder a ajuda estritamente ligada (necessária e adequada) à recuperação das empresas pré-insolventes e suscetíveis de recuperação[693]. Em sentido contrário, boa parte da doutrina[694] argumentava dizendo que se as garantias convencionadas no âmbito do PER poderiam ser objeto de impugnação pauliana[695], por igualdade ou maioria de razão, poderiam ser as garantias e outros negócios celebrados no âmbito do RERE. Como o regime de proteção dos negócios e garantias celebrados no âmbito do PER se alterou, estando hoje expressamente vedada a sua impugnação pauliana, esta argumentação terá que ser revista.

A divergência de entendimentos poder-se-á justificar, por um lado, com o peso que se dá à finalidade dos negócios celebrados no âmbito dos instrumentos de recuperação pré-insolvencial e, por outro lado, com a eficácia dos instrumentos de controlo de tais negócios no seio desses mesmos instrumentos.

691 Catarina Serra, *Lições de Direito da Insolvência,* 2ª Ed., cit., p. 535; Maria do Rosário Epifânio, *Manual de Direito da Insolvência,* 8ª Ed., cit. p. 581-582.

692 Jorge Morais Carvalho / Maria Jerónimo, «As garantias dos novos financiamentos», *IV Congresso de Direito da Insolvência,* Edições Almedina, 2017, p. 280-281.

693 *Ibidem.*

694 Luís Carvalho Fernandes / João Labareda (*Código da Insolvência e Recuperação de Empresas Anotado,* cit., p. 185), seguidos também por Nuno Salazar Casanova e David Sequeira Dinis (*PER, O Processo Especial de Revitalização...,* cit., p. 177).

695 Este entendimento partilhado, por exemplo, por Miguel Pestana de Vasconcelos, *Recuperação de empresas: o processo especial de revitalização,* cit., p. 90-91.

Aqueles que se inclinem para desconfiar da bondade e finalidade dos negócios celebrados e da eficácia dos mecanismos de controlo disponíveis no âmbito de tais instrumentos, tenderão, em nossa opinião, a admitir a impugnação pauliana dos mesmos como forma de combater uma certa propensão para a utilização abusiva de tais instrumentos. Aqueles que reconheçam a importância dos negócios celebrados, de boa-fé, para a recuperação das empresas pré-insolventes e suscetíveis de recuperação, bem como a eficácia dos mecanismos de controlo disponíveis no âmbito de tais instrumentos, tenderão a rejeitar o recurso à impugnação pauliana por considerar que tais instrumentos já contêm meios de controlo suficientes para impedir a sua utilização abusiva, designadamente através da "fiscalização" feita pelos próprios credores afetados, bem como, quando aplicável, pela intervenção do administrador judicial provisório e do tribunal no início, durante e após as negociações.

Se o acordo for vinculativo apenas para os que subscrevam o acordo de recuperação e negócios subjacentes, como sucede no âmbito dos instrumentos informais e no âmbito do regime comum do RERE, quer dizer que, em princípio, o mesmo não foi objeto de homologação judicial, nem sujeito à supervisão de um administrador judicial provisório. Neste caso, não procede o argumento de que tais instrumentos já contêm um mecanismo interno de controlo sobre a sua eventual utilização ilegal ou abusiva. Nessa medida, poder-se-á justificar um tratamento divergente relativamente à solução consagrada no PER. Como tal, nada impede, por exemplo, que os credores não participantes e que se considerem prejudicados possam lançar mão de uma ação de impugnação pauliana contra a empresa devedora.

Considerando que os negócios em causa serão certamente onerosos, o lesado teria de demonstrar que os contraentes agiram de má-fé, isto é, com a consciência do prejuízo que o ato em causa poderia provocar ao credor impugnante[696-697]. Para impedir que o negócio pudesse ser desfeito, caberia aos contraentes demonstrar que se verificava o elemento

[696] Art. 612º, n. 1 do CC.

[697] Para mais desenvolvimentos sobre o seu regime ver, por exemplo, FRANCISCO MENDES CORREIA, «Impugnação Pauliana, sob a sombra da resolução em benefício da massa», *V Congresso de Direito da Insolvência*, Edições Almedina, Coimbra, 2019, p. 121-133; JOÃO CURA MARIANO, *Impugnação Pauliana*, 3ª Ed., Edições Almedina, Coimbra, 2020; MARIA DE FÁTIMA RIBEIRO, «Um confronto entre a resolução em benefício da massa insolvente e a im-

finalístico, isto é, que o mesmo tinha sido celebrado para prover a empresa pré-insolvente e suscetível de recuperação com meios de financiamento necessários à manutenção da sua atividade e, por consequência, em benefício dos credores no seu conjunto. Caso não o conseguissem e se viesse a concluir, por exemplo, que determinado negócio visou apenas privilegiar um determinado credor numa futura insolvência, fica patente que tal negócio não teve como finalidade promover a manutenção e desenvolvimento da atividade da empresa devedora, disponibilizando os meios de financiamento necessários ou suficientes. Como tal, nada impediria que, neste tipo de casos, os lesados pudessem lançar mão da impugnação pauliana[698].

3. Detentores de participações sociais

A proteção dos detentores de participações sociais está entre os aspetos que merece maior destaque na Diretiva (UE) 2019/1023. Essa proteção manifesta-se no direito de participarem (individualmente ou em categoria) na adoção do plano de reestruturação, no direito de votarem (individualmente ou em categoria) o plano de reestruturação, na garantia de que a redução dos seus interesses deve ser proporcional às vantagens da reestruturação e nunca inferior ao nível de proteção que poderiam razoavelmente esperar em caso de liquidação da empresa, na possibilidade de conservarem certos interesses no âmbito do plano em derrogação da regra da prioridade absoluta, na possibilidade de prestarem uma assistência à reestruturação sob uma forma não monetária, e na obrigação de os gestores terem em devida conta os seus interesses.[699]

pugnação pauliana», *IV Congresso de Direito da Insolvência,* Edições Almedina, Coimbra, 2017, p. 131-178.

698 Para mais desenvolvimentos sobre o seu regime ver, por exemplo, Francisco Mendes Correia, «Impugnação Pauliana, sob a sombra da resolução em benefício da massa», *V Congresso de Direito da Insolvência,* Edições Almedina, Coimbra, 2019, p. 121-133; João Cura Mariano, *Impugnação Pauliana,* 3ª Ed., Edições Almedina, Coimbra, 2020; Maria de Fátima Ribeiro, «Um confronto entre a resolução em benefício da massa insolvente e a impugnação pauliana», *IV Congresso de Direito da Insolvência,* Edições Almedina, Coimbra, 2017, p. 131-178.

699 Tal como podemos extrair dos Considerandos (43), (47), (48), (49), (56) e (59) da Diretiva (UE) 2019/1023. Para mais desenvolvimentos, Nuria Bermejo Gutiérrez, «Los socios y el reparto del excedente de la reetructuración», *El Derecho Concursal y la transposición de la Directiva sobre Reestructuración Preventiva,* La Ley, Wolter Kluwer, 2022, p. 197-232.

Porém, essa proteção é frágil. Por um lado, é dada ampla margem aos Estados-Membros para limitarem os direitos, garantias e interesses dos sócios. Por outro lado, o legislador europeu obriga os Estados-Membros a derrogarem art. 58º, n. 1, os arts. 68º, 72º, 73º e 74º, o art. 79º, n. 1, alínea b), o art. 80º, n. 1, e o art. 81º, na medida e durante o período em que essas derrogações forem necessárias para o estabelecimento dos regimes jurídicos de reestruturação preventiva previstos na Diretiva (UE) 2019/1023[700].

O contributo que os detentores de participações sociais podem prestar na vida das suas empresas é multiforme. Além do investimento feito aquando do início (ou arranque) da atividade, aqueles podem contribuir continuamente para a prossecução e melhoria da atividade da empresa, nomeadamente, através de prestações complementares ou acessórias, de suprimentos, e dos seus conhecimentos específicos. Além disso, os detentores de participações sociais podem ainda contribuir com a assunção de competências de administração e fiscalização na vida da empresa. É graças ao seu contributo, realizado pelas mais variadas formas, que, em grande medida, a empresa existe e se mantém em atividade.[701]

Numa economia dominada por pequenas e médias empresas, a dimensão familiar e quase-pessoal de quem detém e gere tais empresas assume um especial relevo em virtude da ligação especial que se estabelece entre a atividade da empresa e o interesse particular de quem a detém e/ou gere. Por estas razões, os detentores de participações sociais surgem como uma peça chave na recuperação preventiva ou pré-insolvencial, em especial porque podem, internamente, prestar a assistência que a empresa precisa para ultrapassar a situação difícil em que se encontra. Nesse sentido, seria de esperar que fossem os primeiros a "dar o exemplo" contribuindo financeiramente para a manutenção da empresa em atividade e que o seu contributo pudesse ser objeto de uma proteção reforçada.

[700] Art. 32º da Diretiva (UE) 2019/1023.

[701] Sobre o papel dos sócios nas sociedades comerciais, Jorge Coutinho de Abreu, *Curso de Direito Comercial*, Vol. II, cit., p. 203 s.; José Engrácia Antunes, *Direito das Sociedades*, cit., p. 361 s.; Maria Elisabete Ramos, *Direito das Sociedades*, Edições Almedina, 2022, p. 229--233; Miguel Pupo Correia, *Direito Comercial – Direito da Empresa*, Universidade Lusíada Editora, 15ª Ed., Lisboa, 2022, p. 298 s.; e Paulo de Tarso Domingues, *O Financiamento Societário pelos Sócios (e o seu reverso)*, cit., p. 81 s.

Porém, a proximidade da insolvência constitui uma verdadeira ameaça ao envolvimento dos detentores de participações sociais na tentativa de recuperação. O seu eventual esforço ou contributo é praticamente irrelevante[702]. Dito por outra forma: não existe, no contexto dos instrumentos de recuperação pré-insolvencial um claro incentivo ao reforço do seu investimento como existe, por exemplo, relativamente ao financiamento concedido por credores ou terceiros. O possível contributo ou esforço dos sócios continua a ser visto, no geral, com desconfiança e estigmatização.[703]

[702] Catarina Serra, *Lições de Direito da Insolvência*, cit., p. 466-467.

[703] Como observa Stephan Madaus («Reconsidering the shareholder's role in corporate reorganisations under insolvency law», cit., p. 108-109) existem três tipos de abordagens possíveis ao problema. Uma opção é seguir sempre os princípios e regras dos direitos das sociedades comerciais, respeitando e mantendo intocáveis os direitos dos detentores de participações sociais nos processos de reestruturação, seja qual for a sua natureza, pré-insolvencial ou insolvencial. Esta foi a posição seguida na Alemanha até à entrada em vigor da *ESUG* em março de 2012. Uma segunda abordagem consiste em tratar detentores de participações sociais no âmbito das reestruturações (pré-insolvenciais ou insolvenciais) tendo por base a sua posição num cenário de liquidação. Nesta hipótese, porque são graduados em último lugar, os seus interesses, seguindo a regra da prioridade absoluta, apenas podem ser atendidos quando forem satisfeitos por inteiro os direitos dos credores graduados acima deles. Como a tutela dos seus interesses é residual e meramente eventual, a sua participação e envolvimento num processo de reestruturação é praticamente irrelevante, porque ou não têm direito de voto, ou mesmo possuindo não têm o poder para vetar um plano de recuperação, mesmo que esse plano atinja os direitos e interesses dos detentores de participações sociais em benefício exclusivo dos credores. Esta solução encontra-se consagrada no §. 1129 (b) (2) (B) (ii), do *USBC* e tem sido um exemplo de modelo para a reforma da insolvência em muitos outros países, designadamente na Alemanha com a emenda introduzida pela *ESUG* (a propósito desta alteração legislativa e do seu impacto nos direitos dos sócios, em particular da doutrina *"Sanierem oder Ausscheiden"*, Alexander von Rummel / Matthias Enge, «„Sanieren oder Ausscheiden" in der Kommanditgesellschaft», *Neue* Zeitschrift für Gesellschaftsrecht, Nr. 7, 2017, p. 256-259; Hans-Joachim Priester, «„Sanieren oder Ausscheiden" im Recht der GmbH», *Zeitschrift für Wirtschftsrecht*, Nr. 11, 2010, p. 497; Horst Eidenmüller, «Der Insolvenzplan als gesellschaftsrechtliches Universalwerkzeug», *Neue Juristische Wochenschrift*, Nr. 1-2, 2014, p. 17-19; Karsten Schmidt, «Schöne neue Sanierungswelt: Die Gläubiger okkupieren die Burg!», *Zeitschrift für Wirtschftsrecht*, Nr. 43, 2012, p. 2085-2088; Markus Gehrlein, «Vor § 64 GmbHG», *GmbHG – Gesetz betreffend die Gesellschaften mit beschränkter Haftung, Kommentar*, 3ª Ed., Carl Heymanns Verlag, Köln, 2017, p. 1766-1768; Melanie Döge, «Sanieren oder Ausscheiden aus der GmbH», *Zeitschrift für Wirtschftsrecht*, Nr. 25-26, 2018, 1220-1227; Stephan Madaus, «Keine Reorganisation ohne die Gesellschafter...», cit., p. 749-775). Este é também o modelo seguido pelo nosso CIRE (pelo menos) no que respeita ao plano de recuperação aprovado no contexto da insolvência.

Isso é particularmente visível no contexto do PER. Os credores ou terceiros que apoiem financeiramente a recuperação gozam em parte de um crédito sobre a massa insolvente e noutra parte de um privilégio creditório mobiliário geral, graduado antes do privilégio creditório mobiliário geral concedido aos trabalhadores[704]. Ao passo que os detentores de participações sociais que prestem exatamente o mesmo tipo de assistência financeira gozam apenas de um privilégio creditório mobiliário geral, graduado antes do privilégio creditório mobiliário geral concedido aos trabalhadores[705-706]. Também no que respeita à proteção das garantias o tratamento é diferente. Os credores ou terceiros beneficiam do regime previsto no art. 17º-H, n. 1 do CIRE e os detentores de participações sociais não.

Estranha-se que assim seja porque o empréstimo à empresa por parte dos detentores de participações sociais, a que comummente se

Uma terceira opção apontada e defendida por STEPHAN MADAUS (*Ibidem*) é permitir negociações entre credores e sócios dentro e fora da insolvência, sem aplicar uma regra estrita da prioridade absoluta. Dessa forma, os sócios e credores são convidados e sentem-se motivados a negociar e a apoiar um plano de recuperação, compartilhando o futuro ganho de uma solução de continuidade, em vez de adotarem uma solução que exclua por completo os sócios ou acionistas. Esta abordagem vai de encontro à recomendação proposta por BOB WESSELS / STEPHAN MADAUS (*Rescue of Business in Insolvency Law*, cit., p. 308-310 e 331-338) no âmbito dos trabalhos preparatórios da Diretiva (UE) 2019/1023, e que veio ser a consagra nessa mesma Diretiva e imediatamente seguida pelo legislador alemão nos trabalhos preparatórios do projeto de alteração, designadamente, ao código e processo civil alemães, conforme realça STEPHAN MADAUS, «Restrukturierung als Aufgabe des Zivilrechts...», cit. p. 3-7 e 11-13.

[704] Art- 17º-H, n. 2 e 3 do CIRE (normas aditadas ao PER por via da Lei nº 9/2022, de 11 de janeiro).

[705] Art- 17º-H, n. 3 e 4 do CIRE (normas aditadas ao PER por via da Lei nº 9/2022, de 11 de janeiro). Antecipando esta solução, o art. 11º, n. 2 da Lei nº 75/2020, de 27 de novembro, que introduziu o PEVE, no âmbito das medidas de resposta aos efeitos provocados pela COVID-19, veio estender o privilégio previsto no nº 2 do artigo 17º -H CIRE aos sócios ou quaisquer outras pessoas especialmente relacionadas da empresa que financiem a sua atividade durante o PEVE.

[706] Criticando esta solução, DAVID SEQUEIRA DINIS («Stand-still, cláusulas ipso facto e new money após a transposição da Diretiva», cit., p. 61) considera que a mesma acaba por "desincentivar os principais interessados na recuperação empresarial de intervirem e de financiarem a sua empresa". Por isso, considera que faria sentido estender a solução do nº 2 não só no caso de novo financiamento pelos sócios ou pessoas especialmente relacionadas, mas também ao financiamento intercalar".

designa por suprimento[707], poderá ser o suficiente para manter a empresa em atividade, sem necessidade de angariação de novos investidores e detentores (ainda que provisórios) de participações sociais[708], ou de contrair um empréstimo junto da banca. Até porque, em contexto de crise, não será propriamente fácil alcançar a recuperação por estas vias alternativas ou, pelo menos, as condições de financiamento tendem a ser mais exigentes. Desproteger os detentores de participações sociais pode, em última análise, traduzir-se numa desproteção da própria empresa e dos credores, caso a recuperação não seja possível por falta de incentivos suficientes.

Ademais, a entrada de novos investidores no capital social poderá implicar uma certa desfiguração da empresa pela dispersão de capital e de objetivos a alcançar; poderá provocar uma alteração significativa ao nível da gestão e da estratégia a seguir, o que nem sempre é bem visto pelos sócios ou acionistas originários; e poderá, inclusivamente, desincentivar o crescimento já que a prioridade imediata passa a ser a remuneração e reembolso dos investidores. Contrair um empréstimo junto da banca pode também não ser a melhor opção, porque, para além das elevadas taxas de juros, levará, certamente, à oneração em garantia do património da empresa devedora e, muito provavelmente, à interferência na gestão

[707] De acordo com o art. 243º n. 1 e 2 do CSC, os empréstimos dos sócios à empresa, com carácter de permanência, designadamente com prazo de reembolso superior a um ano, são qualificados como suprimentos. É hoje pacífico que o respetivo regime é aplicável por analogia às sociedades anónimas. Neste sentido, Ana Perestrelo de Oliveira, *Manual de Corporate Finance*, cit., p. 113; António Menezes Cordeiro, *Manual de direito das sociedades*, Vol. II, 2ª Ed., Edições Almedina, Coimbra, 2007, p. 298 s.; Jorge Coutinho de Abreu, «Suprimentos», *Estudos em homenagem ao Prof. Doutor Raúl Ventura*, Vol. II, Coimbra Editora, Coimbra, 2003, p. 78 s.; Miguel Pestana Vasconcelos, *Recuperação de empresas: o processo especial de revitalização*, cit., p. 110-111; Paulo Olavo Cunha, *Direito das sociedades*, 5ª Ed., Edições Almedina, Coimbra, 2012, p. 819; Paulo Tarso Domingues, «As diferentes formas de financiamento societário pelos sócios e a transmissibilidade autónoma dos créditos respetivos», *Estudos em Homenagem ao Professor Doutor Heinrich Ewald Hörster*, Edições Almedina, Coimbra, 2012, p. 770-771; Pedro Pais de Vasconcelos, *A participação social nas sociedades comerciais*, cit., p. 285-286; Raul Ventura, *Sociedades por quotas*, Vol.II, Edições Almedina, Coimbra, 1989, p. 86, s.; e Rui Pinto Duarte, «Contribuições dos sócios para o capital social...», cit., p. 225 s.

[708] Situação que é, normalmente, associada à aquisição de participações sociais por empresas ou fundos de capital de risco. Sobre a origem, natureza, tipologia e atividade das empresas de capital de risco, Ana Perestrelo de Oliveira, *Manual de Corporate Finance*, cit., p. 69-88.

através dos chamados *covenants*. Ou seja, além de indesejável para os sócios ou acionistas, a ajuda de terceiros poderá ser financeiramente menos favorável à recuperação e manutenção da atividade da própria empresa devedora.

Sucede que a proteção dos detentores de participações no contexto de crise acarreta alguns riscos e não é bem acolhida por todos.

Antes da entrada em vigor da Lei nº 9/2022, de 11 de janeiro, Miguel Pestana Vasconcelos[709] advertia que se os detentores de participações sociais pudessem, através do financiamento para a recuperação preventiva, beneficiar da constituição válida de garantias e/ou de um privilégio creditório geral, haveria um incentivo legal para que os mesmos provocassem a situação de crise para, nessa altura, investir a sério na empresa, de forma a beneficiar de tais garantias e privilégios e, assim, reforçar a sua posição numa futura insolvência. Isso representaria, evidentemente, uma oportunidade extraordinária para os sócios ou acionistas e um rebaixamento no grau de proteção dos credores. No mesmo sentido, Madalena Perestrelo de Oliveira[710] reconheceu que haveria o risco de os sócios deixarem a sociedade chegar a uma situação de crise para prestarem o suprimento no decurso do PER, ao invés de o fazerem num momento prévio. Cataria Serra admitia, quando muito, que o contributo dos sócios pudesse servir de estímulo a que outros (terceiros) se sentissem motivados a financiar a empresa, mas isso não seria suficiente para equiparar os suprimentos para a recuperação preventiva ao financiamento prestado por terceiros com o mesmo propósito[711].

Não obstante, ainda vigência da anterior versão do art. 17º-H do CIRE, já havia sinais de acolhimento de uma solução que protegesse os sócios.

Ana Maria Peralta[712], Catarina Serra[713], João Aveiro Pereira[714] e Paulo Tarso Domingues[715], excluíam a aplicação do art. 17º-H do CIRE aos

[709] *Recuperação de empresas: o processo especial de revitalização*, cit., p. 109-110.

[710] *«Regime de Proteção do "Dinheiro Novo" no PER», cit., p. 382-383. No mesmo sentido* Miguel Pestana Vasconcelos, *Recuperação de empresas: o processo especial de revitalização*, cit., p. 109-110.

[711] *Lições de Direito da Insolvência*, cit., p. 466-467.

[712] «Os "novos créditos" no PER e no SIREVE: conceito e regime», cit., p. 308-309.

[713] *Lições de Direito da Insolvência*, cit., p. 466-467.

[714] «A revitalização económica dos devedores», *Processo de Insolvência e Ações Conexas*, Coleção de Formação Contínua, Centro de Estudos Judiciários, 2014, p. 53.

[715] «O Processo Especial de Revitalização aplicado às sociedades comerciais», *I Colóquio do Direito da Insolvência de Santo Tirso*, Coimbra, Edições Almedina, 2014, p. 23.

sócios, sendo particularmente interessante notar que, apesar de reconhecerem que a letra da lei não permitia uma interpretação contrária, até não seria desrazoável ou despropositado reforçar a posição dos sócios financiadores.

Outra parte da doutrina, não obstante ter apontado alguns riscos, foi mais longe na sua abordagem ao anterior art. 17º-H do CIRE. Miguel Pestana Vasconcelos[716] considerava que, relativamente às sociedades anónimas, poderíamos ter casos em que o sócio financiador agiria como se fosse, de facto, um terceiro investidor, concedendo o financiamento independentemente da qualidade de sócio, e por isso, nestes casos, o autor admitia que o financiamento em causa deveria beneficiar da tutela conferida pelo anterior art. 17º-H do CIRE.

Madalena Perestrelo de Oliveira[717] foi mais longe, defendendo que o financiamento concedido no PER, por sócios ou investidores externos, deveria beneficiar de um privilégio mobiliário creditório geral, graduado antes do privilégio concedido aos trabalhadores. A autora sustentava a sua posição com base em cinco argumentos.

Em primeiro lugar, reconhecia que existe um interesse público na recuperação das empresas pré-insolventes ("evitar o empobrecimento do tecido empresarial e o desemprego crescente fomentado pela liquidação de empresas cujos modelos de negócios eram solvente") e que esse interesse justificaria um ajustamento ou atualização do regime do contrato de suprimento.

Em segundo lugar, a autora defendia que a razão de ser da subordinação dos suprimentos, isto é, a tutela dos credores sociais, não seria posta em causa com a tutela dos suprimentos concedidos no âmbito do PER uma vez que a recuperação beneficiaria a generalidade dos credores.

Em terceiro lugar, a autora invocava a natureza híbrida dos suprimentos (de capital "quase-próprio") para, assim, realçar que, apesar de assumirem uma função semelhante à das entradas (capital próprio), não deixariam de ser vistos como um empréstimo que se destinaria a financiar ou recuperar a empresa em dificuldades. Tanto assim é que, em termos contabilísticos, os suprimentos são contabilizados como capital

[716] *Recuperação de empresas: o processo especial de revitalização*, cit., p. 105-110.

[717] *«Regime de Proteção do "Dinheiro Novo" no PER»*, cit., p. 382-389.

alheio. Como tal, não haveria justificação para não promover e proteger o financiamento através dos sócios.

Em quarto lugar, a autora sustentava que o art. 47º, n. 4, al. b) do CIRE, na parte em que exclui a subordinação dos créditos que beneficiem de privilégio creditório geral, deveria ser lido em conjunto com o art. 17º-H, n. 2 do CIRE, considerando que aquela norma já abria portas a situações como a que estava prevista no anterior art. 17º-H, n. 2 do CIRE.

Em quinto lugar, a autora sugeria que o regime insolvencial português, fortemente inspirado na *InsO*, não poderia deixar de ter consideração que o §39 *InsO*, o mesmo que considera subordinados os créditos de suprimentos ou outros economicamente equivalentes (§ 39 (1) *InsO*), também exceciona os casos em que um credor adquira ações de sociedade insolvente, em insolvência iminente ou sobre-endividamento com o propósito de reorganização societária (§39 (4), 2, *InsO*), através de um aumento de capital, de compra direta a anterior sócio ou da conversão de créditos em capital. Nesses casos, os credores (leia-se, os novos sócios) adquirem um privilégio e os seus créditos deixam de ser considerados subordinados.

Nuno Salazar Casanova e David Sequeira Dinis[718] foram ainda mais longe, e admitiam não só a aplicação do nº 2 do art. 17º-H do CIRE, mas também a aplicação do nº 1 da referida norma, considerando os autores, por um lado, que os suprimentos concedidos no âmbito do PER estão abrangidos, no que toca ao privilégio creditório geral, pela parte final do art. 47º, nº 4, al. b) do CIRE, em conjugação com o disposto no art. 17º-H, nº 2 do CIRE; e, por outro lado, que as garantias acessórias concedidas aos sócios seriam, por força do art. 17º-H, nº 1 do CIRE, insuscetíveis de resolução em benefício da massa, constituído esta norma um desvio ao disposto no art. 97º, n. 1, al. e) do CIRE.

Compreendemos bem a necessidade de criar incentivos para que os detentores da empresa participem ativamente na sua recuperação. Com efeito, perante o risco de poderem ser expropriados pelos credores no âmbito de um processo de reestruturação, os sócios tudo farão para enfrentar as dificuldades financeiras da empresa fora das reestruturações, de modo a evitar esse risco. Nessa medida, a desproteção dos deten-

[718] *PER, O Processo Especial de Revitalização...*, cit., p. 181-183.

tores de participações sociais, pode favorecer o desenvolvimento de estratégias egoístas e arriscadas que acarretem um maior prejuízo para os credores.[719]

É consabido que a recuperação das empresas pré-insolventes pode não se operar simplesmente com medidas ao nível do passivo, isto é, com a reestruturação das dívidas existentes (obtenção de períodos de carência, perdão de juros e/ou capital, extensão dos prazos de pagamentos e redução dos respetivos montantes) ou com a obtenção de novos créditos junto da banca [720]. Entre as medidas a adotar no plano de recuperação das empresas pré-insolventes podem também estar um conjunto de soluções com impacto ao nível da estrutura societária, do capital social, da sua organização estatutária e do tipo de sociedade [721].

A reestruturação societária realizada nestes termos pode traduzir-se, por exemplo, na redução de capital para cobertura de prejuízos, no aumento de capital, na redução de capital seguida de aumento de capital (conhecida por "operação acordeão" ou "operação harmónio"), na conversão de créditos em capital *(debt-to-equity swap)*[722], na transmissão do(s) estabelecimento(s) para uma empresa existente ou constituída para exploração desse estabelecimento, na cisão ou fusão societária, e/ou na transformação do tipo social (por exemplo, passando de sociedade por quotas para sociedade anónima)[723].

[719] Neste sentido, NURIA BERMEJO GUTIÉRREZ, «Los socios y el reparto del excedente de la reetructuración», cit., p. 210-216.

[720] Sobre as medidas que incidem sobre o passivo ver, designadamente, MIGUEL PESTANA VASCONCELOS, *Recuperação de empresas: o processo especial de revitalização*, cit., p. 79-82.

[721] *Ibidem*, p. 83-86.

[722] KARSTEN SCHMIDT («El derecho societario y la intromisión del derecho concursal, el caso alemán», cit., p. 13-15) classifica o *debt-to-equity swap* como uma medida de recuperação de empresas através da limpeza do balanço *(se trata del saneamiento de una empresa mediante depuración delbalance)*. Embora possa ser utilizada em contextos de insolvência, o autor diz que esta medida pertence ao domínio do direito das sociedades (*Ibidem*, p. 13).

[723] Sobre as providências recuperatórias especificamente aplicáveis às empresas, PAULO OLAVO CUNHA, «Providências específicas do plano de recuperação de sociedades», *I Congresso de Direito da Insolvência*, Edições Almedina, Coimbra, 2013, p. 107-139. MIGUEL PESTANA VASCONCELOS (*Recuperação de empresas: o processo especial de revitalização*, cit., p. 83-86), sem explicitar claramente a sua posição, parece assumir que é pacificamente aceite o entendimento que rejeita a aplicação do art. 198º do CIRE ao plano pré-insolvencial, mais concretamente ao PER.

Estas e outras medidas com impacto ao nível da estrutura societária, do capital social, da sua organização estatutária e do tipo de sociedade devem, em princípio, ser aprovadas pelos sócios ou acionistas. É esse o princípio que vigora no direito das sociedades comerciais em Portugal[724]. A ideia fundante desse princípio é a de que os detentores de participações sociais são os proprietários das empresas e, nessa qualidade, devem ser eles a tomar as decisões quanto às questões fundamentais, em particular aquelas que sejam suscetíveis de afetar a sua posição e qualidade de detentores de participações sociais.

O direito de propriedade surge, assim, associado à liberdade e autonomia para projetar, criar, investir e comandar um determinado negócio que, não raras vezes, se torna numa herança que passa de geração em geração ou assume uma especificidade que é indissociável dos seus donos. Qualquer regra que desconsidere o seu voto, *maxime* a sua tomada de decisão relativamente a medidas com impacto na estrutura societária, no capital social, na sua organização estatutária e no tipo de sociedade é, evidentemente, suscetível de afetar o respetivo direito de propriedade legalmente consagrado pela generalidade das constituições nacionais, incluindo pela Constituição Portuguesa[725]. Por isso, só em casos muito excecionais e de evidente interesse público, se pode atingir o direito de propriedade por via da expropriação, contando que esteja assegurada uma justa compensação[726].

Podemos encontrar algumas vias de "expropriação", isto é, de exclusão dos sócios ou acionistas ou de tomada de decisões contra a sua vontade e em seu prejuízo.

Uma dessas vias passa pela adoção de providências específicas da recuperação de empresas insolventes[727]. A excecionalidade é aqui jus-

[724] Ver, por exemplo, Ana Perestrelo de Oliveira, *Manual de Corporate Finance*, cit., p. 308-328; *Manual de Governo das Sociedades*, cit., p. 47-176; Miguel Pestana Vasconcelos, *Recuperação de empresas: o processo especial de revitalização*, cit., p. 83-86.

[725] Art. 62º da CRP.

[726] Neste sentido, Paulo Olavo Cunha, «A recuperação de sociedades no contexto do PER e da insolvência: âmbito e especificidades resultantes da situação de crise da empresa», *Revista de Direito da Insolvência*, Nr. 0, 2016, p. 118.

[727] Ver, por exemplo, Alexandre de Soveral Martins, *Um Curso de Direito da Insolvência*, cit., p. 45-484; Catarina Serra, *Lições de Direito da Insolvência*, cit., p. 316-318; Luís Menezes Leitão, *Direito da Insolvência*, cit., p. 297-312; e Maria Rosário Epifânio, *Manual Direito da Insolvência*, cit., p. 345-353.

tificada com a declaração de insolvência, isto é, com o reconhecimento judicial de que a empresa não tem condições para se manter em atividade. Existe aqui o interesse público em excluir do mercado as empresas que não conseguem cumprir com a generalidade das suas obrigações e/ou que chegam a níveis de endividamento insustentáveis, com repercussões inegáveis e indesejáveis em todos aqueles que se relacionam com essa empresa, em especial os credores. Por isso, existe um interesse público em excluir tais empresas da economia e do mercado. Nessa conformidade, a lei confere aos credores o direito de, coerciva e coletivamente, obterem a satisfação (ainda que parcial) dos seus créditos à custa do património da empresa devedora, ainda que isso custe ou tenha como consequência o encerramento da sua atividade e, assim, a eliminação dos direitos e poderes dos detentores de participações sociais.

A lei da insolvência concede ainda a possibilidade de recuperar, total ou parcialmente, a empresa insolvente, disponibilizando, para o efeito, várias providências recuperatórias. Em particular, o art. 198º, nº 2 a 6, do CIRE[728] consagra um conjunto de medidas que permitem aos credores, dentro de determinados limites, adotar e impor um plano que contemple, por exemplo: a redução do capital para cobertura de prejuízos, acompanhada de aumento do capital para montante igual ou superior ao mínimo legal; a conversão de créditos em capital, sem respeito pelo direito de preferência dos sócios legal ou estatutariamente previsto;

[728] A propósito do art. 198º do CIRE, isto é, das providências específicas de sociedades comerciais a adotar no contexto do plano de insolvência, Alexandre Soveral Martins, *Um Curso de Direito da Insolvência*, cit., p. 464-483; Catarina Serra, *Lições de Direito da Insolvência*, cit., p. 316-318; João Baldaia / Miguel Almeida Loureiro, «A Capitalização de Empresas pela Via da Insolvência», *Capitalização de Empresa*, Coleção JPAB, Edições Almedina, Coimbra, 2017, p. 66 e s.; Luís Carvalho Fernandes / João Labareda, *Código da Insolvência e Recuperação de Empresas Anotado*, cit., p. 765-774; Madalena Perestrelo de Oliveira, *A Autonomia dos Credores na Recuperação da Empresa Insolvente*, cit., p. 51-56; Maria do Rosário Epifânio, *Manual de Direito da Insolvência*, cit., p. 344-352; Paulo de Tarso Domingues, «O CIRE e a recuperação das sociedades comerciais em crise», *Instituto do Conhecimento AB, Coleção Estudos*, Nr. 1, 2013, p. 40-49; «(Alguns) Traços jus-societários do regime insolvencial», *Estudos Comemorativos dos 20 anos da FDUP*, Vol. 2, Edições Almedina, Coimbra, p. 477-501; Paulo Olavo Cunha, «Providências específicas do plano de recuperação de sociedades», cit., p. 107-139; «A recuperação de sociedades no contexto do PER e da insolvência...», cit., p. 107-118; «Reestruturação de sociedades e direito dos sócios», *IV Congresso de Direito da Insolvência*, Edições Almedina, 2017, p. 341-349.

alteração dos estatutos da sociedade; a transformação da sociedade noutra de tipo distinto; e a alteração dos órgãos sociais.[729]

A interferência nos direitos dos sócios tem, recentemente, galgado terreno fora da insolvência. O exemplo mais evidente prende-se com o regime jurídico da conversão de créditos em participações, introduzido pela Lei nº 7/2018, de 2 de março.

Em traços gerais, permite-se que os credores[730] de uma empresa devedora[731] possam, por sua iniciativa, desencadear um processo de conversão dos seus créditos em capital. Esse processo é desencadeado com a apresentação de uma proposta a ser discutida e negociada com os detentores de participações. Se estes não chegarem a acordo com os credores proponentes ou recusarem a proposta destes, existe a possibilidade de os credores iniciarem um processo de suprimento judicial da deliberação social[732]. Confirmando-se o suprimento judicial, os sócios dispõem de 30 dias a contar do trânsito em julgado da sentença homo-

[729] Note-se que parte da doutrina (designadamente, ALEXANDRE SOVERAL MARTINS, *Um Curso de Direito da Insolvência*, cit., p. 464-483; e PAULO DE TARSO DOMINGUES, «O CIRE e a recuperação das sociedades comerciais em crise», cit., p. 40-49), apoiada no direito europeu, em especial nas Diretivas Europeias sobre Direito das Sociedades Comerciais (Diretiva nº 77/91/CEE, revogada e substituída pela Diretiva nº 2012/30/EU, a qual, por sua vez, deu lugar à Diretiva da 2017/1132/UE) e na jurisprudência europeia (de que são exemplo o caso *Marina Karella e Nikolaos Karellas vs. OAE*, o caso *Syndesmos Melon tis Eleftheras Evangelikis Ekklisias vs Grécia*) tem contestado a derrogação da regra da competência deliberativa da assembleia geral e do direito de preferência dos sócios em qualquer aumento de capital no contexto da insolvência. Em sentido diverso, outra parte da doutrina (designadamente, PAULO OLAVO CUNHA, «Providências específicas do plano de recuperação de sociedades», cit., p. 107-139; «A recuperação de sociedades no contexto do PER e da insolvência...», cit., p. 107-118) tem admitido que a declaração de insolvência constitui uma situação de excecionalidade e, como tal, as providências específicas aplicáveis às empresas insolventes e que se projetam sobre a sua estrutura societária são excecionais e nessa situação excecional de insolvência declarada podem ser determinadas.

[730] Mais concretamente os credores cujos créditos constituam, pelo menos, dois terços do total do passivo da sociedade e a maioria dos créditos não subordinados, e se encontrem em mora há mais de noventa dias (de valor superior a 10% do total de créditos não subordinados ou, caso estejam em causa prestações de reembolso parcial de capital ou juros, desde que estas respeitem a créditos não subordinados de valor superior a 25% do total de créditos não subordinados) (art. 3º, 1º, al. b) e n. 3 da Lei nº 7/2018, de 2 de março).

[731] Mais concretamente de uma empresa com capital próprio inferior ao capital social e com um volume de negócios inferior a um milhão de euros (cfr. art. 2º, n. 4, e art. 3º, nº 1, al. a) da Lei nº 7/2018, de 2 de março).

[732] Art. 5º n. 1 e 2 da Lei nº 7/2018, de 2 de março.

logatória, para, querendo, adquirir ou fazer adquirir por terceiro por si indicado o capital da sociedade resultante da alteração, pelo respetivo valor nominal, desde que igualmente adquiram ou paguem na totalidade os créditos remanescentes sobre a sociedade, detidos pelos credores proponentes[733].

A doutrina, de um modo geral, parece aplaudir o fim que se pretende alcançar: o de ajudar a recuperar empresas em dificuldades e evitar a sua insolvência. Porém, a doutrina também parece estar de acordo que o meio escolhido, em particular a sobreposição da vontade dos credores proponentes à vontade dos sócios, por via do suprimento ou homologação judicial, não parece o mais adequado uma vez que colide com direitos fundamentais dos sócios ou acionistas, quando a empresa nem sequer está insolvente. Alexandre Soveral Martins[734] considera-o claramente excessivo. José Ferreira Gomes e Catarina Monteiro Pires[735] dizem que é suscetível de traduzir uma violência dos credores maioritários sobre a sociedade e os seus sócios. Paulo de Tarso Domingues[736] qualifica-o como uma espécie de "tomada de assalto das sociedades pelos credores". Rui Pinto Duarte[737] prefere manifestar o seu ceticismo quanto à aplicabilidade prática do regime em causa.

Mesmo que possa ter pouca aplicação prática, certo é que, por força desse regime, os credores podem participar na melhoria da situação financeira de determinadas empresas devedoras e podem também forçar ou pressionar os sócios a, por um lado, adquirirem ou fazer adquirir por terceiro por si indicado o capital da sociedade resultante da alteração e, por outro lado, a pagar a totalidade os créditos remanescentes sobre a sociedade, detidos pelos credores proponentes. Acrescentar-se-ia ainda

[733] Art. 5º n. 1 e 2 da Lei nº 7/2018, de 2 de março.

[734] *Estudos de Direito da Insolvência*, cit., p. 45 (33-45).

[735] «Resposta à Consulta Pública relativa ao Projeto de Proposta de Lei que aprova o Regime Jurídico de Conversão de Crédito em Capital», *Revista de Direito das Sociedades*, Ano IX, Vol. 1, 2017, p. 147 (145-156).

[736] «O Regime jurídico da conversão de créditos: A tomada de assalto das sociedades pelos credores?», *Seminário de Direito da Insolvência*, Edições Almedina, Coimbra, 2019, p. 79-101; «A transposição, na vertente societária, da Diretiva sobre Reestruturação e Insolvência (Diretiva (LIE) 2019/1023, de 20 de junho de 2019)», *Direito das Sociedades em Revista*, Ano 14, Vol. 27, p. 237-240.

[737] «A conversão em capital social de suprimentos e de outros créditos...», cit., p. 339-340.

a circunstância de os credores poderem alimentar a expectativa de vir a obter um *plus* em virtude da futura distribuição de dividendos.[738]

Os instrumentos pré-insolvenciais de recuperação de empresas, onde se incluem o PER e o RERE, podem ser apontados como mecanismos que podem conduzir à interferência nos direitos dos sócios, desconsiderando a sua vontade para impor a vontade dos credores (ou da maioria dos credores)[739]. Essa opção é claramente assumida na Diretiva (UE) 2019/1023. No seu art. 12º o legislador europeu admite que os detentores de participações sociais possam ser excluídos da negociação de um acordo recuperação e/ou proibidos de impedir a sua adoção e execução através de uma reestruturação forçada.

Para o efeito, os Estados-Membros devem ter em especial consideração, nomeadamente, a dimensão (grande, média ou pequena) e tipo da empresa (se é de responsabilidade limitada, por exemplo), a qualidade do sujeito titular de participações sociais (se é uma pessoa singular ou coletiva, ou se é um sócio-investidor ou um sócio-empresário[740]), e o conteúdo das medidas propostas (aumento de capital, conversão de crédito em capital, entre outras)[741].

[738] Porém, não se pode ignorar que quem converte os seus créditos em capital vê desaparecer as eventuais garantias de pagamento dos seus créditos e assume o risco associada à perda de valor das suas participações. Neste sentido, ALEXANDRE SOVERAL MARTINS, *Estudos de Direito da Insolvência*, cit., p. 35.

[739] Para uma análise sobre a derrogação dos direitos sócios no contexto da recuperação de empresas em situação de crise, em especial no direito inglês, norte-americano e alemão, e tendo em vista a harmonização das diferentes soluções dos ordenamentos jurídicos europeus, BOB WESSELS / STEPHAN MADAUS, *Rescue of Business in Insolvency Law*, cit., p. 308-310 e 331-338.

[740] Nos Considerandos (58) e (59) destaca-se a possibilidade de limitar a reestruturação forçada às grandes empresas, em especial às empresas de capital aberto ou cotadas em bolsa. Nos demais casos, isto é, quando a empresa devedora tem pequena e média dimensão os detentores de participações sociais não são meros investidores, mas os proprietários da empresa que, normalmente, contribuem para a empresa de outra forma, por exemplo, com competências de gestão. Nestes casos sugere-se que o plano de recuperação preveja a possibilidade de os sócios prestarem uma assistência à reestruturação sob uma forma não pecuniária, com recurso, por exemplo, à sua experiência, conhecimentos, reputação ou contactos comerciais.

[741] De sublinhar que o legislador alemão pretende acomodar no §. 313b (4) e (5), 3., do BGB a possibilidade consagrada no art. 12º, n. 3 da Diretiva (UE) 2019/1023, sobre os regimes de reestruturação preventiva, no sentido de impedir que os sócios (ou credores) possam bloquear ou impedir a adoção do acordo de recuperação sempre que haja uma razão

Esta perspetiva parece entrar em choque com a posição até aqui assumida pelo legislador europeu, especialmente através do disposto, sucessivamente, nos arts. 25º, 30º e 40º da Diretiva nº 77/91/CEE, nos arts. 29º, 34º e 44º Diretiva nº 2012/30/EU (que revogou e substituiu a anterior) e nos arts. 68º, 73º e 83º da Diretiva da 2017/1132/UE (que passou a congregar todas as disposições relativas aos direitos das sociedades), onde se reconhece à assembleia geral a competência para decidir sobre a adoção de medidas ao nível do capital, em especial, quanto ao seu aumento e redução.

Nada era dito quanto aos instrumentos pré-insolvenciais e insolvenciais de recuperação de empresas. Apenas se admitia, excecionalmente, que, no caso de redução de capital, a deliberação dos sócios pudesse ser suprida por decisão judicial[742]. Assim, e à luz desta exceção, reconhecia-se que a hipótese de redução de capital acolhida pelo art. 198º, n. 2, al. a) do CIRE, não violaria o direito europeu, sendo possível substituir a

objetiva para se assumir que a sua oposição não é razoável. Isto sucede se o plano for aprovado pela maioria das categorias de credores, se estiver assegurado que o plano é globalmente mais favorável para a generalidade dos sujeitos afetados, se nenhum desses sujeitos recebe mais do que o valor do seu crédito. No caso do grupo dissidente ser compostos pelos sócios, considera justificada a aprovação de um plano se, de acordo com este, os sócios receberem valor equivalente à sua participação social; se nenhum dos sócios for beneficiado relativamente aos demais, a menos que essa atribuição esteja objetivamente justificada; e se os acionistas afetados por via da conversão de crédito em capital tiverem adquirido a sua participação nos mercado de capitais e a empresa estiver sobreendividada. Stephan Madaus («Restrukturierung als Aufgabe des Zivilrechts – eine Diskussionsgrundlage für die Umsetzung des Restrukturierungsrahmens», *Working Paper*, Nr. 8, 2019, p. 13) sublinha a este respeito que os acionistas que participaram como investidores financeiros *(Gesellschaftern als Finanzinvestoren)* no mercado de capitais, em detrimento de outras opções de investimento, expressam a aceitação de uma possível perda da sua participação social se a empresa estiver com dívidas excessivas e precisar de ser reestruturada por meio de medidas de capital, contando que lhes sejam asseguradas as respetivas compensações pelo valor económico das suas participações que lhe seriam atribuídas no cenário de liquidação. Mantendo-se na estrutura societária, é também legítimo que o plano preveja que os dividendos sejam alocados unicamente ao pagamento dos credores até que os seus créditos sejam integralmente satisfeitos, admitindo-se, excecionalmente, que os acionistas possam, justificadamente, beneficiar dos ganhos futuros durante a execução do plano se, por exemplo, contribuírem com novo capital para o fortalecimento da situação financeira.

742 Art. 30º da Diretiva nº 77/91/CEE, art. 34º da Diretiva nº 2012/30/UE e art. 73º da Diretiva da 2017/1132/UE.

deliberação dos sócios pela manifestação de vontade dos credores através do plano que fosse objeto de homologação judicial[743].

Sucede que a Diretiva (UE) 2019/1023 veio estabelecer, por via do seu art. 32º, um aditamento ao art. 84º da Diretiva (UE) 2017/1132, que, assim, passou a contemplar o n. 4 com o seguinte teor: os Estados-Membros derrogam o artigo 58º, n. 1, os artigos 68º, 72º, 73º e 74º, o artigo 79º, nº 1, alínea b), o artigo 80º, n. 1, e o artigo 81º, na medida e durante o período em que essas derrogações forem necessárias para o estabelecimento dos regimes jurídicos de reestruturação preventiva previstos na Diretiva (UE) 2019/1023. O objetivo é o de assegurar que "[a] eficácia do processo de adoção e execução do plano de reestruturação não deverá ser posta em causa pelo direito das sociedades"[744].[745]

Nessa conformidade, poderá ser necessário afastar as regras respeitantes à competência da assembleia geral e ao direito de preferência dos sócios, na medida e durante o período de tempo necessários para assegurar que aqueles não comprometem os esforços de reestruturação mediante o exercício abusivo dos seus direitos[746]. Quando tiverem que tomar medidas recuperatórias urgentes e necessárias à recuperação da empresa pré-insolvente, os gestores ficariam desobrigados de convocar uma assembleia geral e/ou de dar cumprimento as outras formalidades que, em situação de normalidade, deveriam ser respeitadas em operações de aumento de capital ou de conversão de crédito em capital. Os gestores não estariam obrigados a atender aos interesses dos detentores do capital sobretudo quando tais interesses chocassem com a disponibilidade e vontade de terceiros para a capitalizar e

743 Neste sentido, Paulo de Tarso Domingues, «O CIRE e a recuperação das sociedades comerciais em crise», cit., p. 48.

744 Considerando (96) da Diretiva (UE) 2019/1023 sobre os regimes de reestruturação preventiva.

745 Antes da Diretiva (UE) 2019/1023 ter entrado em vigor, Catarina Serra («The impact of the Directive on shareholders, companies' directors and workers», cit., p. 28 já antecipava que o objetivo claro perseguido pelo legislador europeu era impedir que os acionistas pudessem injustificadamente comprometer o esforço de reestruturação. Estando em causa um tema sensível, a autora sublinhava que a sua acomodação nos sistemas jurídicos dos Estados-Membros iria desencadear a necessidade de uma coordenação cuidadosa entre o direito da insolvência e o direito das sociedades comerciais.

746 Catarina Serra, *Lições de Direito da Insolvência*, 2ª Ed., cit., p. 592.

para promover a recuperação da empresa em seu benefício e, naturalmente, da própria empresa.[747]

Só assim não deverá ser se e na medida em que o direito das sociedades não comprometer a eficácia do processo de reestruturação ou se existirem outros instrumentos igualmente eficazes que impeçam os sócios ou acionistas de bloquear desrazoavelmente (isto é, abusivamente) a adoção e/ou execução de um plano que assegure a recuperação e viabilidade da empresa.

De acordo com a Diretiva (UE) 2019/1023 existem duas opções para acolher devidamente os detentores de participações sociais nos instrumentos de recuperação pré-insolvencial[748].

A primeira opção passaria por tratá-los como uma categoria de credores sempre que os seus direitos e interesses fossem afetados pela parte dispositiva do plano de recuperação. Nestes casos, os detentores de participações sociais ficariam sujeitos aos requisitos de aprovação e homologação de um acordo de recuperação preventiva. Em consequência, aqueles poderiam ficar vinculados a um acordo de recuperação mesmo contra a sua vontade por força do sistema *class-cross cram-down*, mas também poderiam reagir contra a decisão de homologação se demonstrassem que o plano os deixaria em pior situação do que estariam na ausência de plano (caso a empresa fosse liquidada).

A segunda opção passaria por adotar outros meios alternativos que excluíssem a possibilidade de os detentores de participações sociais, desrazoavelmente, impedirem ou levantarem obstáculos à adoção e homologação de um plano de reestruturação. De acordo com o Considerando 57 da Diretiva (UE) 2019/1023, uma alternativa poderia passar por não conferir direito de voto aos detentores de participações sociais sempre que, após a avaliação da empresa, se concluísse que aqueles não receberiam qualquer valor no cenário de liquidação, fazendo com que,

[747] O problema é que esta perspetiva considera os sócios ou acionistas como *outsiders* do processo negocial, colocando-os na posição em que estariam se a empresa estivesse, de facto, insolvente e perto de ser desmembrada, numa lógica de troca da prevalência dos interesses dos sócios (como sucede em tempos de normalidade) pela proteção absoluta (tanto quanto possível) dos interesses dos credores e outros *stakeholders* (como normalmente sucede na insolvência, quando o valor económico das participações sociais é zero ou muito próximo disso).

[748] Art. 12º, n. 1 Diretiva (UE) 2019/1023.

nestes casos, a adoção do plano não dependesse da sua aceitação. Outra alternativa, mencionada no mesmo Considerando, consistiria em sujeitar o plano à aprovação prévia da assembleia geral apenas e só quando o mesmo afetasse diretamente os direitos dos detentores de participações sociais, mas sujeitando essa aprovação a uma maioria simples (que não fosse desrazoavelmente elevada).

Tomáš Richter e Adrian Thery[749] sugerem que a primeira opção, que assegura a participação dos detentores de participações sociais é, provavelmente, mais viável e eficaz do que tentar encontrar uma alternativa que deixe de fora do processo negocial os detentores de participações sociais ou que comprometa a aprovação de um acordo de recuperação viável e credível.

Esta posição merece o nosso acolhimento por três razões fundamentais.

Em primeiro lugar, a exclusão pura e simples dos sócios é suscetível de criar mais atrito e conflitualidade no processo negocial. Quem está de fora tende a desconfiar daqueles que participam no processo negocial que lhes é alheio e, por conseguinte, tudo fazem para impedir a adoção de qualquer acordo que afete os seus direitos e interesses.

Em segundo lugar, o não envolvimento dos detentores de participações sociais no processo negocial poderá, em muitos casos, traduzir-se numa perda de oportunidade de cooperação ou, pelo menos, dificultar consideravelmente o diálogo com os credores, com prejuízo para a empresa devedora e para os próprios credores. Na prática, poderá significar uma restrição ou limitação ao nível dos instrumentos de reestruturação financeira passíveis de serem implementados, em particular os que implicam o envolvimento dos detentores de participações sociais.

Em terceiro lugar, se os detentores de participações sociais forem excluídos do processo negocial, a propensão para pressionarem ou instruírem os gestores tende a aumentar, o que, em última análise, poderá desincentivar os gestores a lançarem mão dos instrumentos de recuperação pré-insolvencial, a desistirem do processo negocial iniciado, ou a não promoverem a aprovação do plano negociado[750].

[749] *INSOL Europe Guidance Note on the Implementation of Preventive Restructuring Frameworks Under EU Directive 2019/1023: Claims, Classes, Voting, Confirmation and the Cross-Class Cram-Down*, INSOL Europe, Nottingham, 2020, p. 29.

[750] É sabido que a empresa devedora, representada pelos gestores que, por sua vez, podem ter sido instruídos pelos sócios ou acionistas, precisa de prestar o seu consentimento ao

Nessa conformidade, estamos em crer que os direitos e interesses dos detentores de participações sociais são acautelados de forma mais adequada por via da sua inclusão no processo negocial do que através de qualquer outro meio que os exclua à partida e, simultaneamente, os impeça de criticar a aprovação e homologação de um plano de reestruturação. Uma solução contrária conduziria à secundarização ou desvalorização do papel dos detentores de participações sociais. A secundarização ou desvalorização do papel dos detentores de participações sociais na negociação de um acordo de recuperação poderá constituir um verdadeiro entrave à cooperação entre credores e os detentores de participações sociais, transformando o processo negocial numa luta bipartida entre os primeiros e os segundos quando, na verdade, seria desejável um equilíbrio de posições de forma a salvaguardar, da melhor forma possível, o interesse social de médio e longo prazo. Até porque, como veremos em seguida, a regra da prioridade relativa, apresentada na Diretiva (UE) 2019/1023 vem reforçar o papel dos sócios na recuperação das empresas.

Em transposição da referida Diretiva, o legislador português, por via da Lei n. 9/2022, de 11 de janeiro, veio determinar que não se aplicam as regras habituais relativamente à convocação e poder de deliberação da assembleia geral em caso de perda de metade do capital (art. 35º do CSC), em caso de aumento de capital (art. 87º do CSC), em caso de aumento por incorporação de reserva (art. 91º do CSC), e em caso de redução do capital (arts. 94º a 96º do CSC), sempre que estiver pendente qualquer processo de reestruturação de empresas previsto no CIRE (ou seja, o PER e o processo de insolvência).[751]

plano de recuperação. Se este não for do agrado dos sócios ou acionistas e estes não tiverem a possibilidade de votar, os gestores podem ser pressionados (ou tendem) a serem porta-vozes do interesse exclusivo dos sócios ou acionistas, o que, em última análise, condiciona o cumprimento do dever de tomar em devida conta os interesses dos demais *stakeholders*.

[751] Esta solução pode até ser vista como uma forma de "castigar" os sócios ou acionistas pela crise a que a empresa chegou. Se nada fizeram, então não teriam autoridade ou legitimidade para colocar em causa um processo de recuperação, nem para impedir a participação de capital alheio ou a redução ou transmissão das suas participações sociais.. PAULO OLAVO CUNHA («A recuperação de sociedades no contexto do PER e da insolvência...», cit., p. 102) refere-se a esta lógica de castigo no contexto da insolvência, mas diríamos que os argumentos apresentados pelo autor serão validos para a situação em que a empresa, por inércia dos sócios ou acionistas, fica muito próxima da insolvência. Esse laxismo ou inércia justificaria o sacrifício dos interesses dos anteriores titulares do capital em proveito e defesa dos inte-

Relativamente à situação de perda grave do capital social, se estiver pendente o PER, o novo n. 4 ao artigo 35º do CSC, determina que o regime deixa de ser aplicável. Dessa forma, os gestores das sociedades comerciais ficam dispensados de convocar ou promover a convocação da assembleia geral para dar conhecimento aos sócios da situação de perda grave em que se encontra a sociedade, nem os sócios têm de se reunir para aprovar alguma medida de resposta. De modo semelhante, no que respeita à situação de redução de capital e à situação de aumento de capital, por novas entradas ou por incorporação de reservas, se estiver pendente o PER, deixa de ter aplicação a regra da competência exclusiva dos sócios para decidir sobre estas medidas[752]. Também o direito de preferência na subscrição do aumento de capital é afastado, incluindo no regime de subscrição preferente para as sociedades anónimas[753]. No que diz respeito à operação de conversão de crédito em capital, que em muitas situações é essencial para melhoria do balanço social e para a viabilização da empresa, a deliberação dos sócios também deixa de cons-

resses dos credores e dos trabalhadores, numa lógica de proteção do superior interesse da empresa (o interesse social que é distinto do interesse individual e egoístico dos sócios).

[752] Quanto aos demais aspetos da redução de capital previstos no artigo 95º CSC, Paulo de Tarso Domingues («A transposição, na vertente societária, da Diretiva sobre Reestruturação...», cit., p. 237) considera que, aparentemente, os continuarão a ser aplicáveis, nomeadamente a necessidade de a situação líquida da sociedade ficar a exceder, após a operação de redução, o novo capital em, pelo menos, 20% (cfr. artigo 95º, nº 1 CSC) e a proibição de com esta operação se liberar os sócios das suas obrigações de entrada (cfr. artigo 95º, nº 4 CSC).

[753] Como refere Paulo de Tarso Domingues («A transposição, na vertente societária, da Diretiva sobre Reestruturação...», cit., p. 236) "se é verdade que o legislador nacional não inseriu no artigo 458º CSC uma norma a excecionar a sua aplicação no âmbito do processo de insolvência, tal conclusão pode, de forma menos explícita, retirar- se do disposto no artigo 87º CSC. Com efeito, o nº 2 deste artigo alude ao direito de preferência dos sócios, sendo que o regime desta norma (todo ele) é, em caso de pendência de processos insolvenciais, expressamente afastado pelo (novo) nº 6 deste artigo 87º CSC. Deverá, por isso, entender-se que é hoje possível, no nosso ordenamento jurídico, que os credores aprovem, no âmbito de um processo insolvencial, um aumento de capital social, suprimindo o direito de preferência dos sócios. É este o regime que resulta do artigo 198º, nº 2, al. b) CIRE, o qual agora, não só não é obstaculizado pelo direito comunitário, como é expressamente admitido – mesmo nas SA – pela Diretiva Codificadora (indo, de resto, de encontro ao resultado que, manifestamente, o legislador comunitário quis privilegiar), sendo esta a solução que, de forma menos clara, o legislador português terá querido consagrar com a Lei 9/2022, que transpôs para o direito interno a Diretiva sobre Reestruturação e Insolvência."

tituir um obstáculo. Em todo o caso, sublinhe-se que será sempre necessário o acordo da empresa devedora[754].

Com estas alterações, foi afastado o poder "soberano" da assembleia geral relativamente à adoção de medidas recuperatórias com impacto na estrutura e capital social. É agora claro, relativamente àquelas matérias, que a posição dos detentores de participações sociais no PER é equivalente (para efeitos de recuperação de empresas viáveis) à posição que já assumiam na insolvência (para efeitos de recuperação de empresas insolventes). Ou seja, a excecionalidade da insolvência, que justificaria a derrogação dos direitos dos sócios, como que é transposta para a pré-insolvência, a tal ponto que a sua posição é equivalente àquela que assumiriam numa recuperação insolvencial.[755]

Poder-se-á questionar se uma solução equivalente poderia (ou deveria) ser aplicada quando a negociação de um plano de recuperação decorre no âmbito do RERE.

Afirmativamente, dir-se-á que a finalidade subjacente ao PER e ao RERE (a recuperação preventiva de empresas viáveis) é comum e, sendo comum, não haveria razão para haver uma discriminação, no sentido de não se aplicar ao RERE aquilo que corresponde a uma imposição da Diretiva e que consiste em impedir que os detentores de participações sociais possam bloquear desrazoavelmente a adoção ou execução de um plano de reestruturação que assegure a viabilidade da empresa. Com efeito, se o acordo de reestruturação previr, por exemplo, a conversão de dívida em capital, ou a redução do montante do capital subscrito em caso de transferência de partes da empresa, a sua eficácia poderá ficar comprometida, no caso do RERE, se as normas societárias não forem

[754] PAULO DE TARSO DOMINGUES, «A transposição, na vertente societária, da Diretiva sobre Reestruturação...», cit., p. 235.

[755] Assim, o regime especial de conversão de créditos em capital, introduzido pela Lei nº 7/2018, de 2 de março, deixou de ser única limitação a tal soberania em temos prévios à insolvência. Ver a este propósito, ALEXANDRE SOVERAL MARTINS, *Estudos de Direito da Insolvência*, cit., 33-45; JOSÉ FERREIRA GOMES / CATARINA MONTEIRO PIRES, «Resposta à Consulta Pública relativa ao Projeto de Proposta de Lei que aprova o Regime Jurídico de Conversão de Crédito em Capital», cit., 145-156; PAULO DE TARSO DOMINGUES, «O Regime jurídico da conversão de créditos: A tomada de assalto das sociedades pelos credores?», cit., p. 79-101; PAULO OLAVO CUNHA, «Conversão de crédito em capital», *V Congresso de Direito da Insolvência*, Edições Almedina, 2019, p. 237-254; RUI PINTO DUARTE, «A conversão em capital social de suprimentos e de outros ...», cit., p. 331-340.

afastadas. Havendo uma chance de recuperação, poder-se-ia admitir que o interesse dos sócios devesse ceder também no âmbito do RERE. Tanto mais que a Lei nº 7/2018, de 2 de março, admite, como vimos que os direitos dos sócios possam ser derrogados ou comprimidos num contexto em que a empresa devedora nem sequer precisa de estar pré--insolvente. Embora aqui se consagre o direito de preferência no aumento de capital, permite-se que o não consentimento dos sócios possa ser suprido por decisão judicial, forçando os sócios a financiar a empresa num contexto em que, eventualmente não seria totalmente justificada ou poderia ser alcançado por outras vias[756].

Se assim é, poder-se-ia admitir, por uma questão de coerência sistemática[757] e em obediência à primazia do interesse social, do primado da recuperação das empresas viáveis e do interesse público subjacente, que os direitos dos sócios pudessem ser derrogados num contexto muito próximo da insolvência, não só no contexto do PER, mas também no contexto do RERE.

Contra este entendimento poder-se-á invocar a natureza voluntária do RERE, para, assim, se afastar quaisquer soluções que possam contrariar a livre vontade dos afetados, em particular dos detentores de participações sociais. Depois, no art. 3º, n. 6, do RERE diz-se expressamente que "podem ser admitidos a intervir nas negociações e no acordo de reestruturação os sócios do devedor, na medida em que, em virtude da lei ou dos estatutos do devedor, seja necessária a sua intervenção ou consentimento". Não havendo nenhuma disposição societária que dispense o consentimento dos sócios no caso do RERE, será necessária a

[756] PAULO OLAVO CUNHA («Conversão de crédito em capital», cit., p. 250) critica a possibilidade de os sócios poderem exercer o seu direito de preferência nas situações em que "nada fizeram anteriormente [para evitar] a difícil situação a que a sociedade chegou". Nestes casos, não se justificaria "salvaguardar a titularidade do capital a todo o custo" pois o que mais releva, segundo o autor, é o interesse social que não se confunde com o interesse individual dos sócios.

[757] Considerando que os direitos dos sócios estão em risco em moldes muito semelhantes ou próximos ao cenário de insolvência, que as probabilidades de recuperação são maiores do que na insolvência, e que a situação financeira tende a ser substancial-mente mais gravosa do que nos casos em que se admite o recurso ao regime de conversão de créditos em capital, poder-se-ia chegar a um princípio geral de que na pré-insolvência, os direitos dos sócios perdem a primazia e devem ceder quando exista uma probabilidade séria de recuperação que ficará comprometida se não forem derrogados certos direitos dos sócios.

sua intervenção e autorização sempre que o tipo de medida em causa assim o exija. Além disso, para contornar a eventual oposição dos sócios, se as demais partes envolvidas assim o desejarem, e caso se verifiquem os respetivos requisitos, poderão submeter o acordo a homologação judicial ao abrigo do disposto no art. 17º-I do CIRE. Neste caso, os sócios afetados já não poderiam invocar as disposições societárias. Por fim, importa sublinhar que em momento algum o legislador europeu exige que as disposições societárias (*maxime* o dever de convocação da assembleia geral e o consentimento dos sócios) sejam derrogadas em todo e qualquer instrumento de recuperação. Verificando-se que o legislador português tem assegurada a derrogação das disposições societárias no caso do PER, poder-se-á dizer que já cumpre com a imposição da Diretiva.

Acrescente-se que nº 4 do art. 17º-H do CIRE, inspirado na solução consagrada no art. 11º, n. 3 do PEVE, veio responder a um anseio de uma parte da doutrina, que reclamava, em particular, que os sócios deveriam beneficiar de algum incentivo para contribuírem para a recuperação da empresa[758]. A solução consagrada no PER procura, aparentemente[759], abranger mais sujeitos, e inclui quaisquer outras pessoas especialmente relacionadas com a empresa[760]. Trata-se de se lhes atribuir um privilégio creditório mobiliário geral, graduado antes do privilégio creditório mobiliário geral concedido aos trabalhadores[761].

[758] Catarina Serra (*Lições de Direito da Insolvência*, cit., p. 467) questionava: [s]e os sócios e o círculo das pessoas próximas da empresa já não confiarem no projecto empresarial, quem irá confiar nele de forma a realizar novos financiamentos num momento tão delicado?". A autora, propunha que se equacionasse, particularmente, a extensão do regime de estímulos ao financiamento oriundo dos sócios, considerando que "o financiamento por parte dos sócios teria sempre um efeito exemplar sobre os investidores externos, transmitindo-lhes confiança e estimulando-os a investir também, tanto em instrumentos de capital alheio como de capital próprio" *(idem)*.

[759] No texto legal são mencionados os "credores, sócios, acionistas e quaisquer outras pessoas especialmente relacionadas com a empresa". A referência aos credores é despropositada porque os respetivos créditos já estão abrangidos pelos n. 2 e 3 do art. 17º-H do CIRE. A referência a "acionistas" é desnecessária porque são um tipo de sócios. Neste sentido, Catarina Serra, «Enquadrar a recuperação das PME...», cit., p. 469-470.

[760] Art. 49º do CIRE.

[761] Remetendo a norma exclusivamente para o privilégio do art. 17º-H, nº 3 do CIRE, exclui do seu âmbito a "manutenção das garantias" prevista no nº 1 e a classificação parcial como crédito da massa, prevista no nº 2.

Porém, olhando para a letra da lei, verifica-se que o legislador, pelo menos aparentemente, limita a proteção dos créditos aos casos em que o financiamento que lhes deu origem se destina à fase de execução do plano (novo financiamento), deixando de fora o financiamento intercalar.

A doutrina diverge quando pergunta se é possível estender o privilégio em causa ao financiamento intercalar. Maria do Rosário Epifânio[762], baseando-se na letra da lei, manifesta-se contra aquele alargamento. Em sentido contrário, Catarina Serra[763] e David Sequeira Dinis[764], defendem a extensão do privilégio ao financiamento intercalar disponibilizado pelos sócios e quaisquer pessoas especialmente relacionadas com a empresa devedora.

Pela nossa parte, não se vislumbra por que razão o legislador tomou esta opção restritiva quando no PEVE não o fez. Mas qualquer razão que pudéssemos avançar em desfavor da extensão ao financiamento intercalar, poderia ser contraposta com um argumento contra a proteção dos novos financiamentos.

Por exemplo: é certo que durante o PER ainda não há um plano aprovado e homologado e, por isso, é natural que paire ainda alguma incerteza quanto à recuperação da empresa, o que, por sua vez, poderá justificar uma atitude conservadora relativamente ao apoio vindo dos sócios. Mas a incerteza não se extingue com a homologação do plano. O incumprimento deste é uma hipótese em cima da mesa na fase de execução.

Em segundo lugar, o argumento da falta de um controlo judicial quanto ao financiamento intercalar (que existe relativamente ao novo financiamento) também não colhe. Parece-nos que o financiamento intercalar pelos sócios ou por pessoas especialmente relacionadas com a empresa devedora deverá ser visto como um ato de especial relevo e, como tal, deverá ser devidamente autorizado pelo administrador judicial provisório.

Por último, poderia dizer-se que o objetivo da recuperação está intimamente associado ao novo financiamento, enquanto o financiamento intercalar apenas contribui para a recuperação de uma forma indireta, reflexa e até residual. Nessa medida, não se poderia invocar o primado da recuperação para se estender a proteção ao financiamento intercalar.

762 *Manual de Direito da Insolvência*, 8ª Ed., cit., p. 524.

763 «Enquadrar a recuperação das PME...», cit., p. 470-471.

764 «Stand-still, cláusulas ipso facto e new money após a transposição da Diretiva», cit., p. 59.

Este argumento também carece de sentido. Como sublinha David Sequeira Dinis[765], é precisamente durante o PER que "as empresas habitualmente mais precisam de apoio". Obviamente que o financiamento em causa se destina, fundamentalmente, a assegurar a manutenção da atividade da empresa devedora por um período muito reduzido (o período de suspensão), pelo que, normalmente, não estarão em causa financiamentos avultados, mas circunscritos às necessidades imediatas, transitórias e indispensáveis a manter acesa a possibilidade de se obter um acordo de recuperação. Como tal, salta à vista que o financiamento intercalar é também ele um apoio que tem em vista a recuperação, não fosse essa a vocação do próprio PER.

Posto isso, parece-nos que a posição que atende unicamente à letra da lei não corresponde à melhor solução interpretativa. A *ratio legis* aponta para soluções que promovam a recuperação e ambos os financiamentos, intercalar e novo, cumprem esse desiderato. Por isso, deve ser dado o mesmo grau de proteção. Caso contrário, os sócios e as pessoas especialmente relacionadas ficariam duplamente penalizados (discriminados) relativamente aos credores e a terceiros. Já são penalizados (objeto de menor proteção) porque os seus créditos (de apoio à recuperação) não são qualificados (ainda que parcialmente) como créditos sobre a massa insolvente, e ficariam penalizados porque apenas gozariam do referido privilégio os créditos provenientes de novos financiamentos.

Assim, deve entender-se que o financiamento intercalar dos sócios e de outras pessoas especialmente relacionadas com a empresa devedora está igualmente abrangido pelo privilégio creditório mobiliário geral, graduado antes do privilégio creditório mobiliário geral concedido aos trabalhadores.

4. Trabalhadores

A proteção dos créditos e interesses dos trabalhadores está no centro dos objetivos almejados pela Diretiva (UE) 2019/1023, o que se reflete de diferentes formas. Pretende-se assegurar a reestruturação de empresas pré-insolventes e viáveis, sem afetar os direitos e liberdades fundamentais dos trabalhadores[766], e evitando a perda desnecessária de postos

[765] «Stand-still, cláusulas ipso facto e new money após a transposição da Diretiva», cit., p. 59.

[766] Considerando (1) da Diretiva (UE) 2019/1023.

de trabalho e respetivas competências e conhecimentos especializados[767]. Para o efeito, pretende-se também assegurar uma participação adequada dos trabalhadores ou dos representantes destes, protegendo o seu direito à informação, promovendo-se a sua participação efetiva (individualmente ou em conjunto, dentro da respetiva categoria) nas negociações e na aprovação do plano de recuperação (em especial se o plano de reestruturação incluir medidas que afetem os direitos dos trabalhadores)[768]. Para que os seus direitos e interesses não sejam desrazoavelmente afetados, os Estados-Membros podem, inclusivamente, determinar que o regime de reestruturação preventiva não lhes é aplicável[769]. Sendo-lhe aplicável, se o direito nacional estabelecer limitações à responsabilidade das instituições de garantia, quer em termos da duração da garantia ou do montante coberto, os trabalhadores deverão poder reclamar e executar os seus créditos junto do empregador, mesmo durante o período de suspensão[770].

Tais proteções justificam-se porque, como salienta Júlio Vieira Gomes[771], a recuperação das empresas não pode ser feita à custa dos trabalhadores. Contudo, quando a alternativa é o despedimento ou a insolvência da empresa devedora, as exigências ou proteções dos trabalhadores tendem a diminuir ou, pelo menos, já não se coloca a questão de manter a empresa em atividade à custa dos trabalhadores[772]. Mas isso não significa que os seus interesses sejam acautelados como, porventura, desejariam (caso a empresa se mantivesse em atividade). São acautelados na medida do possível. Havendo uma ameaça de insolvência, os seus interesses fi-

[767] Considerandos (2), (3), (4), (8) e (16) da Diretiva (UE) 2019/1023.

[768] Considerando (10), (11), (23), (29), (30), (60), (61) e (62) da Diretiva (UE) 2019/1023.

[769] Considerando (43) da Diretiva (UE) 2019/1023. Sublinhe-se que o legislador nacional, por exemplo, determina que o período de suspensão (ordinária ou suplementar) decorrente do PER, não afeta as ações executivas para cobrança de créditos emergentes de contrato de trabalho, ou da sua violação ou cessação (art. 17.º-E, n. 4 do CIRE).

[770] Considerando (61) da Diretiva (UE) 2019/1023.

[771] «O RERE e os créditos laborais», *Revista de Direito da Insolvência*, Nr. 3, 2019, p. 52.

[772] Note-se que para efeitos de comparação entre a situação que existiria ao abrigo do plano e a que haveria na sua ausência, a que alude o art. 216º, n. 1, al. a) do CIRE, a jurisprudência (alguma jurisprudência) tem considerando que não relevam os benefícios que, com a inexistência de plano e consequente liquidação do património do devedor, lhe adviriam com o recebimento de prestações do Fundo de Garantia Salarial. Neste sentido, ver, por exemplo, o Ac. do TRP de 27.01.2015, Proc. 375/13.1TYVNG.P1 (Francisco Matos).

cam, naturalmente, sob ameaça, pois existe o risco de vir a ocorrer uma situação de insolvência e, consequentemente, de os seus postos de trabalho serem extintos. Se nada for feito, é certo que a empresa devedora ficará insolvente e que os trabalhadores, muito provavelmente, perderão os seus postos de trabalho[773]. Ainda que o pagamento de créditos salariais e de subsídio de desemprego estejam assegurados, a perda do posto de trabalho não deixará de constituir, em muitos casos, um prejuízo para o trabalhador, ou pelo menos, poderá ser contrária ao seu interesse.

Com efeito, normalmente os trabalhadores são uma parte do problema da recuperação das empresas pré-insolventes, não só pelo custo e vantagem que representam para a empresa em crise, mas também pelo impacto económico-social na vida concreta dos trabalhadores e da sociedade em geral. Há casos em que a recuperação é possível sem bulir nos postos de trabalho ou sem afetar os direitos e créditos dos trabalhadores, mas também haverá situações (talvez a maioria das situações) em que a recuperação não é possível sem algum sacrifício ou contributo dos trabalhadores[774].

A este nível podemos ter dois tipos de medidas com impacto direto nos postos de trabalho: medidas conservatórias e medidas extintivas dos postos de trabalho. As primeiras são aquelas que procuram manter o vínculo laboral, sacrificando, maioritariamente, a componente salarial, por várias formas: reduzindo ou excluindo prémios de produção, comissões ou outras regalias da natureza pecuniária ou em espécie, ou diluindo no tempo o pagamento de créditos laborais vencidos e não pagos. Podemos ainda incluir neste tipo de medidas o recurso ao *lay-off*, uma vez que o mesmo pressupõe a manutenção do vínculo e uma futura retoma da execução normal do contrato de trabalho[775]. Neste tipo

[773] Sobre o princípio da intangibilidade dos créditos laborais e os seus reflexos na insolvência, com especial enfâse no encerramento definitivo da empresa, ver ROSÁRIO PALMA RAMALHO, «Os trabalhadores no processo de insolvência», *III Congresso de Direito da Insolvência*, Edições Almedina, 2015, p. 386-394.

[774] Por exemplo, no Ac. do TRP de 27.01.2015, Proc. 375/13.1TYVNG.P1 (Francisco Matos), decidiu-se que "não viola o princípio da irredutibilidade salarial o plano de revitalização que reduz o valor, modifica os prazos de vencimento e dispõe sobre a forma de pagamento dos créditos emergentes da violação e cessação de contrato de trabalho".

[775] Note-se, aliás, que em resposta à crise gerada pela COVID-19 o governo português adotou um regime simplificado do *lay-off* de modo a apoiar as empresas na manutenção da sua atividade e dos postos de trabalho.

de medidas conservadoras, pede-se o sacrifício temporário dos trabalhadores, com reflexo temporário ao nível dos seus rendimentos, com a promessa de uma futura estabilidade e reposição total ou parcial de rendimentos e/ou outras contrapartidas.

As medidas extintivas, por outro lado, são aquelas que se traduzem na cessação imediata ou a prazo dos contratos de trabalho por uma das vias legalmente previstas, designadamente com recurso a um despedimento coletivo ou a uma extinção de posto de trabalho. Nestes casos, sacrifica-se de forma imediata (ou quase imediata) e definitiva não só o vínculo laboral em concreto e, por consequência a sua estabilidade, mas também os rendimentos presentes e futuros e, naturalmente, a situação pessoal dos trabalhadores afetados.

Não raras vezes, os trabalhadores têm dificuldade em encontrar novo posto de trabalho, ou pelo menos, que seja na mesma zona geográfica, dentro da mesma área de trabalho, ou com as mesmas condições. Um novo vínculo laboral tem sempre (ou quase sempre) associado uma certa precariedade, seja em virtude do período experimental, seja em virtude da natureza precária do vínculo. Por isso, em muitos casos poderá representar um retrocesso. Tanto mais que não existe a garantia de que o novo vínculo perdure mais do que o anterior ou proporcione o mesmo nível salarial ou as mesmas regalias, contrapartidas e condições de trabalho.

Alguma doutrina[776] e jurisprudência[777] têm-se insurgido contra a possibilidade de o acordo de recuperação afetar os créditos laborais, em especial quando tal acontece sem o consentimento dos trabalhadores.

[776] Neste sentido, por exemplo, Ana Ribeiro Costa, «Os Créditos Laborais no Processo Especial de Revitalização», cit., p. 278-293; e Julio Vieira Gomes, «O RERE e os créditos laborais», cit., p. 52.

[777] Disso é exemplo o Ac. do TRG de 04.04.2017, Proc. 3820/15.8T8VNF.G1 (Maria dos Anjos Nogueira), onde se concluiu que o plano aprovado não deveria ser homologado, por ofensa do princípio da igualdade previsto no artigo 194º do CIRE e violação do princípio constitucional de protecção do salário previsto no artigo 59º da CRP. Neste caso, relativamente aos créditos laborais, previa-se o a) Pagamento de 80% dos créditos de capital em prestações mensais iguais e sucessivas, a primeira com vencimento no final do mês seguinte ao de término do período de carência; b) Um período de carência de 12 meses após a data de trânsito em julgado do despacho de homologação do plano de recuperação; c)Perdão total dos juros vencidos, sendo que os juros vincendos serão pagos de forma postecipada, sendo anual durante o período de amortização. A dívida à Segurança Social seria paga em plano

O grande argumento invocado resulta de uma especial tutela que é conferida aos trabalhadores por via do art. 59º da CRP e reforçada com várias disposições legais de um nível inferior, nomeadamente o art. 129º, n. 1, al. d) do CT (princípio da irredutibilidade), o art. 280º CT (cessão de crédito retributivo na medida do penhorável), o art. 323º, n. 3 do CT (possibilidade de suspender ou resolver o contrato com justa causa por falta de pagamento das retribuições), o art. 333º CT (privilégio creditório mobiliário geral e privilégio creditório imobiliário especial sobre imóvel do empregador no qual o trabalhador preste a sua atividade)[778], o art. 336º CT (fundo de garantia salarial para pagamento de créditos emergentes do contrato de trabalho, que não possam ser pagos pelo empregador por motivo de insolvência ou de situação económica difícil[779]),

prestacional, sem qualquer perdão de juros ou capital. Quanto à Autoridade Tributária, previa-se o pagamento prestacional com constituição de garantias adicionais. No que respeita a credores garantidos (no caso uma entidade bancária), previa-se a dação em pagamento do imóvel onde era exercida a atividade, a manutenção das garantias existentes, e a contratualização de um novo contrato de financiamento (leasing imobiliário). Quanto a credores comuns, incluindo fornecedores, previa-se a) o pagamento de 50% do valor do capital em 12 anos, em prestações mensais e sucessivas de igual valor, a primeira com vencimento no final do mês seguinte ao término do período de carência, sendo cada uma das primeiras 24 no montante equivalente a 9,09% da dívida e as demais no montante equivalente a 90,91% da dívida; b) um período de carência de 24 meses após a data de trânsito em julgado do despacho de homologação do plano de recuperação; c)Perdão de juros vencidos e vincendos, porquanto tal se demonstra indispensável para a recuperação e viabilização da devedora; d) Perdão total de quaisquer penalidades legais, contratuais, acordadas ou resultantes de sentença judicial, nomeadamente multas, coimas e respetivos juros, bem como de custas judiciais de parte; e) Manutenção das demais garantias contratuais que possam existir em relação a cada credor.

[778] Sobre a extensão, em especial, do privilégio creditório imobiliário, no sentido de incidir sobre todo e qualquer bem imóvel do empregador que esteja afeto à atividade empresarial, ROSÁRIO PALMA RAMALHO, «Os trabalhadores no processo de insolvência», cit., p. 398-399.

[779] O Decreto-Lei nº 59/2015, de 21 de abril consagra o novo regime do Fundo de Garantia Salarial, previsto no artigo 336º do CT, transpondo a Diretiva 2008/94/CE, relativa a proteção dos trabalhadores assalariados em caso de insolvência do empregador. Nos termos do art. 1º, n. 1 do referido diploma, o Fundo de Garantia Salarial assegura o pagamento ao trabalhador de créditos emergentes do contrato de trabalho ou da sua violação ou cessação, no âmbito do processo de insolvência (desde que seja proferida sentença de declaração de insolvência do empregador), no âmbito do PER (desde que seja proferido despacho do juiz que designa o administrador judicial provisório) e no âmbito do RERE (desde que seja proferido despacho de aceitação do requerimento proferido pelo IAPMEI). O art. 3º, n. 1 desse diploma acrescenta que o pagamento de créditos emergentes do contrato de trabalho ou da

e o art. 12º, n. 1 e 2 da Lei nº 98/2009 (nulidade dos atos e contratos que visem a renúncia aos direitos conferidos aos trabalhadores por reparação de acidentes de trabalho e de doenças profissionais).

Desse quadro legal resulta, efetivamente, uma tutela especial e reforçada dos créditos laborais, quando comparado com os créditos comuns ou mesmo com os créditos garantidos.

Em face disso, Catarina Serra[780] salienta que certas medidas, como o perdão substancial de créditos laborais, ou o estabelecimento de períodos de carência muito longos podem não ser admissíveis. Para outros autores choca igualmente a excessiva dilação no tempo do pagamento prestacional dos créditos laborais vencidos, em particular quando estão em causa créditos que são devidos pela execução do trabalho[781].

Estas e outras situações, como a impossibilidade de o acordo de recuperação dispor sobre créditos provenientes de acidentes de trabalho, ou de modificar ou reduzir os créditos emergentes da cessação do contrato, têm merecido atenção por parte da jurisprudência, havendo uma clara tendência para se proteger os créditos laborais[782] (mas nem sempre isso se traduz numa proteção dos trabalhadores[783]).

sua violação ou cessação tem como limite máximo global equivalente a seis meses de retribuição, e como limite máximo mensal correspondente ao triplo da retribuição mínima mensal garantida. Sobre o tema ver, por exemplo, Catarina Serra, *Lições de Direito da Insolvência*, cit., p. 465, nota 710; José João Abrantes, «O Fundo de Garantia Salarial nos processos de insolvência e revitalização», *III Congresso de Direito da Insolvência*, Edições Almedina, 2015, p. 409-412; Rosário Palma Ramalho, «Os trabalhadores no processo de insolvência», cit., p. 404-406.

780 *Lições de Direito da Insolvência*, cit., p. 437; «Processo especial de revitalização e os trabalhadores...», cit., p. 44-45.

781 Neste sentido, Ana Ribeiro Costa, «Os Créditos Laborais no Processo Especial de Revitalização», cit., p. 286.

782 Ver, por exemplo, Ac. do STJ de 07.02.2017, Proc.5512/15.9T8CBR.C1.S1 (Nuno Cameira), Ac. do STJ de 17.11.2016, Proc. 43/13.4TTPRT.P1.S1 (Ana Luísa Geraldes), Ac. do STJ, de 15.09.2016, Proc. 2817/09.1TTLSB.L1.S1 (António Leones Dantas), Ac. do STJ de 26.11.2015, Proc. 1190/12.5TTLSB.L2.S1 (Ana Luísa Geraldes), Ac. do TRL de 18.06.2014, Proc. 899/12.8TTVFX.L1-4 (Maria João Romba), Ac. do TRP de 7.04.2014, Proc. 344/13.1TTMAI.P1 (João Nunes), Ac. do TRC, de 13.10.2016, Proc. 1380/14.6T8LRA-A.C1 (Paula do Paço), Ac do TRG de 25.06. 2015, Proc. 309/09.8TTBCL-C.P1.G1 (Antero Veiga); e Ac. do TRE de 16.01.2014, Proc. 358/13.1TTPTM.E1 (José Feteira).

783 Como salientámos anteriormente, a não homologação de um acordo que atinja os créditos laborais poderá acarretar consequências negativas para os próprios trabalhadores, sobre-

Em discussão parece estar a eventual violação de um princípio geral da indisponibilidade dos créditos laborais que se expressa, por exemplo, na proibição da redução da retribuição, na irrenunciabilidade de certos créditos, e na especial proteção conferida pela atribuição de privilégios creditórios e pela existência de um Fundo de Garantia Salarial.

Isso não significa que, por exemplo, não se possa ou não se deva admitir certas restrições àqueles princípios, como o pagamento prestacional dentro de um prazo razoável[784], ou outras variações que sejam considerados proporcionais e/ou estejam protegidas por uma cláusula "salvo regresso de melhor fortuna"[785] ou através da constituição de garantias reforçadas. Mas nem seria necessário ir tão longe.[786]

Com efeito, o artigo 363º do CT, por exemplo, prevê que o pagamento da compensação pela antiguidade, dos créditos vencidos e não pagos e dos exigíveis por força da cessação do contrato possam ser alvo de um tratamento especial no caso de estar em curso um processo de recupe-

tudo devido à impossibilidade de a empresa se manter em atividade e, consequentemente, da situação de desemprego.

[784] No Ac. do TRG de 04.04.2017, Proc. 3820/15.8T8VNF.G1 (Maria dos Anjos Nogueira), por exemplo, salienta-se que o acordo de recuperação poderá estabelecer diferenciações entre os credores da insolvência, desde que justificadas por razões objetivas. Isso obriga a realizar um juízo de ponderação segundo o princípio da proporcionalidade. Isto é, há que procurar um equilíbrio através da ponderação dos vários fatores de diferenciação e das razões objetivas que as sustentam. Para mais desenvolvimentos sobre os princípios da igualdade e proporcionalidade ver, designadamente, Vitalino Canas, «Constituição prima facie: igualdade, proporcionalidade, confiança (aplicados ao "corte" de pensões), *e-Pública – Revista de Direito Público*, Vol. I, Nr. 1, 2014, p. 6-29.

[785] Note-se que no art. 67º do CPEREF, a propósito da concordata, previa-se a cláusula "salvo regresso de melhor fortuna", com o objetivo de permitir que os credores pudessem requerer o pagamento do valor integral dos créditos que tinha sido reduzidos quando o devedor dispusesse de meios bastantes para o efeito.

[786] Catarina Serra (*Lições de Direito da Insolvência*, cit., p. 440-441; «A crise da empresa, os trabalhadores e a falência», *Revista de Direito e de Estudos Sociais*, 2001, Nr. 3/4, p. 439-440; e «Processo especial de revitalização e os trabalhadores...», cit., p. 43-48) sustenta, com razão, que a grande questão consiste em saber se o acordo, futuramente, recompensará as múltiplas limitações contempladas para o imediato. Se o plano de recuperação for bem-sucedido, parece que haverá uma justificação bastante para aquelas limitações já que é afastado o cenário de despedimento e tudo, com o tempo, se haverá de recompor. Os créditos laborais abrangidos pelo acordo de recuperação seriam, assim, objeto de uma "tutela reflexa" que seria obtida com a continuidade da empresa e com todos os benefícios que isso acarretaria, por comparação com o cenário de insolvência e liquidação.

ração da empresa. Isto é, ao invés de serem liquidados dentro do prazo de aviso prévio, poderá acordar-se o seu pagamento em prestações[787].

O mesmo resulta da possibilidade de fazer cessar o contrato por via de um acordo de revogação como alternativa ao despedimento coletivo. O caso que mais evidencia o carácter limitado da indisponibilidade dos créditos laborais talvez seja a penhorabilidade, ainda que parcial, do salário[788]. O CPEREF previa no seu art. 62º, n. 3, que qualquer redução do valor dos créditos dos trabalhadores deveria ter como limite a medida da sua penhorabilidade e depender do acordo expresso deles[789]. O art. 280º CT, imbuído do mesmo espírito, prevê a cessão de crédito retributivo na medida do penhorável. Compreende-se a razão de ser do limite da penhorabilidade. Como salienta João Leal Amado[790], tal limite visa salvaguardar um valor mínimo necessário ao sustento. No mesmo sentido, Rosário Palma Ramalho[791] destaca que o fundamento da proteção dos créditos laborais no contexto da insolvência é, precisamente, a "necessidade do salário para a subsistência do trabalhador e da sua família (ou seja, a denominada função alimentar do salário".

É essa a razão fundamental do salário e do direito à segurança no emprego. A mesma ideia está, inclusivamente, patente no regime do *lay-off*, na parte em que, durante o período de redução ou suspensão, se assegura ao trabalhador um montante mínimo igual a dois terços da sua retribuição ilíquida ou o valor da retribuição mínima mensal garantia, consoante o que for mais elevado[792].

[787] Neste sentido, Catarina Serra, «Processo especial de revitalização e os trabalhadores...», cit., p. 43.

[788] Segundo o disposto no art. 738º, n. 1 CPC, "[s]ão impenhoráveis dois terços da parte líquida dos vencimentos, salários, prestações periódicas pagas a título de aposentação ou de qualquer outra regalia social, seguro, indemnização por acidente, renda vitalícia, ou prestações de qualquer natureza que assegurem a subsistência do executado". Acrescenta-se no n. 3 da referida norma que a impenhorabilidade "tem como limite máximo o montante equivalente a três salários mínimos nacionais à data de cada apreensão e como limite mínimo, quando o executado não tenha outro rendimento, o montante equivalente a um salário mínimo nacional".

[789] Catarina Serra (*Lições de Direito da Insolvência*, cit., nota 648, p. 437) afirma a este respeito que "a recuperação não tinha qualquer impacto nos créditos laborais, a não ser quando os trabalhadores dessem o seu consentimento expresso".

[790] *Contrato de Trabalho*, Edições Almedina, 2018, p. 280.

[791] «Os trabalhadores no processo de insolvência», cit., p. 398.

[792] Art. 305º, n. 1, al. a) do CT.

Temos, assim, várias situações, ligadas por um contexto de dificuldade, em que, contra a vontade do trabalhador ou sem o consentimento deste, é possível atingir o seu rendimento disponível, desde que, temporariamente, fique assegurado o mínimo necessário à sua sobrevivência e tal restrição seja necessária, proporcional e objetivamente justificada. Tudo dependerá, em última análise, da ponderação que se deve fazer em cada caso[793].

Para a oposição dos trabalhadores à aprovação e homologação do acordo concorrem, em nossa perspetiva, duas interrogações. A primeira é saber se o acordo de recuperação é realmente credível e viável, isto é, se a empresa tem futuro e se os postos de trabalho são salvaguardados. A segunda é saber se o acordo afeta grave e desproporcionalmente os seus créditos, direitos e garantias laborais. Se a resposta à primeira questão for positiva, a resposta à segunda também tende a sê-lo, uma vez que a viabilidade da empresa se traduz, normalmente, numa maior qualidade do plano de recuperação e, por conseguinte, numa menor afetação dos créditos em geral e dos trabalhadores em particular.

Portanto, nos casos em que a empresa é claramente viável, em princípio o acordo de recuperação não afetará de forma grave e desproporcional os créditos, direitos e garantias dos trabalhadores. Nos casos em que a empresa for claramente inviável, a situação tende a ser inversa; isto é, o acordo tende a afetar de forma mais grave e desproporcional os créditos, direitos e garantias dos trabalhadores.

Nos casos duvidosos, cremos que a aprovação do plano pelos trabalhadores ou a sua não oposição dependerá de uma conjugação de fatores impossíveis de antecipar. Os trabalhadores podem ser atraídos pela perspetiva de, no imediato, terem acesso ao subsídio de desemprego, a uma compensação pela cessação do contrato e, se necessário for, poderem acionar o Fundo de Garantia Salarial. Isso abre-lhes perspetivas de um futuro imediato melhor do que aquele que teriam com a homologação do acordo. Só não lhes é assegurado um posto de trabalho. Por conseguinte, a médio e longo prazo, a não homologação poderá revelar-se nefasta para os trabalhadores. É evidente que, nas situações

793 Neste sentido, Ana Ribeiro Costa, «Os Créditos Laborais no Processo Especial de Revitalização», cit., p. 286; e Catarina Serra, *Lições de Direito da Insolvência*, cit., p. 437; «A crise da empresa, os trabalhadores e a falência», *Revista de Direito e de Estudos Sociais*, 2001, Nr. 3/4, p. 439-440; e «Processo especial de revitalização e os trabalhadores...», cit., p. 43-48.

menos claras, e por efeito de contágio de situações semelhantes com impacto negativo nos trabalhadores, poderá pairar na mente destes um maior medo e uma maior incerteza quanto ao futuro da empresa e, na dúvida, são mais facilmente levados a escolher o que, no imediato, lhes parece mais seguro.

Pese embora o PER[794] determine que a empresa devedora deverá convocar todos os credores (incluindo-se, naturalmente, os trabalhadores) para as negociações e o RERE[795], por sua vez, imponha a sua participação[796], mesmo que não subscrevam o protocolo de negociação, a verdade é que não parece haver grande margem para negociação. A única situação expressamente prevista nos instrumentos formais de negociação, mais concretamente no RERE, é a existência de acordo prestacional[797]. Porém, nesse mesmo mecanismo, acrescenta-se que o acordo de recuperação da empresa devedora não pode prejudicar o cumprimento das suas obrigações perante os trabalhadores[798]. Com isto, poder-se-ia questionar até que ponto seria possível negociar um acordo que afetasse o cumprimento das obrigações perante os trabalhadores[799].

Numa interpretação quase-literal, diríamos que art. 19º, n. 8 do RERE não permite que o acordo de recuperação contemple qualquer medida suscetível de modificar ou restringir, ainda que parcial e temporariamente, o cumprimento de todas as obrigações. Mesmo que tal reduza a utilidade do RERE e até possa forçar a insolvência da empresa,

[794] Art. 17º-D, n. 1 do CIRE.

[795] Art. 14º, n. 4 do RERE.

[796] ALEXANDRE DE SOVERAL MARTINS (*Estudos de Direito da Insolvência*, cit., p. 29-30) opõe-se ao entendimento de que os trabalhadores estão obrigados a participar, de facto, nas negociações, sugerindo que se trata, antes, de uma faculdade que lhes assiste. O que seria obrigatório ou impositivo seria a empresa devedora informar do depósito do protocolo de negociação e promover a sua participação ou, pelo menos, não impedir a sua participação no processo negocial. JULIO GOMES («O RERE e os créditos laborais», cit., p. 50) parece que alinha no mesmo entendimento quando fala de um "direito-dever de participar nas negociações". Já CATARINA SERRA (*Regime Extrajudicial de Recuperação de Empresas – Análise (e) Crítica*, cit., p. 171-172) dá a entender que a letra da lei não levanta dúvidas: os trabalhadores participam também obrigatoriamente nas negociações do RERE sempre que forem credores da empresa devedora ou mantenham um acordo de pagamento prestacional.

[797] Art. 14º, n. 4 do RERE.

[798] Art. 19º, 8 RERE.

[799] CATARINA SERRA, *Regime Extrajudicial de Recuperação de Empresas – Análise (e) Crítica*, cit., p. 173-177.

Júlio Vieira Gomes[800] defende que estes não podem, na vigência do contrato de trabalho, remir ou perdoar créditos salariais[801]. Sustenta o autor que os instrumentos pré-insolvenciais não obedecem à mesma lógica concursal do processo de insolvência e, por esse motivo, a invocação do princípio da igualdade de credores, numa perspetiva de repartição igual de sacrifícios sem olhar à natureza e especificidade de cada crédito, é de aplicação duvidosa.

Se enveredássemos por esta perspetiva de absoluta intangibilidade, não poderíamos admitir, sequer, a celebração de um acordo prestacional, pois este tem implícito o não cumprimento pontual dos créditos laborais. O art. 14º, n. 3 do RERE refere-se à hipótese de haver um acordo prestacional, não sendo claro se se trata um acordo previamente celebrado ou de um acordo celebrado no âmbito do RERE. Uma coisa é certa: seria pouco lógico e coerente admitir-se que fora do RERE poderia ser celebrado um acordo prestacional, conforme sugere o art. 14º, n. 3 do RERE, e que no âmbito do RERE o mesmo fosse proibido por força do disposto no art. 19º, n. 8 do mesmo diploma.

Essa interpretação negaria por completo qualquer possibilidade de renegociar os créditos laborais ainda que tal fosse imprescindível para assegurar a manutenção dos postos de trabalho, o que, naturalmente, levaria a resultados que certamente o legislador não desejou. Sob esta

[800] «O RERE e os créditos laborais», cit., p. 52.

[801] Deve salientar-se que a Diretiva Europeia 2019/2023 sobre os regimes de reestruturação preventiva, no seu Considerando (43) e no art. 1º, n. 5, al. a), admite expressamente que o Estados-Membros podem isentar os trabalhadores (relativamente a créditos atuais e futuros) do regime de reestruturação preventiva e, nesse caso, não serão consideradas partes afetadas pelo acordo, nem têm direito de voto, mas somente ou eventualmente assumirão a qualidade de credores e, nessa qualidade, têm direito a consultar o processo de reestruturação e a reclamar os seus créditos. Em qualquer caso, há um claro pendor da Diretiva Europeia 2019/2023 no sentido incluir os trabalhadores no acordo de recuperação, isto é, de os tornar partes possivelmente afetadas nos seus direitos e, assim, partes ativas e participativas no processo negocial. Esse pendor está bem patente no Considerando (3) onde diz que que o regime de reestruturação deverá proteger os direitos de todas as partes envolvidas, incluindo os trabalhadores, de uma forma equilibrada. No Considerando (10) acrescenta-se que "[q]ualquer operação de reestruturação, em especial de grande dimensão e com impacto significativo, deverá basear-se num diálogo com as partes interessadas. Esse diálogo deverá abarcar a escolha das medidas previstas em relação aos objetivos da operação de reestruturação, bem como as opções alternativas, e deverá assegurar a participação adequada dos representantes dos trabalhadores".

perspetiva restritiva, o esforço e cooperação seriam unicamente exigidos aos demais credores. Aos trabalhadores não era ou não poderia ser exigido qualquer sacrifício ou cooperação. Esta visão, além de poder chocar com princípio da igualdade de credores, coloca em causa qualquer justificação para a participação (aparentemente) obrigatória dos trabalhadores nas negociações. Por que motivo estão obrigados a participar nas negociações se não podem cooperar ou não têm nada para renegociar?

O que talvez se queira dizer, como bem sugere Catarina Serra[802], é tão-somente que o acordo de recuperação não pode afetar as condições contratualizadas com a empresa devedora tal como decorrem do vínculo laboral. Isto é, o acordo de recuperação não constitui qualquer tipo de adenda com efeitos perpétuos ao contrato de trabalho, mas tão-somente um acordo paralelo e transitório relativamente a certas condições aí previstas e no contexto específico da pré-insolvência e recuperação. Repare-se: não seria pelo facto de chegar a acordo com os trabalhadores quanto à modificação de certas condições ou não seria pelo simples facto de estar em situação de pré-insolvência e a negociar um acordo de recuperação com os credores que a empresa devedora estaria autorizada a não cumprir as suas obrigações para com os trabalhadores. Também não se deve admitir, por certo, que o plano de recuperação seja um pretexto para infligir modificações ao nível dos contratos de trabalho que, de outro modo, não seriam possíveis.

Admitimos, por isso, que o trabalhador pode renegociar certas condições, como por exemplo, o pagamento em prestações de créditos vencidos e não pagos e/ou o pagamento diferido de créditos vincendos (tais como subsídios de férias e natal), ou até abdicar temporária ou definitivamente de prémios de produção, gratificações, abono ou quaisquer prestações que não sejam de natureza irrenunciável[803]. Mas tudo o mais

[802] Catarina Serra, *Regime Extrajudicial de Recuperação de Empresas – Análise (e) Crítica*, cit., p. 173-177.

[803] Tal como se diz no Ac. do STJ de 03.11.2016, Proc. 1521/13.0TTLSB.L1.S1 (Ana Luísa Geraldes), "é pacífico o entendimento Jurisprudencial que defende que 'cessada a relação laboral já nada justifica que o trabalhador não possa dispor livremente dos eventuais créditos resultantes do contrato de trabalho, da sua violação ou cessação, uma vez que não se verificam os constrangimentos existentes durante a vigência dessa relação'. Neste sentido igualmente, o Ac. do STJ, de 24.02.2015, Proc. nº 56/13.1TTLRA.C1.S1 (Fernandes da Silva), e o Ac. do STJ, de 09.08.2015, Proc. nº 53/12.9TTVIS.C1.S1 (Fernandes da Silva). Tem-se entendido que, cessada a relação laboral, já nada justifica que o trabalhador não possa dis-

que não for expressamente acordado deveria ser escrupulosamente cumprido e respeitado pela entidade empregadora. O que se trata, qualquer que seja o tipo de instrumento negocial adotado, é de estabelecer um plano especial que permita, de forma transitória, mexer em certos direitos e/ou garantias (o que, num contexto de normalidade, não seria possível) com a promessa de que, a partir de determinada data, a normalidade seja reposta.

O mesmo vale para os demais credores e para própria empresa que em tempos de crise não produz para os seus sócios o proveito esperado. Fazendo um paralelo com os prestadores de serviços essenciais, poder-se-ia ainda argumentar ou defender, numa interpretação teleológica e sistemática, que o sentido do art. 19º, n. 8 do RERE seria o de assegurar que a empresa devedora continuaria a cumprir com as suas obrigações, *maxime* a pagar as retribuições devidas e vencidas após o depósito do protocolo de negociação[804], podendo apenas renegociar ou chegar a acordo com os trabalhadores quanto aos créditos vencidos e não pagos, em particular através de acordo de pagamento prestacional. Mas mesmo neste caso, ou noutros semelhantes, estaríamos a admitir uma derrogação ao princípio da intangibilidade dos créditos laborais, o que alguns, aparentemente, não aceitam.

Em qualquer das interpretações apresentadas, e qualquer que seja o mecanismo de negociação adotado, tanto nos instrumentos formais (PER ou RERE) como nos instrumentos informais, haverá uma inclinação clara para a "quase intangibilidade" dos créditos laborais por força das garantias constitucionais e *infra* constitucionais supra referidas. Os regimes do PER e do RERE também não são claros quanto aos créditos laborais.

por livremente dos eventuais créditos resultantes do contrato de trabalho, da sua violação ou cessação, uma vez que não se verificam os constrangimentos existentes durante a vigência dessa relação. *A contrario,* o trabalhador não pode dispor livremente dos eventuais créditos de natureza retributiva resultantes da execução e violação do contrato de trabalho pela entidade empregadora. No Ac. do STJ de 03.11.2016, Proc. 1521/13.0TTLSB.L1.S1 (Ana Luísa Geraldes) concluiu-se que "[n]ão constitui retribuição o subsídio/abono de condução pago a um trabalhador que, não sendo motorista, resultou provado que auferiu o correspondente valor a título de compensação pela especial penosidade e risco decorrentes da condução de veículos, ficando, dessa forma, afastado o carácter da contrapartida pelo trabalho prestado".

[804] Art. 12º, n. 1 a 5 do RERE.

Por isso, diríamos que, face ao quadro legal existente e aos argumentos invocados pela doutrina e jurisprudência, há uma inequívoca limitação da possibilidade de renegociar as condições referentes aos direitos e garantias dos trabalhadores. Assim, a afirmação plena de um dever de estabelecer negociações perde alguma força, já que é afastada a possibilidade de renegociar com os trabalhadores ou, pelo menos, são impostos fortes limites à sua autonomia. Os trabalhadores seriam uma espécie de *outsiders* ou "participantes não negociadores", a quem caberia mais um dever de vigilância para assegurar o respeito rigoroso dos seus direitos e garantias, do que um dever de cooperação e colaboração, no sentido de partilha de sacrifícios em nome da recuperação da empresa e, reflexamente, dos seus postos de trabalho[805].

Devemos reconhecer que normalmente, ou em muitas situações, os trabalhadores, pelos conhecimentos e competências específicas que possuem, a que se pode juntar a relação de especial confiança ou proximidade com a empresa devedora, são uma peça fundamental no processo de recuperação. Se o plano de recuperação não ameaçar a manutenção dos postos de trabalho e/ou os seus direitos ou garantias, é quase certo que os trabalhadores apoiem a recuperação. Mas se o plano de recuperação contemplar uma redução da força de trabalho e/ou algumas restrições ou modificações ao nível dos direitos e garantias dos trabalhadores, o cenário poderá alterar-se de forma considerável e, no limite, poderá estar em causa a sobrevivência da empresa. Nem sempre é fácil substituir a mão-de-obra, sobretudo quando se exijam especiais qualificações para o desempenho das funções. Quando assim é, o risco de se colocar em causa a sobrevivência é, tendencialmente, maior.

Para reduzir ou eliminar esse risco, a empresa devedora poderá ter que oferecer incentivos que possam dissuadir os trabalhadores mais qualificados de aceitar ofertas de trabalho alternativas e/ou que permitam obter um apoio da maioria dos trabalhadores afetados pelo plano. Isso é importante para neutralizar, ou pelo menos reduzir, o risco de

805 Parafraseando Rosário Palma Ramalho («Os trabalhadores no processo de insolvência», cit., p. 396-397), e procurando uma solução de equilíbrio, diríamos, com as devidas adaptações, que "a participação dos trabalhadores no processo de [recuperação] é, de facto, indispensável, tanto para garantir os seus direitos como credores da empresa insolvente, como para assegurar a sua colaboração na implementação das medidas que, em caso de recuperação da empresa, permitam salvaguardar, no todo ou em parte, os seus postos de trabalho".

perda de mão-de-obra qualificada, que, no limite, constitui uma ameaça à sobrevivência da empresa. Como tal, é crucial que o processo negocial decorra de forma transparente[806] e que o conteúdo do plano seja justo e respeite os limites de disponibilidade dos créditos laborais, pois só dessa forma poderá ser preservado o valor da confiança no relacionamento entre a empresa devedora e seus funcionários.[807]

A proteção especial que é dada aos créditos laborais justifica-se, como vimos, com o interesse público em manter os postos de trabalho ou, pelo menos, em reduzir as perdas de postos de trabalho decorrentes de uma crise empresarial[808].

Quando a empresa está sob a ameaça de insolvência, os contratos de trabalho ficam igualmente em perigo. O interesse público em promover a recuperação das empresas pré-insolventes visa, precisamente, salvaguardar os postos de trabalho porque são estes quem garante a subsistência das famílias, a realização e desenvolvimento pessoal e social, e o bem-estar e desenvolvimento social em geral.

O reconhecimento desse interesse público está patente em várias disposições legais, nacionais e europeias. Desde logo constata-se que a proteção dos postos de trabalho surge como um dos objetivos a alcançar com a implementação e reforço dos instrumentos de recuperação pré-insolvencial, conforme temos vindo a referir. Em segundo lugar, há que salientar que os instrumentos de recuperação pré-insolvencial e o plano de recuperação que daí resultar não podem afetar as garantias, direitos e liberdades fundamentais dos trabalhadores, em particular o seu direito à retribuição, à informação e à representação coletiva. Em terceiro lugar, o efeito suspensivo dos instrumentos formais de recuperação pré-insolvencial poderá vir a ser limitado de forma a não afetar os créditos laborais se e na medida em que não estiver garantido o pagamento dos créditos laborais, designadamente através do Fundo de Garantia Salarial

806 Embora exista o risco de que os trabalhadores possam deixar a empresa devedora, Bob Wessels / Stephan Madaus (*Rescue of Business in Insolvency Law*, cit., p. 267) sublinham que o direito à informação e interesse em permitir que os trabalhadores possam tomar uma decisão informada deve prevalecer, de modo que os mesmos devem ser informados antecipadamente sobre a situação de insolvência iminente e sobre a intenção de adotar um plano de recuperação, a fim de permitir que eles decidam se ficam com seu empregador ou saem.

807 Aa. Vv., *Best practices in European restructuring...*, cit., p. 156-159

808 Bob Wessels / Stephan Madaus, *Rescue of Business in Insolvency Law*, cit., p. 267.

ou mecanismo equivalente[809]. Em quarto lugar, a própria existência do Fundo de Garantia Salarial assegura o pagamento de parte dos créditos laborais que não possam ser pagos pela empresa por motivo de situação de pré-insolvência ou insolvência[810], evidencia o interesse público subjacente[811]. Em quinto lugar, importa salientar que o incumprimento dos créditos laborais é tido como indício específico de uma situação de insolvência que poderá legitimar o pedido de declaração de insolvência por terceiros[812]. Por fim, refira-se que o direito nacional prevê especificamente que os gerentes ou administradores respondam pelo crédito emergente de contrato de trabalho, ou da sua violação ou cessação, vencido há mais de três meses[813].

Em face do exposto, torna-se evidente que o respeito pelos direitos dos trabalhadores e, em particular, pelos limites legais à disponibilidade para renegociar os respetivos créditos funcionará como fator preponderante de avaliação da situação de pré-insolvência e de recuperabilidade da empresa devedora. Tais limites são do conhecimento geral

[809] A este propósito no Considerando (61) da Diretiva (UE) 2019/1023, que faz eco no art. 6º, n. 5, 2. § deste diploma, esclarece-se que "[d]ada a necessidade de assegurar um nível adequado de proteção dos trabalhadores, os Estados-Membros deverão ser obrigados a isentar os créditos em dívida dos trabalhadores de qualquer suspensão de medidas de execução independentemente da questão de saber se esses créditos surgiram antes ou depois da concessão da suspensão. A suspensão das medidas de execução dos créditos em dívida dos trabalhadores só deverá ser permitida para os montantes e o prazo relativamente aos quais o pagamento desses créditos é efetivamente garantido a um nível semelhante por outros meios ao abrigo do direito nacional. Se, o direito nacional estabelecer limitações à responsabilidade das instituições de garantia, quer em termos da duração da garantia ou do montante pago aos trabalhadores, os trabalhadores deverão poder executar qualquer défice dos seus créditos junto do empregador, mesmo durante o período de suspensão. Em alternativa, os Estados-Membros deverão poder excluir os créditos dos trabalhadores do âmbito de aplicação do regime de reestruturação preventiva e prever a sua proteção nos termos do direito nacional". NICOLAES TOLLENAAR («The European Commission's Proposal for a Directive on Preventive Restructuring Proceedings», cit., p. 67) sublinha que pese embora os créditos dos trabalhadores não possam ser afetados pela suspensão, a menos que estejam garantidos, a Diretiva parece permitir a possibilidade de afetar os créditos dos trabalhadores na medida em que a legislação laboral o permita.

[810] Arts. 1º a 3º do Decreto-Lei nº 59/2015, de 21 de abril, que estabelece o regime do Fundo de Garantia Salarial, previsto no art. 336º do CT, transpondo a Diretiva nº 2008/94/CE.

[811] Inserir referências.

[812] Art. 20º, n. 1, al. g), iii), do CIRE.

[813] Art. 335º, n. 2, CT.

e, por conseguinte, devem ser devidamente ponderados pelas empresas devedoras no processo de identificação dos sinais de crise bem como no processo de resposta e superação da crise. Ter em devida conta os direitos e interesses dos trabalhadores poderá ser decisivo para o desfecho das negociações, inclusivamente para o envolvimento e cooperação dos demais credores. A promoção da estabilidade e paz laboral dependerá em muito do tipo de relação que é estabelecida com os trabalhadores e do tipo de resposta que lhes é dada. Sem estabilidade e paz laboral, a recuperação fica, à partida, comprometida e os demais credores, com isso, podem justificadamente levantar sérias reservas quanto à viabilidade da empresa e, com isso, negar a sua cooperação.

5. Credores públicos

Relativamente aos credores públicos, *maxime* aos créditos provenientes do não pagamento de impostos à Autoridade Tributária e Aduaneira e de contribuições à Segurança Social, o legislador europeu não consagra qualquer regime de especial proteção, que os distinga, à partida e de forma substancial, dos demais credores privados[814]. Sugere apenas que o não pagamento de tais créditos poderá funcionar como alerta para que as empresas devedoras adotem as contramedidas necessárias[815] e que tais entidades deverão ser incentivadas, no âmbito dos instrumentos de alerta precoce, a partilhar informação que ajude a sinalizar uma evolução negativa da empresa devedora[816].

Quanto ao mais, os credores públicos surgem ao lado dos credores privados, nomeadamente no que respeita à formação de categorias de credores com interesses suficientemente comuns[817]. Parece não haver, ao nível europeu, uma diferenciação entre os credores públicos e os privados a ponto de sacrificar a recuperação das empresas em dificuldades em nome de uma indisponibilidade dos créditos provenientes do não pagamento de impostos ou contribuições. Isto pode significar que, para o legislador europeu, os credores públicos devem estar sujeitos às

[814] Com exceção dos trabalhadores, conforme vimos anteriormente.

[815] Considerando (22) da Diretiva (UE) 2019/1023.

[816] Art. 3º, n. 2, al. c) da Diretiva (UE) 2019/1023.

[817] Considerando (44) da Diretiva (UE) 2019/1023.

mesmas regras que os credores financeiros ou outros, podendo, assim, ser afetados pelo plano de recuperação[818].

Descendo ao plano interno, verifica-se, a partir da letra da lei, em particular do disposto no art. 30º, nº 2 e 3 e no art. 36º, n. 2 e 3 da LGT, que os créditos relativos a impostos e contribuições são, por natureza, indisponíveis, isto é, não podem ser alterados por vontade da Autoridade Tributária e da Segurança Social, salvo nos casos expressamente previstos na lei.[819]

[818] Neste sentido, DOMINIK SKAURADSZUN, «Challenges of the transposition of the Directive on preventive restructuring frameworks in German Law», cit., p. 79.

[819] Refira-se que o art. 30º, n. 3 da LGT, aditado pelo art. 123º da Lei nº 55-A/2010, de 31 de dezembro), estabelece que a referida indisponibilidade prevalece sobre qualquer legislação especial. Assim sendo, a tese de que a lei especial da insolvência afastaria a lei geral tributária, até então seguida pela maioria da jurisprudência, deixou de fazer sentido. Em consequência, a jurisprudência entendeu que aquela alteração legislativa teve em vista afastar a interpretação até então largamente maioritária. Em resposta, alguma doutrina, invocando a teleologia subjacente ao PER e a unidade do sistema jurídico, passou a defender uma interpretação restritiva das disposições constantes na lei geral tributária, contrariando assim a nova posição jurisprudencial favorável à indisponibilidade dos créditos tributários no âmbito da insolvência e pré-insolvência. Neste sentido, CATARINA SERRA, «Processo especial de revitalização – contributos para uma "rectificação"», cit., p. 739-741; «Créditos tributários e princípio da igualdade entre os credores – dois problemas no contexto da insolvência de sociedades», *Direito das Sociedades em Revista*, Ano 4, Vol. 8, 2012, p. 96-101; *Lições de Direito da Insolvência*, cit., p. 441-446. Outros Autores, como ANTÓNIO FONSECA RAMOS («Os créditos tributários e a homologação do plano de recuperação da insolvência», *III Congresso de Direito da Insolvência*, Edições Almedina, 2015, p. 370-381), JOAQUIM FREITAS DA ROCHA («A blindagem dos créditos tributários, o processo de insolvência e a conveniência de um Direito Tributário flexível», *I Colóquio de Direito da Insolvência de Santo* Tirso, Edições Almedina, 2014, p. 181 e s.) e MIGUEL PESTANA VASCONCELOS (*Recuperação de empresas: o processo especial de revitalização*, cit., p. 127-141), embora reconheçam que o atual quadro legal é claro quanto à indisponibilidade dos créditos tributáveis, em especial na pré-insolvência, sustentam que seria preferível que o legislador tivesse adotado uma solução mais flexível. As várias vozes que se têm levantado contra a indisponibilidade dos créditos tributários, alegam, em resumo, que o credor Estado, pela sua inflexibilidade e indisponibilidade negocial, tem sido um obstáculo à recuperação de empresas viáveis e, assim, tem contribuído para a liquidação de empresas e para os danos colaterais daí resultantes, em particular, a perda de postos de trabalho. Outra parte da doutrina, apoiando-se na letra da lei, tem-se ficado por uma posição mais neutra, não assumindo declaradamente uma oposição à atual solução. Neste sentido, ALEXANDRE SOVERAL MARTINS, *Um Curso de Direito da Insolvência*, cit., p. 533-534; HUGO LUZ DOS SANTOS, «Os créditos tributários e a criação de normas imperativas, no contexto do direito da insolvência», *Julgar*, Nr. 23, 2014, p. 67-82. O tema tem também dividido a jurisprudência. Para alguma jurisprudência (maioritária), de que é exemplo o Ac. do STA, de 29.04.2015,

Entre os casos expressamente previstos encontra-se a possibilidade de, no âmbito do PER e do RERE, estabelecer um plano de pagamento em prestações de dívidas exigíveis em processos de execução fiscal se tal for imprescindível e os riscos inerentes à recuperação dos créditos o tornem recomendável; ou, fora do âmbito do PER e do RERE, sempre que se demonstre a dificuldade financeira excecional e previsíveis consequências económicas gravosas para a empresa devedora. Na primeira hipótese, a administração tributária pode autorizar que o plano prestacional seja alargado até ao limite de 150 prestações, não podendo nenhuma delas ser inferior a 10 unidades da conta. O mesmo limite se aplica quando a empresa devedora (executada) estiver a cumprir um plano de recuperação aprovado no âmbito do PER ou do RERE e demonstre a indispensabilidade de acordar um plano prestacional relativo a dívida exigível em processo executivo não incluída no plano ou acordo em execução (negociado no âmbito do PER ou do RERE), mas respeitante a facto tributário anterior à data de aprovação do plano ou de celebração do acordo, e ainda quando os riscos inerentes à recuperação dos créditos o tornem recomendável. Na segunda hipótese, o número das prestações mensais não pode exceder 24 e o valor de qualquer delas ser inferior a 1 unidade de conta. Admite-se também o pagamento em prestações quando se verifique que o executado pela sua situação económica, não pode solver a dívida de uma só vez, não devendo o número das prestações em caso algum exceder 36 e o valor de qualquer delas ser inferior a um quarto da unidade de conta. Se existir notória dificuldade financeira e previsíveis consequências económicas negativas para os devedores, poderá ser alargado o número de prestações mensais até 5 anos,

Proc. 0320/15 (Fonseca Carvalho), os nºs 2 e 3 do art. 36º da LGT são perentórios ao estabelecer que os elementos essenciais da relação jurídica tributária não podem ser alterados por vontade das partes e que o Fisco ou Segurança Social, no âmbito do PER, não podem conceder moratórias no pagamento das obrigações tributárias, salvo nos casos expressamente previstos na lei. Para outra jurisprudência (minoritária), de que é exemplo o Ac. do STJ, de 10.05.2018, Proc. 4986/16.5T8VIS.C1.S1 (Fonseca Ramos), admite-se, "excepcionalmente, que em caso de flagrante e injustificada afirmação intransigente, pela autoridade tributária, das prerrogativas dos créditos fiscais, podem os Tribunais desconsiderá-las, na salvaguarda de interesses públicos, que num patamar de justificados sacrifícios, imponham ao Estado, [no respeito pelo paradigma insolvencial vigente, sobretudo após a Reforma de 2012, com a introdução do PER, já que a finalidade da lei insolvencial é agora a recuperação da empresa devedora e não a liquidação], o seu contributo para evitar a destruição e a liquidação da empresa."

se a dívida exequenda exceder 500 unidades de conta no momento da autorização, não podendo então nenhuma delas ser inferior a 10 unidades da conta. Em qualquer caso, à importância a dividir em prestações acrescem juros de mora, que continuam a vencer-se em relação à dívida exequenda incluída em cada prestação e até integral pagamento.[820] Quando a empresa devedora for uma micro ou pequena empresa, que detenha créditos tributários vencidos e não pagos, pode solicitar um acerto de contas, pagando apenas a diferença entre o valor de imposto que teria a pagar e o crédito de imposto que teria a receber[821].

Daqui resulta que o argumento de que a indisponibilidade dos créditos tributários pode constituir um obstáculo à recuperação de empresas viáveis perde alguma força, uma vez que existe alguma flexibilidade quanto ao pagamento prestacional. Porém, Maria José Costeira[822] alerta que, na prática, a Autoridade Tributária acaba, tendencialmente, por se opor à homologação do acordo de recuperação, mesmo quando são respeitados requisitos que permitiriam o pagamento prestacional.

Esta tendência resulta, a nosso ver, de uma longa tradição de afastamento e indisponibilidade absoluta para negociar, por um lado, e da eventual falta de meios humanos para o Estado acompanhar convenientemente e de forma próxima e atenta cada processo de recuperação, por outro lado. Neste contexto, a propensão para replicar cegamente o mesmo tipo de resposta em diferentes processos acaba por ser uma consequência natural (ainda que indesejável), atendendo ao modo como tem atuado ao longo dos anos.

Em todo o caso, o legislador poderia e deveria ter ido mais longe, no sentido de permitir a negociação de outras condições, designadamente o perdão de juros, a redução da prestação, e o alargamento de prazos em função das necessidades concretas da empresa pré-insolvente.

Como referem Inês Palma Ramalho e João Serras de Sousa[823], a *par conditio creditorum*, fundada numa ideia de justiça distributiva, reclama

[820] Art. 196.º 1 a 8 do CPPT e art. 43.º da LGT.

[821] Opção que consta no art. 35º-A LGT, aditado pelo art. 364º da Lei nº 2/2020, de 31 de março.

[822] «Questões práticas no domínio da assembleia de credores», *II Congresso do Direito da Insolvência*, Edições Almedina, 2014, p. 112-113.

[823] «O tratamento dos créditos tributários e a concretização das finalidades da reforma», *Revista de Direito das Sociedades*, Ano IX, Vol. 1, 2017, p. 139-142 (ver art. 103º, n. 1 da CRP e art. 5º, n. 1 da LGT).

uma participação do próprio Estado nos sacrifícios inerentes à recuperação da uma empresa viável". Um Estado (cobrador de impostos) que quase se demite de um processo negocial que esse Estado (legislador) concebeu, inclusivamente para defesa de interesses públicos, fica fragilizado. Pelo menos, o sinal que dá à empresa devedora e aos demais credores é contrário a um dever geral de estabelecer negociações entre as partes envolvidas e potencialmente afetadas pelo acordo de recuperação.

Nesse sentido, os credores públicos deveriam envidar os melhores esforços no âmbito da negociação de um plano de recuperação. Caso contrário, Catarina Serra[824] adverte que a realização da finalidade de reestruturação tornar-se-á muito difícil já que as dívidas à Autoridade Tributária e à Segurança Social representam, em muitas situações, uma parte significativa do passivo dos devedores.

Efetivamente, a flexibilidade já permitida poderá, nalguns casos, não ser suficiente e, assim, muitas empresas acabarão na insolvência quando, apesar das dificuldades, havia perspetivas sérias de se manterem em atividade. A insolvência, como se sabe, terá um impacto público negativo, não só pela degradação do tecido empresarial e pela perda de postos de trabalho, mas também pela perda de receita do Estado ao nível de impostos e contribuições que a atividade empresarial pressupõe, bem como pelo aumento da despesa do Estado com o pagamento de subsídios de desemprego. A tudo isto acrescem os efeitos indiretos em todos aqueles que com a empresa se relacionam.

A defesa dos créditos tributários tem uma razão de ser de natureza pública que passa, genericamente, pela "satisfação das necessidades financeiras do Estado e de outras entidades públicas e promove a justiça social, a igualdade de oportunidades e as necessárias correções das desigualdades na distribuição da riqueza e do rendimento"[825]. Essa defesa não é absoluta e, por isso, admite-se que as dívidas fiscais possam ser pagas em prestações quando se demonstre que a empresa devedora não pode solver as dívidas de uma vez só[826]. Nos casos em que exista notória dificuldade financeira e previsíveis consequências económicas para os devedores e/ou se demonstre a indispensabilidade do pagamento em

[824] «Processo especial de revitalização – contributos para uma rectificação», cit., p. 739.

[825] Art. 103º, n. 1 da CRP e art. 5º, n. 1 da LGT.

[826] Art. 196º, n. 3 CPPT.

prestações para o sucesso do plano de recuperação das empresas em dificuldades, o regime prestacional pode ser consideravelmente alargado[827].

Por conseguinte, não se pode dizer que o Estado, sob as vestes de "cobrador de impostos", seja totalmente insensível ou indiferente ao interesse público na recuperação de empresas pré-insolventes. Pelo contrário, o quadro legal vigente demonstra uma clara defesa dos interesses públicos em salvaguardar as empresas viáveis[828]. A indisponibilidade é apenas relativa, como é, aliás, a indisponibilidade de qualquer outro credor.

Não se pode assumir que os credores, em geral, estão abertos a todo o tipo de medidas. Ao contrário do que sucede com os créditos tributários, a empresa devedora não sabe, de antemão, quais os limites à modificação dos créditos titulados por credores financeiros e outros. Até pode suceder que estes credores, em particular os credores financeiros (geralmente garantidos), num caso em particular, apresentem menor disponibilidade do que a Autoridade Tributária e a Segurança Social.

É certo que estas entidades não podem livre e incondicionalmente estabelecer negociações com a empresa devedora e com os demais credores, mesmo que sejam imprescindíveis à recuperação; os limites impostos pela lei balizam a atuação daqueles entes públicos. Porém, devemos reconhecer que a relativa indisponibilidade tem a vantagem de, pelo menos, dar maior certeza e previsibilidade relativamente às condições e critérios de renegociação da Autoridade Tributária e da Segurança Social. Ao pré-determinar as condições e os requisitos em que os créditos fiscais podem ser pagos, o legislador está a dizer à empresa devedora bem como aos demais credores que, verificadas aquelas condições, a Autoridade Tributária e a Segurança Social estão dispostas

[827] Art. 196º, n. 5 a 7 CPPT.

[828] Isso é ainda mais visível em tempos de pandemia provocada pela COVID-19. Repare-se que em resposta aos efeitos da crise o legislador concedeu várias ajudas a empresas e particulares. Entre esses apoios está o regime de flexibilização dos créditos tributários e da segurança social no contexto da recuperação de empresas, mais concretamente do regime temporário previsto no art. 13º da Lei nº 75/2020, de 27 de novembro de 2020, a vigorar até 31 de dezembro de 2021. Prevê-se aqui reduções da taxa de juro entre 25% a 75% e o perdão total de juros se a dívida for paga nos 30 dias subsequentes à homologação do plano de recuperação.

a apoiar o plano de recuperação. Esta previsibilidade representa um inegável contributo para as negociações[829].

Diante disto, fica claro que as empresas devedoras devem prestar um especial cuidado ao pagamento de impostos e contribuições. Tanto mais que a inexistência de dívidas à Autoridade Tributária e à Segurança Social é, recorrentemente, imposta como requisito para aceder a vários benefícios e incentivos à adoção de medidas públicas de apoio às empresas, à sua recuperação, sustentabilidade e expansão[830].

Ademais, todos sabem que os credores públicos gozam de privilégios mobiliários e imobiliários que se traduzem numa preferência face aos credores de hierarquia inferior e que os administradores, diretores e gerentes e outras pessoas que exerçam, ainda que somente de facto, funções de administração ou gestão são subsidiariamente responsáveis em relação às empresas e solidariamente entre si pelas dívidas tributárias[831]. Isso faz com que as empresas devedoras devam adotar medidas de prevenção e controlo de cumprimento das obrigações fiscais e contributivas.

[829] Não obstante, alguns sublinham que, na prática, a Autoridade Tributária e a Segurança Social, tendem a opor à homologação do acordo de recuperação mesmo quando são respeitados requisitos que permitiriam o pagamento prestacional. Neste sentido, MARIA JOSÉ COSTEIRA, «Questões práticas no domínio da assembleia de credores», cit., p. 112-113.

[830] Sobre o impacto do direito fiscal e tributário na recuperação de empresas ver, por exemplo, CATARINA SERRA, «Evolução recente do direito da insolvência em Portugal – aspectos de relevo para o direito tributário e fiscal», *Insolvência e Processo Tributário*, Coleção Formação Contínua, Jurisdição Administrativa e Fiscal, Centro de Estudos Judiciários, 2019, p. 11-33; JOSÉ CASALTA NABAIS, «O Regime Fiscal das Pequenas e Médias Empresas», *Cadernos do Programa de Pós-Graduação em Direito PPGDir./UFRGS*, Vol. XI, Nr. 2, 2016, p. 46-76; SUZANA TAVARES DA SILVA, «Os créditos fiscais nos processos de insolvência: reflexões críticas e revisão da jurisprudência», *Estudo Geral – Repositório Científico da Universidade de Coimbra*, 2013; e SUZANA TAVARES DA SILVA / JOSÉ CASALTA NABAIS, *Sustentabilidade Fiscal em Tempos de Crise*, Edições Almedina, Coimbra, 2011.

[831] Em concreto, o art. 24º, n. 1 da LGT estabelece que "[o]s administradores, directores e gerentes e outras pessoas que exerçam, ainda que somente de facto, funções de administração ou gestão em pessoas colectivas e entes fiscalmente equiparados são subsidiariamente responsáveis em relação a estas e solidariamente entre si: a) Pelas dívidas tributárias cujo facto constitutivo se tenha verificado no período de exercício do seu cargo ou cujo prazo legal de pagamento ou entrega tenha terminado depois deste, quando, em qualquer dos casos, tiver sido por culpa sua que o património da pessoa colectiva ou ente fiscalmente equiparado se tornou insuficiente para a sua satisfação; b) Pelas dívidas tributárias cujo prazo legal de pagamento ou entrega tenha terminado no período do exercício do seu cargo, quando não provem que não lhes foi imputável a falta de pagamento."

A adoção de um sistema de alerta precoce que permita detetar potenciais e reais ameaças a uma futura situação de incumprimento poderá prevenir a ocorrência de incumprimento ou uma resposta adequada que vá de encontro aos limites que o legislador prevê para o pagamento prestacional de impostos ou contribuições.

No Considerando 22 da Diretiva (UE) 2019/1023 diz-se especificamente que os instrumentos de alerta precoce poderão ser acionados, por exemplo, pelo não pagamento de impostos ou de contribuições para a segurança social[832]. Ao beneficiarem de um tal sistema de alerta, as empresas podem prevenir situações de incumprimento e, assim, podem aumentar as hipóteses de responderem de forma adequada, tendo em conta os requisitos, condições e consequências associadas ao (in)cumprimento da obrigação de pagamento de impostos ou contribuições.

Uma empresa devedora que recorra a um instrumento formal de recuperação preventiva (*maxime* ao PER ou ao RERE) e que apresente um plano que evidencie um cuidado especial com o pagamento dos créditos tributários goza, certamente, de especial credibilidade perante os demais credores. Existe, pelo menos, a esperança de que a Autoridade Tributária e a Segurança Social não levantem qualquer obstáculo à recuperação. Se a Autoridade Tributária e a Segurança Social levantarem obstáculos injustificados poderá o tribunal, em caso de flagrante e injustificada intransigência daquelas entidades, e com o objetivo de salvaguardar interesses públicos associados à recuperação das empresas, desconsiderar as posições daquelas entidades públicas, obrigando, assim, o Estado a dar o seu contributo para evitar a destruição e a liquidação da empresa[833].

[832] No mesmo sentido, art. 3º, n. 2, al. c) da Diretiva (UE) 2019/1023.

[833] Não obstante, alguns tribunais têm entendido que a homologação de um plano de revitalização que preveja o pagamento em prestações de créditos tributários sem o acordo da Autoridade Tributária e ou Segurança Social constituiu, em princípio, uma violação não negligenciável das normas legais aplicáveis caindo na previsão do artigo 215º CIRE. Quanto à consequência dessa falta de consentimento, a jurisprudência não tem dado uma resposta uniforme, oscilando entre a ineficácia do plano relativamente aos créditos disponíveis ou a sua nulidade parcial (tese maioritária) e a recusa pura e simples da sua homologação nos termos da referida norma. Ver, por todos, Catarina Serra, *O Processo Especial de Revitalização na Jurisprudência*, cit., p. 93-109.

Diferentemente sucederá quando o plano implicar um desvio à intangibilidade dos créditos tributários. Isso não significa que, excecionalmente, as empresas devedoras não possam apresentar um plano que implique um desvio à indisponibilidade e intangibilidade dos créditos fiscais em casos manifestamente justificados, em que a defesa do interesse público subjacente à recuperação das empresas se sobreponha ao interesse público subjacente à intangibilidade dos créditos tributários[834].

Porém, em regra, não é aceitável que as empresas devedoras possam apresentar um plano que viole as condições e requisitos de pagamento de eventuais dívidas à Autoridade Tributária e à Segurança Social. Se o fizerem, a credibilidade e viabilidade do plano ficarão, à partida, seriamente comprometidas. Em consequência, os demais credores terão motivos válidos para não cooperar com a empresa devedora ou, pelo menos, para não cooperar se aquele não aceitar rever o plano, já que, dessa forma, o mais certo é que o acordo não seja homologado ou não seja homologado sem que antes seja dada oportunidade para se modificar o plano na parte que afeta os créditos tributários e os demais credores manifestem o seu consentimento ao plano modificado[835].

Nos casos em que a recuperação não é possível sem uma extrapolação dos limites da disponibilidade dos créditos tributários podemos, em boa medida, assumir, que a recuperação é inviável. Geralmente isso acontece quando o valor dos créditos públicos é muito superior ao dos restantes créditos e existe um histórico significativo de incumprimento da obrigação de pagamento de impostos e contribuições.

Dir-se-á que, nestes casos, de nada serve que os credores (não públicos) suportem grandes esforços no sentido da recuperação da empresa porque, caso os credores públicos venham a executar os seus créditos, o pouco património que lhe resta é penhorado e liquidado, e a empresa

[834] Neste sentido, Ac. do STJ, de 10.05.2018, Proc. 4986/16.5T8VIS.C1.S1 (Fonseca Ramos), onde se sustenta que "[n]esse hipotético quadro de estado de necessidade social, visando evitar a derrocada de empresas, sobretudo, grandes empregadores, em meio social economicamente débil e carenciado, a justiça, a equidade e os fins sociais pelos quais o Estado deve velar, podem conduzir à atenuação daquele direito de intangibilidade, se e quando a posição do credor público for decisiva para a recuperação da sociedade devedora."

[835] Catarina Serra, «Evolução recente do Direito da Insolvência em Portugal», *Insolvência e Contencioso Tributário, Coleção Formação Contínua*, Centro de Estudos Judiciários, 2017, p. 24; e Reinaldo Mâncio da Costa, «Os requisitos do plano de recuperação», *III Congresso de Direito da Insolvência*, Coimbra, Edições Almedina, 2015, p. 265 e nota 10.

acaba insolvente[836]. Porém, também não podemos ignorar que quando assim acontece os credores da empresa devedora podem ficar legitimados para requerer a declaração de insolvência se tal incumprimento ocorrer há, pelo menos, seis meses[837].

É, portanto, duvidoso que, havendo um incumprimento significativo da obrigação de pagamento de impostos e contribuições, a empresa devedora esteja ainda numa situação de pré-insolvência e, por conseguinte, possa legitimamente lançar mão dos instrumentos de recuperação pré-insolvencial e beneficiar legitimamente dos seus efeitos suspensivos.

Esta dúvida é reforçada com a orientação apresentada no Considerando 33 da Diretiva (UE) 2019/1023 onde se diz que "os Estados-Membros deverão poder estabelecer, numa base ilidível, presunções para a presença de motivos de recusa da suspensão, sempre que, por exemplo, o devedor adote um comportamento típico de um devedor que não tem capacidade para pagar as dívidas na data de vencimento, como um incumprimento substancial em relação (...) a organismos fiscais ou de segurança social (...) que permita supor que uma maioria de credores não apoiará o início das negociações".

Dessa forma, verifica-se que o respeito pela relativa indisponibilidade dos créditos tributários funciona ou deve funcionar, por um lado, como indicador ou fator a considerar no contexto dos mecanismos de alerta precoce e, por outro lado, como barómetro da recuperabilidade da empresa devedora no contexto dos instrumentos de recuperação pré-insolvencial.

6. Categorias de partes afetadas e respetivos interesses

A Diretiva (UE) 2019/1023 prevê que os sujeitos que participem nas negociações cujos créditos ou interesses possam ser afetadas pelo plano de recuperação, sejam tratados em categorias distintas, exceto se as empresas pré-insolventes forem micro, pequenas e médias empresas e os Estados-Membros permitirem que estas possam optar por não tratar as partes afetadas em categorias distintas[838].

[836] Neste sentido, Patrícia Santos / Maria João Machado, «A indisponibilidade dos créditos tributários no Processo Especial de Revitalização», *Cadernos de Dereito Actual*, Nr. 12, 2019, p. 301 (289-303).

[837] Art. 20º, n. 1, al. g), i) e ii), do CIRE.

[838] Art. 9º, n. 4 da Diretiva (UE) 2019/1023.

O tratamento das partes afetadas por categorias, quando aplicável, influenciará o modo de negociação, votação e aprovação do plano de recuperação.

Desde logo, os Estados-Membros podem excluir certas categorias de créditos do âmbito de aplicação dos "efeitos suspensivos" do processo negocial[839]. Depois, fica assegurado que, no mínimo, os credores garantidos e não garantidos são tratados em categorias distintas[840]. Caso os participantes sejam tratados por categorias, o acordo, em princípio, considera-se aprovado mediante a obtenção de uma maioria em cada uma das categorias afetadas[841]. E se existirem categorias afetadas e discordantes o acordo terá necessariamente de ser objeto de confirmação por uma autoridade judicial ou administrativa que, mediante a verificação de determinados pressupostos, poderá homologar ou confirmar o plano contra as categorias afetadas e discordantes[842], ao que se denomina "reestruturação forçada da dívida contra categorias de credores" ou, na versão inglesa, *"cross-class cram-down"*[843].

Diante disto, dever-se-á perguntar por que razão os participantes podem ou devem ser tratados por categorias e quais são ou devem ser os critérios de agrupamento desses mesmos sujeitos nas diferentes categorias.

Poder-se-á dizer que a ideia que preside ao agrupamento[844] de sujeitos ultrapassa a esfera jurídica e é, certamente, tão antiga quanto a humanidade. Nas sociedades primitivas a divisão em grandes grupos surge

[839] Art. 6º, n. 2 a 6 da Diretiva (UE) 2019/1023.

[840] Art. 6º, n. 4 da Diretiva (UE) 2019/1023.

[841] Art. 9º, n. 6 da Diretiva (UE) 2019/1023.

[842] Art. 11º da Diretiva (UE) 2019/1023.

[843] Esta reforma, inspirada no regime previsto no *Chapter 11 USBC*, tinha sido já anunciada na Recomendação da Comissão Europeia (UE) 2014/135, de 14 de março e na Proposta de Diretiva COM(2016) 723 final. O seu objetivo declarado passa por, num primeiro plano, promover e facilitar a cooperação e negociações entre categorias e dentro das próprias categorias e, num segundo plano, por salvaguardar a recuperação das empresas pré-insolventes sempre que o acordo seja globalmente mais vantajoso e não deixe as partes ou categorias dissidentes em pior situação do que estariam na ausência de acordo. Catarina Serra / José Gonçalves Machado, «Para uma harmonização mínima do Direito da Insolvência...», cit., p. 150-151; e Nicolaes Tollenaar, «The European Commission's Proposal for a Directive on Preventive Restructuring Proceedings», cit., p. 66.

[844] O agrupamento ou classificação por categorias pressupõe uma divisão ou, se quisermos uma subdivisão dos elementos de um determinado grupo mais alargado por subgrupos em função de determinadas características ou critérios.

e desenvolve-se sobretudo com o aparecimento da propriedade privada. Havia a categoria dos que possuíam bens e a categoria dos que não possuíam. Os que possuíam bens, em particular terras e metais preciosos, eram também possuidores de instrumentos de trabalho e, nalguns casos, de escravos. Aqueles tiveram que se organizar para manter a posição de controlo sobre os seus bens e assegurar a submissão e obediência daqueles que estavam dependentes ou que serviam os seus interesses[845]. Esta ideia de poder e controlo, exercida verticalmente, está claramente presente nas sociedades contemporâneas e, em particular, nas formas de governo das empresas ressalvadas as devidas diferenças.

Além da razão do poder, da propriedade, da riqueza e das suas formas de constituição, realização e controlo, a formação de grupos e de classes pode ser explicada pelo senso comum e pelas ciências que se dedicam ao estudo do comportamento das sociedades e dos indivíduos.

No senso comum prevalece a ideia de que as pessoas se organizam naturalmente por interesses e afinidades. Aqueles que têm interesses em comum tendem, genuinamente, a estar próximos ou a procurar essa proximidade. Mas também existe a ideia contrária, isto é, de que os opostos se atraem e aquilo que os une já não é algo de comum, mas antes a diferença que é reciprocamente desejada ou valorizada.

As ciências sociais e, em particular, a psicologia social, dão-nos uma noção mais abrangente do conflito que o senso comum pode gerar. A sociedade organiza-se através de interações entre os indivíduos numa relação complexa entre forças de vária ordem, designadamente, económica, cultural, e emocional que se influenciam mutuamente e que geram diferentes grupos sociais. Estes grupos, mais ou menos organizados, mais ou menos institucionalizados, satisfazem várias funções como a coesão social, a partilha de interesses e satisfação de objetivos comuns.[846]

Com este retrato multidisciplinar podemos compreender melhor a razão de ser do agrupamento de sujeitos (credores) por categorias no âmbito dos instrumentos de recuperação pré-insolvencial.

[845] Para mais desenvolvimentos, ALBERT MANFRED, *História do Mundo*, Vol. I e II, Edições Sociais, Lisboa, 1977.

[846] Sobre o tema ver, designadamente, DENISE JODELET, *Les Représentations Sociales. Paris*, Press Universitary de France, 1984; HENRI TAJFEL, *Social Identity and Intergroup Relations*, Cambridge University Press, 2010; MICHAL HOGG, Intergroup Relations, Key readings in social psychology, Routledge, 2001; e ROBERT BROWN / SAMUEL PEHRSON, *Group Processes: Dynamics within and Between Group*, 3ª Ed., Wiley-Blackwell, Oxford, 2019, p. 51-76.

No essencial, estão em causa o mesmo tipo de argumentos. Por um lado, temos uma relação de poder, competitividade e conflito entre vários indivíduos ou grupos de indivíduos, mais ou menos organizados, que disputam um determinado objeto ou objetivo. Por outro lado, temos uma identificação entre indivíduos, uma partilha de interesses, e objetivos comuns a alcançar que fundamentam a cooperação e entreajuda, de modo a realizarem, da forma mais eficiente possível, os interesses e objetivos em jogo, particulares e coletivos. De modo semelhante, todo e qualquer tipo de instrumento de negociação com vista à recuperação de uma empresa em dificuldades envolve uma disputa e competição entre credores, trabalhadores, sócios e outros *stakeholders*. Cada um, em princípio, será titular de direitos e/ou interesses legalmente protegidos.

Em linha com exposto, parece óbvio que é necessário dar voz a todos os envolvidos de forma a pacificar os conflitos e mitigar as diferenças[847]. Caso contrário, os conflitos tendem a permanecer e os prejuízos a aumentar cada vez mais. Nem sempre será uma tarefa fácil chegar ao diálogo e manter uma atitude de cooperação. Nos casos que envolvem um número elevado de credores, trabalhadores ou sócios, a cooperação entre todos e cada um tende a ser inviável[848]. Por isso, os envolvidos procuram ou desejam organizar-se através de comissões representativas dos vários tipos de interesses em conflito e reúnem-se ou fazem-se representar para tentar reforçar a sua posição e, mais facilmente, defender os seus interesses[849].

É amplamente reconhecido que os interesses das partes envolvidas podem ser melhor atendidos coordenando a sua atuação por meio da

[847] Vanessa Finch (*Corporate Insolvency Law, Perspectives and Principles*, cit., p. 105) realça que quando a empresa devedora está saudável os conflitos de interesses entre credores tendem a ser menores, mas quando a empresa devedora se aproxima de tempos difíceis, a clivagem entre as diferentes categorias de credores tende a aumentar, o que pode colocar em causa uma tentativa de recuperação.

[848] Daí que o legislador europeu tenha excluído a obrigatoriedade de tratamento das partes afetadas por categorias apenas quando a empresa devedora é uma micro, pequena ou média empresa (art. 9º, n. 4 da Diretiva (UE) 2019/1023).

[849] Note-se que no terceiro Princípio Orientador se estabelece, exatamente, que "[d]e modo a garantir uma abordagem unificada por parte dos credores, que melhor sirva os interesses de todas as partes, os credores envolvidos podem criar comissões e/ou designar um ou mais representantes para negociar com o devedor. As partes podem, ainda, designar consultores que as aconselhem e auxiliem nas negociações, em especial nos casos de maior complexidade."

formação de grupos representativos dos respetivos interesses ou tipologia de participantes[850]. A finalidade é a de reforçar a voz de cada um dos elementos agrupados, agilizar e facilitar a sua participação ativa, e garantir a igualdade e adequação dos procedimentos, evitando conflitos, interferências e custos desnecessários. Disto nos dá conta, por exemplo, Juana Pulgar Ezquerra[851], quando afirma que os instrumentos de negociação coletiva, segundo os moldes traçados na Diretiva, visam "neutralizar" comportamentos estratégicos dos credores que, não representando uma elevada percentagem do passivo, podem, se for caso disso, frustrar a concretização ou a execução de um acordo de recuperação ou "forçar" (abusivamente) a obtenção de vantagens em contrapartida do seu apoio. Essa neutralização passa, em boa medida, pela divisão por categorias e pelos critérios de aprovação e homologação do acordo por categorias[852].

Com a divisão por categorias, a participação nas negociações e o exercício do direito de voto passam de uma visão individualista, para uma defesa conjunta de interesses comuns dentro de cada categoria. Porque é necessário harmonizar os interesses das várias categorias, as regras de aprovação e homologação visam assegurar um tratamento justo e equitativo entre todas as categorias. Nas palavras de Catarina Serra[853], trata-se de assegurar um "tratamento igual de todos os credores dentro da mesma categoria (igualdade intracategorias)" e, depois, um "tratamento uniforme de todas as categorias (igualdade entre categorias)". Desse modo, a classificação por categorias serve-se de um critério coletivo de reunião de vontades por interesses suficientemente comuns, harmonizados em dois níveis (*intra* e *inter* categorias), em que o todo

[850] Neste sentido, por exemplo, Bob Wessels / Stephan Madaus, *Rescue of Business in Insolvency Law*, cit., p. 250-251; e Juana Pulgar Ezquerra, «Gobierno corporativo y reestructuración preventiva...», cit., p. 91.

[851] «Gobierno corporativo y reestructuración preventiva...», cit., p. 92.

[852] Neste sentido, Ana Filipa Conceição, «A reestruturação forçada sobre categorias de credores», *A Diretiva sobre Reestruturação e Insolvência: Reflexões Críticas,* Edições Almedina, Coimbra, 2021, p. 20-28; Catarina Serra, *Lições de Direito da Insolvência,* 2ª Ed., cit., p. 573, nota 1082; «Satisfação dos interesses dos credores no âmbito do PER: são os credores todos iguais?», cit., p. 33; e Juana Pulgar Ezquerra, «Gobierno corporativo y reestructuración preventiva...», cit., p. 91-92.

[853] Neste sentido, Catarina Serra, *Lições de Direito da Insolvência,* 2ª Ed., cit., p. 573, nota 1082; «Satisfação dos interesses dos credores no âmbito do PER: são os credores todos iguais?», cit., p. 33.

tende a ser maior do que a mera soma das partes, em detrimento de um critério individualista, em que as partes procuram sobrepor-se ao todo.

Essa finalidade é assumida expressamente no Considerando 44 da Diretiva (UE) 2019/1023, onde se diz que "[a] fim de assegurar que os direitos substancialmente semelhantes sejam tratados de forma equitativa e que os planos de reestruturação possam ser adotados sem prejudicar injustamente os direitos das partes afetadas, estas deverão ser tratadas em categorias distintas" de forma a refletir os direitos e o grau de prioridade dos seus créditos e interesses.

No art. 9º, n. 4 da Diretiva[854] estabelece-se que as partes afetadas devem ser tratadas em categorias distintas em função da existência de suficientes interesses comuns (ou interesses substancialmente similares), definidas com base em critérios verificáveis e nos termos do direito nacional. No mínimo, os credores garantidos e não garantidos deverão ser sempre tratados em categorias distintas. Contudo, os Estados-Membros deverão poder exigir que sejam formadas mais do que duas categorias de credores, incluindo diferentes categorias de credores garantidos ou não garantidos e categorias de credores com créditos subordinados, trabalhadores, pequenos fornecedores e ainda outros tipos de credores sem interesses comuns suficientes, como sucede com os credores de impostos e/ou contribuições.

Diante disto, o critério adotado pelo legislador europeu para a formação de categorias parece residir, fundamentalmente, na existência de suficientes interesses comuns e não (tanto) na natureza dos créditos. A Diretiva autoriza que o ponto de partida para a formação de categorias seja a natureza dos seus créditos, impondo que, pelo menos sejam divididos em credores garantidos e não garantidos, mas sugere que se adotem outros critérios mais flexíveis. Compreende-se que assim seja, uma vez que o essencial dos instrumentos pré-insolvenciais de recuperação de empresas passa pela negociação de um acordo de recuperação, resultante da vontade das partes, e não pela mera repartição de um património comum pelos credores, por mera força da lei. Nessa conformidade, a lógica que preside à divisão das categorias em função da natu-

[854] Esta norma terá sido inspirada no § 1122 do *USBC* e no § 222 da *InsO*. Neste sentido, Reinhard Dammann, «Article 9 – Adoption of restructuring plan», cit., p. 158.

reza dos créditos, que é uma lógica insolvencial[855], pode não servir os fins da negociação de um acordo de recuperação[856].

De facto, os direitos dos intervenientes potencialmente envolvidos não são necessariamente os mesmos no cenário de insolvência e no cenário pré-insolvencial. Pensemos, por exemplo, no direito dos sócios. Não se pode dizer que os seus créditos devam ser tratados exatamente como se a empresa estivesse insolvente uma vez que a insolvência não existe (ou não deve existir). Aliás, o recurso aos instrumentos de recuperação preventiva pressupõe exatamente a inexistência da situação de insolvência[857].

Além disso, os créditos podem, em si mesmos, ter uma parte garantida e outra não garantida e/ou uma parte ser de natureza comum e outra de natureza subordinada. Segundo Nicolaes Tollenaar[858], essa diferença poderá fazer com que a categoria onde se inserem não seja suficientemente representativa dos interesses envolvidos. Mesmo que a sua natureza seja a mesma, os interesses individuais podem ser distintos. Fátima Reis Silva[859] dá-nos um exemplo claro desta potencial divergência quando se refere aos casos em que existem vários credores garantidos, com o mesmo tipo de garantia e sobre o mesmo bem. Nestes casos, se o valor do bem que serve de garantia não for suficiente para ressarcir o credor garantido graduado em primeiro lugar, apesar dos restantes estarem garantidos com o mesmo tipo de garantia e sobre o mesmo bem, em princípio, não terão interesses homogéneos e não fará sentido que fiquem agrupados na mesma categoria.

[855] Art. 47º do CIRE.

[856] Neste sentido, Nicolaes Tollenaar, *Pre-Insolvency Proceedings: A Normative Foundation and Framework*, cit., p. 91-94.

[857] A única razão que justificaria a equiparação ao cenário de insolvência seria a probabilidade de esta vir a ocorrer. Haveria como que uma antecipação de um cenário provável já que, se o acordo de recuperação não fosse bem-sucedido, o mais certo seria que ocorresse a situação de insolvência. Daí que os participantes procurassem defender os seus interesses por comparação com a situação que provavelmente teriam se não houvesse a negociação e eventual conclusão de um acordo de recuperação pré-insolvencial.

[858] *Pre-Insolvency Proceedings: A Normative Foundation and Framework*, cit., p. 94.

[859] "Editorial – A Proposta de Diretiva relativa aos quadros jurídicos em matéria de reestruturação preventiva, à concessão de uma segunda oportunidade e as medidas destinadas a aumentar a eficiência dos processos de reestruturação, insolvência e quitação (2016/0359)", *Revista Eletrónica de Direito*, Vol. 16, Nr. 2, 2018, p. 8-9.

Outro exemplo respeita aos trabalhadores. Fátima Reis Silva[860] sublinha que a diferença de interesses entre trabalhadores ao serviço e ex-trabalhadores, cujos contratos já cessaram, mas cujos direitos não foram satisfeitos, conduzirá, provavelmente, à formação de duas categorias distintas. Poderá ainda se justificar, por exemplo, a divisão dos grandes e dos pequenos fornecedores em categorias distintas, designadamente quando os primeiros tenham interesse em manter a relação comercial com a empresa devedora e os segundos não possuam qualquer interesse em manter essa relação comercial ou vice-versa.

Acresce que os interesses individuais podem variar de uma pessoa para outra, de um credor para outro, mesmo que possuam direitos e/ou garantias semelhantes. Com efeito, um credor pode ter maior necessidade de liquidez imediata, outro pode poderá ter como interesse a salvaguarda da relação comercial (com a empresa devedora) a médio e longo prazo, e outro credor pode ter interesse em adquirir a totalidade ou parte do negócio[861]. Todos esses credores podem ter direitos semelhantes e serem tratados de maneira semelhante no plano, mas, no entanto, serem defensores de interesses particulares substancialmente diferentes. Mas também pode suceder que o próprio plano de recuperação seja um motivo para que os credores se agrupem ou devam ser agrupados em diferentes categorias em função do tipo de tratamento que lhes é dado ou proposto.

Neste panorama, em que existe uma multiplicidade de interesses quase infindável, a formação de categorias de partes afetadas com base no critério da «comunidade de interesses» poderá redundar numa subjetividade pura e proporcionar a criação artificial (e abusiva) de categorias de credores, com o objetivo de fragmentar o voto[862]. Com efeito, não sendo claro até que ponto a diferença de interesses pode, em concreto, justificar a formação de diferentes categorias, o seu agrupamento poderá, no final do dia, servir para tentar contornar as regras de aprovação e, assim, facilitar a homologação do acordo. A amplitude e indeterminação do critério do interesse individual de cada credor poderia, assim, con-

[860] *Ibidem.*

[861] Nicolaes Tollenaar, *Pre-Insolvency Proceedings: A Normative Foundation and Framework*, cit., p. 89.

[862] Neste sentido, Juana Pulgar Ezquerra, «Gobierno corporativo y reestructuración preventiva...», cit., p. 94.

tribuir para um aumento significativo do número de categorias, o que, naturalmente, produziria um efeito contrário ao desejado[863]. Por isso, Nicolaes Tollenaar[864] admite que a formação de categorias tal como proposto na Diretiva, pode ser demasiado complexa ou impraticável.

Tal risco poderá ser diluído ou atenuado se o legislador nacional estabelecer "critérios verificáveis", o que, segundo Juana Pulgar Ezquerra, remete, invariavelmente, para uma classificação das partes afetadas de acordo com a natureza dos seus créditos, tendo em conta os seus direitos preexistentes, bem como o tratamento que lhes é dado no plano de recuperação[865]. Pelo menos deverá ser respeitado uma divisão mínima, a partir da qual, em função das circunstâncias, poderão ser criadas novas categorias. Como refere Catarina Serra[866], o processo de formação de categoria consistirá em efetuar divisões e subdivisões. Por exemplo, separando o grupo dos credores não garantidos do grupo dos titulares de créditos garantidos e, dentro deste, os subgrupos dos titulares de créditos de tipo financeiro, dos titulares de créditos laborais e assim sucessivamente.

De facto, não parece ser possível afastar o critério da natureza dos créditos dos instrumentos pré-insolvenciais de recuperação de empresas porque, em última análise, servirá para se aferir se o acordo é justo e equitativo e deixa a todos em melhor situação do que estariam na ausência de acordo. Servindo esses fins, o critério da natureza dos créditos é um critério perfeitamente aceitável e válido. A estreita ligação entre os interesses que presidem à negociação do acordo e os interesses potencialmente em jogo na fase de aprovação e eventual homologação do mesmo, confirmam a sua indispensabilidade. Por muito que se pretenda subdividir as partes afetadas em função de outros critérios, nomeadamente de natureza económica (fornecedores, credores financeiros, prestadores de serviços essenciais) ou de grandeza (pequenos e grandes financiadores, pequenos e grandes fornecedores), a ligação à natureza dos seus créditos continua a ser inevitável, tanto numa perspetiva vertical (que expressa a diferente natureza e hierarquia dos créditos,

[863] *Ibidem.*

[864] «The European Commission's Proposal for a Directive on Preventive Restructuring Proceedings», cit., p. 68.

[865] «Gobierno corporativo y reestructuración preventiva...», cit., p. 94-95.

[866] *Lições de Direito da Insolvência,* 2ª Ed., cit., p. 575.

com preferência dos mais graduados sobre os menos graduados), como numa perspetiva horizontal (que expressa a ideia de um tratamento igual e proporcional entre credores detentores de créditos da mesma natureza ou grau de hierarquia).

Em transposição da Diretiva (UE) 2019/1023, o legislador português introduziu no PER (e só no PER[867]) o sistema de negociação, aprovação e homologação por categorias, estabelecendo como critério mínimo obrigatório a classificação das partes afetadas pelo plano de recuperação segundo a natureza dos respetivos créditos[868]. Nessa conformidade, sendo a empresa devedora uma grande empresa[869], ou não o sendo, opte pela divisão em categorias, as partes afetadas serão divididas em cre-

[867] Naturalmente que nada obsta a que, no âmbito de outros instrumentos negociais, de cariz voluntário (como é o caso do RERE), as partes envolvidas se organizem e se agrupem em função dos interesses suficientemente comuns. A questão é que tal organização não tem o mesmo impacto que a regra da divisão das partes afetadas por categorias tem no PER, especialmente porque em tais instrumentos não existe a regra de votação por categorias nem o mecanismo de reestruturação forçada contra categorias de credores. Mesmo que as partes decidam submeter o plano de recuperação à homologação judicial ao abrigo do disposto no art. 17º-I do CIRE, não têm que juntar a proposta de classificação das partes afetadas pelo plano de recuperação (art. 17º-I, n. 1 do CIRE). Mas pergunta-se: querendo, podem as partes recorrer à homologação de acordos negociados extrajudicialmente com aplicação das regras resultantes da aprovação por categorias? A solução atual não parece autorizar tal hipóteses, uma vez que expressamente se diz que "o juiz procede, no prazo de 10 dias, à análise do acordo extrajudicial, devendo homologá-lo se respeitar as maiorias previstas nas alíneas b) ou c) do nº 5 do artigo 17º-F". *A contrario sensu* (e não obstante o legislador mandar aplicar, com as necessárias adaptações, o disposto nos n. 2 a 6 do artigo 17º-D do CIRE, onde se inclui não só apreciação das impugnações sobre a lista provisória, como também as eventuais impugnações sobre a classificação dos credores), podemos concluir que deve ser rejeitado se estiver em causa a hipótese prevista na al. a) do n. 5 do art. 17º-F do CIRE. No entanto, pensamos que teria sido útil admitir a homologação a abrigo do disposto no art. 17º-I, n. 1 do CIRE por aplicação das regras resultantes da divisão por categorias.

[868] Art. 17º-C, n. 3, al. d) do CIRE.

[869] Na aceção do art. 2º do Anexo do Decreto-Lei nº 372/2007, de 6 de novembro, onde se estipula o seguinte: "1 – A categoria das micro, pequenas e médias empresas (PME) é constituída por empresas que empregam menos de 250 pessoas e cujo volume de negócios anual não excede 50 milhões de euros ou cujo balanço total anual não excede 43 milhões de euros. 2 – Na categoria das PME, uma pequena empresa é definida como uma empresa que emprega menos de 50 pessoas e cujo volume de negócios anual ou balanço total anual não excede 10 milhões de euros. 3 – Na categoria das PME, uma micro empresa é definida como uma empresa que emprega menos de 10 pessoas e cujo volume de negócios anual ou balanço total anual não excede 2 milhões de euros."

dores garantidos, privilegiados, comuns e subordinados[870]. Adicionalmente, podem ser criadas outras categorias através de uma subdivisão em função da existência de suficientes interesses comuns, considerando-se como tal, designadamente as seguintes categorias: trabalhadores, sem distinção da modalidade do contrato; sócios; entidades bancárias que tenham financiado a empresa; fornecedores de bens e prestadores de serviços; e credores públicos[871].

A formação de categorias deverá resultar, num primeiro momento, de uma proposta da empresa devedora, mas esta não poderá ser alheia à posição das partes afetadas pelo plano de recuperação[872]. Ao dizer expressamente que a classificação proposta deve ser feita por referência ao plano de recuperação, o legislador está a declarar que o plano de recuperação é essencial e imprescindível para se proceder à classificação. Só por referência ao plano de recuperação é possível saber quem são as partes afetadas e, consequentemente, quais são as medidas concretas que afetam os credores pré-existentes, os detentores de participações sociais e/ou terceiros que adiram ao processo negocial e, de alguma forma, prestem assistência à empresa devedora. A nova ordem de situações e relações jurídicas projetada pelo plano de recuperação, com reflexo nos direitos, garantias e interesses das partes afetadas, influenciará, assim, a sua organização. Nessa medida, o critério mínimo imposto pelo legislador não se circunscreve ao estado de coisas anterior ao plano de recuperação, mas deverá também refletir o estado de coisas após a aprovação do plano de recuperação uma vez que os interesses potencialmente em confronto se jogam, em grande medida, pelo conteúdo e efeitos do plano de recuperação.

Diríamos que, idealmente, a divisão por categorias deve ser uma solução negociada e consensual, sob pena de se colocar em causa (ou contaminar) os objetivos da classificação por categorias e o próprio processo negocial que se transformará numa luta ou disputa entre categorias. O legislador estabelece uma divisão mínima entre partes afetadas. A partir daqui, sempre que as circunstâncias os justifiquem[873], poder-

[870] Art. 17º-C, n. 3, al. d) do CIRE.

[871] *Ibidem.*

[872] Tal como resulta do disposto Art. 17º-C, n. 3, al. d) do CIRE.

[873] A concreta divisão, na parte em que o legislador confere flexibilidade, dependerá, em última análise, das circunstâncias concretas: dos direitos, garantias e interesses de cada um

-se-ão estabelecer outras subdivisões, idealmente por acordo ou auscultando previamente as partes afetadas, em especial aquelas que assumam uma especial relevância na recuperação.

A falta de consenso ditará, invariavelmente, que as partes discordantes impugnem a "classificação dos créditos relacionados, designadamente por inexistência de suficientes interesses comuns, devendo a impugnação, nos casos de incorreção da classificação dos créditos relacionados, ser acompanhada de proposta alternativa de classificação dos créditos"[874-875]. Neste caso, caberá ao tribunal decidir sobre a eventual desconformidade da formação das categorias de partes afetadas[876].

Havendo consenso, o tribunal não fica dispensado de se pronunciar sobre a conformidade da formação de categorias[877], mas certamente que a sua ponderação não deixará de ter em conta a existência de um consenso (que se traduz, naturalmente, na inexistência de impugnações), não fosse este um sinal forte de que a classificação proposta cumpre os objetivos e requisitos legais[878].

dos envolvidos, das concretas medidas previstas no plano de recuperação proposto do tipo e dimensão da empresa devedora e, reflexamente, do grau de envolvimento dos vários participantes, da complexidade da sua situação económico-financeira, do número de credores, do número de trabalhadores, do volume de créditos vencidos ou em vias disso, do tipo de garantias pré-existentes e/ou a conceder, do tipo de relação comercial pré-existente entre a empresa devedora e cada um dos credores, da existência ou não de litigiosidade e o seu volume, entre outros aspetos.

874 Art. 17º-D, n. 4 do CIRE.

875 Quanto à questão de saber qual é a consequência da não junção de uma proposta alternativa de classificação de credores, Fátima Reis Silva («Proposta de Lei 115/XIV/3ª...», cit., p. 36) considera que "a regra da oficiosidade da apreciação da classificação que consta no nº 7 do art. 17º-D, a fazer pelo juiz, mesmo que a classificação não tenha sido impugnada, leva à conclusão de que não poderemos interpretar esta regra como impondo a junção da proposta alternativa sob pena do não conhecimento da impugnação".

876 Fátima Reis Silva («Proposta de Lei 115/XIV/3ª...», cit., p. 35-36) defende que, tendo o legislador optado pela formação precoce das categorias e pela sua apreciação judicial no momento (igualmente) previsto para o conhecimento das impugnações à lista provisória, o tribunal não terá que apreciar novamente a formação de categorias no momento da homologação do plano de recuperação negociado no âmbito do PER.

877 Art. 17º-D, n. 5 do CIRE.

878 Fátima Reis Silva ("Editorial – A Proposta de Diretiva relativa aos quadros jurídicos em matéria de reestruturação preventiva...», cit., p. 9) alerta que não será tarefa fácil uma vez que é um sistema totalmente estranho à ordem jurídica portuguesa e antecipa que a decisão

Nunca é demais sublinhar que, em nossa opinião, o tratamento dos participantes por categorias reforça a posição da respetiva categoria, coloca em evidência os respetivos interesses e posições, promove uma cultura de cooperação entre elementos da mesma categoria, e facilita a votação e aprovação do plano de recuperação proposto, sobretudo nos processos mais complexos e com um elevado número de participantes. De outro modo, isto é, num sistema de votação individual os principais credores (geralmente garantidos) tendem a dominar o processo negocial devido à fragmentação de posições e, assim, conseguem determinar o conteúdo do plano pois o peso do seu voto tende a ser reconhecido como relevante e decisivo, o que, muitas vezes, poderá fazer com que sejam violados deveres de cooperação e tratamento equilibrado dos vários interesses em jogo[879].

Num caso recente[880], o STJ considerou que o modo, em concreto, como as negociações foram conduzidas e realizadas no âmbito do PER, efetuando-se reuniões presenciais somente com o credor hipotecário para definir os critérios de pagamento do respetivo crédito, e limitando-se o administrador judicial provisório a enviar aos restantes credores o plano aprovado, concedendo-lhes um prazo notoriamente curto (3 dias) para se pronunciarem com verdadeiro conhecimento de causa, integra uma violação procedimental que não é de carácter menor, de somenos importância, uma vez que pôs em causa o interesse de uma parte considerável dos credores, com tanto mais significado quanto é certo que grande número deles constituiu advogado para ser representado naquela fase do processo e comunicou em tempo oportuno a quem de direito o seu interesse em participar nas negociações a decorrer.

Para evitar tais situações, o sistema de participação e votação por categorias procura refletir as diferenças e semelhanças das posições dos vários intervenientes no sentido de proteger todos os envolvidos de forma equilibrada. A reunião por categorias leva a uma união de esforços entre aqueles que possuem posições e interesses comuns e tende,

sobre a formação das categorias de credores passará a ser, no futuro, uma das principais atividades do juiz no âmbito do PER.

[879] Neste sentido, Bob Wessels / Stephan Madaus, *Rescue of Business in Insolvency Law*, cit., p. 251.

[880] Ac. do STJ de 07.02.2017, Proc. 5512/15.9T8CBR.C1.S1 (Nuno Cameira).

por um lado, a diminuir ou afastar o controlo ou predominância de certos credores e, por outro lado, a reforçar o papel dos credores e outros *stakeholders* (nomeadamente, trabalhadores) que, de outro modo, não se fariam ouvir ou não se fariam ouvir de forma coordenada e ativa. Segundo Catarina Serra[881], "isso [votação por categorias] faz com que a aprovação do plano deixe de ser [...] aleatória e se torne mais equilibrada (distribuída ou partilhada), isto é, uma aprovação condicente com a vontade não de uma qualquer maioria ou de uma maioria indiscriminada de sujeitos, mas de uma maioria discriminada, obtida por categorias de sujeitos" que se organizaram voluntariamente ou por determinação legal para o efeito.

[881] *Lições de Direito da Insolvência*, cit., p. 543.

CAPÍTULO VIII
CRITÉRIOS DE APROVAÇÃO[882]

1. Enquadramento

À luz da Diretiva (UE) 2019/1023, a implementação de um plano de recuperação está dependente, em primeiro lugar, da vontade da própria empresa devedora e, depois, da vontade das partes cujos interesses sejam diretamente afetados pelo plano. Só quem é afetado pelo plano é que tem direito de voto. Quem não é afetado pelo plano não tem direito de voto. Nessa medida, idealmente, o plano será adotado se a empresa devedora e todas as partes afetadas votarem favoravelmente (concordarem com) o mesmo.[883]

Nestes casos, o plano de recuperação é um acordo puramente contratual entre a empresa devedora e as partes afetadas, regido, fundamentalmente, pelas regras gerais de direito civil e do direito comercial. Os princípios da autonomia e da eficácia relativa dos contratos são perfeitamente respeitados. No plano societário também não haverá qualquer desvio às regras aplicáveis. A empresa devedora terá de concordar com a recuperação, respeitando a vontade dos donos da empresa, manifestada nos termos habituais. Assim sendo, o legislador não precisa de

[882] Cfr. José Gonçalves Machado, *O dever de promover a negociação...*, cit., p. 463 s.

[883] Considerando (47), art. 2º, n. 1, 2) e art. 9º, n. 1 e 2 da Diretiva (UE) 2019/1023.

consagrar salvaguardas especiais, podendo assumir que as partes afetadas sabem cuidar devidamente dos seus interesses.[884]

No entanto, os instrumentos de recuperação preventiva de empresas não foram especialmente desenhados para aquele tipo de situações que, infelizmente, tendem a não ser muito comuns. À luz da Diretiva (UE) 2019/1023, os instrumentos de recuperação preventiva de empresas foram pensados sobretudo para permitir a adoção de planos de recuperação mesmo contra a vontade de partes afetadas, de modo a evitar a liquidação desnecessária de empresas viáveis e a evitar que determinadas estratégias de credores afetados possam pôr em causa o interesse geral de todos os intervenientes[885]. Naturalmente que esta abordagem choca com os direitos individuais (contratuais e patrimoniais) das partes afetadas e discordantes. Por isso, é necessário assegurar-lhes uma proteção justa e equilibrada.[886]

Assim sendo, para o legislador europeu, a vontade das partes afetadas não é absolutamente decisiva. Desde logo, permite-se a exclusão do direito de voto dos detentores de participações sociais, dos credores cujos créditos sejam de grau inferior aos dos credores comuns não garantidos na ordem normal das prioridades de liquidação, e de quaisquer partes relacionadas com o devedor ou com a sua empresa, que configurem um conflito de interesses nos termos do direito nacional[887]. Depois, ainda que não se exclua o direito de voto, prevê-se a possibilidade de serem adotados planos contra a vontade de partes afetadas, caso em que os mesmos deverão igualmente ser objeto de confirmação (homologação) por uma autoridade judicial ou administrativa[888]. Ademais, se estiver previsto no plano um novo financiamento e a perda de mais de

[884] Neste sentido, Francisco Garcimartin, «Article 10 – Confirmation of restructuring plans», cit., p. 168; Juana Pulgar Ezquerra («Gobierno corporativo y reestructuración preventiva...», cit., p. 97-98.

[885] A este respeito Juana Pulgar Ezquerra («El nuevo paradigma concursal europeo y su incorporación al derecho español, cit., p. 255, 263) fala numa capacidade de *"arrastre"*, isto é, na possibilidade de uma maioria contornar o princípio básico no âmbito da teoria geral das obrigações, o princípio da relatividade de contratos *(res inter alios)*, tornando o acordo de recuperação preventiva vinculativo para todos os credores, com base na homologação judicial.

[886] *Ibidem.*

[887] Art. 9º, n. 3 da Diretiva (UE) 2019/1023.

[888] Considerandos (47) a (59) e arts. 9º, 10º e 11 da Diretiva (UE) 2019/1023.

vinte cinco por cento da mão de obra, exige-se que o plano seja confirmado igualmente (homologado) por uma autoridade judicial ou administrativa[889].

No modelo apresentado pelo legislador europeu fica patente que a intervenção de uma autoridade judicial ou administrativa é um aspeto fulcral para suprir a discordância das partes afetadas e discordantes e, no geral, para garantir que o plano trata de forma justa e equilibrada os seus direitos e interesses.

De modo a compreendermos o modelo constante na Diretiva (UE) 2019/1023 e o regime vigente no ordenamento jurídico português após a entrada em vigor da Lei n. 9/2022, de 11 de janeiro, há que fazer uma clara distinção entre critérios (ou regras) de aprovação e critérios (ou regras) de homologação. Assim, a nossa exposição tratará, separadamente, os dois temas.

Ao nível dos critérios de aprovação importa distinguir as situações em que o plano de recuperação é votado individualmente por partes afetadas e as situações em que o plano de recuperação é votado por categorias de partes afetadas. O que distingue uma situação da outra é a existência ou não de categorias de partes afetadas[890]. Na votação individual a aprovação do plano de recuperação resulta da obtenção de uma determinada maioria no conjunto das partes afetadas, tendo em conta o seu peso relativo no passivo total da empresa devedora. Na votação por categorias, a aprovação do plano depende de obtenção de uma determinada maioria dentro de cada categoria, tendo em conta o seu peso relativo no passivo da empresa devedora por referência unicamente a essa categoria.

Significa isto, portanto, que no sistema de votação por categorias a influência das partes (os grandes credores ou credores garantidos) com maior peso no passivo total da empresa devedora tende a ser menor do que no sistema de votação individual. Exigindo-se a aprovação por maioria dentro de cada categoria, passa a haver uma interdependência entre categorias de partes afetadas para que o plano possa ser implementado (sem necessidade de se aplicar o mecanismo de reestruturação

[889] Art. 10º, n. 1, als. b) e c) da Diretiva (UE) 2019/1023.

[890] Sobre a formação de categorias de partes afetadas, José Gonçalves Machado, *O dever de promover a negociação...*, cit., p. 443 ss.

forçada contra categorias de partes afetadas). Categorias que, à partida, poderiam não ser ouvidas ou não ter voz na negociação de um plano de recuperação, passam a ser relevantes para se alcançar um plano consensual entre todas as categorias de partes afetadas. E categorias que, à partida, teriam peso suficiente para impor um determinado plano, ficam dependentes da obtenção de uma maioria dentro da sua própria categoria e da aprovação maioritária em todas as categorias.

Em qualquer dos sistemas de votação, pretende-se evitar que uma minoria de partes afetadas possa entravar a adoção de um plano de recuperação que não reduza injustamente os seus direitos e interesses. Assim é porque, "[s]em uma regra de maioria vinculativa aplicável aos (...) discordantes, a reestruturação precoce seria impossível em muitos casos, como por exemplo naqueles em que, pese embora a necessidade de uma reestruturação financeira, a empresa é, não obstante, viável"[891].

Pese embora o legislador não exclua o sistema de votação individual por partes afetadas, não há dúvidas de que o sistema privilegiado é o sistema de votação por categorias de partes afetadas. Desta forma, pretende-se promover uma maior cooperação entre as partes e, simultaneamente, proteger partes afetadas especialmente vulneráveis, como os pequenos fornecedores, os trabalhadores e até os detentores de participações sociais, face aos grandes credores[892]. Essa proteção sai reforçada no sistema de votação por categorias porque exige a obtenção de uma maioria dentro de cada categoria e um consenso entre todas as categorias.

2. Aprovação por unanimidade

Quando um acordo de recuperação é aprovado por todos aqueles que são afetados pelo seu conteúdo, o que sobressai é a unanimidade ou, dito pela negativa, a ausência de vozes discordantes. Sendo unânime, a divisão ou não divisão por categorias acaba por perder importância. O que releva é, sem sombra de dúvida, o respeito pela autonomia das partes e, consequentemente, a produção de efeitos apenas *inter partes*.

Assim terá que ser (obrigatoriamente) se o plano tiver sido negociado no âmbito dos instrumentos informais e extrajudiciais, criados *ad-hoc*, e de outros instrumentos extrajudiciais, dotados de certos requisitos, mas

891 Considerando (47) da Diretiva (UE) 2019/1023.

892 Considerando (44) da Diretiva (UE) 2019/1023.

onde é respeitado o carácter voluntário, como acontece no RERE. Mas também poderá suceder no âmbito dos instrumentos formais, de natureza judicial ou híbrida, de que são exemplo, respetivamente, o regime comum do PER[893] e o seu regime abreviado ou especial[894].

Estando em causa a negociação de um plano recuperatório arquitetado por livre disposição das partes envolvidas, impulsionadas pela boa-fé e pelo dever de cooperarem entre si na busca de uma solução que melhor satisfaça o interesse de todos, poder-se-á dizer que a unanimidade é um resultado natural por estar em causa um puro contrato. Só não será um resultado natural (ou esperado) se houver alguma chance de poder ser aprovado com uma menor exigência[895]. Se não houver qualquer chance de tal acontecer, nenhum sujeito, quer participe, quer não participe nas negociações, poderá ficar vinculado contra a sua vontade ou poderá sobrepor a sua vontade aos demais. O acordo produzirá efeitos apenas entre as partes que voluntariamente se quiseram vincular.

Nessa medida, a autonomia privada e a eficácia relativa dos contratos podem ser vistas como imperativos de justiça e tutela da confiança e certeza no tráfego jurídico. O imperativo de justiça pode traduzir-se pelo respeito recíproco de vontades, *maxime* da sua dignidade intrínseca e da sua livre afirmação, onde assentam as expectativas que cada um cria em função da sua própria conduta (manifestação de vontade) e em função das condutas (manifestações de vontade) dos demais[896].

[893] Arts. 17º-C a 17º-G do CIRE.

[894] Art. 17º-I do CIRE.

[895] Stephan Madaus («Leaving the Shadows of US Bankruptcy Law...», cit., p. 626) sublinha que os acordos de recuperação são de natureza contratual porque são ainda fruto de uma negociação (ainda que sob o manto ou penumbra de uma insolvência provável ou iminente). Como tal, o resultado será sempre um acordo negociado, quer venha ou não a ser homologado pelo tribunal. Porém, se a lei permitir a conclusão do contrato contra a vontade de um ou mais participantes, já será (mais) difícil continuar a natureza contratual. Não obstante, o autor socorre-se de vários exemplos em que o tribunal é chamado a suprir a vontade das partes (nomeadamente, na execução específica de contrato), para sustentar que a intervenção judicial, por si só, não constitui motivo para se afastar a natureza contratual. No mesmo sentido, Juana Pulgar Ezquerra («El nuevo paradigma concursal europeo y su incorporación al derecho español, cit., p. 255, 263) sublinha que a homologação judicial não judicializa nem processualiza o contrato, isto é, não altera a sua natureza contratual. O que está em causa é, no essencial *"la renegociación de un contrato"*.

[896] João Baptista Machado, *Introdução ao direito e ao discurso legitimador*, cit., p. 55-56; Heinrich Höster, *A Parte geral do Código Civil Português*, cit., p. 52-60 e 80-81; Miguel

A liberdade ou individualidade de cada um é, tendencialmente, limitada ou por imposição legal (devida a uma impossibilidade prática de concretização ou a uma obrigação legal) ou por força de determinações contratualmente previstas. Mas na sua formulação ideal, dir-se-á que, por um imperativo de justiça, não se pode limitar ou afastar, sem motivo ou razão preponderante, a vontade das partes e, por inerência, a eficácia relativa dos contratos.

Nesse sentido, um contrato justo é um negócio jurídico a que as partes, livremente, desejaram vincular-se. Em sentido contrário, teríamos um contrato injusto se não fosse desejado pelas partes a que a ele se vincularam. A primeira hipótese favorece a tutela da confiança e a segurança jurídica. A segunda hipótese pode desencadear um ambiente de desconfiança e incerteza uma vez que os sujeitos ficam vinculados a condições e efeitos jurídicos que não negociaram e/ou que não desejaram. Os valores da confiança e da segurança jurídica saem reforçados se os sujeitos souberem de antemão que apenas podem ficar vinculados aos contratos desejados, relativamente aos quais tiverem manifestado validamente a sua vontade. A hipótese contrária não promove nem defende valores da confiança e da segurança jurídica. A certeza de que cada um fica vinculado apenas e na medida em que prestar validamente o seu consentimento faz com que a comunidade de sujeitos saiba exatamente o que esperar, permite que cada um possa governar a sua vida com relativa estabilidade e com base em expectativas sólidas, pois a ninguém será exigido mais nem menos do que aquilo a que cada um contratualmente se obrigou.

Desse modo, a aprovação unânime de um acordo de recuperação cumpre integralmente os princípios da autonomia privada e da relatividade dos contratos. Os valores da justiça e da confiança e certeza no tráfego jurídico são igualmente observados. Como tal, podemos dizer que o acordo de recuperação é um negócio jurídico justo porque o seu conteúdo foi desejado pelas partes que a ele, livremente, se vincularam.

No contexto da pré-insolvência, onde predomina a incerteza quanto ao futuro da empresa devedora e ao grau de satisfação dos interesses dos credores, a aprovação unânime de um acordo de recuperação funciona

TEIXEIRA DE SOUSA, *Introdução ao Direito*, cit., p. 81-84; NUNO PINTO OLIVEIRA, *Princípios de Direito dos Contratos*, cit., 103-118 e 149-154.

como contrapeso àquele ambiente de incerteza, na medida em que obriga a ter em conta a vontade de cada uma das partes afetadas. Se as partes afetadas chegam a um consenso, quase podemos presumir que o acordo é justo e que nenhum motivo existe para o colocar em causa. Pelo menos fica arredada a possibilidade de uns (ditos mais fortes) imporem a sua vontade aos demais (ditos mais fracos). O que faz com que as partes sejam compelidas a chegar a uma posição de equilíbrio em defesa e benefício da todos os afetados.

Nicolas Tollenar[897] adverte, porém, que a imposição da regra da unanimidade na aprovação de acordos de recuperação de empresas fará com que, na esmagadora maioria das vezes, seja, praticamente, impossível recuperar uma empresa pré-insolvente. A dúvida em torno da situação financeira da empresa devedora, aleada ao elevado número de credores, à existência de interesses conflituantes, à assimetria de conhecimento sobre a empresa devedora e pretensão dos demais interessados, e à complexidade técnica do acordo, entre outros aspetos, fará com que alguns credores, facilmente, se oponham à provação do acordo, ainda que a empresa devedora seja viável e o acordo lhes seja mais favorável do que qualquer outra hipótese alternativa.

Por isso, tem-se admitido que, em determinadas circunstâncias e verificados determinados requisitos, é possível afastar a regra da unanimidade e, consequentemente, restringir os princípios da autonomia negocial e da eficácia relativa, sem, contudo, se colocar em causa os valores da justiça e da confiança e certeza no tráfego jurídico.

3. Aprovação por uma maioria de partes afetadas

De acordo com o modelo apresentado na Diretiva (UE) 2019/1023, o plano poderá ser votado individualmente por partes afetadas se a empresa devedora for uma micro, pequena ou média empresa[898]. *A contrario sensu,* tratando-se de uma grande empresa, está-lhe vedada essa possibilidade.

Caso deva ser votado individualmente por partes afetadas, o legislador europeu não prevê regras específicas, como prevê para a votação do plano por categorias de partes afetadas, conforme veremos a seguir.

[897] *Pre-Insolvency Proceedings: A Normative Foundation and Framework*, cit., p. 61.

[898] Art. 9º, n. 4, §. 3 da Diretiva (UE) 2019/1023.

De qualquer modo, tendo em conta a *ratio* da aprovação de planos de recuperação, poderemos dizer que, a fim de assegurar que as partes afetadas tenham uma palavra a dizer quanto à adoção de planos de reestruturação na proporção da sua exposição (ou grau de afetação), a maioria exigida deverá basear-se numa representatividade razoável do montante dos créditos com direito de voto (quórum de votação ou constitutivo)[899].

Sobre este requisito poderá exigir-se a obtenção de uma certa maioria de votos emitidos favoráveis ao plano (quórum de aprovação ou deliberativo), mas que não seja excessivamente exigente, sob pena de se inviabilizar a adoção de um plano de recuperação[900].

No ordenamento jurídico português temos dois regimes distintos em que o plano de recuperação pode ser votado individualmente por partes afetadas. Referimo-nos ao RERE e ao PER[901].

No primeiro caso, para que o acordo se considere aprovado exige-se o consentimento de todas as partes afetadas, ou seja, a regra da unanimidade terá que ser necessariamente respeitada[902].

No segundo caso, tratando-se de uma micro, pequena ou média empresa[903], além da aprovação por unanimidade[904], permite-se que o

[899] Considerando (47) da Diretiva (UE) 2019/1023.

[900] A este respeito Reinhard Dammann («Article 9 – Adoption of retructuring plans», *European Preventive Restructuring, Directive (EU) 2019/1023, Article-by-Article Commentary*, C. H. Beck, München, 2021, p. 164) refere que, ao contrário dos processos de insolvência em que as regras de aprovação podem ser aligeiradas, devido ao forte envolvimento do tribunal que controla não só a conformidade do procedimento, mas também o conteúdo do plano, nos instrumentos pré-insolvenciais de reestruturação, em princípio, as regras de aprovação devem ser muito mais elevadas para justificar a exceção ao princípio *pacta sunt servanda*. Nesse sentido, quanto maior for o envolvimento do tribunal, maior poderá ser o grau de facilitação ou aligeiramento das regras de aprovação.

[901] Obviamente que não se exclui a possibilidade de o plano ser alcançado no âmbito de instrumento de negociação *ad-hoc*, extrajudicial e informal, norteado pelos Princípios Orientadores. Mas neste caso, não se pode falar de um regime legal previsto de votação individual por partes afetadas. Trata-se de um acordo puramente contratual, sem qualquer desvio substancial aos princípios gerais do direito dos contratos e do direito societário.

[902] Arts. 4º e 19º do RERE.

[903] Sublinhe-se que a aprovação de um plano votado individualmente por partes afetadas não é aplicável se a empresa devedora for uma grande empresa na aceção constante no Decreto-Lei nº 372/2007, de 6 de novembro. Só as micro, pequenas e médias empresas podem optar pela votação individual (art. 17º-C, n. 4 do CIRE).

[904] Art. 17º-F, n. 4 do CIRE.

plano seja aprovado se obtiver o apoio de uma determinada maioria[905]. Para este efeito, o legislador português estabelece duas possibilidades[906].

Primeira possibilidade: de acordo com a hipótese prevista na al. b) do n. 5 do art. 17º-F do CIRE, o plano considera-se aprovado se for votado por credores cujos créditos representem, pelo menos, um terço do total dos créditos relacionados com direito de voto, contidos na lista de créditos a que se referem os nºs 3 a 6 do artigo 17º-D, não se considerando as abstenções, e recolher cumulativamente: o voto favorável de mais de dois terços da totalidade dos votos emitidos; e o voto favorável de mais de 50% dos votos emitidos correspondentes a créditos não subordinados relacionados com direito de voto, contidos na lista de créditos a que se referem os nºs 3 a 6 do artigo 17º-D.

Segunda: de acordo com a hipótese prevista na al. c) do n. 5 do art. 17º-F do CIRE, o plano considera-se aprovado se recolher cumulativamente, não se considerando as abstenções: o voto favorável de credores cujos créditos representem mais de 50% da totalidade dos créditos relacionados com direito de voto, contidos na lista de créditos a que se referem os nºs 3 a 6 do artigo 17º-D; e o voto favorável de mais de 50% dos votos emitidos correspondentes a créditos não subordinados relacionados com direito de voto, contidos na lista de créditos a que se referem os nºs 3 a 6 do artigo 17º-D.

[905] Art. 17º-F, n. 5, als. b) e c) do CIRE.

[906] De acordo com o sistema de votação vigente no PER, antes da entrada em vigor da Lei n. 9/2022, de 11 de janeiro, o acordo considerava-se aprovado se, por um lado, fosse votado por credores cujos créditos representassem, pelo menos, um terço do total dos créditos relacionados com direito de voto, contidos na lista de créditos (quórum de votação) e, por outro lado, recolhesse o voto favorável de mais de dois terços da totalidade dos votos emitidos e mais de metade dos votos emitidos correspondentes a créditos não subordinados, não se considerando como tal as abstenções (quórum de aprovação). Em alternativa, considerava-se igualmente aprovado o acordo que recolhesse o voto favorável de credores cujos créditos representassem mais de metade da totalidade dos créditos relacionados com direito de voto, e mais de metade destes votos correspondessem a créditos não subordinados, não se considerando como tal as abstenções. Esta hipótese seria inviável nos casos em que o acordo não fosse votado por credores cujos créditos representassem, pelo menos, um terço do total dos créditos relacionados, mas seria vantajosa quando o acordo fosse votado favoravelmente pelos credores que representassem mais de metade da totalidade dos créditos relacionados com direito de voto, uma vez que, para aprovação, em vez de dois terços da totalidade dos votos emitidos exigia-se apenas mais de metade dos créditos relacionados com direito de voto. Ver, designadamente, CATARINA SERRA, *Lições de Direito da Insolvência*, cit., p. 423-425.

Por esclarecer continua a questão da atribuição de direito de voto a partes não afetadas pela parte dispositiva do plano de recuperação negociado no âmbito do PER. À luz da Diretiva (UE) 2019/1023 não restam dúvidas de que só as partes afetadas têm direito de voto. Porém, a questão não é pacífica[907].

Na vigência do anterior regime, muito se discutiu, perante o silêncio do PER na matéria em apreço, se poderiam ser aplicadas as regras sobre a atribuição de direito de voto previstas para o processo de insolvência em tudo o que não fosse incompatível com as regras especificamente consagradas no PER. Em particular discutiu-se a aplicação das regras previstas no art. 73º, n. 1 e no art. 212º, n. 2, ambos do CIRE. Estas normas não foram alteradas.

Do primeiro preceito resulta que cada crédito confere um direito de voto por cada euro ou fração. Do segundo preceito resulta que não conferem direito de voto, por um lado, os créditos que não sejam modificados pela parte dispositiva do plano e, por outro lado, os créditos subordinados de determinado grau, se o plano decretar o perdão integral de todos os créditos de graus hierarquicamente inferiores e não atribuir qualquer valor económico ao devedor ou aos respetivos sócios, associados ou membros, consoante o caso.

A aplicação da regra contida no 73º, n. 1 do CIRE não parece suscitar dúvidas[908]. Já a aplicação do art. 212º, n. 2, do CIRE é menos pacífica.

Relativamente à hipótese prevista no art. 212º, n. 2, al. a) do CIRE, Alexandre de Soveral Martins[909], Catarina Serra[910], Fátima Reis Silva[911], Maria do Rosário Epifânio[912], Nuno Salazar Casanova e David Sequeira Dinis[913], manifestaram-se favoravelmente. Contra a sua aplicação manifestaram-se, por exemplo, Luís Carvalho Fernandes e João Labareda[914],

[907] Maria do Rosário Epifânio, *Manual de Direito da Insolvência,* 8ª Ed., cit., p. 423-425.

[908] Neste sentido, Catarina Serra, *Lições de Direito da Insolvência,* cit., p. 437; e Maria do Rosário Epifânio, *Manual de Direito da Insolvência,* 6ª Ed., Edições Almedina, Coimbra, 2019, p. 457.

[909] *Um Curso de Direito da Insolvência,* 2ª Ed., Edições Almedina, Coimbra, 2016, p. 545.

[910] *Lições de Direito da Insolvência,* cit., p. 426-427.

[911] *Processo Especial de Revitalização: Notas Práticas e Jurisprudência Recente,* cit., p. 60.

[912] *O Processo Especial de Revitalização,* Edições Almedina, Coimbra, 2016, p. 62.

[913] *PER, O Processo Especial de Revitalização...,* cit., p. 137.

[914] *Código da Insolvência e Recuperação de Empresas Anotado,* cit., p. 175.

acompanhados ainda por Bertha Parente Esteves[915]. A jurisprudência tem acompanhado o sentido da doutrina maioritária[916].

Pensamos que assiste razão à posição que julgamos ser maioritária. Considerando que a decisão de homologação de um acordo aprovado por uma certa maioria já restringe a autonomia da vontade de uma certa minoria, seria estranho que em tal maioria se pudesse incluir os votos daqueles que não são afetados pelo acordo. Como refere Catarina Serra[917], aquilo que a referida norma visa evitar é justamente que o plano seja imposto aos credores afetados por aqueles que o não são. No fundo, aquilo que se pretende salvaguardar com a atribuição do direito de voto é a obtenção do consentimento daqueles que são afetados, isto é, aqueles que contribuem para a recuperação. Quem não é afetado não contribui para a recuperação e, por conseguinte, não tem de manifestar o seu consentimento e, muito menos, tem legitimidade para contribuir, com o seu voto, para a aprovação ou não do acordo.

4. Aprovação por categorias de partes afetadas

A principal novidade imposta pela Diretiva (UE) 2019/1023, face ao regime vigente até à entrada em vigor da Lei nº 9/2022, de 11 de janeiro, é a votação por categorias de partes afetadas (e, naturalmente, tudo mais que daí resulta). Resulta do art. 9º, n. 6, da Diretiva que o plano de recuperação se considera aprovado se colher o apoio de uma maioria do montante dos créditos ou interesses em cada uma das categorias. Adicionalmente, poder-se-á exigir a obtenção de uma maioria do número de partes afetadas em cada categoria. O critério base de aprovação é, assim, a obtenção de uma maioria do valor dos créditos e interesses em causa dentro de cada classe. Em acréscimo, poder-se-á exigir que uma determinada maioria (em número ou por cabeça) dentro de cada classe vote favoravelmente.

[915] «Da aplicação das normas relativas ao plano de insolvência ao plano de recuperação conducente à revitalização», *II Congresso de Direito da Insolvência*, Edições Almedina, Coimbra, 2014, p. 272.

[916] Neste sentido, por exemplo, Ac. do TRL de 22.06.2017, Proc. 3079/16.0 T8BRR.L1-8 (Ferreira de Almeida); Ac. do TRC de 22.01.2019, Proc. 968/ 18.0T8LRA.C1 (Arlindo Oliveira); Ac. do TRP de 19.12.2014, Proc. 166/14.2TJPRT. P1 (Rui Moreira); Ac. do TRG de 12.02.2015, Proc. 689/13.0TBAMR-A.G1 (Manso Raínho); e Ac. do TRE de 22.10. 2015, Proc. 383/15.8T8STR.P1 (Francisco Matos).

[917] *Lições de Direito da Insolvência*, cit., p. 426.

Este sistema de votação foi claramente inspirado na *Reorganization*, prevista no Capítulo 11 do *USBC*. Nac Sec. 1126(c) do prevê-se que, quando não existe unanimidade, para que o plano de recuperação se considere aprovado por cada categoria é preciso que recolha o apoio de, pelo menos, dois terços do valor dos créditos com direito de voto e que mais de metade dos credores (voto por cabeça) vote favoravelmente o plano dentro de cada categoria[918].

Reinhard Dammann[919] considera que esta maioria *per capita*, que para o legislador europeu é facultativa[920], destina-se a contrabalançar a influência excessiva dos principais credores no resultado do processo de reestruturação. Mas há desvantagens óbvias. Havendo uma dupla maioria relativamente ao montante dos créditos ou interesses e ao número de partes afetadas dentro de cada categoria, o resultado da aprovação tende a ser menos previsível e a aprovação mais difícil de alcançar. Razão pela qual, o autor sublinha que a lei francesa aboliu a exigência de uma dupla maioria. Terão sido o mesmo tipo de argumentos que terão levado o legislador europeu, a não impor uma dupla maioria.

Em Inglaterra, o § 899, (1) da *Companies Act* determina que o plano negociado no âmbito do *Scheme of Arrangements* reúna o apoio de 75% do valor dos créditos em cada classe. Na Alemanha, de acordo com o § 25. (1) da *StaRUG*, para que o plano de reestruturação se considere aprovado é necessário que em cada categoria se reúna o apoio de pelo menos três quartos (75%) dos direitos de voto[921]. Menos exigente é o legislador francês. O art. L626-30-2 do *Code de Commerce* exige que em cada categoria haja uma maioria de dois terços dos votos detidos pelos respetivos membros com direito de voto[922]. Certo é que em nenhum destes orde-

[918] Sec. 1126(c) do *USBC*.

[919] «Article 9 – Adoption of retructuring plans», *European Preventive Restructuring, Directive (EU) 2019/1023, Article-by-Article Commentary*, C. H. Beck, München, 2021, p. 164.

[920] A este respeito, Juana Pulgar Ezquerra («Gobierno corporativo y reestructuración preventiva...», cit., p. 99) alerta que esta liberdade poderá conduzir a uma situação de *fórum shopping* em função da menor exigência na aprovação de acordos.

[921] Para mais desenvolvimentos, Madaus, Stephan / Ehmke, David «Germany: Still Waiting for the Revolution in Restructuring to Come?», HERO – Herstructurering & Recovery Online, Special Issue – Preventive Restructuring 4, W-004, 28-Jun-2022.

[922] Para mais desenvolvimentos, Emilie Ghio, «The French transposition of the EU Directive on Preventive Restructuring 2019: revamping the law while preserving the status quo»,

namentos jurídicos se exige uma segunda maioria (em número ou por cabeça) dentro de cada classe.

Em Portugal, dita a al. a) do n. 5 do art. 17º-F do CIRE que o plano de recuperação se considera aprovado se for votado favoravelmente em cada uma das categorias por mais de dois terços da totalidade dos votos emitidos, não se considerando como tal as abstenções, obtendo desta forma uma das seguintes situações: o voto favorável de todas as categorias formadas; o voto favorável da maioria das categorias formadas, desde que pelo menos uma dessas categorias seja uma categoria de credores garantidos; caso não existam categorias de credores garantidos, o voto favorável de uma maioria das categorias formadas, desde que pelo menos uma das categorias seja de credores não subordinados; em caso de empate, o voto favorável de pelo menos uma categoria de credores não subordinados.

Catarina Serra[923] critica a solução adotada pelo facto de a mesma, face à letra da lei, prescindir de uma representatividade mínima ou razoável do montante dos créditos com direito de voto em cada categoria e por incluir em sede de aprovação regras que, segundo a Diretiva, respeitam à homologação.

Quanto à primeira problemática, quanto a nós, só existe uma de duas possibilidades. Ou consideramos que o legislador nacional se soube exprimir em termos exatos e que a solução que resulta da letra da lei é aquela que efetivamente se pretendeu implementar[924], contrariando o legislador europeu que impõe como critério minimo (obrigatório) a obtenção de uma maioria não superior a 75% do montante dos créditos ou interesses em cada categoria e, facultativamente, uma maioria do número de partes afetadas em cada categoria; ou então temos que concluir que se trata de um equívoco[925] intolerável para a ordem jurídica e, neste caso, ter-se-ia, possivelmente, que ponderar o recurso a uma interpre-

HERO – Herstructurering & Recovery Online, Special Issue – Preventive Restructuring 3, W-003, 21-Jun-2022.

[923] Catarina Serra, «As alterações ao Processo Especial de Revitalização: um novo processo?», cit., p. 24-31.

[924] Neste sentido, Maria do Rosário Epifânio, *Manual de Direito da Insolvência,* 8ª Ed., cit. p. 499, nota 1547.

[925] Expressão utilizada por Catarina Serra, «As alterações ao Processo Especial de Revitalização: um novo processo?», cit., p. 24 e 26.

tação corretiva do enunciado legal, no sentido de o tornar coerente com o disposto na Diretiva europeia, o que é altamente discutível[926]. Certo é que a letra da lei contraria frontalmente não só o direito pretérito que sempre exigiu um quórum representativo do montante dos créditos com direito de voto, como também o modelo apresentado na Diretiva (UE) 2019/1023, e todo o movimento legislativo europeu daí decorrente nos diversos Estados-Membros.

A solução do legislador português constitui não só uma novidade inesperada, como também um "avanço" flagrante em contra corrente, o que se explica, de facto, devido a "alguma" desatenção do legislador. Se a sua intenção fosse a de inovar, o mínimo que se lhe exigia é que explicasse a razão de ser da solução, mas não o fez. Poderia eventualmente ter justificado o aligeiramento das regras de aprovação com facto de haver um controlo judicial, tanto na fase inicial do PER, como na fase de homologação. Esta justificação não seria descabida, pois tem-se, de facto, admitido que quanto maior for o envolvimento do tribunal, maior poderá ser o grau de facilitação ou aligeiramento das regras de aprovação[927]. Além disso, poder-se-ia dizer que objetivo prosseguido era o de tornar a nossa lei de recuperação mais atrativa, de modo a torná-la desejada para empresas de outros Estados-Membros que, assim, procurariam em Portugal um regime mais favorável à recuperação[928].

Em qualquer caso, não é bom que em matérias desta importância se levantem dúvidas profundas. Espera-se, por isso, que em sede de revisão legislativa, o legislador português se alinhe com a Diretiva (UE) 2019/1023.

Quanto à segunda problemática, Catarina Serra[929] sublinha que só a hipótese prevista no ponto i), al. a), do n. 5 do art. 17º-F do CIRE se enquadra no regime próprio da votação e aprovação por categorias de partes afetadas. As restantes hipóteses previstas nos pontos ii), iii) e iv),

[926] Sobre a interpretação corretiva, António dos Santos Justo, *Introdução ao Estudo do Direito*, cit. p. 347-348; Miguel Teixeira de Sousa, *Introdução ao Direito*, Edições Almedina, 2016, p. 383-384.

[927] Neste sentido, Reinhard Dammann, «Article 9 – Adoption of retructuring plans», cit., p. 164.

[928] Juana Pulgar Ezquerra, «Gobierno corporativo y reestructuración preventiva...», cit., p. 99.

929 «*Idem*, p. 26.

al. a), do n. 5 do art. 17º-F do CIRE, inserem-se nas condições de homologação. Isso mesmo é confirmado pelo disposto na al. a) do nº 7 do art. 17º-F do CIRE, norma que se reporta à homologação do acordo de recuperação. Posto isto, dever-se-á entender que as hipóteses previstas nos pontos ii), iii) e iv), al. a), do n. 5 do art. 17º-F do CIRE são condições de homologação sempre que o plano não seja consensual, isto é, sempre que não recolha o apoio de todas as categorias[930].

[930] Não obstante, acompanhamos Catarina Serra («As alterações ao Processo Especial de Revitalização: um novo processo?», cit., p. 24) quando refere que "o facto de se admitir que o plano se considere aprovado mesmo quando não é aprovado por todas as categorias faz com que a opção pela formação de categorias arraste sempre consigo a possibilidade de homologação do plano e, com isso, de imposição do plano às categorias discordantes"; e "[o]pior de tudo é que esta excessiva facilitação da aprovação do plano se repercute na homologação do plano". Sobre o tema ver ainda, Alexandre de Soveral Martins, Um Curso de Direito da Insolvência, Vol. II, cit., p. 262 s.

CAPÍTULO IX
CRITÉRIOS DE HOMOLOGAÇÃO[931]

1. Enquadramento

Ao nível dos critérios de homologação importa distinguir as situações em que o plano, submetido a homologação, foi aprovado por unanimidade, das situações em que não obteve unanimidade. Não havendo unanimidade, há que diferenciar os casos em que o plano é submetido a homologação depois de ter sido votado individualmente por partes afetadas e as situações em que plano é submetido a homologação depois de ter sido votado por categorias de partes afetadas. O que distingue estas duas últimas hipóteses é, fundamentalmente, o mecanismo de reestruturação forçada contra categorias de partes afetadas. O que distingue estas duas últimas hipóteses da primeira é a desnecessidade, de, neste caso, se encontrar uma justificação (fora do direito dos contratos) para se vincular partes afetadas e discordantes.

No primeiro modelo de vinculação de partes afetadas e discordantes, o referencial da apreciação a realizar pelo tribunal opera-se horizontalmente entre partes afetadas titulares de créditos da mesma natureza ou grau de hierarquia e, verticalmente, entre partes afetadas titulares de créditos de natureza ou grau de hierarquia diferentes. Trata-se de apreciar, em termos substanciais, a justiça e equilíbrio do plano relativamente às partes afetadas nos planos horizontal e vertical.

[931] Cfr. José Gonçalves Machado, *O dever de promover a negociação...*, cit., p. 478 s.

No segundo modelo de vinculação de categorias de partes afetadas, o referencial da apreciação a realizar pelo tribunal opera-se horizontal e verticalmente em dois planos quanto aos respetivos créditos e interesses: dentro de cada categoria e entre categorias distintas, o que, em certa medida, se expressa, em termos substanciais, numa justiça e num equilíbrio internos (*intra* categorias) e numa justiça e num equilíbrio externos (*inter* categorias).

No plano horizontal verifica-se, em primeira linha, que os efeitos do acordo podem vincular a minoria de partes afetadas discordantes dentro da sua categoria. Depois, nada obsta a que existam diferentes categorias de partes afetadas (formadas a partir de interesses substancialmente similares) cujos créditos sejam da mesma natureza. Logo, o tratamento igual entre partes afetadas pertencentes à mesma categoria e partes afetadas pertencentes a categorias diferentes, mas situadas no mesmo grau de hierarquia, poderá ser objeto de apreciação judicial.

No plano vertical, poderemos ter uma prioridade absoluta das categorias de grau superior sobre as categorias de grau inferior, em que estas nada podem receber enquanto as primeiras não tiverem recebido a totalidade do valor a que têm direito. E podemos ter uma prioridade meramente relativa, em que basta que as categorias de grau superior tenham um tratamento mais favorável do que as categorias de grau inferior, permitindo assim que parte do valor que à luz da prioridade absoluta seria distribuído apenas por certas categorias de grau superior, possa ser distribuído por categorias de grau inferior.

Apesar das diferenças apontadas, os critérios de homologação em ambas as situações (de votação individual ou por categorias) são expressão do princípio da igualdade de credores que assenta numa ideia de justiça distributiva[932]. Os critérios de homologação de acordos votados por categorias tende, no entanto, a ser mais flexíveis e mais favoráveis à

[932] Sobre o sentido e o alcance do princípio da igualdade de credores ver, designadamente, Bob Wessels / Stephan Madaus, *Rescue of Business in Insolvency Law*, cit., p. 64-65 e 240-250; Carolina Cunha, *A Par Conditio Creditorum como Igualdade Formal dos Credores...*, cit. p. 73 s.; Catarina Serra, *A Falência no Quadro da Tutela Jurisdicional dos Direitos de Crédito...*, cit., p. 152-156; Christoph Paulus, «The Wonderful World of Privileges – The Par Condicio Creditorum vs. Closeout-Netting», cit., p. 532-553; Rizwaan Mokal, «At the Intersection of Property and Insolvency...», cit., p. 24-27; Roy Goode / Kristin van Zwieten, *Principles of Corporate Insolvency Law*, cit., p. 2-17, e Vanessa Finch, *Corporate Insolvency Law, Perspetives and Principles*, cit., p. 599-674.

adoção de planos de recuperação, o que se opera por via do mecanismo de reestruturação forçada contra categorias de partes afetadas.

2. Homologação de plano aprovado por unanimidade

À luz da Diretiva (UE) 2019/1023, a confirmação (ou homologação) de um plano de recuperação por uma entidade administrativa ou judicial foi concebida especialmente para os casos em que aquele afeta créditos ou interesses das partes ou categorias afetadas e discordantes[933].

Não havendo partes ou categorias discordantes o plano de recuperação é, como dissemos, um puro contrato. Como tal, não se vislumbraria motivo bastante para se submeter o acordo a homologação, da mesma forma que, não é comum fazê-lo para os demais acordos, salvo as transações celebradas na pendência de um processo judicial. E mesmo nestes casos, o tribunal limita-se a verificar se a transação tem por objeto direitos livremente disponíveis e, em caso afirmativo, considera válida e eficaz a transação efetuada e condena as partes no cumprimento das obrigações assumidas[934-935].

A razão de ser do controlo feito por uma entidade administrativa ou judicial reside exatamente na falta de consentimento das partes afetadas ou na falta de consentimento das categorias de partes afetadas. Tendo manifestado validamente o seu consentimento, não haveria necessidade de haver qualquer controlo feito por uma entidade administrativa ou judicial[936]. Esse controlo poderia ser feito mais tarde, como sucede com qualquer contrato, caso alguma das partes interessadas quisesse, por exemplo, colocar em causa a sua validade ou eficácia, exigir o seu cumprimento, ou obter alguma indemnização.

Porém, se nos ativermos ao disposto nas als. b) e c) do n. 1 do art. 10º da Diretiva (UE) 2019/1023, podemos questionar se o legislador europeu pretende, efetivamente, dizer que as situações aí apresentadas são

933 Art. 10º da Diretiva (UE) 2019/1023.

934 Cfr. arts 283º, n. 2, 284º, 289º, n. 1 e 290º, n. 3 do CPC.

935 Sobre a sentença homologatória, respetivos requisitos e efeitos, Francisco Ferreira de Almeida, *Direito Processual Civil,* Vol. I, 2ª Ed., Edições Almedina, 2017, p. 621-624.

936 Jennifer Payne, «The Role of the Court in Debt Restructuring», cit., p. 124-134; Nicolaes Tollenaar, *Pre-Insolvency Proceedings: A Normative Foundation and Framework*, cit., p. 82; e Sarah Paterson, «Bargaining in Financial Restructuring...», cit., p. 333-365.

razão suficiente para que o plano de recuperação, obrigatoriamente, tenha que ser confirmado por uma autoridade judicial ou administrativa.

Se a resposta for afirmativa, significa que, à luz da Diretiva, qualquer plano de recuperação que preveja um novo financiamento e/ou uma perda de mais de 25% da mão de obra, para que possa produzir validamente efeitos, tem necessariamente que ser confirmado por uma autoridade judicial ou administrativa. E, neste caso, pergunta-se: com que finalidade deve o tribunal controlar os planos de recuperação com aquele tipo de medidas e quais são os critérios a ter em conta?

Quanto à primeira parte da questão, o legislador europeu responde dizendo que "a confirmação de um plano de reestruturação por parte de uma autoridade judicial ou administrativa é necessária para assegurar uma redução dos direitos dos credores ou dos interesses dos detentores de participações que seja proporcional às vantagens da reestruturação, bem como o direito à ação destes últimos"[937]. E esclarece-se também que "a confirmação de um plano que implique a perda de mais de 25% da mão de obra só deverá ser necessária se o direito nacional permitir que os regimes de reestruturação preventiva prevejam medidas com efeito direto nos contratos de trabalho"[938].

A este respeito, Francisco Garcimartin[939] observa que a necessidade de confirmação quando o plano de recuperação prevê novos financiamentos, justifica-se, ainda que o mesmo não afete ou modifique quaisquer direitos de credores e/ou outras partes interessadas, devido aos seus efeitos indiretos: a concessão de um novo financiamento afeta indiretamente a exposição da generalidade dos *stakeholders* face à empresa devedora, dada a proteção especial concedida aos novos financiamentos contra ações de anulação *ex post* e/ou a isenção de responsabilidade decorrente de tais financiamentos. A necessidade de confirmação de um plano que implique a perda de mais de 25% da mão de obra visa exatamente salvaguardar os direitos dos trabalhadores e evitar o seu despedimento injustificado (ou desnecessário).

Quanto à segunda parte da questão o legislador europeu é menos claro pois não se refere especificamente à hipótese de o acordo ser aprovado por unanimidade.

[937] Considerando (48) da Diretiva (UE) 2019/1023.

[938] *Ibidem.*

[939] «Article 10 – Confirmation of restructuring plans», cit., p. 168-170.

Em termos gerais, caso o plano deva ser confirmado, apontam-se vários critérios, nomeadamente, os testes da viabilidade e do melhor interesse dos credores[940] e, no caso, da reestruturação forçada, acrescem o teste do tratamento igual e proporcional e as regras da prioridade absoluta ou relativa[941]. No caso dos novos financiamentos, deve assegurar-se que os mesmos são necessários para executar o plano de reestruturação e que não prejudicam injustamente os interesses dos credores[942].

Pensamos que a questão colocada, na sua dupla vertente, pode resolver-se da seguinte forma: se as partes que concedem novo financiamento pretenderem beneficiar das proteções que a lei lhes confere, em princípio, o plano terá que ser submetido a confirmação. Só assim não será, consideramos nós, se o direito nacional estabelecer outras regras que permitam o controlo de situações em que o novo financiamento foi concedido de forma abusiva e fraudulenta.

Havendo mecanismos de controlo *ex post* que podem ser acionados por quem se sentir prejudicado, não vislumbramos qualquer razão para se impor a confirmação prévia (como condição da sua validade e eficácia[943]) de um plano que é aprovado por unanimidade ao abrigo de um instrumento de negociação extrajudicial. Idêntica argumentação é válida para hipótese de perda de mais de 25% da mão de obra. Se o direito nacional previr mecanismos de controlo *ex post* que podem ser acionados pelos trabalhadores que se sentirem prejudicados, não vislumbramos qualquer razão para se impor a confirmação de um plano que é aprovado por unanimidade ao abrigo de um instrumento de negociação extrajudicial.

Naturalmente que se a empresa devedora recorrer a um instrumento de negociação de um acordo cuja validade e eficácia dependa da sua homologação por uma entidade administrativa ou judicial, esse controlo sobre o plano terá que acontecer mesmo que tenha sido aprovado por unanimidade. Mas a razão de ser submetido a confirmação não tem que ver com o tipo de medidas, mas antes com a natureza do próprio instrumento de negociação utilizado.

[940] Considerandos (49) a (52) e art. 10º da Diretiva (UE) 2019/1023.

[941] Considerando (54) a (58) e art. 11º da Diretiva (UE) 2019/1023.

[942] Art. 10º, n. 2, al. e) da Diretiva (UE) 2019/1023.

[943] Maria do Rosário Epifânio, *Manual de Direito da Insolvência*, 8ª Ed., cit. p. 501.

Nessa conformidade, os critérios de controlo *ex post* de um acordo aprovado por unanimidade sem homologação judicial (ao abrigo de um instrumento de negociação extrajudicial) serão os critérios gerais legalmente previstos para a apreciação de qualquer acordo e, em especial, aqueles que visam salvaguardar os direitos e interesses da generalidade dos credores no caso de estarmos perante uma situação abusiva ou fraudulenta que conduziu a um agravamento da situação financeira da empresa devedora e/ou levou a uma situação de insolvência.

Descendo ao plano nacional, verifica-se que a homologação de planos de recuperação pré-insolvencial existe apenas e só no âmbito do PER. No que respeita à homologação de planos aprovados por unanimidade, no art. 17º-F, n. 4 do CIRE prevê-se o seguinte: "concluindo-se a votação com a aprovação unânime de plano de recuperação conducente à revitalização da empresa, em que intervenham todos os seus credores, este é de imediato remetido ao processo, para homologação ou recusa do mesmo pelo juiz nos termos do nº 7, acompanhado da documentação que comprova a sua aprovação, atestada pelo administrador judicial provisório nomeado, e do seu parecer fundamentado sobre se o plano apresenta perspetivas razoáveis de evitar a insolvência da empresa ou de garantir a viabilidade da mesma, produzindo tal plano de recuperação, em caso de homologação, de imediato, os seus efeitos".

No n. 7 do art. 17º-F do CIRE estabelecem-se os critérios de homologação aplicáveis a qualquer plano que deva ser homologado no âmbito do PER, e que de alguma forma refletem os critérios previstos nos arts. 10º e 11º da Diretiva (UE) 2019/1023. Boa parte dos critérios dizem respeito precisamente aos casos em que o plano é homologado contra-partes ou categorias afetadas e discordantes. Havendo unanimidade, podemos, razoavelmente, assumir que boa parte desses critérios estão cumpridos, nomeadamente a viabilidade da empresa, o tratamento mais favorável e o facto de plano não prejudicar injustamente os credores.

Perante isto, poder-se-á questionar a razão pela qual o tribunal é chamado a intervir num processo negocial em que, na verdade, predomina a autonomia das partes[944].

[944] Jennifer Payne, «The Role of the Court in Debt Restructuring», cit., p. 124-134.

Se, por um lado, o legislador europeu parece advogar uma intervenção mínima dos tribunais (ou autoridades administrativas)[945], fica patente, por outro lado, que lhes reserva um papel importante e imprescindível na recuperação das empresas pré-insolventes, designadamente no controlo dos requisitos de admissão ao processo negocial, da formação de categorias, da concessão de um período de suspensão, e dos requisitos de homologação.

Isso é visível tanto na Diretiva (UE) 2019/1023, designadamente nos Considerandos 31[946] e 32[947], bem como na Recomendação da Comissão

[945] Neste sentido, por exemplo, KRISTIN VAN ZWIETEN («Restructuring law: recommendations from the European Commission», cit., p. 4-5), referindo que tal princípio realça a necessidade de um procedimento rápido e barato e, como tal, que restrinja o envolvimento do tribunal ao necessário de forma a salvaguardar os direitos dos credores e outras pessoas afetadas por um plano de reestruturação; e STEPHAN MADAUS / BOB WESSELS («Restructuring Reform with Pre-Insolvency Proceedings – Where is the EU Heading?», cit., p. 212), sublinhando que este princípio incentiva o devedor a utilizar o procedimento antecipadamente, garante uma interrupção mínima das operações do devedor e permite-lhe prosseguir as suas operações quotidianas dentro de uma certa normalidade, sem o estigma do "empresário falido".

[946] Aqui diz-se que "[p]ara efeitos de assistência às partes na negociação e elaboração de um plano de reestruturação, os Estados-Membros deverão prever a nomeação obrigatória de um profissional no domínio da reestruturação quando: uma autoridade judicial ou administrativa conceder ao devedor uma suspensão geral das medidas de execução, desde que, nesse caso, seja necessário um profissional para salvaguardar os interesses das partes; o plano de reestruturação tiver de ser confirmado por uma autoridade judicial ou administrativa mediante a reestruturação forçada da dívida contra categorias de credores; o plano de reestruturação tiver sido solicitado pelo devedor; ou o plano de reestruturação for solicitado por uma maioria de credores, desde que os credores suportem os custos e honorários do profissional."

[947] Pode ler-se: "[u]m devedor deverá poder beneficiar de uma suspensão temporária das medidas de execução, quer seja concedida por uma autoridade judicial ou administrativa quer por força da lei, no intuito de apoiar as negociações de um plano de restruturação, a fim de continuar a exercer a sua atividade ou, pelo menos, preservar o valor do seu património, durante as negociações. Se o direito nacional assim o previr, também deverá ser possível aplicar-se a suspensão em benefício de terceiros prestadores de garantias, incluindo garantes e prestadores de garantias financeiras. No entanto, os Estados-Membros deverão poder prever que as autoridades judiciais ou administrativas possam recusar a concessão de uma suspensão das medidas de execução quando tal suspensão não seja necessária ou quando não satisfaça o objetivo de apoiar as negociações. Os motivos de recusa poderão incluir a falta de apoio pelas maiorias de credores exigidas ou, se o direito nacional assim o previr, a incapacidade efetiva do devedor de pagar as suas dívidas na data de vencimento."

2014/135, de 12 de março de 2014[948], e na Proposta de Diretiva[949], que a antecederam.

O que transparece destas iniciativas é que, apesar de a recuperação das empresas pré-insolventes poder ser operada por meios unicamente contratuais, a intervenção judicial pode ser necessária para promover um acordo entre as partes, designadamente quando alguns credores, pela sua atuação e de forma abusiva ou sem motivo justificativo, possam impedir que a reestruturação seja bem-sucedida. Esse risco não existe quando o acordo é aprovado por unanimidade.

Logo, não se justificaria a intervenção do tribunal ou de qualquer outra autoridade administrativa para efetuar um controlo sobre o acordo do qual depende a sua validade e eficácia. Tal representaria, porventura, uma intervenção excessiva e injustificada do Estado na esfera das partes intervenientes no acordo em nome de um interesse público (a recuperação preventiva de empresas viáveis) que até já estaria assegurado pelas partes (que apoiaram o acordo de recuperação) e que, tampouco, poderiam considerar-se prejudicadas, caso contrário, não teriam, certamente, apoiado a recuperação.

3. Homologação de plano aprovado por uma maioria de partes afetadas

Excetuados os casos em que o plano é aprovado por unanimidade, a sua homologação poderá incidir sobre um plano aprovado por uma maioria de partes afetadas ou sobre um plano consensual ou não consensual, no caso de ter sido negociado e votado por categorias de partes afetadas. A homologação de um plano aprovado por uma maioria de partes afetadas, não sendo a opção preferencial do legislador europeu, não deixa de estar contemplada para os casos em que a empresa devedora não é uma grande empresa e opte por não recorrer à negociação e votação de um plano por categorias de partes afetadas[950]. Tal como se diz no Considerando 45 da Diretiva (UE) 2019/1023, "os Estados-Membros deverão poder prever que os devedores que sejam PME possam, em razão da sua

[948] Ver, por exemplo, Pontos 8., 10., 15., 21. e 27 da Recomendação da Comissão (UE) 2014/135, de 12 de março de 2014.

[949] Ver, por exemplo, Considerando (18) e art. 4º, n. 1 da Proposta de Diretiva COM(2016) 723 final.

[950] Art. 9º, n. 4, §. 3 da Diretiva (UE) 2019/1023.

estrutura de capital relativamente simples, ser dispensados da obrigação de tratar as partes afetadas em categorias distintas". Essa foi a opção seguida pelo legislador português no âmbito do PER, em transposição da referida Diretiva[951]. Até então, o plano, submetido a homologação, teria de ser aprovado por uma determinada maioria de partes afetadas[952].

A homologação de um plano aprovado por uma determinada maioria tem por efeito vincular as partes afetadas, mesmo que não o tenham apoiado. Sendo mais precisos, de acordo com o disposto no art.17º-F, n. 11 do CIRE, "a decisão de homologação vincula a empresa e os credores, mesmo que não hajam reclamado os seus créditos ou participado nas negociações, relativamente aos créditos constituídos à data em que foi proferida a decisão prevista no nº 5 do artigo 17º-C [despacho de nomeação do administrador judicial provisório], e é notificada, publicitada e registada pela secretaria do tribunal".

Perante isto, perguntar-se-á por que razão é limitada a autonomia das partes afetadas e se estende os efeitos do plano a todas a partes afetadas discordantes e/ou a partes afetadas que nem sequer participaram nas negociações ou reclamaram créditos.

Uma possível justificação residirá na natureza intrínseca da regra da aprovação democrática. Em vários domínios do direito permite-se que uma determinada maioria se sobreponha à vontade de uma minoria. Assim acontece, por exemplo, no domínio do direito da insolvência, em que a assembleia de credores é soberana para tomar determinadas deliberações, nomeadamente sobre o encerramento ou manutenção da atividade da empresa insolvente[953]. No direito societário, é conferido o direito de voto aos sócios que deliberam por uma determinada maioria (simples ou qualificada) sobre os mais diversos aspetos da vida das sociedades comerciais[954]. Assim, a adoção da regra da aprovação democrática no contexto da recuperação preventiva de empresas parece estar

951 Art. 17º-C, n. 4 do CIRE.

952 Cfr. José Gonçalves Machado, *O dever de promover a negociação...*, cit., p. 443 ss.

953 Sobre os poderes de deliberação da assembleia de credores, Alexandre de Soveral Martins, *Um Curso de Direito da Insolvência*, 2ª Ed., cit., p. 245 s.; Catarina Serra, *Lições de Direito da Insolvência*, cit., p. 97 s; e Maria do Rosário Epifânio, *Manual de Direito da Insolvência*, 8ª Ed., cit. p. 94 s.

954 Sobre as deliberações dos sócios no ordenamento jurídicos português, Jorge Coutinho de Abreu, *Curso de Direito Comercial*, Vol. II, cit. p. 457-498; José Engrácia Antunes, *Direito das Sociedades*, 10ª Ed., cit., p. 410-413; Miguel Pupo Correia, *Direito Comercial – Direito da*

alinhada com as várias situações previstas no ordenamento jurídico que exigem uma decisão coletiva ou conjunta a um determinado grupo de indivíduos diretamente afetados e interessados no conteúdo e efeitos da decisão.

Debruçando-se sobre tal justificação no contexto dos instrumentos de recuperação de empresas, Nicolaes Tollenaar[955] questiona se a mesma é ou não satisfatória e coloca a seguinte hipótese: suponhamos, por exemplo, que quatro de cinco credores estão dispostos e em condições de adiar a data de pagamento dos seus créditos por um determinado período, mas o quinto credor necessita urgentemente de liquidez, sem a qual a continuidade do seu próprio negócio está em risco[956]. Seria razoável, neste caso, prejudicar os interesses do quinto credor, fazendo com que ficasse vinculado por uma decisão aprovada pela maioria quando, em vez de ficar com direito a receber o seu crédito em prestações ao longo de um período extenso, poderia receber quase imediato através da liquidação ou quando, por esta via, poderia receber mais do que aquilo que o acordo prevê. A aprovação por uma certa maioria justificaria sempre e em quaisquer circunstâncias o salvamento de uma empresa (devedora) e o sacrifício de outra empresa (credora)?

Nicolaes Tollenaar[957] e Francisco Garcimartin[958] admitem que se a maioria consentir e o processo de tomada de decisão não for adulterado, pode-se, em princípio, presumir fortemente que o conteúdo do acordo é razoável e representa o melhor resultado para os credores no seu conjunto. Porém, Horst Eidenmüller e Kristin van Zwieten[959], por

Empresa, cit., p. 403 s; Pedro Maia, «Deliberações dos Sócios», *Estudos de Direito das Sociedades*, 12ª Ed., Edições Almedina, Coimbra, 2020, p. 223-254.

955 *Pre-Insolvency Proceedings: A Normative Foundation and Framework*, cit., p. 61.

956 Repare-se que o acordo pode nem sequer modificar o montante do crédito em dívida, mas simplesmente definir a sua forma de pagamento. Esta forma de pagamento pode não ameaçar o direito de crédito em causa uma vez que, à luz do plano, será pago na totalidade. Porém, pode afetar o interesse do respetivo credor que pretende receber o valor devido num prazo inferior ou de imediato. A questão que se coloca é se este interesse é sempre atendível ou não. Por outras palavras, pergunta-se se as partes afetadas podem exercer um direito de veto em nome da violação da sua autonomia privada, *maxime* da sua liberdade para aceitar ou não aceitar que outros imponham certos efeitos sobre os seus direitos e interesses.

957 *Pre-Insolvency Proceedings: A Normative Foundation and Framework*, cit., p. 61.

958 «Article 4 – Availability of preventive restructuring frameworks», cit., p. 93.

959 «Restructuring the European Business Enterprise...», cit., p. 630-631 "container-title": "European Business Organization Law Review", "page": "625-667", "volume": "16", "issue":

exemplo, advertem que, se não existirem mecanismos de controlo sobre a decisão tomada pela maioria, os instrumentos de recuperação preventiva podem, facilmente, ser subvertidos e transformados em meros instrumentos de exercício de poder pelos credores fortes, em conluio com a empresa devedora, em prejuízo dos interesses dos demais. Esta advertência leva-nos a questionar a razão pela qual o tribunal é chamado a intervir num processo negocial em que era suposto prevalecer a autonomia privada[960].

Se é verdade que o legislador parece advogar uma intervenção mínima dos tribunais, não é menos verdade que, no âmbito do PER, lhes reserva um papel importante e imprescindível, tanto na fase de negociação (no controlo dos requisitos de admissão ao processo negocial, da lista provisória de créditos, e da prorrogação do período de suspensão), como na fase de conclusão do processo negocial (no controlo dos requisitos de homologação). Transparece, assim, que o tribunal tem uma palavra a dizer sobre o processo negocial e sobre a sua conclusão.[961]

Este entendimento, levado ao extremo, permitiria que o tribunal tivesse legitimidade para, por exemplo, modificar o plano previamente negociado pelos credores ou alguns deles, impondo uma solução distinta. Refira-se, aliás, que a jurisprudência portuguesa (ou parte dela), na vigência do anterior regime do PER, modificado pela Lei n. 9/2022, de 11 de janeiro, tinha vindo a homologar acordos negociados no âmbito do PER que não correspondiam exatamente ao que havia sido negociado, impondo um conjunto de efeitos ou limitações que haviam sido planeados e/ou aprovados pelas partes subscritoras, em particular no que respeita a créditos laborais e fiscais. Não tendo sido introduzida qualquer alteração com vista a resolver esta questão, prevê-se que a questão continue em aberto. Os tribunais, ou por via da eficácia relativa ou inoponibilidade parcial, ou por via da redução do conteúdo e efeitos do plano, têm contribuído para a modificação parcial de acordos previamente

"4", "abstract": "Two events are currently changing the landscape for business restructurings in the European Union: the "Restructuring Recommendation" (RR).

960 Jennifer Payne, «The Role of the Court in Debt Restructuring», cit., p. 124-134.

961 Neste sentido, Alexandre de Soveral Martins, *Um Curso de Direito da Insolvência*, Vol. II, cit. p. 269.

negociados e aprovados pelas partes, desconsiderando algumas das condições ou limitando alguns dos seus efeitos.[962]

[962] A jurisprudência tem adotado posições distintas quando se depara com motivos para não homologar o acordo, em particular quando está em causa a violação de normas imperativas e de direitos "aparentemente" indisponíveis. Há uma corrente jurisprudencial que tem decidido simplesmente não homologar o acordo. Há outra que decide homologar, expurgando as ilegalidades por via da redução do acordo ou da exclusão ou limitação da eficácia do mesmo. Em ambos os casos, a decisão é proferida sem prévia interpelação das partes subscritoras quanto ao acordo "recusado" ou "homologado". O que significa que não lhes foi dada oportunidade para retificar ou substituir o acordo dentro de um prazo razoável. O que leva a resultados indesejáveis: ou é recusada a homologação de um acordo que até teria margem para ser modificado e, assim, é posta em causa a recuperação da empresa devedora e a melhor satisfação dos credores; ou, por outro lado, é imposto um acordo reduzido ou expurgado que não corresponde exatamente ao que foi acordado e que pode trazer dificuldades acrescidas e, no limite, poderá conduzir à insolvência da empresa por ser um plano inviável. Nenhuma destas soluções é, sob o ponto de vista prático, desejável ou razoável, podendo acarretar mais prejuízos do que proveitos. Num caso, o resultado imediato é drasticamente mau porque coloca em causa a recuperação da empresa. No outro, o resultado imediato é positivo porque assegura a manutenção da empresa em atividade, mas, a médio e longo prazo, tenderá a ser mau porque a empresa devedora poderá não dispor de condições para cumprir as condições que resultam do plano modificado pelo Tribunal. A desadequação e irrazoabilidade destas das soluções torna-se ainda mais evidente quando comparada com uma terceira via que consiste simplesmente em convidar as partes a pronunciarem-se sobre os vícios detetados, concedendo-lhes a oportunidade de manifestarem a sua vontade quanto à viabilidade do plano de recuperação expurgado ou a oportunidade de apresentarem um novo plano retificado, que não padeça daqueles ou outros vícios, sob pena de ser recusada a homologação. Esta terceira via é, em nossa opinião, uma exigência que decorre dos deveres de boa-fé, gestão processual e cooperação (arts. 6º, 7º e 8º CPC). O seu mérito tem sido sugerido e reconhecido por vários Tribunais de primeira instância e por alguma doutrina. Reinaldo Mâncio da Costa («Os requisitos do plano de recuperação», cit., p. 264-266) refere-se a esta terceira via e apresenta dois casos concretos onde isso aconteceu, ambos apreciados no Juízo Local Cível de Braga – Juiz 3. Na Sentença de 17.12.2014, Proc. 3361/14.0TBBRG (Rita Mota Soares) concluiu-se: "...tendo a Segurança Social votado desfavoravelmente o plano, o mesmo não poderá ser homologado senão extirpado da parte relativa a este credor nos termos do art. 292º do CC. Para que tal possa vir a ser decidido impõe-se contudo que os credores que votaram o plano favoravelmente declarem, ainda que tacitamente, que mantêm a sua intenção de voto caso venha a operar-se tal redução. Pelo exposto, sem prejuízo da publicidade a dar à aprovação do plano, a fim de viabilizar a sua futura homologação, notifique os credores que votaram o plano favoravelmente para, querendo e em cinco dias, declararem se mantêm a sua intenção de voto na hipótese de o mesmo ser extirpado da parte relativa ao crédito titulado pela Segurança Social, advertindo-os de que, nada dizendo no indicado prazo, se depreenderá anuírem nessa possibilidade, homologando-se em seguida o plano de recuperação nessa conformidade". Na Sentença de 20.01.2015,

Catarina Serra[963] tem criticado esta tendência, defendendo que a decisão de homologação (ou não homologação) não poderá ser indiferente à natureza negocial do acordo, *maxime* à autonomia privada que lhe é inerente. Aos tribunais cumpre assegurar o controlo da legalidade, proporcionalidade e adequação do acordo livremente negociado pelas partes subscritoras, dentro dos limites e critérios legais aplicáveis. Nessa conformidade, Catarina Serra[964], ponderando as várias soluções seguidas pela jurisprudência, conclui que "seria de toda a conveniência que, antes de decidir a homologação, o juiz convidasse o devedor e os credores privados a pronunciarem-se sobre o 'novo' plano de recuperação (o plano reduzido ou relativizado nos seus efeitos). A homologação deveria, com efeito, ficar condicionada à confirmação de que, apesar de tudo, o plano continuava a ser desejado pela generalidade dos credores privados e continuava a ser útil como via para a realização da recuperação do devedor."

É certa a observação de que a intervenção judicial não visa substituir a autonomia das partes discordantes e afetadas pelo plano de recuperação, nem tampouco se traduz numa espécie de ameaça ao dever

Proc. 327/14.4TBBRG (Idalina Pereira Ribeiro) conclui-se: "considerando que o que sucede na votação favorável de um plano é que há uma confluência de declarações de vontade que o aceitam e que, na medida em que redefinem os direitos e obrigações das partes envolvidas, acabam por convergir num negócio jurídico de carácter global (porque inclui todos os sujeitos das relações jurídicas pertinentes), será de admitir a hipótese de, em caso de violação das normas imperativas acima mencionadas, decidir pela sua nulidade parcial, viabilizando-o na parte não viciada, nos termos do art. 292º, do CC (redução do negócio jurídico), ou seja, quando não seja de concluir que o mesmo não teria sido aprovado sem a parte viciada. Nesta hipótese, os créditos tributários seriam efetivamente considerados à parte desse plano, mas apenas quando, ouvidos os demais credores que o votaram favoravelmente, resultasse que a votação não seria diferente no caso de exclusão daqueles créditos. No caso em apreço, o tribunal considerou útil testar essa possibilidade da redução do negócio jurídico, razão pela qual procedeu à notificação dos credores nos termos supra expostos (cfr. fls. 1100). No caso em apreço, face à posição assumida pelos credores (...), apesar de não vincular os créditos tributários decide-se declarar a nulidade parcial do plano de recuperação aprovado nos autos, excluindo do âmbito do mesmo, os créditos do Instituto da Segurança Social – IP, viabilizando-o na parte não viciada, nos termos do art. 292.", do CC, por se entender que o mesmo teria sido aprovado sem a parte viciada. Nestes termos, julgo válido o plano extirpando a parte relativa aos referidos créditos da Segurança Social".

[963] *Lições de Direito da Insolvência*, cit., p. 435.

[964] *O Processo Especial de Revitalização na Jurisprudência*, cit., p. 97-106.

de cooperação entre as partes, no sentido de o transformar num dever de contratar[965]. A autonomia negocial existe, mas funciona dentro de certos limites, os quais são suscetíveis de controlo judicial[966]. Com efeito, o tribunal é chamado a apreciar a legalidade de um acordo que visa a composição de interesses particulares, mas também de interesses públicos[967]. Em caso de conflito entre diferentes interesses, o tribunal terá de fazer uma ponderação equilibrada, dentro dos limites que a lei impõe, de forma a impedir situações abusivas e injustas. Como refere Stephan Madaus[968], poder-se-á dizer que a autoridade pública atribuída e reco-

[965] A propósito da distinção entre o dever de negociar e o dever de contratar, António Menezes Cordeiro, «O princípio da boa-fé e o dever de renegociação em contextos de 'situação económica difícil'», cit., p. 55 e 64. O autor define os dois conceitos da seguinte forma: "[O] dever de renegociar traduz-se na obrigação de respeitar certos deveres acessórios, ditados pela boa-fé. Esses deveres obrigam a uma disponibilidade para ouvir e à troca de informações efetivas quanto aos desejos, objetivos e disponibilidades de cada um. Finalmente, eles vedam atitudes bruscas, contraditórias e injustificadas. Sobrelevam, em nome da boa-fé, os anunciados princípios da tutela da confiança e da primazia da materialidade subjacente". O dever de contratar, por seu lado, "traduz uma situação jurídica pela qual um sujeito (o obrigado) fica adstrito à celebração de um contrato, isto é: à emissão de uma declaração de vontade que, em conjunto com a da outra parte, dá azo a um negócio jurídico bilateral". Ver ainda quanto a situações em que, por disposição legal existe o dever contratar, Heinrich Höster, *A Parte geral do Código Civil Português*, Edições Almedina, Coimbra, 2007, p. 62-64.

[966] O tribunal não participa nas negociações e nem sequer pode definir o conteúdo do acordo. Não se exige, por isso, que tome decisões de gestão como se fosse parte no acordo. Cabe-lhe apenas aferir a legalidade do mesmo. Nicolaes Tollenaar, *Pre-Insolvency Proceedings: A Normative Foundation and Framework*, cit., p. 82.

[967] Nicoleta Mirela Nastasie («The Role of Judiciary for a Greater Convergence of European Insolvency Law», *Harmonisation of European Insolvency Law*, INSOL Europe, Nottingham, 2017, p. 42) dá-nos conta que são necessárias soluções para encontrar e manter o equilíbrio na relação entre o tribunal e as partes no processo. Referindo-se às tendências e perspetivas do sistema judicial, apresenta duas visões sobre o papel dos tribunais: uma em que o tribunal é visto como tendo um papel subsidiário para resolver conflitos privados entre as partes; outra em que o tribunal tem uma função resolutiva de conflitos entre particulares, mas também uma importante função conformadora e defensora de valores e interesses públicos, em benefício da comunidade em geral. A autora defende que esta segunda perspetiva se aproxima mais do real significado de um sistema judicial para o domínio da insolvência. Sobre o papel social dos tribunais ver, por exemplo, Marc Loth / Elaine Mak, «The judicial domain in view figures, trends and perspectives», *Utrecht Law Review*, Vol. 3, Nr. 1, 2007, p. 75-100.

[968] «On Decision-Making in Rescue Cases: Why Creditors and Shareholders Should Decide about a Rescue Plan», *Perspectives on International Insolvency Law. A Tribute to Bob Wessels*,

nhecida aos tribunais, aliada, aos poderes de controlo sobre o conteúdo do acordo negociado, faz presumir que os juízes são as pessoas mais indicadas e mais qualificadas para tomar as decisões mais acertadas quanto à recuperação ou não das empresas em crise[969].

Poder-se-á dizer, grosso modo, que legislador proíbe a prática de condutas que sejam contrárias à boa-fé negocial e ao justo equilíbrio das soluções. Um credor discordante não pode, a pretexto da liberdade negocial, impedir a homologação de um acordo de recuperação porque, por exemplo, lhe interessa que a empresa devedora não seja recuperada, de modo a poder aumentar a sua quota no mercado. Também não é legítimo que, em nome da autonomia privada, um credor, à última da hora, e sem qualquer razão justificativa, mude de ideias e vote desfavoravelmente um plano que ajudou a preparar e que até é mais vantajoso para si[970].

Em muitos casos, quando os tribunais superiores são chamados a apreciar a decisão de homologação proferida no âmbito do PER, tem-se discutido a eventual violação do princípio da igualdade dos credores, havendo uma clara tendência para uma aplicação flexível, iluminada pelas circunstâncias particulares do caso. Tem-se entendido que o princípio da igualdade de credores deve ser ponderando à luz das circunstâncias do caso concreto, exigindo-se uma desigualdade significativa e não pequenas ou ligeiras desigualdades que até podem ser justificadas pelas circunstâncias[971]. Como referem Luís Carvalho Fernandes e João Labareda[972] "a ponderação das circunstâncias de cada situação pode justificar outros alinhamentos, nomeadamente tendo em conta as fontes do crédito". Assim, poder-se-á admitir um tratamento preferencial

Wolters Kluwer, Deventer, 2014, p. 215-216.

[969] Na verdade, em muitos casos, nem a empresa devedora, nem os credores, em conjunto e individualmente, estão em condições de tomar uma decisão racional e ponderada devido ao forte incentivo que eles podem ter para salvaguardar os seus interesses particulares. O tribunal seria um garante da justiça e credibilidade do plano. Mesmo nos casos em que o acordo é apoiado por todos o controlo judicial não está dispensado se o mesmo tiver que ser homologado.

[970] Nicolaes Tollenaar, *Pre-Insolvency Proceedings: A Normative Foundation and Framework*, cit., p. 90; Stephan Madaus, «Leaving the Shadows of US Bankruptcy Law...», cit., p. 630, 640-641.

[971] Ver, por exemplo, Ac. do TRC de 27.06.2017, Proc. 8389/16.3T8CBR.C1 (Isaías Pádua).

[972] *Código da Insolvência e da Recuperação de Empresas Anotado*, cit., p. 753.

ligeiro a certos credores em função das circunstâncias concretas do caso e, em particular, da sua importância ou essencialidade na obtenção de um acordo que permita à empresa devedora manter-se em atividade. O que está manifestamente vedado é, na falta de acordo dos afetados e discordante, sujeitar a tratamentos manifestamente diferentes credores em circunstâncias idênticas[973].

Nesse sentido, não se pode dizer que a intervenção judicial vise excluir a autonomia negocial e/ou a natureza contratual do acordo de recuperação, mas apenas salvaguardar o equilíbrio contratual à luz dos princípios da autonomia privada, da boa-fé e do interesse público da recuperação de empresas pré-insolventes e viáveis. Dito de outro a forma, por via da intervenção judicial as partes afetadas pelo acordo de recuperação, apoiantes ou discordantes, podem e devem confiar que o acordo homologado atenderá, de forma justa e equilibrada, aos interesses particulares de cada um dos afetados e ao interesse público na recuperação das empresas pré-insolventes. Essa confiança é, podemos dizer, fundamento e expressão da boa-fé negocial e, consequentemente, do contexto de cooperação em que devem decorrer as negociações.

4. Homologação de plano votado por categorias

À semelhança do que sucede na *Reorganization,* a Diretiva (UE) 2019/1023 prevê a aprovação e homologação de acordos consensuais e acordos não consensuais[974].

O legislador europeu determina que a regra da aprovação democrática deve ser reforçada por três requisitos que visam assegurar que o acordo consensual (aprovado por todas as categorias) não afeta injustamente os direitos e interesses das partes afetadas e/ou discordantes.

[973] Luís Carvalho Fernandes / João Labareda, Código da Insolvência e da Recuperação de Empresas Anotado, cit., p. 753.

[974] Sobre a *absolute priority rule* no direito norte-americano e seus reflexos no direito europeu, Bob Wessels / Stephan Madaus, *Rescue of Business in Insolvency Law,* cit., p. 38-39, 308-311 e 323-338; Catarina Serra, «Em face do Direito da Insolvência iminente. O tratamento justo como condição para a reestruturação forçada de dívida: prioridade absoluta ou prioridade relativa?», *V Congresso de Direito da Insolvência,* Edições Almedina, Coimbra, 2019, p. 15-30; *Lições de Direito da Insolvência,* 2ª Ed., cit., p. 578-586; Nicolaes Tollenaar, «The European Commission's Proposal for a Directive on Preventive Restructuring Proceedings», cit., p. 68-69; e Stephan Madaus, «Reconsidering the shareholder's role in corporate reorganisations under insolvency law», cit., p. 113-114.

São eles: a viabilidade da empresa pré-insolvente[975], e o tratamento igual, proporcional e justo[976], a salvaguarda do melhor interesse das partes afetadas[977].

Caso o acordo não seja consensual, o mesmo poderá, ainda assim, ser objeto de homologação se respeitar, em complemento àqueles requisitos ou testes, as regras da prioridade absoluta ou relativa[978].

4.1. O direito europeu

À semelhança do que sucede na *Reorganization*, a Diretiva (UE) 2019/1023 prevê a homologação de planos consensuais e de planos não consensuais.

Estando em causa um plano consensual, o mesmo deverá observar certos requisitos substanciais para que possa ser confirmado por uma entidade administrativa ou judicial: referimo-nos ao requisito da viabilidade da empresa devedora, ao requisito do tratamento igual, proporcional e justo (não discriminatório), e ao requisito da salvaguarda do melhor interesse das partes afetadas. Estes requisitos visam proteger os interesses das partes discordantes dentro de cada categoria e os interesses das partes afetadas no seu todo, de modo a salvaguardar que aquelas não são injustamente prejudicadas ou discriminadas.[979]

Estando em causa um plano não consensual admite-se a sua confirmação (ou homologação) por uma entidade administrativa ou judicial por via da reestruturação forçada contra categorias de credores discordantes, desde que obtenha um apoio mínimo[980] e se respeite uma de

[975] Art. 8º, n. 1, al. h) e art. 10º, n. 3 da Diretiva (UE) 2019/1023.

[976] Art. 10º, n. 2, als. b) e e) da Diretiva (UE) 2019/1023.

[977] Art. 2º, n. 1, 6) e art. 10º, n. 2, al. d) da Diretiva (UE) 2019/1023.

[978] Nicolaes Tollenaar, «The European Commission's Proposal for a Directive on Preventive Restructuring Proceedings», cit., p. 65-81.

[979] Francisco Garcimartin, «Article 10 - Confirmation of restructuring plans», cit., p. 170-175.

[980] A regra do suporte mínimo encontra-se prevista no art. 11º, n. 1, al. b) da Diretiva (UE) 2019/1023, onde se exige que o plano tenha sido aprovado por uma das duas formas: por uma maioria das categorias votantes de partes afetadas, desde que pelo menos uma dessas categorias seja uma categoria de credores garantidos ou tenha precedência sobre a categoria de credores comuns não garantidos; ou, se não for o caso, por, pelo menos, uma das categorias votantes de partes afetadas ou, se o direito nacional assim o previr, de partes prejudicadas, que não seja uma categoria de detentores de participações nem qualquer outra categoria que, após a avaliação do devedor como empresa em atividade, não recebesse qualquer pagamento nem conservasse qualquer interesse ou, se o direito nacional assim o

duas regras: a regra da prioridade absoluta ou a regra da prioridade relativa. Estas duas regras (alternativas) visam assegurar um tratamento justo às categorias discordantes, por referência (de forma absoluta ou relativa) à natureza e hierarquia dos respetivos direitos.

Vejamos agora, de forma individual, os requisitos de homologação de um plano consensual e de um plano não consensual à luz do modelo apresentado na Diretiva (UE) 2019/1023.

4.2. A viabilidade da empresa pré-insolvente

Resulta do disposto no art. 10º, n. 3 da Diretiva (UE) 2019/1023 que o plano não deverá ser homologado pelas autoridades judiciais ou administrativas se a empresa devedora e pré-insolvente não for viável, isto é, se, à luz do plano, não apresentar perspetivas razoáveis de evitar a insolvência ou de garantir a sua viabilidade. Dito pela positiva: um dos requisitos exigíveis para que o plano possa ser homologado é a viabilidade da empresa pré-insolvente.[981]

Tais perspetivas devem estar concretizadas no plano de recuperação, o qual, de acordo com o arts. 8º, n. 1, al. h), da Diretiva, deve conter "uma exposição de motivos que explique as razões pelas quais há uma perspetiva razoável de o plano de reestruturação evitar a insolvência do devedor e garantir a viabilidade da empresa, incluindo as condições prévias necessárias para o êxito do plano"[982], a qual poderá ser elaborada ou validada por um perito externo ou por profissional no domínio da reestruturação.

Não basta que a empresa se encontre pré-insolvente e, que portanto, exista uma necessidade de recuperação, é preciso que existam condições reais de poder ser recuperada. Como defende Horst Eidenmüller[983], a necessidade de recuperação *(Reorganisations-würdigkeit)*, gerada pela situação de pré-insolvência, é imprescindível, mas não é, por si só,

previr, se possa razoavelmente presumir que não receberia qualquer pagamento nem conservaria qualquer interesse se fosse aplicada a ordem normal das prioridades de liquidação nos termos do direito nacional". A propósito desta hipótese, diz-se ainda que "[o]s Estados-Membros podem aumentar o número mínimo de categorias de partes afetadas ou, se o direito nacional assim o previr, de partes prejudicadas exigidas para a aprovação do plano" (art. 11º, n. 1, §. 3 da Diretiva (UE) 2019/1023).

981 Francisco Garcimartin, «Article 10 – Confirmation of restructuring plans», cit., p. 175.

982 Art. 8º, n. 1, al. h) da Diretiva (UE) 2019/1023.

983 *Unternehmenssanierung zwischen Markt und Gesetz...*, cit., p. 663-672.

suficiente. Uma empresa pré-insolvente só é digna de recuperação se tiver uma possibilidade realista de se manter em atividade *(realistische Reorganisationsfschance)*[984]. Se não houver uma oportunidade realista de recuperação, a empresa deve ser liquidada da forma mais rápida possível, em nome do interesse dos credores e do interesse público na satisfação dos seus créditos e na proteção da economia, face as perdas acrescidas que o prolongamento forçado e artificial de uma empresa inviável pode gerar por efeito de contágio[985].

O plano de recuperação, contendo uma perspetiva razoável (ou uma possibilidade realística) de recuperação, deverá permitir que as empresas com dificuldades financeiras continuem a exercer, na totalidade ou em parte, a sua atividade, através da alteração da composição, das condições ou da estrutura dos seus ativos e dos seus passivos ou de qualquer outra parte da sua estrutura de capital, nomeadamente com a venda de ativos ou de partes da atividade ou, se o direito nacional assim o previr, da própria empresa em atividade, bem como quaisquer alterações operacionais que se afigurem necessárias, ou uma combinação destes elementos[986].

4.3. O tratamento igual, proporcional e justo

A juntar ao requisito da viabilidade da empresa pré-insolvente, decorre do disposto no art. 10º, n. 2, als. b) e e) da Diretiva (UE) 2019/1023 que o plano de recuperação deve assegurar um tratamento igual, proporcional e justo que não discrimine ou prejudique injustamente, por um lado, as partes da mesma categoria e, por outro lado, caso seja concedido um novo financiamento, as partes afetadas no seu todo. Caso o plano não cumpre este requisito, nesta dupla vertente, não deve ser homologado.

Na primeira vertente, o requisito em causa visa assegurar que as partes afetadas com suficientes interesses comuns da mesma categoria são tratados em pé de igualdade, de forma proporcional aos seus créditos[987]. Isto pressupõe, logicamente, que as partes foram devidamente agrupadas em categorias de acordo com interesses substancialmente similares.

[984] Neste sentido, Karsten Schmidt, *Möglichkeiten der Sanierung von Unternehmen...*, cit., p. 75-76.

[985] Considerando (3) da Diretiva (UE) 2019/1023.

[986] Considerando (2) e art. 2º, n. 1, 1), da Diretiva (UE) 2019/1023.

[987] Art. 10º, n. 2, al. b) da Diretiva (UE) 2019/1023.

Caso contrário, dificilmente se conseguiria assegurar um tratamento igual e proporcional entre as mesmas[988]. Admitindo que foram devidamente agrupadas, então exige-se que não haja um tratamento discriminatório que prejudique injustamente as partes afetadas inseridas na mesma categoria. Nessa conformidade, os interesses substancialmente similares justificam não só a sua junção na mesma categoria, mas também o seu tratamento igual e proporcional, tendo em conta, naturalmente, o montante dos respetivos créditos e outras particularidades.

Quer isto dizer que os critérios de distribuição do valor resultante da recuperação por determinada categoria devem ser iguais. Daqui não resulta que as partes inseridas na mesma categoria vão receber (ou têm direito a receber) exatamente o mesmo valor. Significa que, por aplicação de critérios objetivos e uniformes, previstos no plano de recuperação, o valor será repartido de igual forma, tendo em conta o montante dos respetivos créditos e outras particularidades que possam justificar algumas diferenças, não ao nível do critério de tratamento, mas ao nível da sua aplicação prática.

Na segunda vertente, o requisito em causa visa assegurar que os novos financiamentos concedidos à empresa devedora são necessários para executar o plano de reestruturação e, sendo necessários, não prejudicam injustamente os interesses das partes afetadas no seu todo[989].

O primeiro segmento (estar em causa um financiamento necessário) quer significar que não basta que o novo financiamento contribua para garantir a viabilidade da empresa. É preciso que a sua concessão seja estritamente (justificadamente) necessária para garantir a viabilidade da empresa. O cuidado do legislador em garantir que o novo financiamento é necessário, está intimamente relacionada com a proteção que é dada aos novos financiamentos. Os novos financiamentos (entendidos em sentido amplo) não podem ser declarados nulos, anuláveis ou insuscetíveis de execução, nem os prestadores de tais financiamentos podem incorrer em responsabilidade civil, administrativa ou penal, com o fundamento de que tais financiamentos são prejudiciais para o conjunto dos credores, exceto se existirem outros fundamentos previstos no direito nacional[990].

[988] Francisco Garcimartin, «Article 10 – Confirmation of restructuring plans», cit., p. 172.

[989] Art. 10º, n. 2, al. b) da Diretiva (UE) 2019/1023.

[990] Art. 17º, n. 1 da Diretiva (UE) 2019/1023.

Sendo concedido um novo financiamento, a empresa devedora e, em princípio, todos os demais afetados beneficiam disso porque a empresa se manterá em atividade e será capaz de cumprir o plano de recuperação. Mas se a recuperação falhar e a empresa for declarada insolvente, algumas partes afetadas podem sair prejudicadas em virtude do novo financiamento concedido. O legislador admite que isso possa acontecer, mas ainda assim protege os novos financiamentos na medida em que tiverem sido necessários à recuperação e não existirem outros fundamentos (nomeadamente fraude ou má-fé) para colocar em causa a sua validade e responsabilizar os intervenientes.

Nessa conformidade, a autoridade (administrativa ou judicial) competente para homologar o acordo deverá aferir se a concessão de novos financiamentos está, à luz do plano, devidamente justificada e é necessária para assegurar a recuperação. Ainda que o novo financiamento se revele necessário para a implementação do plano, a autoridade administrativa ou judicial competente para homologar o acordo terá ainda que verificar se, em virtude da concessão de um novo financiamento, a implementação do plano de recuperação implica ou não um sacrifício desproporcionado, discriminatório e injustificado para as partes afetadas.

Por isso, o segundo segmento da segunda vertente do requisito em análise (não prejudicar injustamente os interesses das partes afetadas no seu todo) quer significar que não basta que o novo financiamento seja necessário, é ainda preciso que se faça um juízo de prognose, no sentido de se verificar, numa análise prospetiva *ex ante*, se os termos e condições dos novos financiamentos (nomeadamente através da constituição de garantias a favor dos novos financiadores), são manifestamente desproporcionais, injustificados e excessivos, de tal modo que prejudicam o conjunto das partes afetadas, especialmente, no caso de uma futura insolvência.[991]

4.4. A salvaguarda do melhor interesse das partes afetadas

À luz do art. 10º, n. 2, al. d) da Diretiva (UE) 2019/1023, para que um plano de recuperação possa ser homologado, vinculando a minoria de partes discordantes dentro de cada categoria, não basta que o plano seja viável, trate de forma igual e proporcional as partes afetadas da mesma

[991] Francisco Garcimartin, «Article 10 – Confirmation of restructuring plans», cit., p. 174.

categoria e não prejudique injustamente os interesses das partes afetadas no seu todo, é ainda necessário que o plano satisfaça o critério da salvaguarda do melhor interesse dos credores (*maxime* partes afetadas) discordantes[992].

Segundo o art. 2º, n. 1, 6) da Diretiva, trata-se de garantir que "nenhum credor [parte afetada] discordante fica em pior situação com um plano de reestruturação do que ficaria se fosse aplicada a ordem normal das prioridades de liquidação nos termos do direito nacional, quer em caso de liquidação, através da liquidação fracionada ou da venda da empresa em atividade, quer em caso de melhor cenário alternativo se o plano de reestruturação não fosse confirmado".[993]

Percebe-se, assim, que o critério do melhor interesse visa proteger os direitos das partes afetadas discordantes por comparação com duas situações possíveis e alternativas ao plano de recuperação: a liquidação, fracionada ou de venda da empresa em atividade, e o melhor cenário alternativo.[994]

Francisco Garcimartin[995] explica que a referência ao melhor cenário alternativo foi incluída pelo legislador europeu, face ao que constava na Proposta da Diretiva, para cobrir os casos em que os credores possam ter, ao abrigo da legislação nacional, melhores opções do que simplesmente a liquidação, no sentido do encerramento e desmembramento

[992] Art. 10º, n. 2, d) da Diretiva (UE) 2019/1023.

[993] Este critério já resultava da Recomendação da Comissão Europeia de 2014 (Considerando (19) da Recomendação da Comissão (UE) 2014/135), onde se dizia que o tribunal deveria rejeitar um plano em que fosse provável que a tentativa de reestruturação reduziria os direitos dos credores dissidentes para níveis abaixo do que se poderia razoavelmente esperar na ausência de uma reestruturação da empresa do devedor. Na Proposta de Diretiva de 2016 (Art. 2º, (2) da Proposta de Diretiva COM(2016) 723 final), por sua vez, o critério era apresentado como forma garantir de que nenhum credor discordante ficaria em pior situação com o plano de reestruturação do que estaria em caso de liquidação, quer através de liquidação fracionada quer através de venda como empresa em funcionamento.

[994] Catarina Serra (*Lições de Direito da Insolvência*, 2ª Ed., p. 580, nota 1097) sublinha que "a avaliação da empresa é uma operação indispensável, não só no caso de contestação do plano com base no incumprimento do teste do melhor interesse dos credores, previsto na al. a) do n. 1 do art. 14º da Directiva, mas ainda no caso de incumprimento das condições de imposição do plano a categorias discordantes, previsto no art. 11.o, n. 1, al. b), ii), da Directiva e pode criar muitas dificuldades à autoridade judicial ou administrativa". A análise depende das circunstâncias do caso e das regras nacionais aplicáveis.

[995] «Article 10 – Confirmation of restructuring plans», cit., p. 173.

da empresa e venda do seu ativo. Nalguns casos, a melhor alternativa à recuperação será a liquidação da empresa em processos de insolvência com encerramento da atividade. Porém, casos haverá em que a empresa vale mais se for vendida, na totalidade ou em parte, como empresa em atividade.

Dependendo das circunstâncias, a liquidação por desmembramento pode, *in casu*, ser mais favorável do que o acordo de recuperação e a venda da empresa em atividade pode igualmente ser mais vantajosa do que o acordo de recuperação. A dificuldade consiste, portanto, em determinar, em concreto, o valor da empresa nos vários cenários. Tanto o valor da recuperação como o valor que seria obtido por via dos cenários alternativos de liquidação, só podem ser apurados com base em estimativas e aproximações. Estas estimativas e aproximações, ainda que baseadas nalguns elementos objetivos, em dados da experiência e nos melhores conhecimentos e práticas, envolvem sempre um grau de incerteza pois referem-se sempre a hipóteses e cenários futuros que podem ou não ocorrer. Daí resultam evidentes dificuldades de aplicação prática.

Não obstante as dificuldades que possam existir, fruto da complexidade das circunstâncias e da incerteza inultrapassável[996], será a avaliação económico-financeira da empresa que, em boa medida, indicará se o plano é feito no melhor interesse dos credores[997]. O legislador europeu não aponta um critério de apuramento, mas parece assumir uma certa hierarquia ou grau de preferência: o valor da recuperação seria globalmente mais vantajoso e tendencialmente o mais favorável às partes afetadas; em segundo lugar teríamos o valor resultante da liquidação da empresa em atividade; e, em terceiro e último lugar, como opção menos desejável, estaria (na falta de melhor cenário) o valor da liquidação por encerramento e desmembramento. Regra geral, o valor da empresa em atividade é superior ao valor de liquidação porque assenta no pressuposto de a empresa continuar a exercer a sua atividade com o mínimo

[996] Trata-se de uma dificuldade natural e intrínseca de uma operação de ponderação com base em cenários hipotéticos (a situação que existiria sem o acordo) e relativamente incertos (a situação que passará a existir com a homologação do acordo). Ver, Lucian Bebchuk, «A New Approach to Corporate Reorganizations», *Harvard Law Review*, Vol. 101, Nr. 4, p. 777-778.

[997] Juana Pulgar Ezquerra, «Gobierno corporativo y reestructuración preventiva...», cit., p. 98.

de perturbação, ter a confiança dos credores financeiros, acionistas e clientes, continuar a gerar receitas e limitar o impacto sobre os seus trabalhadores[998].

Sob o ponto de vista da sua formulação teórica, tais suposições são perfeitamente lógicas e razoáveis, e podem ser úteis em cenários de incerteza para se optar por uma ou por outra situação. A dúvida maior poderá residir entre o valor da recuperação (sem venda da empresa em atividade) e o valor que resultaria da venda da empresa em atividade ou da conjugação de mais do que uma possibilidade (como sucede com o desmembramento ou venda parcial da atividade).

Como diria Horst Eidenmüller[999], a operação de comparação é, em si mesma, realizada com base em considerações hipotéticas e os respetivos critérios não são claros. Nas palavras de Luís Carvalho Fernandes e João Labareda[1000], "trata-se de um exercício intelectual de prognose, frequentes vezes complexo, que se traduz em comparar o que se antevê resultar da homologação do plano, para o reclamante, com aquilo que aconteceria na ausência dele". Poder-se-ia falar de "um juízo de plausibilidade ou probabilidade"[1001], assente em dados objetivos e numa operação de cálculo e estimativa que permitiram concluir, com razoabilidade, que nenhuma parte afetada discordante fica em pior situação com um plano de reestruturação do que ficaria em caso de liquidação ou de qualquer outro cenário alternativo.

4.5. As regras da prioridade absoluta e relativa

Em complemento aos requisitos substanciais analisados anteriormente (a viabilidade da empresa pré-insolvente, o tratamento igual, proporcional e justo, e a salvaguarda do melhor interesse das partes afetadas),

[998] Considerando (49) da Diretiva (UE) 2019/1023.

[999] *Unternehmenssanierung zwischen Markt und Gesetz...*, cit., p. 120. O Autor sustenta que, no caso do plano de insolvência (no sistema insolvencial alemão), teria sido preferível se o controlo judicial estivesse restringido aos casos manifestamente ilegais *("auf eine Kontrolle evident regelwidriger Vorgänge")* de forma a aliviar a operação de comparação para proteção das minorias. Dessa forma, o esforço de controlo seria reduzido e o risco de atrasos processuais reduzido.

[1000] *Código da Insolvência e da Recuperação de Empresas Anotado*, cit., p. 832.

[1001] Luís Menezes Leitão, *Direito da Insolvência*, cit., p. 294. No mesmo sentido, Catarina Serra, *Lições de Direito da Insolvência*, cit., p. 476.

exige-se que o plano de recuperação que reúna o apoio mínimo necessário[1002], respeite as regras da prioridade absoluta ou relativa para que o mesmo possa ser homologado contra categorias afetadas e discordantes (*"cross-class cram-down"* ou "reestruturação forçada contra categorias de credores").[1003]

Primeiramente, o afastamento ou limitação da aprovação consensual exige que haja um apoio mínimo[1004]. O acordo deve ser aprovado "por uma maioria das categorias votantes de partes afetadas, desde que pelo menos uma dessas categorias seja uma categoria de credores garantidos ou tenha precedência sobre a categoria de credores comuns não garantidos"[1005]. Em alternativa, os Estados-Membros podem exigir que o acordo seja aprovado "por, pelo menos, uma das categorias votantes de partes afetadas ou, se o direito nacional assim o previr, de partes prejudicadas, que não seja uma categoria de detentores de participações nem qualquer outra categoria que, após a avaliação do devedor como empresa em atividade, não recebesse qualquer pagamento nem conservasse qualquer interesse ou, se o direito nacional assim o previr, se possa razoavelmente presumir que não receberia qualquer pagamento nem conservaria qualquer interesse se fosse aplicada a ordem normal das prioridades de liquidação nos termos do direito nacional"[1006].

Daqui resulta que o suporte necessário é um apoio mínimo pois poderá ser reduzido a uma categoria afetada e/ou prejudicada, desde que não seja a categoria dos detentores de participações sociais ou qualquer outra categoria que provavelmente nada receberia em caso de liquidação[1007]. Naturalmente que a menor exigência ao nível do número de

[1002] Art. 11º, n. 1, al. b) da Diretiva (UE) 2019/1023.

[1003] Catarina Serra, *Lições de Direito da Insolvência*, 2ª Ed., cit., p. 580-586; Juana Pulgar Ezquerra, «Gobierno corporativo y reestructuración preventiva...», cit., p. 98-105; Michael Veder, «Article 11 – Cross-class cram-down», *European Preventive Restructuring, European Preventive Restructuring, Directive (EU) 2019/1023, Article-by-Article Commentary*, C. H. Beck, München, 2021, p. 183-184.

[1004] Michael Veder, «Article 11 – Cross-class cram-down», cit., p. 183-184.

[1005] 11º, n. 1, al. b), i), da Diretiva (UE) 2019/1023.

[1006] 11º, n. 1, al. b), ii), da Diretiva (UE) 2019/1023.

[1007] Nicolaes Tollenaar («The European Commission's Proposal for a Directive on Preventive Restructuring Proceedings», cit., p. 69) observa que a exigência, nos termos da legislação norte-americana de que, pelo menos uma categoria prejudicada aceita o plano, não atende a nenhum objetivo político relevante e, pelo contrário, levou a situações de

categorias apoiantes precisa de ser adequadamente compensada de modo que não se perca a justiça, equilíbrio e razoabilidade indispensáveis à homologação de um acordo não consensual[1008], e se evitem situações abusivas[1009].

O racional subjacente a esta solução, a de permitir a homologação de acordos que reúnam um apoio mínimo, é a de impedir bloqueios abusivos à aprovação de acordos de recuperação pré-insolvencial por uma ou mais categorias de credores quando o acordo é globalmente justo para todos os afetados. Não se pode chegar ao ponto de dizer que existe uma obrigação legal de consentir e aprovar o plano, uma vez que, em princípio, deve ser respeitada a autonomia das partes afetadas e discordantes em cada categoria. Porém, a recusa de uma ou mais categorias poderá ser considerada injustificada e, de certo modo, contrária à boa-fé e, nesse caso, é conferido ao tribunal o poder de homologar o acordo, tornando-o vinculativo para todas as categorias afetados, mesmo que não reúna consenso.[1010]

Para o efeito, o legislador europeu estabelece que, em complemento aos demais critérios aplicáveis, o plano deve ainda respeitar a regra da prioridade absoluta[1011] ou a regra da prioridade relativa[1012].

Sobre a primeira regra diz-se que "os Estados-Membros poderão proteger uma categoria discordante de credores afetados através da garantia de que essa categoria discordante seja paga na íntegra se o plano de reestruturação previr que uma categoria de grau inferior receba algum pagamento ou conserve algum interesse"[1013]. Sobre a segunda

abuso. Por isso, tal como sublinha o autor citado, o *American Bankruptcy Institute* recomendou, no contexto da reforma do *Chapter 11*, reformular esse requisito.

1008 Neste sentido, Tomáš Richter / Adrian Thery, *INSOL Europe Guidance Note on the Implementation of Preventive Restructuring Frameworks...*, cit., p. 32-33; e Stephan Madaus, «Is the Relative Priority Rule Right For Your Jurisdiction: A simples guide to RPR», *Working Paper*, Nr. 1, 2020.

1009 Tomáš Richter / Adrian Thery (*INSOL Europe Guidance Note on the Implementation of Preventive Restructuring Frameworks...*, cit., 2020, p. 32-33) observam que essa representatividade mínima facilmente poderia ser obtida por *"gerrymandering"*, ou seja, por subdivisão artificial de categorias de modo a garantir que credores amigos constituíssem a maioria necessária.

1010 Karsten Schmidt, *Möglichkeiten der Sanierung von Unternehmen...*, cit., p. 89-90.

1011 Considernado (55) e art. 11º, n. 2 da Diretiva (UE) 2019/1023.

1012 Considernado (55) e art. 11º, n. 1, al. c) da Diretiva (UE) 2019/1023.

1013 Considerando (55) da Diretiva (UE) 2019/1023.

regra o legislador europeu estabelece que "os Estados-Membros deverão poder proteger uma categoria discordante de credores afetados através da garantia de que estes recebam um tratamento pelo menos tão favorável como o de qualquer outra categoria do mesmo grau e mais favorável do que o de qualquer categoria de grau inferior"[1014].

Em qualquer dos casos, e à semelhança do que sucede na *Reorganization*, nenhuma categoria de partes afetadas pode, no âmbito do plano de reestruturação, receber nem conservar mais do que o montante correspondente à totalidade dos seus créditos ou interesses[1015]. Pretende-se, assim, proteger os membros das categorias inferiores de modo que estes não possam ser prejudicados pela circunstância de ser distribuído mais valor do que o devido pelas categorias superiores[1016].

A opção por uma ou por outra depende da perspetiva que se tenham quanto às suas vantagens e desvantagens. A regra da prioridade absoluta é apresentada como sendo mais rígida. A regra da prioridade relativa é, por natureza, mais flexível. A primeira tem a vantagem de conferir, em princípio, mais segurança e previsibilidade. A segunda tem a vantagem de poder atender a circunstâncias particulares de um caso que justifiquem ligeiros desvios à prioridade absoluta.[1017]

A opção pode recair, assim, entre um modelo mais rígido que tende a afastar as categorias menos graduadas, em especial os detentores de participações sociais ou credores comuns, do esforço de recuperação[1018],

[1014] Considerando (55) e art. 11º, n. 1, al. c) da Diretiva (UE) 2019/1023.

[1015] Considerando (56) e art. 11º, n. 1, al. d) da Diretiva (UE) 2019/1023.

[1016] Além disso, os Estados-Membros dispõem de "discricionariedade na transposição do conceito de «pagamento na íntegra», inclusive no que diz respeito ao momento do pagamento, desde que o capital da dívida e, no caso dos credores garantidos, o valor da garantia estejam protegidos"; podendo ainda "decidir quanto aos meios equivalentes pelos quais o crédito original poderá ser satisfeito na íntegra" (Considerando (55) da Diretiva (UE) 2019/1023.

[1017] Bob Wessels / Stephan Madaus, *Rescue of Business in Insolvency Law*, cit., p. 33-337; Catarina Serra, *Lições de Direito da Insolvência*, 2ª Ed., cit., p. 580-586; Douglas Baird / Robert Rasmussen, «Control Rights, Priority Rights, and the Conceptual Foundations of Corporate Reorganizations», *Virginia Law Review*, Vol. 87, 2001, p. 936; Juana Pulgar Ezquerra, «Gobierno corporativo y reestructuración preventiva...», cit., p. 98-105; Michael Veder, «Article 11 – Cross-class cram-down», *European Preventive Restructuring, European Preventive Restructuring, Directive (EU) 2019/1023, Article-by-Article Commentary*, C. H. Beck, München, 2021, p. 185-189.

[1018] De acordo com Tomáš Richter / Adrian Thery (*INSOL Europe Guidance Note on the Implementation of Preventive Restructuring Frameworks...*, cit., p. 35-36) as críticas que têm sido

e um sistema mais flexível que procura acomodar os interesses de todos os participantes e afetados na medida em que isso seja útil e necessário à recuperação e trate de forma justa e equilibrada todas as categorias de partes afetadas pelo plano de recuperação, em particular as categorias discordantes, quer no plano horizontal ("um tratamento pelo menos tão favorável como o de qualquer outra categoria do mesmo grau"), quer no plano vertical ("um tratamento... mais favorável do que o de qualquer categoria de grau inferior"). Na primeira opção (a prioridade absoluta) favorece-se, principalmente, os interesses das categorias de credores fortes, isto é, daquelas que estão no topo ou mais próximo do topo da hierarquia ou ordem de preferência de créditos. Na segunda opção destaca-se o incentivo à cooperação e envolvimento das categorias do mesmo grau e, sobretudo, categorias inferiores, em particular das categorias de detentores de participações sociais.

A opção pela regra da prioridade relativa poderá justificar-se, por exemplo, "caso se considere justo que os detentores de participações

feitas em relação à regra de prioridade relativa podem ser resumidas da seguinte forma: (1) pode permitir a transferência de valor para credores de categorias inferiores que, de acordo com a prioridade absoluta, serviriam para satisfazer na íntegra credores de categorias ou hierarquia superiores, permitindo, por exemplo, que um credor garantido não seja pago integralmente e que um credor comum ou subordinado receba algum valor que, à luz da prioridade absoluta, não receberia; (2) a liquidação pode consistir na venda da empresa em atividade e é duvidoso se o fato de a venda ser a um terceiro ou aos próprios credores, é motivo suficiente para atribuir soluções distintas, segundo as regras de prioridade, no âmbito da reestruturação pré-insolvencial e na insolvência; (3) a prioridade relativa distorce a natureza dos créditos pré-existentes; (4) a prioridade relativa cria incerteza jurídica para investidores e juízes sobre o valor exato a ter em consideração para aferir o "melhor tratamento" da classe superior em relação à classe inferior; (5) a prioridade relativa prejudica o processo negocial porque dá um incentivo aos acionistas ou outros credores menos graduados a não procurar plano consensuais, de modo a tirar partido da prioridade relativa; (6) a prioridade relativa complica ainda mais a preparação de um plano de recuperação uma vez que, na falta de consenso, ter-se-ia que determinar qual o valor a distribuir pelas categorias afetadas e pela categoria apoiante que, de acordo com a regra da prioridade absoluta e no cenário de liquidação, nenhum valor receberia; (7) a incerteza associada à prioridade relativa poderá ter um efeito adverso na garantia do preço mais alto para a venda de créditos em incumprimento; (8) a prioridade relativa ignora o objetivo de reestruturação de créditos e interesses pré-existentes e, portanto, ignora que, se se pretende permitir que os acionistas sejam recompensados por permanecerem envolvidos, é possível fazê-lo não como uma contraprestação pelos seus direitos e interesses pré-existentes, mas como uma contraprestação pelo valor adicional que eles devem contribuir após a reestruturação.

conservem certos interesses no âmbito do plano, apesar de uma categoria de grau superior ser obrigada a aceitar uma redução dos seus créditos, ou que os fornecedores essenciais abrangidos pela disposição relativa à suspensão das medidas de execução sejam pagos antes de categorias de credores de grau superior"[1019]. Catarina Serra[1020] observa que um dos méritos da prioridade relativa, por comparação com a prioridade absoluta, é evitar que os sócios (em especial das sociedades de cariz familiar e das micro, pequenas e médias empresas em geral) se sintam desmotivados a recorrer aos instrumentos de recuperação preventiva, na medida em que isso (a prioridade relativa) lhes permitirá conservar algum valor ou interesse que, de outro modo, poderia ser afetado por via prioridade absoluta. Daqui resulta que a regra da prioridade relativa abre portas a que, mais facilmente, os sócios possam continuar na empresa e, assim, consigam assegurar a manutenção da mesma em atividade.[1021]

[1019] Considerando (55) e art. 11º, n. 1, al. c) da Diretiva (UE) 2019/1023.

[1020] «Em face do Direito da Insolvência iminente...», cit., p. 27.

[1021] Em sentido contrário, Giulia Ballerin («The Priorities Dilemma in the EU Restructuring Directive: Absolute or Relative Priority Rule?», cit., p. 22), não negando que alguns casos pode ser vantajoso permitir que os sócios mantenham uma participação na empresa recuperada, mesmo que nem todas as classes de credores estejam de acordo, considera que a regra da prioridade relativa não é a solução correta, propondo em vez disso, ou recurso a outros instrumentos, designadamente à *"new value exception 'in kind'"* e ao *"disposable income method"* (*Ibidem*, p. 22-31). Relativamente à *"new value exception 'in kind'"*, inspirada na jurisprudência norte-americana (*Norwest Bank Worthington v Ahlers* [1988] 485 US 197), Giulia Ballerin (*Ibidem*, p. 23-29) refere que a mesma diverge da regra da prioridade relativa porque neste caso são as partes que decidem quando "violar" os direitos pré-existentes (o que potenciaria situações de abuso), enquanto naquele caso é ao tribunal e não às partes, mediante a demonstração de certos requisitos (que evidenciem que o desvio à regra da prioridade absoluta é feito de boa-fé e forma adequada e eficiente) que cumpre decidir se a reestruturação forçada é justa ou não. O resultado poderá ser o mesmo. Porém, a distribuição de valor da recuperação pelos sócios baseia-se sobretudo na sua nova contribuição e não tanto nos direitos pré-existentes e, em termos práticos, cabe aos sócios comprovar a sua contribuição através da entrada de novo capital e que tal contribuição é adequada e necessária à recuperação, por um lado; e ao tribunal legitimar a legalidade, adequação e eficiência desse desvio à prioridade absoluta. Quanto à *"disposable income method"*, Giulia Ballerin (*Ibidem*, p. 29-31) explicita que a mesma foi introduzida em 2019 no do Subcapítulo V do Capítulo 11 da *Reorganization*, visando substituir a eliminação da regra da prioridade absoluta nos casos em que o devedor seja uma pequena empresa com passivo inferior $ 2.725.625.142, de modo a facilitar o envolvimento dos antigos sócios na reestruturação de empresas em dificuldades. Os sócios podem manter suas participações apenas se aplicarem todo o seu rendimento disponível para reembolsar os credores, por um determinado período de tempo (normalmente

Procurando entender as razões que estão na base destas duas regras, Douglas Baird[1022] defende que há uma tendência natural no intérprete para optar entre uma ou outra perspetiva e que a divergência de posições entre os defensores de uma e outra é praticamente inconciliável[1023].

de três a cinco anos), de acordo com o plano de recuperação (que deverá observar a regra da prioridade absoluta e ser homologado pelo tribunal). A receita disponível *("disposable income")* representa, assim, o valor que é recebido pelo devedor e não é razoavelmente necessário para cobrir os custos necessárias à continuação, preservação ou operação dos negócios da empresa devedora (Sec. 1191 (d) (2) *USBC*). Sucede que, de acordo com a Sec. 1192 *USBC*, os sócios só poderão receber esse valor quando, previamente, tiverem concluído o plano de pagamentos aos credores. A autora reconhece que esta solução é pouco flexível e pode desencorajar os sócios a usar este instrumento pelo facto de exigir que o devedor trabalhe exclusivamente para os credores (sem qualquer retorno para os sócios) até que o plano de pagamentos esteja cumprido.

[1022] «Priority matters: absolute priority, relative priority, and the costs of bankruptcy», cit., p. 785-829; e «Bankruptcy's uncontested axioms», cit., p. 573-599.

[1023] Entre os defensores da regra da prioridade absoluta encontramos, designadamente, Axel Krohn, «Rethinking priority: The dawn of the relative priority rule and the new "best interests of creditors" test in the European Union», *International Insolvency Review,* 2020, p. 1-21; Giulia Ballerin, «The Priorities Dilemma in the EU Restructuring Directive: Absolute or Relative Priority Rule?», *International Insolvency Review,* 2020, p. 1-27; Jonathan Seymour / Steven Schwarcz, «Corporate Restructuring under Relative and Absolute Priority Default Rules: A Comparative Assessment», *SSRN Electronic Journal,* Feb 20, 2020, p. 2-50; Rolef de Weijs / Aart Jonkers / Maryam Malakotipour, «The Imminent Distortion of European Private, Company and Insolvency Law by the Introduction of Relative Priority European Style», *Tijdschrift voor Belgisch Handelsrecht,* Vol. 125, Nr. 4, 2019, p. 477--493. Entre os defensores da regra da prioridade relativa temos, por exemplo, Aa. Vv., *Best practices in European restructuring...,* cit., p. 46-47; Anthony Casey, «The Creditors' Bargain and Option-Preservation Priority in Chapter 11'», cit., p. 759-807; Bob Wessels, «A reply to professor De Weijs et al.», *Bob Wessels Blog,* 22 March 2019; Bob Wessels / Stephan Madaus, *Rescue of Business in Insolvency Law,* cit., p. 38-39, 308-311 e 323-338; Catarina Serra, «Em face do Direito da Insolvência iminente...», cit., p. 15-30; David Skeel, «*Na Evolutionary Theory of Corporate Law and Corporate Bankruptcy,* cit., p. 1325-1398; Douglas Baird, «Present at the Creation: The SEC and the Origins of the Absolute Priority Rule», cit., p. 591-606; «Priority matters: absolute priority, relative priority, and the costs of bankruptcy», cit., p. 785-829; «Bankruptcy's uncontested axioms», cit., p. 573-599; Edward Levi / James Moore, «Bankruptcy and Reorganization: A Survey of Changes. III», cit., p. 398--423; Edward Janger, «The Logic and Limits of Liens», *University of Illinois Law Review,* Nr. 2, 2015, p. 589-615; James Bonbright / Milton Bergerman, «Two Rival Theories of Priority Rights of Security Holders in a Corporate Reorganization», cit., p. 127-165; Mark Roe / Frederick Tung, «Breaking bankruptcy priority: how rent-seeking upends the creditors' bargain», cit., p. 1236-1279; Riz Mokal / Ignacio Tirado, «Has Newton had his day? Relativity and realism in European restructuring», *Butterworths Journal of International Bank-*

Alguns têm preferência por um sistema mais fechado e restrito que respeita o mais possível os interesses e direitos individuais dos membros das categorias mais fortes. Outros têm preferência por um sistema mais aberto, que procura conciliar os vários interesses em confronto, na defesa do interesse comum e público de proteção das empresas, dos postos de trabalho e do bem-estar económico e social em geral. Os primeiros, motivados sobretudo pela melhor satisfação dos interesses e direitos individuais, são, tendencialmente, mais céticos quanto à sobreposição de um plano de recuperação contra categorias discordantes que não respeite a regra da prioridade absoluta, considerando preferível o encerramento e liquidação imediata da empresa[1024]. Os segundos, inspirados nos valores da solidariedade e cooperação e motivados pela procura de uma solução globalmente mais favorável, pelo interesse público na recuperação de empresas e pelo seu impacto económico-social, têm uma inclinação natural para as soluções moderadas que promovam e facilitem a recuperação das empresas viáveis de modo que *"the employees keep their job, the community keeps its anchor, and the owner-managers keep their dignity"*[1025].

Criticando a possibilidade de o plano ser adotado com o recurso à mitigação da regra da prioridade absoluta, alguns autores[1026] consideram que a prioridade absoluta é mais favorável às negociações na medida em que fornece uma diretriz pré-determinada e clara e não incentiva os credores menos graduados, em particular os detentores de participações sociais, a "lutarem", sozinhos ou em conjunto com algum credor "aleado", contra alguma(s) categoria(s) de credores (de hierarquia superior) no sentido de lhes retirar, para seu proveito, parte do valor que a recuperação permite alcançar.

ing and Financial Law, April 2019, p. 233-235; Stephen Lubben, «The Overstated Absolute Priority Rule», cit., p. 581-606; e Stephen Madaus, «Reconsidering the shareholder's role in corporate reorganisations under insolvency law», cit., p. 113-114; «Is the Relative Priority Rule Right For Your Jurisdiction: A simples guide to RPR», cit.; «Die neue European Relative Priority Rule der Restrukturierungsrichtlinie – Das Ende des europäischen Insolvenzrechts», 2019.

1024 Douglas Baird, «Bankruptcy's uncontested axioms», cit., p. 585-586.

1025 *Ibidem*, p. 585.

1026 Designadamente, Axel Krohn, «Rethinking priority...», cit., 2020, 1-21; e Giulia Ballerin, «The Priorities Dilemma in the EU Restructuring Directive: Absolute or Relative Priority Rule?», cit., 1-27.

Não se poderá negar que a prioridade absoluta, ao pré-estabelecer uma regra clara de prioridade dos créditos, possibilita que as partes saibam (ou possam saber) antecipadamente até onde podem, legitimamente, defender os seus interesses. E se os detentores de participações sociais forem, de facto, essenciais para a reestruturação, as várias categorias de credores aceitarão naturalmente um plano que lhe permita manter uma posição ou participação na sua empresa. Os credores irão naturalmente abrir mão de parte do valor que lhes seria devido segundo a regra da prioridade absoluta se o acordo de recuperação pré-insolvencial, de alguma forma, compensar essa perda.

Desse modo, as várias categorias de credores não seriam incentivadas a discordar para pura e simplesmente tentarem contornar a regra da prioridade (absoluta) dos créditos a fim de obterem um proveito que, de outro modo, não seria possível. Pelo contrário, a prioridade relativa, não contendo um critério claro, criaria mais incerteza e insegurança nas negociações e poderia, inclusivamente, motivar o recurso a estratégias abusivas por parte dos detentores de participações sociais e de outros credores que, em vez de terem um incentivo para procurar soluções consensuais, procurariam tirar partido, de forma abusiva ou fraudulenta[1027], das restrições à prioridade absoluta.

[1027] Note-se que este é o principal argumento apresentado por aqueles que se opõem à prioridade relativa ou mitigada de satisfação dos créditos. Contra a possibilidade de os Estados-Membros implementarem desvios à regra da prioridade relativa, Rolef de Weijs / Aart Jonkers / Maryam Malakotipour, «The Imminent Distortion of European Private, Company and Insolvency Law by the Introduction of Relative Priority European Style», cit., p. 477-493. Os autores defendem que o acolhimento da regra da prioridade relativa nos termos em que é apresentada na Diretiva (UE) 2019/1023 seria um grave erro e que era preferível ajustar a regra da prioridade absoluta tendo por base a experiência norte-americana. Para os Autores o legislador europeu foi demasiado longe ao permitir que os credores afetados possam receber um tratamento pelo menos tão favorável como o de qualquer outra categoria do mesmo grau e mais favorável do que o de qualquer categoria de grau inferior pois desrespeita a regra básica do direito privado que garante que os sócios são os últimos na ordem de prioridade e, por consequência, só podem receber quando os demais créditos estiverem totalmente satisfeitos. Extrapolando-se essa regra que visa proteger os credores, está-se a permitir que o *cross-class cram-down* potencie a adoção de comportamentos oportuníssimos dos sócios, desviando para si o valor ou parte do valor que deveria ser entregue aos credores. No mesmo sentido, Axel Krohn, «Rethinking priority...», cit., p. 1-21; Giulia Ballerin, «The Priorities Dilemma in the EU Restructuring Directive: Absolute or Relative Priority Rule?», cit., p. 1-27; Jonathan Seymour / Steven Schwarcz, «Corporate Restructuring under Relative and Absolute Priority Default Rules: A Comparative Assessment», cit.,

Dizer que a prioridade relativa não contém um critério claro não é, do nosso ponto de vista, uma crítica acertada. A prioridade relativa é, em si mesma, uma exceção à regra da prioridade absoluta e não propriamente uma regra autónoma daquela. Quer isto dizer que o ponto de partida é sempre a ordem definida pela regra da prioridade absoluta. A partir daqui será ponderada, caso a caso, a possibilidade de se restringir tal regra. Qualquer restrição deverá cumprir os pressupostos o limites que o legislador estabelece[1028]. Portanto, não se deve partir da indeterminação ou indefinição que a relatividade ou mitigação, em si mesma e em face das circunstâncias concretas, permitirá, mas da clareza e predeterminação da prioridade absoluta. Em seguida, se necessário for, em face das circunstâncias, designadamente por falta de consenso e/ou devido à oposição injustificada de alguma categoria de credores, pode o plano de recuperação contemplar alguma modificação àquela regra da prioridade absoluta.

Assim se compreende que o legislador europeu tenha fixado limites concretos à flexibilização da regra da prioridade absoluta de modo que

p. 2-50. Porém, outros autores, tais como MARK ROE / FREDERICK TUNG, («Breaking bankruptcy priority: how rent-seeking upends the creditors' bargain», cit., p. 1236-1279) sublinham que os próprios credores, em especial os credores financeiros, muitas vezes procuram por todos os meios reforçar a sua posição de prioridade de forma a ter um controlo quase total sobre a atividade das empresas que financiam. Eles, por natureza, estão contra qualquer desvio à regra da prioridade relativa porque isso traduzir-se-á num enfraquecimento da sua posição. Por conseguinte, defendem que a negociação não deve acontecer à sombra de uma estrutura estática de prioridade absoluta, mas antes segundo um processo dinâmico que permita alcançar uma solução de equilíbrio. Para mais desenvolvimentos, AA.VV., *Best practices in European restructuring...*, cit., p. 45-47; AXEL KROHN, «Rethinking Priority: The Dawn of the Relative Priority Rule and a New 'Best Interest of Creditors' Test in the European Union», *SSRN Electronic Journal*, June 20, 2020, p. 1-19; BOB WESSELS / STEPHAN MADAUS, *Rescue of Business in Insolvency Law*, cit., p. 38-39, 308-311 e 323-338; CATARINA SERRA, «Em face do Direito da Insolvência iminente...», cit., p. 15-30; STEPHAN MADAUS, «Reconsidering the shareholder's role in corporate reorganisations under insolvency law», cit., p. 113-114; «Is the Relative Priority Rule Right For Your Jurisdiction: A simples guide to RPR», cit., p. 1-9.

1028 Recorde-se: o apoio mínimo, a viabilidade da empresa, a melhor satisfação dos credores, a garantia de que as categorias votantes discordantes de credores afetados recebam um tratamento pelo menos tão favorável como o de qualquer outra categoria do mesmo grau e mais favorável do que o de qualquer categoria de grau inferior, e a certeza de que nenhum credor ou categoria de credores recebe mais do que o montante do seu crédito. art. 11º da Diretiva (UE) 2019/1023.

a mesma pudesse responder mais adequadamente às circunstâncias de cada caso, sem afastar o mínimo de certeza e segurança que são essenciais à negociação do acordo de recuperação.

Nessa conformidade, mesmo que os Estados-Membros (e Portugal) flexibilizem a regra da prioridade absoluta[1029], o ponto de partida das negociações é (deve ser) exatamente o mesmo que seria se a regra da prioridade fosse absoluta e não admitisse exceções. A diferença é que a primeira impede, em absoluto, que as partes, com o controlo do tribunal, possam ultrapassar a ordem de prioridades, enquanto a segunda admite que, dentro de certos limites e com o controlo e fiscalização judicial, o plano de recuperação pré-insolvencial inclua outras soluções que, à luz do processo da insolvência, não seriam possíveis, designadamente no que respeita aos detentores de participações sociais[1030].

[1029] Essa foi a opção seguida, por exemplo, pelo legislador alemão, conforme consta no § 28 da *StaRUG*. Aqui permite-se a derrogação da prioridade absoluta se, por exemplo, o envolvimento dos sócios, por força de circunstâncias pessoais especiais, for considerado essencial para alcançar a recuperação e aqueles se comprometerem a prestar a cooperação necessária durante pelo menos cinco anos e a pagar uma compensação adequada caso a sua cooperação termine antes daquele prazo ou outro que tiver sido estipulado. Além disso, considera-se possível derrogar a regra da prioridade absoluta se o montante dos créditos dos sujeitos afetados e discordantes não for reduzido e o plano previr apenas o seu pagamento prestacional por prazo não superior a 18 meses. O legislador inglês também aderiu à flexibilização da prioridade absoluta. Na Sec. 901G da *Companies Act 2006*, introduzida pela *Corporate Insolvency and Governance Act 2020*, diz-se que se não for atingida a maioria necessária em cada uma das categorias (75%), ou seja, se não houver consenso, o acordo, ainda assim, poderá ser homologado se forem observadas duas condições: primeira, se nenhum dos membros da categoria divergente ficar em pior situação do que estaria na hipótese alternativa relevante (que seria mais provável de ocorrer se o acordo não fosse homologado); segunda, se o acordo for apoiado por pelo menos uma categoria de credores que, na hipótese alternativa relevante, teria direito a receber algum valor ou manteria um interesse económico genuíno na empresa.

[1030] Como sublinha, por exemplo, Bob Wessels («A reply to professor De Weijs et al.», cit.), acima dos detentores de participações sociais estão, de acordo com a natureza e prioridade dos créditos, os credores comuns, privilegiados e garantidos. À luz da rigidez da regra da prioridade absoluta e do grande número de credores preferenciais, seria altamente improvável a adoção de um plano de reestruturação que satisfizesse plenamente esses credores. Qualquer deles poderia vetar o plano de recuperação pré-insolvencial se algum credor de grau inferior recebesse algum valor sem que o seu crédito, primeiramente, fosse satisfeito na íntegra. Como tal, os detentores de participações sociais não seriam incentivados a promover a reestruturação preventiva, o que, naturalmente, levantaria obstáculos significativos ao cumprimento do interesse na recuperação de empresas pré-insolventes e viáveis. Por conse-

Bob Wessels[1031] e Stephen Madaus[1032] sustentam que à luz da rigidez da regra da prioridade absoluta e do grande número de credores preferenciais (garantidos e privilegiados), em muitos casos, seria altamente improvável a adoção de um plano de reestruturação por não ser possível satisfazer plenamente os interesses desses credores, normalmente interessados em satisfazer o seu crédito da forma mais rápida possível. Nesse contexto, tais credores unir-se-iam para, em conjunto (como categoria) vetarem o plano de recuperação pré-insolvencial se alguma categoria de partes afetadas de grau inferior recebesse algum valor sem que o seu crédito, primeiramente, fosse satisfeito na íntegra. Como tal, os detentores de participações sociais, enquanto categoria, não seriam incentivados a promover a reestruturação preventiva, o que, naturalmente, levantaria obstáculos significativos ao cumprimento do interesse na recuperação de empresas pré-insolventes e viáveis.

Por conseguinte, a regra da prioridade absoluta não funcionaria como critério adequado e adequável para promover a discussão sobre o que, em concreto, tendo em conta a relevância do contributo dos detentores de participações sociais, por exemplo, seria necessário para se alcançar um plano de recuperação justo e equilibrado. Ao invés, a prioridade relativa permitira alcançar esse equilíbrio, protegendo, designadamente, os detentores de participações sociais. Já Walter Blum[1033] referia, aliás, que a proteção dos detentores de participações sociais em tempos de crise poderá tornar a empresa devedora mais atraente e, assim, poderá funcionar como incentivo a captar novos investidores.

É certo que a reestruturação forçada restringe princípios básicos do direito dos contratos, designadamente a autonomia privada e a eficácia relativa. Porém, o próprio direito dos contratos contempla situações em

guinte, a regra da prioridade absoluta aplicável de forma inflexível no cenário de insolvência não serve como ponto de partida para a discussão sobre o que é necessário para um sistema equilibrado de reestruturação empresarial. Ao invés, a prioridade relativa permite alcançar esse equilíbrio, conciliando o direito da insolvência com o direito das sociedades e o direito dos contratos.

1031 «A reply to professor De Weijs et al.», cit..

1032 «Is the Relative Priority Rule Right For Your Jurisdiction: A simples guide to RPR», cit.; e «Die neue European Relative Priority Rule der Restrukturierungsrichtlinie – Das Ende des europäischen Insolvenzrechts», 2019.

1033 «The Law and Language of Corporate Reorganization», *University of Chicago Law Review*, Vol. 17, Nr. 4, 1950, p. 602-603.

que a conclusão ou modificação de um contrato pode ser feita contra a vontade atual de um ou mais contraentes, como sucede, por exemplo, com os regimes da execução específica do contrato promessa[1034] e da alteração superveniente das circunstâncias[1035].

Como sublinha Stephan Madaus[1036], o tribunal intervém aqui exatamente para assistir e auxiliar as partes a encontrar uma solução que poderia ter sido alcançada sem intervenção do tribunal se as partes agissem de boa-fé. Mais do que substituir-se à vontade do contraente faltoso, o tribunal confirmará que a sua recusa é injustificada, injusta e

[1034] A este respeito, Nuno Pinto Oliveira («Responsabilidade pela perda de uma chance de recuperação?», cit., p. 178) questiona se a restrição da liberdade de cada credor não significaria que o direito da insolvência poderia obrigar cada credor a aceitar as soluções adequadas e necessárias para a recuperação, deixando antever que, nesse caso, poderia estar em causa um dever de contratar. O autor questiona: "[o] dever de aceitar as soluções adequadas e necessárias para a recuperação do devedor não serem (quase) tudo semelhante a um dever de contratar?", e continua: "[a] homologação do plano, vinculando todos os credores que não hajam participado nas negociações ou que, havendo participado nas negociações, haja votado contra o plano aprovado e homologado, não será em (quase) tudo semelhante à execução específica de um dever de contratar?". Respondendo afirmativamente a esta questão, ver, por exemplo, Stephan Madaus, «Leaving the Shadows of US Bankruptcy Law...», cit., p. 621-622, 624-626.

[1035] A propósito da alteração superveniente das circunstâncias, Jan Lüttringhaus («Verhandlungspflichten bei Störung der Geschäftsgrundlage – Ein Beitrag zur Dogmatik und Durchsetzung von Anpassungsanspruch und Verhandlungspflichten nach § 313 Abs. 1 BGB», *Archiv für die civilistische Praxis*, Vol. 213, Nr. 2, 2013, p. 266-298) refere que, contrariamente ao entendimento maioriatariamente defendido sobre o § 313 (1) do *BGB*, o Supremo Tribunal Fedaral Alemão, no âmbito do caso BGH Urt. v. 30.09.2011 – V ZR 17/11, sustentou que as partes contratantes estão obrigadas a trabalhar em conjunto para adaptar o contrato (*„im Zusammenwirken mit der anderen Partei eine Anpas sung des Vertrags herbeizuführen")*. Essa obrigação de cooperação desenrola-se num quadro processual em que as partes podem livremente optar por alterar o contrato e determinar a forma e o conteúdo específicos dessa alteração. Para o efeito, as partes devem trocar todas as informações necessárias, expressar suas respetivas ideias de ajuste e examinar seriamente as sugestões da outra parte e responder a elas após um período de tempo razoável. A obrigação de negociação ganha eficácia pelo facto de a parte disposta a modificar o contrato poder, em certas condições, resolver o contrato se a contraparte se recusar a participar nas negociações. Para mais desenvolvimentos no direito alemão ver, por exemplo, Juan Carlos Dastis, «Change of Circumstances (Section 313 BGB) Trigger for the Next Financial Crisis?», *European Review of Private Law*, Vol. 23, Nr. 1, 2015, p. 85-99.

[1036] «Leaving the Shadows of US Bankruptcy Law...», cit., p. 629-630.

contrária à boa-fé. Sarah Paterson [1037] acrescenta que o direito moderno de reestruturação procura resolver a situação de impasse, facilitando a conclusão de um acordo de recuperação dentro de certos limites, pelo facto de o devedor e os credores não serem capazes de, por si só, negociar um acordo de recuperação da empresa[1038].

Por isso, à semelhança do que sucede nos regimes da execução específica do contrato promessa e da alteração superveniente das circunstâncias, mais do que substituir-se à vontade dos credores discordantes, o tribunal confirmará o plano de recuperação pré-insolvencial contra categorias discordantes se concluir que a sua recusa é injustificada, injusta e contrária à boa-fé. Stephan Madaus[1039] alerta que a recusa ou oposição pode muito bem ocorrer mesmo nos casos em que as categorias afetadas de partes discordantes sabem que o plano proposto é benéfico para elas. Nem todas as suas decisões são tomadas de forma racional e razoável, tendo em conta o melhor interesse comum. Pode haver interesse da sua parte em impedir a reestruturação de uma empresa de forma a forçar a sua rápida liquidação, para proveito dos membros da própria categoria ou de terceiros. Ou então, podem estar interessados em vetar uma reestruturação para que outros recuem nas suas posições ou concordem em defender o seu interesse.

Sob esta perspetiva, os requisitos necessários à reestruturação forçada contra categorias de credores discordantes visam aferir se a recusa tem justificação ou se, porventura, é injustificada, contrária à boa-fé e conduz a resultados não desejados pelo legislador[1040]. O plano de recuperação aprovado naquelas circunstâncias, apesar de não resultar da vontade expressa das partes afetadas, não deixará de considerar e corresponder, em face das circunstâncias concretas, àquela que seria vontade de um sujeito razoável, diligente, informado e que atua (ou dever atuar) segundo a boa-fé. É certo que a prioridade absoluta se desen-

[1037] «Bargaining in Financial Restructuring: Market Norms, Legal Rights and Regulatory Standards», *Journal of Corporate Law Studies*, Vol. 14, Nr. 2, 2014, p. 333-365.

[1038] Juana Pulgar Ezquerra, «A contractual approach to overindebtedness: rebus sic stantibus instead of bankruptcy», *Life Time Contracts: Social Long-term Contracts in labour, tenancy and consumer credit law*, Eleven International Publishing, Hague, 2014, p. 531-550; e Stephan Madaus, «Leaving the Shadows of US Bankruptcy Law...», cit., p. 630.

[1039] «Leaving the Shadows of US Bankruptcy Law...», cit., p. 635.

[1040] Stephan Madaus, «Leaving the Shadows of US Bankruptcy Law...», cit., p. 634-638.

volveu e foi implementada na *Reorganization* como uma resposta a situações de abuso[1041], mas também não se pode ignorar que a prioridade relativa não abdica desses mecanismos de controlo e salvaguarda[1042].

De facto, a reestruturação forçada com recurso à mitigação da prioridade absoluta não prescinde do controlo judicial[1043] do plano de recuperação e, em particular, dos requisitos gerais de homologação (a viabilidade da empresa, o tratamento igual, proporcional e justo, a salvaguarda do melhor interesse das partes afetadas[1044]) que, em si mesmos, já conferem uma proteção significativa.

A diferença substancial entre a situação de pré-insolvência e a situação de insolvência efetiva ajudará também a explicar a necessidade de mitigar a regra da prioridade absoluta no âmbito dos acordos de recuperação pré-insolvencial[1045]. O processo da insolvência visa, fundamentalmente, dar resposta ao *common pool problem,* impondo uma ação conjunta e coordenada entre todos os credores, por se considerar que, na prática, seria impossível que os mesmos abdicassem das suas ações individuais e coordenassem esforços no sentido de alcançar um acordo *ad-hoc* para atingir o melhor resultado possível, repartindo entre todos o prejuízo e o valor existentes de acordo com os créditos e interesses pré-existentes[1046]. Portanto, as exigências ou desafios negociais centram-se num único objetivo: liquidar a empresa pelo melhor valor possível.

1041 Jonathan Lipson, «The Secret Life of Priority: Corporate Reorganization After Jevic», *Washington Law Review*, Vol. 93, Nr. 2, 2018, p. 672.

1042 Aa. Vv., *Best practices in European restructuring...*, cit., p. 46.

1043 Pese embora a intervenção judicial deva ser, tendencialmente, limitada nos instrumentos pré-insolvenciais de negociação de um acordo de recuperação, Bob Wessels / Stephan Madaus (*Rescue of Business in Insolvency Law,* cit., p. 328) sublinham, com razão, que o tribunal é essencial para salvaguardar os direitos processuais e substanciais de todas as partes. No mesmo sentido, Axel Krohn, «Rethinking Priority...», cit., p. 12.

1044 Stephan Madaus («Reconsidering the shareholder's role in corporate reorganisations under insolvency law», cit., p. 112-114) sustenta, aliás, que os credores ficam suficientemente protegidos pelo *"best interest test"*. Na opinião do autor esta regra confere proteção suficiente aos direitos dos credores porque lhes garante (pelo menos) o recebimento do valor que teriam direito a receber no cenário de liquidação dentro ou fora da insolvência.

1045 Diferentemente do que sucede na *Reorganization,* os instrumentos negociais de recuperação de empresas preconizados pela Diretiva (UE) 2019/1023 e as respetivas regras aplicam-se apenas à pré-insolvência.

1046 Stephan Madaus, «Leaving the Shadows of US Bankruptcy Law...», cit., p. 619-624.

Nos instrumentos de recuperação pré-insolvencial a situação é diferente[1047]. Desde logo, temos uma situação que se coloca algures entre uma situação de solvência e uma situação de insolvência e, por isso, não existe ainda um *common pool problem* que pudesse, em absoluto, justificar o curso à ordem de prioridade de créditos aplicável em caso de insolvência como se fossem uma e a mesma realidade[1048].

Depois, os instrumentos de recuperação pré-insolvencial têm uma finalidade distinta e uma estrutura mais complexa, que vão para além do *common pool problem* que a insolvência visa resolver[1049]. Eles acrescentam uma perspetiva dinâmica ao problema que afeta o devedor em dificuldades e aos respetivos credores e detentores de participações sociais, projetando uma resposta não apenas à situação pré-existente, mas também à situação futura[1050]. O plano de recuperação pré-insolvencial deverá assegurar que todos os afetados fiquem a ganhar face à situação que existiria na ausência de acordo e, por conseguinte, que os credores recebam não só o valor que receberiam no caso de liquidação, mas também um valor adicional que é conseguido graças à manutenção da atividade e aos proveitos futuros que daí advêm. Esse acréscimo fica a dever-se em boa medida à flexibilidade que a prioridade relativa permite, designadamente com a sua repartição com as categorias inferiores, em particular com os sócios[1051].

Axel Krohn[1052] afirma, expressivamente, que o acréscimo de valor a alcançar funciona como um alvo em movimento. Para atingir um alvo em movimento o atirador, por vezes, tem necessidade de se reposicionar e adaptar às circunstâncias concretas. De facto, se não fosse assim, os sócios e outras categorias afetadas de grau inferior poderiam não ter

[1047] Os credores não podem querer o melhor de dois mundos, agindo rigidamente como se estivessem na insolvência e, simultaneamente, exigir o recebimento de um valor que apenas pode ser alcançado graças à flexibilidade e esforço de cooperação feito na pré-insolvência, designadamente pelos sócios ou outros credores da mesma categoria ou hierarquicamente inferiores.

[1048] Stephan Madaus, «Leaving the Shadows of US Bankruptcy Law...», cit., p. 621-630.

[1049] Quando muito, na pré-insolvência poder-se-á evitar *common pool problem*. Neste sentido, Stephan Madaus, «Leaving the Shadows of US Bankruptcy Law...», cit., p. 619-624.

[1050] *Ibidem*, p. 621-622.

[1051] Neste sentido, Walter Blum, «The Law and Language of CorporateReorganization», cit., p. 602-603.

[1052] «Rethinking Priority...», cit., p. 16.

qualquer incentivo em participar ativamente no processo negocial conducente à recuperação da empresa[1053]. Essa partilha do acréscimo de valor com quem se empenha na recuperação acaba por funcionar como uma recompensa justa, por um lado, e como impulso à cooperação entre as categorias de partes envolvidas e afetadas pelo plano, por outro lado.

Sendo exigido que a empresa pré-insolvente tenha condições suficientes para se manter em atividade (a médio e longo prazo), e excetuando os casos de abuso ou fraude à lei, será ilógico considerar que, num futuro próximo, após a homologação, a empresa fique insolvente, salvo se algum evento extraordinário e absolutamente imprevisível e alheio à vontade da empresa devedora e das partes afetadas suceder. Sendo viável e exequível, podemos assumir que o plano acarreta um acréscimo de valor que é benéfico a todos. Na ausência de um acréscimo de valor a alcançar com a manutenção da empresa em atividade, não existe justificação para a recuperação ou para lançar mão de um instrumento negocial de recuperação preventiva, sobretudo quando daí podem resultar consequências negativas para os credores da empresa devedora e para a própria empresa devedora.[1054].

Por outro lado, sublinhe-se que, além da viabilidade, esse *plus* é justificado, como vimos, com os requisitos gerais do tratamento igual, proporcional e justo e da salvaguarda do melhor interesse das partes afetadas. Consequentemente deverá aceitar-se que a viabilidade da empresa pré-insolvente, munida destes requisitos protetores, justifica uma certa preferência do legislador europeu pela mitigação da regra da prioridade absoluta de forma a "forçar" (*rectius*, promover ou facilitar) a recuperação de empresas viáveis que, de outro modo, acabariam por ser desnecessariamente encerradas.

[1053] Cataria Serra, «Em face do direito da insolvência iminente...», cit., p. 27; Jonathan Lipson, «The Secret Life of Priority...», cit., p. 673; Stephan Madaus, «Reconsidering the shareholder's role in corporate reorganisations under insolvency law», cit., p. 115.

[1054] Nesses casos, os credores e, previsivelmente os sócios, seriam mais bem atendidos com a liquidação da empresa. Quando assim acontece, o prolongamento artificial da sua atividade pode e deve ser evitado. Havendo um acréscimo de valor quem manda é a parte mais forte e que tem mais a perder e não a parte mais fraca que tem menos a perder. Neste sentido, Tomáš Richter / Adrian Thery, *INSOL Europe Guidance Note on the Implementation of Preventive Restructuring Frameworks...*, cit., p. 35-36.

Ao exposto acresce ainda que o interesse público subjacente à recuperação de empresas pré-insolventes e viáveis, consubstanciado no primado da recuperação pré-insolvencial[1055], favorece também a flexibilização ou mitigação da regra da prioridade absoluta[1056].

É inegável que a pré-insolvência está declaradamente associada ao interesse público na recuperação preventiva de empresas viáveis, de modo a evitar a perda desnecessária de postos de trabalho e alcançar um melhor resultado para os credores no seu conjunto, favorecendo a economia e sociedade em geral.

Portanto, ainda que se deva considerar, o mais possível, os direitos e interesses de todos os envolvidos e, com mais cautela, das categorias discordantes, o que está em causa é assegurar que determinadas categorias (de credores titulares de créditos prioritários) não possam impedir desrazoavelmente a adoção de planos de reestruturação suscetíveis de restabelecer a viabilidade da empresa devedora e, por consequência, a manutenção de postos de trabalho e a melhor satisfação dos credores no seu conjunto.

Efetivamente, tal flexibilização é apresentada pelo legislador europeu como justa e equilibrada porque se considera que protege razoavelmente os créditos e interesses pré-existentes, garantindo-lhes, pelo menos aos que discordem do acordo de recuperação, uma situação mais favorável do que aquela que, previsivelmente, existiria na ausência de acordo; e assegura-lhes, por outro lado, um tratamento pelo menos tão favorável como o de qualquer outra categoria do mesmo grau e mais favorável do que o de qualquer categoria de grau inferior.

Diante disto, Riz Mokal e Ignacio Tirado[1057] consideram que a restruturação forçada à custa da restrição (ou flexibilização) da prioridade absoluta ainda corresponde a uma solução justa e equilibrada[1058].

[1055] José Gonçalves Machado, *O dever de promover a negociação...*, cit., p. 234 ss.

[1056] Neste sentido, Stephan Madaus, «Leaving the Shadows of US Bankruptcy Law...», cit., p. 638.

[1057] «Has Newton had his day? Relativity and realism in European restructuring», cit., p. 233-235.

[1058] No mesmo sentido, Bob Wessels, «A reply to professor De Weijs et al.», cit.; e Stephen Madaus, «Is the Relative Priority Rule Right For Your Jurisdiction: A simples guide to RPR», cit..

5. O regime português

Com a entrada em vigor da Lei nº 9/2022, de 11 de janeiro, o regime de homologação do plano de recuperação negociado no âmbito do PER alterou-se de forma significativa[1059].

Na anterior versão, o n. 7 do art. 17º-F estabelecia o seguinte: "o juiz decide se deve homologar o plano de recuperação ou recusar a sua homologação, nos 10 dias seguintes à receção da documentação mencionada nos números anteriores, aplicando, com as necessárias adaptações, as regras previstas no título IX, em especial o disposto nos artigos 194º a 197º, no nº 1 do artigo 198º e nos artigos 200º a 202º, 215º e 216º".

Na versão atual o n. 7 do art. 17º-F prevê-se o seguinte: "nos 10 dias seguintes à receção da documentação mencionada nos números anteriores, o juiz decide se deve homologar o plano de recuperação ou recusar a sua homologação, aplicando, com as necessárias adaptações, as regras previstas no título ix, em especial o disposto nos artigos 194º a 197º, no nº 1 do artigo 198º e nos artigos 200º a 202º, 215º e 216º, e aferindo: a) Se o plano foi aprovado nos termos do nº 5; b) Se, no caso de classificação dos credores em categorias distintas, nos termos da alínea d) do nº 3 do artigo 17º-C, os credores inseridos na mesma categoria são tratados de forma igual e proporcional aos seus créditos; c) Se, no caso de classificação dos credores em categorias distintas, nos termos da alínea d) do nº 3 do artigo 17º-C, as categorias votantes discordantes de credores afetados recebem um tratamento pelo menos tão favorável como o de qualquer outra categoria do mesmo grau, e mais favorável do que o de qualquer categoria de grau inferior; d) Que nenhuma categoria de credores, a que alude a alínea d) do nº 3 do artigo 17º-C, pode, no âmbito do plano de recuperação, receber nem conservar mais do que o montante correspondente à totalidade dos seus créditos; e) Se a situação dos credores ao abrigo do plano é mais favorável do que seria num cenário de liquidação da empresa, caso existam pedidos de não homologação de credores com este fundamento; f) Se aplicável, que qualquer novo financiamento necessário para executar o plano de reestruturação não prejudica injustamente os interesses dos credores; g) Se o plano de

[1059] Catarina Serra, «Formação de categorias e aprovação do plano de recuperação no quadro do Processo Especial de Revitalização...», cit., p. 14-31.

recuperação apresenta perspetivas razoáveis de evitar a insolvência da empresa ou de garantir a viabilidade da mesma.

Além disso, acrescenta-se no n. 8 do art. 17º-F do CIRE que "o juiz pode determinar a avaliação da empresa, por um perito, se for pedida a não homologação do plano de recuperação por um credor discordante, com algum dos seguintes fundamentos: a) a situação dos credores ao abrigo do plano é menos favorável do que seria num cenário de liquidação da empresa; ou b) Desrespeito das regras de aprovação previstas nas subalíneas iii) e iv) da alínea a) do nº 5."[1060]

Perante a extensão e complexidade das normas em causa, a decisão de homologação de um plano de recuperação no âmbito do PER parece, à primeira vista, ser uma tarefa bem mais complexa do que a decisão de homologação de um plano de insolvência. Se a intenção do legislador era a de consagrar um regime especial para a homologação de planos de recuperação no âmbito do PER, a remissão para as normas referentes ao plano de insolvência parece desnecessária. Tanto mais que o art. 17º-A, nº 3 do CIRE já diz que se aplicam ao PER "todas as regras previstas no presente código que não sejam incompatíveis com a sua natureza". O juiz saberá bem interpretar quais as normas que são ou não incompatíveis e quanto às que são compatíveis, também as saberá aplicar com as necessárias adaptações.

A opção feita pelo legislador de remeter para normas referentes ao plano de insolvência e, simultaneamente, consagrar um regime específico de homologação no âmbito do PER, força-nos a confrontar os dois regimes de modo a extrair uma melhor articulação entre as disposições em causa. Comparando com a versão anterior, salta à vista que se manteve inalterada a referência às regras previstas no título IX, em especial o disposto nos artigos 194º a 197º, no nº 1 do artigo 198º e nos artigos 200º a 202º, 215º e 216, todos do CIRE. Estão em causa disposições relativas ao plano de insolvência que o legislador manda aplicar ao PER com as necessárias adaptações.

De entre estas disposições, merecem especial destaque, em sede de homologação do plano de recuperação, o art. 194º (princípio da igualdade), o art. 215º (não homologação oficiosa) e o art. 216º (não homologação a solicitação dos interessados).

[1060] Corresponde ao disposto no art. 14º, n. 1 da Diretiva (UE) 2019/1023.

De acordo com o art. 215º do CIRE o juiz deve recusar oficiosamente a homologação do plano caso se verifique uma violação não negligenciável de regras procedimentais ou uma violação não negligenciável de normas aplicáveis ao seu conteúdo. Entre os casos de violação de regras procedimentais poderemos ter, por exemplo, a violação de deveres de cooperação, de comunicação ou de informação. Entre os casos de violação de regras aplicáveis ao seu conteúdo, merece especial destaque o desrespeito pelo princípio da igualdade.

De acordo com o art. 216º, n. 1 do CIRE, a pedido das partes afetadas e discordantes, o juiz pode recusar a homologação do plano se, aquelas demonstrarem em termos plausíveis que se verifica, em alternativa, uma das seguintes situações: que a sua situação ao abrigo do plano é previsivelmente menos favorável do que a que interviria na ausência de qualquer plano; que o plano proporciona a algum credor um valor económico superior ao montante nominal dos seus créditos[1061].

Feita esta resenha do quadro normativo aplicável à homologação dos planos de recuperação no âmbito do PER, passaremos a analisar separadamente, por um lado, os critérios gerais oriundos do regime de homologação (ou recusa de homologação) do plano de insolvência; e, por outro lado, os critérios apenas aplicáveis no âmbito do PER.

[1061] Tal não se aplica, de acordo com o n. 3 da referida norma, se o oponente for a empresa devedora, um seu sócio, associado ou membro, ou um credor comum ou subordinado, se o plano de recuperação previr, cumulativamente: a extinção integral dos créditos garantidos e privilegiados por conversão em capital da sociedade devedora ou de uma nova sociedade ou sociedades, na proporção dos respetivos valores nominais; a extinção de todos os demais créditos por contrapartida da atribuição de opções de compra conformes com o disposto nos nºs 1 e 2 do artigo 203º do CIRE relativamente à totalidade das acções assim emitidas; a concessão ao devedor ou, se for o caso, aos respectivos sócios, associados ou membros, na proporção das respectivas participações, de opções de compra da totalidade das acções emitidas, contanto que o seu exercício determine a caducidade das opções atribuídas aos credores e pressuponha o pagamento do valor nominal dos créditos extintos por contrapartida da atribuição das opções caducadas. O n. 4 do art. 216º, n. 1 do CIRE acrescenta que o pedido de não homologação apresentado pelo devedor, pelos seus sócios, associados ou membros, ou por um credor comum ou subordinado, somente se pode basear na circunstância de o plano de insolvência proporcionar aos titulares dos créditos garantidos ou privilegiados excluídos da conversão, por contrapartida dos mesmos, um valor económico superior ao respectivo montante nominal, se a conversão dos créditos em capital da sociedade devedora ou de uma nova sociedade ou sociedades não abranger apenas algum ou alguns dos créditos garantidos e privilegiados, ou for antes relativa à integralidade dos créditos comuns e somente a estes.

5.1. A igualdade de credores

O art. 194º do CIRE consagra aquele que é um princípio basilar do direito da insolvência: a igualdade dos credores, comummente designado por *par conditio creditorum* ou *pari passu*[1062]. Este princípio significa literalmente "paridade de tratamento em igualdade de condições".

Constituindo a sua violação uma causa oficiosa de recusa de homologação[1063], o princípio da igualdade dos credores tem sido muitas vezes invocado no âmbito do PER[1064]. Invariavelmente os tribunais são chamados a pronunciar-se sobre algumas diferenças de tratamento consagradas no plano de recuperação. Aquilo que se discute é saber se a lei admite um tratamento diferenciado e, admitindo um tratamento diferenciado, até onde pode ir a desigualdade. Dito por outras palavras: procura-se saber

[1062] Sobre o significado e o alcance do princípio da igualdade de credores ver, designadamente, Bob Wessels / Stephan Madaus, *Rescue of Business in Insolvency Law*, cit., p. 64-65 e 240-250; Carolina Cunha, *A Par Conditio Creditorum como Igualdade Formal dos Credores...*», p. 73 s.; Catarina Serra, *A Falência no Quadro da Tutela Jurisdicional dos Direitos de Crédito...*, cit., p. 152-156; «Satisfação dos interesses dos credores no âmbito do PER: são os credores todos iguais?», cit., p. 13-41; «Tutela dos credores e *par conditio creditorum*", *II Encontros de Direito Civil – A tutela dos credores*, Lisboa, Universidade Católica Portuguesa, 2020, p. 87-98; Christoph Paulus, «The Wonderful World of Privileges – The Par Condicio Creditorum vs. Closeout-Netting», *European Company and Financial Law Review (ECFR)*, Vol. 11, Nr. 4, 2014, 532-553; Rizwaan Mokal, «At the Intersection of Property and Insolvency: The Insolvent Company's Encumbered Assets», *University College London Law Legal Studies*, Research Paper Nr. 09-01, 2008, p. 24-27; Roy Goode / Kristin van Zwieten, *Principles of Corporate Insolvency Law*, cit., p. 2-17, e Vanessa Finch, *Corporate Insolvency Law, Perspetives and Principles*, cit., p. 599-674.

[1063] Art. 215º do CIRE.

[1064] Por exemplo, no Ac. STJ de 03.11.2015, Proc. 863/14.2T8BRR.L1.S1 (Salreta Pereira), considerou-se que o plano de recuperação violou o princípio da igualdade de credores quando, sem qualquer razão objetiva, reduziu um crédito em 50% a ser pago em 120 prestações iguais e sucessivas. No Ac. do STJ de 07.02.2017, Proc. 5512/15.9T8CBR.C1.S1 (Nuno Cameira), conclui-se que o plano de recuperação violava o princípio da igualdade por inexistir razão atendível para que mesmo tratasse privi-legiadamente as entidades bancárias credoras face aos credores titulares de créditos laborais. Já no Ac. do STJ de 10.05.2018, Proc. 4986/16.5T8VIS.C1.S1 (Fonseca Ramos), em nome do princípio da igualdade de credores, decidiu-se, excecionalmente, afastar a regra da indisponibilidade dos créditos tributários intangibilidade por se considerar que a posição do credor público (credor de impostos) era decisiva para a recuperação da sociedade devedora, e que a sua oposição constituía um "caso de flagrante e injustificada afirmação intransigente, pela autoridade tributária, das prerrogativas dos créditos fiscais".

até que ponto se pode tratar mais (des)favoravelmente algumas das partes afetadas por comparação com outras e qual o critério aplicável.

Da conceção geral enunciada no n. 1 do art. 194º do CIRE resulta que a igualdade dos credores (ou de partes afetadas) não é absoluta. Admitem-se "diferenciações justificadas por razões objetivas". Não muito diferente é a conceção civilista, enunciada no art. 604º, n. 1 do CC, onde se determina que se não existirem "causas legitimas de preferência, os credores têm o direito de ser pagos proporcionalmente pelo preço dos bens do devedor, quando este não chegue para integral satisfação dos débitos". Pode-se assim dizer que a finalidade do princípio da igualdade de credores é assegurar a satisfação proporcional dos direitos dos credores, respeitando ao mesmo tempo a sua posição preferencial perante a lei e outras razões objetivas que possam justificar algum desvio.

Entre as razões objetivas ou legitimas de diferenciação ou preferência são normalmente apontadas a natureza dos créditos, na sua formulação clássica consagrada no art. 47º, n. 4 do CIRE: créditos garantidos, créditos privilegiados, créditos comuns e créditos subordinados[1065]. Na formulação civilista são apontadas, a título exemplificativo, "a consignação de rendimentos, o penhor, a hipoteca, o privilégio e o direito de retenção". Reconhece-se, *ex lege,* que nestas situações existe, numa perspetiva vertical ou hierárquica pré-definida, uma razão objetiva ou legitima para se diferenciar determinados credores titulares de créditos com determinadas qualidades que lhes conferem uma preferência sobre outros. Mais complexa é a questão de saber se, em termos horizontais, existem (podem existir) razões objetivas e legitimas para se diferenciar ou conceder certas preferências (ou benefícios) a credores ou partes afetadas titulares de créditos da mesma natureza ou grau de hierarquia[1066].

De facto, a igualdade de credores, estruturalmente, pode colocar-se em dois planos: no plano vertical, colocando em confronto credores de hierarquia diferente ou interesses substancialmente contrapostos; e no plano horizontal, colocando em confronto credores do mesmo grau de hierarquia ou com interesses substancialmente comuns. As maiores

[1065] Catarina Serra, «Satisfação dos interesses dos credores no âmbito do PER: são os credores todos iguais?», cit., p. 25; Luís Carvalho Fernandes / João Labareda, Código da Insolvência e da Recuperação de Empresas Anotado, cit., p. 753.

[1066] Catarina Serra, «Satisfação dos interesses dos credores no âmbito do PER: são os credores todos iguais?», cit., p. 25.

discussões travam-se no plano horizontal por não haver um critério suficientemente seguro e pré-determinado como sucede no tratamento de credores situados em graus de hierarquia distintos. O facto de a lei pré-estabelecer uma hierarquia parece ofuscar o verdadeiro alcance do princípio da igualdade, reduzindo a uma apreciação básica que consiste em admitir diferenciações entre credores de categorias distintas e não admitir diferenciações entre credores da mesma categoria. Porém, a situação é mais complexa do que aparenta ser.

Ao admitirem-se "diferenciações justificadas por razões objetivas" e "causas legitimas de preferência", está-se a proibir, em sentido contrário, diferenças injustificadas por razões subjetivas e causas ilegítimas ou abusivas de preferência. Sendo assim, salta à vista que o princípio da igualdade tende a afirmar-se duplamente pela positiva e pela negativa. Em sentido positivo, determina-se que os credores devem ser tratados de forma igual, atendendo a razões objetivas ou causas legitimas. Em sentido negativo, proíbem-se outras razões ou causas que não sejam objetivas ou legitimas. Aquilo que verdadeiramente está em causa e explica a razão de ser da igualdade é a justa composição de direitos e interesses dos credores ou partes afetadas por uma determinada situação que lhes é comum.

Significa isso que a igualdade, para se realizar em plenitude, não pode ficar por uma enunciação meramente teórica e formal, alheia à realidade e às exigências concretas que esta coloca. Para se aplicar devidamente o princípio da igualdade, dever-se-á atender às circunstâncias concretas, pois só assim se pode realizar a igualdade no seu verdadeiro sentido, que é a igualdade em sentido material ou substancial, que define a medida do que é justo. Por contraposição, diríamos que a igualdade em sentido formal levaria a situações injustas exatamente por desconsiderar as particularidades inerentes aos casos concretos que reclamam uma resposta adequada às circunstâncias que deve ser equilibrada e proporcional, em face dos vários direitos e interesses em jogo e das finalidades subjacentes. Sendo cega à realidade, a igualdade pura e simplesmente não existe, pois não permite realizar o valor que lhe está intrínseco que é o valor da justiça. Nisto se centra a igualdade.[1067]

[1067] Catarina Serra, *A Falência no Quadro da Tutela Jurisdicional dos Direitos de Crédito...*, cit., p. 155; «Tutela dos credores e *par conditio creditorum*", cit., p. 94; e Vanessa Finch, *Corporate Insolvency Law, Perspetives and Principles*, cit., p. 602.

No caso do PER o que está em causa é homologar um plano que ditará de que forma o devedor comum irá satisfazer os direitos e interesses das partes afetadas. Aquilo que o tribunal procurará aferir, em obediência ao princípio da igualdade, é se o plano é justo, isto é, se trata as partes afetadas de forma igual, atendendo a razões objetivas ou causas legítimas (sentido positivo) e afastando ou proibindo razões subjetivas, ilegítimas, discriminatórias e abusivas (sentido negativo).

Para que o plano de recuperação possa ser considerado justo, no sentido de respeitar o princípio da igualdade, terá que ser adequado às circunstâncias do caso e deverá refletir uma repartição equilibrada e proporcional entre os vários direitos e interesses em causa, respeitando, tanto quanto possível, a sua natureza e diferente grau de hierarquia e as finalidades subjacentes.

Portanto, se são admissíveis diferenciações justificadas e legítimas, para além do critério da mera natureza ou grau de preferência dos créditos[1068], as mesmas, para serem justas, devem ter em devida as circunstâncias concretas, o modo (equilibrado e proporcional) como é feita a repartição (de sacrifícios e vantagens) entre credores, e as finalidades inerentes. No caso do PER, as finalidades podem resumir-se ao primado da recuperação e ao interesse público subjacente[1069], por um lado, e à melhor satisfação das partes afetadas[1070], por outro lado.

Naturalmente que se algum credor ou parte afetada tem razões objetivas e legitimas para considerar que o plano de recuperação não é justo por não respeitar o princípio da igualdade, deve manifestar a sua discordância, votando contra e/ou opondo-se à homologação pelos meios legalmente admissíveis. Caso um determinado credor ou parte afetada apoie e vote favoravelmente o plano de recuperação, ainda que o plano consagre certas diferenciações, presumir-se-á que o considera justo ou que não consagra um tratamento mais desfavorável relativamente a outros credores em idêntica situação. Tais diferenciações são admissíveis exatamente porque as partes afetadas deram o seu consentimento. É isso que resulta do disposto do art. 194º, n. 2 do CIRE e que diz o se-

[1068] Neste sentido, Catarina Serra, «Satisfação dos interesses dos credores no âmbito do PER: são os credores todos iguais?», cit., p. 23-24; Luís Carvalho Fernandes / João Labareda, Código da Insolvência e da Recuperação de Empresas Anotado, cit., p. 753.

[1069] José Gonçalves Machado, *O dever de promover a negociação...*, cit., p. 234 ss.

[1070] *Ibidem*, p. 509 ss e 548 ss.

guinte: "o tratamento mais desfavorável relativamente a outros credores em idêntica situação depende do consentimento do credor afetado, o qual se considera tacitamente prestado no caso de voto favorável".

Admite-se, por isso, que "a ponderação das circunstâncias de cada situação pode justificar outros alinhamentos, nomeadamente tendo em conta as fontes do crédito; (...) o que está vedado é, na falta de acordo dos lesados, sujeitar a regimes diferentes credores em circunstâncias iguais"[1071]. Portanto, o princípio da igualdade não só admite diferenciação em virtude de razões objetivas e legitimas, mas também admite diferenciações em virtude do consentimento das partes afetadas. Em face disso, Catarina Serra[1072] considera que "quando se afere da conformidade ou desconformidade das cláusulas do plano de recuperação ao princípio da igualdade há, assim, que ter presentes duas regras: primeiro, que nem todas as diferenciações configuram desigualdades (cfr. art. 194º, n. 1, *in fine*, do CIRE); segundo, que algumas desigualdades não são, apesar de tudo, *contra jus* (cfr. art. 194º, n. 2, do CIRE)".

Na aplicação do princípio da igualdade no âmbito do PER, a jurisprudência portuguesa tem oscilado entre uma posição que poderemos considerar mais restritiva e confinada à filosofia oriunda dos planos de insolvência e uma posição moderada e aberta à nova filosofia dos planos de recuperação no âmbito do PER.

Como exemplo daquela conceção mais restritiva, temos o Ac. do STJ de 8.10.2015, Proc. 1898/13.8TYLSB.S1 (José Rainho), onde se diz que "a circunstância de alguns credores poderem ser estratégicos[1073] para a atividade do devedor não é, só por si, suficiente para derrogar o princípio da igualdade e o da proporcionalidade em prejuízo de outros

1071 Luís Carvalho Fernandes / João Labareda, Código da Insolvência e da Recuperação de Empresas Anotado, cit., p. 753.

1072 «Satisfação dos interesses dos credores no âmbito do PER: são os credores todos iguais?», cit., p. 25.

1073 Catarina Serra («Satisfação dos interesses dos credores no âmbito do PER: são os credores todos iguais?», cit., p. 23) refere que "a expressão «credores estratégicos», (ainda) sem assento normativo, tende a designar justamente os credores cujo contributo é (alegadamente) essencial para a empresa, seja porque disponibilizam financiamento seja porque asseguram a continuação do fornecimento de certos bens ou serviços, garantindo, deste modo, a não interrupção da atividade da empresa durante o período de negociações ou durante a execução do plano de recuperação. Manifestamente, a qualificação como estratégicos é – deve ser – independente da qualidade dos créditos de que eles sejam, no momento, titulares."

credores. As diferenciações entre credores não podem radicar na própria necessidade de aprovação do plano, pelo contrário, é este que tem que respeitar, tanto quanto possível, o princípio da igualdade entre os credores".

No mesmo sentido, no Ac. do STJ de 24.11.2015, Proc. 212/14.0TBACN.E1.S1 (José Rainho) sustentou-se que a circunstância de alguns credores poderem ser estratégicos para a atividade do devedor não é, só por si, suficiente para derrogar o princípio da igualdade e o da proporcionalidade em prejuízo de outros credores. As diferenciações entre credores não podem radicar na própria necessidade de aprovação do plano, pelo contrário, é este que tem que respeitar, tanto quanto possível, o princípio da igualdade entre os credores.

Por sua vez, no Ac. do TRP de 14.03.2013, Proc. 1172/12.7 TBMCN.P1 (Vieira e Cunha) foi invocado o facto de um determinado credor ter merecido um tratamento mais favorável porque o seu crédito era substancialmente superior aos demais e era considerado fundamental para a viabilização do plano de recuperação, enquanto outros possuíam um crédito comum e residual, com menor impacto na recuperação. O tribunal considerou que tais razões não eram legitimas ou justificativas do tratamento diferenciado plasmado no plano de recuperação. Com efeito, observou, na sua fundamentação, que as diferenciações não podem ser fundamentadas na própria necessidade de aprovação do plano (...); é o próprio plano que, na sua substância, tanto quanto possível, se tem que adaptar à igualdade entre credores".

No Ac. do TRE de 24.05.2018, Proc. 939/16.1 T8OLH-D.E1 (Albertina Pedroso) recusou-se também a homologação de um plano de revitalização, desta feita, porque o mesmo incluía o pagamento em prestações de créditos por tributos, sem o acordo da Autoridade Tributária e/ou da Segurança Social. Não se lançou mão das potencialidades do princípio da igualdade para se ponderar, em concreto, se havia ou não uma repartição justa, atendendo ao objetivo de se alcançar a recuperação nos termos constantes no plano.

Parece evidente, nestes casos, que o fim último da reestruturação da empresa e a relevância de certos credores para apoiar a recuperação, não foram considerados, ainda que teoricamente, como elementos objetivos de ponderação da existência de uma razão objetiva e legitima da diferenciação em causa. Porém, outra parte da jurisprudência tem revelado uma maior sensibilidade na aplicação do princípio da igualdade no momento de homologar ou não homologar o plano de recuperação, admitindo, por razões objetivas e à luz das circunstâncias, outras causas justificativas para além da mera natureza e grau de hierarquia dos créditos.

Por exemplo, no Ac. do TRL de 22.11.2014, Proc. 25367/ 13.7T2SNT. L1-8 (Ilídio Sacarrão Martins) sustenta-se que o PER "visa a viabilização ou recuperação do devedor, que é agora elevada a fim essencial do CIRE (...)" e acrescenta-se que "a satisfação dos direitos dos credores deixa de ocupar o lugar privilegiado que até então vinha tendo no CIRE, passando, após a Lei nº 16/2012, de 20 de abril, o objetivo principal a incidir sobre a possibilidade de recuperação ou revitalização do devedor, em detrimento da figura da sua liquidação". Assim, concluiu-se que, no âmbito do PER, nada obsta "que seja dado tratamento diversificado a credores em função da sua categoria e, mesmo que perante credores inseridos na mesma classe, nada impede a possibilidade de se estabelecerem diferenciações, exigindo-se tão só que a estas não presida a arbitrariedade, antes se mostre evidenciado estarem elas assentes em circunstâncias objetivas que justifiquem o tratamento diferenciado".

No mesmo sentido, no Ac. do TRC de 27.06.2017, Proc. 8389/ 16.3T8CBR.C1 (Isaías Pádua), diz-se que: "...tal como decorre do segundo segmento do nº 1 do citado artº 194º do CIRE, o princípio da igualdade nele plasmado não configura para os credores um direito absoluto, podendo, num regime de exceção, e em casos de situações objetivamente justificáveis, sofrer de afrouxamentos ou restrições, permitir tratamentos diferenciáveis entre os credores. (...) Desse modo, a violação desse princípio terá de ser aferida na ponderação global de cada caso concreto, devendo a homologação do plano ser recusada sempre que a vinculação de algum credor a ele se revele claramente excessiva, desproporcionada ou desrazoável".[1074]

[1074] No Ac. do TRP de 18.01.2018, Proc. 10672/15.6T8VNG.P1 (Ana Paula Amorim), por seu turno, conclui-se que não viola o princípio da igualdade o plano de revitalização que confere um "tratamento diferente entre um crédito garantido com hipoteca e os créditos comuns, mas que garante o pagamento de todos os credores, quando o património dos devedores se resume ao imóvel hipotecado, dois veículos automóveis e salário dos devedores". Ainda do TRP, no Ac. de 14.05.2015, Proc. 1529/14.9TBPRD.P1 (Vieira Cunha), argumenta-se que "o principal objectivo da introdução do processo de revitalização no CIRE visou direccioná-lo para a recuperação de empresas devedoras, privilegiando-se a manutenção no giro comercial, com relegação para segundo plano da liquidação do património, sempre que se mostre

Mesmo em situações onde está em causa a modificação de créditos laborais ou tributários pelo plano de recuperação, admite-se que os mesmos possam sofrer algum afrouxamento ou restrição.

Assim, no Ac. do STJ de 25.03.2014, Proc. 6148/12.1TBBRG. G1.S1 (Fonseca Ramos), considerou-se que "pese embora a natureza muito peculiar do crédito salarial que visa remunerar a força do trabalho, muitas vezes único bem de quem trabalha (...) pode sofrer afrouxamento ou restrição como decorre do texto constitucional que contempla, a par do princípio da igualdade, o princípio da proporcionalidade e da proibição do arbítrio coenvolvidos na legalidade do exercício de direitos e deveres, como é apanágio do estado de Direito baseado na dignidade da pessoa humana (...). Ponderando que o PER tem como fim primordial a recuperação da empresa, a derrogação do princípio da igualdade dos credores é legítima num quadro de ponderação de interesses – o interesse individual por contraposição ao coletivo – se este se situar num patamar material e fundadamente superior, em função dos direitos que devem ser salvaguardados, atendendo a sua relevância pública"[1075].

Perfilhando o mesmo entendimento, o STJ, no Ac. de 10.05.2018, Proc. 4986/16.5T8VIS.C1.S1 (Fonseca Ramos), considerou que "em caso

viável a recuperação. (...) A igualdade dos credores não impede que seja dado tratamento diversificado a credores em função da sua categoria e, designadamente, em face da natureza comum ou privilegiada dos créditos e mesmo entre credores inseridos na mesma classe e dotados de semelhantes garantias creditórias, desde que a estas diferenças não presida a arbitrariedade e fiquem visíveis circunstâncias objectivas que justifiquem o tratamento diferenciado. A desigualdade entre os credores, consubstanciada por uma moratória suplementar de 18 meses para os créditos que provinham de anterior plano de insolvência, encontra justificação se considerarmos que, para a viabilidade da devedora e Requerente, importa aliviar sensivelmente no curto prazo o peso dos débitos mais antigos, e que assumem muito maior volume, para que a Requerente possa gerar valores para solver todos os seus débitos". Noutra decisão, desta vez do TRG, de 01.03.2013, Proc. 3695/12.9TBBRG.G1 (António Santos), refere-se também que "o que está vedado ao plano de recuperação conducente à revitalização do devedor, na falta de acordo dos lesados, é nele se sujeitar a regimes diferentes os credores que se encontrem em circunstâncias idênticas, e sem a verificação dum quadro objectivo que sustente uma tal diferenciação, sendo que, ainda que perante credores inseridos numa mesma classe, e dotados até de semelhantes garantias creditórias, nada obsta a que se estabeleçam/fixem diferenciações, exigindo-se tão só que assentem elas em circunstâncias objectivas que justifiquem o tratamento diferenciado".

[1075] Seguindo a mesma posição, por exemplo, Ac. do TRP de 27.01.2015, Proc. 375/13.1TYVNG.P1 (Francisco Matos); e Ac. do TRG de 04.04.2017, Proc. 3820/15.8T8VNF.G1 (Maria dos Anjos Nogueira).

de flagrante e injustificada afirmação intransigente, pela autoridade tributária, das prerrogativas dos créditos fiscais, podem os Tribunais desconsiderá-las, na salvaguarda de interesses públicos, que num patamar de justificados sacrifícios, imponham ao Estado, [no respeito pelo paradigma insolvencial vigente, sobretudo após a Reforma de 2012, com a introdução do PER, já que a finalidade da lei insolvencial é agora a recuperação da empresa devedora e não a liquidação], o seu contributo para evitar a destruição e a liquidação da empresa. (...) Nesse hipotético quadro de estado de necessidade social, visando evitar a derrocada de empresas, sobretudo, grandes empregadores, em meio social economicamente débil e carenciado, a justiça, a equidade e os fins sociais pelos quais o Estado deve velar, podem conduzir à atenuação daquele direito de intangibilidade, se e quando a posição do credor público for decisiva para a recuperação da sociedade devedora."

5.2. O cumprimento de normas procedimentais

Sendo o PER um instrumento eminentemente negocial, o cumprimento de normas procedimentais adquire uma relevância reforçada uma vez que tais normas são suscetíveis de influir no sucesso das negociações e, naturalmente, no conteúdo do plano a ser homologado. Luís Carvalho Fernandes e João Labareda[1076] dizem-nos que estão em causa aquelas normas procedimentais "que regem a atuação a desenvolver no processo, que incluem os passos procedimentais que nele devem ser dados [até que os credores] decidam sobre as propostas que lhes foram apresentadas", incluindo-se, grosso modo, as regras que disciplinam o modo como devem decorrer as negociações entre as partes e as regras que regulam a elaboração, aprovação e votação do acordo.

Para começar, o PER inicia-se com uma manifestação escrita de vontade da empresa devedora de alguns credores[1077] de encetarem

[1076] Código da Insolvência e da Recuperação de Empresas Anotado, cit., p. 826.

[1077] Aqueles que, não estando especialmente relacionados com a empresa, sejam titulares, pelo menos, de 10% de créditos não subordinados (art. 17º-C, n. 1 do CIRE). Mas admite-se que "a requerimento da empresa e de credores que, satisfazendo o disposto no nº 1, detenham, pelo menos, créditos no valor de 5% dos créditos relacionados, ou mediante requerimento fundamentado da empresa, o juiz pode reduzir o limite de 10% a que se refere o nº 1, levando em consideração na apreciação do pedido o montante absoluto dos créditos relacionados e a composição do universo de credores" (art. 17º-C, n. 9 do CIRE).

negociações conducentes à revitalização daquela por meio da aprovação e homologação de um plano de recuperação[1078]. Essa manifestação de vontade é significativa porque não se reconduz a uma mera intenção de negociar, mas a uma vontade concreta e fundamentada de negociar e implementar um plano de recuperação. Tanto assim é que tal manifestação de vontade tem que ser acompanhada de um conjunto de documentação que ateste a sua razoabilidade e seriedade.

A partir daqui, e após o tribunal proferir o despacho (de nomeação do administrador judicial provisório) que determinará a produção de um conjunto de efeitos protetores para todas as partes envolvidas (durante o período de suspensão), as partes ficam compelidas a cooperar entre si, de boa-fé, na busca de uma solução construtiva que melhor satisfaça a todos[1079]. Essa cooperação passa, fundamentalmente pelo cumprimento de deveres de comunicação, de informação e de esclarecimento, mas também impõe que sejam respeitados os direitos de participação, nomeadamente por categorias (se aplicável), de reclamação de créditos e de exercício de direito voto.

Além da comunicação prévia endereçada ao tribunal, onde a empresa devedora e alguns credores manifestaram a intenção de recorrer ao PER, após a prolação daquele despacho, a empresa devedora comunica, de imediato, por carta registada, a todos os seus credores que não hajam subscrito a declaração inicial, que deu início a negociações com vista à sua revitalização, convidando-os a participar, caso assim o entendam, nas negociações em curso e informando que a documentação necessária, a proposta de plano e, sendo o caso, a proposta de classificação dos créditos se encontram na secretaria do tribunal para consulta[1080]. Depois, "os credores que decidam participar nas negociações em curso declaram-no à empresa por carta registada, podendo fazê-lo durante todo o tempo em que perdurarem as negociações, sendo tais declarações juntas ao processo"[1081].

Durante as negociações, as partes não podem adotar expedientes dilatórios, inúteis ou, em geral, prejudiciais à boa marcha daquelas[1082].

[1078] Art. 17º-C, n. 1 do CIRE.

[1079] Segundo princípio do Anexo da Resolução do Conselho de Ministros n. 43/2011, de 25 de outubro, *ex vi* art. 17º-D, n. 12 do CIRE.

[1080] Art. 17º-D, n. 1 do CIRE.

[1081] Art. 17º-D, n. 9 do CIRE.

[1082] Art. 17º-D, n. 11 do CIRE.

Pelo contrário, devem elaborar e apresentar propostas viáveis e credíveis para resolver os problemas da empresa devedora e que demonstre que o processo negocial não é apenas um expediente para atrasar o processo judicial de insolvência[1083]. Se a empresa devedora e os credores ou o administrador judicial provisório definirem regras específicas ao nível da comunicação entre as partes ou outros procedimentos[1084], para facilitar o diálogo e cooperação entre as mesmas, tais regras devem ser respeitadas.

Ainda "durante as negociações a empresa presta toda a informação pertinente aos seus credores e ao administrador judicial provisório que haja sido nomeado para que as mesmas se possam realizar de forma transparente e equitativa, devendo manter sempre atualizada e completa a informação facultada ao administrador judicial provisório e aos credores"[1085]. Devendo adotar uma conduta transparente, todos devem não só partilhar a informação necessária, como também prestar os esclarecimentos que se revelem adequados para que o processo negocial e a tomada de decisão decorram dentro dos ditames da boa-fé[1086].

Quanto ao respeito pelos direitos de participação nas negociações, de reclamação de créditos e de exercício de direito de voto, importa fazer algumas observações. Em primeiro lugar, todo e qualquer credor, querendo, poderá reclamar créditos e, não vendo o seu crédito reconhecido na lista provisória, querendo, poderá impugnar a lista provisória. O direito de participação nas negociações, no sentido de ter acesso a informação e apesentar propostas também não pode, à partida, ser negado a nenhum credor da empresa devedora ou a um detentor de participações sociais, a não ser que existam fundadas razões para se excluir tal credor das negociações, nomeadamente por pretender, através de expedientes dilatórios e injustificados, impedir o bom andamento das negociações ou pretender ter acesso a informação confidencial para fins ilegítimos. Quanto ao exercício do direito de voto, o mesmo deverá ser reconhecido às partes afetadas diretamente afetadas pelo plano.

[1083] Quarto, Nono e Décimo princípios do Anexo da Resolução do Conselho de Ministros n. 43/2011, de 25 de outubro, *ex vi* art. 17º-D, n. 12 do CIRE.

[1084] Art. 17º-D, n. 10 do CIRE.

[1085] Art. 17º-D, n. 8 do CIRE e Quarto, Sétimo e Oitavo Princípios do Anexo da Resolução do Conselho de Ministros n. 43/2011, de 25 de outubro, *ex vi* art. 17º-D, n. 12 do CIRE.

[1086] Segundo, Quarto, Sétimo e Oitavo Princípios do Anexo da Resolução do Conselho de Ministros n. 43/2011, de 25 de outubro, *ex vi* art. 17º-D, n. 12 do CIRE.

A jurisprudência tem sido chamada a pronunciar-se sobre questões que respeitam o incumprimento não negligenciável de normas procedimentais, *maxime* quanto ao modo como decorreu o processo de negociação e aprovação do acordo de recuperação.

A título exemplificativo, observe-se que no Ac. do TRE de 09-02--2017, Proc. 2021/16.2T8VCT.G1 (Ana Cristina Duarte), sustenta-se que poderá haver a violação não negligenciável de regras procedimentais que obsta à homologação de um plano de revitalização quando os devedores não prestam toda a informação que possuem aos credores, não disponibilizem toda a documentação, ou não convidam todos os credores a participar nas negociações.

Já no Ac. do TRC de 15.10.2019, Proc. 1355/19.9T8CBR-A.C (Arlindo Oliveira), diz-se que existe "violação não negligenciável de normas procedimentais, se um dos credores não for convocado para os termos do processo, se não lhe for dado conhecimento da existência do processo, assim, o impedindo de nele participar ou se esse credor não for indicado como tal e o seu crédito não tiver sido sequer relacionado".

No Ac. do TRC de 23.05.2017, Proc. 515/17.1T8VIS-A.C1 (Arlindo Oliveira), concluiu-se que "a propositura de novo PER sem a observância daquele limite temporal, em tribunal diferente do primeiro e sem fazer qualquer referência ao processo anterior, constitui violação de norma imperativa, que legítima, nos termos do artigo 215º do CIRE, a recusa de homologação judicial do plano aprovado no âmbito deste PER".

Por sua vez, o STJ, no Ac. de 08.10.2015, Proc. 583/14.8TBFAF-A.G1.S1 (Fonseca Ramos), afirma, em resumo, que: "I. O prazo para a conclusão das negociações, previsto no art. 17º-D, nº 5, do CIRE, corre independentemente de quaisquer vicissitudes, sendo que o plano de revitalização aprovado deve ser apresentado com a conclusão das negociações, não para além delas como decorre da letra e do espírito da lei; II. Não há um prazo para a conclusão das negociações, no máximo de três meses, e um prazo posterior para apresentação do plano de revitalização, que nem sequer está previsto; III – A violação deste prazo constituiu infração de uma norma cogente, da maior importância na tramitação do processo que, se visa o interesse do devedor e credores participantes, vincula também terceiros credores não participantes em relação aos quais a lei deve assegurar equitativa proteção dos seus direitos afetados pelos períodos *stand still* que o PER estatui, desiderato que não seria alcançado se, ao arbítrio do devedor, o prazo das negociações e de aprovação do plano fosse excedido; IV – Nem os fins que o PER visa – a revitalização da empresa e a sua sobrevivência enquanto agente económico e empresarial, que transcendem os meros interesses do devedor requerente –, justificam que se considere isenta de censura a violação do prazo de uma fase crucial do processo. Assim, o prazo, se violado, por ser um prazo peremptório, acarreta uma sanção – a não homologação do plano".

No Ac. do STJ de 07.02.2017, Proc. 5512/15.9T8CBR.C1.S1 (Nuno Cameira), decidiu-se "que constitui violação não negligenciável de normas procedimentais, a conduta de um administrador provisório que, após ter realizado as negociações tendentes a elaboração do plano de revitalização apenas com um credor hipotecário, enviou aos restantes credores o plano aprovado e lhes concedeu um prazo de 3 dias para se pronunciarem, pondo assim em causa o interesse de uma parte considerável dos credores".

5.3. A proibição do tratamento menos favorável

Outra das razões para o tribunal recusar a homologação do plano de recuperação consta no art. 216º, n. 1, al. a) do CIRE, onde se prevê que o plano deve ser recusado se o interessado demonstrar em termos plausíveis que a sua situação ao abrigo do plano é previsivelmente menos favorável do que a que interviria na ausência de qualquer plano, designadamente face à situação resultante de acordo já celebrado em procedimento extrajudicial de regularização de dívidas.[1087]

O que está em causa é, essencialmente, a salvaguarda do melhor interesse das partes afetadas e discordantes face a uma maioria que apoia o plano[1088]. Pretende-se, dessa forma, colmatar a falta de consentimento da parte discordante, assegurando que o plano de recuperação é a melhor solução para também para as partes afetadas e discordantes. Assim,

[1087] Catarina Serra, *Lições de Direito da Insolvência*, cit., p. 437; «Entre o princípio e os princípios da recuperação...», cit., p. 81-82.

[1088] Em sentido idêntico, no §. 251 da InsO (que terá servido de inspiração ao nosso legislador) prevê-se que o tribunal possa não homologar o plano de insolvência se requerente demonstrar de forma credível que provavelmente ficaria em pior situação em resultado do plano do que estaria sem o plano.

proíbe-se que os credores ou partes afetadas e discordantes possam ficar em pior situação do que estariam na ausência de acordo.[1089]

Exigindo-se que se demonstre em termos plausíveis, a parte interessada na não homologação terá que demonstrar de forma clara, sem margem para dúvidas, com base em razões objetivas, de que o plano lhe é menos favorável. Devido à multiplicidade de fatores que podem ser considerados, não será tarefa fácil evidenciar que o plano de recuperação é menos favorável do que qualquer outra alternativa, nomeadamente a liquidação.[1090]

Primeiramente, a parte discordante teria que dizer e demonstrar, em termos concretos, qual seria a alternativa e que impacto esta teria na sua situação. Depois, teria que especificar o impacto menos favorável do plano de recuperação, comparando com a situação alternativa. Mas para que pudesse fazer essa operação de comparação, teria que indicar o valor da recuperação na parte que lhe dizia respeito. Esta operação não se apresenta como uma tarefa fácil. Ou bem que se compara aquilo que de concreto consta no plano de recuperação com aquilo que de concreto consta noutra alternativa (se realmente existir), nomeadamente uma alternativa constante num acordo já firmado ou em vias de o ser, ou então o juízo de comparação tende a ser uma mera especulação, tendencialmente irrealista e tendencioso, consoante o interesse que se pretenda defender. Com efeito, estando em causa cenários hipotéticos, ainda por concretizar ou demasiado vagos, a situação poderá ser bastante complexa[1091].

[1089] Luís Campos, «A recuperação do devedor vs. 'o melhor interesse dos credores'», *Revista de Direito da Insolvência*, Nr. 6, 2022, p. 16-19; Luís Carvalho Fernandes / João Labareda, Código da Insolvência e da Recuperação de Empresas Anotado, cit., p. 829-834.

[1090] Cfr. Luís Campos, *«A recuperação do devedor vs. 'o melhor interesse dos credores'»*, cit., p. 28-34.

[1091] Na determinação do valor da empresa têm que ser ponderados vários elementos do ativo e do passivo. No lado do ativo, há que considerar os bens móveis e imóveis, as dívidas de clientes, as participações financeiras noutras empresas, os investimentos em valores mobiliários, os recursos intangíveis como licenças, direitos de propriedade intelectual, lista de clientes, e entre outros. Do lado do passivo, deve ser ponderada, nomeadamente, a natureza e valor global das dívidas da empresa devedora, incluindo as suas obrigações, encargos e responsabilidades para com fornecedores, entidades financeiras, trabalhadores, mas também outras responsabilidades contingentes e ainda não totalmente certas ou determináveis. Podem e devem ainda ser considerados, designadamente, o setor de atividade, o seu objeto, a capacidade de escoamento de bens ou serviços, a possibilidade de internacionalização e expensão da atividade, a sua relevância e prestígio no mercado, e a manifestação de interesse de potenciais investidores ou compradores da empresa. Com isto, afigura-se como bastante

Adicionalmente, as partes discordantes, estando em minoria, têm que "lutar" contra uma certa ideia de que pelo facto de o plano de recuperação ter sido aprovado (pela maioria dentro da sua própria categoria e, eventualmente, das demais categorias,) constitui a solução mais favorável a todos, incluindo para a parte discordante[1092]. Como refere expressivamente Luís Campos[1093], "a discordância deve basear-se em razões objetivas, que sejam apreensíveis por qualquer pessoa e em factos concretos, que demonstrem o prejuízo provocado pela homologação do plano, à luz de critérios de racionalidade económica. Se o credor se abstém de alegar factos, dizendo apenas que a homologação do plano o colocaria numa situação pior, o seu requerimento deve ser interpretado como apenas mais uma manifestação de inconformismo face à aprovação do plano, que não autoriza a intervenção do Tribunal, por não se vislumbrar em que medida o seu interesse privado está ameaçado". Quer isto dizer que na ausência de elementos suficientemente claros e convincentes, os tribunais tenderão a assumir que o acordo aprovado por maioria (dentro de cada classe) e/ou de forma consensual (se for o caso) é um acordo justo e mais favorável a todos, incluindo para a parte discordante[1094].

complexa e difícil a tarefa de determinar, com claro rigor, o valor da recuperação e o valor hipotético da liquidação e de outros cenários alternativos, sobretudo quando a empresa devedora for de grande dimensão.

1092 Catarina Serra, *Lições de Direito da Insolvência*, cit., p. 437; «Entre o princípio e os princípios da recuperação...», cit., p. 81-82.

1093 *«A recuperação do devedor vs. 'o melhor interesse dos credores'», cit., p. 30.*

1094 Ver, por exemplo, Ac. do TRE de 22.02.2018, Proc. 841/16.7T8ELV.E1 (Ana Margarida Leite). Neste caso, o Banco credor alegou "que a) tal plano não era credível nem viável e beneficiava, sem razões objetivas que o justificassem, os credores comuns em detrimento dos credores garantidos. Dizia-se que o valor dos créditos comuns era semelhante ao dos créditos garantidos e que os credores comuns, de acordo com o plano aprovado, receberiam a totalidade do capital e juros vincendos à taxa de 2,5% ao ano, em 60 prestações mensais, após período de carência de seis meses; os credores garantidos, durante três anos, receberiam apenas juros, às taxas contratualizadas e, após esse período, seriam retomados os pagamentos nas condições contratuais. Por isso, alegava o Banco que havia "um claro benefício dos credores comuns, os quais, num cenário de liquidação do ativo da devedora, pouco ou nada iriam receber". Assim, concluiu-se que "não permitindo os elementos apresentados comparar a futura situação do credor emergente do plano com a situação hipotética que lhe adviria na ausência de plano, não se encontra demonstrada a provável situação de desfavor resultante da execução do plano, assim não podendo considerar-se verificado o invocado fundamento para a recusa de homologação do plano de recuperação."

Àquelas dificuldades junta-se uma outra. As regras da experiência e do senso comum dizem-nos que a venda de ativos em processo judicial e, em especial, em processo de insolvência, tende a produzir um proveito inferior às vendas realizadas segundo as regras do mercado, sem o descrédito provocado pela insolvência (particularmente notório nos bens associados, por exemplo, a uma determinada marca de prestígio) e sem a pressão de realizar dentro de um determinado prazo e segundo determinados parâmetros, designadamente, com a intervenção de um administrador judicial ou fiduciário dos bens[1095]. É, por isso, notório que a insolvência não é o melhor contexto para se vender o ativo, seja de forma desintegrada, seja como um todo[1096]. Pese embora a venda possa decorrer por via de um leilão, não há qualquer motivo para supor que daí resultará uma vantagem.

Nessa conformidade, e ao contrário do que por vezes se julga, não podemos assumir que a liquidação imediata é tendencialmente mais favorável do que o plano de recuperação, com efeitos, por natureza, mais prolongados. É preciso demonstrá-lo no caso em concreto. De facto, tal como se decidiu no Ac. do TRE de 10.05.2017, Proc. 1973/16.7-T8STR.E1 (Manuel Bargado), "não basta ao credor reclamante concluir, nos termos do artigo 216º, nº 1, do CIRE, que o plano de revitalização não deve ser aprovado por a situação ser previsivelmente menos favorável do que a que interviria na ausência de qualquer plano, pois ao mesmo incumbe ainda a obrigação de especificar e demonstrar, através de factos concretos, como chegou a essa previsão". No mesmo sentido, no Ac. do TRG de 06.02.2020, Proc. 348/19.0T8VNL.G1 (Maria João Matos) decidiu-se

[1095] Horst Eidenmüller / Kristin van Zwieten («Restructuring the European Business Enterprise...», cit., p. 636) caracterizam esta realidade como um *"risck of value-destructive liquidation"*, sublinhando que os instrumentos recuperatórios que facilitem a negociação de um plano de reestruturação (nos termos anteriormente expostos) visam evitar tal risco de distribuição de valor através da liquidação. Para outros desenvolvimentos sobre a temática ver Andrew Keay/ Hao Zhang, «Incomplete contracts, contingent fiduciaries and a director's duty to creditors», cit., p. 161-165; Nicolaes Tollenaar, Pre-Insolvency Proceedings: A Normative Foundation and Framework, cit., p. 12 e 40; Pratik Datta, «Value destruction and wealth transfer under the Insolvency and Bankruptcy Code», *IGIDR-IBBI Conference*, May 16, 2018; e Stephan Madaus, «Leaving the Shadows of US Bankruptcy Law...», cit., p. 619-625.

[1096] Neste sentido, Nicolaes Tollenaar, Pre-Insolvency Proceedings: A Normative Foundation and Framework, cit., p. 40.

que "não basta, para sustentar o necessário prognóstico comparativo, a mera suspeita, independentemente do grau – mais ou menos reforçado – de que se revista, devendo tal juízo comparativo balancear a situação emergente da homologação do plano e a que interviria na sua ausência, incluindo a eventual e futura insolvência do devedor".

Também no sentido de negar o pedido de não homologação, no Ac. do TRE, de 22-02-2018, Proc. 841/16.7T8ELV.E1 (Ana Margarida Leite), refere-se que a "apreciação do fundamento para a recusa de homologação do plano de recuperação previsto no artigo 216º, nº 1, al. a), importa que se proceda a uma comparação entre a situação que, para o requerente, se prevê advenha da homologação do plano de recuperação e aquela que previsivelmente resultaria da ausência de plano. Relativamente aos credores, tal impõe se compare os termos e prazos de pagamento dos créditos nas duas situações em apreciação, isto é, em que medida e quando serão ressarcidos dos seus créditos em execução do plano de recuperação e na ausência de plano. Não permitindo os elementos apresentados comparar a futura situação do credor emergente do plano com a situação hipotética que lhe adviria na ausência de plano, não se encontra demonstrada a provável situação de desfavor resultante da execução do plano, assim não podendo considerar-se verificado o invocado fundamento para a recusa de homologação do plano de recuperação".

No Ac. do TRC de 15.10.2019, Proc. 1355/19.9T8CBR-A.C1.2 (Arlindo Oliveira) considerou-se que o facto de determinada entidade bancária não ter participado nas negociações (para as quais não tinha sido convocada) nem ter reclamado o seu crédito, não poderia servir de motivo para que o plano de recuperação previsse um tratamento menos favorável do que aquele que existiria se a empresa devedora fosse declarada insolvente e liquidada. No caso, o plano de recuperação previa a extinção do crédito da referida entidade bancária. Considerando que se não houvesse plano de recuperação, muito provavelmente a empresa devedora seria, de imediato, declarada insolvente, com a consequente venda universal dos bens que constituiriam a massa insolvente, e inexistindo, com exceção dos créditos laborais, Estado e Segurança Social, garantias de outros credores que lhe impossibilitassem, em tal caso, pelo menos, o ressarcimento, (integral ou) parcial, do seu crédito, o tribunal considerou que o plano configurava um tratamento mais desfavorável, discriminatório (pela negativa) e injustificado.

Finalmente, no Ac. do TRG de 08.07.2020, Proc. 4359/19.8T8 VNF.G1 (António Figueiredo de Almeida) recusou-se a homologação do plano de recuperação, nomeadamente porque relativamente a uma sociedade credora a solução constante do plano era-lhe "bastante mais desfavorável do que a que resultava da transação que havia alcançado em processo cível na medida em que a requerente [passaria] a ver o seu direito de crédito liquidado num prazo superior a seis anos em vez dos 12 meses resultantes da transação e com uma taxa de juros de mora para 1%."[1097]

5.4. A proibição de proporcionar um valor económico superior ao montante nominal dos créditos

No art. 216º, n. 1, al. b) do CIRE consagra-se a proibição de um credor receber um valor económico superior ao montante nominal dos seus créditos, acrescido do valor das eventuais contribuições que ele deva prestar. Esta proibição surge como corolário do princípio da igualdade de credores[1098] que densifica, como vimos anteriormente, a perspetiva vertical da ordem de prioridade dos créditos.

Por obediência à proibição do enriquecimento sem causa justificativa e aos princípios da justiça e equidade, nenhum credor poderá receber mais do que o valor total do seu crédito. Admitindo, por hipótese, que o valor da recuperação superava o valor necessário para satisfazer todos os créditos na sua totalidade, qualquer valor adicional, cujo pagamento servisse para, de alguma forma, compensar os sacrifícios dos credores afetados, teria que ser distribuído proporcionalmente. Não obstante, poder-se-iam admitir ligeiras diferenciações, desde que legítimas e objetivamente justificadas.

Como tal hipótese (de haver um valor excedentário) é inverosímil, percebe-se que o legislador quis, na verdade, impedir um tratamento discriminatório entre aqueles que apenas recebem parte do seu crédito ou não recebem sequer qualquer quantia e a aqueles recebem mais do que têm direito.

Assim, temos por certo que a prioridade dos créditos pode legitimamente (num sentido absoluto) justificar que os credores prioritários

[1097] Criticando esta decisão, Luís Campos, «*A recuperação do devedor vs. 'o melhor interesse dos credores'*», *cit.*, p. 21.

[1098] Ac. TRC de 19.12.2018, Proc. 100/18.0T8SEI.C1 (Barateiro Martins).

devam ser satisfeitos na totalidade e só depois, caso haja valor disponível, os credores graduados imediatamente abaixo, mas já não pode justificar que aqueles (credores prioritários) recebam um valor que estaria destinado, pela ordem das prioridades, aos credores menos graduados.

Ao contrário do que sucede com o anterior fundamento para a não homologação do plano, cuja demonstração tende a ser complexa, não será difícil aos interessados demonstrarem que o plano de recuperação viola a proibição de um credor receber um valor económico superior ao montante nominal dos seus créditos.

5.5. Requisitos "adicionais" aditados pela Lei n. 9/2022, de 11 de janeiro

Depois de mandar aplicar, com as necessárias adaptações, as regras previstas no título ix, em especial o disposto nos artigos 194º a 197º, no nº 1 do artigo 198º e nos artigos 200º a 202º, 215º e 216º, o art. 17º-F, n. 7 do CIRE manda o tribunal aferir um conjunto de requisitos adicionais, aditados pela Lei nº 9/2022, de 11 de janeiro.[1099]

Estão em causa condições referentes as regras (de aprovação, de homologação de planos consensuais e de homologação de planos não consensuais) que na Diretiva são tratadas em normas distintas. As regras de aprovação constam no art. 9º, n. 6 da Diretiva. No art. 10º da Diretiva estabelecem-se, como vimos, os critérios gerais de homologação de um plano consensual. Finalmente, no art. 11º da Diretiva estabelecem-se as condições adicionais de homologação de um plano não consensual.[1100]

5.5.1. *Apreciação crítica e sumária à opção do legislador*

Olhando para o regime transposto, vertido no art. 17º-F, n. 5, al. d) e n. 7 do CIRE, salta à vista que o legislador português não seguiu o paradigma e a arrumação constantes na Diretiva (UE) 2019/1023. A opção tomada pelo legislador português reflete-se numa fusão indiscrimi-

[1099] Para uma análise crítica, Catarina Serra, «As alterações ao Processo Especial de Revitalização: um novo processo?», cit., p. 14-31; e Fátima Reis Silva, «Proposta de Lei 115/XIV/3ª – na versão da proposta conjunta do GPPSD e GPPS – Lei nº 9/2022, de 11 de janeiro», cit., p. 32-41. Para uma visão geral sobre o regime, Maria do Rosário Epifânio, *Manual de Direito da Insolvência*, 8ª Ed., cit. p. 497-503.

[1100] José Gonçalves Machado, *O dever de promover a negociação...*, cit., p. 463 ss.

nada e pouco clara de matérias distintas que a Diretiva trata em normas diferentes.[1101]

Colocando o regime português e o regime europeu em perspetiva verifica-se o seguinte:

- A condição prevista na subalínea i) da al. a) do n. 5 do art. 17º-F do CIRE (tratada como requisito de aprovação, aplicável em caso de classificação dos credores em categorias distintas) vai de encontro ao disposto no art. 9º, n. 6 da Diretiva (regra de aprovação de planos consensuais). Pese embora o legislador português não se refira uma "maioria do montante dos respetivos créditos ou interesses em cada uma das categorias", mas simplesmente a uma maioria (por mais de dois terços) da "totalidade dos créditos emitidos" (sem contar como tal as abstenções).
- As restantes hipóteses previstas nas subalíneas ii) a iv) da al. a) do n. 5 do art. 17º-F (consideradas indevidamente pelo legislador português como regras de aprovação, aplicáveis em caso de classificação dos credores em categorias distintas), refletem o disposto no art. 11º, n. 1, al. b) e §. 3 da Diretiva (teste do suporte mínimo para homologação de planos não consensuais[1102]).
- A condição prevista na al. b) do n. 7 do art. 17º-F do CIRE (tratamento igual e proporcional, aplicável em caso de classificação dos credores em categorias distintas), corresponde ao disposto na al. b) do n. 2 do art. 10º da Diretiva (tratamento igual e proporcional, aplicável à homologação de planos consensuais e não consensuais).
- A condição prevista na al. c) do n. 7 do art. 17º-F do CIRE (regra da prioridade relativa, aplicável em caso de classificação dos credores em categorias distintas), corresponde ao disposto na al. c) do

[1101] Catarina Serra («As alterações ao Processo Especial de Revitalização: um novo processo?», cit., p. 24-31) considera tratar-se de um equívoco, e conclui que teria sido conveniente que as novas disposições estivessem ordenadas separadamente consoante as matérias que realmente versam, com as epígrafes que realmente manifestam o seu teor e o seu alcance.

[1102] Michael Veder («Article 11 – Cross-class cram-down», cit., p. 183-184) refere-se a estas condições como *"minimum support test"* porque, de facto, o legislador europeu, excecionado a regra da aprovação consensual, admite a homologação de planos não consensuais que obtenham um apoio mínimo. No mesmo sentido, Catarina Serra, «As alterações ao Processo Especial de Revitalização: um novo processo?», cit., p. 24.

n. 1 do art. 11º da Diretiva (regra da prioridade relativa, aplicável à homologação de planos não consensuais).

- A condição prevista na al. d) do n. 7 do art. 17º-F do CIRE (proibição de receber mais do que o montante dos respetivos créditos, aplicável em caso de classificação dos credores em categorias distintas), corresponde ao disposto na al. d) do n. 1 do art. 11º da Diretiva (elemento decorrente da regra da prioridade de créditos, aplicável à homologação de planos não consensuais).
- A condição prevista na al. e) do n. 7 do art. 17º-F do CIRE (regra do tratamento mais favorável, aplicável em qualquer caso em que o plano é submetido a homologação), corresponde ao disposto na al. d) do n. 1 do art. 10º da Diretiva (a salvaguarda do melhor interesse das partes afetadas, aplicável à homologação de planos consensuais e não consensuais).
- A condição prevista na al. f) do n. 7 do art. 17º-F do CIRE (de proteção de credores contra novos financiamentos, aplicável em qualquer caso em que o plano é submetido a homologação e existe(m) novo(s) financiamento(s)), corresponde ao disposto na al. e) do n. 2 do art. 10º da Diretiva (proibição de prejudicar injustamente os interesses dos credores em caso de novo financiamento, aplicável à homologação de planos consensuais e não consensuais).
- A condição prevista na al. g) do n. 7 do art. 17º-F do CIRE (regra da viabilidade da empresa, aplicável em qualquer caso em que o plano é submetido a homologação), corresponde ao disposto no n. 3 do art. 10º da Diretiva (a viabilidade da empresa, aplicável à homologação de planos consensuais e não consensuais).

Em consequência da má opção feita pelo legislador português, altamente criticável em termos de técnica legislativa[1103], temos um regime de homologação de planos consensuais e não consensuais que nos é apresentado de forma desfigurada e desvirtuada.

Ao "rebaixar" as hipóteses previstas nas subalíneas ii) a iv), da al. a), do n. 5 do art. 17º-F para condições de aprovação de qualquer plano negociado por categorias, aquele que, em princípio, deveria ser um

[1103] Catarina Serra, «As alterações ao Processo Especial de Revitalização: um novo processo?», cit., p. 24-31.

mecanismo excecional de homologação de planos de recuperação contra categorias discordantes *(cross-class cram-down)* passará, em termos práticos, a ser a regra.

A desfiguração e o desvirtuamento são agravados com o facto de se misturarem na mesma norma (n. 7 do art. 17º-F do CIRE) regras gerais de homologação de quaisquer planos (incluindo planos de insolvência), com regras gerais de homologação de planos consensuais e de planos não consensuais.

Salta à vista que o critério utilizado pelo legislador na arrumação dos critérios de homologação foi o critério da classificação dos credores por categorias. Essa opção é confirmada com a ordem com que os requisitos são apresentados no n. 7 do art. 17º-F do CIRE. As als. b) a d) do n. 7 do art. 17º-F do CIRE aplicam-se exclusivamente aos casos em que os credores ou partes afetadas estão classificados (agrupados ou divididos) por categorias. As als. a) e e) a g) do n. 7 do art. 17º-F do CIRE aplicam-se aos casos em que os credores ou partes afetadas estão classificados por categorias e aos casos em que os credores ou partes afetadas não estão classificados por categorias.

O resultado imediato da desfiguração e do desvirtuamento não é o da facilitação (ao nível da compreensão do regime), mas o seu contrário. Ainda que se admita que o legislador procurou aligeirar o sistema de aprovação e, por consequência, o regime da homologação, e que isso até pode até constituir um contributo para a recuperação preventiva de empresas, não é difícil antecipar uma divisão entre aqueles se prenderão à letra da lei (apesar de pouco clara e desorganizada), e aqueles (inconformados) que, dentro das ferramentas interpretativas disponíveis, procurarão extrair o melhor significado possível à luz da Diretiva (UE) 2019/1023, de todo o labor que a precedeu, e dos desenvolvimentos verificados um pouco por toda a europa. Estamos certamente com estes.

5.5.2. *Requisitos "adicionais" gerais*

Os requisitos adicionais gerais a aferir pelo tribunal aplicam-se a qualquer plano de recuperação que reúna as condições para ser homologado, independentemente de ter sido negociado e votado por categorias de credores ou partes afetadas. Nessa medida, são requisitos gerais ou comuns a essas duas possibilidades. Mas são também requisitos adicionais na medida em que, aparentemente, acrescem às regras previstas no título IX, em especial o disposto nos artigos 194º a 197º, no nº 1 do artigo 198º e nos artigos 200º a 202º, 215º e 216º, todos do CIRE.

O primeiro requisito, consagrado na al. e) do n. 7 do art. 17º-F do CIRE, definido no regime norte-americano como *"best interest of creditors"* ou *"no creditor worse off"*[1104], e no direito europeu como "salvaguarda do melhor interesse das partes afetadas" (à luz da al. d) do n. 1 do art. 10º da Diretiva (UE) 2019/1023[1105]), apresenta-se no direito nacional como "proibição do tratamento menos favorável" (ao abrigo do disposto no art. 216º, n. 1, al. a) do CIRE[1106]). Para se evitar repetições desnecessárias, remetemos para o que ficou dito anteriormente[1107].

Não obstante, vale a pena sublinhar que este requisito não constitui qualquer novidade para o ordenamento jurídico português e que existe uma notória sobreposição entre o disposto na al. e) do n. 7 do art. 17º-F do CIRE e o que decorre da al. a) do n. 1 do art. 216º do CIRE. Sobreposição essa que teria sido evitada se o legislador tivesse optado, como se impunha, por arrumar e tratar separadamente (em normas distintas, devidamente identificadas) as diferentes matérias, à semelhança do que sucede na Diretiva, evitando sobreposições e confusões desnecessárias e inúteis.[1108]

O segundo requisito, previsto na al. f) do n. 7 do art. 17º-F do CIRE também já foi analisado a propósito da Diretiva (UE) 2019/1023[1109]. A solução adotada coincide com o disposto na al. e) do n. 2 do art. 10º da Diretiva. Procura-se salvaguardar os interesses dos credores contra os prejuízos potencialmente associados à concessão de novos financiamentos. Atendendo ao regime de proteção que beneficia tais financiamentos e respetivos financiadores[1110], nomeadamente no cenário de uma futura insolvência, pretende-se evitar a concessão desnecessária e abusiva de novos financiamentos. Os novos financiamentos devem ser concedidos na medida do necessário, o que naturalmente precisa de ser evidenciado

1104 José Gonçalves Machado, *O dever de promover a negociação...*, cit., p. 495 ss.

1105 *Ibidem*, p. 509 ss.

1106 *Ibidem*, p. 548 ss.

1107 Pontos 5.3. e 6.3. do Capítulo IX.

1108 Para uma análise crítica, Luís Campos, «*A recuperação do devedor vs. 'o melhor interesse dos credores'*», *cit.*, p. 16-39.

1109 *Supra*, Ponto 5.2. do presente Capítulo.

1110 *Supra*, Ponto 2 do Capítulo VII.

no plano de recuperação. Mas não basta que sejam necessários, é ainda preciso que não prejudiquem os credores ou, prejudicando, não o façam injustificadamente.

Como tal, a apreciação deste requisito tenderá a ser vista à luz do princípio da igualdade dos credores. Aliás, a letra da lei ("não prejudica injustamente") aponta para o núcleo do princípio da igualdade dos credores[1111]. Assim, os tribunais são chamados a aferir uma hipótese específica de eventual violação do princípio da igualdade dos credores. Para o efeito devem aferir se o financiamento é, de facto, necessário para executar o plano de recuperação e, concluindo pela verificação dessa necessidade, devem ainda aferir se daí decorre algum prejuízo injustificado para os interesses dos credores ou se, pelo contrário, não existe qualquer prejuízo e, mesmo existindo, há uma razão objetiva e legítima que justifique um certo sacrifício. A justificação óbvia para esse sacrifício é o plano de recuperação da empresa devedora e a vantagem que o mesmo representa para as partes afetadas já que, em princípio, nenhum credor poderá ficar em pior situação do que estaria na ausência de acordo de recuperação.

Embora se compreenda o objetivo subjacente a este requisito, parece-nos que terá pouca aplicação prática uma vez que, infelizmente, a dificuldade parece residir em atrair novos financiamentos para empresas em situação de pré-insolvência. E quem se dispõe a fazê-lo procurará assegurar o mais possível o seu crédito e os seus interesses. Podem estar em causa credores estratégicos para a recuperação das empresas, mas que reclamem um tratamento diferenciado para contrabalançar com o risco acrescido que estão a assumir. Cremos que não será difícil a esses credores (ou terceiros) financiadores justificarem devidamente a sua posição de modo que não resulte um prejuízo ou sacrifício injustificado para as partes afetadas.

O terceiro e último requisito geral, previsto na al. g) do n. 7 do art. 17º-F do CIRE, tem que ver com a viabilidade da empresa, mais especificamente sobre a necessidade de o plano apresentar perspetivas razoáveis de evitar a insolvência da empresa ou de garantir a viabilidade da

[1111] Nessa medida, podemos concluir que o requisito previsto no previsto na al. f) do n. 7 do art. 17º-F do CIRE não constitui propriamente uma novidade para o ordenamento jurídico português já que estaria a coberto do disposto no art. 194º do CIRE. Assim, em bom rigor, não se pode dizer que seja um verdadeiro requisito adicional.

mesma. De forma a evitar repetições desnecessárias, remetemos para o que ficou dito anteriormente a respeito dos requisitos materiais de acesso do requisito da viabilidade da empresa devedora consagrado na Diretiva (UE) 2019/1023.

5.5.3. *Requisitos "adicionais" apenas aplicáveis em caso de classificação dos credores por categorias*

Os requisitos adicionais apenas aplicáveis no caso de classificação dos credores por categorias são os que estão previstos nas als. b) a d) do n. 7 do art. 17º-F do CIRE, e que coincidem exatamente com os requisitos previstos, respetivamente, na al. b) do n. 2 do art. 10º, na al. c) do n. 1 do art. 11º e na al. d) do n. 1 do art. 11º da Diretiva (UE) 2019/1023.

O primeiro requisito, previsto na al. b) do n. 7 do art. 17º-F do CIRE, já analisado no contexto da Diretiva (UE) 2019/ 1023, visa proteger as minorias de partes afetadas discordantes dentro de cada categoria, assegurando-lhe um tratamento igual e proporcional.

O segundo requisito, previsto na al. c) do n. 7 do art. 17º-F do CIRE, já analisado no contexto da Diretiva (UE) 2019/ 1023, situa-se duplamente num plano horizontal e vertical, sob o ponto de vista da hierarquia das categorias de partes afetadas, e visa proteger as categorias discordantes de partes afetadas, garantindo-lhes, em obediência à regra da prioridade relativa, um tratamento pelo menos tão favorável como o de qualquer categoria do mesmo grau (plano horizontal) e mais favorável do que qualquer categoria de grau inferior (plano vertical). Tendo optado pela regra da prioridade relativa, em detrimento da regra da prioridade absoluta, o legislador consagra, em nossa opinião, a solução que melhor serve a finalidade dos instrumentos de recuperação preventiva de empresas, *maxime* a cooperação entre as partes com vista à implementação de um plano que satisfaça o melhor interesse de todos os afetados.

O terceiro requisito, previsto na al. d) do n. 7 do art. 17º-F do CIRE, já analisado no contexto da Diretiva (UE) 2019/ 1023, repete a hipótese que já resulta do art. 216º, n. 1 al. b) do CIRE que anteriormente vimos, e visa assegurar que nenhuma categoria de credores pode, no âmbito do plano de recuperação, receber nem conservar mais do que o montante correspondente à totalidade dos seus créditos.

Não querendo incorrer em repetições desnecessárias relativamente aos três requisitos em apreço, remete-se para a análise feita acima a respeito do regime consagrado na Diretiva (UE) 2019/ 1023.

5.5.4. *A avaliação da empresa por determinação do tribunal*

De acordo com o disposto no n. 8 do art. 17º-F do CIRE "o juiz pode determinar a avaliação da empresa, por um perito, se for pedida a não homologação do plano de recuperação por um credor discordante, com algum dos seguintes fundamentos: a situação dos credores ao abrigo do plano é menos favorável do que seria num cenário de liquidação da empresa; ou desrespeito das regras de aprovação previstas nas subalíneas iii) e iv) da alínea a) do nº 5."

O objetivo desta disposição é auxiliar o juiz competente a determinar a avaliação da empresa[1112]. Essa avaliação pode ser necessária, de facto, para aferir se o plano de recuperação deixa o credor (ou parte afetada[1113]) discordante em situação menos favorável do que estaria num

[1112] Perante dificuldades ligadas à avaliação das empresas e o papel que tribunais são chamados a desempenhar, BOB WESSELS («Energising courts to continue breaking new ground in insolvency and restructuring cases», *International Insolvency Review*, Vol. 29, Nr. 3, 2020, p. 393-417; «EU has High Expectations of Judges in Restructuring Cases», *International Corporate Rescue*, Vol. 17, Nr. 4, 2020) considera que os juízes nomeados para os instrumentos de recuperação pré-insolvencial de empresas devem possuir experiência sólida em questões de direito comercial e insolvência, bem como formação especializada em reestruturação de empresas, incluindo não apenas a formação jurídica, mas também a formação em matérias de gestão e económico-financeiras. JENNIFER PAYNE («The Role of the Court in Debt Restructuring», cit., p. 141) adverte e sugere que os tribunais precisarão de peritos ou especialistas, designadamente para analisar e comparar a proposta de recuperação e o cenário alternativo.

1113 Pese embora o texto se refira a "credor discordante" e os detentores de participações sociais não se enquadrem na categoria típica de credores, como evidência a Diretiva (UE) 2019/1023 em vários Considerandos e Artigos, em que se refere separadamente a "credores" e "detentores de participações sociais", pensamos que não existe fundamento para se limitar o pedido de avaliação aos credores, excluindo-se os detentores de participações sociais. No Considerando (50) diz-se que os Estados-Membros deverão poder acrescentar outras condições que tenham de ser cumpridas para confirmar um plano de reestruturação, tais como a questão de saber se os detentores de participações estão devidamente protegidos. O legislador português não se pronunciou sobre este aspeto. Cremos, porém, que estando em causa, por exemplo, um plano que afete injustamente os direitos e interesses dos sócios e daí resulte um manifesto prejuízo, comparativamente com a situação que existiria no cenário de liquidação, poderá justificar-se uma avaliação da empresa. Esta interpretação não parece sequer chocar com a *ratio* da norma (art. 17º-F, n. 8) uma vez que o juiz tem o poder de determinar ou não determinar a avaliação da empresa por um perito. Ora, se tem esse poder, nada obsta a que qualquer interessado, diretamente afetado pelo plano, possa, fundamentadamente, solicitar a avaliação. Do mesmo modo que nada obsta a que a avaliação seja determinada por iniciativa do tribunal dentro dos poderes (de investigação e apuramento da verdade) que a lei lhe confere.

cenário de liquidação. Em nossa opinião, a avaliação também poderá ser necessária para aferir se a empresa é viável ou se algum prejuízo injustificado poderá resultar para os interesses dos credores devido à concessão de novos financiamentos.[1114]

Em sentido contrário, parece-nos pouco útil e até contraproducente determinar a avaliação da empresa devido ao mero incumprimento dos requisitos de aprovação. O tribunal certamente que não precisará do auxílio de um perito em avaliação de empresas para aferir se o plano foi ou não aprovado por todas as categorias e se respeita ou não o requisito do apoio mínimo exigido nos casos em que potencialmente poderá ocorrer uma reestruturação forçada contra categorias de partes afetadas e discordantes. O apuramento do resultado da votação é uma tarefa que deve ser realizada pelo administrador judicial provisório[1115]. Parece-nos que a indicação do segundo fundamento previsto n. 8 do art. 17º-F do CIRE (o desrespeito das regras de aprovação previstas nas subalíneas iii) e iv) da alínea a) do nº 5 do art. 17º-F do CIRE), resulta de um equívoco do legislador português face ao que, em nossa opinião, decorre do disposto no art. 14º, n. 1 da Diretiva (UE) 2019/1023.

O n. 1 do art. 14º da Diretiva prevê dois fundamentos para se solicitar a avaliação da empresa se o plano for contestado por uma parte afetada discordante: o primeiro é o teste do melhor interesse dos credores. Mas o segundo fundamento não é o desrespeito das regras de aprovação. O segundo fundamento é o "incumprimento das condições de uma reestruturação forçada da dívida contra categorias de credores", o que acontece necessariamente quando o plano não tiver sido aprovado por todas as categorias de partes afetadas.

Como facilmente se compreenderá, nesta hipótese de reestruturação forçada da dívida contra categorias de credores, em que necessariamente existe um plano não consensual (isto é, um plano que não foi aprovado por todas as categorias de partes afetadas), é preciso que o tribunal tenha mais cautela de modo a aferir, acima de tudo, se o plano efetivamente respeita os requisitos substanciais, onde se inserem, nomeadamente, aqueles que referimos: a viabilidade da empresa, a salvaguarda

1114 Neste sentido, Reinhard Dammann, «Article 14 – Valuation by judicial or administrative authority», *European Preventive Restructuring, Directive (EU) 2019/1023, Article-by-Article Commentary*, C. H. Beck, München, 2021, p. 209-214.

1115 Art. 17º-F, n. 6 do CIRE.

do melhor interesse das partes afetadas e, em certa medida, o tratamento igual, proporcional e justo dos vários interesses em jogo.

Não podemos perder de vista que, à luz do paradigma constante na Diretiva (UE) 2019/1023, a recuperação deverá acontecer, preferencialmente, através da homologação de um plano consensual. A homologação do plano não consensual com recurso ao mecanismo de reestruturação forçada da dívida contra categorias de credores é (deve ser) uma possibilidade "quase excecional" ou, pelo menos, exigirá do tribunal um especial controlo sobre o cumprimento dos requisitos necessários, de modo a garantir que, apesar da discordância de uma ou mais categorias de partes afetadas, o plano é manifestamente digno e merecedor de ser homologado pois garante, entre outras coisas, que as partes afetadas e discordantes ficam em melhor situação do que estariam se a empresa fosse liquidada. Essa é, aliás, a razão de fundo para se permitir, à luz do primado da recuperação preventiva e do interesse público subjacente[1116], a reestruturação forçada contra categorias de credores[1117].

Posto isto, verifica-se que a circunstância de o plano ser menos favorável para a parte afetada e discordante do que seria num cenário de liquidação da empresa servirá de fundamento para os casos em que o plano foi aprovado por todas as categorias de partes afetadas. Nesta hipótese, à parte afetada e discordante caberá alegar e demonstrar, ainda que indiciariamente, que o plano é menos favorável. Mas se o plano não tiver sido aprovado por todas as categorias de partes afetadas, então este facto poderá, por si só, justificar a avaliação da empresa exatamente porque o plano não mereceu o apoio de todas as categorias. O facto de o plano não merecer o apoio de todas as categorias, *maxime* não respeite o requisito do suporte mínimo, poderá indiciar, efetivamente, que o plano não garante a todos uma melhor situação do que existiria em caso de liquidação, ou então que a empresa é inviável ou causa um prejuízo injustificado aos interesses dos credores.[1118]

Outro aspeto relevante a ter em conta é o seguinte: a avaliação pode ser determinada em momento prévio à decisão de homologação ou não

[1116] José Gonçalves Machado, *O dever de promover a negociação...*, cit., p. 234 ss.

[1117] Ver, por exemplo, Michael Veder, «Article 11 – Cross-class cram-down», cit., p. 177-189.

[1118] Reinhard Dammann, «Article 14 – Valuation by judicial or administrative authority», cit., p. 209-214.

homologação caso o juiz a considere oportuna e necessária. O juiz não está obrigado a solicitar essa avaliação, ainda que a parte afetada e discordante o solicite. Logicamente que, para convencer o tribunal a determinar a realização da avaliação, o pedido terá que ser fundamentado. Pese embora a lei não refira claramente que o pedido de avaliação deve ser fundamentado, parece-nos óbvio que deverá ser, caso contrário o tribunal tenderá a não determinar a avaliação da empresa. Além dos custos associados ao trabalho do perito, a avaliação demorará o seu tempo.

Portanto, dispondo o tribunal do poder para determinar ou não determinar a realização da avaliação, a parte afetada fica com o ónus não só de indicar um dos fundamentos previstos, mas também de apresentar argumentos sólidos, idealmente acompanhados por prova documental ou algum parecer que justifique a realização de uma avaliação. À parte afetada e discordante cabe, essencialmente, alegar e demonstrar o incumprimento de uma das três situações que referimos: a viabilidade da empresa, a salvaguarda do melhor interesse das partes afetadas e, em certa medida, o tratamento igual, proporcional e justo.

Quanto à avaliação propriamente dita importa fazer algumas observações sobre os dois cenários em confronto: o cenário da recuperação, que é determinado essencialmente pelo plano de recuperação, e o cenário de liquidação.

Nos Considerandos da Diretiva (UE) 2019/1023 sustenta-se a ideia de que a recuperação pré-insolvencial constitui, por comparação com o cenário provável de insolvência e liquidação, como a melhor resposta para manter em atividade as empresas pré-insolventes e viáveis e, simultaneamente, para acautelar os interesses de todos os afetados. Essa ideia tem por base algo que resulta da experiência e senso comum: em princípio, quanto mais cedo se decide superar as dificuldades económico-financeiras maior será a chance de manter a empresa em atividade porque a empresa, pela natureza das coisas, estará em melhores condições do que estaria se estivesse numa situação de insolvência atual.

Quanto mais cedo a recuperação for iniciada, maior será a probabilidade de a mesma ser bem-sucedida, não só porque a situação financeira é menos grave, mas também porque existem menos condicionalismos e, em muitos casos, é possível chegar a acordo de forma "silenciosa" ou "reservada", com menores custos e de forma mais célere e eficiente.

Assim, a recuperação pré-insolvencial tende a oferecer mais do que qualquer cenário alternativo, em regra, pode proporcionar[1119].

A situação altera-se substancialmente se a empresa for declarada insolvente. Neste caso, a situação financeira da empresa devedora estará, tendencialmente, mais deteriorada. Efetivamente, a insolvência tende a desvalorizar o ativo. Isso é manifesto nos direitos ou bens associados a uma certa marca, mas também nos bens perecíveis ou sujeitos a deterioração com o decurso do tempo. Há também a perda de valor associada ao desmantelamento de um negócio ou atividade. O conjunto de bens e a sua organização e funcionamento, bem como o espaço físico e o contexto económico-social em que está inserido, tem (pode ter) um valor económico acrescido que resulta da sua utilidade e capacidade produtiva. A venda separada e/ou desagregada desses bens tende a produzir um resultado bastante inferior, essencialmente, devido à perda de utilidade ou possibilidade de uso e aplicação noutros negócios, noutros lugares ou espaços, e/ou devido ao valor individual reduzido dos vários elementos que compõem o ativo.

Por isso, quando se coloca em perspetiva o valor da recuperação pré-insolvencial e o valor que poderia ser alcançado num cenário alternativo (muito provavelmente, o cenário de insolvência e liquidação), normalmente parte-se do princípio de que o primeiro é, tendencialmente, mais favorável do que o segundo[1120]. Não será assim se a empresa for, de facto, inviável ou insuscetível de recuperação. Neste caso a melhor solução passará, naturalmente, pela sua liquidação imediata, dentro ou fora da insolvência[1121].

1119 Stephan Madaus («Leaving the Shadows of US Bankruptcy Law...», cit., p. 622) exemplifica com a operação de conversão de dívida em capital, por meio da qual os credores possam a ser detentores da totalidade ou parte do capital e, assim, a poder beneficiar dos lucros futuros.

1120 Reinhard Dammann, «Article 14 – Valuation by judicial or administrative autho-rity», cit., p. 210-212.

1121 Em particular, tem sido defendido que a venda da empresa em atividade *(on a going concern basis)* a uma terceira entidade poderá ser mais vantajosa do que a tentativa de manutenção da atividade nas mãos de quem trouxe a empresa devedora até a uma situação próxima da insolvência. Ademais, diz-se que esta possibilidade poderia ser mais benéfica para a maximização do valor da empresa uma vez que dispensa a necessidade de negociação (dispendiosa) com as partes interessadas para assegurar a recuperação da empresa. Acresce que uma grande parte das empresas devedoras que, a muito custo, conseguem um acordo

O acesso à informação e os critérios de comparação[1122] a utilizar na avaliação a realizar pelo perito são aspetos essenciais[1123]. Dever-lhe-á ser disponibilizada toda a informação económico-financeira que foi considerada no plano de recuperação e outra que se seja pertinente. A informação deverá, naturalmente, ser fiável e completa. Os critérios do balanço e do fluxo de caixa terão necessariamente que ser utilizados para se apurar a situação da empresa. Outros critérios podem ser utilizados e outras operações têm que ser executadas, nomeadamente no que respeita à valorização do ativo nos dois cenários (continuidade e liquidação). Devem ser valorizados preferencialmente elementos objetivos que permitam sustentar as conclusões da avaliação de modo a não comprometer o resultado. Nicolaes Tollenaar[1124] observa que se os fatores (ou parte significativa dos fatores) considerados não forem objetivos ou não poderem ser determinados com elevado grau de certeza, a avaliação ou ponderação resultará, em última análise, de uma escolha ou preferência subjetiva.

Por isso, não basta ao perito (ou equipa de peritos[1125]) emitir(em) um juízo subjetivo de comparação entre o valor previsto no plano de recuperação e o valor que se estima receber na liquidação. É necessário que se evidencie com base em elementos objetivos e fiáveis. Isso não impede que se façam estimativas com base na ciência, na experiência comprovada e em dados estatísticos válidos e credíveis. Ao avaliar se uma parte afetada e discordante pode ou não ficar (estar) em pior situação (*maxime* se corre o sério risco de obter um resultado inferior na recuperação ou

de recuperação, acabam por, a curto prazo, ser liquidadas. Por isso, a venda da empresa seria, a médio e longo prazo, a via mais vantajosa, eficiente e racional. Neste sentido, Horst Eidenmüller / Kristin van Zwieten, «Restructuring the European Business Enterprise...», cit., p. 636 e 653.

1122 *Pre-Insolvency Proceedings: A Normative Foundation and Framework*, cit., p. 231.

1123 Reinhard Dammann, «Article 14 – Valuation by judicial or administrative autho-rity», cit., p. 210.

1124 *Pre-Insolvency Proceedings: A Normative Foundation and Framework*, Oxford University Press, Oxford, 2019, p. 231.

1125 Em casos de elevada complexidade a nomeação de um único perito poderá não ser exequível. Por isso, devemos admitir que o tribunal, ponderadas as circunstâncias do caso, possa determinar que a avaliação seja feita por uma equipa (ou por uma sociedade especializada na avaliação de empresas) que possua os recursos necessários completar a avaliação da empresa num prazo razoável.

na liquidação), devem ser considerados todos os fatores relevantes, incluindo as chances de o ativo poder ser liquidado, o risco de o ativo ser vendido muito abaixo do valor real (por força da pressão em realizar a venda do mesmo), o tempo necessário para a liquidação, o risco de não ser possível vender parte do ativo ou de este se deteriorar naturalmente, entre outros aspetos.

Um dos elementos a ponderar deverá ser a avaliação refletida no próprio plano de recuperação. Se essa avaliação tiver sido realizada por um perito reconhecidamente competente[1126], e comprovar, fundamentadamente, a ausência de situação de insolvência e a razoabilidade e a credibilidade do plano de reestruturação, em particular no que respeita ao tratamento mais favorável, será difícil obter uma avaliação determinada pelo tribunal que vá em sentido contrário. Em qualquer caso, é óbvio que aquele parecer junto ao plano de recuperação, e realizado a pedido da empresa devedora, não pode ser desconsiderado pela parte afetada que pretenda que o tribunal determine a avaliação da empresa por um perito nomeado pelo tribunal.

Se a avaliação indicar de forma clara que o cenário de liquidação seria mais benéfico para a parte afetada do que aquilo que o plano de recuperação oferece ou se indicar que a empresa não é viável ou até que o plano prejudica injustificadamente o interesse da generalidade dos credores, o tribunal, apesar de não estar vinculado a tal parecer, terá fortes razões para não homologar o plano[1127]. Porém, se o sentido do parecer não for claro, *maxime* nos casos duvidosos, cremos que, em nome do interesse público na recuperação de empresas pré-insolventes e viáveis,

[1126] A comprovação da viabilidade através de um relatório (parecer) fundamentado, elaborado por um perito competente e credível, reduz fortemente a "tentação" de os credores discordantes solicitarem a avaliação da empresa, bem como de impugnarem a homologação do acordo com base na inviabilidade da empresa. Pelo menos exige-se-lhes um esforço de prova acrescido, o que não será fácil de levar a cabo, salvo nos casos em que a inviabilidade é manifesta.

[1127] Tal como afirma, FÁTIMA REIS SILVA («A Reforma do Direito da Insolvência e as PME: Perspetiva de uma Magistrada Judicial», *Colóquio As PME perante o (novo) Direito da Insolvência*, Instituto Jurídico/IDET, Universidade de Coimbra, 2018, p. 117) afirma que "[m]esmo recorrendo a peritos, o juiz tem que saber um mínimo destas matérias para controlar a fiabilidade das opiniões periciais, porque o juízo final é sempre dele". Não será, por isso, muito diferente de outros domínios (designadamente das ciências médicas) onde, habitualmente, a decisão judicial é precedida de um relatório pericial.

se deverá considerar que o plano de recuperação pré-insolvencial corresponde ao cenário mais favorável ao conjunto das partes afetadas, incluindo às partes discordantes[1128].

Na verdade, além do valor da recuperação *stricto sensu*, isto é, do resultado que, grosso modo, se destina a satisfazer os direitos de crédito abrangidos pelo plano de recuperação, existe o valor da recuperação *latu sensu*, ou seja, todo o proveito que está para além do valor da recuperação *stricto sensu*. Este diz respeito, fundamentalmente, à satisfação de interesses particulares concretos: o pagamento de determinados créditos. O segundo relaciona-se mais com a satisfação de interesses públicos gerais: a manutenção da empresa em atividade, a preservação das relações comerciais, a manutenção dos postos de trabalho, o crescimento económico e o bem-estar social.

Como temos dito, o acordo de recuperação pré-insolvencial visa alcançar os dois. Sendo certo que, cumprido o plano de recuperação, isto é, esgotado o valor da recuperação *stricto sensu*, sobrevive e exponencia-se o valor da recuperação *latu sensu*. Por conseguinte, quando se fala no acréscimo de valor que a recuperação acarreta não poderemos ter apenas em consideração o sentido estrito ou limitado, mas também o significado mais amplo. Por conseguinte, compreende-se e defende-se que, em caso de dúvida, se favoreça a recuperação pré-insolvencial.

1128 Ao mesmo tempo que cumpre os termos do plano, a empresa devedora – com a mesma estrutura societária ou com uma nova estrutura societária – lança novos projetos, corresponde a novos desafios, satisfaz novas responsabilidades e necessidades e gera novo valor.

REFERÊNCIAS BIBLIOGRÁFICAS

ABRANTES, JOSÉ JOÃO

— «O Fundo de Garantia Salarial nos Processos de Insolência e Revitalização», *III Congresso de Direito da Insolvência,* Edições Almedina, Coimbra, 2015, p. 409-412.

ABREU, JORGE COUTINHO DE ABREU / RAMOS, ELISABETE

— «Responsabilidade civil de administradores e de sócios controladores (notas sobre o art. 379º do Código do Trabalho)», Responsabilidade *Civil de Administradores e de Sócios Controladores – Privatização de Empresas Públicas e Empresarialização Pública – Princípios do Comércio Electrónico – Project Finance,* Série Miscelâneas Nº 3, Edições Almedina, Coimbra, 2004.

ABREU, JORGE COUTINHO DE

— «Administradores e (novo?) dever geral de prevenção da insolvência», *V Congresso de Direito da Insolvência,* Edições Almedina, Coimbra, 2019, p. 229-235.

— «Deveres de cuidado e de lealdade dos administradores e interesse social», *Reformas do Código das Sociedades Comerciais,* Colóquios nº 3 – IDET, Edições Almedina, Coimbra, 2007, p. 15-47.

— «Direito das Sociedades e Direito da Insolvência: interações», *IV Congresso de Direito da Insolvência,* Edições Almedina, Coimbra, 2017, p. 181-202.

— «Providências de recuperação de empresas e de falência (apontamentos de direito português)», *Boletim da Faculdade de Direito, Universidade de Coimbra,* Vol.74, 1998, p. 107-129.

— «Recuperação de Empresas em Processo de Insolvência», *Boletim da Faculdade de Direito, Universidade de Coimbra, Ars Iudicandi: Estudos em Home-*

nagem a Prof. Doutor António Castanheira Neves, Vol. II, Coimbra Editora, Coimbra, 2008, p. 9-29.

— *Código das Sociedades Comerciais em Comentário,* Vol. I, 2ª Ed., Edições Almedina, Coimbra, 2017.

— *Código das Sociedades Comerciais em Comentário,* Vol. I, 2ª Ed., Edições Almedina, Coimbra, 2015.

— *Curso de Direito Comercial,* Vol. I, 12ª Ed., Edições Almedina, 2019.

— *Curso de Direito Comercial,* Vol. II, 6ª Ed., Edições Almedina, 2019.

— *Da Empresarialidade: As Empresas no Direito,* Almedina, Coimbra, 1996.

ADAMS, EDWARD

— «Governance in Chapter 11 Reorganizations: Reducing Costs, Improving Results», *Boston University Law Review,* Vol. 73, 1993, p. 598-599.

ALBUQUERQUE, PEDRO

— «Declaração da situação de insolvência», *O Direito,* Ano. 137º, Vol. III, 2005, p. 507-525.

— *Limitação ou Supressão do Direito de Preferência dos Sócios,* Edições Almedina, Coimbra, 2002.

ALEXANDRE, ISABEL

— «Efeitos processuais da abertura do processo de revitalização», *II Congresso de Direito da Insolvência,* Edições Almedina, Coimbra, 2014.

ALESSANDRO, NIGRO / DANIELE, VATTERMOLI

— *Diritto della crisi delle imprese: le procedureconcorsuali,* 2ª Ed., Il Mulino, Bologna, 2012.

— «Il diritto societario della crisi» nello schema di riforma delle procedure concorsuali: osservazioni critiche 'ad adiuvandum'», *Giustizia Civile,* Vol. 5, Nr. 2018.

ALEXY, ROBERT

— «Derechos, razonamiento jurídico y discurso racional», *Revista de Teoría y Filosofía del Derecho,* Nr. 1, 1994, p. 38-50.

— «Sistema jurídico, principio jurídicos y razón practica», *Doxa – Cuadernos de Filosofía del Derecho,* Nr. 5, 1998, p. 139-151.

— *Teoria da argumentação jurídica – A teoria do discurso racional como teoria da justificação jurídica,* Landy Editora, São Paulo, 2001.

ALMEIDA, ANTÓNIO PEREIRA DE

— «Efeitos do processo de insolvência nas acções declarativas», *Revista de Direito Comercial,* 2017, p. 137-162.

ALMEIDA, CÂNDIDO

— *Codigo Philippino ou Ordenações e Leis do Reino de Portugal recopiladas por mandado d'El-Rey D. Philippe I,* 14ª Edição, Tipografia do Instituto Filomático, Rio de Janeiro, 1870.

ALMEIDA, FRANCISCO FERREIRA DE

— *Direito Processual Civil,* Vol. I, 2ª Ed., Edições Almedina, 2017.

ALTMAN, EDWARD

— «Financial ratios, discriminant analysis and the prediction of corporate bankruptcy, *The Journal of Finance,* Vol. 23, Nr.4, 1968, p. 589–609.

ALVES, CARLOS FRANCISCO

— *Os investidores institucionais e o governo das sociedades: disponibilidade, condicionantes e implicações,* Estudos Sobre o Mercado de Valores Mobiliários, Edições Almedina, Coimbra, 2005.

— *Empresas orientadas para os Shareholders e Empresas orientadas para os Stakeholders,* Edições Almedina, Coimbra, 2020.

AMADO, JOÃO LEAL

— *Contrato de Trabalho,* Edições Almedina, Coimbra, 2018.

— *Contrato de Trabalho, Noções Básicas,* Edições Almedina, Coimbra, 2016.

AMARAL, DIOGO FREITAS DO

— Curso de Direito Administrativo, Vol. II, 4ª Ed., Edições Almedina, Coimbra, 2018.

AMBROSINI, STEFANO

— «Il concordato preventivo e gli accordi di ristrutturazione dei debiti», *Trattato di diritto commerciale,* CEDAM, Padova, 2008.

AMBROSINI, SEFANO / TRAPUZZANO, CESARE

— *Codice del fallimento e delle procedure concorsuali. Annotato con dottrina, giurisprudenza e formule,* Neldiritto Editore, Molfetta, 2019.

ANDENAS, MADS AN / WOOLDRIDGE, FRANK

— *European Comparative Company Law,* Cambridge University Press, Cambridge, 2009.

ANDRADE, JOSÉ CARLOS VIEIRA DE

— «A fiscalização de 'normas privadas' pelo Tribunal Constitucional», *Revista de Legislação e Jurisprudência,* Ano 133, nº 3921, 2001, p. 357-363.

ANDREANI, GIULIO / TRON, ALBERTO

— *Crisi d'impresa e ristrutturazione del debito,* Gruppo 24 Ore, Milão, 2012.

ANIDJAR, LEON YEHUDA
— «Directors' Duty of Care in Times of Financial Distress Following the Global Epidemic Crisis», *SSRN Electronic Journal* , Scholarly Paper ID 3577404, 2020.
ANTUNES, HENRIQUE SOUSA
— «Natureza e funções da responsabilidade por insolvência culposa», *V Congresso de Direito da Insolvência,* Edições Almedina, Coimbra, 2019, p. 135-167.
ANTUNES, JOSÉ ENGRÁCIA
— *Direito das Sociedades,* 5ª Ed., Edição do Autor, Porto, 2015.
— *Direito das Sociedades,* 10ª Ed., Edição do Autor, Porto, 2021.
ARMOUR, JOHN / DEAKIN, SIMON
— «Norms in private insolvency procedures: the 'London Approach' to the resolution of financial distress», *Journal of Corporate Law Studies,* Vol. I, Nr. I, 2001, p. 21-51.
ARMOUR, JOHN
— «Legal Capital: an Outdated Concept?», *European Business Organization Law Review;* Vol. 7, Nr. 1, 2006, p. 5-27.
ARMOUR, JOHN / DEAKIN, SIMON / KONZELMANN, SUZANNE
— «Shareholder Primacy and the Trajectory of UK Corporate Governance», *British Journal of Industrial Relations,* Vol. 41, 2003, p. 531-555.
ARMOUR, JOHN / HANSMANN, HENRY / KRAAKMAN, REINIER
— «The Essential Elements of Corporate Law», *ECGI Law Working Paper,* Nr. 134, 2009, p. 3-32.
ARMOUR, JOHN / HSU, AUDREY / WALTERS, ADRIAN
— «The Impact of the Enterprise Act 2002 on Realizations and Costs in Corporate Rescue Proceedings», *A Report Prepared for the Insolvency Service,* 2006, p. 1-72.
— «Corporate Insolvency in the United Kingdom: The Impact of the Enterprise Act 2002», *European Company and Financial Law Review,* Vol. 5, nº 2, 2008, p. 148-171.
ARMOUR, JOHN / WHINCOP, MICHAEL
— «The Proprietary Foundations of Corporate Law», *Oxford Journal of Legal Studies,* Vol. 27, Nr. 3, 2007, p. 429-465.
ARSÉNIO, MANUEL
— «Mecanismo de alerta precoce/early warning – uma importante ferramenta de gestão na vida das empresas, *A Diretiva sobre Reestruturação e Insolvência,* Edições Almedina, 2021, p. 45-68.

Ascendi Pallarés, Eduardo / Cid-Luna Clares, Iñigo
— «La Evolución de la Doctrina de la Pérdida de Oportunidad en Responsabilidad Médica», *Revista CESCO de Derecho de Consumo,* Nr. 8, 2013, p. 228-239.

Ascensão, José de Oliveira
— «Efeitos da falência sobre a pessoa e negócios do falido», *Revista da ordem dos Advogados,* Ano 55, Vol. III, dezembro, Lisboa, 1995, p. 641 s.
— «Onerosidade excessiva por alteração das circunstâncias», *Revista da ordem dos Advogados,* Ano 65, Vol. III, 2005, p. 625 s.
— *Direito Comercial,* Vol. I, Livraria Castro e Silva, Lisboa, 1987.
— *Direito Comercial,* Vol. IV, Dislivro, Lisboa, 2000.

Assunção, Elisabete
— «O Despacho Liminar», *Insolvência e Processo Especial de Revitalização,* Coleção Formação Continua, Centro de Estudos Judiciários, Lisboa, 2017, p. 11-26.

Atienza, Manuel / Manero, Juan
— «Sobre princípios y reglas», *Doxa – Cuadernos de Filosofia del Derecho,* Nr. 10, 1991, p. 101-120.

Axelrod, Robert
— *The Evolution of Cooperation,* Basic Books Inc. Publishers, New York, 1984.

Ayer, John / Bernstein, Michael / Friedland, Jonathan
— «Chapter 11 – "101": Bad Words to a Debtor's Ear», *American Bankruptcy Institute Journal,* March, 2005.
— «Out of Court Workouts, Pre-packs and Pre-Arranged Cases: A Primer», *American Bankruptcy Institute Journal,* April, 2005.

Azman, Darren / Goetker, Uwe / Vohra, Ravi
— «Out-of-Court Restructuring Alternatives in the EU, Germany and the US», *The National Law Review,* Vol. XI, Nr. 35, 2020.

Bachner, Thomas
— «Wrongful Trading – A New European Model for Creditor Protection», *European Business Organization Law Review,* Vol. 5, 2004, p. 293-319.
— *Creditor Protection in Private Companies – Anglo-German Perspectives for a European Legal Discourse,* Cambridge University Press, Cambridge, 2009.

Bainbridge, Stephen
— «In Defense of the Shareholder Wealth Maximization Norm: A Reply to Professor Green», *Washington and Lee Law Review,* Vol. 50, Nr. 4, 1993, p. 1423-1447.

BAIRD, DOUGLAS / CASEY, ANTHONY
— «Bankruptcy Step Zero», *The Supreme Court Review*, Vol. 2012, Nr. 1, 2013, p. 203-231.
BAIRD, DOUGLAS / JACKSON, THOMAS
— «Bargaining after the Fall and the Contours of the Absolute Priority Rule», *University of Chicago Law Review*, Vol. 55, Nr. 3, 1988, p. 738-789.
— «Corporate Reorganizations and the Treatment of Diverse Ownership Interests: A Comment on Adequate Protection of Secured Creditors in Bankruptcy», *The University of Chicago Law Review*, Vol. 51, Nr. 1, 1984, p. 97-130.
BAIRD, DOUGLAS / RASMUSSEN, ROBERT
— «Boyd›s Legacy and Blackstone›s Ghost», *The Supreme Court Review*, 1999, p. 393-434.
— «Control Rights, Priority Rights, and the Conceptual Foundations of Corporate Reorganizations», *Virginia Law Review*, Vol. 87, 2001, p. 921--959.
— «Private Debt and the Missing Lever of Corporate Governance», *University of Pennsylvania Law Review*, Vol. 154, Nr. 5, 2006, p. 1209-1251.
BAIRD, DOUGLAS
— «Bankruptcy's Uncontested Axioms», *The Yale Law Journal*, Vol. 108, Nr. 3, 1997, p. 573-599.
— «Present at the Creation: The SEC and the Origins of the Absolute Priority Rule», *American Bankruptcy Institute Law Review*, Vol. 18, Nr. 2, 2010, p. 591-606.
— «Priority matters: absolute priority, relative priority, and the costs of bankruptcy», *University Of Pennsylvania Law Review*, Vol. 165, Nr. 4, 2017, p. 785-829.
— «Revisiting auctions in Chapter 11», *The Journal of Law & Economics*, Vol. 36, Nr. 1, Part 2, 1993, p. 633-653.
— «The Uneasy Case for Corporate Reorganizations», *The Journal of Legal Studies*, Vol. 15, Nr. 1, 1986, p. 127-147.
BAIRD, DOUGLAS / BERNSTEIN, DONALD
— «Absolute Priority, Valuation Uncertainty, and the Reorganization Bargain», *The Yale Law Journal*, Vol. 115, Nr. 8, 2006, p. 1930-1970.
BALDAIA, JOÃO / LOUREIRO, MIGUEL ALMEIDA
— «A Capitalização de Empresas pela Via da Insolvência», *Capitalização de Empresa*, Coleção JPAB, Edições Almedina, Coimbra, 2017, p. 51-79.

BALLERINI, GIULIA
— «The Priorities Dilemma in the EU Restructuring Directive: Absolute or Relative Priority Rule?», *SSRN Electronic Journal*, 2020.

BALOTTI, FRANKLIN / SHANER, MEGAN
— «Safe harbor for officer reliance: comparing the approaches of the model business corporation act and delaware's general corporation law», *Law and Contemporary Problems*, Vol. 74, 2011, p. 161-174.

BALP, GAIA
— «Early Warning Tools at the Crossroads of Insolvency Law and Company Law», *Bocconi Legal Studies Research Paper*, Nr. 3010300, 2018, p. 1-42.

BANG-PEDERSEN, ULRIK RAMMESKOW
— «Article 3 – Early warning and access to information», *European Preventive Restructuring, Directive (EU) 2019/1023, Article-by-Article Commentary*, C. H. Beck, München, 2021, p. 78-84

BARBOSA, MAFALDA MIRANDA
— «Acerca do Âmbito da Lei nº dos Serviços Públicos Essenciais: Taxatividade ou Carácter Exemplificativo do artigo 1º, nº 2 da Lei nº 23/96, de 26 de Julho?», *Estudos de Direito do Consumidor*, Nr. 6, 2004, p. 401-434.
— *«Tutela de credores e medida de resolução: do princípio do tratamento igualitário de credores ao princípio da igualdade»*, *Revista de Direito Comercial*, 2019-01-14, 2019, p. 121-205.

BASTOS, MIGUEL BRITO
— «Deveres acessórios de informação. Em especial, os deveres de informação do credor perante o fiador», *Revista de Direito das Sociedades*, Ano 5, Nr. 1- 2, 2013, p. 181-281.

BAUMS, THEODOR
— «Risiko und Risikosteuerung im Aktienrecht», *Zeitschrift für Unternehmens- und Gesellschaftsrecht*, Vol. 40, Nr. 3, 2011, p. 218-274.

BEA, SYLWIA / RATH, REGINA
— «Preventive Restructuring Framework – A new era for restructurings in Germany», *International Restructuring Newswire*, Nr. 11, 2020, p. 12-16.

BEAVER, WILLIAM
— «Financial Ratios as Predictors of Failure», *Journal of Accounting Research*, Vol. 4, 1966, p. 71-111.

BEBCHUK, LUCIAN ARYE
— «A New Approach to Corporate Reorganizations», *Harvard Law Review*, Vol. 101, Nr. 4, 1988, p. 775-804.

BECKWITH, RYAN / BUTLER, DAN / NAYLOR, SAMUEL
— «Nicholson: Decision to Keep Trading Not Always Wrongful», *International Corporate Rescue*, Vol. 15, Nr. 3, 2018, p. 157-159.
BÉNABENT, ALAIN,
— *La chance et le droit*, 3ª Ed., LGDJ, Paris, 2013.
BENTO, VÍTOR
— «Crise económica, ou mais do que isso?», *Revista de Finanças Públicas e Direito Fiscal*, Ano 1, nº 4, Inverno, 2008, p. 19-35.
BERMEJO GUTIÉRREZ, NURIA
— «Los socios y el reparto del excedente de la reetructuración», *El Derecho Concursal y la transposición de la Directiva sobre Reestructu-ración Preventiva*, La Ley, Wolter Kluwer, 2022, p. 197-232.
BERSHEDA, TETYANA
— «Insolvency Act 1986, Section 214: A Model for the European Initiative on Wrongful Trading?, Cambridge Student Law Review, Vol. 1, 2005, p. 63-73.
BESSA, TIAGO
— «Crise, regulação e supervisão de hedge funds», *Revista de Direito das Sociedades*, Ano II, Nr. 3/4, 2010, p. 867-889.
BIANCA, MASSIMO
— «I nuovi doveri dell'organo di controllo tra Codice della crisi e Codice civile», *Il Diritto Fallimentare e delle Società Commerciali*, Vol. 94, Nr. 6, 2019, p. 1339-1363.
BIGUS, JOCHEN
— *Risikoanreizproblem und nicht gleichrangige Gläubigeransprüche*, Springer, Wiesbaden, 1999.
BITTER, GEORG
— «Geschäftsleiterhaftung in der Insolvenz – Alles neu durch SanInsFoG und StaRUG?», *Zeitschrift für Wirtschaftsrecht*, Nr. 7, 2021, p. 321-336.
BLUM, WALTER
— «The Law and Language of Corporate Reorganization», *University of Chicago Law Review*, Vol. 17, Nr. 4, 1950, p. 602-603.
BONBRIGHT, JAMES / BERGERMAN, MILTON
— «Two Rival Theories of Priority Rights of Security Holders in a Corporate Reorganization», *Columbia Law Review*, Vol. 28, Nr. 8, p. 127-165.
BOON, GERT-JAN
— «Harmonising European Insolvency Law: The Emerging Role of Stakeholders», *International Insolvency Review*, Vol. 27, Nr. 2, 2018, p. 150-157.

BOON, GERT-JAN / MADAUS, STEPHAN
— «Guest editorial: Building COVID-19 resilient insolvency framework», *International Insolvency Review*, Vol. 29, Nr. 2, 2020, p. 155-158.
— «Toward a European Business Rescue Culture», *Turnaround Management and Bankruptcy: A Research Companion, Routledge Advances in Management and Business Studies*, Routledge, New York, 2017, p. 238-258.

BORK, REINHARD
— «Pflichten der Geschäftsftihrung in Krise und Sanierung», *Zeitschrift für Wirtschaftsrecht*, Nr. 3, 2011, p. 101-108.

BORN, MANFRED / SIMON, STETTIN
— *GmbHG – Gesetz betreffend die Gesellschaften mit beschränkter Haftung, Kommentar*, 3. Ed., Carl Heymanns Verlag, Köln, 2017.

BRATTON, WILLIAM
— «Bond Covenants and Creditor Protection: Economics and Law, Theory and Practice, Substance and Process», *European Business Organization Law Review*; Vol. 7, Nr 1, 2006, p. 39-87.

BRENNWAL, STEPHEN
— «Proving Causation in "Loss of a Chance" Cases: a Proportional Approach», *Catholic University Law Review*, Vol. 34, Nr. 3, 1985, p. 747-790.

BRINKMANN, MORITZ
— «Kreditfinanzierung und Nutzungsüberlassung durch Gesellschfter», *Die GmbH in Krise, Sanierung und Insolvenz*, 5. Ed., Ottoschmidt, Köln, 2016, p. 188-220.
— «Zahlungsunfähigkeit», *Die GmbH in Krise, Sanierung und Insolvenz*, 5. Ed., Ottoschmidt, Köln, 2016, p. 444-456.
— «Drohende Zahlungsunfähigkeit», *Die GmbH in Krise, Sanierung und Insolvenz*, 5. Ed., Ottoschmidt, Köln, 2016, p. 457-464.
— «Die Haftung der Geschäftsleiter in der Krise nach dem Gesetz zur Fortentwicklung des Sanierungs- und Insolvenzrechts (SanInsFoG)», *Zeitschrift* für Wirtschaftsrecht, Nr. 48, 2020, p. 2361-2369.

BRIZZI, FRANCESCO
— «Le fattispecie dei crediti prededucibili da finanziamento nel concordato preventivo e negli accordi di ristrutturazione dei debiti», *Diritto Fallimentare e delle Società Commerciali*, Vol. 88, Nr. 6, 2013, p. 803-866.

BROWN, ROBERT / PEHRSON, SAMUEL
— *Group Processes: Dynamics within and Between Group*, 3rd Ed., Wiley-Blackwell, Oxford, 2019.

BUCHALIK, ROBERT

— «Das Schutzschirmverfahren nach § 270b InsO (incl. Musteranträge): ein überzeugender Schritt des Gesetzgebers, der Sanierung durch Insolvenz nachhaltig zum Durchbruch zu verhelfen», *Zeitschrift für das gesamte Insolvenz- und Sanierungsrecht*, Vol. 15, Nr. 9, 2012, p. 349-357.

— «§ 270b, Vorbereitung einer Sanierung», *InsO — Insolvenzordnung, Kommentar*, 2. Ed., ZAP Verlag, Köln, 2012, p. 1868 e s.

BUHRING-UHLE, CHRISTIAN / KIRCHHOFF, LARS / SCHERER, GABRIELE

— *Arbitration and Mediation in International Business*, 2ª Ed., Kluwer Law International, Alphen Aan den Rijn, 2006.

BUCK-HEEB, PETRA

— «Die Plausibilitätsprüfung bei Vorliegen eines Rechtsrats- zur Enthaftung von Vorstand, Geschäftsführer und Aufsichtsrat», *Betriebs-Berater*, Nr. 23, 2016, p. 1347-1355.

BURGER, PHILIPPE / KARPOWICZ, JUSTIN / COELHO, MARIA

— «The Effects of the Financial Crisis on Public-Private Partnerships», *IMF Working Paper*, Nr. 144, 2009, p. 1-24.

BUßHARDT, HARALD

— «§ 17 Zahlungsunfähigkeit», «§ 18 Drohende Zahlungs-unfähigkeit» e «§ 19 Überschuldung», *Insolvenzordenung (InsO)*, 8ª Ed., C. H. Beck, München, 2020, p. 158-189

BUSSEL, DANIEL / KLEE, KENNETH

— «Recalibrating Consent in Bankruptcy», *American Bankruptcy Law Journal*, Vol. 83, Nr. 4, 2009, p. 663-748.

BUSTAMANTE, THOMAS

— «Princípios, regras e conflitos normativos: um modelo para a justificação das decisões contra legem a partir da teoria jurídica de Robert Alexy», *Direito, Estado e Sociedade*, Nr. 37, 2010, p. 152-180.

CABRAL, RICARDO

— «O euro em crise: cronologia e análise», *Estudos em Homenagem ao Professor Doutor Alberto Xavier*, Vol. II, Edições Almedina, Coimbra, 2013, p. 635-652.

CADILHA, ALBERTO FERNANDES

— «Responsabilidade civil pré-contratual das entidades públicas», *Contencioso Pré-contratual*, Jurisdição Administrativa e Fiscal, Coleção Formação Continua, Centro de Estudos Judiciários, Lisboa, 2017, p. 89-104.

CAIAFA, ANTONIO
— *Il nuovo codice della crisi d'impresa e dell'insolvenza,* Dike Giuridica Editrice, Roma, 2019.

CALLISON, WILLIAM
— «Why a Fiduciary Duty Shift to Creditors of Insolvent Business Entities is Incorrect as a Matter of Theory and Practice», *Journal of Business & Technology Law,* Vol. 1, Nr. 2, p. 431-453.

CÂMARA, PAULO
— «COVID-19, Administração e Governação de Sociedades», *Administração e Governos das Sociedades,* Edições Almedina, Coimbra, 2020, p. 15-32.
— «Crise financeira e regulação», *Revista da Ordem dos Advogados,* Ano 69, Vol. III/IV, 2009, p. 697-728.
— «O governo das sociedades e os deveres fiduciários dos administradores», *Sociedades Abertas, Valores Mobiliários e Intermediação Financeira (Jornadas),* Edições Almedina, 2007, p. 163-179.

CAMPOS, LUÍS
— *«A recuperação do devedor vs. 'o melhor interesse dos credores'», Revista de Direito da Insolvência,* Nr. 6, 2022, p. 10-45.

CANARIS, CLAUS WILHEIM
— *Pensamento Sistemático e Conceito de Sistema na Ciência do Direito,* Fundação Calouste Gulbenkian, 3ª Ed., Lisboa, 2002.
— *Die Vertrauenshaftung im deutschen Privatrecht,* C.H. Beck, München, 1971.

CANAS, JOSÉ VITALINO
— «Constituição prima facie: igualdade, proporcionalidade, confiança (aplicados ao "corte" de pensões), *e-Pública – Revista de Direito Público,* Vol. I, No. 1, 2014, p. 6-29.
— *Introdução às Decisões de Provimento do Tribunal Constitucional,* Cognitio, Lisboa, 1984.

CANOTILHO, JOSÉ GOMES
— «Anotação ao Acórdão de 7 de maio de 2002 do Tribunal da Relação de Lisboa», *Revista de Legislação e de Jurisprudência,* Nr. 3927/3928, Ano 134º, 2002, p. 202-224.
— *Direito Constitucional e Teoria da Constituição,* 7ª Ed., Edições Almedina, Coimbra, 2006.

CARATTA, ANTONIO
— «La composizione assistita della crisi e le misure di protezione 'anticipate' nel codice della crisi e dell'insolvenza», *Il Diritto Fallimentare e delle Società Commerciali,* Vol. 95, Nr. 2, 2020, p. 267-286.

CARBALHO PIÑEIRO, LAURA / GOMEZ, KÁTIA FACH
— «Comparative and International Perspectives on Mediation in Insolvency Matters: An Overview», *TDM Journal*, Vol. 14, Nr. 4, 2017, p. 1-8.
CARDARELLI, MARIA CECILIA
— «Insolvenza e stato di crisi tra scienza giuridica e aziendalistica», *Il Diritto Fallimentare e delle Società Commerciali*, Vol. 94, Nr. 1, 2019, p. 11-31.
CARVALHO, JORGE MORAIS / JERÓNIMO, MARIA
— «As garantias dos novos financiamentos», *IV Congresso de Direito da Insolvência*, Edições Almedina, 2017, p. 269-291.
CASANOVA, NUNO SALAZAR / DINIS, DAVID SEQUEIRA
— *PER, 0 Processo Especial de Revitalização, Comentários aos artigos 17º -A a 17º -I do Código da Insolvência e da Recuperação de Empresas*, Coimbra Editora, Coimbra, 2014.
CASEY, ANTHONY
— «The Creditors› Bargain and Option-Preservation Priority in Chapter 11», *University of Chicago Law Review*, Vol. 78, Nr. 3, 2011, p. 759-807.
CASONATO, SANTE
— «Allerta interna, allerta esterna e tecnocrazia della crisi d›impresa», *Il Diritto Fallimentare e delle Società Commerciali*, Vol. 94, Nr. 6, 2019, p. 1390-1418.
CASTELO, HIGINA
— «Contratos executórios e cláusulas *ipso facto* no âmbito do PER», *Revista de Direito Comercial*, 2022-04-30, p. 831-860.
CEPEC, JAKA / KOVAC, MITJA
— «Carrots and sticks as incentive mechanisms for the optimal initiation of insolvency proceedings», *Law and Economics Review*, Vol. 7, Nr. 2, 2016, p. 79–103.
CESARI, PATRIZIA DE / MONTELLA, GALEAZZO
— *Il nuovo diritto europeo della crisi d'impresa: Il regolamento UE n. 2015/848 relativo alla procedura di insolvenza*, Giappichelli Editore, Torino, 2017.
CHARALAMBAKIS , EVANGELOS / GARRETT, IAN
— «On corporate financial distress prediction: What can we learn from private firms in a developing economy? Evidence from Greece», *Review of Quantitative Finance and Accounting*, Vol. 52, 2019, p. 467-491.
CHARTIER, YVES
— *La Réparation du Préjudice dans la Responsabilité Civile*, Dalloz, Paris, 1983.

CIPOLLA, LUCIANA
— «I crediti prededucibili nel concordato preventivo», La nuova crisi d'impresa su Iusletter, Vol. 15, 2019.

CLEMENTI, DAVID
— «Debt Workouts For Corporates, Banks And Countries: Some Common Themes», *Financial Stability Review*, Nr. 11, 2001, 203-210.

CONCEIÇÃO, ANA FILIPA
— «A noção de insolvência iminente - Breve análise da sua aplicação à insolvência de consumidores em Espanha e Portugal», *Revista de Ciências Empresariais e Jurídicas*, Nr. 23, 2013, p. 27-38.
— «A reestruturação forçada sobre categorias de credores», *A Diretiva sobre Reestruturação e Insolvência: Reflexões Críticas*, Edições Almedina, Coimbra, 2021, p. 15-30.

CONCEIÇÃO, ANA FILIPA / CEBOLA, CÁTIA MARQUES
— «Mediation as a path to Business Restructuring - Contributions to the Portuguese Insolvency Framework», *TDM Journal*, Vol. 14, Nr. 4, 2017.

CONDORCET, MARQUIS DE
— *Essai sur l'application de l'analyse à la probabilité des décisions rendues à la pluralité des voix*, De L'Imprimerie Royale, Paris, 1785.

COOKE, TERENCE / HICKS, ANDREW
— «Wrongful trading - predicting Insolvency», *International Themes In Business Law*, Vol. 5, 2007, p. 282-293

CORDEIRO, ANTÓNIO MENEZES
— «A crise planetária de 2007/2010 e o governo das sociedades», *Revista de Direitos das Sociedades*, Ano I, Nr. 2, 2009, p. 263-286.
— «A Lealdade no Direito das Sociedades», *Revista da Ordem dos Advogados*, Ano 66, Vol. III, 2006, p. 1033-106.
— «A perda de metade do capital social e a reforma de 2005: Um repto ao legislador», *Revista da Ordem dos Advogados*, Ano 65, Vol. I, 2005, p. 45-87.
— «A tutela do consumidor de produtos financeiros e a crise mundial de 2007/2010», *Revista da Ordem dos Advogados*, Ano 69, Vol. III/IV, 2009, p. 603-632.
— «Direito bancário e alteração de circunstâncias», *Revista de Direito das Sociedades*, Ano VI, Nr. 2, 2014, p. 343-389.
— «Introdução ao Direito da Insolvência», *O Direito*, Ano 137º, Vol. III, 2005, p. 465-506.

— «Negative pledge: um estudo comparatístico», *O Direito*, Ano 142, nº 3, Edições Almedina, 2010, p. 497-538.
— «O princípio da boa-fé e o dever de renegociação em contextos de "situação económica difícil"», *II Congresso de Direito da Insolvência*, Edições Almedina, 2014, p. 11-68.
— «Os deveres fundamentais dos administradores das sociedades (artigo 64º/1 do CSC)», *A Reforma do Código das Sociedades Comerciais, Jornadas em Homenagem ao Professor Doutor Raúl Ventura*, Edições Almedina, Coimbra, 2007, p. 19-60.
— «Perspetivas evolutivas do Direito da insolvência», *Direito das Sociedades em Revista*, Ano IV, Nr. 3, 2012, p. 551-591.
— «Saneamento financeiro: os deveres de viabilização das empresas e a autonomia privada», *Novas Perspetivas do Direito Comercial*, Edições Almedina, Coimbra, 1988, p. 61-100.
— *Da Boa-fé no Direito Civil*, Tese de Doutoramento, 8ª Reimpressão, Edições Almedina, Coimbra, 2020.
— *Direito das Sociedades*, Vol. I, 4ª Ed., Edições Almedina, Coimbra, 2020.
— *Manual de direito das Sociedades, Das sociedades em especial*, Vol. II, 2. Ed., Edições Almedina, Coimbra, 2007.
— *Manual de direito das sociedades, Das sociedades em geral*, Vol. I, 2ª Ed., Edições Almedina, Coimbra, 2007.
— *Perspetivas Evolutivas do Direito da Insolvência*, Edições Almedina, Coimbra, 2013.

Cordeiro, Barreto Menezes,
— «Doutrina das oportunidades societárias (corporate opportunities doctrine) - Parte I - Introdução - Direito Estado-Unidene - Direito Inglês», *Revista de Direito das Sociedades*, Ano V, Nr. 3, 2013, p. 603-632.
— «Resposta à consulta pública relativa ao projeto de proposta de lei que estabelece o Estatuto do Mediador de Recuperação de Empresas», *Revista de Direito das Sociedades*, Ano IX, Nr. 1, 2017, p. 159-163.
— *Direito da Proteção de Dados à luz do RGPD e da Lei nº nº 58/2019*, Edições Almedina, 2020.

Corno, Giorgio
— «Article 19 - Duties of Directors», *European Preventive Restructuring, Directive (EU) 2019/1023, Article-by-Article Commentary*, C. H. Beck, München, 2021, p. 238-248.

CORREIA, FRANCISCO MENDES
— «Impugnação Pauliana, sob a sombra da resolução em benefício da massa», *V Congresso de Direito da Insolvência*, Edições Almedina, Coimbra, 2019, p. 121-133
CORREIA, SÉRVULO
— *Noções de Direito Administrativo*, Vol. I, Danúbio, Lisboa, 1982.
CORTEZ, FRANCISCO
— «A garantia bancária autónoma: alguns problemas», *Revista da Ordem dos Advogados*, Ano 52, Vol. II, 1992, p. 513-561.
COSTA, ANA RIBEIRO
— «Os Créditos Laborais no Processo Especial de Revitalização», *O Direito Lusófono – Atas do I Congresso Jurídico de Investigadores Lusófonos*, Instituto Iberoamericano de Estudos Jurídicos, 2017, p. 278-293.
COSTA, MÁRIO DE ALMEIDA
— *Direito das Obrigações*, 12ª Ed., Edições Almedina, Coimbra, 2018.
COSTA, REINALDO MÂNCIO DA
— «Os requisitos do plano de recuperação», *III Congresso de Direito da Insolvência*, Edições Almedina, Coimbra, 2015, p. 264-266.
COSTA, RICARDO
— «Deveres gerais dos administradores e 'gestor criterioso e ordenado'», *I Congresso de Direito das Sociedades em Revista*, Edições Almedina, Coimbra, 2011, p. 157-187.
— «Gestão de Sociedades em Contexto de "Crise da Empresa"», *V Congresso de Direito das Sociedades em Revista*, Edições Almedina, 2018, p. 171-195.
— «Insolvência "provável" e deveres dos administradores de sociedades na reestruturação empresarial: o art. 18º da Proposta de Diretiva», *Colóquio As PME perante o (novo) direito da insolvência*, Instituto de Direito das Empresas e do Trabalho, Coimbra, 2018, p. 79-104.
— «Responsabilidade dos administradores e business judgment rule», *Reformas do Código das Sociedades Comerciais*, Colóquios Nr. 3, IDET, Edições Almedina, Coimbra, 2007, p. 49-70.
— *Os Administradores de Facto das Sociedades Comerciais*, Edições Almedina, Coimbra, 2014.
COSTANZO, PAOLO / CANCLINI, ALBERTO / CARNEVALI, FRANCESCO
— *Rischio d'impresa e early warning. Legge 155/2017: nuova e vecchia normativa a confronto*, EGEA, Milano, 2019.

COSTEIRA, MARIA JOSÉ
— «A insolvência de pessoas coletivas: efeitos no insolvente e na pessoa dos administradores», *Julgar*, Nr. 18, 2012, p. 161-173.
— «Classificação, verificação e graduação de créditos no Código da Insolvência e da Recuperação de Empresas», *I Congresso de Direito da Insolvência*, Edições Almedina, Coimbra, 2013, p. 241-253.
— «Novo direito da insolvência», *Themis*, Edição Especial, 2005, p. 25-42.
— «O Código da Insolvência e da Recuperação de Empresas revisitado», *Corporate Governance em Portugal – O CIRE Revisitado – Prestação de Contas e o Reg. Esp. de Invalidade das Deliberações Previstas no Art. 69º do CSC – A Fraude Fiscal Como Crime de Aptidão, Série Miscelâneas do IDET*, Nr. 6, Edições Almedina, 2010, p. 49-94.
— «Questões práticas no domínio da assembleia de credores», *II Congresso do Direito da Insolvência*, Edições Almedina, 2014, p. 112-113.

COSTI, RENZO / ENRIQUES, LUCA / VELLA, FRANCESCO
— *Diritto commerciale, Una conversazione*, Il Mulino, Bologna, 2019.

COUWENBERG, OSCAR / LUBBEN, STEPHEN
— «Essential Corporate Bankruptcy Law», *European Business Organization Law Review*, Vol. 16, Nr. 1, 2015, p. 39-61.

CRANOR, CARL
— *Toxic Torts. Science, Law and the possibility of Justice*, Cambridge, Cambridge University Press, Cambridge, 2016.

CRYSTAL, MICHAEL / MOKAL, RIZ
— «The Valuation of Distressed Companies – A Conceptual Framework, Part I», *International Corporate Rescue*, Vol. 2, Nr. 2, 2006, p. 63-68.
— «The Valuation of Distressed Companies – A Conceptual Framework, Part II», *International Corporate Rescue*, Vol. 3, Nr. 3, 2006, p. 123-131.

CUEVAS, CARLOS
— «Good faith and Chapter 11: standard that should be employed to dismiss bad faith Chapter 11 cases», *Tennessee Law Review*, Vol. 60, Nr. 3, 1993, p. 525-588.

CUNHA, CAROLINA
— «A (Proposta de) Diretiva "relativa aos quadros jurídicos em matéria de reestruturação preventiva, à concessão de uma segunda oportunidade e às medidas destinadas a aumentar a eficiência dos processos de reestruturação, insolvência e quitação": vantagens para as PME», Instituto Jurídico/IDET, Universidade de Coimbra, 2018, p. 11-27.

— *A Par Conditio Creditorum como Igualdade Formal dos Credores: expectativa vs. realidade: do cumprimento voluntário à insolvência-liquidação*, Edições Almedina, Coimbra, 2021.

CUNHA, PAULO OLAVO

— «A recuperação de sociedades no contexto do PER e da insolvência: âmbito e especificidades resultantes da situação de crise da empresa», *Revista de Direito da Insolvência*, Nr. 0, 2016, p. 107-118.

— «Conversão de crédito em capital», *V Congresso de Direito da Insolvência*, Edições Almedina, 2019, p. 237-254.

— «Os deveres dos gestores e dos sócios no contexto da revitalização de sociedades», *II Congresso de Direito da Insolvência*, Edições Almedina, 2014, p. 209-234.

— «Providências específicas do plano de recuperação de sociedades», *I Congresso de Direito da Insolvência*, Edições Almedina, Coimbra, 2013, p. 107-139.

— «Reestruturação de sociedades e direito dos sócios», *IV Congresso de Direito da Insolvência*, Edições Almedina, 2017, p. 341-359.

— *Direito das Sociedades Comerciais*, 5ª Ed., Edições Almedina, Coimbra, 2012.

— *Direito das Sociedades Comerciais*, 6ª Ed., Edições Almedina, Coimbra, 2016.

CUNHA, PAULO PITTA E

— «A fase atual da crise do euro», *Revista de Ordem dos Advogados*, Ano 71, Vol. II, 2011, p.. 413-421.

— «A integração europeia e a crise do euro», *Revista de Ordem dos Advogados*, Ano 71, Vol. II, 2011, p. 965-975.

— «O euro e a crise das dívidas soberanas», *Revista de Ordem dos Advogados*, Ano 71, Vol. I, 2011, p. 19-33.

D'ANGELO, FRANCESCO

— «Il concordato preventivo con continuità aziendale nel nuovo codice della crisi e dell›insolvenza», *Il Diritto Fallimentare e delle Società Commerciali*, Vol. 95, Nr. 1, 2020, p. 27-57.

DALLAS, GEORGE

— «Coronavirus as a new systemic risk: Implications for corporate governance and investor stewardship», *ICGN Viewpoint*, March, 2020.

DAMMANN, REINHARD

— «Article 1 – Subject matter and scope», *European Preventive Restructuring, Directive (EU) 2019/1023, Article-by-Article Commentary*, C. H. Beck, München, 2021, p. 35-59.

— «Article 9 – Adoption of restructuring plan», *European Preventive Restructuring, Directive (EU) 2019/1023, Article-by-Article Com-mentary,* C. H. Beck, München, 2021, p. 146-166.
— «Article 14 – Valuation by judicial or administrative authority», *European Preventive Restructuring, Directive (EU) 2019/1023, Article-by-Article Commentary,* C. H. Beck, München, 2021, p. 209-215.

DASTIS, JUAN CARLOS
— «Change of Circumstances (Section 313 BGB) Trigger for the Next Financial Crisis?», *European Review of Private Law,* Vol. 23, Nr. 1, 2015, p. 85-99.

DATTA, PRATIK
— «Value destruction and wealth transfer under the Insolvency and Bankruptcy Code», *IGIDR-IBBI Conference,* May 16., 2018.

DAVIES, PAUL
— «Director's Creditor-Regarding Duties in Respect of Trading Decisions Taken in the Vicinity of Insolvency», *European Business Organization Law Review,* Vol. 7, Nr. 1, 2006, p. 301-337.
— «Enlightened Shareholder Value and the New Responsibilities of Directors», *Lecture at University of Melbourne Law School (the inaugural WE Hearn Lecture),* 2005.

DECLERCQ, PETER
— «An English Law Perspective on Directors' Liability in the Zone of Insolvency», *Directors' Liability in the Twilight Zone,* Eleven International Publishing, The Hague, 2018, p. 67-90.

DENOZZA, FRANCESCO,
— «Different Policies for Corporate Creditor Protection», *European Business Organization Law Review*; Vol. 7, Nr 1, 2006, p. 409-416.

DERKSEN, NILS
— *Die Unternehmenssanierung innerhalb und außerhalb der Insolvenz: Eine vergleichende Betrachtung der gesetzlichen Sanierungsinstru-mente im deutschen und englischen Recht,* Schriften zum Insolven-zrecht, Vol. 59, Nomos, Köln, 2016.

DEUTSCH, ERWIN
— *Fahrlässigkeit und erforderliche Sorgfalt,* 2. Ed., Carl Heymanns Verlag, Köln, 1995.

DIAS, GABRIELA FIGUEIREDO
— «Financiamento e governo das sociedades (Debt Governance): o terceiro poder», *III Congresso de Direito das Sociedades em Revista,* Edições Almedina, Coimbra, 2014, p. 359-383.

— *Fiscalização de sociedades e responsabilidade civil,* Coimbra Editora, Coimbra, 2006.

Dias, Joana Pereira

— «Contributo para o estudo dos actuais paradigmas das cláusulas de garantia e/ou segurança: A 'pari passu', a 'negative pledge' e a 'cross-default'», *Estudos em homenagem ao Prof. Doutor Inocêncio Galvão Telles,* Vol. IV, Edições Almedina, 2003, p. 879-1029.

Dinis, David Sequeira

— «Stand-still, cláusulas ipso facto e new money após a transposição da Diretiva», *Conferência 'O Plano de Recuperação e Resiliência para a Justiça Económica e a transposição da Diretiva 2019/1023, do Parlamento Europeu e do Conselho',* Ministério da Justiça, 2022, p. 42-62.

Döge, Melanie

— «Sanieren oder Ausscheiden aus der GmbH», *Zeitschrift für Wirtschafts-recht,* Nr. 25-26, 2018, p. 1220-1227.

Domingues, Paulo de Tarso

— «A transposição, na vertente societária, da Diretiva sobre Reestruturação e Insolvência (Diretiva (LIE) 2019/1023, de 20 de junho de 2019)», *Direito das Sociedades em Revista,* Ano 14, Vol. 27, p. 221-241.

— «(Alguns) Traços jus-societários do regime insolvencial», *Estudos Comemorativos dos 20 anos da FDUP,* Vol. 2, Edições Almedina, Coimbra, p. 477-501.

— «As diferentes formas de financiamento societário pelos sócios e a transmissibilidade autónoma dos créditos respetivos», *Estudos em Homenagem ao Professor Doutor Heinrich Ewald Hörster,* Edições Almedina, Coimbra, 2012, p. 753-782.

— «Limites da autonomia privada nos planos de reorganização das empresas», *Falência, Insolvência e Recuperação de Empresas, Iº congresso de Direito Comercial das Faculdades de Direito da Universidade do Porto, de S. Paulo e de Macau,* Faculdade de Direito da Universidade do Porto, Porto, 2017, p. 141-166.

— «O CIRE e a recuperação das sociedades comerciais em crise», *Instituto do Conhecimento AB, Coleção Estudos,* Nr. 1, 2013, p. 40-49.

— *O Financiamento Societário pelos Sócios (e o seu reverso),* Edições Almedina, Coimbra, 2021.

— «O Processo Especial de Revitalização aplicado às sociedades comerciais», *I Colóquio do Direito da Insolvência de Santo Tirso,* Coimbra, Edições Almedina, Coimbra, 2014, p. 13-34.

— «O Regime jurídico da conversão de créditos: A tomada de assalto das sociedades pelos credores?», *Seminário de Direito da Insolvência,* Edições Almedina, Coimbra, 2019, p. 79-101.

— *O Financiamento Societário pelos Sócios (e o seu reverso),* Edições Almedina, Coimbra, 2021.

— *Variações* sobre o capital social, Edições Almedina, Coimbra, 2009.

Douglas-Hamilton, Margaret

— «Creditor Liabilities Resulting from Improper Interference with the Management of a Financially Troubled Debtor», *The Business Lawyer,* Vol. 31, Nr. 1, 1975, p. 343-365.

Dowd, Kevin

— *Competition and Finance: A Reinterpretation of Financial and Monetary Economics,* St. Martin's Press, New York, 1996.

Drukarczyk, Jochen / Stürner, Rolf

— «§ 18.», *Münchener Kommentar zur Insolvenzordnung: InsO,* 4. Ed., Vol. 1, C.H. Beck, 2019.

Duarte, Rui Pinto

— «A Administração da Empresa Insolvente: Rutura ou Continuidade», *I Congresso de Direito da Insolvência,* Edições Almedina, Coimbra, 2013, p. 153-174.

— «A conversão em capital social de suprimentos e de outros créditos – Notas sobre o Dec.-Lei nº 79/2017, de 30 de junho, e sobre um projeto legislativo relativo à conversão de créditos de terceiros em capital social», *IV Congresso de Direito da Insolvência,* Edições Almedina, Coimbra, 2017, p. 319-340.

— *Escritos sobre Direito das Sociedades,* Coimbra Editora, Coimbra, 2008.

Duarte, Susana Azevedo

— «A Responsabilidade dos Credores Fortes na Proximidade da Insolvência da Empresa: A Celebração de Acordos Extrajudiciais e a Tutela dos Credores Fracos», *Questões de Tutela de Credores e de Sócios das Sociedades Comerciais,* Edições Almedina, Coimbra, 2013, p. 183-234.

Dunne, Dennis

— «The Revlon Duties and the Sale of Companies in Chapter 11», *The Business Lawyer,* Vol. 52, Nr. 4, 1997, p. 1333-1357.

Ehmk, David Christoph

— *Bond Debt Governance, A Comparative Analysis of Different Solutions to Financial Distress of Corporate Bond Debtors,* Schriften Zur Restrukturierung, Nr. 11, Nomos, Baden-Baden, 2018.

Ehret, Patrick
— «§ 18», «19, *Insolvenzordnung (InsO)*, 7. Aufl., C. H. Beck, München, 2017, p. 164-178.

Eidenmüller, Horst
— «Comparative Corporate Insolvency Law», *ECGI Law Working Paper*, Nr. 319, 2016, p. 1-30.
— «Contracting for a European Insolvency Regime», *European Business Organization Law Review*, Vol. 18, Nr. 2, 2017, p. 273-304.
— «Der Insolvenzplan als gesellschaftsrechtliches Universalwerkzeug», *NJW – Neue Juristische Wochenschrift*, Nr. 1-2, 2014, p. 17-19.
— «Strategische Insolvenz: Möglichkeiten, Grenzen, Rechtsvergleichung», *Zeittschrift für Wirtschftrecht*, Nr. 25/26, 2014, p. 1197-1205.
— «The Rise and Fall of Regulatory Competition in Corporate Insolvency Law in the European Union», *European Business Organization Law Review*, Vol. 20, Nr. 2, 2019, p. 547-566.
— «Trading in Times of Crisis: Formal Insolvency Proceedings, Workouts and the Incentives for Shareholders/Managers», *European Business Organization Law Review*, Vol. 7, Nr. 1, 2006, p. 239-258.
— *Unternehmenssanierung zwischen Markt und Gesetz: Mechanismen der Untemehmensreorganisation und Kooperationspflichten im Reorgani-sationsrecht*, Otto Schnnidt, Köln, 1999.

Eidenmüller, Horst/ Zwieten, Kristin van
— «Restructuring the European Business Enterprise: The EU Commission Recommendation on a New Approach to Business Failure and Insolvency», *European Business Organization Law Review*, Vol. 16, Nr. 4, 2016, p. 625-667.

Eidenmüller, Horst / Schoppmeyer, Heinrich
— *Münchener Kommentar zur Insolvenzordnung: InsO*, 4. Ed., Vol. 1, C.H. Beck, 2019.

Enriques, Luca
— «Pandemic-Resistant Corporate Law: How to Help Companies Cope with Existential Threats and Extreme Uncertainty During the Covid-19 Crisis», *European Company and Financial Law Review*, Vol. 17, Nr. 3-4, 2020, p. 257-273.

Epifânio, Maria do Rosário,
— *Manual de Direito da Insolvência*, 7ª Ed., Edições Almedina, Coimbra, 2019.

— *Manual de Direito da Insolvência,* 8ª Ed., Edições Almedina, Coimbra, 2022.
— *O Processo Especial de Revitalização,* Edições Almedina, Coimbra, 2016.
Esteves, Bertha Parente
— «Da aplicação das normas relativas ao plano de insolvência ao plano de recuperação conducente à revitalização», *II Congresso de Direito da Insolvência,* Edições Almedina, Coimbra, 2014, p. 267-278
Falcão, David / Tomás, Sérgio Tenreiro
— *Lições de Direito do Trabalho,* 4ª Ed., Edições Almedina, 2016.
Falcão, Pedro
— «A tutela do prestador de serviços públicos essenciais no ordenamento jurídico português», *Estudos de Direito do Consumidor,* Nr. 12, 2017, p. 389--422.
Fannon, Irene Lynch
— «VII. Lit. 7: New financing», *European Preventive Restructuring, Directive (EU) 2019/1023, Article-by-Article Commentary,* C. H. Beck, München, 2021, p. 69-71.
— «VIII. Lit. 8: Interin financing», *European Preventive Restructuring, Directive (EU) 2019/1023, Article-by-Article Commentary,* C. H. Beck, München, 2021, p. 71-74.
— «Article 17 - Protection for new financing and interim financing», *European Preventive Restructuring, Directive (EU) 2019/1023, Article-by-Article Commentary,* C. H. Beck, München, 2021, p. 220-229.
— «Article 18 - Protection for other restructuring related transactions», *European Preventive Restructuring, Directive (EU) 2019/1023, Article-by-Article Commentary,* C. H. Beck, München, 2021, p. 229-237.
Fauceglia, Giuseppe
— *Il nuovo diritto della crisi e dell'insolvenza,* Giappichelli Editore, Torino, 2019.
Farenga, Luigi
— *Manuale di diritto commerciale,* Giappichelli Editore, Torino, 2020.
Faria, Jorge Ribeiro
— *Direito das Obrigações,* Vol. I, Edições Almedina, Coimbra, 1990.
Faria, Jorge Ribeiro de / Vasconcelos, Miguel Pestana de / Pedro, Rute Teixeira
— *Direito das Obrigações,* Vol. I, 2ª Ed., Edições Almedina, Coimbra, 2020.

FELDMAN, HOWARD ROSS

— «Comments: Chances as Protected Interests: Recovery for the Loss of a Chance and Increased Risk», *University of Baltimore Law Review*, Vol. 17, Nr. 1, 1987, p. 148-151.

FERNANDES, ANTÓNIO MONTEIRO

— *Direito do Trabalho*, 18ª. Ed., Edições Almedina, Coimbra, 2017.

FERNANDES, LUÍS CARVALHO / LABAREDA, JOÃO

— *Código da Insolvência e Recuperação de Empresas Anotado*, 2ª Ed., Quid Juris, Lisboa, 2013.

FERNANDES, LUIS CARVALHO

— *A Teoria da Imprevisão no Direito Civil Português*, Quid Juris, Lisboa, 2001.

— «Sentido geral do novo regime da insolvência no direito português», *Coleção de Estudos sobre a Insolvência, Quid Juris*, Lisboa, 2011, p. 83-101.

FERRAN, EILÍS

— «Company Law Reform in the United Kingdom: A Progress Report», Rabels Zeitschrift für ausländisches und internationales Privatrecht, Vol. 69, Nr. 4, 2005, p. 629-657.

FERRAN, EILÍS / LOOK, CHAN HO

— *Principles of Corporate Finance Law*, 2nd Ed., Oxford University Press, Oxford, 2014.

FERREIRA, BRUNO

— «Mecanismos de alerta e prevenção da crise do devedor, em especial a recuperação extrajudicial», *II Congresso Direito das Sociedades em Revista*, Edições Almedina, Coimbra, 2012, p. 243-249.

— «O conceito de "norma" na jurisprudência do tribunal constitucional: o caso concreto das convenções», *Compilações Doutrinais*, Verbo Jurídico, 2008.

— «Recuperação extrajudicial de empresas viáveis em dificuldades: prevenção e preservação de valor», *Revista do Direito das Sociedades*, Ano III, nº 2, 2011, p. 395-402.

— *Contratos de crédito bancário e exigibilidade antecipada*, Edições Almedina, Coimbra, 2011.

FERREIRA, HUGO ROSA

— «Compensação e Insolvência (em particular na cessão de créditos para titularização), *Direito da insolvência, Estudos*, Coimbra Editora, Coimbra, 2011, p. 9-64.

FERREIRA, MANUEL REQUICHA
— «Estado de Insolvência», *Direito da insolvência, Estudos,* Coimbra Editora, Coimbra, 2011, p. 131-386.
FINCH, VANESSA
— *Corporate Insolvency Law, Perspectives and Principles,* 2nd. Ed., Cambridge University Press, Cambridge, 2009.
— «The Recasting of Insolvency Law», *The Modern Law Review,* Vol. 68, Nr. 5, 2005, p. 713-736.
FISCHER, DAVID
— «Tort Recovery for Loss of a Chance», *Wake Forest Law Review,* Vol. 36, 2001, p. 605- 655.
FLEISCHER, HOLGER
— *Infomationsasymmetrie im Vertragsrecht,* C. H. Beck, München, 2001.
— «Legal Capital: A Navigation System for Corporate Law Scholarship», *European Business Organization Law Review;* Vol. 7, Nr. 1, 2006, p. 29-38.
— «Vertrauen von Geschaftsleitern und Aufsichtsratsmitgliedern auf Informationen Dritter», *Zeitschrift for Wirtschaftsrecht,* Nr. 30, 2009, p. 1397-1406.
— «Verantwortlichkeit von Bankgeschäftsleitern und Finanzmarktkrise», *NJW – Neue Juristische Wochenschrift,* Nr. 21, 2010, p. 1504-506.
— «Corporate Purpose: Ein Management-Konzept und seine gesellschaftsrechtlichen Implikationen», *Zeitschrift für Wirtschasftsrecht,* Nr. 1, 2021, p. 5-16.
FLEISCHER, HOLGER/ GOETTE, WULF
— *Münchener Kommentar zum Gesetz betreffend die Gesellschaften mit beschränkter Haftung: GmbHG,* Vol. 3, 3ª Ed., C.H. Beck, München, 2018.
FLEISCHER, HOLGER / ULRICH, KLAUS
— «Klumpenrisiken im Bankaufsichts-, Investment- und Aktienrecht», Zeitschrift für das gesamte Handelsrecht und Wirtschaftsrecht, Vol. 173, Nr. 5, 2009, p. 649-688.
FLETCHER, IAN
— The Law of Insolvency, 5th Ed., Sweet & Maxwell, 2017.
FONSECA, GISELA TEIXEIRA JORGE
— «A natureza jurídica do plano de insolvência», *Direito da insolvência, Estudos,* Coimbra Editora, Coimbra, 2011, p. 65-129.

Frada, Manuel Carneiro da
— «A alteração das circunstâncias à luz do COVID-19: teses e reflexões para um diálogo», Revista da Ordem dos Advogados, Ano 80, Vol. I/II, 2020, p. 153-163.
— «Crise financeira mundial e alteração das circunstâncias: contratos de depósito vs. contratos de gestão de carteiras», *Revista da Ordem dos Advogados,* Ano 69, Vol. III/IV, 2010, p. 633-695.
— «Danos societários e governação de sociedades *(corporate governance)*», *Cadernos de direito provado, II Seminário dos Cader-nos de direito privado — Responsabilidade civil,* N.° Especial, 2012, p. 31-48.
— *Teoria da Confiança e responsabilidade civil,* Edições Almedina, Coimbra, 2004.
Frada, Manuel Carneiro da / Costa, Mariana Fontes da
— «Discussing the (Ab)Normality of Financial Crises as a Relevant Change of Circumstances Under Portuguese Law», *The Efects of Financial Crises on the Binding Force of Contracts – Renegotiation, Rescission or Revision, Ius Comparatum – Global Studies in Com-parative Law,* Vol. 17, Springer International Publishing, 2017, p. 221-241.
— «Sobre os efeitos das crises financeiras na força vinculativa dos contratos», *XX Estudos Comemorativos dos 20 anos da FDUP,* Vol. II, Edições Almedina, Porto, 2017, p. 175-203.
Frade, Catarina
— «A resolução alternativa de litígios e o acesso à justiça: a mediação do sobre-endividamento», *Revista Crítica de Ciências Sociais, Revista Crítica de Ciências Sociais,* Nr. 65, 2003, p. 107-128.
França, Maria Augusta
— *A Estrutura das Sociedades Anónimas em Relação de Grupo,* AAFDL, Lisboa, 1990.
Franken, Sefa
— «Creditor- and Debtor-Oriented Corporate Bankruptcy Regimes Revisited», *European Business Organization Law Review,* Vol. 5, Nr. 4, 2004, p. 645-676.
Frege, Michael / Keller, Ulrich / Riedel, Ernst
— *Insolvenzrecht,* 8. Ed., C. H. Beck-Verlag, München, 2015.
Freitag, Robert
— «Grundfragen der Richtlinie über präventive Restrukturierungs-rahmen und ihrer Umsetzung in das deutsche Recht», *Zeitschrift für Wirtschftsrecht,* Nr. 12, 2019, p. 541-552.

FREITAS, JOSE LEBRE DE
— «Pressupostos objetivos e subjetivos da insolvência», *Themis,* Edição Especial — Novo Direito da Insolvência, 2005, p. 11-23.
— *Introdução ao processo civil – Conceito e princípios gerais à luz do Código revisto,* Coimbra Editora, Coimbra, 1996.
— *Introdução ao processo civil – Conceito e princípios gerais à luz do novo código,* 3ª Ed., Coimbra Editora, Coimbra, 2013.

GALANTI, LUCILIA
— «The Role of Mediation in the New EU Approach to Insolvency», *TDM Journal,* Vol. 14, Nr. 4, 2017.

GANT, JENNIFER
— «Studies in Convergence? Post-Crisis Effects on Corporate Rescue and the Influence of Social Policy: The EU and the USA», *International Insolvency Review,* Vol. 25, Nr. 1, 2016, p. 72-92.

GANT, JENNIFER / KASTRINOU, ALEXANDRA
— «The Impact of Austerity in the Framework of Corporate Rescue and the Rights of Workers in the EU: A Road to Recovery?», *International Insolvency Review,* Vol. 26, Nr. 2, 2017, p. 176-203.

GARCIMARTIN, FRANCISCO
— «Article 4 – Availability of preventive restructuring frameworks», *European Preventive Restructuring, Directive (EU) 2019/1023, Article-by-Article Commentary,* C. H. Beck, München, 2021, p. 85-96.
— «Article 10 – Confirmation of restructuring plans», *European Preventive Restructuring, Directive (EU) 2019/1023, Article-by-Article Commentary,* C. H. Beck, München, 2021, p. 167-176.

GARESIO, GIULIA
— «Gli strumenti di allerta previsti dal Codice della crisi: un cantiere ancora aperto», *Diritto ed Economia dell'Impresa,* Nr. 4, 2020, p. 570 s.

GARNACHO CABANILLAS, LOURDES
— «La pretendida armonización del derecho pre-concursal europeo y su evidente acercamiento al sistema concursal norteamericano», *Reestructuración y Gobierno Corporativo en la proximidad de la insolvencia,* La Ley, Wolters Kluwer, 2020, p. 110-141.

GEHRLEIN, MARKUS
— «§ 64 GmbHG», *GmbHG – Gesetz betreffend die Gesellschaften mit beschränkter Haftung, Kommentar,* 3. Ed., Carl Heymanns Verlag, Köln, 2017.

GERALDES, ANTÓNIO ABRANTES / PIMENTA, PAULO / SOUSA, LUÍS PIRES DE
— *Código de Processo Civil Anotado*, Vol. I, Edições Almedina, Coimbra, 2018.

GERNER-BEUERLE, CARSTEN / PAECH, PHILIPP / SCHUSTER, EDMUND PHILIPP
— *Study on Directors' Duties and Liability*, London School of Economics, LSE Enterprise, London, 2013.

GERNER-BEUERLE, CARTSTEN / SCHUSTER, EDMUND-PHILIPP
— «The Evolving Structure of Directors' Duties in Europe», *European Business Organization Law Review*, Vol. 15, Nr. 2, 2014, p. 191-233.

GHESTIN, JACQUES / JOURDAIN, PATRICE / VINEY, GENEVIÈVE
— *Traité de Droit Cicil: Les Conditions de la Responsabilite*, LGDJ, Paris, 2013.

GHIO, EMILIE
— «The French transposition of the EU Directive on Preventive Restructuring 2019: revamping the law while preserving the status quo», HERO - Herstructurering & Recovery Online, Special Issue - Preventive Restructuring 3, W-003, 21-Jun-2022.

GOMES, JOSÉ FERREIRA / PIRES, CATARINA MONTEIRO
— «Resposta à consulta pública relativa ao projeto de proposta de lei que aprova o Regime Jurídico de Conversão de Crédito em Capital», *Revista de Direito das Sociedades*, Nr. 1, 2017, 145-156.

GOMES, JÚLIO VIEIRA
— «Nótula sobre a resolução em benefício da massa insolvente», *IV Congresso de Direito da Insolvência*, Edições Almedina, 2017, p. 107-129.
— «O RERE e os créditos laborais», *Revista de Direito da Insolvência*, Nr. 3, 2019, p. 52. «Sobre o dano da perda de *chance*», *Direito e Justiça*, Vol. XIX, Tomo II, 2005, p. 9-47.

GONÇALVES, DIOGO COSTA
— *Pessoa coletiva e sociedades comerciais: dimensão problemática e coordenadas sistemáticas da personificação jurídico-privada*, Tese de Doutoramento, Faculdade de Direito da Universidade de Lisboa, Lisboa, 2013.

GONÇALVES, RENATO
— «A crise financeira de 2007-2009 e as suas diversas implicações globais: a propósito da reunião do G-20 de 2 de abril de 2009», *Revista de Finanças Públicas e Direito Fiscal*, Ano 2, nº 3, 2009, p. 149-168.

GONZÁLEZ PACHÓN, LAURA
— *La desprivatización y desjudicialización del Derecho de insolvencia: especial referencia a los acuerdos de refinanciación*, Marcial Pons, Madrid, 2021.

GOODE, ROY / ZWIETEN, KRISTIN VAN

— *Principles of Corporate Insolvency Law*, 5. Ed., Sweet & Maxwell, London, 2018.

GOOSENS, ROBBERT

— «The European Initiative on the Harmonisation of Directors' Duties in the Vicinity of Insolvency», *Nottingham Insolvency and Business Law e-Journal*, Vol. 5, Nr. 4, 2017.

GOUVEIA, RODRIGO

— *Os Serviços de Interesse Geral em Portugal*, Coimbra Editora, Coimbra, 2001.

GRAF-SCHLICKER, MARIE LUISE

— *InsO, Kommentar zur Insolvenzordenung*, 4. Ed., RWS Verlag, Berlin, 2014.

GRANATO, MICHELANGELO

— «The Myth of the Optimal Capital Structure and the Dogma of Creditor Protection», *European Business Organization Law Review*, Vol. 18, Nr. 4, 2017, p. 617-658.

GRAUMANN, MATTHIAS

— «Der Entscheidungsbegriff in § 93 Abs. 1 Satz 2 AktG – Rekonstruktion des traditionellen Verständnisses und Vorschlag für eine moderne Konzeption», *Zeitschrift für Unternehmens- und Gesellschaftsrecht*, Vol. 40, Nr. 3, 2011, p. 293-303.

GRÜNEWALD, PHILIPP

— *Mehrheitsherrschaft und insolvenzrechtliche Vorauswirkung in der Unternehmenssanierung*, Schriften zum Unternehmens- und Kapitalmarktrecht, 20, Mohr Siebeck, 2015.

GURREA-MARTÍNEZ, AURELIO

— «The Future of Reorganization Procedures in the Era of Pre-Insolvency Law», *European Business Organization Law Review*, Vol. 21, Nr. 4, 2020, p. 829-854.

— «Insolvency Law in Times of COVID-19», *Oxford Business Law Blog*, 2020.

GUERRERO TREVIJANO, CRISTINA

— «La regla de protección de la discrecionalidad empresarial en la proximidad a la insolvencia», *Reestructuración y Gobierno Corporativo en la proximidad de la insolvencia*, La Ley, Wolters Kluwer, 2020, p. 235-280.

HANNINGAN, BRENDA

— *Company Law*, 5ª Ed., Oxford University Press, Oxford, 2018.

HARANT, IRINA
— *Das Schutzschirmverfahren" nach dem Gesetz zur weiteren Erleichterung der Sanierung von Unternehmen (ESUG) im Vergleich zu den Regelungen von Chapter 11 of Title 11 of the United States Code,* GRIN Verlag, München, 2013.
HARIG, FLORIAN / HARDER, PHILLIP-BOIE
— «Der IDW S 2 und das SanInsFoG: Neuer Standard für Insolvenzpläne: Eine kritische Würdigung des neu gefassten IDW S 2 sowie Überlegungen zu weiterem Reformbedarf auf Basis des SanInsFoG», *Zeitchrift für Restructurierung und Insolvenz,* Nr. 2, 2021, p. 67-73.
HARNER, MICHELLE
— «The Corporate Governance and Public Policy Implications of Activist Distressed Debt Investing», *Fordham Law Review,* Vol. 77, Nr. 2, 2008, p. 703-773.
— «Trends in distressed debt investing: an empirical study of investors› objectives», *American Bankruptcy Institute Law Review,* Vol. 16, Nr. 69, 2008, p. 69-110.
HAWES, DOUGLAS / SHERRARD, THOMAS
— «Model Act Section 35 — New Vigor for the Defense of Reliance on Counsel», *The Business Lawyer,* Vol. 32, Nr. 1, 976, p. 119-146.
HEIDINGER, ANDREAS / LEIBLE, STEFAN / SCHMIDT, JESSICA
— *Kommentar zum Gesetz betreffend die Gesellschaften mit beschränkter Haftung (GmbH-Gesetz),* Vol. II, 3ª Ed., C.H. Beck, München, 2017.
HENRIQUES, SÉRGIO COIMBRA
— *«Deveres e responsabilidade dos administradores (na Diretiva sobre reestruturação e insolvência)», A Diretiva sobre Reestruturação e Insolvência: reflexões críticas,* Edições Almedina, Coimbra, 2021, p. 69-81.
HESSELINK, MARTIJN / VRIES, GERARD DE
— *Principles of European Contract Law,* Kluwer, Deventer, 2001.
HIJINK, STEVEN
— «Company Law in Uncertainty: The Coronavirus and Beyond», European Company Law, Vol. 17, Nr. 3, 2020, p. 70-71.
HIRT, HANS
— «The Wrongful Trading Remedy in UK Law: Classification, Application and Practical Significance», *European Company and Financial Law Review,* Vol. 1, Nr. 1, 2004, p. 77-120.
HIRTE, HERIBERT
— «Brauchen wir ein vorinsolvenzliches Sanierungs-verfahren?, *Der Betrieb,* Nr. 3. 2010, p. 25-26.

HODGES, CHRISTOPHER
— «Basing Action and Structures on Values in a Post-Corona World», *Oxford Legal Studies Research Paper,* Nr. 18, 2020.
HOGG, MICHAL
— Intergroup Relations, Key readings in social psychology, Routledge, Abingdon, 2001.
HÖLZLE, GERRIT
— «Der Insolvenzantrag als Sanierungsoption - auch gegen den Willen von Gesellschaftern? Entscheidungs-zuständigkeiten und Organ--kompetenzen in der Krise», *Zeitschrift für Wirtschaftsrecht,* Nr. 39, 2013, p. 1846-1851.
HOPT, KLAUS
— «Comparative Company Law», *The Oxford Handbook of Comparative Law,* Oxford University Press, Oxford, 2006, p. 1161-1191.
— «Nichtvertragliche Haftung außerhalb von Schadens- und Bereicherungsausgleich: — Zur Theorie und Dogmatik des Berufsrechts und der Berufshaftung», *Archiv für die civilistische Praxis,* Vol. 183. Nr. 4-5, 1983, p. 608-724.
HÖSTER, HEINRICH
— *A Parte geral do Código Civil Português,* Edições Almedina, Coimbra, 2007.
HYNES, DENNIS
— «Lender Liability: The Dilemma of the Controlling Creditor», *Tennessee Law Review,* Vol. 58, 1991, p. 635-668.
HYNES, RICHARD / WALT, STEVEN
— «Fair and Unfair Discrimination in Municipal Bankruptcy», *Campbell Law Review,* Vol. 37, Nr. 1, 2015, p. 30-41.
JACKSON, THOMAS
— *Logic and the Limits of Bankruptcy Law,* Beard Books, Washington, 2001.
JACOBI, CHRISTOPH ALEXANDER
— «Das Präventive Restrukturierungsverfahren», *Zeitschrift für das gesamte Insolvenz- und Sanierungsrecht,* Vol. 20, Nr. 1/2, 2017, p. 1-13.
JANGER, EDWARD
— «The Logic and Limits of Liens», *University of Illinois Law Review,* Nr. 2, 2015, p. 589-615.
JANSEN, NILS
— «The idea of a lost chance», *Oxford Journal of Legal Studies,* Vol. 19, 1999, p. 283-292.

Jaspers, Philipp
— *Opportunistisches Verhalten in der Krise der Kapitalgesellschaft*, Abhandlungen zum Deutschen und Europäischen Gesellschafts- und Kapitalmarktrecht, Vol. 85, Duncker & Humblot, Berlin, 2014.
Jodelet, Denise
— *Les Représentations Sociales*, Press Universitary de France, Paris, 1984.
Johnson, Eric / Bailey, Theodore
— «Urgent Legal Lessons from a Very Fast Problem: COVID-19», Stanford Law Review Online, Vol. 73, 2020, p. 89-73.
Jourdain, Patrice
— «Responsabilité civile», *Revue Trimestrielle de Droit Civile*, Nr. 2, 2010, p. 328-342.
Justo, António dos Santos
— *Introdução ao Estudo do Direito*, 12ª Ed., Petrony, 2021.
Kaim, Henry / Ratchford, Nancy
— «Propriety of Liquidating Chapter 11 Plans», *Advanced Business Bankruptcy Law Course*, Dallas, 1998, p 1-13.
Karme, Roberta
— «Implications of the Stakeholder Model», *The George Washington Law Review*, Vol. 61, Nr. 4, p. 1162-1171.
Kayser, Godehard / Thole, Christoph
— *Insolvenzordnung*, 9ª Ed., C.F. Müller, Heidelberg, 2018.
Keay, Andrew / Zhang, Hao
— «Incomplete contracts, contingent fiduciaries and a director's duty to creditors», *Melbourne University Law Review*, Vol. 32, Nr. 1, 2008, p. 141-170.
— «An Analysis of Enlightened Shareholder Value in Light of Ex Post Opportunism and Incomplete Law», *European Company and Financial Law Review*, Vol. 8, Nr. 4, 2011, p. 445-475.
Keay, Andrew
— «Directors Negotiating and Contracting in the Wake of Their Companies' Financial Distress», *Journal of Strategic Contracting and Negotiation*, Vol. 1, Nr. 3, 2015, p. 214-230
— «Having Regard for Stakeholders in Practising Enlightened Shareholder Value», *Oxford University Commonwealth Law Journal*, Vol. 19, Nr. 1, 2019, p. 118-138.

— «Moving towards Stakeholderism – Constituency Statutes, Enlightened Shareholder Value, and More: Much Ado about Little», *European Business Law Review*, Vol. 22, Nr. 1, 2011, p. 1-50.
— «Risk, Shareholder Pressure and Short-Termism in Financial Institutions: Does Enlightened Shareholder Value Offer a Panacea», *Law and Financial Markets Review*, Vol. 5, Nr. 6, 2011, p. 435-448.
— «Shareholder Primacy in Corporate Law: Can It Survive – Should It Survive», *European Company and Financial Law Review*, Vol. 7, Nr. 3, 2010, p. 369-413.
— «Tackling the Issue of the Corporate Objective: An Analysis of the United Kingdom's 'Enlightened Shareholder Value Approach», *Sydney Law Review*, Vol. 29, Nr. 4, 2007, p. 577-612.
— «The Duty to Promote the Success of the Company: Is it Fit for Purpose?», *The Company Lawyer,* Vol. 32, 2011, p. 1-36.
— «The Shifting of Directors' Duties in the Vicinity of Insolvency», *International Insolvency Review*, Vol. 24, Nr. 2, 2015, p. 140-164.
— «Ultimate Objetive of the Company and the Enforcement of the Entity Maximisation and Sustainability Model», *Journal of Corporate Law Studies*, Vo. 10, Nr. 1, 2010, p. 35-71.

Kent, Pen
— «The London Approach», *Bank of England Quarterly Bulletin*, 1996, p. 110-115.

Khakzad, Farhad
— *Die Bedeutung von Financial Covenants in der internationalen Finanzkrise*, EUL Verlag, Köln, 2009.

King, Lawrence
— «Chapter 11 of the 1978 Bankruptcy Code», *American Bankruptcy Law Journal*, Vol. 53, Nr. 2, 1979, p. 107-132.

Klee, Kenneth
— «All you ever wanted to know about Cram Down under the New Bankruptcy Code», *American Bankruptcy Law Journal*, Vol. 53, Nr. 2, 1979, p. 133-172.

Klein, Martin
— «The Bankruptcy Reform Act of 1978», *American Bankruptcy Law Journal*, Vol. 53, Nr. 1, 1979, p. 1-34.

Klöhn, Lars
— «Interessenkonflikte zwischen Aktionären und Gläubigern der Aktiengesellschaft im Spiegel der Vorstandspflichten», *Zeitschrift für Unternehmens- und Gesellschaftsrech*, Vol. 37, Nr. 1 2008, p. 110-158.

Köth, Christopher
— *Vorinsolvenzliches Sanierungsverfahren und alternative Reform-modelle: Überlegungen zur verfahrensrechtlichen Effektivierung und Incentivierung von Sanierungsbemühungen*, Studien zum Gesell-schftsrecht, Vol. 15, Nomos, Baden-Baden, 2020.

Korch, Stefan
— «Sanierungsverantwortung von Geschäftsleitern: Krisenpflichten im Lichte des Art. 19 der Restrukturierungsrichtlinie», *Zeitschrift für Unternehmens- und Gesellschaftsrecht*, Vol. 48, Nr. 6, 2019, p. 1050-1081.

Korobkin, Donald
— «Rehabilitating Values: A Jurisprudence of Bankruptcy», *Columbia Law Review*, Vol. 91, Nr. 4, 1991, p. 727-782.

Krohn, Axel
— «Rethinking Priority: The Dawn of the Relative Priority Rule and a New 'Best Interest of Creditors' Test in the European Union», *International Insolvency Review*, 2020, 1-21.

Krystek, Ulrich
— *Unternehmungskrisen: Beschreibung, Vermeidung und Bewältigung überlebenskritischer Prozesse in Unternehmungen*, Springer Gabler, Wiesbaden, 1987.

Lamanna, Filippo
— «La corretta definizione di "crisi" e di "indici della crisi" secondo il primo Correttivo al Codice della crisi e dell'insolvenza», *Il Fallimentarista*, 2020.

Landry, Robert
— «Enhancing Rescue in Chapter 11: Lessons from Reform Efforts in the United Kingdom», *American Business Law Journal*, Vol. 57, Nr. 2, 2020, p. 227-279.

Langenbucher, Katja
— «Interdisziplinäre Forschung im Unternehmensrecht – auf dem Weg zu einer cognitive corporate governance?», *Zeitschrift für Unter-nehmens- und Gesellschaftsrecht*, Vol. 48, Nr. 5, 2019, p. 813-875.

Larenz, Karl
— *Lehrbuch des Schuldrechts, I – Allgemeiner Teil*, 14. Ed., München, 1987.

— Metodologia da ciência do direito, 3ª Ed., Calouste Gulbenkian, Lisboa, 1997.

— «Bemerkungen zur Haftung für "culpa in contrahendo"», *Beiträge zum Zivil- und Wirtschftsrecht: Festschrift für Kurt* Ballerstedt *zum 70. Geburstag am 24. Dezember 1975,* FS Ballerstedt, Berlin 1975, p. 397-419.

Larenz, Karl / Canaris, Claus-Wilhelm

— *Lehrbuch des Schuldrechts,* Vol. II, 13, Ed., C. H. Beck, München, 1986.

Leal, Carmem Pereira / Machado-Santos, Carlos

— «Insolvency Prediction in the Portuguese Textile Industry», *European Journal of Finance and Banking Research*; Vol. 1, Nr. 1, 2007, p. 16-27.

Leitão, Adelaide Menezes

— «Contributos sobre a Proposta de Diretiva do Parlamento Europeu e do Conselho relativa a meios preventivos de reestruturação, segunda oportunidade e medidas de melhoramento da eficiência dos processos de reestruturação, insolvência e exoneração do passivo restante e à alteração da Diretiva 2012/30/EU», *Revista de Direito das Sociedades,* Ano VIII, Nr. 4, 2016, p. 1019-1043.

Leitão, Luís Menezes

— «A (In(admissibilidade da Insolvência como Fundamento de Resolução dos Contratos», *III Congresso de Direito da Insolvência,* Edições Almedina, 2015, *Revista de Direito das Sociedades,* Ano VIII, Nr.4, 2016, p. 89-114.

— «A responsabilidade pela abertura indevida do processo especial de revitalização», *II Congresso de Direito da Insolvência,* Edições Almedina, 2014, p. 143-151.

— *A Recuperação Económica de Devedores,* Edições Almedina, Coimbra, 2019.

— *Código da Insolvência e Recuperação de Empresas Anotado,* 12ª Ed., Edições Almedina, Coimbra, 2022.

— *Direito da Insolvência,* 8ª Ed., Edições Almedina, Coimbra, 2018.

— *Direito das Obrigações,* Vol. I, Edições Almedina, Coimbra, 2018.

— *Direito das Obrigações,* Vol. II, 6 Ed., Edições Almedina, 2008.

— Pressupostos da exclusão de sócio nas sociedades comerciais, AAFDL, Lisboa, 1988.

Leithaus, Rolf / Lange, Christian

— «A German Law Perspective on Directors' Liability in the Vicinity of Insolvency», *Directors' Liability in the Twilight Zone,* Eleven International Publishing, The Hague, 2018, p. 53-66.

Levi, Edward / Moore, James
— «Bankruptcy and Reorganization: A Survey of Changes. III», University of Chicago Law Review: Vol. 5, Nr. 3, 1938, p. 398-423.
Licht, Amir
— «What's so Wrong with Wrongful trading? – on Suspending Director Liability during the Coronavirus Crisis», *Oxford Business Law Blog,* April, 2020.
Lima, Fernando Pires de / Varela, João de Matos Antunes
— *Código Civil Anotado,* Vol. I, 4ª Ed., Coimbra Editora, 2010.
Linna, Tuula
— «Insolvency proceedings from a sustainability perspective», *International Insolvency Review,* Vol. 28, Nr. 2, 2019, p. 210-232.
— «Business Sustainability and Insolvency Proceedings – The EU Perspective», *Journal of Sustainability Research,* Vol. 2, Nr. 2, 2020, p. 1-28.
Lindell, Bengt
— «Alternative Dispute Resolution and the Administration of Justice – Basic Principles», *Scandinavian Studies In Law,* Vol. 51, 2007, p. 312-343.
Lipson, Jonathan
— «The Secret Life of Priority: Corporate Reorganization After Jevic», *Washington Law Review,* Vol. 93, Nr. 2, 2018, p. 631-713.
Loth, Marc / Mak, Elaine
— «The judicial domain in view figures, trends and perspectives», *Utrecht Law Review,* Vol. 3, Nr. 1, 2007, p. 75-100.
Loughrey, Joan / Keay, Andrew / Cerioni, Luca
— «Legal Practitioners, Enlightened Shareholder Value and the Shaping of Corporate Governance», *Journal of Corporate Law Studies,* Vol. 8, Nr. 1, 2008, p. 79-11.
Lubben, Stephen
— «The Overstated Absolute Priority Rule», *Fordham Journal Of Corporate & Financial Law,* Vol. 21, Nr. 4, 2016, p. 581-606.
— *Corporate Finance,* Aspen Casebook Series, 2ª Ed., Wolters Kluwer, New York, 2017.
Lüttringhaus, Jan
— «Verhandlungspflichten bei Störung der Geschäftsgrundlage – Ein Beitrag zur Dogmatik und Durchsetzung von Anpassungsanspruch und Verhandlungspflichten nach § 313 Abs. 1 BGB», *Archiv für die civilistische Praxis,* Vol. 213, N. 2, 2013, p. 268-286.

McCormack, Gerard
— «Business restructuring law in Europe: making a fresh start», *Journal of Corporate Law Studies*, Vol. 17, Nr. 1, 2017, p. 167-202.
McCormack, Gerard / Keay, Andrew / Brown, Sarah
— *European Insolvency Law Reform and Harmonization*, Edward Elgar Publishing, Cheltenham, 2017.
Macedo, Pedro de Sousa
— *Manual de Direitos das Falências*, Vol. I, Edições Almedina, Coimbra, 1964.
Macey-Dare, Rupert
— «COVID-19: Assessing Some Potential Global Economic, Business and Legal Impacts», *SSRN Electronic Journal, Scholarly Paper*, Nr. 3615148, 2020.
Machado, João Baptista
— «A cláusula do razoável», *Obra dispersa*, Vol. I, Scientia Juridica, Braga, 1991.
— *Introdução ao direito e ao discurso legitimador*, Edições Almedina, Coimbra, 2007.
Machado, José Gonçalves
— ««A (nova) Proposta de Diretiva Europeia para harmonizar certos aspetos do Direito da Insolvência», 2023 (em curso de publicação)
— «A responsabilidade civil dos gestores na pré-insolvência à luz da Diretiva 2019/1023/UE», *Revista de Direito Comercial*, 15-02-2022, p. 343-410.
— «Directors' duty to promote the negotiation in times of crisis: some reflections in light of Directive (EU) 2019/1023», *INSOL Europe Yearbook 2022* (em curso de publicação).
— «O dever de promover a negociação no âmbito dos instrumentos pré-insolvenciais de recuperação de empresas, *De Legibus*, Nr. 2. 2021, p. 187-237.
— *O dever de promover a negociação e a responsabilidade civil dos gestores no âmbito dos instrumentos pré-insolvenciais de recuperação de empresas*, M.L. Books, Fátima, 2022.
— *O Dever de renegociar no âmbito pré-insolvencial*, Edições Almedina, Coimbra, 2017.
Madaus, Stephan / Ehmke, David
— «Germany: Still Waiting for the Revolution in Restructuring to Come?», HERO – Herstructurering & Recovery Online, Special Issue – Preventive Restructuring, w-004, 28-Jun-2022.

MADAUS, STEPHAN / JAVIER ARIAS, FRANCISCO
— «Emergency COVID-19 Legislation in the Area of Insolvency and Restructuring Law», *European Company and Financial Law Review*, Vol. 17, Nr. 3-4, 2020, p. 318-352.
MADAUS, STEPHAN
— «A Giant Leap for German Restructuring Law? The New Draft Law for Preventive Restructuring Procedures in Germany», *Oxford Business Law Blog*, 2020.
— «CovInsAG II – Zeit für einen Corona-Schutzschirm», *Artikel – Aktuelles/News*, 2020.
— «Die neue European Relative Priority Rule der Restrukturierung-srichtlinie – Das Ende des europäischen Insolvenzrechts», 2019.
— «Is the Relative Priority Rule Right For Your Jurisdiction: A simples guide to RPR», *Working Paper*, Nr. 1, 2020.
— «Keine Reorganisation ohne die Gesellschafter – Von den Grenzen der Gläubigermacht in der Insolvenz», *Zeitschrift für Unternehmensund Gesellschaftsrecht*, Vol. 40, Nr. 6, 2011, p. 749-775.
— «Leaving the Shadows of US Bankruptcy Law: A Proposal to divide the Realms of Insolvency and Restructuring Law», *European Business Organization Law Review*, Vol. 19, Nr. 3, 2018, p. 632-645.
— «On Decision-Making in Rescue Cases: Why Creditors and Shareholders Should Decide About a Rescue Plan», *Perspectives on International Insolvency Law. A Tribute to Bob Wessels*, Wolters Kluwer, Deventer, 2014, p. 215-228.
— «Reconsidering the Shareholder's Role in Corporate Reorganisations under Insolvency Law», *International Insolvency Review*, Vol. 22, Nr. 2, 2013, p. 106-117.
— «Restrukturierung als Aufgabe des Zivilrechts – eine Diskussions-grundlage für die Umsetzung des Restrukturierungsrahmens», *Working Paper*, Nr. 8, 2019.
— *Der Insolvenzplan*, Jus Privatum, Nr. 157, Moher Sibeck, Tübingen, 2011.
MADAUS, STEPHAN / WESSELS, BOB
— «Restructuring Reform with Pre-Insolvency Proceedings – Where is the EU Heading?», *Harmonisation of European Insolvency Law*, INSOL Europe, Nottingham, 2017, p. 201-217.
MAGALHÃES, JOSÉ MARIA BARBOSA
— *Código de Falências Anotado*, Livraria Editora, Lisboa, 1901.

Malberti, Corrado
— «Company Law, Prudent Management and Corporate Sustainability», European Company Law, Vol. 17, Nr. 5, 2020, p. 162-165.
Manfred, Albert
— *História do Mundo,* Vol. I e II, tradução de Maria Luisa Borges, Edições Sociais, Lisboa, 1977.
Manganelli, Paolo
— «The Modernization of European Insolvency Law: An Ongoing Process», *Journal of Business & Tecnology Law,* Vol. 11, Nr. 2, 2016, p. 161-168.
Mangano, Renato
— «From 'Prisoner›s Dilemma' to Reluctance to Use Judicial Discretion: The Enemies of Cooperation in European Cross-Border Cases», *International Insolvency Review,* Vol. 26, Nr. 3, 2017, p. 314-331.
Mariano, João Cura
— *Impugnação Pauliana,* 3ª Ed., Edições Almedina, Coimbra, 2020.
Marín de la Bárcena, Fernando
— «La Directiva 2019/1023 (VI): deberes de los administradores sociales en caso de insolvencia inminente», *Análisis – Gomes-Acebo & Pombo,* 2019, p. 1-5.
Markell, Bruce
— «A New Perspective on Unfair Discnmination in Chapter 11», *American Bankruptcy Law Journal,* Vol. 72, Nr. 2, 1998, p. 227-262.
Martins, Alexandre de Soveral
— *Administração de Sociedades Anónimas e Responsabilidade dos Administradores,* Edições Almedina, Coimbra, 2020.
— *Estudos de Direito da Insolvência,* 2ª Ed., Edições Almedina, Coimbra, 2018.
— *Um Curso de Direito da Insolvência,* 2ª Ed., Edições Almedina, Coimbra, 2016.
— *Um Curso de Direito da Insolvência,* 3ª Ed., Vol. II, Edições Almedina, Coimbra, 2022.
— «Em casa onde não há pão, toda a gente ralha e ninguém tem razão. A propósito do dever de apresentação à insolvência e do (?) dever de evitar a insolvência», *Revista de Direito da Insolvência,* Nr. 5, 2021, p. 49-70.
Martins, Lopes
— «O Conceito de norma na jurisprudência do Tribunal Constitucional», *Boletim da Faculdade de Direito, Universidade de Coimbra,* Vol. 75, 1999, p. 599-648.

Masturzi, Sabrina
— «Le misure di prevenzione della crisi e i controlli nel sistema dell'allerta», *Il Diritto Fallimentare e delle Società Commerciali*, Vol. 95, Nr. 5, 2020, p. 1067-1101.

Matos, Inês Serrano de
— «Debt Governance - O papel do credor activista», *Direito das Sociedades em Revista*, Ano 7, Vol. 14, 2015, p. 161-198.

McBryde, William / Flessner, Axel
— «Principles of European Insolvency Law and general commentary», *Principles Of European Insolvency Law*, Vol. 4, *Law of Business and Finance*, Kluwer Legal Publishers, Deventer, 2003, p. 9-14.

McCormack, Gerald
— «Corporate Rescue Law: An Anglo-American Perspective», Edward Elgar, Cheltenham, 2008.
— «Corporate restructuring law - a second chance for europe?», *European Law Review*, Vol. 42, Nr. 4, 2017, p. 532-561.

McCormack, Gerard / Keay, Andrew / Brown, Sarah
— *European Insolvency Law Reform and Harmonization*, Edward Elgar Publishing, Cheltenham 2017.

Medina Alcoz, Luís
— «Hacia una nueva teoría general de la causalidad en la responsabilidad civil contractual (y extracontractual): La doctrina de la pérdida de oportunidades», *Revista da Asociación Española de Abogados Especializados en Responsabilidad Civil y Seguro*, Nr. 30, 2009, p. 31-74.

Merten, Michael
— *Die neue Insolvenzrechtsreform 2012 (ESUG)*, HDS Verlag, Weil im Schönbuch, 2012.

Mevorach, Irit / Walters, Adrian
— «The Characterization of Preinsolvency Proceedings in Private International Law», *European Business Organization Law Review*, Vol. 21, 2020, p. 855-894

Miller, Harvey
— «Corporate Governance in Chapter 11: The Fiduciary Relationship Between Directors and Stockholders of Solvent and Insolvent Corporations», *Seton Hall Law Review*, Vol. 23, Nr. 1, 1993, p. 1467-1496.

MILLNER, ROBERT
— «What Does it Mean for Directors of Financially Troubled Corporations to Have Fiduciary Duties to Creditors?», *Journal of Bankruptcy Law and Practice*, Vol. 9, Nr. 2, 2000, p. 201 s.
MILLNER, ROBERT / NEELY, SALLY / REED, MICHAEL
— «Potential Liability for Deepening Insolvency and Breach of Fiduciary Duty to Creditors», *ABA Section of Litigation Annual Conference*, 2007, p. 1-46.
MITCHELL, LAWRENCE
— «Groundwork of the Metaphysics of Corporate Law», *Washington and Lee Law Review*, Vol. 50, Nr. 4, 1993, p. 1479-1481.
MOHAUPT, JESSICA
— *Geschäftsleiterpflichten in der Unternehmenskrise, Entwicklung eines Drei-Phasen-Modells zur Berücksichtigung von Gesellschafter- und Gläubigerinteressen*, Schriften zum Gesellschafts-, Bank- und Kapitalmarktrecht, Vol. 64, Nomos, Broschiert, 2017.
MOCK, CHRISTIAN
— «New German Preventive Restructuring Landscape Imminent», *Insights – Paul Hastings*, October, 2020.
MOKAL, RIZWAAN
— «At the Intersection of Property and Insolvency: The Insolvent Company›s Encumbered Assets», *University College London Law Legal Studies, Research Paper*, Nr. 09-01, 2008, p. 1-33.
MOKAL, RIZ / TIRADO, IGNACIO
— «Has Newton had his day? Relativity and realism in European restructuring», *Butterworths Journal of International Banking and Financial Law*, April, 2019, p. 233-235.
MØLLER, MORTEN / MUKHERJEE, PIYA
— «Early warning systems in Denmark and Europe», *Eurofenix*, Summer 2019, p. 20-21
MONKS, ROBERT
— «Modern Company Law for a Competitive Economy: The Strategic Framework», *Corporate Governance, An International Review*, Vol. 8, Nr. 1, 2000, p. 16-24.
MONTEIRO, ANTÓNIO PINTO
— «A protecção do consumidor de serviços públicos essenciais», *Estudos de Direito do Consumidor*, Nr. 2, 2000, p. 333-350.

— «Erro e doutrina da imprevisão», *Estudos de Direito do Consumidor*, Nr. 6, 2004, p. 319-339.

Moreira, Sérgio Vital / Canotilho, José Gomes

— *Constituição da República Portuguesa Anotada*, Vol. I, Edições Almedina, Coimbra, 2007.

Morris, Howard

— «Close, but no CIGA», *Recovery*, Autumn, 2020, p. 24-25.

Morris, Richard

— *Early Warning Indicators of Corporate Failure: A Critical Review of Previous Research and Further Empirical Evidence*, Routledge, London, 1997.

Mucciarelli, Federico

— «General Principles of EU Corporate and Insolvency Law», *ECGI Law Working Paper*, Nr. 562, 2021, p. 1-18.

Müller, Hans-Friedrich

— «Die Umsetzung der EU-Richtlinie über präventive Restruktu-rierungsrahmen Kritische Anmerkungen zum StaRUG-RegE», *Zeitschrift für Wirtschaftsrecht*, Nr. 46, 2020, p. 2253-2259.

Mutati, Musonda / Viswanathan, Harini

— *Butterworths Journal of International Banking and Financial Law*, Vol. 34, Nr. 11, 2019, p. 669-673.

Nabais, José Casalta

— «O Regime Fiscal das Pequenas e Médias Empresas», *Cadernos do Programa de Pós-Graduação em Direito PPGDir./UFRGS*, Vol. XI, Nr. 2, 2016, p. 46-76.

Nestor, Stilpon

— «Boards and the Virus: Seven Perspectives on the Day After», *Harvard Law School Forum on Corporate Governance*, 2020.

Neuberger, Jürgen

— «Überschuldung abschaffen? Überschuldung stärken! Warum und wie der Überschuldungstatbestand beibehalten werden sollte», *Zeitschrift für Wirtschaftsrecht*, Nr. 33, 2019, p. 1549-1556.

Neves, Pereira das

— «Crise, Incumprimento e Insolvência», *A Crise e o Direito*, Edições Almedina, 2013, p. 225-238.

Nickles, Steve

— «Behavioral Effect of New Bankruptcy Law on Management and Lawyers: Collage of Recent Statutes and Cases Discouraging Chapter 11 Bankruptcy», *Arkansas Law Review*, Vol. 59, Nr. 2, 2006, p. 329-436.

NIGRO, ALESSANDRO
— «La proposta di direttiva comunitaria in materia di disciplina della crisi d e l l e imprese», *Rivista del diritto commerciale e del diritto generale delle obbligazioni*, Vol. 115, Nr. 2, 2017, p. 201-240.
NIMMER, RAYMOND / FEINBERG, RICHARD
— «Chapter 11 Business Governance: Fiduciary Duties, Businesses, Business Judgment, Trustees and Exclusivity», *Bankruptcy Developments Journals*, Vol. 6, Nr. 1, 1989, p. 1-72.
NSUBUGA, HAMIISI JUNIOR
— «The interpretative approach to bankruptcy law: Remedying the theoretical limitations in the traditionalist and the proceduralist perspectives on corporate insolvency», *International Journal of Law and Management*, Vol. 60, Nr. 3, p. 824-841.
NUNES, PEDRO CAETANO
— *Concorrência e oportunidades de negócio societárias – estudo comparativo sobre o dever de lealdade dos administradores de sociedades anónimas*, Edições Almedina, Coimbra, 2006.
— *Dever de gestão dos administradores de sociedades anónimas*, Edições Almedina, Coimbra, 2012.
— «Jurisprudência sobre o Dever de Lealdade dos Administradores», *II Congresso Direito das Sociedades em Revista*, Almedina, 2012, p. 181-224.
— *Responsabilidade Civil dos Administradores perante os Acionistas*, Edições Almedina, Coimbra, 2001.
OBERMÜLLER, MANFRED
— «Das ESUG und seine Auswirkung auf das Bankgeschäft», *Zeitschrift für das gesamte Insolvenzrecht*, Vol. 14, Nr. 41, 2011, p. 1809-1821.
OLIVEIRA, ANA PERESTRELO DE
— «Os credores e o governo societário: deveres de lealdade para os credores controladores?», *Revista de Direito das Sociedades*, Ano I, Nr. 1, 2009, p. 95-133.
— *Manual de Corporate Finance*, Edições Almedina, Coimbra, 2015.
— *Manual de Governo das Sociedades*, Edições Almedina, Coimbra, 2017.
— *Manual de Grupos de Sociedades*, Edições Almedina, Coimbra, 2017.
OLIVEIRA, MADALENA PERESTRELO DE
— «Financiamento para reestruturação e financiamento intercalar», *V Congresso de Direito da Insolvência*, Edições Almedina, Coimbra, 2019, p. 271--279.

— «O Processo Especial de Revitalização: o novo CIRE», *Revista de Direito das Sociedades*, Ano IV, Nr. 3, 2012, p. 707-726.
— «*Regime de Proteção do "Dinheiro Novo" no PER*», *Revista de Direito das Sociedades*, Ano IX, Nr. 1, 2017, p. 42-48.
— «Suprimentos para revitalização societária: entre subordinação e o privilégio mobiliário creditório geral», *Revista de Direito das Sociedades*, Ano IX, Nr. 2, 2017, p. 371-393.
— *Limites da Autonomia dos Credores na Recuperação da Empresa Insolvente*, Edições Almedina, Coimbra, 2013.

OLIVEIRA, NUNO PINTO
— «Efeitos da declaração de insolvência sobre os negócios em curso: em busca dos princípios perdidos?», *I Congresso de Direito da Insolvência*, Edições Almedina, 2013, p. 201-218.
— «Entre código da insolvência e 'Princípios Orientadores': um dever de (re)negociação?», *Revista da Ordem dos Advogados*, Ano 71, Vol. II/III, 2012, p. 677-689.
— «O Direito da Insolvência e a tendencial universalidade do Direito Privado», *IV Congresso de Direito da Insolvência*, Edições Almedina, Coimbra, 2017, p. 71-105.
— «Responsabilidade pela perda de uma chance de revitalização», *II Congresso de Direito da Insolvência*, Edições Almedina, 2014, p. 159-178.
— «Deveres de protecção em relações obrigacionais», *Scientia Juridica*, Nr. 297, Setembro-Dezembro, 2003, p. 495-523.
— «Responsabilidade civil dos administradores pela violação do dever de apresentação à insolvência», *Revista de Direito Comercial*, 2018, p. 533-628.
— «Sobre a subsidiariedade do regime de alteração das circunstâncias», *Estudos comemorativos dos 20 anos da FDUP*, Vol. II, Edições Almedina, Coimbra 2017, p. 421-452.
— «Sobre o conceito de dolo dos artigos 892º e 908º do código civil», *Nos 20 anos do Código das Sociedades Comerciais*, Vol. III, Coimbra Editora, 2007, p. 725-740.
— «Sobre o conceito de ilicitude do artigo 483º do Código Civil», *Estudos em homenagem a Francisco José Velozo*, Associação Jurídica de Braga/Escola de Direito da Universidade do Minho, Braga, 2002, p. 521-544.
— *Princípios de Direito dos Contratos*, Coimbra Editora, Coimbra, 2011.

OMAR, PAUL
— «Corporate rescue through the ages», *Research Handbook on Corporate Restructuring*, Edward Elgar, Cheltenham, 2021, p. 1-15.

PACCHI, STEFANIA

— «La ristrutturazione dell›impresa come strumento per la continuità nella direttiva del parlamento europeo e del consiglio 2019/1023», *Il Diritto Fallimentare e delle Società Commerciali,* Vol. 94, Nr. 6, 2019, p. 1259--1294.

PACHULSKI, ISAAC

— «The Cram Down and Valuation under Chapter 11 of the Bankruptcy Code», *North Carolina Law Review,* Vol. 58, Nr. 5, 1980, p. 925-965.

PACILEO, FRANCESCO

— «Gli "strumenti d'allerta" tra early warning tools e preventive restructuring frameworks», *Revista del Diritto Commerciale,* Nr. 1, 2020, p. 157 s.

PALAO UCEDA, JUAN

— *La insolvencia iminente y el sitema concursal preventivo,* Bosch, Barceblona, 2013.

PANZANI, LUCIANO

— «La proposta di Direttiva della Commissione UE: early warning, ristrutturazione e seconda chance», *Il Fallimento e le altre procedure concorsuali,* Nr. 2, 2017, p. 129-143.

— «Il preventive restructuring framework nella Direttiva 2019/1023 del 20 giugno 2019 ed il codice della crisi. Assonanze e dissonanze», *Approfondimenti,* 2019, p. 1-29.

— «La riforma delle procedure concorsuali: arriva il decreto corretivo», *Approfondimenti,* 2019, p. 1-7.

PAOLA, LUCARELLI / FORESTIERI, ILARIA

—«The Three Targets of Insolvency Mediation: Dispute Resolution, Agreement Facilitation, Corporate Distress Management», *TDM Journal,* Vol. 14, Nr. 4, 2017.

PARRY, REBECCA

— «Introduction», *Corporate Rescue: An Overview of Recent Developments from Selected Countries in Europe,* Kluwer Law International, New York, 2004, p. 1-18.

— *Corporate Rescue,* Sweet & Maxwell, London, 2008.

— Directors' duties within the United Kingdom, Research handbook on corporate legal responsibility, Edward Elgar, Cheltenhamm 2005, p. 73-87.

PATERSON, SARAH

— «Bargaining in Financial Restructuring: Market Norms, Legal Rights and Regulatory Standards», *Journal of Corporate Law Studies,* Vol. 14, Nr. 2, 2014, p. 335-365.

— «Reflections on English Law Schemes of Arrangement in Distress and Proposals for Reform», *European Company and Financial Law Review*, Vol. 15, Nr. 3, 2018, p. 472-502.

— «The Paradox of Alignment: Agency Problems and Debt Restructuring», *European Business Organization Law Review*, Vol. 17, Nr. 4, 2016, p. 497-521.

PAULUS, CHRISTOPH

— «Die ersten Jahre mit der Europäischen Insolvenzverordnung», *Rabels Zeitschrift für ausländisches und internationals Privatrect*, Vol 70, Nr. 3, p. 458-473.

— «Die Insolvenz als Sanierungschance - ein Plädoyer», *Zeitschrift für Unternehmens- und Gesellschaftsrecht*, Vol. 34, Nr. 3, p. 309-326.

— «The Wonderful World of Privileges – The Par Condicio Creditorum vs. Closeout-Netting», *European Company and Financial Law Review*, Vol. 11, Nr. 4, 2014, 532-553.

— «Introduction», *European Preventive Restructuring, Directive (EU) 2019/1023, Article-by-Article Commentary*, C. H. Beck, München, 2021, p. 1-7.

— «Article 2 – Definitions», *European Preventive Restructuring, Directive (EU) 2019/1023, Article-by-Article Commentary*, C. H. Beck, München, 2021, p. 59-78.

PAYNE JENNIFER / SARRA, JANIS

— «Tripping the Light Fantastic: A Comparative Analysis of the European Commission›s Proposals for New and Interim Financing of Insolvent Businesses», *International Insolvency Review*, Vol. 27, Nr. 2, 2018, p. 178--222.

PAYNE, JENNIFER

— «Cross-Border Schemes of Arrangement and Forum Shopping», *Oxford Legal Studies Research Paper*, Nr. 68, 2013.

— «Debt restructuring in the UK», *European Company and Financial Law Review*, Vol. 15, Nr. 3, p. 449-471.

— «The Continuing Importance of the Scheme of Arrangement as a Debt Restructuring Tool», *European Company and Financial Law Review*, Vol. 15, Nr. 3, 2018, p. 445-448.

— «The Role of the Court in Debt Restructuring», *Cambridge Law Journal*, Vol 77, Nr. 1, 2018, p. 124-150.

PERALTA, ANA MARIA

— «Os "novos créditos" no PER e no SIREVE: conceito e regime», *III Congresso de Direito da Insolvência*, Edições Almedina, 2015, p. 279-312.

PÉROCHON, FRANÇOISE
— *Entreprises en difficulté*, 10ª Ed., LGDJ, 2014.
PICKER, EDUARD / SCHILKEN, EBERHARD
— «Positive Forderungsverletzung und culpa in contrahendo — Zur Problematik der Haftungen „zwischen" Vertrag und Delikt», *Archiv für die civilistische Praxis*, Vol. 183, Nr. 4/5, p. 369-520.
PEREIRA, JOÃO AVEIRO
— «A Revitalização Económica dos Devedores», *O Direito*, Ano 145, Vol. I/II, 2013, p. 9-50.
PLEISTER, CHRISTIAN / KINDLER, STEFFI
— «Kapitalmaßnahmen in der Insolvenz börsennotierter Gesellschaften», *Zeitschrift für Wirtschaftsrecht*, Nr. 11, 2010, p. 503-512.
POLIVY, DENISE
— «Unfair Discnmination in Chapter 11: A Comprehensive Compilation of Current Case Law», *American Bankruptcy Law Journal*, Vol. 72, Nr. 2, 1998, p. 191-226.
PRATA, ANA / CARVALHO, JORGE MORAIS / SIMÕES, RUI
— *Código da Insolvência e Recuperação de Empresas Anotado*, Edições Almedina, Coimbra, 2013.
Priester, Hans-Joachim
— «„Sanieren oder Ausscheiden" im Recht der GmbH», *Zeitschrift für Wirtschaftsrecht*, Nr. 11, 2010, p. 497-502.
PROSKE, STEFAN
— «Zur Überarbeitung der Eigenverwaltung durch das SanInsFoG», *Zeitschrift* für Restrukturierung und Insolvenz, Nr. 12, 2020, p. 641-649.
PULGAR EZQUERRA, JUANA
— «A contractual approach to overindebtedness: rebus sic stantibus instead of bankruptcy», Life Time Contracts: Social Long term Contracts in labour, tenancy and consumer credit law, Eleven International Publishing, Hague, 2014, p. 531-550.
— «El nuevo paradigma concursal europeo y su incorporación al derecho español, *Estudios sobre el futuro Código Mercantil: libro homenaje al profesor Rafael Illescas Ortiz*, Universidad Carlos III de Madrid, Getafe 2015, p. 253-268.
— «Gobierno corporativo y reestructuración preventiva: la Directiva UE 2019/1023», *Reestructuración y Gobierno Corporativo en la proximidad de la insolvencia*, La Ley, Wolters Kluwer, 2020, p. 55-128.

— «Marcos de reestructuración preventiva y segunda oportunidad en la Directiva UE 2019/1023», *Diario La Ley*, Nr. 9474, 2019.

Ramalho, Inês Palma / Sousa, João Serras de

— «O tratamento dos créditos tributários e a concretização das finalidades da reforma», *Revista de Direito das Sociedades*, Ano IX, N. 1, 2017, p. 139--142.

Ramalho, Rosário Palma

— «Os trabalhadores no processo de insolvência», *III Congresso de Direito da Insolvência*, Edições Almedina, 2015, p. 386-394.

Ramos, António Fonseca

— «Os créditos tributários e a homologação do plano de recuperação», *III Congresso de Direito da Insolvência*, Edições Almedina, 2015, p. 361-381.

Ramos, Maria Elisabete

— «Insolvência da sociedade e efectivação da responsabilidade civil dos administradores», *Boletim da Faculdade de Direito: Universidade de Coimbra*, Nr. 83, 2007, p. 449-489.

— «Da Responsabilidade Civil dos Membros da Administração para com os Credores Sociais», *Boletim da Faculdade de Direito: Universidade de Coimbra*, Nr. 76, 2000, p. 251-288.

— «Aspectos Substantivos da Responsabilidade Civil dos Membros do Órgão de Administração Perante a Sociedade», *Boletim da Faculdade de Direito: Universidade de Coimbra*, Nr. 73, 1997, p. 211-250.

Rappaport, Alfred

— *Creating shareholder value: the new standard for business performance*, Free Press, New York, 1998.

Rasmussen, Robert

— «Debtor's choice: a menu approach to corporate bankruptcy», *Texas Law Review*, Vol. 71, Nr. 1, 1992, p. 51-121.

— «An essay on optimal bankruptcy rules and social justice», *University of Illinois Law Review*, Vol. 1994, Nr. 1, 1994, p. 1-43.

Rego, Margarida Lima

— «Decisões em ambiente de incerteza: probabilidade e convicção na formação das decisões judiciais, *Julgar*, Nr. 21, 2013, p. 139-147.

Reis, Ricardo

— «The Portuguese Slump-Crash and the Euro-Crisis», *Conference presented at Brookings Panel on Economic Activity*, Columbia University, 2013, p. 143-193.

Ribeiro, Maria de Fátima
— «A responsabilidade de gerentes e administradores pela atuação na proximidade da insolvência da sociedade», *O Direito*, Ano 142, N. 1, 2010, p. 81-128.
— «A responsabilidade dos administradores na crise da empresa», *I Congresso de Direito das Sociedades em Revista*, Edições Almedina, Coimbra, 2011, p. 391-413.
— «Direito da Insolvência em Tempos de Pandemia», *Boletim da Ordem dos Advogados*, Especial COVID-19, Nr. 30, 2020.
— «O dever de os administradores não aproveitarem, para si ou para terceiros, oportunidade de negócio societárias», *Revista de Ciências Empresariais e Jurídicas*, Nr. 20, 2011, p. 30- 59.
— «Um confronto entre a resolução em benefício da massa insolvente e a impugnação pauliana», *IV Congresso de Direito da Insolvência*, Edições Almedina, Coimbra, 2017, p. 131-178.
— *A tutela dos credores da sociedade por quotas e a "desconsideração da personalidade jurídica"*, Coleção Teses de Doutoramento, Edições Almedina, Coimbra, 2009.

Richter, Tomáš
— «Article 7 - Consequences of the stay of individual enforcement actions», *European Preventive Restructuring, Directive (EU) 2019/1023, Article--by-Article Commentary*, C. H. Beck, München, 2021, p. 126-140.

Richter, Tomáš / Thery, Adrian
— *INSOL Europe Guidance Note on the Implementation of Preventive Restructuring Frameworks Under EU Directive 2019/1023: Claims, Classes, Voting, Confirmation and the Cross-Class Cram-Down*, INSOL Europe, Nottingham, 2020.

Ringe, Wolf-Georg
— «Independent Directors: After the Crisis», *European Business Organization Law Review*; Vol. 14, Nr. 3, 2013, p. 401-424.

Ringelspacher, Eva / Ruch, Ann-Katrin
— «Der Restrukturierungsplan - Das Herzstück des StaRUG-Entwurfs im Überblick», *Zeitschrift* für Restrukturierung und Insolvenz, Nr. 12, 2020, p. 636-641.

Rocha, Joaquim Freitas da
— «A blindagem dos créditos tributários, o processo de insolvência e a conveniência de um Direito Tributário flexível», *I Colóquio de Direito da Insolvência de Santo* Tirso, Edições Almedina, 2014, p. 181-193.

Rodrigues, André Alfar
— *Manual Teórico-Prático de Compliance*, Edições Almedina, 2022.
Rodrigues, Raquel
— «Crise e reestruturação – as respostas do Direito das Sociedades», *Revista de Direito das Sociedades*, Vol. III, nº 1, 2011, p. 231-241.
Roe, Mark
— «Bankruptcy and Debt: A New Model for Corporate Reorganization», *Columbia Law Review*, Vol. 83, Nr. 3, 1983, p. 527-602.
— «The Shareholder Wealth Maximization Norm and Industrial Organization», *University of Pennsylvania Law Review*, Vol. 149, 2001, 2063-2080.
Roe, Mark / Tung, Frederick
— «Breaking bankruptcy priority: how rent-seeking upends the creditors' bargain», *Virginia Law Review*, Vol. 99, Nr. 6, 2013, p. 1236-1279.
Rokas, Alexandros
— «Reliance on Experts from a Corporate Law Perspective», *American University Business Law Review*, Vol. 2, Nr. 2, 2013, p. 323-351.
Roßkothen, Carolin
— *Die Haftunf des GmbH Geschäftsführers im Spannungsfeld swischen Snierungspflist und Insolvenzantragspflicht*, MV Verlag, Münster, 2015.
Rotaru, Vasile
— «The Restructuring Directive: A Functional Law and Economics Analysis from a French Law Perspective», *SSRN Electronic Journal*, September, 2019.
Roth, Dominic
— *Insolvenzanfechtungsrechtliche Privilegierungen von Sanierungs-bemühungen*, Tectum Verlag, Marburg, 2015.
Roth, Markus
— *Unternehmerisches Ermessen und Haftung des Vorstands: Handlungs-spielräume und Haftungsrisiken insbesondere in der wirtschaftlichen Krise*, Verlag C. H. Beck, München, 2001.
Rawls, John
— *A Theory of Justice*, Revised Edition, Harvard University Press, Harvard, 1999.
Rummel, Alexander von / Enge, Matthias
— «„Sanieren oder Ausscheiden" in der Kommanditgesellschaft», *Neue* Zeitschrift für Gesellschaftsrecht, Nr. 7, 2017, p. 256-259.

SAHYAN, ROBERT

— «The Myth of the Zone of Insolvency: Production Resources Group v. NCT Group», *Hasting Business Law Review*, Vol. 3, Nr. 1, 2006, p. 181-196.

SÄMISCH, HENNING / DEICHGRÄBER, SEBASTIAN

— «Die Aussetzung des § 15a InsO durch das StaRUG – notwendige Korrekturen und Ergänzungen», *Zeitschrift* für Restrukturierung und Insolvenz, Nr. 11, 2020, p. 581-625.

SANTAGATA, RENATO

— «Concordato preventivo ‹meramente dilatorio› e nuovo ‹Codice della crisi e dell›insolvenza›», *Il Diritto Fallimentare e delle Società Commerciali*, Vol. 94, Nr. 2, 2019, p. 333-363.

SANTEN, BERNARD / OFFEREN, DICK VAN

— *Perspectives on International Insolvency Law: A Tribute to Bob Wessels*, Wolters Kluwer, Deventer, 2014.

SANTOS, FILIPE CASSIANO DOS / FONSECA, HUGO DUARTE

— «Pressupostos para a declaração de insolvência no Código da Insolvência e Recuperação de Empresas, *Cadernos de Direito Privado*, Nr. 29, 2010, p. 13-24.

SANTOS, HUGO LUZ DOS

— «Os créditos tributários e a criação de normas imperativas, no contexto do direito da insolvência», *Julgar*, Nr. 23, 2014, p. 67-82.

SANTOS, MÁXIMO DOS

— «As medidas de combate à crise financeira em Portugal», *Revista de Finanças Públicas e Direito Fiscal*, Ano 2, nº 1, 2009, p. 95-118.

SANTOS, PATRÍCIA / MACHADO, MARIA JOÃO

— «A indisponibilidade dos créditos tributários no Processo Especial de Revitalização», *Cadernos de Dereito Actual*, Nr. 12, 2019, p. 289-303.

SARRA, JANIS / PAYNE, JENNIFER / MADAUS, STEPHAN

— «The promise and perils of regulating ipso facto clause», *International Insolvency Review*, Vol. 31, Nr. 1, 2022, p. 45-80.

SCHÄFER, ACHIM / ZELLER, ULRICH

— «Finanzkrise, Risikomodelle und Organhaftung», *Betriebs-Berater*, Vol. 33, Nr. 15, 2009, p. 1735-1738.

SCHÄFER, CARSTEN

— «Zur Einbeziehung der Gesellschafter in ein vorinsolvenzliches Restrukturierungsverfahren nach dem Regierungsentwurf eines „StaRUG"», *Zeitschrift für Wirtschaftsrecht*, Nr. 44, 2020, p. 2164-2168.

SHLEIFER, ANDREI / VISHNY, ROBERT
— «Liquidation Values and Debt Capacity: A Market Equilibrium Approach», *The Journal of Finance*, Vol. 47, Nr. 4, 1992, p. 1343-1366.
SCHMERBACH, ULRICH
— «§18», Klaus Wimmer (Hrsg.), FK-InsO, *Frankfurter Kommentar zur Insolvenzordnung, Luchterhand*, 9. Ed., München, 2018.
SCHMIDT, ANDREAS
— *Sanierungsrecht: Kommentar*, Carl Heymanns Verlag, Köln, 2016.
SCHMIDT, KARSTEN / UHLENNRUCK, WILHELM
— *Die GmbH in Krise, Sanierung und Insolvenz,* 5. Ed., Ottoschmidt, Köln, 2016.
SCHMIDT, KARSTEN
— «Conflictos de interés entre socios, acreedores y administradores en la proximidad de la insolvencia: reflexiones introductorias en el contexto de la Diretiva (EU) 2019/1023, *Reestructuración y Gobierno Corporativo en la proximidad de la insolvencia,* Wolters Kluwer, Madrid, 2020, p. 41-54.
— «Editorial: Insolvenzverschleppungsrisiken: kein Fall für die D&O-Versicherung?», *Zeitschrift für das gesamte Handelsrecht und Wirtschaftsrecht,* Vol. 183, Nr. 1, 2019, p.2-6.
— «El derecho societario y la intromisión del derecho concursal, el caso alemán», *Deconomi – Revista Eletrónica del Departamento de Derecho Ecónómnico y Empresarial,* Año II, Nr. 2, 2019.
— «Interaction of Corporate Law and Insolvency Law: German Experience and International Background», *International Insolvency Law: Future Perspectives,* INSOL Europe, Nottingham, 2015.
— «Schöne neue Sanierungswelt: Die Gläubiger okkupieren die Burg!», *Zeitschrift für Wirtschaftsrecht,* Nr. 43, 2012, p. 2085-2088.
— «Überschuldung und Insolvenzantragspflicht nach dem Finanzmarkt--stabilisierungsgesetz», *Der Betrieb,* 2008, Nr. 45, p. 2467-2471.
— «Überschuldung und Unternehmensfortführung oder: per aspera ad astra», *Zeitschrift für Wirtschaftsrecht,* Nr. 11, 2013, p. 485-492.
— «Überschuldung», *Die GmbH in Krise, Sanierung und Insolvenz,* 5. Ed., Ottoschmidt, Köln, 2016, p. 464-491.
— *Insolvenzorddnung,* 19. Aufl., C.H. Beck, München, 2016.
— *Möglichkeiten der Sanierung von Unternehmen durch Maßnahmen im Unternehmens-, Arbeits-, Sozial- und Insolvenzrecht,* CH Beck, München, 1982.

SCHMIDT, KLAUS
— «The Economics of Covenants as a Means of Efficient Creditor Protection», *The Law and Economics of Creditor Protection*, Asser Press, Haia, 2008, p. 87-92.
SCHWARTZ, ANDREW
— «Contracts and COVID-19», *Stanford Law Review Online*, Vol. 73, 2020, p. 48-60.
— «A "Standard Clause Analysis" of the Frustration Doctrine and the Material Adverse Change Clause», Vol. 57, *UCLA Law Review*, 2010, p. 789-839.
SEIBT, CHRISTOPH HEINER
— «Pflichten der Geschäftsleitung bei Eingehung von Finanzierungsgeschäften – in Normal- und Krisenzeiten des Unternehmens», *Zeitschrift für Wirtschftsrecht*, Nr. 34, 2013, p. 1597-1607.
SEPINUCK, STEPHEN
— «Rethinking Unfair Discnmination in Chapter 13, *American Bankruptcy Law Journal*, Vol. 74, Nr. 4, 2000, p. 341-398.
SERRA, CATARINA
— «A aplicação do artigo 980º do Código Civil às sociedades comerciais: sobre a (remanescente) utilidade da definição de contrato de sociedade para a estabilização da categoria da sociedade comercial», *Revista de Direito Comercial*, 2020, p. 401-570.
— «A contratualização da insolvência: hybrid procedures e pre-packs (a insolvência entre a lei e a autonomia privada), *II Congresso de Direito das Sociedades em revista*, Edições Almedina, Coimbra, 2012, p. 265-290.
— «A crise da empresa, os trabalhadores e a falência», *Revista de Direito e de Estudos Sociais*, 2001, Nr. 3/4, p. 419-440.
— «A função (alternativa) do RERE como programa extraordinário para o apoio e reanimação de empresas», *Revista de Direito Comercial*, 2020-04-28, 2020, p. 957-988.
— «A harmonização do direito substantivo da insolvência», *IV Congresso de Direito da Insolvência*, Edições Almedina, Coimbra, 2017, p. 15-22.
— «As alterações ao Processo Especial de Revitalização: um novo processo?», *Conferência PRR para a Justiça Económica*, E-book, Ministério da Justiça, 2022, p. 14-31.
— «Back to Basics: The Role of the Core Principles of Law in the Clarification and Harmonisation of Preventive Restructuring Frameworks»,

Harmonisation of European Insolvency Law, INSOL Europe, Nottingham, 2017, p. 187-199.
— «COVID-19 (IV) - O regime provisório de recuperação de empresas depois do artigo 6º-A da Lei nº 1-A/2020», *Observatório Almedina*, junho, 2020.
— «Créditos tributários e princípio da igualdade entre os credores - Dois problemas no contexto da insolvência de sociedades», *Direito das Sociedades em Revista*, Vol. 8, 2012, p. 75 e ss.
— «'Decoctor ergo fraudator'? - A insolvência culposa (esclarecimentos sobre um conceito a propósito de umas presunções) - Ac. do TRP de 7.1.2008, Proc. 4886/07», *Cadernos de Direito Privado*, Nº 21, Janeiro/Março 2008, p. 54-71.
— «Direito da insolvência e tutela efetiva do crédito - O imperativo regresso às origens (aos fins) do Direito da Insolvência», *III Congresso de Direito da Insolvência*, Edições Almedina, Coimbra, 2015, p. 12-15.
— «Direito da Insolvência em movimento: a reestruturação de empresas entre as coordenadas da legislação nacional e as perspetivas do direito europeu», *Revista de Direito Comercial*, 2017, p. 99-135.
— «Em face do Direito da insolvência iminente. Tratamento justo como condição para a reestruturação forçada da dívida: prioridade absoluta ou prioridade relativa?», *V Congresso de Direito da Insolvência*, Edições Almedina, Coimbra, 2019, p. 13-30.
— «Emendas à (lei da insolvência) portuguesa: primeiras impressões", *Direito das Sociedades em Revista*, Ano 4, Vol. 7, 2012, p. 97-132.
— «Enmiendas a la Ley concursal portuguesa: mucho ruido y pocas nueces», *Anuario de derecho concursal*, Nr. 28, 2013, p. 293-303.
— «Enquadrar a recuperação das PME (*rectius:* MPE) à luz da Lei nº 9/2022, de 11 de janeiro», *Revista de Direito Comercial*, 2022-02-28, p. 449-486.
— «Entre corporate governance e corporate responsability: deveres fiduciários e ‹interesse social iluminado'», *I Congresso Direito das sociedades em Revista*, Edições Almedina, Coimbra, 2011, 211-259.
— «Entre o princípio e os princípios da recuperação de empresas (um work in progresso)», *II Congresso de Direito da Insolvência*, Edições Almedina, Coimbra, 2014, p. 71-100.
— «Formação de categorias e aprovação do plano de recuperação no quadro do Processo Especial de Revitalização - Primeiras observações críticas à Lei nº 9/2022, de 11 de janeiro», *Conferência 'O Plano de Recuperação*

e Resiliência para a Justiça Económica e a transposição da Diretiva 2019/1023, do Parlamento Europeu e do Conselho', Ministério da Justiça, 2022, p. 14-31.

— «Evolução recente do direito da insolvência em Portugal - Aspectos de relevo para o direito tributário e fiscal», *Insolvência e Processo Tributário,* Coleção Formação Contínua, Jurisdição Administrativa e Fiscal, Centro de Estudos Judiciários, Lisboa, 2019, p. 11-33.

— «Evolução recente do Direito da Insolvência em Portugal», *Insolvência e Contencioso Tributário,* Coleção Formação Contínua, Centro de Estudos Judiciários, Lisboa, 2017, p. 9-25.

— «Nova reestruturação de empresas: perspetivas e coordenadas em tema de Micro e Pequenas Empresas (para depois da Lei nº 9/2022, de 11 de janeiro), *VI Congresso de Direito das Sociedades em Revista,* Edições Almedina, 2021, p. 85-112.

— «O dever de prevenção da insolvência na perspectiva dos deveres fundamentais dos administradores (a crescente encruzilhada do direito das sociedades e do direito da insolvência)», *Diálogos com Coutinho de Abreu, Estudos oferecidos no Aniversário do Professor,* Edições Almedina, Coimbra, 2020, p. 167-192.

— «O Processo Extraordinário de Viabilização de Empresas (PEVE) e outras medidas da Lei nº 75/2020», *Revista de Direito Comercial,* 2020, p. 2019-2103.

— «Os efeitos patrimoniais da declaração de insolvência após a alteração da Lei nº 16/2012 ao Código da Insolvência», *Julgar,* Nr. 18, 2012, p. 175-201.

— «Para um novo entendimento dos créditos laborais na insolvência e na pré-insolvência da empresa - Um contributo feito de velhas e novas questões», *Questões Laborais,* nº 42, 2014, p. 187-206.

— «Processo especial de revitalização - contributos para uma rectificação», *Revista da Ordem dos Advogados,* N. 72, Vol. II/III, Abril/Setembro, 2012, p. 715-741.

— «Processo especial de revitalização e os trabalhadores — um grupo especial de sujeitos ou apenas mais uns credores?», *Julgar,* Nr. 31, 2017, p. 25-48.

— «Revitalização - a designação e o misterioso objeto designado: o processo homónimo (PER) e as suas ligações com a insolvência (situação e processo) e com o SIREVE», *I Congresso de Direito da Insolvência,* Edições Almedina, 2013, p. 85-106.

— «Satisfação dos interesses dos credores no âmbito do PER: são os credores todos iguais?», *Católica Law Review,* Vol. V, Nr. 2, p. 13-41.

— «The impact of the Directive on shareholders, companies' directors and workers», *Eurofenix*, Nr. 68, Summer, 2017, p. 28-30.
— «The new extraordinary proceedings for the economic sustainability of businesses: the viability or feasibility test», *PoLaR Portuguese Law Review*, Vol. 5, Nr. 1, 2021 (em curso de publicação).
— «The Portuguese Classification of Insolvency of a Comparative Perspective», *Substantive Harmonisation and Convergence of Laws in Europe (Papers from the INSOL Europe Academic Forum Annual Insolvency Conference 21-22 September 2011)*, Milan, 2011, p. 3-16.
— *«Tutela dos credores e par conditio creditorum", II Encontros de Direito Civil – A tutela dos credores*, Lisboa, Universidade Católica Portu-guesa, 2020, p. 87-131.
— *A Falência no Quadro da Tutela Jurisdicional dos Direitos de Crédito: o Problema da Natureza do Processo de Liquidação Aplicável à Insolvência no Direito Português*, Coimbra Editora, Coimbra, 2009.
— *Direito Comercial – Noções Fundamentais*, Coimbra, Coimbra Editora, 2009.
— *Falências derivadas e âmbito subjetivo da falência*, Boletim da Faculdade de Direito, Studia Juridica 37, Coimbra Editora, Coimbra, 1999.
— *Lições de Direito da Insolvência*, Edições Almedina, Coimbra, 2018.
— *Lições de Direito da Insolvência*, 2ª Ed., Edições Almedina, Coimbra, 2021.
— *O Processo Especial de Revitalização na Jurisprudência*, Edições Almedina, Coimbra, 2016.
— *O regime português da insolvência*, 5ª Ed., Edições Almedina, Coimbra, 2012.
— *Regime Extrajudicial de Recuperação de Empresas – Análise (e) Crítica*, Edições Almedina, 2018.

SERRA, CATARINA / MACHADO, JOSÉ GONÇALVES
— «Para uma harmonização mínima do direito da insolvência — Primeira abordagem à proposta de directiva de 22.11.2016, com especial atenção ao seu impacto no direito das sociedades comerciais», *Direito das sociedades em revista*, Ano 9, Vol. 17, 2017, p. 135-175.

SERVATIUS, WOLFGANG
— *Gläubigereinfluss durch Covenants: Hybride Finanzierungs-instrumente im Spannungsfeld von Fremd- und Eigenfinanzierung*, Jus Privatum, Nr. 137, Mohr Siebeck, Tübingen, 2008.

SEYMOUR, JONATHAN / SCHWARCZ, STEVEN
— «Corporate Restructuring under Relative and Absolute Priority Default Rules: A Comparative Assessment», *SSRN Electronic Journal*, Feb 20, 2020, p. 2-50.

SCHÄFER, CARSTEN
— «Muss die Hauptversammlung einem Schutz-schirmverfahren zustimmen?», *Zeitschrift für Wirtschafts-recht*, Nr. 40, 2020, p. 1950-1954.
— «Zur Einbeziehung der Gesellschafter in ein vorinsolvenzliches Restrukturierungsverfahren nach dem Regierungsentwurf eines „StaRUG", *Zeitschrift für Wirtschaftsrecht*, Nr. 44, 2020, p. 2164-2169.
SCHILLIG, MICHAEL
— «Corporate Insolvency Law in the Twenty-First Century: State Imposed or Market Based?», *Journal of Corporate Law Studies*, Vol. 14, Nr. 1, p. 1-38.
SCHÖN, WOLFGANG,
— «Balance Sheet Tests or Solvency Tests – or Both?», *European Business Organization Law Review*, Vol. 7, Nr. 1, 2006, p. 181-198.
SCHMIDT, KLAUS
— «The Economics of Covenants as a Means of Efficient Creditor Protection», *European Business Organization Law Review*; Vol. 7, Nr. 1, 2006, p. 89-94.
SCHOLZ, PHILIPP
— «Die Krisenpflichten von Geschäftsleitern nach Inkrafttreten des StaRUG», *Zeitschrift für Wirtschaftsrecht*, Nr. 5, 2021, p. 219-231.
SCHLUCK-AMEND, ALEXANDRA / HEFNER, VERONIKA
— «Das StaRUG und seine Auswirkungen auf die Geschäftsleiter-haftung», *Zeitchrift für Restructurierung und Insolvenz*, Nr. 11, 2020, p. 570-581.
SILVA, FÁTIMA REIS
— «A Reforma do Direito da Insolvência e as PME: Perspetiva de uma Magistrada Judicial», *Colóquio As PME perante o (novo) Direito da Insolvência*, Instituto Jurídico/IDET, Universidade de Coimbra, 2018, p. 105-118.
— «Algumas questões processuais no Código da Insolvência e da Recuperação de Empresas», *Conhecer o Código da Insolvência e da Recuperação de Empresas – As Operações de Saída do Mercado – As Escrituras de Justificação para fins de Registo Comercial*, Série Miscelâneas do IDET, Nr. 2, Edições Almedina, Coimbra, 2004, p. 65 s.
— A verificação de créditos no processo especial de revitalização», *II Congresso de Direito da Insolvência*, Edições Almedina, Coimbra, 2014, p. 255-265.
— «Editorial — A Proposta de Diretiva relativa aos quadros jurídicos em matéria de restruturação preventiva, à concessão de uma segunda oportunidade e as medidas destinadas a aumentar a eficiência dos processos de restruturação, insolvência e quitação (2016/0359)», *Revista Eletrónica de Direito*, vol. 16, Nr. 2, 2018, p. 2-12.

— «Proposta de Lei nº 115/XIV/3ª - na versão da proposta conjunta do GPPSD e GPPS - Lei nº 9/2022, de 11 de janeiro», *Conferência 'O Plano de Recuperação e Resiliência para a Justiça Económica e a transposição da Diretiva 2019/1023, do Parlamento Europeu e do Conselho',* Ministério da Justiça, 2022, p. 32-41.
— *Processo Especial de Revitalização: Notas Práticas e Jurisprudência Recente,* Porto Editora, 2014.

Silva, Francisco Pinto da
— «A influência dos credores bancários na administração das sociedades comerciais e a sua responsabilidade», *Direito das Sociedades em Revista,* Ano 6, Vol. 12, 2014, p. 231-265.

Silva, Suzana Tavares da
— «Os créditos fiscais nos processos de insolvência», *Insolvência e Contencioso Tributário,* Coleção Formação Contínua, Centro de Estudos Judiciários, Lisboa, 2017, p. 61-91.

Suzana Tavares da Silva / José Casalta Nabais,
— *Sustentabilidade Fiscal em Tempos de Crise,* Edições Almedina, Coimbra, 2011.

Silva, Suzana Tavares da / Santos, Marta Costa
— «Os créditos fiscais nos processos de insolvência: reflexões críticas e revisão da jurisprudência», *Estudo Geral - Repositório Científico da Universidade de Coimbra,* 2013.

Singh, Dalvinder
— «The UK Banking Act 2009, Pre-Insolvency and Early Intervention: Policy and Practice», *The Journal of Business Law,* No. 1, 2011, p. 20-42.

Skauradszun, Dominik
— «Neuralgische Punkte der Restrukturierungsverfahren nach dem StaRUG», *Zeitschrift* für Restrukturierung und Insolvenz, Nr. 12, 2020, p. 625-636.
— «Challenges of the transposition of the Directive on preventive restructuring frameworks in German Law», *El Derecho Concursal y la transposición de la Directiva sobre Reestructuración Preventiva,* La Ley, Wolter Kluwer, 2022, p. 61-87.

Skeel, David
— «Evolutionary Theory of Corporate Law and Corporate Bankruptcy», *Vanderbilt Law Review,* Vol. 51, 1998, p. 1325-1398.
— «Rethinking the line between corporate law and corporate bankruptcy», *Texas Law Review,* Vol, 72, Nr. 3 1994, p. 471-554.

SMITH, MICHAEL
— «The London Approach and trading in distressed debt», *Bank of England Quarterly Bulletin*, 1996, p. 222-225.

SPLIEDT, JÜRGEN
— «A. Insolvenz- und haftungsrechtlich Besonderheiten», *Die GmbH in Krise, Sanierung und Insolvenz,* 5. Auf., Ottoschmidt, Köln, 2016, p. 959--1040.

SOARES, RITA MOTA
— «Renovado Processo Especial de Revitalização», *Seminário de Direito da Insolvência,* Edições Almedina, Coimbra, 2019, p. 19-48.

SPIEKERMANN, OLAF
— «Die Implementierung des EU-Restrukturierungsverfahrens — eine Renaissance der Vergleichsordnung?», *Zeitschrift für das gesamte Insolvenz- und Sanierungsrecht,* Vol. 22, Nr. 9, 2019, p. 429-435.

SPINDLER, GERALD
— «Trading in the Vicinity of Insolvency», *European Business Organization Law Review*; Vol. 7, Nr 1, 2006, p. 339-352.

STANGHELLINI, LORENZO
— «La Proposta di Direttiva EU in materia di Insolvenza», *Il Fallimento,* Vol. 39, Nr. 8-9, 2017, p. 873-879.

STOLL, HEINRICH
— «Haftung für das Verhalten während der Vertragsverhandlungen» *Leipziger Zeitschrift für Handels-, Konkurs- und Versicherungsrecht,* Vol. 17, 1923, p. 532-548.
— *Die Haftungsverhältnisse gegenüber Dritten bei der allgemeinen Gütergemeinschaft,* Robert Noske, Leipzig, 1908.

STROBEL, WILHELM
— «Die Vermeidung des eigenen Konkurses», *Aktuelle Beiträge über Insolvenzen, Schimmelpfeng-Schriftenreihe,* Vol. 7, 2ª Ed., Bad Wörishofen, Frankfurt am Main, 1977, p. 29-41.

SURHONE, LAMBERT / TIMPLEDON, MIRIAM / MARSEKEN, SUSAN
— *Prisoner's Dilemma: Game Theory, Merrill M. Flood, Melvin Dresher, Albert W. Tucker, Framing Device, Experimental Economics,* Betascript Publishing, Beau-Bassin, 2010.

SWIFT, DUNCAN
— «Rescue, Recovery & Renewal», Corporate Rescue and Insolvency, Vol. 13, Nr. 2, 2020, p. 64-65.

TAJFEL, HENRI
— *Social Identity and Intergroup Relations*, Cambridge University Press, Cambridge, 2010.
TAYLOR, MICHAEL
— *The Possibility of Cooperation*, Cambridge University Press, Cambridge, 1987.
TEDOLDI, ALBERTO
— *Crisi Insolvenza Sovraindebitamento*, Pacini Giuridica, Pisa, 2022.
TELES, INOCÊNCIO GALVÃO
— *Direito das Obrigações*, Coimbra Editora, Coimbra, 2010.
TEMMINK, ROBERT-JAN / BARRETT, STEPHANIE
— «The Position of UK Directors during the COVID-19 Pandemic», *International Corporate Rescue*, Vol. 17, Nr. 3, 2020, p. 182-185.
THEISELMANN, RÜDIGER
— *Praxishandbuch des Restrukturierungsrechts*, 3. Ed., Cart Heymanns Verlag, Köln, 2017.
THOLE, CHRISTOPH
— Der Entwurf des Unternehmensstabilisierungs- und restruk-turierungsgesetzes (StaRUG-RefE)», *Zeitschrift für Wirtschafts-recht*, Nr. 41, 2020, p. 1985-2001.
TIRADO, IGNACIO / WESSELS, BOB
— *CERIL Report 2022-1 on Confidentiality, Secrecy and Privilege – The Position of the Insolvent Debtor*, Conference on European Restructuring and Insolvency Law, Leiden, 25 May 2022.
TOLLENAAR, NICOLAES
— «The European Commission's Proposal for a Directive on Preventive Restructuring Proceedings», *Insolvency Intelligence*, Vol. 30, Nr. 5, 2017, p. 65-81.
— *Pre-Insolvency Proceedings: A Normative Foundation and Framework*, Oxford University Press, 2019.
TREITEL, HEINZ
— *Frustration and Force Majeure*, 3º Ed., Sweet and Maxwell, Londres, 2013.
TRIUNFANTE, ARMANDO MANUEL
— *Código das Sociedades Comerciais Anotado*, Coimbra Editora, Coimbra, 2007.
URLAUB, JASMIN
— «Notwendige Änderungen im Gesetz zur weiteren Erleichterung der Sanie- rung von Unternehmen (ESUG) zur Verhinderung von Missbräuchen», *Zeitschrift für Wirtschftsrecht*, Nr. 22, 2011, p. 1040-1045.

VACCARI, EUGENIO
— «Promoting fairness in English insolvency valuation cases», *International Insolvency Review*, Vol. 29, Nr. 2, 2020, p. 285-312.
VAQUER, JAVIER
— *El convenio como medio para la continuación de la actividad empresarial*, *Anuario de Derecho Concursal*, nº 24, 2011, p. 153-165.
VARELA, JOÃO ANTUNES
— *Das Obrigações em Geral*, Vol. I, 10ª Ed., Reimpressão, Edições Almedina, Coimbra, 2018.
VARONA, JAVIER ARIAS / NIEMI, JOHANNA / HUPLI, TUOMAS
— «Discharge and entrepreneurship in the preventive restructuring directive», *International Insolvency Review*, Vol. 29, Nr. 1, 2020, p. 8-31.
VASCONCELOS, MIGUEL PESTANA
— *Recuperação de empresas: processo especial de revitalização*, Edições Almedina, 2017.
— «O novo processo extraordinário de viabilização de empresas (PEVE). Análise e proposta de reforma», *Revista de Direito Comercial*, 2020, p. 2105-2142.
VASCONCELOS, MIGUEL PESTANA / CAEIRO, PEDRO
— «As dimensões jurídico-privada e jurídico-penal da insolvência (uma introdução)», *Infrações económico-financeiras, Estudo de Direito e Criminologia*, Coimbra Editora, 2013, p. 529-544.
VASCONCELOS, PAULO SOUSA DE
— «A perda grave do capital social», *Revista de Ciências Empresariais e Jurídicas*, Nr. 10, 2007, p. 7-34.
VASCONCELOS, PEDRO LEITÃO DE
— «Sociedade peculiar: a origem das sociedades de responsabilidade limitada», *Revista de Direito Comercial*, 2020, p. 1087-1106.
VASCONCELOS, PEDRO LEITÃO DE / VASCONCELOS, PEDRO PAIS DE
— *Direito Comercial*, Vol. I, 2ª Ed., Edições Almedina, 2020.
— *Teoria Geral do Direito Civil*, 9ª Ed., Edições Almedina, 2022.
VASCONCELOS, PEDRO PAIS DE
— «Resolução a favor da massa – ato omissivos», *III Congresso de Direito da Insolvência*, Edições Almedina, Coimbra, 2015, p. 103-114.
VEDER, MICHAEL
— «Article 5 – Debtor in possession», *European Preventive Restructuring, Directive (EU) 2019/1023, Article-by-Article Commentary*, C. H. Beck, München, 2021, p. 97-103.

— «Article 11 – Cross-class cram-down», *European Preventive Restruc-turing, Directive (EU) 2019/1023, Article-by-Article Commentary*, C. H. Beck, München, 2021, p. 176-189.

Vella, Paola

— «L'allerta nel Codice della crisi e dell'insolvenza alla luce della Direttiva (UE) 2019/1023», *Crisi d'Impresa e Insolvenza*, 2019, p. 1-32.

Veras, José

— «A insolvência na jurisprudência do Supremo Tribunal Administrativo», *Insolvência e Contencioso Tributário*, Coleção Formação Contínua, Centro de Estudos Judiciários, Lisboa, 2017, p. 47-60.

Verdoes, Tim / Verwei, Anthon

— «The (Implicit) Dogmas of Business Rescue Culture», *International Insolvency Review*, Vol. 27, Nr. 3, 2018, p. 398-421.

Vicente, Dário Moura

— *Comparative Law of Obligation*, Edward Elgar Publishing, Chelten-ham, 2021.

Vitale, Laura

— *La perte de chances en droit prive*, LGDJ, Paris, 2020.

Wackerbarth, Ulrich

— «Überschuldung und Fortführungsprognose», *Neue Zeitschrift für* Insolvenz- *und Sanierungsrecht*, 2009, Nr. 3, p. 145-149.

Walters, Adrian

— «The Small Business Reorganization Act: America's New Tool for SME Restructuring for the COVID and Post-COVID Era», Company Lawyer, Vol. 41, Nr. 10, 2020, p. 324-325.

— «The Impact of Brexit on Judicial Cooperation in Cross-Border Insolvency and Restructuring in the European Union», *Orizzonti del Diritto Commerciale*, Ano VI, Nr. 2, 2018, p. 1-24.

Warren, Elizabeth / Westbrook, Jay Lawrence

— «The Success of Chapter 11: a Challenge to the Critics», *Michigan Law Review*, Vol. 107, 2009, p. 603- 641.

Weijs, Rolef de

— «Harmonization of European Insolvency Law: Preventing Insolvency Law from Turning against Creditors by Upholding the Debt–Equity Divide», *European Company and Financial Law Review*, Vol. 15, Nr. 2, 2018, p. 403-444.

WEIJS, ROLEF DE / JONKERS, AART / MALAKOTIPOUR, MARYAM

— «The Imminent Distortion of European Private, Company and Insolvency Law by the Introduction of Relative Priority European Style», *Tijdschrift voor Belgisch Handelsrecht*, Vol. 125, Nr. 4, 2019, p. 477-493.

— «The Imminent Distortion of European Insolvency Law: How the European Union Erodes the Basic Fabric of Private Law by Allowing 'Relative Priority' (RPR)», *Amsterdam Law School*, Research Paper Nr. 2019--10, 2019.

WEIJS, ROLEF DE / BALTJES, MEREN

— «Opening the Door for the Opportunistic Use of Interim Financing: A Critical Assessment of the EU Draft Directive on Preventive Restructuring Frameworks», *International Insolvency Review*, Vol. 27, Nr. 2, 2018, p. 223-254.

WESSELS, BOB

— «A reply to professor De Weijs et al.», *Bob Wessels Blog*, 2019.

— «Energising courts to continue breaking new ground in insolvency and restructuring cases», *International Insolvency Review*, Vol. 29, Nr. 3, 2020, p. 393-417.

— EU has High Expectations of Judges in Restructuring Cases», *International Corporate Rescue*, Vol. 17, Nr. 4, 2020.

WESSELS, BOB / MADAUS, STEPHAN

— *Rescue of Business in Insolvency Law*, European Law Institute, Vienna, 2017.

— «Business Rescue in Insolvency Law in Europe: Introducing the ELI Business Rescue Report», *International Insolvency Review*, Vol. 27, Nr. 2, 2018, p. 255-280.

WESTPFAHL, LARS

— «Neue EU-Richtlinie über präventive Restrukturierungsrahmen – Umsetzungsperspektiven», *Der Betrieb*, Nr. 09, 2019.

WHITE, MICHELLE

— «Does Chapter 11 Save Economically Inefficient Firms?», *Washington University Law Quarterly*, Vol. 72, Nr. 3, 1994, p. 1319-1340.

WHITEHEAD, CHARLES

— «The Evolution of Debt: Covenants, the Credit Market, and Corporate Governance», *The Journal of Corporation Law*, Vol. 34, Nr. 3, 2009, p. 101--137.

WHITFORD, WILLIAM
— «What›s Right About Chapter 11», *Washington University Law Review Washington University Law*, Vol. 72, Nr. 3, 1994, p. 1379-1406.
WHITEOAK, JOHN / PULLEN, KEVIN / COOKE, ANDREW
— «Directors' Duties in a COVID-19 World», *International Corporate Rescue*, Vol. 17, Nr. 3, 2020, p. 159-164.
WILLIAMS, CYNTHIA / CONLEY, JOHN
— «An Emerging Third Way? The Erosion of the Anglo-American Shareholder Value Construct», *Cornell International Law Journal*, Vol. 38, Nr. 2, 2005, p. 493-551.
WILLIAMS, RICHARD
— «Enlightened shareholder value in UK Company Law», *UNSW Law Journal*, Vol. 35, Nr. 1, 2012, p. 360-377.
WIMMER, KLAUS
— *Frankfurter Kommentar zur Insolvenzordnung*, 9. Ed., Luchterhand Verlag, München, 2018.
WINKELJOHANN, NORBERT / FÖRSCHLE, GERHART / DEUBERT, MICHAEL
— *Sonderbilanzen*, 6. Aufl., Verlag C. H. Beck München 2020.
WISHART, DAVID
— «A Reconfiguration of Company and/or Corporate Law Theory», *Journal of Corporate Law Studies*, Vol. 10, Nr. 1, 2010, p. 151-178.
WOLFGANG, PORTISCH
— *Sanierung und Insolvenz aus Bankensicht*, 3. Ed., De Gruyter Oldenbourg, Berlin, 2010.
WÜRDINGER, HANS
— *Theorie der schlichten Interessengemeinschaften*, Ferdinand Enke Verlag, Stuttgart, 1934.
XIE, BO
— *Comparative Insolvency Law – The Pre-pack Approach in Corporate Rescue*, Edward Elgar, Northampton, 2016.
YEE, WOO PEI
— «Protecting Parties› Reasonable Expectations: A General Principle of Good Faith», *Oxford University Commonwealth Law Journal*, Vol. 1, Nr. 2, 2001, p. 195-229.
ZANARDO, ALESSANDRA
— «Impact of the Italian Business Crisis and Insolvency Code on Organizational Structures in MSMEs», *University of Miami International and Comparative Law Review*, Vol. 27, Nr. 2, 2020, p. 305-330.

ZORZI, ANDRÉA
— «Concordato con continuità e concordato liquidatorio: oltre le etichette», *Il Diritto Fallimentare e delle Società Commerciali*, Vol. 95, Nr. 1, 2020, p. 58-83.

ZWIETEN, KRISTIN VAN
— «Director liability in insolvency and its vicinity: West Mercia Safetywear Ltd v Dodd revisited», *Oxford Journal of Legal Studies*, Vol. 38, Nr. 2, 2018, p. 382-409.
— «Restructuring law: recommendations from the European Commission», *EBRD Law in transition online*, 2014, p. 2-9.

ÍNDICE

SIGLAS E ABREVIATURAS 5

NOTA PRÉVIA 9

INTRODUÇÃO 11

CAPÍTULO I. A SITUAÇÃO DE PRÉ-INSOLVÊNCIA 35
1. A pré-insolvência à luz da Diretiva (UE) 2019/1023 35
2. A pré-insolvência à luz do direito português 44
3. O juízo de prognose sobre a pré-insolvência 52
   3.1. O grau de probabilidade 53
   3.2. Testes de cálculo 58
   3.3. Período temporal 65

CAPÍTULO II. A DETEÇÃO DA SITUAÇÃO DE PRÉ-INSOLVÊNCIA 69
1. Enquadramento 69
2. Origem e evolução dos sistemas de monitorização e alerta 73
      2.1.1. Caracterização dos sistemas de monitorização e alerta à luz da Diretiva (UE) 2019/1023 80
      2.1.2. Sistemas de monitorização e alerta em Portugal 83
   2.2. O recurso a aconselhamento especializado 87

CAPÍTULO III. OS INSTRUMENTOS DE RECUPERAÇÃO DE EMPRESAS PRÉ-INSOLVENTES 93
1. Enquadramento 93

2. Princípios Orientadores da recuperação de empresas 101
2.1. Apresentação 102
2.2. Regras de conduta 102
2.3. Natureza dos "Princípios Orientadores" 104

CAPÍTULO IV. REQUISITOS MATERIAIS DE ACESSO 113
1. A situação de pré-insolvência e a suscetibilidade de recuperação (remissão) 113
2. A dupla função dos requisitos materiais de acesso 115
3. O controlo dos requisitos materiais 117

CAPÍTULO V. PARTILHA DE INFORMAÇÃO E DEVER DE CONFIDENCIALIDADE 125
1. Enquadramento 125
2. Razão de ser e conteúdo 126
3. Os regimes europeu e nacional 134

CAPÍTULO VI. O PERÍODO DE NEGOCIAÇÃO 147
1. Enquadramento 147
2. Limites à atuação individual dos credores à luz da Diretiva (UE) 2019/1023 155
3. Limites à atuação individual dos credores no regime português antes da entrada em vigor da Lei nº 9/2022, de 11 de janeiro 159
4. Limites à atuação individual dos credores no regime português, após a entrada em vigor da Lei nº 9/2022, de 11 de janeiro 161
5. Limites à prática de atos de especial relevo pela empresa devedora 175
6. A manutenção da gestão pela empresa devedora 179
7. Fiscalização, assistência e mediação 195

CAPÍTULO VII. A "COMPOSIÇÃO DE INTERESSES" E O CONTEÚDO DO ACORDO DE RECUPERAÇÃO 209
1. Enquadramento 209
2. Os credores financeiros 211
3. Detentores de participações sociais 238
4. Trabalhadores 262

5. Credores públicos 278
6. Categorias de partes afetadas e respetivos interesses 287

CAPÍTULO VIII. CRITÉRIOS DE APROVAÇÃO 301
1. Enquadramento 301
2. Aprovação por unanimidade 304
3. Aprovação por uma maioria de partes afetadas 307
4. Aprovação por categorias de partes afetadas 311

CAPÍTULO IX. CRITÉRIOS DE HOMOLOGAÇÃO 317
1. Enquadramento 317
2. Homologação de plano aprovado por unanimidade 319
3. Homologação de plano aprovado por uma maioria de partes afetadas 324
4. Homologação de plano votado por categorias 332
   4.1. O direito europeu 333
   4.2. A viabilidade da empresa pré-insolvente 334
   4.3. O tratamento igual, proporcional e justo 335
   4.4. A salvaguarda do melhor interesse das partes afetadas 337
   4.5. As regras da prioridade absoluta e relativa 340
5. O regime português 358
   5.1. A igualdade de credores 361
   5.2. O cumprimento de normas procedimentais 369
   5.3. A proibição do tratamento menos favorável 373
   5.4. A proibição de proporcionar um valor económico superior ao montante nominal dos créditos 378
   5.5. Requisitos "adicionais" aditados pela Lei n. 9/2022, de 11 de janeiro 379
      5.5.1. Apreciação crítica e sumária à opção do legislador 379
      5.5.2. Requisitos "adicionais" gerais 382
      5.5.3. Requisitos "adicionais" apenas aplicáveis em caso de classificação dos credores por categorias 385
      5.5.4. A avaliação da empresa por determinação do tribunal 386

REFERÊNCIAS BIBLIOGRÁFICAS 395
ÍNDICE 459